AMÉRICA DEL SUR

MAR CARIBE
Barranquilla
Cartagena
Maracaibo
Puerto de España
TRINIDAD Y TOBAGO
Caracas
R. Orinoco
Georgetown
Paramaribo
Cayenne
OCÉANO ATLÁNTICO
Medellín
VENEZUELA
GUYANA
SURINAM
GUAYANA FRANCESA
Manizales
Bogotá
Cali
COLOMBIA
ECUADOR
Quito
Guayaquil
ECUADOR
PERÚ
Iquitos
R. Amazonas
Manaus
Belem
R. Madeira
Cajamarca
Recife
BRASIL
Machu Picchu
Lima
Ayacucho
Cuzco
Salvador
BOLIVIA
L. Titicaca
Brasilia
Arequipa
La Paz
Arica
Sucre
Potosí
Belo Horizonte
Iquique
OCÉANO PACÍFICO
Antofagasta
PARAGUAY
São Paulo
Río de Janeiro
Santos
Salta
Asunción
CHILE
Tucumán
R. Paraná
R. Uruguay
Porto Alegre
Córdoba
Mendoza
Valparaíso
Rosario
URUGUAY
Santiago
Buenos Aires
Montevideo
La Plata
Río de la Plata
Concepción
ARGENTINA
Bahía Blanca
TRÓPICO DE CAPRICORNIO
Puerto Montt
CORDILLERA DE LOS ANDES
0 200 400 600 800 millas
0 200 400 600 800 kilómetros
ISLAS MALVINAS
Punta Arenas
TIERRA DEL FUEGO
Cabo de Hornos
Estrecho de Magallanes

ESPAÑA

MAR CANTÁBRICO
FRANCIA
ANDORRA
PORTUGAL
MAR MEDITERRÁNEO
OCÉANO ATLÁNTICO
MARRUECOS
PRINCIPADO DE ASTURIAS
GALICIA
CANTABRIA
PAÍS VASCO
COM. FORAL DE NAVARRA
LA RIOJA
ARAGÓN
CATALUÑA
CASTILLA Y LEÓN
MADRID
EXTREMADURA
CASTILLA-LA MANCHA
COMUNIDAD VALENCIANA
REGIÓN DE MURCIA
ANDALUCÍA
ISLAS BALEARES
MENORCA
MALLORCA
Palma de Mallorca
EIVISSA (IBIZA)
FORMENTERA
La Coruña
Lugo
Áviles
Gijón
Oviedo
Santander
Bilbao
San Sebastián
Pamplona
Pontevedra
Vigo
León
Burgos
Palencia
Zaragoza
Lérida
Barcelona
Tarragona
Zamora
Valladolid
Braga
Oporto
Salamanca
Segovia
Avila
Madrid
Coimbra
Toledo
Cáceres
Valencia
Mérida
Lisboa
Badajoz
Almadén
Ciudad Real
Albacete
Setúbal
Alicante
Linares
Murcia
Córdoba
Jaén
Cartagena
Sevilla
Huelva
Granada
Jerez de la Frontera
Málaga
Almería
Cádiz
Algeciras
Estrecho de Gibraltar
Tánger
Ceuta (Esp.)
Melilla (Esp.)
Cordillera Cantábrica
PIRINEOS
R. Ebro
Sistema Ibérico
R. Duero
Sierra de Guadarrama
R. Tajo
R. Guadiana
R. Júcar
Sierra Morena
R. Guadalquivir
Sierra Nevada
ISLAS CANARIAS
LANZAROTE
Arrecife
Santa Cruz de la Palma
LA PALMA
Santa Cruz
TENERIFE
FUERTEVENTURA
Puerto del Rosario
GOMERA
Las Palmas
GRAN CANARIA
Malabo
CAMERÚN
GUINEA ECUATORIAL
ÁFRICA
GABÓN
0 50 100 150 millas
0 50 100 150 250 kilómetros

¡Tú dirás!

FOURTH EDITION

Ana Martínez-Lage
Middlebury College

John R. Gutiérrez
University of Mississippi

Harry L. Rosser
Boston College

With contributions from
Stasie C. Harrington

Australia • Brazil • Canada • Mexico • Singapore • Spain • United Kingdom • United States

¡Tú dirás! Fourth Edition
Martínez-Lage, Gutiérrez, Rosser

Editor-In-Chief: PJ Boardman

Senior Acquisitions Editor: Helen Alejandra Richardson

Development Project Manager: Heather M.Bradley

Senior Content Project Manager: Esther Marshall

Assistant Editor: Meg Grebenc

Editorial Assistant: Natasha Ranjan

Associate Content Project Manager: Jessica Rasile

Marketing Manager: Lindsey Richardson

Senior Marketing Assistant: Marla Nasser

Advertising Project Manager: Stacey Purviance

Managing Technology Project Manager: Wendy Constantine

Manufacturing Manager: Marcia Locke

Composition & Project Management: Pre-Press Company, Inc.

Senior Permissions Accounts Manager, Images: Sheri Blaney

Photo Researcher: Jill Engebretson

Permissions Editor: Llanca Letelier

Text Designer: Linda Beaupré

Senior Art Director: Cate Rickard Barr

Cover Designer: Joyce Weston

Illustrator: Dave Sullivan

Cover image: © Simon Shaw/illustrationOnLine.com

Library of Congress Control Number: 2006937474

ISBN-13: 978-1-4130-2810-2

ISBN-10: 1-4130-2810-1

Heinle
25 Thomson Place
Boston, MA 02210
USA

Cengage Learning is a leading provider of customized learning solutions with office locations around the globe, including Singapore, the United Kingdom, Australia, Mexico, Brazil and Japan. Locate our local office at:
international.cengage.com/region

Cengage Learning products are represented in Canada by Nelson Education, Ltd.

Visit Heinle online at **elt.heinle.com**
Visit our corporate website at **cengage.com**

Printed in China
3 4 5 6 09 08

Scope and Sequence

Capítulo P — Spanish as a World Language

		Funciones	Comentarios culturales	Vamos a...
Pointer 1	El abecedario español 5	Escribir usando el abecedario español	Spanish as a World Language 4	
Pointer 2	Los sonidos y las letras 5	Entender cómo funcionan los acentos y las marcas diacríticas		
Pointer 3	Los acentos y la puntuación 7			
Pointer 4	Los cognados 7			
Para empezar Me presento 9	**Enfoque léxico** Saludos, presentaciones y despedidas informales y formales 10	Presentar y saludar	El lenguaje corporal 13	**...ver** Bienvenidos a la Hacienda Vista Alegre 14
En la clase 16		Identificar los objetos de la clase		

Capítulo 1 Vamos a tomar algo — El mundo hispano

	Para empezar	Enfoque estructural	Funciones	Comentarios culturales	Tú dirás	Vamos a...
PRIMERA ETAPA	En un café 20 **Enfoque léxico** Expresiones útiles en un café 22	El artículo indefinido y el género gramatical 24 Los pronombres personales y el presente de los verbos regulares terminados en **-ar** 26	Identificar y pedir bebidas, desayunos y meriendas Hablar de uno mismo y de sus actividades	Video: El mundo hispano 30	Nuestro café 31	**...escuchar** Un café en Puerto Rico 32
SEGUNDA ETAPA	Vamos a comer y cenar 34 **Enfoque léxico** Adjetivos para describir comidas y bebidas 37	El artículo definido y el número 38 El verbo **ser** para expresar características y lugar de origen 40	Identificar y pedir comidas y cenas Describir comidas y bebidas Indicar origen	Música: *Café* de Eddie Palmieri 44	Nuestro café mejorado 45	**...ver** Video: A conocernos mejor 46
TERCERA ETAPA	En un restaurante 48 **Enfoque léxico** Expresiones útiles en un restaurante 50	El verbo **estar** + adjetivos 52 El presente de los verbos regulares terminados en **-er, -ir** 54	Identificar los objetos en la mesa Leer un menú, escoger y pedir comida			**...leer** Las tapas 56

Capítulo 2 Lo mío y los míos — Los hispanos en los Estados Unidos

	Para empezar	Enfoque estructural	Funciones	Comentarios culturales	Tú dirás	Vamos a...
PRIMERA ETAPA	En mi cuarto 62 **Enfoque léxico** Las preguntas de tipo **sí/no** 64	Los verbos **haber** y **tener** 66 Los adjetivos posesivos y **ser** + **de** para expresar posesión 68	Identificar y describir objetos personales Hacer y contestar preguntas de tipo **sí/no** Expresar posesión	Video: Los hispanos en los EE.UU. 72	Nuestros cuartos 73	**...escuchar** Allí vivo. En mi cuarto tengo... 74
SEGUNDA ETAPA	En la universidad y después de clase 76 **Enfoque léxico** Las preguntas con **quién, cuál, qué, dónde** y **cuándo** 78	La expresión de los gustos: **gustar** + verbos 80 La expresión de los gustos: **gustar** + cosas 82	Hablar de tus estudios Hablar de tus gustos Hablar y contestar preguntas	Música: *Cumbia de los muertos* de Ozomatli 84	El Festival de las Américas 85	**...ver** Los estudios e intereses de los compañeros 86
TERCERA ETAPA	Mi familia 88 **Enfoque léxico** Las preguntas con **por qué, cómo, cuánto** y **cuántos** 90	Un repaso del verbo **ser** y **ser** + nombres 92 Los adjetivos demostrativos 94	Hablar de relaciones familiares Describir personas Hacer y contestar preguntas Señalar objetos			**...leer** Cinco hispanos muy influyentes 96

Capítulo 3 ¿Dónde y cuándo? — México

	Para empezar	Enfoque estructural	Funciones	Comentarios culturales	Tú dirás	Vamos a...
PRIMERA ETAPA	Mi hogar 102 **Enfoque léxico** Los números de 0 a 100 with Expresor la edad 104	Más sobre el verbo **tener** 106 El verbo **estar** + adjetivos 108	Identificar las partes de una casa y los muebles Expresar lo que no tiene ganas de hacer Expresar la edad Expresar el estado o condición de una persona o cosa	Video: México: un país de contrastes 110	La casa nueva de mi compañero de clase 111	**...escuchar** El atareado día de Valeria 112
SEGUNDA ETAPA	Mi pueblo 114 **Enfoque léxico** Los números de cien a un millón 116	El verbo **estar** para expresar localización 118 Los verbos irregulares en el presente: **hacer, poner, traer, salir** 120	Identificar y localizar sitios en una ciudad Contar hasta un millón Expresar lugar	Música: *Mediu xhiga* de Dueto de los Hermanos Rios 122	Una visita a México 123	**...ver** Los compañeros se instalan en sus cuartos 124
TERCERA ETAPA	Los días de la semana, los meses y las estaciones 125 **Enfoque léxico** Los verbos **saber** y **conocer** 128	Verbos con cambios en la raíz: **e→ie**; **o→ue**; **e→i** 130 El verbo **ir** 132	Indicar el horario de actividades Usar los verbos **saber** y **conocer** Hablar de medios de transporte			**...leer** El Museo Casa de Frida Kahlo 134

Capítulo 4 Mi rutina
Cuba, La República Dominicana y Puerto Rico

	Para empezar	Enfoque estructural	Funciones	Comentarios culturales	Tú dirás	Vamos a...
PRIMERA ETAPA	¿A qué hora? 140 **Enfoque léxico** La fecha 143	El futuro inmediato: **ir a** + infinitivo 144 Más verbos irregulares 146	Decir y preguntar la hora Hacer planes para el futuro Hablar de tus actividades diarias	Video: Cuba: una joya del Caribe 148	Un invitado especial 149	**...escuchar** ¿Qué van a hacer los compañeros? 150
SEGUNDA ETAPA	Las actividades del fin de semana 152 **Enfoque léxico** Expresiones para hablar de la rutina diaria 154	Los verbos reflexivos 156 El presente progresivo: para expresar acciones que tienen lugar en este momento 158	Hablar de la rutina diaria Hablar de acciones en progreso	Música: *Boliviana* de Irakere 160	¿Qué hacen normalmente? 161	**...ver** La excursión al Viejo San Juan 162
TERCERA ETAPA	¿Qué tiempo hace? 164 **Enfoque léxico** Más sobre el tiempo 166	Los comparativos 168 Los superlativos 172	Hablar del tiempo Hacer comparaciones			**...leer** *Poema V* de José Martí 174

Capítulo 5 Los deportes
Uruguay y Paraguay

	Para empezar	Enfoque estructural	Funciones	Comentarios culturales	Tú dirás	Vamos a...
PRIMERA ETAPA	¿Qué deportes practicas? 180 **Enfoque léxico** Más vocabulario deportivo 182	Expresiones para indicar tiempo transcurrido: **desde cuándo, desde (que), cuánto tiempo hace que, hace (...que), desde hace** 184 El pretérito de los verbos regulares terminados en **-ar** 186	Hablar de deportes Hablar de algo que empezó en el pasado y continúa en el presente Conversar sobre el pasado	Video: Uruguay: formidable representante del mundo hispanoamericano 188	¿Qué deportes practican tus compañeros de clase? 189	**...escuchar** ¿Qué deportes les gustan a los compañeros? 190
SEGUNDA ETAPA	¿Qué equipo necesitas? 192 **Enfoque léxico** Expresiones para indicar el tiempo pasado 194	El pretérito de los verbos regulares terminados en **-er** e **-ir** y los verbos irregulares **hacer, ser** e **ir** 196 **Acabar de** + infinitivo 199	Hablar del equipo deportivo Conversar sobre el pasado Hablar del pasado inmediato	Música: *Mami me gustó* de Todos estrellas 200	Vacaciones en Paraguay 201	**...ver** Los compañeros hacen esnórkeling 202
TERCERA ETAPA	¿Dónde jugaste? 204 **Enfoque léxico** Los deportes de riesgo o aventura 206	**Hace** y **hace que** para expresar tiempo transcurrido 208 Repaso: el pasado 210	Indicar tiempo transcurrido Hablar de eventos deportivos en el pasado			**...leer** Celia Barboza 212

Capítulo 6 Las compras — Guatemala, El Salvador y Honduras

	Para empezar	Enfoque estructural	Funciones	Comentarios culturales	Tú dirás	Vamos a...
PRIMERA ETAPA	En un centro comercial 218 **Enfoque léxico** Expresiones útiles para hacer compras 220	El pretérito de los verbos con cambios ortográficos (**c→qu, g→gu, z→c**) 222 El pretérito de los verbos con cambio en la raíz 224	Preguntar precios Comprar objetos variados	Video: Guatemala: tierra de misterio y belleza natural 226	Un regalo de cumpleaños 227	**...escuchar** Valeria va de compras 228
SEGUNDA ETAPA	En el mercado y en el supermercado 230 **Enfoque léxico** Expresiones de cantidad y estrategias para regatear 232	Los pronombres de complemento directo 236 Otros pretéritos irregulares: pretéritos con **u, i, j** e **y** 239	Comprar comida Regatear Planear una comida, incluyendo cantidades	Música: *El problema* de Ricardo Arjona 242	Vamos al mercado 243	**...ver** Una cena sorpresa 244
TERCERA ETAPA	En una tienda de ropa 246 **Enfoque léxico** Más vocabulario y expresiones útiles para comprar ropa y accesorios 248	Los pronombres demostrativos 250 Otro tiempo pasado: el pretérito perfecto 252	Comprar ropa y accesorios Expresar lo que **has hecho** o **no has hecho**			**...leer** El comercio justo 254

Capítulo 7 La salud física y mental — Venezuela y Colombia

	Para empezar	Enfoque estructural	Funciones	Comentarios culturales	Tú dirás	Vamos a...
PRIMERA ETAPA	Las partes del cuerpo 262 **Enfoque léxico** Hablar de accidentes y lesiones 264	El imperfecto 266 Los pronombres de complemento indirecto 268	Hablar de accidentes y lesiones Hablar del pasado: acciones habituales y descripciones	Video: Venezuela: un país encantador 270	Un accidente 271	**...escuchar** Las lesiones de Alejandra y Sofía 272
SEGUNDA ETAPA	La personalidad y los estados de ánimo 274 **Enfoque léxico** Expresiones para hablar de acciones habituales 276	**Ser** versus **estar** 278 El verbo **estar** + adjetivos y participios para expresar una condición resultante 280	Hablar de la personalidad y estados de ánimo Expresar condiciones resultantes	Música: *El estuche* de Aterciopelados 282	Un retrato psicológico 283	**...ver** Los testimonios de los compañeros 284
TERCERA ETAPA	Los problemas de salud 286 **Enfoque léxico** Más vocabulario de salud 288	Más usos del imperfecto 290 Resumen de los usos del pretérito y del imperfecto 292	Pedir y dar información sobre enfermedades Hablar de personal médico, centros médicos y tratamientos			**...leer** *Cien años de soledad* de Gabriel García Márquez 294

Capítulo 8 El mundo a mi alrededor

Argentina

	Para empezar	Enfoque estructural	Funciones	Comentarios culturales	Tú dirás	Vamos a...
PRIMERA ETAPA	La vida urbana y rural 302 **Enfoque léxico** Expresiones para organizar una secuencia de acciones en el pasado 304	La narración en el pasado: El pretérito y el imperfecto 306 Los pronombres de complemento directo e indirecto 308	Hablar del impacto de problemas medioambientales Crear una narración en el pasado	Video: Argentina: ciudad y campo 310	La Reserva Natural Punta Quiroga 311	**...escuchar** La Isla de Mona 312
SEGUNDA ETAPA	Los titulares 314 **Enfoque léxico** Los días feriados y las celebraciones 316	El pluscuam-perfecto 318 Los pronombres de complemento directo e indirecto con el infinitivo y los tiempos progresivos 320	Hablar sobre los medios de comunicación y las noticias Hablar de acciones anteriores a un punto del pasado	Música: *El presente permanente* de Acida 322	Un noticiero 323	**...ver** Valeria y Alejandra se ponen nostálgicas 324
TERCERA ETAPA	Las últimas tecnologías 326 **Enfoque léxico** Las computadoras e Internet 328	Repaso de los tiempos del pasado 338 El verbo **gustar** y otros verbos similares 332	Hablar sobre aparatos electrónicos, computadoras e Internet Hablar de actividades pasadas			**...leer** Movistar Argentina 334

Capítulo 9 Festivales, música y cine

Perú, Ecuador y Bolivia

	Para empezar	Enfoque estructural	Funciones	Comentarios culturales	Tú dirás	Vamos a...
PRIMERA ETAPA	Los festivales musicales y los conciertos 340 **Enfoque léxico** Hablar de festivales musicales y conciertos 343	Las acciones recíprocas 344 La **a** personal 346	Describir tipos de música Hablar sobre los festivales musicales	Video: Ecuador: país de contrastes 348	El concierto de... 349	**...escuchar** ¡Qué noche! 350
SEGUNDA ETAPA	Los instrumentos musicales 352 **Enfoque léxico** Los músicos 354	El **se** impersonal 356 Más sobre los verbos reflexivos: Los verbos reflexivos y los no reflexivos 358	Identificar varios instrumentos musicales y a las personas que los tocan Hablar sobre tus preferencias musi-cales del presente y del pasado	Música: *Zamba Malató* de Susana Baca 360	La música que me gusta, la música que me gustaba 361	**...ver** ¡A bailar! 362
TERCERA ETAPA	El cine 364 **Enfoque léxico** Hablar de las películas y el cine 366	El pronombre reflexivo **se** para expresar accidentes y acciones imprevistas 368 Expresiones negativas y afirmativas 370	Identificar tipos de películas y hablar sobre las personas que las rodean Describir las películas y la experiencia de ir al cine			**...leer** El Festival Internacional del Nuevo Cine Latino-americano 372

Capítulo 10 Viajemos

España

	Para empezar	Enfoque estructural	Funciones	Comentarios culturales	Tú dirás	Vamos a...
PRIMERA ETAPA	En la agencia de viajes 378 **Enfoque léxico** Antes de viajar: ¡Hay tanto que hacer! 380	Expresiones verbales para hablar del futuro 382 El tiempo futuro 384	Hacer planes para viajar Hablar del futuro	Video: España y su diversidad 386	Un viaje a Zaragoza 387	**...escuchar** Antes de irse a Puerto Rico... 388
SEGUNDA ETAPA	En el aeropuerto 390 **Enfoque léxico** Hablar del transporte 392	Las preposiciones de lugar 394 Las preposiciones **por** y **para** 396	Hablar de lo que pasa en un aeropuerto Indicar localización de objetos y personas	Música: *¿Por qué te vas?* de Javier Álvarez 398	Un itinerario 399	**...ver** Los planes de los compañeros 400
TERCERA ETAPA	En el hotel 402 **Enfoque léxico** Para reservar una habitación 404	Usos especiales del futuro 406 **Lo** + adjetivo para hacer generalizaciones 408	Comunicarse con el personal de un hotel Expresar conjetura e hipótesis			**...leer** *El viaje definitivo* de Juan Ramón Jiménez 410

Capítulo 11 Los estudios en el extranjero

Nicaragua, Costa Rica y Panamá

	Para empezar	Enfoque estructural	Funciones	Comentarios culturales	Tú dirás	Vamos a...
PRIMERA ETAPA	Los estudios en el extranjero 416 **Enfoque léxico** Cómo tramitar una estadía en el extranjero 418	Un repaso de los verbos como **gustar** 420 Los pronombres relativos 422	Hablar de los estudios en el extranjero Describir objetos y personas en detalle	Video: Costa Rica: pura vida 424	La primera visita 425	**...escuchar** Estudiar en Nicaragua 426
SEGUNDA ETAPA	¿Buscas apartamento? 428 **Enfoque léxico** Otros aspectos del alquiler 430	Los mandatos con **usted** y **ustedes** 432 Los mandatos afirmativos y negativos regulares con **tú** 434	Seleccionar un apartamento y hacer los arreglos para alquilarlo Dar instrucciones y mandatos a otras personas	Música: *Compréndelo* de Luis Enrique 436	Buscamos apartamento 437	**...ver** A buscar un apartamento en Puerto Rico 438
TERCERA ETAPA	En el banco 440 **Enfoque léxico** Transacciones bancarias en el extranjero 442	Los mandatos con pronombres de complemento directo e indirecto 444 Resumen de los mandatos formales e informales 446	Hablar de los servicios que ofrece un banco Dar instrucciones y mandatos a otras personas			**...leer** Opiniones de los estudiantes 450

Capítulo 12 Las relaciones interpersonales

Chile

	Para empezar	Enfoque estructural	Funciones	Comentarios culturales	Tú dirás	Vamos a...
PRIMERA ETAPA	Relaciones con amigos 456 **Enfoque léxico** Conocer gente y hacer amigos 458	El subjuntivo de verbos regulares con expresiones de voluntad 460 El presente de subjuntivo de verbos irregulares con expresiones de voluntad 462	Hablar de la amistad y de los amigos Expresar necesidad y deseo	Video: Chile: pasado, presente y futuro 464	Consejos 465	**...escuchar** La hermana menor de Valeria 466
SEGUNDA ETAPA	Relaciones de pareja 468 **Enfoque léxico** Las bodas 470	El subjuntivo con expresiones de emoción 472 El subjuntivo con expresiones impersonales de emoción 474	Identificar y describir diferentes momentos de una relación Expresar opinión y emociones	Música: *Mágico* de Joe Vasconcellos 476	¡Se casan! 477	**...ver** Las relaciones sentimentales 478
TERCERA ETAPA	Relaciones laborales 480 **Enfoque léxico** Hablar del trabajo 482	El subjuntivo: Un repaso 485 Más repaso del subjuntivo: Expresiones de emoción y verbos reflexivos 488	Hablar del trabajo y de las relaciones laborales Expresar deseos, opinión y emociones			**...leer** Análisis: Las 100 mejores empresas para trabajar en América Latina 490

Capítulo 13 Las artes en el mundo hispano

	Para empezar	Enfoque estructural	Funciones	Comentarios culturales	Tú dirás	Vamos a...
PRIMERA ETAPA	Las artes plásticas 496	El subjuntivo con expresiones de duda y de incertidumbre 502 Expresiones de certidumbre 504	Describir y evaluar las artes plásticas Expresar opinión y reaccionar a las opiniones de otros	El muralismo mexicano 498	Una presentación de dos cuadros 506	**... escuchar** No es lo que crees 508
SEGUNDA ETAPA	Las artes interpretativas y la arquitectura 510	El subjuntivo con antecedentes no existentes 518 El subjuntivo con antecedentes desconocidos 519	Describir y evaluar las artes interpretativas y la arquitectura Describir objetos y personas ideales	El Guggenheim Bilbao 514	Un crucigrama 520	**...ver** Una visión artística 522
TERCERA ETAPA	El arte popular y la artesanía 524	Conjunciones con subjuntivo y el infinitivo 526 El subjuntivo con expresiones adverbiales que implican tiempo futuro 528	Conversar y compartir opiniones sobre artesanía popular Expresar circunstancias (tiempo futuro) en las que tienen lugar las acciones			**...leer** *El eclipse* de Augusto Monterroso Bonilla 530

Capítulo 14 El mundo de las letras

	Para empezar	Enfoque estructural	Funciones	Comentarios culturales	Tú dirás	Vamos a...
PRIMERA ETAPA	La novela y el cuento 536	Repaso: El presente de subjuntivo 540 El imperfecto del subjuntivo 542	Identificar y comentar los elementos literarios de novelas y cuentos Contar la vida de escritores Pedir y dar información sobre deseos en el pasado	El Premio Nobel 538	Una reseña literaria 544	**...escuchar** El próximo Premio Nobel 546
SEGUNDA ETAPA	La poesía 548	El condicional 554 El condicional para hablar de acciones futuras en el pasado 556	Identificar y analizar los elementos literarios de la poesía Expresar opinión sobre la poesía Especular sobre el pasado e informar sobre lo que han dicho otros	Un análisis de dos poemas: *Mientras baja la nieve* y *Balada de los dos abuelos* 550	Rosario Castellanos 558	**...ver** Los compañeros se despiden 560
TERCERA ETAPA	El teatro 562	El imperfecto del subjuntivo y el condicional en oraciones con **si** 565 Más sobre el subjuntivo y la secuencia de los tiempos verbales 566	Identificar y analizar los elementos literarios de una obra de teatro Expresar hipótesis y condiciones no reales			**...leer** *El delantal blanco* de Sergio Vodanovic 568

To the Student

Dear Student,

You are about to begin an exciting and valuable experience. Over the coming months you will learn to communicate in Spanish with your instructor, with your classmates, and with Spanish speakers outside the classroom.

Communication in a foreign language requires the receiving and sending of messages (either oral or written) in ways that avoid misunderstandings. Therefore, the most important task ahead of you is NOT that of accumulating a large quantity of knowledge about the grammatical rules that underlie the language, but rather that of using the grammar and vocabulary to create messages as clearly and creatively as possible. In learning to do this, you will make the kinds of errors that are necessary in language learning.

Don't be afraid to make mistakes. The errors are, in fact, positive steps toward effective communication. They don't hold you back; rather, they advance your efforts. Learning a language is hard work, but the rewards that await you make it an enriching experience.

We are living in an age when one can no longer afford to be uninformed of the languages and cultures of other peoples. Knowing Spanish and understanding the Spanish-speaking cultures will alter the way in which you view the world, for it will allow you to experience different ways of living, thinking, and seeing. In fact, it will allow you to see the world through different angles and with different eyes.

Many of you will one day have the opportunity to visit a Spanish-speaking country. Your experiences will be all the richer if you can use your Spanish to enter into the cultures of those countries and interact with their people.

Good luck!
Ana Martínez-Lage
John Gutiérrez
Harry Rosser

Acknowledgments

Writing and revising a college-level language program is a challenging task. It requires significant time and intense dedication, and it can only be accomplished working together with others as a team.

We express our gratitude to Helen Alejandra Richardson, our Acquisitions Editor, for her vision, her enthusiasm, and long-term support for the ***¡Tú dirás!*** program; to Heather Bradley our Development Editor, whose professionalism and dedication have made this revision possible. Heather has guided the project with extraordinary skill, coordinating the efforts of different authors at different venues; her comments, suggestions, additions, and deletions seemed always the right ones.

Furthermore, a special thanks goes to Stasie Harrington, our contributing author, for her invaluable effort in revising the textbook and the Activities Manual. ***¡Tú dirás!*, Fourth Edition** wouldn't be what it is today without Stasie's creativity, ideas, and original work. Working with her has made this revision a truly enjoyable endeavor.

We would like to thank other dedicated people who have played a key role in the production of the program, especially Esther Marshall, our Production Editor, who has worked with her production team tirelessly and with great professionalism and patience in order to publish such a beautiful book on schedule.

Finally, we would like to thank Meg Grebenc, Assistant Editor, for her meticulous attention to the ancillaries that accompany the program. We appreciate her work with the authors of the ***¡Tú dirás!*, Fourth Edition** components, namely: Peg Haas, Kent State University (Instructor's Resource Manual); Erika Sutherland, Muhlenberg College (Audio-Enhanced Test Bank CD-ROM); Marisa DeSantis, Hobart and William Smith College (Student Multimedia CD-ROM); Anne Prucha, University of Central Florida (Student Website); Andy Noverr, University of Michigan–Ann Arbor (Diagnostic quizzes).

The authors and the publisher wish to thank the many instructors at colleges and universities across the country who adopted the third edition of this textbook, especially those who contributed comments and suggestions on how to make the fourth edition even better.

James T. Abraham, *Glendale Community College*
Carlos C. Amaya, *Eastern Illinois Unversity*
Gunnar Anderson, *State University of New York–Potsdam*
Teresa R. Arrington, *Blue Mountain College*
Ann Baker, *University of Evansville*
Joe Barcroft, *Washington University–St. Louis*
Irene Beibe, *Muhlenburg College*
Fleming Bell, *Harding University*
Scott Bennett, *Azusa Pacific University*
Scott M. Bennett, *Azusa Pacific University*
Carolina D. Bown, *Salisbury University*
Meg H. Brown, *Murray State University*
Beth Calderon, *Meridian Community College*
Elizabeth C. Calvera, *Virginia Polytechnic Institute*
Amy Carbajal, *Western Washington University*
Miriam Carrasquel-Nagy, *University of Northern Colorado*

Liliana Castro, *Front Range Community College*
Marco Tulio Cedillo, *Lynchburg College*
Alicia Cipria, *University of Alabama*
Ava Conley, *Harding University*
Linda Crawford, *Salve Regina University*
William O. Deaver, Jr., *Armstrong Atlantic State University*
Mark P. Del Mastro, *The Citadel*
Stayc DuBravac, *Florida Atlantic University*
Doug Duno, *Chaffey College*
Víctor Manuel Durán, *University of South Carolina, Aiken*
Hector M. Enriquez, *University of Texas–El Paso*
Rafael Falcón, *Goshen College*
Mary Fatora-Tumbaga, *Kauai Community College*
Alexandra Fitts, *University of Alaska–Fairbanks*
Dolores Flores-Silva, *Roanoke College*
Leah Fonder-Solano, *University of Southern Mississippi*
Christina Fox-Ballí, *Eastfield College*
Edgar Galdamez, *Azusa Pacific University*
Charlene M. Grant, *Skidmore College*
Esther Guerrero, *Merritt College*
Denise Hatcher, *Aurora University*
Lidia Hill, *Los Angeles County High School for the Arts*
Michael J. Horswell, *Florida Atlantic University*
Christina Huhn, *Marshall University*
Mónica Jato, *University of North Texas*
Valerie Job, *South Plains College*
Cynthia Kauffeld, *Carleton College*
William Keeth, *Mansfield University*
Marilyn Kiss, *Wagner College*
April Koch, *San Diego Miramar College*
Mariadelaluz Matus-Mendoza, *Drexel University*
Mary McKinney, *Texas Christian University*
Deanna H. Mihaly, *Eastern Michigan University*
Theresa Minick, *Kent State University*
Montserrat Mir, *Illinois State University*
Lee Mitchell, *Henderson State University*
Oscar Moreno, *Georgia State University*
Isabel Moreno-López, *Goucher College*
Bridget Morgan, *Indiana University–South Bend*
Sarah Nova, *Azusa Pacific University*
Jennifer Parrack, *University of Central Arkansas*
Federico Perez Pineda, *University of South Alabama*
Franklin Proano, *The Ohio State University*
Anne Prucha, *University of Central Florida*
Davis Quintero, *Seattle Central Community College*
Kay E. Raymond, *Sam Houston State University*
Jeffrey Reeder, *Sonoma State University*
Duane Rhoades, *University of Wyoming*
Sharon Robinson, *Lynchburg College*
Mirna Rosende, *County College of Morris*
Asima F. X. Saad Maura, *Haverford College*
William Salazar, *Morehead State University*
Gabriela Segal, *Arcadia University*
Louis Silvers*, *Monroe Community College*
Beth Stapleton, *Mississippi College*
Erika Sutherland, *Muhlenberg College*
Mar Valdecantos, *Carleton College*
Irma O. Valdez, *Blinn College*
Mary-Anne Vetterling, *Regis College*
Marta Villar, *Simmons College*
Tina Weller, *Pittsburgh State University*
Kathleen Wheatley, *University of Wisconsin–Milwaukee*
Lea Wills, *Northwest Mississippi Community College–DeSoto*
Loretta Zehngut, *The Pennsylvania State University*
Francisco Zermeño*, *Chabot College*
Haakayoo Zoggyie, *East Tennessee State University*

*We appreciate these professors' participation in multiple rounds of reviews.

Capítulo preliminar

CHAPTER OBJECTIVES

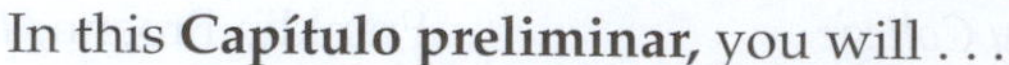

In this **Capítulo preliminar,** you will . . .

- learn about Spanish as a world language
- learn about the alphabet and sound system of Spanish, its diacritical marks, and the similarities between words in Spanish and English
- learn how to greet and/or take leave of people
- learn how to talk about objects in the classroom
-  be introduced to Alejandra, Antonio, Javier, Sofía, and Valeria, five roommates from different Spanish-speaking countries, who will share their interpersonal and cultural experiences with you as you embark on your own study of the Spanish language and cultures

POINTER 1: EL ABECEDARIO ESPAÑOL

POINTER 2: LOS SONIDOS Y LAS LETRAS

POINTER 3: LOS ACENTOS Y LA PUNTUACIÓN

POINTER 4: LOS COGNADOS

Functions
- spell words using the Spanish alphabet
- understand how written accents and other diacritical marks work

PARA EMPEZAR: ME PRESENTO

PARA EMPEZAR: EN LA CLASE

Functions
- meet, introduce, and greet people
- identify things you see and use in the classroom

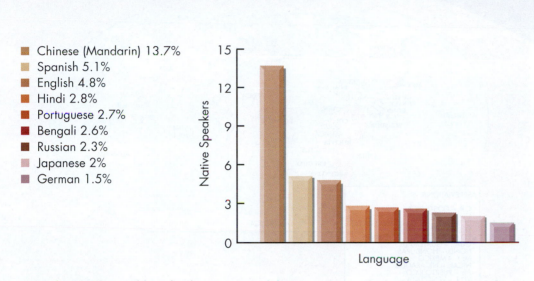

Spanish as a World Language

- Chinese (Mandarin) 13.7%
- Spanish 5.1%
- English 4.8%
- Hindi 2.8%
- Portuguese 2.7%
- Bengali 2.6%
- Russian 2.3%
- Japanese 2%
- German 1.5%

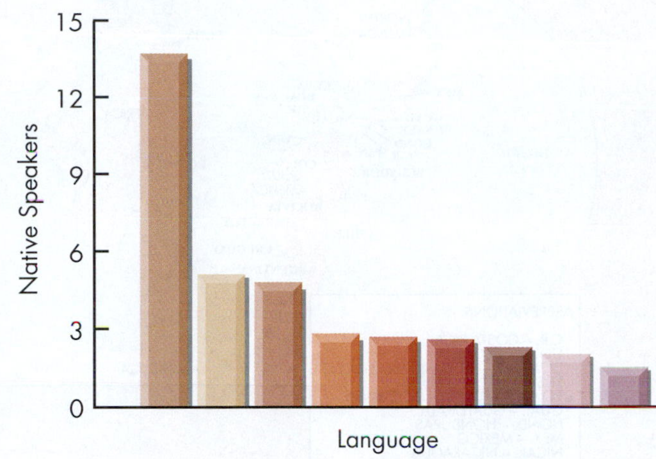

According to *The World Factbook* (2006), which language boasts the highest percentage of **native speakers**? Does this surprise you?

Tools

- the Spanish alphabet
- written accents and other diacritical marks

Tools

- greetings
- introductions
- leave-takings
- vocabulary related to the classroom

Comentarios culturales: El lenguaje corporal

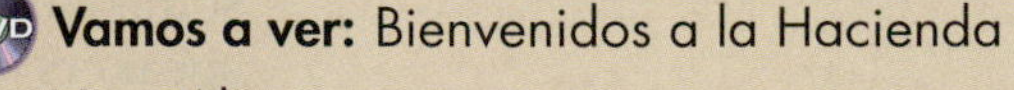

Vamos a ver: Bienvenidos a la Hacienda Vista Alegre

Spanish as a World Language

Over 330 million people speak Spanish as a native language in the world today. It is the official language of a number of countries and is one of the official languages of the United Nations and the European Union. In terms of the total number of speakers, Spanish—along with Mandarin Chinese, English, and Hindi—is one of the four most widely spoken languages in the world.

As you can see in the map, the primary areas where Spanish is spoken are Spain, South America, Central America, Mexico, and the Caribbean. Spanish is also an important language in the United States. There are now approximately 32 million Spanish speakers in this country. Spanish is also spoken in parts of the Philippines, and it is the official language of Equatorial Guinea in Western Africa.

Spanish evolved from Latin and, along with languages such as French, Portuguese, Galician, Catalan, Italian, and Rumanian, is part of the family of Romance languages.

As part of its imperial expansion, Rome conquered most of the Iberian Peninsula (the peninsula in Western Europe where Portugal and Spain are located today) between 218 and 19 B.C. The Romans brought with them the Latin language. Over the course of several centuries, the Latin that was taken to that part of the world evolved into Portuguese, Galician, Catalan, and, of course, Spanish.

Since all languages undergo constant change, Spanish, too, has continued to evolve. The Spanish that is spoken in Spain is different from that which is spoken in Argentina, Mexico, Bolivia, Puerto Rico, and other parts of the Spanish-speaking world. This difference is not unique to Spanish. For example, among English speakers, someone from the U.S. does not sound like someone from Ireland and, likewise, someone from England does not speak like someone from Jamaica. Nevertheless, speakers of English from different countries are able to understand one another, just as people from different Spanish-speaking countries are able to understand one another. Through the audio and video components that accompany this textbook, you will be exposed to a wide variety of Spanish speakers. The Spanish you will be learning to speak in this text will allow you to be understood anywhere you go in the Spanish-speaking world.

Nota cultural

As the Spanish language developed from Latin, it became known as **castellano** *(Castilian)* because of its association with the kingdom of Castille, a part of Spain. The term is still used in Spain and parts of Latin America to refer to the Spanish language, and in many contexts it is interchangeable with **español**.

Nota cultural

The only section of the Iberian Peninsula not conquered by the Romans was what is today known as Euskadi or the Basque Country in northeastern Spain. The language spoken there, **euskera** *(Basque)*, is not a Romance language.

Pointer 1 *El abecedario español*

CD1, Track 2

A good place to start your study of Spanish pronunciation is with the alphabet. Listed below are the letters of the Spanish alphabet along with their names. Repeat the letters after they have been modeled.

a	a	**j**	jota	**r**	ere
b	be	**k**	ka	**s**	ese
c	ce	**l**	ele	**t**	te
d	de	**m**	eme	**u**	u
e	e	**n**	ene	**v**	ve *or* uve
f	efe	**ñ**	eñe	**w**	doble ve, ve doble, *or* uve doble
g	ge	**o**	o	**x**	equis
h	hache	**p**	pe	**y**	i griega
i	i	**q**	cu	**z**	zeta *or* ceta

As you practice using the Spanish alphabet, keep the following in mind:

- Since **b** and **v** are usually pronounced similarly, people often say **b de burro** *(donkey)* and **v de vaca** *(cow)* to distinguish the letters for spelling purposes.
- When there are two **r**'s together in a word, such as in **guerra, ere** becomes **erre** or **ere doble.** When **r** begins a word, follows a consonant, or is in the final syllable it is pronounced **erre: rosa, honra, alrededor.**

Heinle iRadio: To hear more about the pronunciation of **r** and **rr**, visit academic.cengage.com/spanish.

Pointer 2 *Los sonidos y las letras*

In Spanish, there is generally a one-to-one correspondence between the spoken sounds and the written letters. Conversely, in English, there are often letters in the written word that are not pronounced. Consider these English words:

night *thorough* *knife* *knowledge* *doubt*

This situation occurs only occasionally in Spanish. The letter **h** is never pronounced:

hambre **helado** **hilo** **hotel** **humo**

The letter **u** is never pronounced after **q:**

que **queso** **querer**

The letter **u** is never pronounced after **g** before an **i** or an **e:**

guitarra **águila** **Miguel** **guerra**

Apart from the few exceptions mentioned above, all other written letters are pronounced in Spanish. Consider the following words:

salsa **tomate** **limonada** **desayuno** **mermelada**

Nota gramatical

Some letters change their sounds in certain combinations. The combination of **ch** produces a sound similar to the sound of **ch** in the English word *cheese:* **chocolate.** The pair of letters **ll** is pronounced as an English **y** (in most of the Spanish-speaking world) or **zh** (principally in Argentina): **llamar, cabello, valle.** The letter **c** followed by the vowels **a, o,** or **u** is pronounced as [k]: **casa, cosa, cuando,** but when it is followed by **e** or **i**, it is pronounced as [s] or [th]: **cero, cien.** The letter **g** followed by the vowels **a, o,** or **u** is pronounced as [g]: **ganar, tengo, guante,** but when it is followed by **e** or **i**, it is pronounced as [x] or [j]: **gente, girar.**

Heinle iRadio: To hear more about the pronunciation of **g, gu,** and **ga,** of **l, ll,** and **y,** and of **c, s,** and **z,** visit academic.cengage.com/spanish.

Práctica

P-1 A deletrear ***(Spell it)*** The following are the names of the countries where Alejandra, Antonio, Javier, Sofía, and Valeria are from. You will learn more about these five roommates from the ***¡Tú dirás!*** video in this chapter. When you watch the video you'll find out who's from which country. For now, repeat the names of the countries and then spell them using the Spanish alphabet.

MODELO Paraguay
Pe-a-ere-a-ge-u-a-i griega

1. Argentina
2. Colombia
3. España
4. Estados Unidos
5. Venezuela

Now practice with proper names. First spell the five roommates´ names and then spell your own name. Finally, listen to your classmates as they spell their names and try to write down what they say.

6. Alejandra
7. Antonio
8. Javier
9. Sofía
10. Valeria

Pointer 3 *Los acentos y la puntuación*

One way that Spanish spelling differs from English is that a written accent is sometimes used on some letters of the alphabet. A Spanish word is not spelled correctly unless its diacritical marks are in place, nor is a sentence correct without proper punctuation.

Heinle iRadio: To hear more about **Accents** and **Spelling**, visit academic.cengage.com/spanish.

The most frequently used diacritical marks are:

1. **el acento ortográfico** *(written accent)* Used above a vowel to signal that stress is placed on that syllable.

   The written accent allows us to:

   - distinguish between two words that are spelled the same way, but pronounced differently, because they have a different syllable accentuated and, therefore, different meanings.

hablo *(I speak)*	ha**bló** *(it/he/she spoke)*
viaje *(trip)*	viajé *(I traveled)*
secre**ta**ria *(secretary)*	secreta**rí**a *(secretary's office)*

   - distinguish in writing between words that are pronounced exactly the same but have different meanings.

se *(reflexive pronoun: itself/ himself/herself/yourself (formal)/ yourselves (formal)/themselves*	sé *(I know)*
el *(the)*	él *(he)*
tu *(your)*	tú *(you)*
de *(of)*	dé *(give)*

2. **la diéresis** *(dieresis)* Used to distinguish the pronunciation of **gui** and **gue** (in which cases the **u** is not pronounced) from that of **güi** and **güe** (in which cases the **u** is pronounced)

guitarra *(guitar)*	lingüística *(linguistics)*
guerra *(war)*	vergüenza *(shame)*

El acento ortográfico y el acento tónico

If a Spanish word has a written accent **(acento ortográfico),** you can determine where the stress **(acento tónico)** falls in the word. However, not all words have accent marks, so you will need to learn the following guidelines to determine how a word is pronounced.

1. If a word ends in a vowel or the consonants **n** or **s,** and **does not have a written accent,** then the word is stressed on the penultimate (next-to-last) syllable.

cama *(bed)*	pasa**por**te *(passport)*	cua**der**no *(notebook)*
es**cri**ben *(they write)*	**lu**nes *(Monday)*	

2. If a word ends in a consonant, with the exception of the consonants **n** or **s,** and **does not have a written accent,** then it is stressed on the last syllable.

   ver**dad** *(true)* fe**liz** *(happy)* a**zul** *(blue)* cami**nar** *(to walk)*

3. The only time words do not follow this pattern is when they have a written accent mark, in which case the syllable with the accent mark receives the stress.
   - words that do not follow #1: **habló** *(he/she/it spoke)*, **comí** *(I ate)*, **volveré** *(I will return)*, **avión** *(airplane)*, **París** *(Paris)*
   - words that do not follow #2: **fácil** *(easy)*, **cárcel** *(jail)*, **mártir** *(martyr)*, **inútil** *(useless)*

4. As a general rule, Spanish words are stressed on the penultimate syllable. There are, however, words that are stressed on the second-to-last syllable. These words are easy to pronounce and recognize as they always carry a written accent: **último** *(last)*, **cámara** *(camera)*, **lámpara** *(lamp)*.

By following the aforementioned guidelines, you will know how to pronounce all Spanish words.

La puntuación

1. **¿ ? (signos de interrogación)** In Spanish every question must have an upside-down question mark at the beginning.

   ¿Cómo estás? *How are you?*

2. **¡ ! (signos de exclamación)** In Spanish every exclamation must have an upside-down exclamation mark at the beginning.

   ¡Hola! *Hello!*

Práctica

P-2 Más países *(More countries)* These are the names of additional countries in which Spanish is spoken. Repeat the following words and then spell them using the Spanish alphabet and indicating the proper placement of any written accents.

MODELO Perú
Pe-e-ere-u-, con acento en la u

1. Nicaragua
2. Honduras
3. Panamá
4. Costa Rica
5. El Salvador
6. México
7. Bolivia
8. República Dominicana

Pointer 4 *Los cognados*

Nota gramatical
You need to know that not all Spanish words that look like English words have the same meaning. Some common **falsos amigos** *(false cognates)* include **colegio** *(private elementary or secondary school)*, **embarazada** *(pregnant)*, and **sensible** *(sensitive)*.

Words in two or more languages that relate to one another are called *cognates* **(cognados).** There are a number of words in Spanish and English that display marked similarities. Guess the English meaning of the following cognates:

clase	**calculadora**	**importante**	**imaginar**
instructor	**videocasetera**	**profesor**	**mapa**
acento	**cultural**	**universidad**	**profesión**

Thanks to the large number of Spanish-English cognates, you begin your study of Spanish already able to recognize many words.

Para empezar: Me presento

CD1, Track 3

At the beginning of the ***¡Tú dirás!*** video, Alejandra, Antonio, Javier, Valeria, and Sofía introduce themselves upon arriving at their new home in Puerto Rico. Listen to them and take note of the expressions they use.

- The expression **(Yo) soy** means *I am* in English.
- The expression **Me llamo...** is the most commonly used expression in Spanish for *My name is* in English, but it actually reflects a different point of view because it communicates the idea of *I call myself. . . .* Also used in Spanish is **Mi nombre es...,** which more literally expresses *My name is . . .* in English.

"Mi nombre es Alejandra, y soy de Colombia."

"Hola, me llamo Javier y soy argentino."

"Hola, soy Sofía. Y vengo desde España."

"¡Hola! Me llamo Antonio, vivo en Texas, pero soy mexicano."

"Soy Valeria Herrera del Castillo y soy venezolana."

Enfoque léxico *Saludos, presentaciones y despedidas informales y formales*

When greeting people, making introductions, and taking leave, there are expressions that denote different degrees of informality or formality.

- Informal expressions are used in informal settings, with people you know well, and with peers. If you are on a first-name basis with a person, you would most likely use the informal **tú** in Spanish.
- Formal expressions are used in formal settings, with older people, authority figures, or people you do not know very well. If you address a person with a title—for example, Ms., Dr., or professor—you would most likely use the formal **usted** in Spanish.
- It is common for older people or superiors to speak informally, using the informal **tú** to a younger person who addresses them as **usted**.

Nota cultural

In Hispanic cultures, instructors are treated with respect. The title **profesor/a** (or **doctor/a**, where appropriate) is preferred to nonprofessional titles like **señor/señora/señorita**.

	Contexto informal *(informal setting)*	Contexto formal *(formal setting)*	Ambos contextos *(both settings)*
Saludos *(Greetings)*	**¡Hola! ¿Qué tal? / ¿Cómo estás?** *(Hello! How are you?)*	**¿Cómo está usted?** *(How are you?) (to one person)* **¿Cómo están ustedes?** *(How are you?) (to two or more people)*	**Buenos días.** *(Good morning.)* **Buenas tardes.** *(Good afternoon.)* **Buenas noches.** *(Good evening.)*
Respuestas *(Answers)*	**(Muy) bien, gracias. ¿Y tú?** *(Very) well, thanks. And you?)* **Más o menos.** *(So-so.)*	**Bien, gracias. ¿Y Ud.?** *(Fine, thanks. And you?)*	**Bien, gracias.** *(Fine, thanks.)*
Presentaciones *(Introductions)*	**¿Cómo te llamas?** *(What's your name?)* **Me llamo... ¿Y tú?** *(My name is . . . And yours?)* **(Yo) Soy... ¿Y tú?** *(I am . . . And you are?)* **Mi nombre es...** *(My name is . . .)*	**¿Cómo se llama usted?** *(What's your name?)* **Me llamo... ¿Y usted?** *(My name is . . . And yours?)* **(Yo) Soy... ¿Y usted?** *(I am . . . And you are?)*	
Respuestas *(Answers)*			**Encantada.** *(Nice to meet you.) (female speaker)* **Encantado.** *(Nice to meet you.) (male speaker)* **Igualmente.** *(Nice to meet you too. / Same here.)* **Mucho gusto.** *(Nice to meet you.)*

	Contexto informal (*informal setting*)	Contexto formal (*formal setting*)	Ambos contextos (*both settings*)
Presentaciones de otros (*Introducing others*)	**Te presento a...** (*Let me introduce you to . . .*)	**Quisiera presentarle a...** (*I would like to introduce you to . . .*) **Quisiera presentarles a...** (*I would like to introduce you [plural] to . . .*)	
Despedidas (*Good-byes*)	**Chao.** (*Good-bye.*) **Nos vemos.** (*See you.*) **Hasta ahora.** (*See you soon.*) (*the same day*) **Hasta la próxima.** (*Until we meet again.*) **Hasta luego.** (*See you later.*)		**Adiós.** (*Good-bye.*) **Hasta pronto.** (*See you soon.*) **Hasta mañana.** (*See you tomorrow.*)

Práctica

P-3 ¿Tú o usted? Which form (**tú** or **usted**) would you use with the following people?

1. el/la profesor/a de español
2. el señor Alberto González
3. Alejandra
4. el doctor Vidal
5. Javier
6. la señora Condoleeza Rice
7. la doctora Matos
8. Antonio

P-4 Saludos, preguntas y despedidas With a partner, respond to each of the greetings, questions, and leave-takings appropriately.

1. ¿Qué tal?
2. ¿Cómo están ustedes?
3. Chao.
4. Buenas noches.
5. ¿Cómo se llama usted?
6. Buenos días.

P-5 Más saludos What do you say so that your partner might answer with the responses listed below?

MODELO ¡Chao!
Hasta luego.

1. Buenas tardes.
2. Bien, gracias.
3. Encantado.
4. Mi nombre es Sara.
5. Igualmente.
6. Soy el señor Rodríguez.
7. Más o menos.
8. Nos vemos.

P-6 ¡Hola! ¿Qué tal? You are with a new student and you meet a friend in the hallway. You and your friend greet each other, and you introduce the new student. Form groups of three to act out this situation.

MODELO
Tú: *¡Hola! ¿Qué tal?*
Amigo/a: *Bien, gracias. ¿Y tú?*
Tú: *Bien, gracias. Te presento a Marilú.*
Amigo/a: *¡Hola Marilú! Me llamo...*
Marilú: *Mucho gusto.*

P-7 ¿Cómo te llamas? Take a few minutes to walk around the classroom, greeting other people in the room and asking and telling each other your names. Follow the model.

MODELO
Tú: *¡Hola! Me llamo... ¿Cómo te llamas?*
Amigo/a: *¡Hola! Soy... ¿Cómo estás?*
Tú: *Bien. ¿Y tú?*
Amigo/a: *Bien, gracias.*

P-8 Buenos días, profesor/a Greet and shake hands with your instructor, introduce a classmate to him or her, and then say good-bye.

P-9 ¡Hasta mañana! Say good-bye to your classmates and your professor.

Comentarios culturales

El lenguaje corporal

"We never shake hands when we greet each other: we kiss and hug without reserve, not really thinking about that so-called personal space that non-Latinos hold dear."

(Sandra Guzman, *The Latina's Bible: The Nueva Latina's Guide to Love, Family, Spirituality and La Vida* [2002]).

In Hispanic cultures, the body language that accompanies greetings and good-byes is often different from that observed in the United States. It is customary for men to shake hands formally or, if they already know one another, to embrace and pat each other on the back. Among women, the custom is to shake hands if they don't know one another, and, if they do, to kiss on both cheeks in Spain and on only one cheek in Latin America. When a man and woman who know each other meet, they generally kiss on both cheeks or on one cheek depending on the country.

In addition to the differences in physical contact, when Spanish speakers of any age greet one another or engage in conversation, they generally stand closer together than do English speakers. This decrease in distance is a normal, nonverbal behavior that Spanish speakers associate with greetings and leave-takings. Nevertheless, as a consequence of cultural differences in perceptions of personal space, English speakers may feel that Spanish speakers are standing too close for comfort.

Integración cultural

1. What are some of the ways that Spanish speakers normally say hello? And good-bye?
2. What do you normally do when you greet or say good-bye to people?
3. What main differences do you notice between the way greetings and leave-takings are conducted in Spanish-speaking countries and the way they are handled in other cultures? What is your opinion of the way in which Spanish speakers greet and take-leave of one another? What effect, if any, do they have on you?
4. When greeting and taking leave of people, how much personal space do you require in order to feel comfortable? Have you ever experienced an "invasion" of your personal space when meeting someone? If so, how did you react? Did your reaction have any effect on the other person?

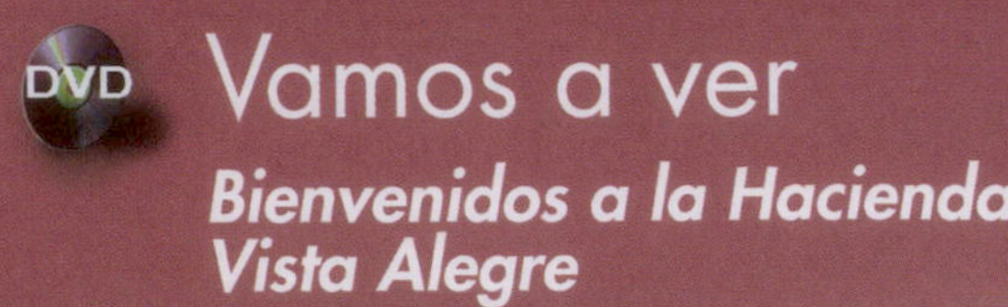

Vamos a ver

Bienvenidos a la Hacienda Vista Alegre

In each chapter of *¡Tú dirás!*, you will follow the lives of five people from different Spanish-speaking countries, who have come together to live and learn in **La Hacienda Vista Alegre** outside San Juan, Puerto Rico. In order to help you better comprehend what you see and hear, you'll complete three types of activities: pre-viewing activities (**Anticipación**), viewing activities (**Vamos a ver),** and post-viewing activities (**Expansión**).

Now, let's get started with the first video segment: **Bienvenidos a la Hacienda Vista Alegre.**

Anticipación

Saludos y presentaciones Working in groups of five, predict how the new roommates will introduce themselves. Consider both the verbal expressions that they may use (e.g., **Hola, Me llamo...,** etc.) and their body language (e.g., handshakes, hugs, kisses, etc.). Based on your predictions, create a brief skit to present to the class. Each group member should play the part of one of the new roommates: Javier, Alejandra, Antonio, Sofía, and Valeria.

Vamos a ver

El lenguaje corporal As you watch the video for the first time, pay attention to the roommates' body language. Complete the following chart, indicating which of the following actions takes place as the roommates meet each other for the first time.

Acción	¿Quiénes?
darse la mano *(shake hands)*	
abrazarse *(hug each other)*	
darse un beso *(kiss each other)*	
hablar sin contacto *(talk without touching)*	

Check your answers with those of your group members. What differences and similarities did you observe between the body language in the skit your group created and that in the actual video segment?

Now, as you watch the video a second time, place a check mark next to the verbal expressions that you hear.

______	Hola.	______	Mi nombre es...
______	Buenos días.	______	(Yo) soy...
______	Buenas tardes.	______	Muy bien, gracias.
______	Buenas noches.	______	¿Cómo te llamas?
______	¿Qué tal?	______	Encantada.
______	¿Cómo estás?	______	Igualmente.
______	Me llamo...	______	Te presento a...

Check your responses with those of your group members. Which of the expressions found in the video segment were included in your group's skit and which were not?

Expansión

Vivir con compañeros Working with a partner, answer the following questions.

1. Based on your initial impressions of the five new roommates, which roommates will get along well and which will not? Explain your reasoning.
2. Have you ever been in a situation in which you had to share living space, such as living with roommates or being from a large family? What are some advantages and disadvantages of living with other people? Explain.

Para empezar: En la clase

Expansión léxica

El televisor is the television set itself; **la televisión** is the programming, in other words, the shows that are broadcast. Thus, you might *buy* **un televisor** but you would likely *watch* **la televisión.** The informal term for *television* is **la tele.**

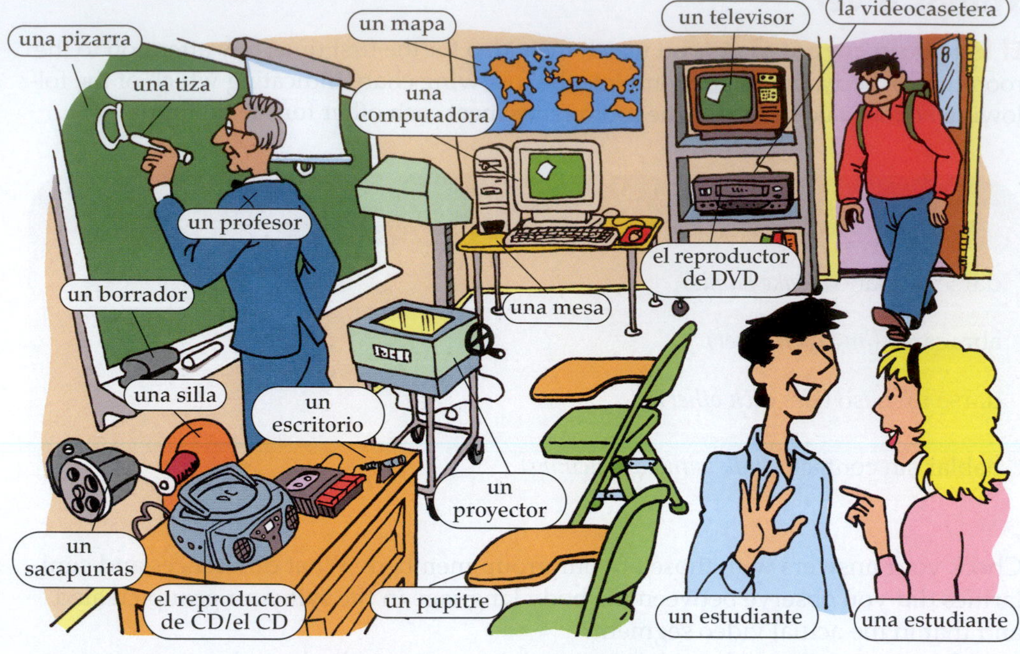

Expansión léxica

Un bolígrafo (informally, **un boli**) is *a ballpoint pen.* **Una pluma** is another word for *a pen,* but in Spain and some other regions **una pluma** refers specifically to a fountain pen. **Un rotulador** or **un marcador** is *a marker* or *highlighter.* **Un lapicero** is another word for *a mechanical pencil.*

¿Qué llevas a la universidad? *(What do you bring to school?)*

una mochila	*backpack*	una calculadora	*calculator*
un cuaderno	*notebook*	un diccionario	*dictionary*
unos libros	*books*	unos papeles	*sheets of paper*
un lápiz	*pencil*	una (computadora) portátil / el laptop	*laptop computer*
un bolígrafo	*pen*		

Práctica

P-10 ¿Qué llevas tú a la clase de español? ***(What do you bring to Spanish class?)*** List the items you brought to class today.

P-11 Las clases y las cosas ***(Classes and things)*** Complete the table below listing two or three items you need for each of these courses. Don't worry if the class names are new; they are all cognates.

español	literatura	biología	matemáticas	arte	teatro

P-12 ¡Imaginario! ***(Pictionary!)*** Using the classroom vocabulary on this page, draw images of three words and have your partner identify them as quickly as possible. Then switch roles.

P-13 ¿Qué tal tu memoria? One member of your group will empty his or her bookbag, allow the other members of the group to observe the items for 30 seconds, and then remove the items from view. Take two or three minutes to independently list all the items you recall seeing. Use your new vocabulary in Spanish! Who remembered the most items? If there is time, switch roles and try this again.

VOCABULARIO

The **Vocabulario** section consists of all new words and expressions presented in the chapter. When reviewing or studying for a test, you can cover up the English and go through the list to see if you know the meaning of each item.

Enfoques léxicos *Lexical focuses*

Saludos	*Greetings* (p. 10)
Presentaciones	*Introductions* (p. 10)
Presentaciones de otros	*Introducing others* (p. 11)

En la clase *In the classroom (p. 16)*

el bolígrafo	*pen*
el borrador	*eraser*
la calculadora	*calculator*
la computadora	*computer*
la (computadora) portátil / el laptop	*laptop computer*
el cuaderno	*notebook*
el diccionario	*dictionary*
el escritorio	*desk*
el estudiante	*student (male)*
la estudiante	*student (female)*
el lápiz	*pencil*
el libro	*book*
el mapa	*map*
la mesa	*table*
la mochila	*backpack*
el papel	*sheet of paper*
la pizarra	*chalkboard*
el profesor	*teacher (male)*
la profesora	*teacher (female)*
el proyector	*overhead projector*
el pupitre	*student desk*
el reproductor de CD	*CD player*
el reproductor de DVD	*DVD player*
el sacapuntas	*pencil sharpener*
la silla	*chair*
el televisor	*television set*
la tiza	*chalk*
la videocasetera	*VCR*

Vamos a tomar algo

CHAPTER OBJECTIVES

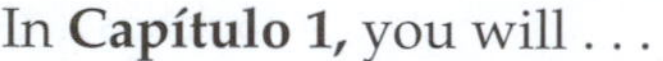

In **Capítulo 1,** you will . . .

- learn the words and phrases needed to order food and drinks at breakfast, snack-time, lunch, and dinner
- develop skills that will enable you to move beyond greetings to descriptions of yourself and your activities
-  learn about the history of the Hispanic world
-  discover Eddie Palmieri
-  discover from which Hispanic countries the five room-mates hail and watch how they interact with one another
- learn about the tradition of **tapeo**

PRIMERA ETAPA: EN UN CAFÉ

Functions

- identify and order drinks, breakfast, and snacks
- talk about yourself and your activities

SEGUNDA ETAPA: VAMOS A COMER Y CENAR

Functions

- identify and order lunch and dinner items
- describe foods and drinks
- indicate where people and things are from

TERCERA ETAPA: EN UN RESTAURANTE

Functions

- identify the items on a restaurant table
- read a restaurant menu and select and order food

El mundo hispano

- México 106
- Colombia 43
- EE.UU. 40.5
- España 40
- Argentina 39.5
- Perú 29
- Venezuela 25
- Chile 16
- Guatemala 14.7
- Ecuador 14.2
- Cuba 11.3
- República Dominicana 9
- Bolivia 8.9
- Honduras 7
- El Salvador 6.7
- Paraguay 6.3
- Nicaragua 5.3
- Costa Rica 4
- Puerto Rico 3.9
- Uruguay 3.5
- Panamá 3
- Guinea Ecuatorial 0.5

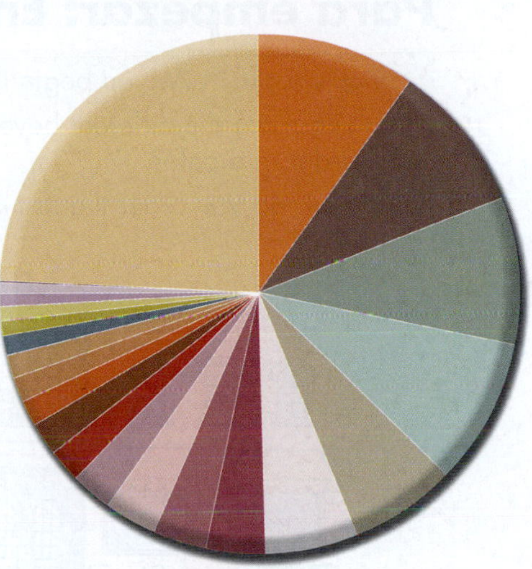

Población hispanohablante (millones de personas), según datos de 2006
(Source: U.S. Bureau of the Census)

Tools

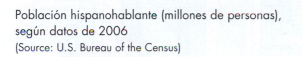

- Vocabulary for:
  - drinks, breakfasts, and snacks
  - ordering food and drinks
- Grammatical structures:
  - indefinite articles and gender agreement
  - subject pronouns and present-tense **-ar** verbs

Comentarios culturales: El mundo hispano
Tú dirás: Nuestro café
Vamos a escuchar: Un café en Puerto Rico

Tools

- Vocabulary for:
  - lunches and dinners
  - describing drinks and foods
  - nationalities
- Grammatical structures:
  - definite articles and number agreement
  - present tense of **ser** and **ser** + **de** + country of origin

Comentarios culturales: Café
Tú dirás: Nuestro café mejorado
Vamos a ver: A conocernos mejor

Tools

- Vocabulary for:
  - table settings
  - useful expressions in a restaurant
- Grammatical structures:
  - **estar** + adjectives
  - present-tense **-er** and **-ir** verbs

Vamos a leer: Las tapas

PRIMERA ETAPA

Para empezar: En un café

Preparación: As you begin this **etapa,** answer the following questions:

- What are the different beverages, breakfast items, and snack items you can order in a café?
- How do you order the drinks and foods you want?

El desayuno *(breakfast)*

La merienda *(afternoon snack)*

Expansión léxica

In Spain and most of Latin America, **un café** and **un cafecito** are a demitasse of strong black coffee. **Un cortado** is strong black coffee with just a drop of milk. Plain black coffee is **un café solo, un café negro,** or, in the Caribbean, **un café prieto.** If you prefer less potent coffee, ask for **un café americano.**

Expansión léxica

Un bocadillo is called **una torta** in Mexico and in some South American countries. There are **bocadillos de queso** *(cheese)*, **de jamón** *(ham)*, **de chorizo** *(sausage)*, **de tortilla** *(Spanish omelette)*. In Spain and some parts of South America, **una tortilla** is a sort of crustless quiche (Spanish omelette), while in Mexico and Central America it is a flat, usually soft, cornmeal and wheat bread.

Práctica

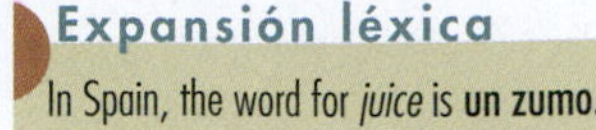
Expansión léxica

In Spain, the word for *juice* is **un zumo.**

1-1 Identificar Indicate what each of the following people is eating and drinking.

1. ______________________________
2. ______________________________
____
3. ______________________________
____

1-2 En el café Imagine that you and one of your classmates are sitting in a café.

Paso 1. First, individually, write down the drinks and food items you would order for the following:

Yo

Para el desayuno ______________________________

Para la merienda ______________________________

Paso 2. Now ask your classmate what she or he would order and write down her or his selections below.

Mi compañero/a

Para el desayuno ______________________________

Para la merienda ______________________________

Did you order similar or different items?

Paso 3. Finally, conduct a class survey to find out which breakfast and snack items were the most popular. Each person in the class should state what she or he decided to order for both breakfast and a snack while a student volunteer lists the items on the board under the headings **Desayuno** and **Merienda.** Every time an item is repeated, a check mark should be placed next to it so that, in the end, the items can be counted and tallied. What were your class´s favorite breakfast and snack items?

Las preferencias de mi clase de español

Desayuno ______________________________

Merienda ______________________________

Enfoque léxico *Expresiones útiles en un café*

Now that you have learned the vocabulary for beverages, breakfast items, and snack items, look at the following common expressions used in a café.

	Mesero/a	Cliente *(customer)*
Para llamar la atención *To get someone's attention*		Perdone./Oiga. *(Excuse me.)* ¡Mesero/a, por favor! *(Waiter, please!)*
Para pedir algo *To order something*	¿Qué va(n) a tomar? *(What are you [you all] going to eat / drink?)*	Yo voy a/Nosotros vamos a tomar un _______ /una _______. *(I am/We are going to have . . .)*
	¿Y usted(es)? *(And you [you all]?)*	Yo, un ______ / una _______. *(For me, . . .)* Y yo, un ______ / una ______. *(And for me, . . .)*
	¿Algo más? *(Anything else?)*	Sí, para mí _______. *(Yes, for me . . .)* Y para mí _______. *(And for me . . .)* Sí, también quiero/ queremos… *(Yes, I/we also want . . .)* Sí, otro(a) ______, por favor. *(Yes, another ______, please.)* No, gracias. *(No, thanks.)* Por ahora, nada más. *(Nothing else for now.)*
	Muy bien, (muchas) gracias. *(OK. Thank you [very much].)*	
Para servir algo *To serve something*	Aquí tiene(n). *(Here you [you all] are.)*	

Práctica

1-3 Conversaciones de café You and your friend are in Spain at the Café Ibiza and want to order something to drink and eat. Look at the menu below to make your selections and use the expressions you learned on the previous page. A classmate will play the role of the waiter or waitress. After you have ordered, reverse roles.

MODELO

MESERO: *¿Qué van a tomar?*
PEDRO: *Yo un café solo, cereales y un yogur.*
LUIS: *Y para mí, churros y un café con leche.*
MESERO: *Muy bien, gracias.*

• • •

MESERO: *Aquí tienen.*
LUIS Y PEDRO: *Gracias.*
MESERO: *¿Algo más?*
LUIS: *Sí, una botella de agua mineral.*
PEDRO: *Y otro café para mí, por favor.*

Café Ibiza
Bebidas
Agua mineral (50 cl) . . . . .2 €
Refrescos . . . . .1,75 €
Zumo de naranja . . . . .3 €
Café (solo o con leche) . . . . .1,50 €
Té . . . . .1,50 €
Desayunos y Meriendas
Churros . . . . .1,50 €
Yogur . . . . .1 €
Huevos revueltos . . . . .3 €
Cereales . . . . .2 €
Tostada . . . . .1,25 €
Bocadillos . . . . .3,50 €
(de queso, de jamón...)
IVA incluido

Nota cultural

Since January 2002, the official currency of Spain and most of the European Union is the euro, **el euro** (**€**). The plural of **el euro** is **los euros**. Notice that when indicating cents, Spanish uses a comma not a period.

Expansión léxica

In Spain, the term **tostada** is used to refer to **pan tostado**.

Nota cultural

The general value added tax **(IVA)** in Spain is 16%. There is, however, a reduced IVA **(IVA reducido)** of 7% for food items, restaurant dining, hotels, cultural events, etc. Cafés and restaurants will indicate on their menus whether this tax is included or not in the prices listed.

Enfoque estructural *El artículo indefinido y el género*

You may have noticed that when people order drinks and food, they say:

Quiero **un** café con leche, por favor.

Y para mí, **una** tostada y **una** botella de agua.

The English equivalent of **un** and **una** is *a* or *an*. The equivalent of **unos** and **unas** is *some.*

Since in Spanish all nouns have a grammatical **gender** (masculine or feminine) and **number** (singular or plural), indefinite articles must match both the gender and number of the nouns that they accompany. This is referred to as *agreement* or **concordancia,** in Spanish.

	Masculino	Femenino
Singular	**un** refresco	**una** tostada
Plural	**unos** bocadill**os**	**unas** botell**as** de agua mineral

How to determine the gender of nouns

For an English speaker it is not surprising that a waiter **(un mesero)** is masculine and a waitress **(una mesera)** is feminine. However, it may be startling to learn that **un café** is masculine and **una botella de agua** is feminine. In most cases, the grammatical gender has nothing to do with the actual meaning of the word. The following are some rules that you should follow in order to determine the gender of nouns.

1. In Spanish, nouns that refer to male beings are masculine: **un mesero, un amigo.** Likewise, nouns that refer to female beings are feminine: **una mesera, una amiga.**

2. Most nouns that end in **-o** are masculine: **un refresco, un jugo, un bocadillo.** Also, most nouns that end in **-l** or **-r** are masculine: **un papel, un profesor.**

3. Most nouns that end in **-a** are feminine: **una taza** *(a cup),* **una botella, una terraza.** Also, most nouns that end in **-ión, -dad,** and **-tad** are feminine: **una lección, una universidad, una amistad** *(friendship).*

4. Some nouns do *not* follow the rules stated above:
   - A noun that ends in **-a** but is masculine: **un día** *(day),* and a noun that ends in **-o** but is feminine: **una mano** *(hand)*
   - Nouns that do not refer to male or female beings and have an ending other than **-o** or **-a** can be either masculine or feminine, for example, **leche** and **clase** are feminine nouns that end in **-e** and **café** and **té** are masculine nouns that end in **-e.**

Nota gramatical

Many words that end in **-ma**, **-pa**, **-ta** are masculine and are easily recognizable as cognates: **un problema**, **un sistema**, **un poema**, **un programa**, **un mapa**, **un planeta.** Masculine words ending in **-ma** are generally words derived from Greek.

Práctica

1-4 ¡Qué memoria! *(What a memory!)* One of the waiters at **Café Ibiza** is new and keeps forgetting to write down the food and drink orders. Now he is trying to remember what everyone ordered because two of his tables just asked for their checks. Refer back to the café menu on page 23 and help him fill in the missing indefinite articles: **un, una, unos, unas.**

Café Ibiza

Mesa: 1

Número de personas: 2

un	café solo	1,50 €
______	zumo de naranja	3 €
______	botella de agua	2 €
______	cereales	2 €
______	tostadas	2,50 €

¡Gracias por venir!

Café Ibiza

Mesa: 3

Número de personas: 4

______	café con leche	1,50 €
______	refresco	1,75 €
______	churros	1,50 €
______	bocadillo	3,50 €
______	yogur	1 €
______	huevos revueltoes	3 €

¡Gracias por venir!

Enfoque estructural *Los pronombres personales y el presente de los verbos regulares terminados en* ***-ar***

Los pronombres personales

Subject pronouns is the term used to refer to the following set of words:

- *I, you, he, she, it, we, they*

Pronouns are often identified by their *person* and *number.*

- *Number* refers to whether the pronoun is singular or plural.
- *Person* (first, second, and third) refers to the relationship between the speaker and the referent: first person = the speaker = **yo** *(I);* second person = the person *to whom* the speaker speaks = **tú** *(you);* third person = the person *about whom* the speaker speaks = **él/ella** *(he/she).* Plural forms follow suit.
- It is common to use the terms associated with *person* and *number* to distinguish the different pronouns. For example: *first person singular* refers to **yo** while *third person plural* refers to **ustedes, ellos,** or **ellas.**

Pronombres personales

	SINGULAR		PLURAL	
1st person	**yo** *I*		**nosotros/as** *we*	two or more males or a group of males and females; **nosotras,** used when referring to a group of all females
2nd person	**tú** *you*	one person, used when you are on a first-name basis	**vosotros/as** *you*	used only in Spain with two or more people with whom you are on a first-name basis; **vosotras,** used when referring to a group of all females
	usted (Ud.) *you*	one person, used with people you do not know very well, your superiors, and older people in general	**ustedes (Uds.)** *you*	used with more than one person
3rd person	**él** *he*	one male or a masculine object	**ellos** *they*	two or more males, a group of males and females, or a group of objects
	ella *she*	one female or a feminine object	**ellas** *they*	two or more females or a group of all feminine objects

Nota gramatical

In Spain, **vosotros/as** is used as the plural of **tú** to address your peers and people with whom you are on a first-name basis. Nowadays, you will hear **tú** and **vosotros** used in many situations in Spain. **Ustedes** *(you, plural)* is used in Spain as the plural of **usted** to address people you don't know very well, superiors, and older people. In the rest of the Spanish-speaking world, **ustedes** is used as the plural of both **tú** and **usted.** The pronouns **usted** and **ustedes** are generally lowercased when spelled out, but are usually capitalized when abbreviated **(Ud., Uds.).**

El presente de los verbos regulares terminados en *-ar*

1. Verbs are divided into three groups, **-ar, -er,** and **-ir,** according to the endings of their *infinitives*—the form having neither subject nor tense. The verb itself consists of two parts: a *stem* or *root*, which carries the meaning, and an *ending*, which in conjugated forms indicates the subject and the tense. For the infinitive of the verb **tomar** *(to take, to drink)*, **tom-** is the *stem* and **-ar** is the *ending*.

2. Although verb endings in English seldom change, verb endings in Spanish change for each person (1st, 2nd, or 3rd). The endings indicate who the subject is in each case: **tomo un refresco** *(**I drink** a soda)*, **tomamos agua** *(**we drink** water)*. In the sentences below, note the different endings for each subject:

Tomo un refresco.	***I am drinking*** *a soda.*
¿Qué **tomas** tú?	*What **are you drinking**?*
¿**Toma** algo más?	***Is he/she drinking*** *something else?*
Tomamos agua, gracias.	***We are drinking*** *water, thanks.*
Teresa y Paco **toman** un café.	*Teresa and Paco **are drinking** coffee.*

The present tense in Spanish is used as the equivalent of several present forms in English: *I drink, I am drinking,* and *I do drink.*

3. To conjugate a regular **-ar** verb (that is, to create the different forms of the verb with their corresponding endings), drop the **-ar** and add the appropriate endings to the stem.

> **Nota gramatical**
> An infinitive is a verb that is not conjugated. For example, in English *to want* is an infinitive, and *he wants* is a conjugated form of the verb.

The verb **tomar** *(to drink)* is conjugated in the following way:

Subject	Stem	Ending	Conjugated verb form
yo		**-o**	tom**o**
tú		**-as**	tom**as**
Ud. / él / ella		**-a**	tom**a**
nosotros/as	**tom-**	**-amos**	tom**amos**
vosotros/as		**-áis**	tom**áis**
Uds. / ellos / ellas		**-an**	tom**an**

> **Nota gramatical**
> Although subject pronouns are almost always required in English, in Spanish they are generally omitted, except when needed for added clarity or emphasis. The reason for this is that the verb endings themselves indicate who the subject is. Since the third person **(él, ella, Ud., ellos, ellas, Uds.)** may refer to many people or things, a specific subject or subject pronoun may be used for clarification. If there is no doubt who or what a given subject is, avoid using the subject pronoun.

Some regular *-ar* verbs

bailar *to dance*
caminar *to walk*
cantar *to sing*
comprar *to buy*
desear *to want*
enseñar *to teach, to show*
escuchar *to listen (to)*
estudiar *to study*
hablar *to speak, talk*
practicar *to practice*
tomar *to take, drink, have*
trabajar *to work*
viajar *to travel*

Práctica

1-5 ¿Tú, usted, vosotros o ustedes? Imagine that you have decided to study abroad in Spain for a semester and you just arrived in Madrid. Which form of *you*—**tú, usted, vosotros,** or **ustedes**—will you use to greet and address the people you meet? Indicate your answer by putting an **X** under the appropriate subject pronoun.

Personas	tú	usted	vosotros	ustedes
1. Your host parents when you meet them at the airport for the first time				
2. Your host parents after living with them for a month				
3. Your host parents' child, a five-year-old				
4. Your professor at the university				
5. Your classmates				

1-6 ¿Yo, él, ella, nosotros, nosotras, ellos o ellas? While you are living in Spain you will be having many new experiences. Which pronouns will you use to refer to the following people and things?

1. your Spanish host mother
2. a coffee
3. yourself
4. the young women in the apartment next door
5. you and your fellow travelers
6. the waiters at your favorite café
7. your grammar teacher, Pedro Munilla
8. a bottle of water

1-7 ¿Quién estudia español? Practice conjugating the verb **estudiar** by identifying who studies Spanish.

MODELO Raúl and Julia
(Ellos) Estudian español.

1. Rafael
2. Professors Sánchez and Galgo
3. I
4. You and I
5. Pedro and María Luisa
6. Begoña

1-8 ¿Bailas? Work with a classmate to find out if each of you performs or does not perform the following activities. Make sure to take notes! When you finish this activity, share your findings with the class.

MODELO bailar
—¿Bailas?
—No, no bailo.
o
—Sí, bailo.

1. escuchar música latina
2. estudiar español
3. trabajar
4. tomar agua en clase
5. hablar inglés
6. caminar a clase

1-9 Actividades de la clase Using the information you gathered in **1–8,** write a summary of the activities that you and your classmates do. Use different subject pronouns in your summary by writing sentences that refer to different people: **mis amigos y yo..., María y Pedro..., un compañero..., unos compañeros..., un estudiante de la clase...**

____

____

____

____

____

____

____

____

____

____

Nota gramatical

When you answer *yes* to a *yes/no* question, say **sí** and repeat the verb used in the question: **¿Estudias español? —Sí, estudio español.** When you answer *no*, say **no**, pause, and then repeat **no** before repeating the verb used in the question: **¿Tomas refrescos? —No, no tomo refrescos.** Remember that you can also answer *yes/no* questions by simply saying **sí** or **no**.

Comentarios culturales

El mundo hispano

Anticipación

Predicciones The following topics will be discussed in the video:

- the colonization of Latin America
- Latin America´s fight for independence from Spain

Using your background knowledge (i.e., what you already know) of these topics, work with a partner and together predict what type of information will be presented in the video. Make a list for each topic.

Los cognados Before you watch the video, state what you think the following cognates, taken from the video segment, mean in English:

a. centros administrativos
b. colonización
c. independencia
d. mucha variedad
e. Península Ibérica

Now, complete the following lines from the video with the cognates above.

1. "En el mundo hispano hay *(there is)* ____________________ de gente y cultura."
2. "El idioma nació *(was born)* en la ____________________, que actualmente está compuesta de *(is made up by)* España y Portugual."
3. "Como resultado de *(as a result of)* la ____________________ de muchas partes del mundo por España durante el siglo XVI, ahora se habla español en muchos lugares *(places)*."
4. "Los ____________________ del Imperio Español en América fueron *(were)* el virreinato *(viceroyalty)* de Nueva España en México, el virreinato de Nueva Granada en Colombia y el virreinato de Perú."
5. "La mayoría *(majority)* de los países hispanoamericanos lograron *(achieved)* la ____________________ de España para el año 1825."

Vamos a ver

Comprensión As you watch the video, answer the following.

1. The video describes how Latin American cultures were shaped by the mixture of language and culture from Spain with that from other groups. Which of the following groups are mentioned?

   ❑ las culturas europeas
   ❑ las culturas de los grupos indígenas (aztecas, mayas, incas, etc.)
   ❑ las culturas africanas
   ❑ las culturas asiáticas

2. According to the video, Latin American countries share many important heroes who helped liberate them from Spanish rule. Which of the following heroes are mentioned in the video?

   ❑ José de San Martín
   ❑ Dona Marina (La Malinche)
   ❑ Bernardo O´Higgins
   ❑ José María Morelos y Pavón
   ❑ Simón Bolívar
   ❑ José Martí
   ❑ Benito Juárez
   ❑ Pancho Villa

Expansión

Before watching the video, you and a partner made predictions about what information would be mentioned in the video. Now that you have seen the video, review your initial list. Was any of the information from your list included in the video?

What additional information did you have that was not mentioned in the video? Share this information with the class.

Tú dirás

Nuestro café

You and your classmates are going to design your own café, transforming your classroom into a city square. In groups of three or four, complete the following steps.

Design and planning stage

- Invent a name for your café and create a sign.
- Create your café's menu. Remember that your café will be located in a city square with many other cafés. So, be sure to figure out how you are going to make your café stand out from the rest.
    - What will you offer to your customers? Use your imagination and the vocabulary terms presented in this **etapa.**
    - How much will you charge? Determine the prices for all items on your menu.
    - Will you offer any specials such as **combinados,** that is, a drink and breakfast or snack item offered together at a discounted price?

The grand opening

Once all of the groups have named their cafés and created their menus, it is time to transform your classroom into a city square.

- Divide the classroom into the various cafés. Group members should sit together and display their café's sign.
- Check out the competition and serve your customers at the same time. Determine who in your group will be a spy and who will be the wait staff.
    - The spy will visit all of the other cafés. At each café, the spy must pretend to be a normal customer by looking at the menu and using the expressions from this **etapa** to get a waiter's attention and order drinks and food items.
    - The wait staff will have to use the expressions from this **etapa** to take the customers' orders and to give them their food.

Evaluation stage

- The group spy should report back his or her findings to the other group members. What is the name of the café? What is on the menu? Are there **combinados**?
- With this newly gained information, the group members should re-evaluate their café's name, menu offerings, and pricing and determine what, if any, modifications they would like to make.

Lessons learned

Finally, a spokesperson from each café should report the following to the class:

- What, if any, modifications his or her group decided to implement: **Ahora, hay** *(there is)* ______ **en el menú; hay** *(there are)* **combinados de** ______.
- Why such modifications were deemed necessary: **En el café** ______, **hay** ______.

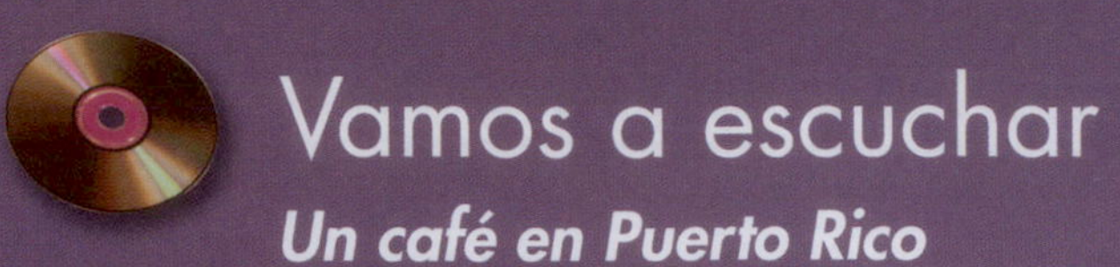

Vamos a escuchar

Un café en Puerto Rico

Sofía and Javier, two of the roommates from the ***¡Tú dirás!*** video decide to check out the local cafés in downtown San Juan. Listen carefully to the conversation they have in one of the cafés. Try to understand as much as you can, but remember that you are not expected to recognize or understand every word. Focus on the vocabulary and expressions you do recognize.

Antes de escuchar

What type of café do you prefer? Consider the following characteristics:

- the architecture and interior design
    - style and decoration: traditional, modern, etc.
    - types of seating: tables, chairs, sofas, etc.
- the atmosphere
    - music: yes or no; and if yes, what kind?
    - people: crowded or empty

Before you listen to the conversation, look at the exercises in the **Después de escuchar** section.

Después de escuchar

CD1, Track 5

There are two parts to Sofía and Javier´s conversation in the café. Listen to the first part and complete the following exercises.

Primeras impresiones del café

1. What in particular does Javier like about the café's atmosphere?
2. What does Sofía like?

¿Quién? What do Sofía and Javier decide to eat and drink? Write **S** for Sofía and **J** for Javier.

______ un café con leche	______ churros
______ un té	______ un bocadillo
______ un jugo de naranja	

CD1, Track 5

Now listen to the first part of their conversation again and complete the following exercise.

En más detalle

1. Which of the following types of **bocadillos** does the café offer?
   - ❑ bocadillos de chorizo
   - ❑ bocadillos de queso
   - ❑ bocadillos de atún y pimiento
   - ❑ bocadillos de jamón
2. The waiter says the following to Sofía and Javier after taking their order: **"Muy bien, gracias. Enseguida lo traigo."** Based on the context, what do you think **"Enseguida lo traigo"** means?

   ____

CD1, Track 6

Now listen to the second part of the conversation and answer the following.

¿Qué opinan Sofía y Javier?

1. The waiter asks Sofía and Javier how everything is. What do they reply?
   - ❑ Todo está delicioso.
   - ❑ Todo está perfecto.
   - ❑ Todo está horrible.
   - ❑ Todo está rico *(delicious)*.
2. What else do Sofía and Javier order?

   ____

CD1, Tracks 5, 6

Listen to the entire conversation again and then complete the following exercise.

¿Cómo lo dicen? As you listen to both parts of the conversation again, see if you can determine the following.

1. How does Sofía ask Javier if he´s ready to order? Write the question she asks.

   ____

2. Which of the following expressions does the waiter use when serving Sofía and Javier?
   - ❑ Buen provecho.
   - ❑ ¡Que aproveche!

   What do you think this expression means?

   ____

SEGUNDA ETAPA

Para empezar: Vamos a comer y cenar

Preparación: As you begin this **etapa,** answer the following questions:

- What beverages and food items do people typically have for lunch and dinner?
- What words do you use to describe drink and food items? For example: *delicious, tasty, spicy, sour,* etc.

Una comida en familia

Una cena en casa con amigos

Práctica

1-10 Mis preferencias Look at the drawings of the family eating lunch and the friends having a dinner party and answer the following questions.

1. If you were a member of the family, what would you have chosen to eat and drink?

   Para comer: ________________________________

   Para beber: ________________________________

2. Do you like the selection of food at the dinner party? Complete one of the following expressions with your opinion.

   Sí, porque me gusta *(I like)* cenar ___________________________.

   No, porque no me gusta cenar ___________________________.

Now share your answers for questions 1 and 2 with a classmate.

1-11 ¿Va(n) a tomar algo? When asked this question, the people pictured below answered **sí**, but each had a different idea in mind. Match each statement with the person who said it using the clues in the drawings.

a.

_____ **1.** Voy a comer espaguetis, y para beber una cerveza.

b.

_____ **2.** Voy a cenar sopa y ensalada, y para beber una copa de vino.

c.

_____ **3.** Yo quiero bistec con arroz y una botella de agua.

d.

_____ **4.** Para cenar nosotros queremos hamburguesas con queso. Y para beber, un jugo para mí y un refresco para él.

Enfoque léxico *Adjetivos para describir comidas y bebidas*

The following list highlights adjectives commonly used to describe food and drink. You'll notice that the adjectives end in either **-o** or **-e.** Depending on the gender and number of the noun that the adjective modifies, these endings will change. You will learn more about adjective agreement in the second **Enfoque estructural** of this **etapa**; for now, simply note the changes in endings in exercises **1-12** and **1-13.**

Heinle iRadio: To hear more about **Question Words** and **Adjectives,** visit academic.cengage.com/spanish.

ácido	*sharp, tart*
amargo	*bitter*
bueno	*good*
caliente	*hot (temperature)*
dulce	*sweet*
exquisito	*exquisite*
frío	*cold*
malo	*bad*
picante	*spicy*
rico	*delicious*
sabroso	*tasty*
salado	*salty*

Práctica

1-12 Mis preferencias State your opinion about how the following should taste. Choose one adjective in each pair.

1. la pizza: ¿dulce o picante?
2. el té: ¿amargo o dulce?
3. el chocolate: ¿frío o caliente?
4. los churros: ¿salados o dulces?

Compare your answers with those of a classmate. Do you have similar or different tastes?

1-13 Los sabores *(tastes)* Valeria, one of the roommates from the *¡Tú dirás!* video, doesn´t like to cook but enjoys tasting what her roommates prepare. Choose an appropriate adjective for each of the following items from the list.

exquisito **amargo** **saladas** **dulce** **fría**

1. El pollo es ________________ *(exquisite).*
2. El café es ________________ *(bitter).*
3. Las papas fritas son ________________ *(salty).*
4. La tarta es ________________ *(sweet).*
5. La cerveza es ________________ *(cold).*

Enfoque estructural *El artículo definido y el número*

In the **Primera etapa,** you learned about the use of indefinite articles in Spanish. You will now learn about definite articles. In this **etapa,** you may have noticed the use of definite articles in the section on lunch and dinner items. Definite articles, similar to indefinite articles, must agree in **gender** (masculine and feminine) and **number** (singular and plural) with the nouns they modify. Refer to the explanation on page 24 (How to determine the gender of nouns) to assist you in deciding which definite article to use with a noun.

	Masculino	Femenino
Singular	**el** pollo	**la** ensalada
Plural	**los** espaguetis	**las** hamburguesas con queso
The English equivalent of these forms is *the.*		

The uses of the definite article

1. The definite article is used to designate a noun in a general or collective sense:

   El jamón es una carne popular. — *Ham is a popular meat.*

   Las tartas son dulces. — *Pies / Cakes are sweet.*

2. The definite article is also used to designate a noun in a specific sense:

   Los bocadillos del bar La Chula son deliciosos. — *The baguette sandwiches from La Chula bar are delicious.*

   La tortilla de patata es mi merienda favorita. — *The potato omelette is my favorite snack.*

3. The definite article is used in Spanish with titles of respect such as **señor (Sr.), señora (Sra.), señorita (Srta.), doctor (Dr.), doctora (Dra.), profesor,** and **profesora.**

   El Sr. Herrera toma un café. — *Mr. Herrera drinks a coffee.*

   La profesora Martínez habla español. — *Professor Martínez speaks Spanish.*

   But it is not used when addressing the person directly:

   ¡Adiós, Sr. Herrera! — *Good-bye, Mr. Herrera!*

How to make nouns plural

The general rule for making Spanish nouns plural is to add an **-s** to nouns that end in a vowel and **-es** to nouns that end in a consonant. Look below at some examples with both the indefinite and definite articles.

Las reglas *(rules)*	Singular	Plural
Nouns ending in a vowel **(a, e, i, o, u)** ADD **-s**	un café el café una pizza la pizza	unos cafés los cafés unas pizzas las pizzas
Nouns ending in a consonant ADD **-es**	un bar el bar una universidad la universidad	unos bares los bares unas universidades las universidades

Some additional rules are:

1. When **-es** is added to a final **z**, the **z** becomes **c**.

   el/un lápiz → los/unos lápi**c**es

2. For nouns ending in **-ón**, **-án** or **-és**, drop the written accent mark before adding -es.

   la/una lecc**ión** → las/unas lecc**iones**
   el/un alem**án** *(German)* → los/unos alem**anes** *(Germans)*
   el/un japon**és** *(Japanese)* → los/unos japon**eses** *(Japanese)*

   The rules for **el acento tónico** presented in **Capítulo preliminar** (pages 7–8) call for this deletion: 1) adding **-es** adds a new syllable to the word, and the stress of the accented **-ión** moves from the last syllable to the next-to-last syllable; 2) the next-to-last syllable is where the stress falls naturally, therefore no written accent is needed.

3. When a feminine singular noun begins with an accented **a** (as a result of either the rules of word stress or a written accent), the definite article **el** is used: **el agua, el águila** *(eagle)*. This allows the word to be clearly pronounced with its article, but does not change the gender of the noun: **el agua fría → las aguas frías; el águila americana → las águilas americanas.**

Práctica

1-14 ¿El o la? Give the appropriate definite article for the following words.

_____ **1.** queso
_____ **2.** cerveza
_____ **3.** vino
_____ **4.** sándwich de jamón
_____ **5.** jamón
_____ **6.** leche
_____ **7.** pollo
_____ **8.** yogur
_____ **9.** pizza
_____ **10.** café
_____ **11.** agua
_____ **12.** tostada

1-15 ¿Cuál es el plural? Give the plural form of each word in the previous activity. Don't forget to include the plural form of the article for each.

Enfoque estructural *El verbo **ser** para expresar características y lugar de origen*

Heinle iRadio: To hear more about **Ser** and **Estar**, visit academic.cengage.com/spanish.

In Spanish, there are some verbs whose conjugations do not follow a fixed pattern (like that which you studied in the **Primera etapa**). They are called *irregular* verbs. The verb **ser** is one of the most frequently used irregular verbs. Here is how **ser** is conjugated:

Subject	Conjugated verb form
yo	**soy**
tú	**eres**
Ud. / él / ella	**es**
nosotros/as	**somos**
vosotros/as	**sois**
Uds. / ellos / ellas	**son**

The verb **ser** is used:

1. with an *adjective* to describe something or someone.

   El pollo **es rico.** Las tartas **son deliciosas.**

2. with an adjective of nationality. The following are two examples that you heard in the ***¡Tú dirás!*** video:

   "Me llamo Antonio, vivo en Texas, pero **soy mexicano.**"
   "Soy Valeria Herrera del Castillo y **soy venezolana.**"

3. with the preposition **de** to indicate place of origen (i.e., where a person or a thing is from). One of the roommates in the ***¡Tú dirás!*** video uses the grammatical construction **ser + de +** *(the name of a country or city)* when she introduces herself.

   "Mi nombre es Alejandra, y **soy de** Colombia."

To ask where someone or something is from, use the following grammatical construction: **¿De dónde + ser +** *(the name of a person or thing)?*

—**¿De dónde eres** (Enrique)?
—**Soy de** Chile / Santiago.

—**¿De dónde es** la tortilla de patata?
—**Es de** España.

Listed below are the adjectives of nationality for each of the Spanish-speaking countries.

País	Adjetivo
Argentina	argentino/a
Bolivia	boliviano/a
Colombia	colombiano/a
Costa Rica	costarricense
Cuba	cubano/a
Chile	chileno/a
Ecuador	ecuatoriano/a
El Salvador	salvadoreño/a
España	español/a
Guatemala	guatemalteco/a
Honduras	hondureño/a
La República Dominicana	dominicano/a
México	mexicano/a
Nicaragua	nicaragüense
Panamá	panameño/a
Paraguay	paraguayo/a
Perú	peruano/a
Puerto Rico	puertorriqueño/a
Uruguay	uruguayo/a
Venezuela	venezolano/a

Nota gramatical

Note that adjectives of nationality are spelled in Spanish with lowercase letters. Also, note the diacritical mark **(diéresis)** on top of the **u** of **nicaragüense.** Remember that the **diéresis** is used to indicate that the vowel **u** is pronounced.

Nota cultural

Puerto Ricans are citizens of the U.S. and are able to enter and leave the mainland without passports or visas. Puerto Rico is a commonwealth of the U.S., uses the same currency, and is subject to U.S. federal law. However, Puerto Ricans cannot vote in U.S. elections unless they establish their residency on the mainland.

El verbo *ser* y la concordancia de género y número

In the **Primera etapa,** you learned that all Spanish nouns have not only a number, but also a grammatical gender (see page 24). As such, adjectives—words that describe or qualify nouns—should agree in gender (masculine/feminine) and number (singular/plural) with the person or thing that they modify. Look again at the examples for numbers 1, 2, and 3 on page 24; adjectives, depending on their spelling, will have either four or two forms.

1. Adjectives that end in **-o** agree in gender (m./f.) and number (sing./pl.):

El bocadillo de jamón es **rico.**	La ensalada es **rica.**
Los bocadillos de jamón son **ricos.**	Las ensaladas son **ricas.**

2. Adjectives that end in **-e** agree in number (sing./pl.):

El chocolate es **dulce.**	La mermelada es **dulce.**
Los churros son **dulces.**	Las tartas son **dulces.**

3. Adjectives that end in a consonant agree in number (sing./pl.):

El café es **ideal** para el desayuno.	La sopa es **ideal** para la cena.
Los cereales son **ideales** para el desayuno.	Las pizzas son **ideales** para la cena.

4. Adjectives of nationality also have either four or two forms.
   - Adjectives of nationality that end in **-o** are masculine, and have a feminine form that ends in **-a:**

     Él es **argentino.**
     Ella es **argentina.**
   - Adjectives that end in **-e** have identical masculine and feminine forms:

     Él es **costarricense.**
     Ella es **costarricense.**
   - To form the plural of the adjectives that end in a vowel, simply add **-s** to the masculine or feminine singular forms:

     Ellos son **mexicanos.**
     Ellas son **mexicanas.**
     Ellos son **nicaragüenses.**
   - Adjectives of nationality that end in a consonant **(-l, -n, -s)** are, for the most part, masculine and form the feminine by adding an **-a:**

     españo**l** → españo**la**
     alemá**n** → alema**na**
     francé**s** → france**sa**
   - If the singular form ends in a consonant, add **-es** for masculine adjectives and **-as** for feminine adjectives:

     Ellos son **españoles.**
     Ellas son **españolas.**

¡Ojo! Adjectives that refer to both a feminine and a masculine noun use the the masculine plural form:

La tortill**a** y **el** bocadill**o** de chorizo son **sabrosos.**
Antonio y Julia son **mexicanos.**

Práctica

1-16 ¿Cómo son? Use the appropriate form of the verb **ser** and an adjective from page 37 to describe the following foods. Be sure to use the correct form of the adjective.

MODELO El té *es caliente.*

1. La mermelada ____________.
2. El café solo ____________.
3. Los churros ____________.
4. Las papas fritas ____________.
5. El jugo de naranja ____________.
6. La sopa ____________.

1-17 ¿De dónde son? For a few minutes you are going to adopt a new identity. Look at the maps of Central and South America that appear at the front of this textbook and pick a city and country to be your new home. Choose a Hispanic first and last name for yourself as well. With your new identity in mind, walk around the classroom and find out your classmates' new names and their countries of origen. When you finish, introduce three of your classmates to the rest of the class, using their new identities. Finally, find out the true identities of five of your classmates and report to the class.

MODELO —*¿Cómo te llamas?*
—*María Castillo.*
—*¿De dónde eres?*
—*De San José, Costa Rica.*

1-18 Unos hispanos famosos: ¿De dónde son? Look at the names listed below. These well-known individuals have made their mark in a number of disciplines: politics, art, music, literature. Then, look at the list of countries; which person is from which country? Working with a partner, take turns asking where each person is from and his or her nationality. Use the adjectives of nationality provided on page 41.

MODELO —*Sammy Sosa, ¿de dónde es?*
—*Es de la República Dominicana.*
—*¿Es puertorriqueño?*
—*¡No! ¡Sammy Sosa es dominicano!*

Personas	**Países**
Isabel Allende	México
Gabriel García Márquez	Guatemala
Laura Esquivel	Panamá
Juan Carlos I	Argentina
Ernesto "Che" Guevara	Colombia
José Martí	Chile
Rigoberta Menchú	España
Rubén Blades	Cuba

Comentarios culturales

Café

Eddie Palmieri

What comes to mind when you hear the word *coffee?* For many people, coffee represents a way of life. According to the World Bank, coffee is the second most traded commodity on the international market and is directly responsible for the livelihood of an estimated 25 million families around the world. For others, the consumers, coffee may constitute an integral part of their morning ritual and daily social interactions.

Seven-time Grammy award winner Eddie Palmieri reflects on the importance of coffee in "**Café,**" one of his most popular songs. Born in Spanish Harlem to Puerto Rican parents, Palmieri is touted as one of the foremost Latin jazz pianists in the latter half of the twentieth century. His musical career spans 50 years and includes conducting not only Latin jazz orchestras, but also salsa orchestras.

"**Café**" is from Palmieri's 1998 album entitled *El Rumbero del Piano.* It describes his memories and personal love of coffee. In the song, he describes a conversation that he has with his **abuelita** *(grandmother)* as she is preparing him a cup of coffee. He asks her about the origins of coffee, and she describes the **grandes cafetales** *(large coffee plantations)* and how the **cafeteros** *(plantation workers)* would sing:

Café, café tostao y colao — *Coffee, coffee roasted and filtered*

Expressing his nostalgia for Puerto Rico, Palmieri recalls how beautiful the mornings were in Borinquen: **"¡Qué bonitas son las mañanas en mi tierra!"** The **"brisa de invierno"** *(winter wind)* would slip through his window and he would be awakened by the aroma of coffee: **"Al despertarme del aroma, aroma del café."**

¡A escuchar!

To experience this song, access the *¡Tú dirás!*, Fourth Edition playlist.

Now that you know what the song **"Café"** is about, sit back and enjoy it. Listen for the words and phrases in **bold** above and try singing along with the chorus **(el estribillo): Café, café tostao y colao.**

Análisis

1. In your opinion, did the music express Palmieri's love of coffee and his heritage?
2. Did you like the song? Why or why not?

Tú dirás

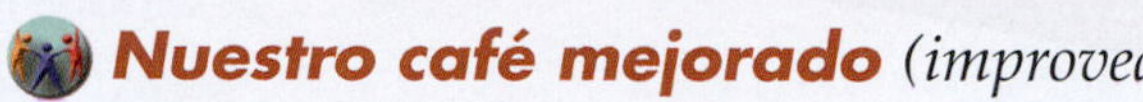

Nuestro café mejorado *(improved)*

In the **Primera etapa,** you and your classmates created your own cafés and transformed your classroom into a city square. Since you all were so effective in revamping your cafés' names, menu offerings, and pricing during the evaluation and lessons-learned stages, you are now the proud owners of very successful businesses. As such, you are starting to think about your cafés' future growth; specifically, how to increase and improve the services you are currently offering to your customers. Gather with your business partners and complete the following steps.

Design and planning stage

- Consider changing the name of your café. If necessary, make a new sign.
- Add a lunch and/or dinner service and modify your menu accordingly.
  - What new items will you offer to your customers? Use your imagination and the drinks and lunch and dinner items presented in this **etapa.**
  - How much will you charge? Determine the prices for all new items on your menu.
  - Will you offer any specials?

The grand reopening

- Divide the classroom into the various cafés. Group members should sit together and display their café's sign.
- Once again, serve your customers and check out the competition at the same time. Determine who in your group will be the wait staff and who will be the new spy (he or she may ***not*** be the same person as before).
  - The wait staff will have to use the expressions from this **etapa** and the previous one to take the customers' orders and serve their food.
  - The spy will visit all of the other cafés to find out what new services they are offering to their customers. Again, the spy must pretend to be a normal customer by looking at the menu and using the expressions from this and the **Primera etapa** to get a waiter's attention and order drink and food items.

Evaluation stage

- The group spy should report back his or her impressions and findings to the other group members.
- With this newly gained information, the group members should determine whether or not their new and improved café is unique enough to survive in such a competitive market. Consider the possibility of a joint business venture with one of the other cafés.
  - With which other café could you merge your café, so as to offer the best and most unique services to your customers? Explain: **El Café XX tiene** *(has)*... **(comida de XX país, música, una televisión). Nuestro café no tiene...**
  - Approach the owners of the other café, and discuss the possibility of a merger: **¿Quieren Uds. trabajar juntos** *(together)***?**

Decisions

- Finally, a spokesperson from each café should report to the class whether or not they have opted to merge their cafés. If they have, what will the new café be called?

Vamos a ver

A conocernos mejor

Now that all of the roommates have arrived at the **Hacienda Vista Alegre,** they start to get to know one another better.

Anticipación

¿Tomamos algo? After their long journeys, the roommates are hungry so they gather in the kitchen, which is very well-stocked. What types of drinks and foods do you think they will find? Work with a partner and write down your predictions.

¿De dónde son? As you know, the five roommates hail from five different Spanish-speaking countries. In the **Episodio preliminar** each roommate introduces him- or herself by name and states his or her country of origin or nationality. **¿Recuerdas?** Working with the same partner, fill in the country of origin and the nationality of each roommate.

Nombre	País de origen	Nacionalidad
Antonio		
Valeria		
Javier		
Alejandra		
Sofía		

Vamos a ver

¿Qué hay para tomar? Read the following list of drinks and food items. As you watch the video segment, check the ones you see or hear mentioned.

- ❑ café
- ❑ agua
- ❑ cerveza
- ❑ refrescos
- ❑ jugo de frutas
- ❑ palomitas de maíz *(popcorn)*
- ❑ fruta
- ❑ pretzels
- ❑ cacahuetes *(peanuts)*
- ❑ paté *(a thick, smooth mixture made from meat, fish, or vegetables)*
- ❑ bocadillos
- ❑ cereales
- ❑ mejillones con chile jalapeño *(mussels with jalapeño chili peppers)*
- ❑ salchichas

¿De qué ciudad o región son? In this episode *some* of the roommates will provide more specific details about where they are from, by mentioning their city or region of origin (i.e., place of birth and where his/her family is located). Fill in the chart below as much as possible. Place an **X** next to the people who do not provide any more information about where they are from.

	Ciudad / Región de origen
Antonio	
Valeria	
Javier	
Alejandra	
Sofía	

Now compare your answers with those of a classmate.

Expansión

Bienvenidos a la Hacienda Would you have stocked the kitchen with similar or different drinks and foods? In pairs, make a list in Spanish of the items you would have chosen to welcome the roommates to their new home. Then, share your lists with the class.

¿De dónde eres tú? First, work in pairs and find out where your partner is from (country and city). Then, work in groups of four and take turns introducing your partner to the other group members. What similarities and differences are there among your group members? Be prepared to share this information with the class.

TERCERA ETAPA

Para empezar: En un restaurante

Preparación: As you begin this **etapa,** answer the following questions:

- Do you like to go out to eat?
- What are some of the expressions you would use to order food and to converse in a restaurant?

En la mesa

Expansión léxica

When you ask for **la sal** or **la pimienta**, it will be served to you in **el salero** *(salt shaker)* and **el pimentero** *(pepper shaker)* or **el molinillo de pimienta** *(pepper mill)*.

Expansión léxica

There are many words used for *the bowl:* two of the most common synonyms for **el plato hondo** *(soup bowl)* are **el bol** and **el tazón;** any *large bowl* might be called **el cuenco** and a *soup tureen* is **la sopera**.

Práctica

1-19 ¡A poner la mesa! ***(Let's set the table!)*** Everything on a table serves a particular function. Match the following objects with their uses.

Objetos	Usos
_____ 1. el vaso	a. tomar vino
_____ 2. el mantel	b. dar más sabor *(flavor)* a la comida
_____ 3. la copa	c. tomar agua
_____ 4. la taza	d. cortar *(cut)* la comida
_____ 5. la cuchara	e. tomar sopa
_____ 6. el cuchillo	f. tomar té o café
_____ 7. la sal y la pimienta	g. decorar o proteger *(protect)* la mesa

1-20 ¿Qué necesitas? Imagine that you have ordered the following foods and drinks. State what place setting you need for each.

MODELO la sopa
Necesito un plato hondo, una cuchara y una servilleta.

1. el pan tostado con mantequilla
2. los espaguetis
3. el bistec
4. las papas fritas
5. el té
6. la ensalada

1-21 Adivinanzas ***(Guessing game)*** Imagine that you are getting ready to host a dinner party at your house. First, create the menu for this special occasion. Then, tell your partner which condiments, utensils, and tableware you will need to eat and drink the items on your special menu. Based on this information, your partner should guess the foods and drinks you will be serving at dinner.

Objetos	Comida	Bebidas

Nota cultural

You may have answered that you do not need anything to eat **papas fritas**, that these are finger foods. Throughout the Spanish-speaking world, however, foods eaten at the table are almost never eaten with fingers: french fries would be eaten with a fork and possibly a knife as well. In many places, table manners dictate that both hands be on the table, holding two utensils. The best way to ascertain appropriate table manners is to observe the way locals eat and then imitate the predominant style.

Enfoque léxico

Expresiones útiles en un restaurante

	el/la mesero/a	el/la cliente/a
Para pedir la bebida y la comida (*Ordering drinks and food*)		El menú, por favor. *(The menu, please.)*
	¿Qué va(n) a beber? *(What are you [you all] going to drink?)*	Para beber voy a/vamos a pedir… *(To drink I/we'll order . . .)*
	¿Va(n) a tomar un aperitivo? *(Are you [you all] going to have an appetizer?)*	Sí, como aperitivo voy a/vamos a tomar… *(Yes, as an appetizer, I/we are going to have . . .)*
	¿Y de primero? *(And for your first course?)*	De primero, quiero… *(As a first course, I want . . .)*
	¿Y de segundo (plato)? *(And as an entree?)*	De segundo, voy a tomar… *(As an entree, I'll have . . .)*
	¿Va(n) a tomar postre? *(Are you [you all] going to have dessert?)*	De postre, … *For dessert, . . .* De postre, nada, gracias. *(For dessert, nothing, thanks.)*
	¿Va(n) a tomar café? *(Are you [you all] going to have coffee?)*	
Durante la comida o cena ***(During the lunch or dinner)***	¿Qué tal (está) todo? *(How is everything?)*	Todo (está) bien, gracias. *(Everything is fine, thanks.)*
	¿(Está) todo bien? *(Is everything OK?)*	
	¿Necesitan algo más? *(Do you need anything else?)*	Sí, ________ por favor. *(Yes, ________, please.)* No, gracias. *(No, thank you.)*
Para pedir la cuenta ***(Asking for the check)***		La cuenta, por favor. *(The check, please.)*
	¡Cómo no (ahora mismo)! *(Of course [right away]!)*	

Práctica

1-22 ¿Cómo contestas? *(How do you answer?)* Imagine that you are at a restaurant and the waiter asks you these questions. Provide an appropriate answer to each one.

1. ¿Qué va(n) a tomar de primero?
2. ¿Necesita(n) algo más?
3. ¿Va(n) a tomar postre?
4. ¿Qué tal todo?

1-23 A cenar In groups of three, role-play the exchange between a waiter and two customers at **La Barraca**, a Spanish restaurant. Use the restaurant expressions on the previous page and the menu below to write a dialogue. Be prepared to present your dialogue to the class.

Restaurante La Barraca

* * *

Aperitivos

Espárragos a la parmesana — **Jamón serrano** — *asparagus / cured ham*

Surtido de quesos — **Calamares fritos** — *assortment of / fried squid*

Tortilla de patatas — **Gambas al ajillo** — *shrimp with garlic sauce*

Sopas

Sopa de pescado

Sopa de **mariscos** — *seafood*

Segundo plato

Pescado frito — **Pollo al ajillo** — *chicken fried with garlic*

Ternera — **Cordero** — *veal / lamb*

Postres

Flan — *custard*

Fruta

Helados variados — *ice creams*

Bebidas

Agua mineral **con gas / sin gas** — Vino **blanco** de la casa — *carbonated/non-carbonated / white*

Sangría — Cervezas nacionales y de importación — *sweetened red wine*

Vino **tinto** de la casa — Café — *red*

Té

Enfoque estructural *El verbo **estar** + adjetivos*

Heinle iRadio: To hear more about **Ser** and **Estar**, visit academic.cengage.com/spanish.

While in English there is only one verb that means *to be,* in Spanish there are two different verbs: **ser** and **estar**. In the **Segunda etapa** you learned how to conjugate **ser** and how to use it to describe food and to talk about where people and things are from. Now, you are going to learn how to use the verb **estar**. Here is how **estar** is conjugated:

Subject	Conjugated verb form
yo	**estoy**
tú	**estás**
Ud. / él / ella	**está**
nosotros/as	**estamos**
vosotros/as	**estáis**
Uds. / ellos / ellas	**están**

When talking about food and drink in English we use the verb *to be* to describe *taste* and *appearance.* In Spanish, the verb **estar** is used to express these ideas.

El pollo **está** rico.	*The chicken **tastes** delicious.*
La tortilla de patata **está** salada.	*The potato omelette **tastes** salty.*
Los churros **están** frescos.	*The pastries **taste / look** fresh.*
El café **está** caliente.	*The coffee **feels** warm.*

The following are adjectives you have already learned, which are commonly used to express taste and appearance: **bueno, malo, rico, sabroso, exquisito, frío, caliente.**

Práctica

1-24 ¿Qué tal? Look at the following lines of dialogue taken from the **Vamos a escuchar** activity in the **Primera etapa.** Complete the sentences with the correct forms of **estar.**

MESERO: ¿Algo más? Quizás un jugo de naranja. ______________ exquisito.
SOFÍA: No, gracias. Para mí, no.

• • •

MESERO: Perdonen, ¿qué tal todo?
SOFÍA: Todo ______________ perfecto.

• • •

SOFÍA: Mmm, este bocadillo está delicioso.
JAVIER: Los churros, también. ______________ calientes y muy ricos.

• • •

MESERO: Muy bien. ¿Desean algo más?
SOFÍA: Sí, queremos una botella de agua.
JAVIER: Más churros para mí. ______________ estupendos.

1-25 Déjame probarlo ***(Let me try it)*** As you know, Valeria likes to try what other people cook. Look at the following exchanges and complete the sentences with the correct form of **estar** and an appropriate adjective. Pay attention to gender and number agreement.

1. ANTONIO: ¿Vas a tomar más arroz?
   VALERIA: Sí, ______________ muy ______________.
2. JAVIER: ¿Cómo está la sopa?
   VALERIA: Horrible. ______________ ______________.
3. SOFÍA: ¿Qué tal los churros?
   VALERIA: Mmmm, ______________ ______________.
4. ALEJANDRA: ¿Quieres otro café?
   VALERIA: No gracias, no ______________ muy ______________.

1-26 ¿Qué tal está todo? In groups of four, imagine the following situation. You are at **La Barraca** eating with friends. First, select what you would like to order from the menu on page 51 and list these choices. Add to this list an appropriate adjective to describe each of the items. Then, imagine that the waiter comes to the table and asks: **¿Qué tal todo?** Answer his question by commenting on what you are eating and drinking. The other members of the group should do the same.

Voy a tomar...	Está(n)...

Enfoque estructural *El presente de los verbos regulares terminados en* ***-er, -ir***

You learned in the **Primera etapa** how verb endings change to indicate who is doing the action of the verb. You also learned the specific endings for verbs like **cantar, hablar,** and **tomar,** that is, verbs that have an infinitive ending in **-ar.**

Now you are going to learn the endings for verbs that have an **-er** infinitive, such as **comer** *(to eat)*, **correr** *(to run)*, **leer** *(to read)*, and **vender** *(to sell)*, and verbs that have an **-ir** infinitive, such as **vivir** *(to live)* and **escribir** *(to write)*.

Verbos en -er

Infinitive: *comer*

Subject	Stem	Ending	Conjugated verb form
yo		**-o**	com**o**
tú		**-es**	com**es**
Ud. / él / ella		**-e**	com**e**
nosotros/as	**com-**	**-emos**	com**emos**
vosotros/as		**-éis**	com**éis**
Uds. / ellos / ellas		**-en**	com**en**

Verbos en -ir

Infinitive: *vivir*

Subject	Stem	Ending	Conjugated verb form
yo		**-o**	viv**o**
tú		**-es**	viv**es**
Ud. / él / ella		**-e**	viv**e**
nosotros/as	**viv-**	**-imos**	viv**imos**
vosotros/as		**-ís**	viv**ís**
Uds. / ellos / ellas		**-en**	viv**en**

You should note that, except for the **nosotros** and **vosotros** forms, the endings are exactly the same for both **-er** and **-ir** verbs.

Some regular -**er** verbs:

abrir	*to open*	**correr**	*to run*
aprender	*to learn*	**escribir**	*to write*
asistir a	*to attend*	**leer**	*to read*
beber	*to drink*	**recibir**	*to receive*
comer	*to eat*	**vender**	*to sell*
compartir	*to share*	**vivir**	*to live*
comprender	*to understand*		

Expansión léxica

When you talk about the things you do, it's helpful to go beyond simply saying that you do something. The following words and phrases are used in Spanish to express how well, how often, or how much you do something: **(muy) bien** *(very) well,* **(muy) mal** *(very) poorly,* **todos los días** *every day,* **siempre** *always,* **a veces** *sometimes,* **(casi) nunca** *(almost) never,* **mucho** *a lot,* **(muy) poco** *(very) little.* Consider these examples: **Hablo español muy bien pero bailo salsa muy mal.** [*I speak Spanish very well but I dance salsa very poorly.*] **Camino mucho pero corro muy poco.** [*I walk a lot but run very little.*]

Práctica

1-27 ¿Qué hacen hoy por la tarde? *(What are they doing this afternoon?)* Look at the drawings of people doing different activities and match them with the appropriate descriptions below.

a.

b.

c.

d.

e.

f.

_____ **1.** Adela y Pepa corren en el parque.
_____ **2.** Nosotros leemos revistas *(magazines).*
_____ **3.** Leo recibe una carta *(letter)* de su mejor amigo.
_____ **4.** Antonio come un sándwich en casa.
_____ **5.** Miguel escribe un informe *(report)* en el trabajo.
_____ **6.** Rogelio y Lilia comparten una bebida.

1-28 ¿Qué hace tu compañero/a de clase? Ask your classmate the following questions. Then have your classmate ask you the questions. Follow the model and then report back to the class the information you have gathered.

MODELO —*¿Siempre* (always) *comes en la cafetería?*
—*Sí, siempre como en la cafetería.*
o
—*No, no siempre como en la cafetería.*

1. ¿Lees mucho?
2. ¿Vives en un apartamento?
3. ¿Recibes muchas cartas?
4. ¿Comprendes bien el español?
5. ¿Escribes muchos correos electrónicos *(e-mails)*?
6. ¿Asistes a clase?

Vamos a leer

When reading in a foreign language, it is helpful to anticipate the content of the text you are going to read. You may anticipate content before reading by following several steps.

1. Look at the photos and illustrations that accompany a reading and determine what themes the images suggest.
2. Read the titles and subtitles and determine what they suggest about the content of the reading.
3. Identify cognates as you read a text.
4. Answer specific pre-reading questions, if there are any, as they will help prepare you for the reading.

In reading the text in the **Vamos a leer** section, it is not essential for you to understand all the words. Rather, by focusing on the words you have learned in this chapter and by completing the activities that put into practice the steps mentioned above, you will understand the basic message of the text—without necessarily understanding each word of the text.

Antes de leer

El tapeo This text will introduce you to the Spanish tradition of **tapas** and **el tapeo,** the art of eating tapas. Before reading the text, complete the following activities.

1. Look at the photos on the following page. What do they illustrate?
2. The title of the reading is "**Las tapas.**" What is a **tapa**? Read the definition of **tapa** provided by the *Real Academia Española* and then offer a response.

tapa (f.) pequeña porción de algún alimento que se sirve como acompañamiento de una bebida.

A **tapa** is a type of . . .

a. main dish. **b.** appetizer. **c.** beverage.

3. Work with a partner and together skim the text and identify all the cognates you can find in the first paragraph: for example, **cultura, preservar, insectos.** Then, compare your list with that of another pair of students.
4. Skim the text to determine which paragraph contains the following information:
   - how eating **tapas** is a social custom not only in Spain but also in other countries
   - how **tapas** got their name and the two main reasons they were served in taverns

Guía para la lectura

Comprensión As you read the text, complete the following activities.

1. Read the text and identify the sentences of the text that provide the information mentioned in number 4 of **El tapeo.**
2. Look at the pictures of tapas that accompany the text. Write the corresponding names (listed in the second paragraph) next to the photos of the **tapas.**

Las tapas

Las tapas son una parte esencial de la cultura gastronómica española. Su origen está en un trozo de pan o embutido[1] que antiguamente en las tabernas de España se colocaba sobre[2] la boca de la jarra o vaso de vino.

La tapa tenía[3] dos funciones: primero como comida porque ayudaba[4] a los trabajadores y agricultores a soportar[5] las largas distancias entre las tres comidas principales del día y segundo como una manera de proteger[6] la jarra o el vaso de vino de los insectos y del polvo de los caminos. La comida servía como tapa[7] para la bebida y de ahí viene su nombre.

Se practica el tapeo en toda España. Algunas tapas típicas son las **aceitunas,** el **jamón serrano,** el **queso,** la **tortilla de patatas,** los **calamares,** las **croquetas,** las **gambas al ajillo** y las **patatas bravas.** La gente normalmente acompaña las tapas en los bares con una copa de vino o una caña de cerveza. Cada provincia, cada ciudad y pueblo de España ha ido aportando[8] lo mejor de su cocina hasta componer una variada lista de tapas.

Hoy en día, la costumbre del tapeo o ir de tapas no sólo es popular en España sino también en otros países latinoamericanos e incluso en muchas ciudades de los Estados Unidos. Ir de tapas es mucho más que comer; es una costumbre social y una manera de compartir la vida con otros.

[1]embutido *(a piece of sausage or ham, etc.)*; [2]se colocaba sobre *(was placed on)*; [3]tenía *(had)*; [4]ayudaba *(helped)*; [5]soportar *(withstand)*; [6]proteger *(protect)*; [7]tapa *(cover/lid)*; [8]ha ido aportando *(has brought)*

Al fin y al cabo

1. Have you ever eaten **tapas?** If so, which ones have you tried and where? If not, which of the **tapas** presented in the text would you most like to try and why?
2. Are there any **tapas** bars or restaurants in your community? If not, do you think that if one were to open it would be successful? Why or why not?

REPASO

1-29 Queridos mamá y papá ***(Dear Mom and Dad)*****...** Carlota is currently studying abroad in Spain and writing home to tell her parents all about the wonderful food she is eating. Unfortunately, some of the words have been blurred. Help her parents read the letter by filling in the correct words. *Hint:* you'll be using definite articles (**el, la, los,** or **las**), adjectives from this chapter, and the verbs **ser** and **estar.**

Queridos mamá y papá:

(1) _________ comida de España (2) _________ (tastes) muy buena. (3) _________ desayuno es semejante al desayuno en casa, (4) _________ pan tostado y (5) _________ cereales americanos son muy populares. Pero (6) _________ churros con chocolate son mi desayuno favorito. Mmmm... ¡qué ricos! A la hora de comer, (7) _________ bocadillos (8) _________ (are) una buena alternativa. Por la tarde, los españoles comen tapas en los cafés y los bares. (9) _________ jamón serrano, que es similar al prosciutto italiano, y (10) _________ tortilla de patatas son mis platos favoritos. Mamá, en España yo como de todo.

Los quiere mucho,
su hija Carlota

1-30 ¡Bienvenidos ***(Welcome)*** **al Café Loco!** The owners of Café Loco need to order enough drinks for their grand opening. Help them figure out their drink order by adding the appropriate indefinite articles: **un, una, unos,** or **unas.**

PABLO: Ferrán, necesitamos (1) _________ bebidas frías: (2) _________ jugos de frutas y (3) _________ botellas de agua mineral.
FERRÁN: ¿Hay infusiones y tés?
PABLO: Sí, hay (4) _________ infusión sin cafeína y (5) _________ té cafeinado.
FERRÁN: Pues necesitamos más, por lo menos *(at least)* (6) _________ tés sin cafeína y también *(also)* (7) _________ infusiones orgánicas.
PABLO: ¡Buena idea! Los productos orgánicos son muy populares. Necesitamos más café también.

1-31 ¡Mesero, por favor! Pretend you are at a bar. With your classmate, who will play the role of the waiter, order something to eat and to drink. After you have placed your order, the waiter will serve the food and then check on its quality. The customer should comment on what he/she has ordered; remember to use **ser** and **estar** with appropriate adjectives. Be sure to switch roles.

1-32 ¿De qué hablan? ***(What are they talking about?)*** Félix and his new friends are having a party. First, look at the following scene and imagine what the guests are saying as they get to know one another better. Then, in small groups, write the conversation you imagine taking place at the party. Remember to have Félix greet his guests as they arrive and make sure each has something to eat or drink. The guests should also introduce themselves to people they are meeting. Make the party a success by keeping the dialog as creative as possible. Use as many **-ar, -er,** and **-ir** verbs as you can to talk about the people in the scene. Be prepared to share the conversation that you prepare with the class.

VOCABULARIO

The **Vocabulario** consists of all new words and expressions presented in the chapter. When reviewing or studying for a test, you can cover up the English and go through the list to see if you know the meaning of each item.

Enfoques léxicos *Lexical focuses*

Expresiones útiles en un café	*Useful expressions in a café* (p. 22)
Adjetivos para describir bebidas y comidas	*Adjectives used to describe drinks and food* (p. 37)
Expresiones útiles en un restaurante	*Useful expressions in a restaurant* (p. 50)

Las bebidas *Drinks*

una botella de agua mineral (con gas / sin gas)	*a bottle of mineral water (carbonated / non-carbonated)*
un café (con leche)	*a coffee (with milk)*
un café solo	*an espresso*
la cerveza	*beer*
un jugo de naranja	*an orange juice*
un refresco	*a soft drink*
la sangría	*sweetened red wine with fruit*
una taza de chocolate	*a cup of hot chocolate*
un té	*a tea*
el vino blanco / tinto	*white / red wine*

La comida y la cena *Lunch and dinner*

el arroz	*rice*
el bistec	*steak*
la ensalada	*salad*
los espaguetis	*spaghetti*
la fruta	*fruit*
la hamburguesa con queso y papas fritas	*cheeseburger and french fries*
los huevos fritos y salchichas	*fried eggs and sausages*
el pescado	*fish*
la pizza	*pizza*
el pollo	*chicken*
la tarta	*cake*
las verduras	*vegetables*

El desayuno y la merienda *Breakfast and snacks*

un bocadillo (de jamón / de queso)	*(ham / cheese) baguette sandwich*
los cereales	*cereal*
los churros	*fried pieces of dough*
unos huevos revueltos	*scrambled eggs*
el pan tostado	*toast*
con mantequilla	*with butter*
con mermelada	*with jam*
un sándwich de jamón y queso	*a ham and cheese sandwich*
la tortilla de patata	*potato omelette*
un yogur	*a yogurt*

En un restaurante *In a restaurant*

el aceite de oliva	*olive oil*
el azúcar	*sugar*
la copa	*wine glass*
la cuchara	*spoon*
la cucharita	*teaspoon*
el cuchillo	*knife*
el mantel	*tablecloth*
la mantequilla	*butter*
la pimienta	*pepper*
el platillo	*saucer*
el plato	*plate*
el plato hondo	*soup dish*
la sal	*salt*
la servilleta	*napkin*
la taza	*coffeecup, teacup*
el tenedor	*fork*
el vaso	*a glass*
el vinagre	*vinegar*

Lo mío y los míos

CHAPTER OBJECTIVES

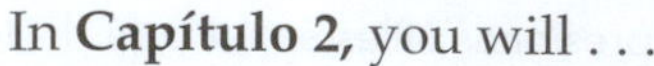

In **Capítulo 2**, you will . . .

- identify and describe personal possessions and individuals
- learn how to ask and answer many types of questions
- discuss your academic and extracurricular interests and ask your friends and colleagues about theirs
- learn how to talk about and describe the members of your family
-  learn about Hispanics in the United States
-  discover Ozomatli
-  find out about the five roommates' academic and extracurricular interests and activities
- learn about some famous Hispanics in the United States

PRIMERA ETAPA: EN MI CUARTO

Functions
- identify and describe personal items in your room and in someone else's room
- express possession of items
- ask and answer *yes/no* questions

SEGUNDA ETAPA: EN LA UNIVERSIDAD Y DESPUÉS DE CLASE

Functions
- discuss your studies and interests
- express likes and dislikes
- ask and answer questions about who, which, what, where, and when

TERCERA ETAPA: MI FAMILIA

Functions
- identify familial relations
- describe yourself and others in terms of physical characteristics and personal qualities
- ask and answer questions about why, how, how much, and how many
- point out individuals and things

Los hispanos en los Estados Unidos

There are 40.5 million Hispanics in the United States. 13.6% of the U.S. population is Hispanic.

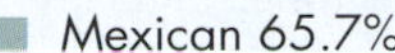

- Mexican 65.7%
- Puerto Rican 9.4%
- Central American 8%
- Other Hispanic 7.7%
- South American 5.2%
- Cuban 4%

Source: U.S. Bureau of the Census, Washington, D.C.

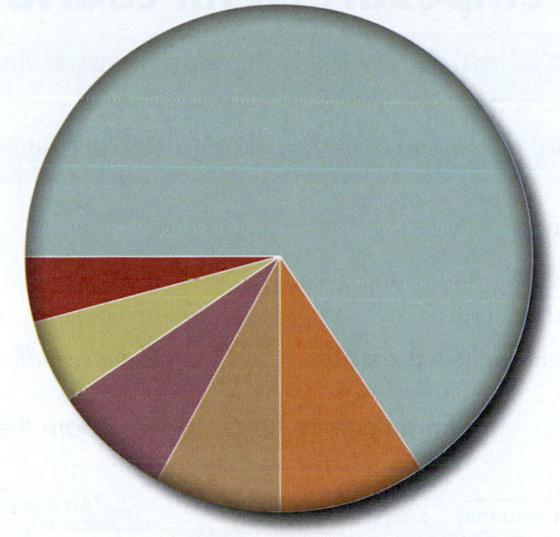

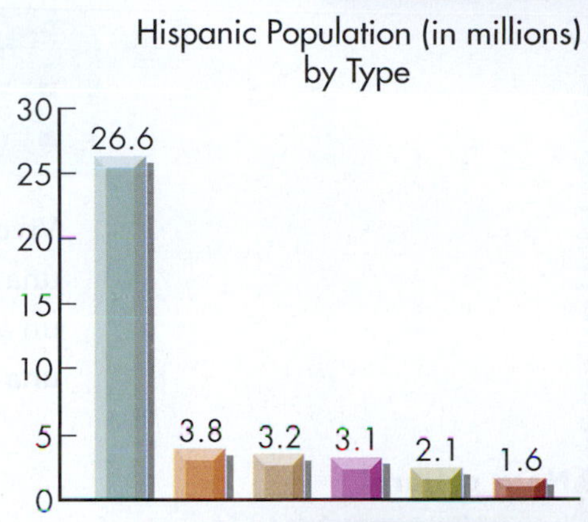

Tools

- Vocabulary for:
  - personal possessions
  - *yes/no* questions
- Grammatical structures:
  - the verbs **haber** and **tener**
  - possessive adjectives and **ser** + **de** to express possession

 **Comentarios culturales:** Los hispanos en los Estados Unidos

Tú dirás: Nuestros cuartos

 **Vamos a escuchar:** Allí vivo, en mi cuarto tengo…

Tools

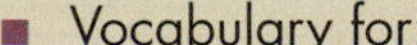

- Vocabulary for:
  - university departments, degrees, and careers
  - extracurricular activities, likes, and dislikes
  - interrogatives: **quién, cuál, qué, dónde** y **cuándo**
- Grammatical structures:
  - the verb **gustar** with verbs
  - the verb **gustar** with nouns

 **Comentarios culturales:** Cumbia de los muertos

Tú dirás: El Festival de las Américas

 **Vamos a ver:** Los estudios e intereses de los compañeros

Tools

- Vocabulary for:
  - familial relations
  - describing people
  - interrogatives: **por qué, cómo, cuánto** y **cuántos**
- Grammatical structures:
  - the verb **ser** with adjectives and nouns
  - demonstrative adjectives

Vamos a leer: Cinco hispanos muy influyentes

PRIMERA ETAPA

Para empezar: En mi cuarto

Preparación: As you begin this **etapa,** answer the following questions:

- Where do you live?
- What do you have in your dorm room, apartment, or house?

Vivo en...

una casa	*a house*
un apartamento	*an apartment*
una residencia estudiantil	*a residence hall*

Nota cultural

Homes are often apartments in the Spanish-speaking world, particularly in cities. An *apartment* may be **un apartamento, un departamento,** or, in Spain, **un piso.** Whether one lives in a house or in an apartment, at home one is always **"en casa."** Unlike in most Hispanic countries, where students stay home or live in shared apartments, college students in the United States often live in dorms. **Una residencia estudiantil** may also be called **un colegio mayor,** a residence hall for students sharing specific interests or studies.

Expansión léxica

A *computer* is **un ordenador** in Spain. Thus, a *portable computer* in Spain is **un ordenador portátil,** more commonly called **un portátil.** Other useful words related to computers are **un teclado** *(keyboard),* **un ratón** *(mouse),* **una pantalla** *(screen).*

En mi cuarto hay... *(In my room there is/are . . .)*

una ventana
un póster
un ropero/un clóset
un estereo
una pared
un estante
una cómoda
un escritorio
una lámpara
una puerta
una cama
una computadora portátil
una alfombra
unos discos compactos
una almohada
un sillón
un radio despertador
una compañera de cuarto
unos DVDs

Los colores

Práctica

2-1 ¿Qué es y de qué color es? Marta came to college with many of her favorite things. Identify the objects in her room and indicate what color they are. **¡Ojo!** Remember agreement—the colors must agree with the nouns they modify.

1. *Es una cama negra.*
2. ______________________
3. ______________________
4. ______________________
5. ______________________
6. ______________________
7. ______________________
8. ______________________
9. ______________________
10. ______________________

Nota gramatical

Colors are adjectives and therefore, as you have learned, they need to agree in gender and number with the noun they modify. The colors **gris, marrón, verde, rosa** (another word for *pink*), and **violeta** have only one singular form for masculine and feminine: **la ventana gris, el libro gris; la puerta verde, el estante verde, la silla marrón, el sillón rosa.**

2-2 Y en tu cuarto, ¿de qué color son tus cosas? Tell your classmate what colors the different items in your room are.

MODELO *En mi cuarto, la pared es...*

Enfoque léxico *Las preguntas de tipo **sí/no***

Think about the different types of questions you ask in English. You'll realize that some questions can be answered with a simple *yes* or *no*. Note the examples below.

¿Tienes muchos discos compactos? —**Sí.**	*Do you have lots of CDs? —**Yes.***
¿Necesitas un radio despertador? —**No.**	*Do you need an alarm clock? —**No.***

In Spanish, there are **three** basic ways to ask *yes/no* questions.

1. Raise your voice at the end of a sentence.
   Usted mira mucho la televisión. ¿Usted mira mucho la televisión?
2. Invert the order of the subject and the verb:
   Ellas practican español en clase. (S V) ¿Practican ellas español en clase? (V S)
3. Add the tag questions **¿verdad?** or **¿no?** at the end of a statement. The tags, **¿verdad?** and **¿no?,** are the equivalent of *right?, don't you/they?, doesn't he/she/it?, isn't that right?*, at the end of an English sentence.

Ella no tiene compañera de cuarto, ¿verdad? —**Sí.**	*She doesn't have a roommate, right? —**Yes.***
Ellos necesitan una lámpara, ¿no? —**Sí.**	*They need a lamp, don't they? —**Yes.***

When responding to a *yes/no* question, you can emphasize a negative response by saying **no** twice and repeating the verb used in the question.

—¿Viajas mucho?	*Do you travel much?*
—**No, no** viajo mucho.	***No, I don't** travel much.*

Práctica

2-3 Preguntas Change each statement to a question by raising your voice at the end of the sentence. Your partner will answer affirmatively. Switch roles with every other question.

MODELO Usted bebe café.
—¿Usted bebe café?
—Sí, bebo café.

1. Tú miras mucho la televisión.
2. Enrique siempre asiste a clase.
3. La computadora portátil es de Marta.
4. Pedro y Mercedes corren todos los días.
5. Ustedes estudian mucho.
6. Silvia y Ana comparten un apartamento.
7. La familia García vive en una casa grande.
8. Mario comprende japonés.

Now repeat the activity, adding **¿no?** or **¿verdad?.** Continue raising your voice to change the statements to questions. This time your partner will answer "no" emphatically; remember to follow the model presented in the **Enfoque léxico** section. Switch roles with each question.

MODELO Usted desea café.
—¿Usted desea café, ¿no?
—No, no deseo café.

2-4 Una muy breve entrevista *(A very brief interview)* While Javier and Sofía are walking around San Juan, Puerto Rico, they spot Benicio Del Toro coming out of a hotel. What luck! Both are familiar with his work, and they approach him to ask a few questions. Complete the dialog below with **sí, no,** or **verdad** according to the context.

JAVIER: Perdón, Sr. Del Toro. Buenos días. ¿Me contesta unas preguntas?
BENICIO: (1) ______________, pero rápido, ¿OK? Tengo mucha prisa *(I´m in a hurry)*.
JAVIER: Usted es de Puerto Rico, (2) ¿______________?
BENICIO: (3) ______________, soy puertorriqueño pero vivo en California.
SOFÍA: Aparte de actuar, ¿cuáles son tus intereses?
BENICIO: Escuchar música…
SOFÍA: Ah sí *(really)*, ¿qué tipo?
BENICIO: Escucho jazz y a George Harrison. También pinto *(paint)*.
JAVIER: ¡Qué interesante! ¿Quién es su pintor *(painter)* favorito?
BENICIO: Julian Schnabel.
SOFÍA: Él es alemán, ¿verdad?
BENICIO: (4) ______________, no es alemán. Es de Nueva York.
JAVIER: ¡Ah! Pues, muchas gracias, Sr. Del Toro. ¡Que disfrute su visita!
BENICIO: Gracias. Adiós.

2-5 Entrevista a tus compañeros You would like to get to know your classmates a bit better. Go around the class and ask questions of individual students, following the model. Be certain to add prepositions where necessary. Take notes so that you can report your findings to the class.

MODELO tú / escuchar / jazz
—Tú escuchas jazz, ¿no?
o
—¿Escuchas jazz?
—Sí, escucho jazz. Estudio música.

1. tú / vivir / residencia
2. tú / coleccionar / pósters
3. tú / compartir *(share)* / tu cuarto
4. tú / ver / muchos videos
5. tú / necesitar / apartamento
6. tú / hablar con / tu compañero/a de cuarto

Create two more questions that you would like to ask your classmates. Write your questions below.

7. ______________________________
8. ______________________________

Enfoque estructural *Los verbos* ***haber*** *y* ***tener***

Heinle iRadio: To hear more about **Tener** and **Tener Expressions**, visit academic.cengage.com/spanish.

To express *there is* or *there are* in Spanish, the verb **haber** is used. You saw how this verb was used to inquire and talk about possessions at the start of this **etapa. ¿Recuerdas?**

—¿Qué **hay** en tu cuarto?

—En mi cuarto **hay...**

Hay is the irregular conjugation of the verb **haber** and it is used for both singular *(there is)* and plural *(there are)*.

haber	
Singular	Plural
hay *(there is)*	**hay** *(there are)*

Hay is often used with nouns that are preceded by an indefinite article or number.

Hay una cama en mi cuarto. — ***There is*** *a bed in my room.*

Hay tres camas en mi cuarto. — ***There are*** *three beds in my room.*

However, when these nouns are referred to in a general or generic way, or in the negative, the indefinite article is often omitted.

Hay libros en la biblioteca. — ***There are*** *books in the library.*

No hay estéreo en mi cuarto. — ***There is no*** *stereo in my room.*

Another way to inquire and talk about possessions in Spanish is with the verb **tener** *(to have)*.

En mi cuarto **tengo** muchos libros. — *In my room* ***I have*** *many books.*

Y tú, ¿qué **tienes** en tu cuarto? — *And you, what* ***do you have*** *in your room?*

Mi compañera de cuarto y yo **tenemos** una alfombra. — *My roommate and I* ***have*** *a rug.*

Y ustedes, ¿qué **tienen**? — *And you, what* ***do you have****?*

Tener is one of several verbs that have an irregular present form. Here is how it is conjugated:

Nota gramatical

Notice that the letter **e** from the root of **tener** becomes **ie** in all forms except for **yo**, **nosotros**, and **vosotros.** You will learn more verbs that follow similar patterns. The notation **(ie)** in verb lists and dictionaries will help you recognize them.

tener (ie)			
yo	**tengo**	nosotros/as	**tenemos**
tú	**tienes**	vosotros/as	**tenéis**
Ud. / él / ella	**tiene**	Uds. / ellos / ellas	**tienen**

As with **hay,** when the noun following **tener** is referred to in a general or generic way, or in the negative, the indefinite article is often omitted.

Tienen libros en la biblioteca. — ***They have*** *books in the library.*

No tengo televisión en mi apartamento. — ***I don't have*** *television in my apartment.*

However, when the indefinite article is used to mean *one, some,* or *a few* of that thing or when the noun is modified (that is, there is a word or phrase that affects the meaning of the noun, usually describing it or restricting its meaning), the indefinite articles are *not* omitted.

Tengo una mesa en mi cuarto.	*I **have** one table in my room.*
Rosi **tiene** unas almohadas en su cuarto.	*Rosi **has** some pillows in her room.*
Elena y Joaquín **tienen** una casa nueva.	*Elena and Joaquín **have** a new house.*
¿**Tienes** un libro de poemas?	*¿Do you **have** a book of poems?*

Práctica

2-6 El cuarto de Sofía y Alejandra Below is a photo of the bedroom that Sofía and Alejandra will be sharing during their month-long stay in Puerto Rico. Look at the list of items below and at the photo. Then, with a classmate, take turns telling each other what is and what is not in the room. Are all the items in the list in the room?

MODELOS una cómoda amarilla
Hay una cómoda amarilla.

unas sillas verdes
No hay sillas verdes.

1. unas almohadas
2. un ropero amarillo
3. un póster
4. unas camas
5. una lámpara
6. una pared amarilla
7. una puerta de madera *(wooden)*
8. un estante

2-7 De compras *(Shopping)* At the start of the school year, many students head to the mall to fill their rooms. You have spotted some people in line with their purchases. Using the verb **tener,** indicate who has the following items.

MODELO Felipe / DVDs
Felipe tiene DVDs.

1. Natalia / una silla para el escritorio
2. tú / una computadora portátil
3. Mónica y Diego / lámparas
4. Uds. / un radio despertador
5. Marta / unos discos compactos
6. nosotros / un sillón

2-8 Nuestros *(Our)* cuartos Draw a sketch of your bedroom. Now, show your drawing to a classmate and have him/her identify what´s in your bedroom, using both **hay** and **tener.** Then, reverse roles.

MODELO *Hay una puerta y una ventana. Tienes un estante con muchos libros...*

Finally, when you have finished, report to the class what the two of you have.

MODELO *Yo tengo... Mi compañero/a tiene... Nosotros tenemos...*

Enfoque estructural *Los adjetivos posesivos y **ser + de** para expresar posesión*

Los adjetivos posesivos

As in English, Spanish has adjectives that express possession.

Sujeto	Singular	Plural	Significado *(Meaning)*
yo	**mi**	**mis**	*my*
tú	**tu**	**tus**	*your*
usted, él, ella	**su**	**sus**	*your (formal), his, her, its*
nosotros/as	**nuestro/a**	**nuestros/as**	*our*
vosotros/as	**vuestro/a**	**vuestros/as**	*your*
ustedes, ellos, ellas	**su**	**sus**	*your (formal), their*

Most possessive adjectives only express **number** (singular or plural).

—¿Qué tienes en **tu** cuarto, Enrique? — *—What do you have in **your** room, Enrique?*

—Y tú, María, ¿qué tienes en **tu** cuarto? — *—And you, María, what do you have in **your** room?*

—Tengo **mi** cama, **mis** discos compactos… — *—I have **my** bed, **my** CDs . . .*

The only possessive adjectives that express both **number** and **gender** are those for **nosotros** and **vosotros:**

Juan, **nuestro** compañero de cuarto, tiene muchos libros, pero Beatriz, **nuestra** compañera de cuarto, tiene muy pocos. — *Juan, **our** roommate, has a lot of books, but Beatriz, **our** roommate, has very few.*

Nuestras clases en la universidad son interesantes. ¿Son interesantes **vuestras** clases? — ***Our** university classes are interesting. Are **your** classes interesting?*

Vuestra profesora de español tiene muchos pósters y **vuestro** profesor de alemán tiene muchos videos. — ***Your** Spanish professor (female) has many posters and **your** German professor (male) has many videos.*

Remember that **su** and **sus,** depending on the context, may mean *his, her, its, your (formal),* or *their.*

—¿Es la cama de Vicente? — *Is it Vincent's bed?*

—Sí, es **su** cama. — *Yes, it's **his** bed.*

—¿Son ellos los amigos de Carmen? — *Are they Carmen's friends?*

—Sí, son **sus** amigos. — *Yes, they are **her** friends.*

In order to clarify the meaning of **su** or **sus,** the phrases **de él, de ella, de Ud., de Uds., de ellos, de ellas,** and **de** + *person's name* may be used in place of the possessive adjective.

—¿Es **su** cuarto? — *Is it **his** room?*

—Sí, es el cuarto **de él.** — *Yes, it's **his** room.*

In the previous examples, notice how with people´s names, there is no apostrophe and there is a change of word order in the Spanish phrases.

—Es el cuarto **de Susana.** — *It´s **Susan´s** room.*

Ser + de para expresar posesión

Another way to express possession is with the following grammatical construction: **ser** + **de** + *noun* or *pronoun.*

La calculadora es **de María.**	*The calculator is* ***María's.***
Las mochilas son **de ellos.**	*The backpacks are* ***theirs.***

Note that if the preposition **de** is followed by the article **el,** then the two words become one: **del.**

Son los lápices **del** estudiante.	*They are the student's pencils.*
Es el libro **del** profesor.	*It's the professor's book.*

To ask to whom something belongs, use the following grammatical construction:

¿De + quién(es) + ser + *noun*?

You use **quién** (singular) when the item (the noun) belongs to one person and **quiénes** (plural) when it belongs to several people. The conjugated form of the verb **ser** will also be either singular or plural—**es** or **son**—depending on whether there are one or several items. Look at the following examples:

Ejemplos	Significado	Explicación
—¿**De quién es** el libro? —Es el libro del profesor.	*Whose book* ***is*** *it?* ***It is*** *the professor's book.*	There is one item **(el libro)** and it belongs to one person **(el profesor).**
—¿**De quién son** los libros? —**Son** los libros del profesor.	*Whose books* ***are*** *they?* ***They are*** *the professor's books.*	There are several items **(los libros)** and they belong to one person **(el profesor).**
—¿**De quiénes es** la casa? —**Es** la casa de Alberto y Paula.	*Whose house* ***is*** *it?* ***It is*** *Alberto and Paula's house.*	There is one item **(la casa)** and it belongs to several people **(Alberto y Paula).**
—¿**De quiénes son** las plantas? —**Son** las plantas de mis compañeros de cuarto.	*Whose plants* ***are*** *they?* ***They are*** *my roommates' plants.*	There are several items **(las plantas)** and they belong to several people **(mis compañeros de cuarto).**

Nota gramatical

Observe that **el** *(the)* is not the same as **él** *(he, him)*. In addition to their different meanings, their forms work differently in contractions as you see here.

Los lápices son **del** estudiante.	*The pencils are* ***the student's.***
Los lápices son **de él.**	*The pencils are* ***his.***

Práctica

2-9 ¡Qué confusión! You have just moved into your new room in the dorm. There are things all over the place: some belong to you, some to your roommate. With a partner, take turns identifying each other's possessions. Follow the model.

MODELO ¿Es mi teclado?
—No, no es tu teclado. Es mi teclado.

1. ¿Es mi televisor?
2. ¿Es mi radio despertador?
3. ¿Es mi estéreo?
4. ¿Es mi lámpara?

MODELO ¿Son tus DVDs?
—No, no son mis DVDs. Son tus DVDs.

5. ¿Son tus discos compactos?
6. ¿Son tus libros?
7. ¿Son tus almohadas?
8. ¿Son tus pósters?

2-10 No, no son nuestros libros Now you're all confused! When you point out the following items and ask your classmates if they own them, your classmates respond negatively.

MODELO *—¿Es vuestra/su silla?*
—No, no es nuestra silla. Es tu silla.

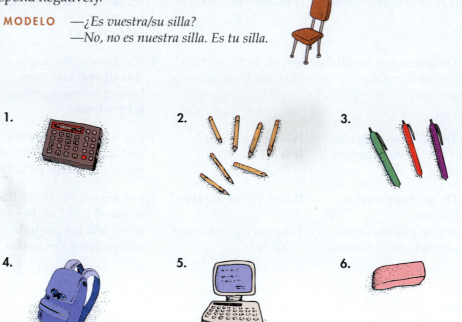

1. 

2. 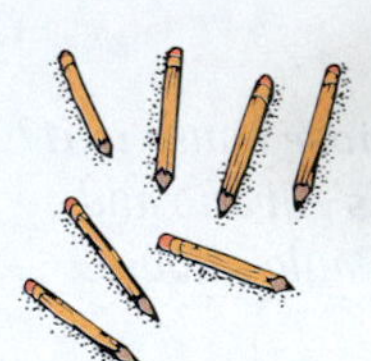

3. 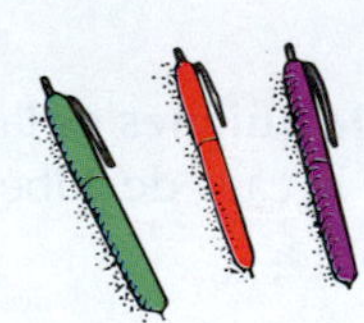

4. 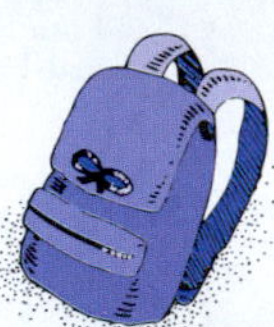

5. 

6. 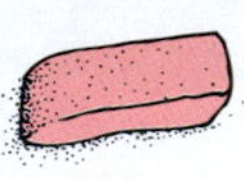

2-11 ¿De quién es... ? The classroom is looking rather cluttered. The things lying around need to be identified. Work with a classmate to determine the owners of each of the following items, using **ser** + **de.** Take turns asking and answering the questions.

MODELO María
—¿De quién es la mochila verde?
—La mochila verde es de María.

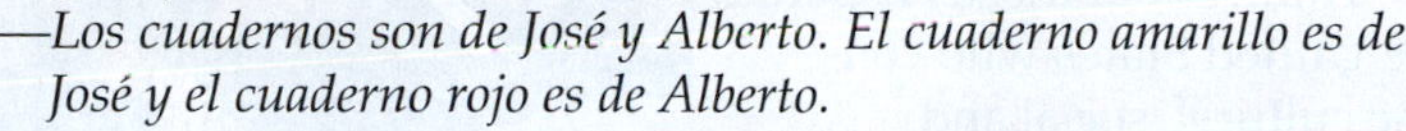

José y Alberto
—¿De quiénes son los cuadernos?
—Los cuadernos son de José y Alberto. El cuaderno amarillo es de José y el cuaderno rojo es de Alberto.

1. Juan

2. ellas

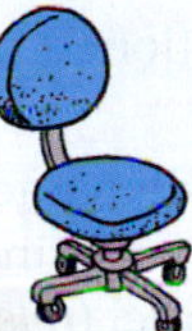

3. Catarina

4. él

5. Anita y Lorenzo

Comentarios culturales

Los hispanos en los Estados Unidos

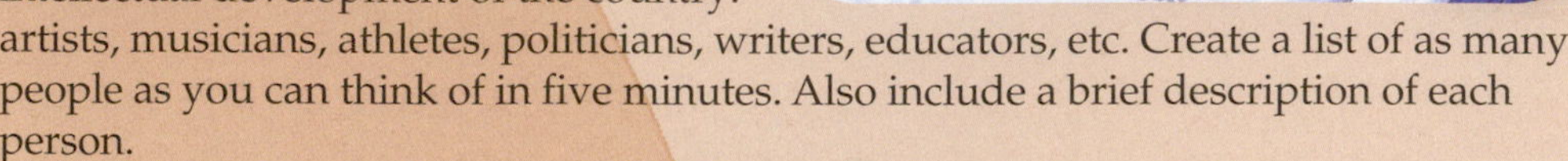

Anticipación

¿Quiénes? Think about those Hispanics living in the United States who contribute to the cultural, social and intellectual development of the country: artists, musicians, athletes, politicians, writers, educators, etc. Create a list of as many people as you can think of in five minutes. Also include a brief description of each person.

Read each name in your list to a partner and see if he or she knows ***who*** the person is and ***why*** he or she is an influential Hispanic.

Vamos a ver

Comprensión Watch the video segment twice. As you watch the video the second time, complete the following exercises.

1. According to the video, the majority of the Hispanics living in the United States are from which of the following ethnic backgrounds?
   - ❑ argentino
   - ❑ cubano
   - ❑ español
   - ❑ mexicano
   - ❑ puertorriqueño
   - ❑ salvadoreño
2. Which of the following are **not** mentioned in the description of San Antonio, Texas?
   - ❑ su agricultura
   - ❑ su arquitectura colonial
   - ❑ su comida
   - ❑ su diversidad y gran carácter latinoamericano
   - ❑ su papel *(role)* como centro turístico
   - ❑ su religión católica
   - ❑ sus centros de educación
3. According to the video, in addition to Texas, which of the following U.S. states once formed part of Mexico?
   - ❑ Arizona
   - ❑ California
   - ❑ Colorado
   - ❑ Louisiana
   - ❑ Nevada
   - ❑ Nuevo México
4. The video asserts that 40% of the population of Los Angeles is Hispanic. Which **two** main ethnic backgrounds are represented?
   - ❑ mexicano y español
   - ❑ mexicano y sudamericano
   - ❑ mexicano y centroamericano
5. The video also describes the city of Miami. Decide if the following statements about Miami are *true* or *false*. Correct any false statement.

   a. ____________________ Miami ha llegado a ser *(has become)* la capital de América latina.

   b. ____________________ La presencia de hispanohablantes *(Spanish speakers)* es bastante *(quite)* reciente.

   c. ____________________ La mayoría de los cubanos que llegaron a *(arrived at)* las costas de Florida huyeron de *(fled from)* Cuba por razones culturales y económicas.

Compare your answers with those of a classmate.

Expansión

Más hispanos influyentes

Before watching the video, you and a classmate listed and described some famous Hispanics in the United States. Now, work together and see if you can match the following Hispanics with their professions.

_______ **1.** James Brooks-Bruzzese

_______ **2.** Jane L. Delgado

_______ **3.** Carlos M. Gutiérrez

_______ **4.** Tab Ramos

_______ **5.** Soledad O'Brien

a. futbolista
b. presentadora de la cadena CNN
c. primer Secretario de Comercio hispano
d. psicóloga y dirigente de la Alianza Nacional para la Salud de los Hispanos
e. director de orquesta sinfónica

 *Nuestros cuartos*

You and a classmate are going to recreate each other's bedrooms pictorially by following the steps below.

Paso 1. On a separate piece of paper, draw your bedroom in as much detail as possible. Label all of the furniture and objects in Spanish. If you do not know the word for something, consult a dictionary or ask your instructor.

Paso 2. Listen as your classmate describes his or her bedroom in Spanish. In the space provided below, draw and label all of the furniture and objects. You may *not* look at your classmate's drawing of his or her bedroom, but you may ask **¿Dónde?** *(where)* and your classmate may respond **Aquí** *(here)* and point to the location on your drawing.

El cuarto de mi compañero/a…

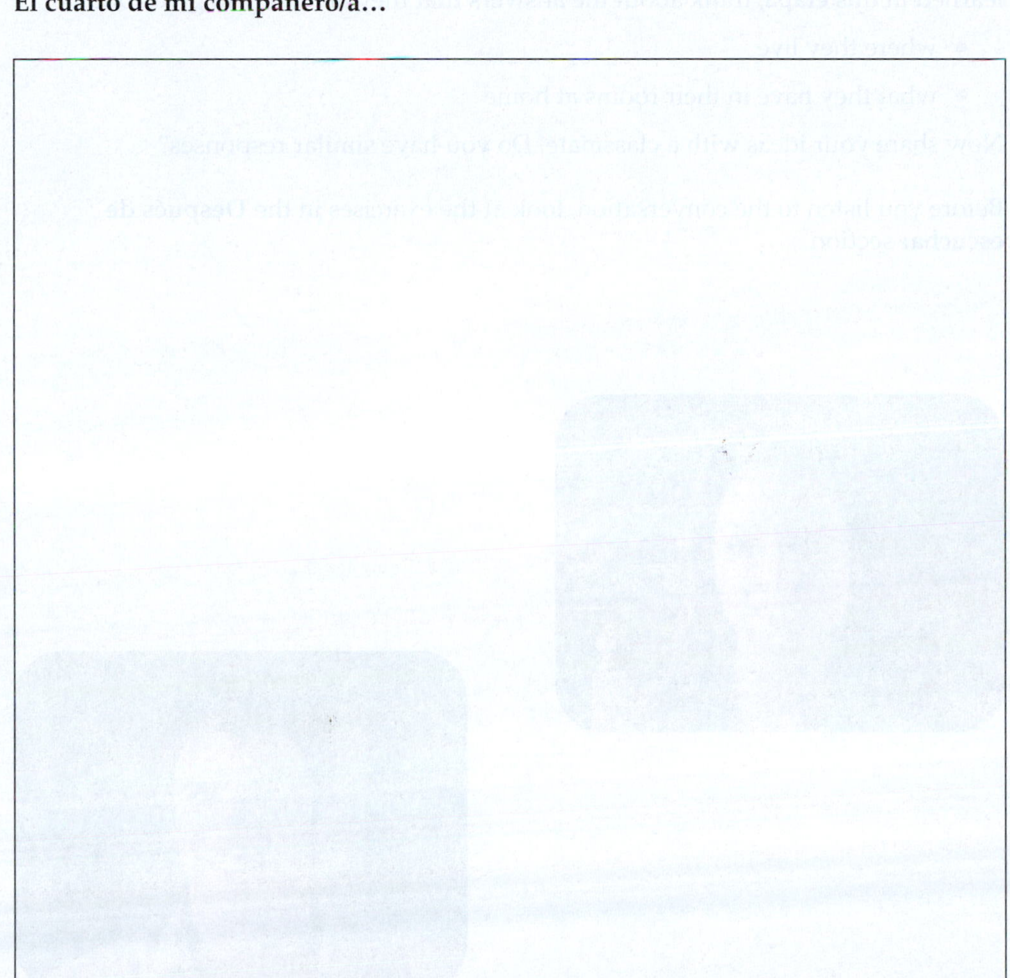

Paso 3. Compare your sketch of your classmate's bedroom with his or her original drawing. Are the two similar? Did you forget anything?

Vamos a escuchar

Allí vivo. En mi cuarto tengo...

Alejandra and Antonio, from the *¡Tú dirás!* video, are having a conversation. Listen carefully and complete the following activities. Try to understand as much as you can, but remember that you are not expected to recognize or understand every word. Focus on the vocabulary and expressions you do recognize.

Antes de escuchar

Based on what you already know about Alejandra and Antonio and what you've learned in this **etapa,** think about the answers that they are likely to give about:

- where they live
- what they have in their rooms at home

Now share your ideas with a classmate. Do you have similar responses?

Before you listen to the conversation, look at the exercises in the **Después de escuchar** section.

Después de escuchar

CD1, Track 8

Comprensión Fill in the chart below by checking off who has what.

	Alejandra	Antonio
Vive en...		
una casa		
un apartamento		
Tiene...		
una alfombra		
una cómoda		
muchos discos compactos		
un escritorio		
un estante		
un estéreo		
muchas fotografías		
muchos libros		
un reproductor de DVDs		
un ropero		
una silla		
un televisor		

Compare your completed chart with that of a classmate. Do you have the same answers?

CD1, Track 8

Listen again to Alejandra and Antonio's conversation and complete the following exercise.

En más detalle

1. ¿Con quién vive Alejandra? ¿Y Antonio?
2. ¿Qué tiene Alejandra en las paredes?
   - ❑ pósters
   - ❑ fotografías
   - ❑ libros
3. ¿Qué necesita Antonio?
   - ❑ una alfombra
   - ❑ unos estantes
   - ❑ discos compactos

SEGUNDA ETAPA

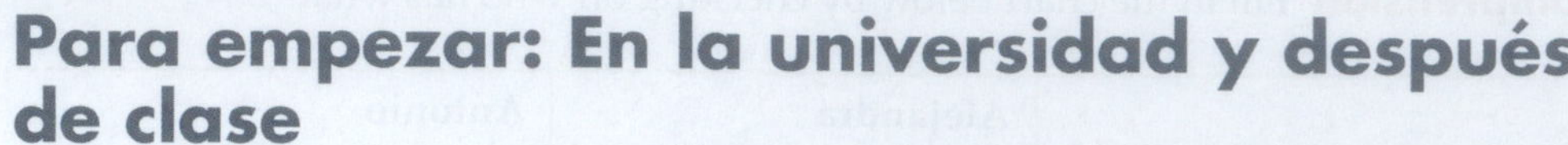

Para empezar: En la universidad y después de clase

Preparación: As you begin this **etapa,** answer the following questions:

- What courses are you taking this semester? What do you like about your classes?
- What degrees does your university offer?
- What is your major? What future career would you like to have?
- What do you like to do in your free time?

¡BIENVENIDOS! A continuación hay una lista de facultades, titulaciones o licenciaturas y salidas profesionales o carreras disponibles en esta universidad.

Facultades *(Departments / Schools)*	**Titulaciones / Licenciaturas** *(Qualifications / University degrees)*	**Salidas profesionales / Carreras** *(Careers)*
Facultad de Artes *(School of Arts)*	**danza** *(dance)* **fotografía** *(photography)* **música** *(music)* **pintura** *(painting)* **teatro** *(theater)*	**el/la bailarín/bailarina** *(dancer)* **el/la fotógrafo/a** *(photographer)* **el/la músico** *(musician),* **el/la cantante** *(singer)* **el/la artista** *(artist),* **el/la pintor/a** *(painter)* **el/la actor/actriz** *(actor/actress)*
Facultad de Ciencias *(Department of Sciences)*	**biología** *(biology)* **física** *(physics)* **informática** *(computer sciences)* **matemáticas** *(math)* **química** *(chemistry)*	**el/la biólogo/a** *(biologist),* **el/la médico/a** *(doctor),* **el/la enfermero/a** *(nurse)* **el/la físico** *(physicist)* **el/la informático/a** *(computer scientist)* **el/la matemático/a** *(mathematician)* **el/la químico/a** *(chemist)*
Facultad de Ciencias Sociales y Derecho *(Department of Social Sciences and Law)*	**ciencias políticas** *(political sciences)* **psicología** *(psychology)* **sociología** *(sociology)* **derecho** *(law)*	**el/la político/a** *(politician)* **el/la psicólogo/a** *(psychologist)* **el/la sociólogo/a** *(sociologist)* **el/la abogado/a** *(lawyer)*
Facultad de Comunicaciones *(Department of Communications)*	**periodismo** *(journalism)* **publicidad** *(advertising)*	**el/la periodista** *(journalist)* **el/la publicista** *(advertising executive)*
Facultad de Económicas y Empresariales *(Department of Economics and Business Management)*	**economía** *(economics)* **administración de empresas** *(business administration)* **contabilidad** *(accounting)*	**el/la economista** *(economist)* **el hombre/la mujer de negocios** *(businessman/-woman)* **el/la contador/a** *(accountant)*
Facultad de Educación *(School of Education)*	**educación infantil, primaria secundaria** *(early, elementary, secondary education)*	**el/la maestro/a** *(teacher)*

Facultad de Humanidades *(School of Humanities)*	**filosofía** *(philosophy)* **historia** *(history)* **filología** *(philology)* **literatura** *(literature)* **lenguas** *(languages)*	**el/la filósofo/a** *(philosopher)* **el/la historiador/a** *(historian)* **el/la filólogo/a** *(philologist)* **el/la escritor/a** *(writer)* **el/la traductor/a** *(translator)*
Facultad de Ingeniería y Arquitectura *(Department of Engineering and Architecture)*	**arquitectura** *(architecture)* **ingeniería (civil, electrónica, mecánica, industrial)** *([civil, electrical, mechanical, industrial] engineering)*	**el/la arquitecto/a** *(architect)* **el/la ingeniero/a** *(civil, electrónico/a, mecánico/a, industrial) ([civil, electrical, mechanical, industrial] engineer)*

Nota cultural

In Spanish-speaking countries, **filología** is the name of a relatively common major within the humanities. It entails the study of language and literature.

Práctica

2-12 ¿Qué profesión tiene? Often, the names of public figures are synonymous with certain professions. Following the model, identify the professions of the following people.

MODELO Aristóteles
Aristóteles es filósofo.

1. Albert Einstein
2. Juanes y Shakira
3. Salma Hayek
4. Diego Rivera, Frida Kahlo
5. Bill Gates y Michael Dell
6. Hillary Clinton
7. Sandra Day O'Connor, Johnnie Cochran
8. Santiago Calatrava

2-13 ¿Qué estudian? The following professionals-to-be are planning their majors. With a partner, indicate which classes would best prepare them for their future careers. Follow the model.

MODELO Maite, abogada
Maite estudia derecho, historia y filosofía.

1. Timoteo, actor de teatro clásico
2. Federico, maestro de escuela primaria *(elementary school)*
3. Rosa, activista política
4. Margarita, economista
5. Rosiris, médica
6. Osvaldo, contador

2-14 Y tú, ¿qué estudias? Ask your partner what classes he or she is taking. Try to identify his or her future profession. Did you guess correctly? Switch roles, and then report your findings to the class.Which professions appear to be the most popular?

MODELO *—¿Qué estudias?*
—Estudio español, historia y antropología.
—Tu profesión futura es ¿profesor? ¿historiador?

Enfoque léxico *Las preguntas con **quién, cuál, qué, dónde y cuándo***

Heinle iRadio: To hear more about **Question words**, visit academic.cengage.com/spanish.

In the **Primera etapa** you learned to ask *yes/no* questions by changing intonation and word order. Other questions you may want to ask require answers with more specific information than a simple *yes* or *no*. The following chart summarizes the meaning and usage of the Spanish question words **¿quién?, ¿cuál?, ¿qué?, ¿dónde?,** and **¿cuándo?**

Palabra interrogativa *(question word)*	Significado y uso	Ejemplos
¿quién? / ¿quiénes?	Use **¿quién?** to find out *who* is involved.	—¿**Quién** come en la cafetería? *(Who eats in the cafeteria?)* —**Bárbara.**
	Use **¿quiénes?** when asking about more than one person.	—¿**Quiénes** estudian en casa? *(Who studies at home?)* —**Roberto y Pepe.**
¿cuál?	Use **¿cuál?** *(which, what)* in cases where choice is involved.	—¿**Cuál** es tu cuarto? *(**Which one** is your bedroom?)* —**El cuarto grande.** ***(The large bedroom.)***
¿qué?	Use **¿qué?** *(what)* when asking for a definition or an explanation.	—¿**Qué** son las tapas? *(**What** are tapas?)* —(Las tapas son) **pequeñas porciones de alimentos.** *([Tapas are] **small portions of food.**)* —¿**Qué** buscan? *(**What** are they looking for?)* —(Buscan) **la casa de Marta.** *([They're looking for] **Marta's house.**)*
¿dónde?	Use **¿dónde?** to find out *where* something or someone is located.	—¿**Dónde** vive tu hermano? *(**Where** does your brother live?)* —(Vive) **en Puerto Vallarta.** *([He lives] **in Puerto Vallarta.**)*
¿cuándo?	Use **¿cuándo?** to find out *when* something is happening.	—¿**Cuándo** es el examen? *(**When** is the test?)* —(Es) **mañana.** *([It's] **tomorrow.**)*

Práctica

2-15 ¡Vamos a conocernos! You have just found out that a student will be visiting from Guadalajara, Mexico. You'd like to get to know her, so prepare a list of questions to ask her about herself, her friends, and her hometown. Use the suggested words to form your questions.

MODELO vivir / tú
—¿Dónde vives?

1. ser / tus amigos/as
2. visitar / a tu familia en México
3. escuchar / música
4. trabajar / los veranos *(in the summer)*
5. ser / tu cantante favorito
6. comer / los días festivos *(on holidays)*

2-16 Más detalles ***(More details)*** As you know, conversation depends on the listener paying attention to the speaker's comments and reacting to them. Now imagine that you are talking with other Hispanic students in your classes. After your classmate makes a statement, ask a logical follow-up question. Make sure to take turns.

MODELO Juan de Diego: —Mi familia no vive en Veracruz.
—¿Dónde vive tu familia?

Emilio Juárez:

1. Mi compañero de cuarto no estudia ciencias.
2. Tengo muchos amigos, pero sólo *(only)* dos buenos amigos.

Bárbara Martínez:

3. Tengo muchos discos compactos de música puertorriqueña.
4. Como la merienda en la cafetería.

Carlos López:

5. Tengo una clase en la mañana.
6. Muchos de mis amigos no viven en los Estados Unidos.

2-17 Intercambio There are many interesting people in your class with whom you would like to become better acquainted. First write down a list of five questions that you'd like to ask a fellow student. Be creative, and remember that it is likely you already know a bit about this person. Interview your classmate and then share your questions and his or her answers with the class.

Enfoque estructural *La expresión de los gustos:* ***gustar*** *+ verbos*

Heinle iRadio: To hear more about **gustar**, visit academic.cengage.com/spanish.

In order to express what *you like* or *do not like* to do in Spanish, use the verb **gustar.** In the **Vamos a escuchar** activity in the **Primera etapa,** when Alejandra was describing her bedroom she said the following. **¿Recuerdas?**

"En las paredes hay muchas fotografías porque **me gusta tomar fotos.**"

"On the walls there are many photographs because ***I like to take photos.****"*

Literally, **gustar** means *to be pleasing* (or *to please*) and functions like that verb. Alejandra was literally saying "Taking photos is pleasing to me." **Tomar fotos** is the subject of the sentence and **me** is the indirect object.

me *(to me)* **te** *(to you)* **le** *(to you, to him, to her)* **nos** *(to us)* **os** *(to you)* **les** *(to you, to them)*	+	**gusta**	+	**verbo (infinitivo)**

Me gusta leer.	***I like*** *to read. / Reading* ***is pleasing to me.***
Te gusta escuchar música.	***You like*** *to listen to music. / Listening to music* ***is pleasing to you.***
Le gusta estudiar química.	***He/She/It likes / You like*** *to study chemistry. / Studying chemistry* ***is pleasing to him/her/it/you.***
Nos gusta aprender informática.	***We like*** *to learn computer science. / Learning computer sciences* ***is pleasing to us.***
Os gusta ver teatro.	***You all like*** *to watch theater. / Watching theater* ***is pleasing to you all.***

Nota gramatical

Remember that an infinitive is a verb that is not conjugated (does not show a different ending for each person). For example, in English *to study* is an infinitive, and *she studies* is a conjugated verb.

When you refer to yourself **(me)** or to the person with whom you are speaking **(te),** it is generally clear to whom an action is pleasing. Conversely, when you use **le gusta** or **les gusta,** it may be less clear to whom the action is pleasing. Therefore, when you initiate a dicussion about someone's likes or dislikes, you should include either a proper name or a pronoun. The person's name or pronoun must be preceded by the preposition **a.** You cannot say: ~~Juan le gusta~~ estudiar pintura. You must say: **A Juan** le gusta estudiar pintura.

Notice the use of the preposition **a** in the following examples:

A María le gusta dibujar.	**A ella le gusta** dibujar.
A Pedro y a Flor les gusta viajar.	**A ellos les gusta** viajar.

To ask questions about likes and dislikes, use the basic structure explained above, but alter your inflection.

—¿**Te gusta estudiar** arte moderno?	***Do you like to study*** *modern art? /* ***Is studying*** *modern art* ***pleasing to you?***
—**No, no me gusta estudiar** arte moderno.	*No,* ***I don't like to study*** *modern art. / No,* ***studying*** *modern art* ***is not pleasing to me.***
—¿**A Uds. les gusta** hablar sobre física?	***Do you all like talking*** *about physics? /* ***Is talking about*** *physics* ***pleasing to you all?***
—**Sí, nos gusta hablar** sobre física.	***Yes, we like talking*** *about physics. /* ***Yes, talking about*** *physics* ***is pleasing to us.***

Notice that in answering a question the indirect object pronoun **(te, le, les)** changes to reflect the person and number of the respondent **(me, nos).** This change will occur unless the question refers to a person or thing outside of the dialog.

Here are some additional verbs that you can use with **gustar** to express your preferences and ask others what they *like* or *do not like* to do.

charlar	*to chat*
cocinar	*to cook*
descansar	*to rest*
dibujar	*to draw*
hablar sobre política / deportes	*to discuss / to argue about politics / sports*
pintar	*to paint*
tocar el piano / la guitarra / la batería	*to play the piano / the guitar / the drums*
ver películas / la televisión	*to watch movies / television*
viajar	*to travel*

Práctica

2-18 ¿Qué te gusta hacer? Imagine that you are one of the following people. According to the information provided, mention one or two things that you would logically like to do. The rest of the class will guess which one of these famous individuals you are.

MODELO Gabriel García Márquez (escritor)
Me gusta mucho escribir. ¿Cómo me llamo?

1. Carlos Santana (cantante)
2. Sandra Cisneros (escritora)
3. David Ortiz (deportista)
4. Penélope Cruz (actriz)
5. María Hinojosa (periodista, corresponsal de televisión)

2-19 ¿Muchísimo o muy poco? Look at the activities in the table. In the first column, labeled **"Me gusta...,"** decide how much you like or do not like to do each activity and then specify: **muchísimo, mucho, poco,** or **muy poco.**

Me gusta...	**Le gusta...**	**Actividad**
		...hablar español
		...ver películas extranjeras
		...cocinar
		...dibujar
		...escuchar música clásica
		...cantar en la ducha (*in the shower*)
		...charlar con amigos
		...viajar a otros países (*countries*)

Now, find out the preferences of a classmate and record his or her responses in the second column, labeled **"Le gusta..."**. Remember to alter your inflection when asking a question.

MODELO *¿Te gusta tocar el piano?*

Do you and your classmate have similar preferences or not? Summarize your preferences, and be prepared to share them with the class.

MODELO *Me gusta mucho pintar, pero a Eric le gusta poco pintar. Nos gusta muchísimo hablar español...*

Enfoque estructural *La expresión de los gustos: **gustar** + cosas*

Heinle iRadio: To hear more about **gustar**, visit academic.cengage.com/spanish.

You have just learned how to use the verb **gustar** with other *verbs* to talk about the actions you enjoy. **Gustar** can also be used to talk about *things* that you *like* or *do not like*.

me *(to me)* **te** *(to you)* **le** *(to you, to him, to her)*	+	**gusta**	+	**cosa (singular)**
nos *(to us)* **os** *(to you)* **les** *(to you [formal], to them)*	+	**gustan**	+	**cosas (plural)**

Use **gusta** if what is pleasing is singular and **gustan** if it is plural.

Me gusta la literatura.	***I like*** *literature. / Literature* ***is pleasing to me.***
Te gustan las óperas alemanas.	***You like*** *German operas. / German operas* ***are pleasing to you.***
Le gusta el arte.	***He/She/It likes / You like*** *art. / Art* ***is pleasing to him/her/it/you.***
Nos gustan los experimentos.	***We like*** *experiments. / Experiments* ***are pleasing to us.***
Os gusta el cine.	***You all like*** *the cinema. / The cinema* ***is pleasing to you all.***
Les gustan los poemas de Julia de Burgos.	***They/You all like*** *the Julia de Burgos' poems. / Julia de Burgos'* ***poems are pleasing to them/you all.***

Nota gramatical

Gustar is not a cognate, but there is a verb that functions similarly in English: the verb *to disgust*, as in *that food disgusts me* and *those foods disgust me.*

You may notice that **gusta** and **gustan** look like the third person singular and plural forms of an **-ar** verb. They are indeed regular conjugations of the verb **gustar**, a verb that is distinct from other **-ar** verbs, not in form but rather in usage. The third-person forms of **gustar** are employed most frequently.

Práctica

2-20 Me gusta... No me gusta... Using the vocabulary shown below, make a list of four things you *like* and four things you *do not like*. Remember to pay attention to whether the thing you like is singular or plural and to choose the form **me gusta** or **me gustan** accordingly. Compare your list with those of two of your classmates and see if you have any likes and dislikes in common.

las películas de Jackie Chan
la música de Enrique Iglesias
los conciertos de música rock
el teatro clásico
la clase de español
los viajes a Europa
la ciudad de Nueva York
las lenguas
las clases de ciencias
los viajes al Caribe *(to the Caribbean)*

2-21 ¿Qué te gusta más? Discuss your preferences with a classmate. Follow the model to indicate which of the following you like more.

MODELO la física o la química
—¿Te gusta más la física o la química?
—Me gusta más la química.

1. las matemáticas o la informática
2. la danza o el teatro
3. la política o los deportes
4. la música tecno o la música rock
5. la biología o la química
6. las lenguas o las matemáticas

2-22 Me gustan los deportes, pero no me gusta la política You and your friends are talking about what you like and dislike. Record your group's preferences with regard to the items listed in the survey, and be creative by placing additional items in the survey. Report your group's findings to the class. Is there a consensus?

	Me gusta	Me gustan	No me gusta	No me gustan
los deportes				
la política				
la filosofía				
el arte moderno				
la literatura				
la música hip-hop				

Comentarios culturales

Cumbia de los muertos

Ozomatli is a multicultural band whose music fuses urban hip-hop, Latin salsa, and jazz-funk. **Ozomatli** comes from the Nahuatl name for the astrological sign of the monkey, found in the Aztec calendar. The group was formed in the working-class neighborhoods of Los Angeles and began its musical career in the Los Angeles and San Diego/Mexico border-area club scene. "Cumbia de los muertos," the song that you are about to hear, is from the band's self-titled debut album *Ozomatli* (1998). **Ozomatli** has since released three other albums: *Embrace the Chaos* in 2001, *Street Signs* in 2004, and *Live at the Fillmore* in 2005.

Peruse the lyrics of "Cumbia de los muertos" below. They describe a type of supernatural party where only people who are pure at heart can witness the spirits of the dead dancing among the living: "Here there is no sorrow / only happiness / the dance of the loved ones of the past / look how my mom is dancing / dancing with my brother of the past / their spirits come together dancing / full of happiness and enjoyment." Read the lyrics as you listen to the song.

♪ To experience the song, access the *¡Tú dirás!*, Fourth Edition playlist.

Cumbia, Cumbia *(repeat)*
Aquí no existe la tristeza
sólo existe la alegría
el baile de los queridos
de los queridos del pasado
mira cómo baila mi mamá
bailando con mi hermano del pasado
sus espíritus se juntan bailando
llenos de alegría y gozando
[. . .]

Cumbia, Cumbia *(repeat)*
Cierta gente sólo puede ver
espíritus bailando entre la gente
si pueden verlos bailando mis hermanos
serán bendecidos entre los cielos
mira cómo baila mi mamá
bailando con mi hermano del pasado
sus espíritus se juntan bailando
llenos de alegría y gozando

Análisis

1. Have you heard of Ozomalti before? If so, how did you first learn of the group and their music?
2. As you know, Ozomatli fuses different types of musical rhythms. What types did you hear in "Cumbia de los muertos"?
3. Did you like the song? Why or why not?

Tú dirás

 *El Festival de las Américas*

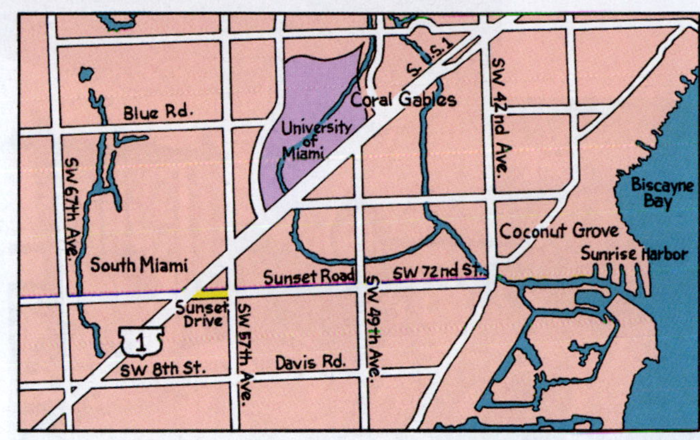

Every October, the city of South Miami hosts a giant street party along Sunset Drive between U.S. 1 and Southwest 57th Avenue. The one-day event attracts more than 50,000 people, who come to enjoy Latin musical headliners in concert, folkloric group performances, and typical foods from all over Latin America.

Imagine that this year you have decided to attend the **Festival de las Américas.** In addition to trying foods from different Latin American countries and hearing some great music, you are really looking forward to meeting new people and practicing your Spanish, the common language spoken during the street party.

Conocer a la gente

Transform your Spanish classroom into the **Festival de las Américas** street party and start to mingle.

- Approach other people and introduce yourself. Tell them where you are from and what you are studying.

MODELO *Me llamo Joaquín. Soy de Colombia pero vivo en Nueva York. Estudio arte y literatura. ¿Cómo te llamas? ¿Qué estudias?* etc.

- Talk about your interests and see if you have anything in common.

MODELO *Me gusta pintar y dibujar. Me gusta el arte moderno y quiero ser pintor. También, me gustan muchísimo mis clases de literatura en la universidad. ¿Qué te gusta?* etc.

- If you discover that you have a lot in common, exchange your e-mail addresses. If not, say good-bye politely and continue mingling.

MODELO *Mi correo electrónico es joaquinnyc@yahoo.com*

MODELO *Bueno, encantado/a de conocerte. Hasta luego. / Adiós.*

The @ sign is called an **arroba** in Spanish and the period is a **punto**, so Joaquín would say his address in the following way: *jota-o-a-cu-u-i-ene-ene-i griega-ce arroba yahoo punto com*

Hablar sobre la experiencia

Hopefully, you had a good time at the street party and met a lot of new and interesting people. Now, report back to the class the names of the people whose e-mails you got and explain exactly what you have in common with each of them.

MODELO *Tengo los correos electrónicos de Joaquín, Alicia, Steve,...*
A Joaquín y a mí nos gusta escuchar música jazz.
Alicia estudia literatura y yo también estudio literatura...

DVD

Vamos a ver

Los estudios e intereses de los compañeros

Let's join the roommates in the kitchen of the Hacienda. As they get to know one another better, they begin to discuss their university studies and personal interests.

Anticipación

Hagamos una encuesta Let's conduct a survey of your classmates' studies and personal interests.

- First, working in groups of three or four, make a list in Spanish of (1) the most popular fields of study (majors and minors) at your university and (2) *your* personal interests (what you like to do in your free time when you're not studying).
- Second, as you share your group's list, your instructor or a student volunteer will compile the information on the board, listing the fields of study **(especialidades)** in one column and the personal interests **(gustos)** in another. Copy the finalized lists on a piece of paper.
- Third, walk around the classroom and interview your classmates, asking the following questions: **¿Qué estudias? ¿Qué te gusta hacer en tu tiempo libre** *(free time)***?** When a classmate's response matches one of the fields of study or interests in your survey, place a mark next to it.
- Finally, tally the number of marks next to each item on the survey and be prepared to share the results with the class.

Vamos a ver

¿Qué estudian los compañeros? ¿Qué les gusta? As you watch the video, complete the following chart with the roommates' studies and personal interests. If a person does not mention what he or she studies or likes, place an **X** in the chart.

Nombre	¿Qué estudia?	¿Qué le gusta?
Sofía		
Javier		
Alejandra		
Antonio		
Valeria		

Now watch the video for a second time and fill in any information that you did not complete during the first viewing. Also, pay attention to the relationship between the following people's personal interests and their aspirations for the future, specifically, their desired professions, and complete the following sentences.

1. A Sofía le gusta ______________________, por eso quiere ser ______________________.
2. A Javier le gusta ______________________, por eso quiere abrir ______________________.

Expansión

¿Se parecen? When you conducted the survey, you spoke with many of your classmates about their studies and personal interests. In groups of three or four, determine who most closely resembles **(se parece a)** one of the five roommates, based on their studies and/or personal interests, and complete the following sentences.

If no one is a match, write **nadie** *(no one)* in the first blank.

1. ______________ se parece a Javier.

4. ______________ se parece a Sofía.

2. ______________ se parece a Alejandra.

5. ______________ se parece a Valeria.

3. ______________ se parece a Antonio.

Share your group's results with the class. Be sure to explain why you think a certain individual is similar to one of the roommates.

TERCERA ETAPA

Para empezar: Mi familia

Preparación: As you begin this **etapa,** take a moment to think about the information you would include if you were going to talk about your family.

- What is your family like?
- Do you have stepparents?
- Do you have brothers and sisters?
- What about stepsiblings?
- Do you have two sets of grandparents?

Expansión léxica

When talking about stepparents, Spanish speakers normally avoid the terms **padrastro** and **madrasta** because they have a negative connotation. Instead, periphrasis is often employed: **"la mujer / esposa de mi padre," "el marido / esposo de mi madre."** When talking about stepsiblings we find a similar situation; most people avoid using **hermanastro/a,** because of the negative connotation. Spanish-speakers may simply use **hermano/a** or may again use periphrasis: **el/la hijo/a de mi padre y su segunda mujer, de mi madre y su segundo marido.** In some cases, the term **medio hermano/a** is used to refer to half brother and half sister.

El árbol geneológico de nuestra familia *(Our family tree)*

Enrique y Rosa son **los abuelos paternos** de Susana y Sara. Enrique es **el abuelo paterno** y Rosa es **la abuela paterna.** Susana y Sara también tienen **abuelos maternos; el abuelo materno** se llama Jorge y **la abuela materna** se llama Nieves.

Enrique y Rosa son **los padres** de Pilar y Roberto; Enrique es **el padre,** y Rosa es **la madre.** Pilar y Roberto son **los hijos** de Enrique y Rosa; Pilar es **la hija,** y Roberto es **el hijo.**

El esposo de Pilar se llama Luis y **la ex-esposa** de Roberto se llama Alicia. Pilar y Luis **están casados** pero Roberto y Alicia **están divorciados.**

Ignacio es el **hijo mayor** de Luis y Pilar y él tiene dos **hermanos: una hermana** que se llama Mercedes y **un hermano menor** que se llama Daniel.

Susana y Sara son **las hijas gemelas** de Roberto y Alicia. ¡Físicamente son idénticas pero tienen personalidades muy diferentes! Ellas son **las primas** de Daniel, Mercedes e Ignacio. Daniel es **el primo** favorito de Sara. A ella le gustan mucho los bebés.

Luis y Pilar son **los tíos** de Susana y Sara; Luis es **el tío** y Pilar es **la tía.** Susana y Sara son **las sobrinas** de Luis y Pilar. Roberto y Alicia son **los tíos** de Daniel, Mercedes e Ignacio. Ignacio es **el sobrino** favorito de Roberto y Alicia.

Daniel, Mercedes, Ignacio, Susana y Sara son **los nietos** de Enrique y Rosa. Ellos no tienen **un nieto** favorito o **una nieta** favorita.

Cómo describir a los miembros de tu familia

Características físicas *Physical features*
The following adjectives are used with the verb **ser** to describe people:

alto/a *tall*
bajo/a *short*
delgado/a *thin*
feo/a *ugly*
gordo/a *fat*
guapo/a *good-looking, handsome*
moreno/a *dark-featured, brunette*
pelirrojo/a *red-headed*
rubio/a *blond(e)*

The verb **tener** is used to describe people's hair and eye color:

tener el pelo (castaño/corto/largo) *to have (dark brown/short/long) hair*
tener los ojos (azules/de color café/verdes) *to have (blue/brown/green eyes)*

Cualidades personales *Personal qualities*
The following adjectives are used with the verb **ser** to describe people:

aburrido/a *boring*
antipático/a *unpleasant*
divertido/a *fun, amusing*
inteligente *intelligent*
listo/a *smart, clever*
simpático/a *nice*

—¿**Cómo son** tus abuelos?
—*What are your grandparents* ***like****?*

—Mi abuelo **es alto** y **moreno.** Mi abuela **es baja. Son** muy **simpáticos.**
—*My grandfather* ***is tall*** *and* ***dark-featured.*** *My grandmother* ***is short.*** *They* ***are*** *very* ***nice.***

—¿**Cómo es** tu hermana? Se llama Mónica, ¿no?
—***What is*** *your sister* ***like****? Her name's Monica, isn't it?*

—Sí, su nombre es Mónica. Ella **es alta** y **tiene los ojos azules** y **el pelo castaño. Es inteligente.**
—*Yes, her name's Monica. She* ***is tall*** *and* ***has blue eyes*** *and* ***brown hair.*** *She* ***is intelligent.***

Práctica

2-23 ¿Quién es quién? Complete the following sentences with the appropriate word.

1. La madre de mi madre es mi ____________.
2. El hermano de mi padre es mi ____________.
3. Yo soy el ____________ de mis hijos.
4. Mi esposa es la ____________ de mis hijos.
5. La hija de mis padres es mi ____________.
6. Los hijos de mis tíos son mis ____________.
7. La hija de mi hijo es mi ____________.
8. El hijo de mi hermana es mi ____________.

2-24 El árbol geneológico de mi compañero/a Interview a partner about his or her family and draw his or her family tree on a separate piece of paper. The following should be included in the family tree:

- The names and relationships among the members of the family
- A brief description of each person (physical characteristics and/or personality traits)

When you have both finished your drawings, compare them. How similar are your families?

Heinle iRadio: To hear more about **Question words**, visit academic.cengage.com/spanish.

Enfoque léxico

*Las preguntas con **por qué, cómo, cuánto** y **cuántos***

In the **Primera etapa** you learned how to ask *yes/no* questions and in the **Segunda etapa** you learned how to ask for more specific information with the question words **¿quién?, ¿cuál?, ¿qué?, ¿dónde?,** and **¿cuándo?** The following chart summarizes the meaning and usage of some additional Spanish question words: **¿por qué?, ¿cómo?, ¿cuánto?,** and **¿cuántos?**

Palabra interrogativa *(Question word)*	Significado y uso	Ejemplos
¿por qué?	Use **¿por qué?** to find out the reason *why* something is done. The answer to a question with **¿por qué?** normally includes **porque** *(because).*	—¿**Por qué** estudias? *(**Why** are you studying?)* —Porque **tengo un examen hoy.** *(Because **I have a test today.**)*
¿cómo?	Use **¿cómo?** *(how, what)* to ask about manner or condition and to find out *what* a person or thing is like.	—¿**Cómo** estás? *(**How** are you?)* —**Muy bien,** gracias. *(**Fine,** thanks.)* —¿**Cómo** son Mario y Luis? *(**What** are Mario and Luis **like**?)* —Mario y Luis son **altos y delgados.** *(Mario and Luis are **tall and thin.**)*
¿cuánto? / ¿cuánta?	Use **¿cuánto?** to ask *how much* there is of something. Use **¿cuánto?** for masculine nouns and **¿cuánta?** for feminine nouns.	—¿**Cuánto** espacio tienes en tu cuarto? *(**How much** space do you have in your room?)* —Tengo **muy poco** espacio. *(I have **very little** space.)* —¿**Cuánta** agua tomas? *(**How much** water do you drink?)* —Tomo **ocho vasos** al día. *(I drink **eight glasses** a day.)*
¿cuántos? / ¿cuántas?	Use **¿cuántos?** to ask about quantities *(how many).* Use **¿cuántos?** for masculine nouns and **¿cuántas?** for feminine nouns.	—¿**Cuántos** hermanos tienes? *(**How many** brothers/sisters do you have?)* —Tengo **dos** hermanos. *(I have **two** brothers.)* —¿**Cuántas** casas hay en tu pueblo? *(**How many** houses are there in your town?)* —Hay **muchas** casas en mi pueblo. *(There are **many** houses in my town.)*

Práctica

2-25 Una invitación Pedro, a new friend, has just invited Sofía to a barbecue. Before she accepts or declines the invitation, she wants to find out the specifics. Read their conversation and complete Sofía's questions. Use the question words you have learned from both the **Segunda etapa** and this **etapa: ¿quién / quiénes?, ¿cuál / cuáles?, ¿qué?, ¿dónde?, ¿cuándo?, ¿por qué?, ¿cómo?, ¿cuánto/a?** y **¿cuántos/as?.**

SOFÍA: ¿_______________ es la barbacoa?
PEDRO: Es el sábado *(on Saturday)*.
SOFÍA: ¿_______________ personas van?
PEDRO: Muchas. Treinta *(thirty)* aproximadamente.
SOFÍA: ¿_______________ van?
PEDRO: Mi hermano y mis primos, mis dos compañeros de cuarto y muchos amigos de la universidad.
SOFÍA: ¿_______________ es?
PEDRO: En el patio de atrás *(backyard)* de la casa de mis padres.
SOFÍA: ¿_______________ es el patio?
PEDRO: Es grande y hay muchos árboles *(trees)* y plantas. Es muy bonito.
SOFÍA: ¿_______________ es tu dirección?
PEDRO: La avenida República, número 3.

2-26 ¿Qué recuerdas? How much do your classmates remember about the roomates in the video? Working with a classmate, write five questions using different interrogative words. Once you have all your questions, walk around the class and quiz your classmates. Do they know all the answers?

MODELO ¿Dónde vive Alejandra?

2-27 ¿Qué familia famosa es? There are many families that just about everyone knows about. Think of a famous family from the past or present. Draw the family tree in as much detail as possible and include the relationships among the family members. Pair up with a classmate and see if you can figure out who your classmate's famous family is. Take turns asking questions.

- ¿Es una familia grande o pequeña?
- ¿Cuántas personas hay?
- ¿Cómo es la madre/el padre, etc.?
- ¿Dónde vive la familia?
- ¿Por qué es famosa la familia?

Share the names of your famous families with the class. Your instructor will list all of the families on the board. Were any families repeated? If yes . . .

- ¿qué familia?
- ¿por qué?

Enfoque estructural *Un repaso del verbo **ser** y **ser** + nombres*

Thus far, you have encountered several uses of the verb **ser.** Let's review those uses and the corresponding grammatical structures:

Heinle iRadio: To hear more about **Ser** and **Estar** visit academic.cengage.com/spanish.

Use	Grammatical structure	Where?
To describe something	**ser** + *adjective* El chocolate **es dulce.**	Capítulo 1, Segunda etapa (p. 40)
To express a place of origin (where someone or something is from)	**ser** + **de** + *the name of a country or city* Antonio **es de** Texas, pero sus padres **son de** México.	Capítulo 1, Segunda etapa (p. 40)
To inquire about where someone or something is from	**¿De dónde** + **ser** + *the name of a person or thing*? **¿De dónde es** Antonio?	Capítulo 1, Segunda etapa (p. 40)
To express nationality	**ser** + *adjective of nationality* Antonio **es mexicano.**	Capítulo 1, Segunda etapa (p. 41)
To express possession	**ser** + **de** **Es** el libro **de** Antonia.	Capítulo 2, Primera etapa (p. 68)
To describe people's physical features and personal qualities	**ser** + *adjective* Antonio **es alto, moreno** y **delgado. Es simpático.**	Capítulo 2, Tercera etapa (p. 89)

Uses of *ser* + *noun*

The verb **ser** followed by a noun is used to identify people and things. In this chapter, in the **Segunda** and **Tercera etapas** we have seen examples of these uses of **ser.** These uses are highlighted in the chart.

To identify people by their profession or occupation	**ser** + *noun* Aristóteles **es filósofo.**	Capítulo 2, Segunda etapa (pp. 76–77)
To identify family relationships	**ser** + *noun* Enrique y Rosa **son los padres** de Pilar y Roberto; Enrique **es el padre** y Rosa **es la madre.**	Capítulo 2, Tercera etapa (p. 88)

As you have probably noticed, most nouns referring to work or occupation have both a masculine and a feminine form. These words follow the same patterns as adjectives of nationality (see pages 40 and 41).

1. If the masculine noun ends in **-o**, the feminine noun will end in **-a**.

Mi hermano es **abogado.**	Su esposa es **abogada.**
Tu primo es **ingeniero.**	Su hija es **ingeniera.**

2. If the masculine noun ends in the consonant **-r**, the feminine is formed by adding **-a** to the end of the word.

Él es **profesor.**	Ella es **profesora.**
Óscar Hijuelos es **escritor.**	Helena María Viramontes es **escritora.**

3. Nouns that end in the vowel **-e**, as well as those that end in **-ista**, have the same masculine and feminine form.

Él es **estudiante.**	Ella es **estudiante.**
Ray Suárez es **periodista.**	María Hinojosa es **periodista.**

4. Nouns of profession form their plural in the same way as adjectives of nationality. If the noun ends in a vowel, add **-s** to the masculine or feminine singular form. If the singular form ends in a consonant, add **-es** to the masculine noun and **-as** to the feminine.

Ellos son **abogados.**	Ellas son **abogadas.**
Ellos son **estudiantes.**	Ellas son **estudiantes.**
Ellos son **profesores.**	Ellas son **profesoras.**

¡Ojo! Some professions have different words for feminine and masculine: **actor / actriz.**

Práctica

2-28 ¿El Sr. Santana? Él es... You have invited a friend to attend your annual family gathering. Point out various attendees to your friend, and explain their relation to you and what they do.

MODELOS Sr. Pérez / mi tío / abogado
¿El Sr. Sánchez? Es mi tío y es abogado.
Sr. y Sra. Santana / los padres de mi primo Isidro / ingeniero
¿El Sr. y la Sra. Santana? Son los padres de mi primo Isidro y son ingenieros.

1. Sr. y Sra. Herrera / los padres de mi amigo Juan / médico
2. Sr. Valdés / mi tío / biólogo
3. Sr. y Sra. López / los tíos de mi amiga Nati / abogado
4. Sra. Dávila / mi madre / ingeniero
5. Sr. y Sra.Valdés / mi padre y su esposa / profesor
6. Patricio / mi hermano / estudiante
7. Sra. González / mi tía / cantante
8. Sr. Valdés Chávez / mi abuelo / hombre de negocios

Nota cultural

Spanish speakers often use more than one last name because many use their mother's maiden name along with their father's last name: for example, Camila Márquez Centeno, where Márquez is the father's last name and Centeno is the mother's last name.

2-29 ¿Quién es? Bring to class three or four pictures of friends and family members. In groups of three, share your pictures with your classmates. Then, take turns asking each other the following questions.

1. ¿Quién es?
2. ¿De dónde es?
3. ¿Cómo es?
4. ¿Qué es?

You may also bring pictures of people from magazines and be creative when answering your classmates' questions.

Enfoque estructural *Los adjetivos demostrativos*

There are many instances when we need to identify objects, places, and people. For instance, imagine that Sofía invites a new friend back to the **Hacienda Vista Alegre.** As she gives her friend a tour, she would point out things and people.

—**Este cuarto** es de Valeria. *This room is Valeria's.*

—**Esa mujer** es Alejandra. *That woman is Alejandra.*

—**Aquel hombre** es Antonio. *That man over there is Antonio.*

Demonstrative adjectives are used to point out specific things or people. They agree in number and gender with the nouns that they modify.

Near the speaker		Corresponding adverb
este **esta**	*this*	**aquí** *(here)*
estos **estas**	*these*	

Near the listener		Corresponding adverb
ese **esa**	*that*	**allí** *(there)*
esos **esas**	*those*	

Far from both the speaker and the listener		Corresponding adverb
aquel **aquella**	*that . . . over there*	**allá** *(over there)*
aquellos **aquellas**	*those . . . over there*	

You may notice words like these demonstrative adjectives written with an accent. Each demonstrative adjective, which will always be used with a noun, has a corresponding pronoun that is written with an accent and used to replace a noun:

Este cuarto es muy grande. *This room is very big.*

Éste es muy grande. *This one is very big.*

You will learn more about demonstrative pronouns in **Capítulo 6, Tercera etapa, página 250.**

Práctica

2-30 Aquí, allí y allá Demonstrative adjectives show a noun's relative distance from the speaker and listener. Using the drawings below, provide the correct demonstrative adjective. Remember that demonstrative adjectives must agree in gender and number with the nouns that follow them.

MODELO Habla el guardia: Sí, señora, ______________ banco está abierto *(is open)* ahora.
Sí, señora, *este* banco está abierto ahora.

1. Hablan Joaquín y Marta: ______________ señor come palomitas. ¡Yo también quiero palomitas!

2. Habla el muchacho de la silla de ruedas *(wheelchair)*: ¡Jorge! ¡______________ música es buenísima!

3. Habla la dependienta *(salesperson)*: ______________ cosas son muy útiles para las clases, ¿no?

4. Habla Lorena: Gracias por una noche muy especial. ¡Tú sabes que ______________ restaurante es mi favorito!

5. Habla Sergio: Me gusta estudiar aquí porque ______________ bibliotecaria *(librarian)* es muy simpática.

2-31 ¿Este..., ese... o aquel... ? Gema, a friend of Sofía, is a new university student. Since her parents are visiting, she has decided to give them a tour of the campus. Complete her description below using the correct demonstrative adjectives according to the English ones in parentheses.

1. ____________ (This) semana empiezan mis clases. 2. ____________ (This) semestre es importante para mi, ya que es mi primer semestre de estudiante universitaria (as a college student). Tengo muchas clases y algunos profesores muy interesantes. 3. ____________ (That over there) señora es mi profesora de economía. 4. ____________ (That) señor muy serio es mi profesor de sociología. La sociología es difícil y hay que leer muchísimo. ¡Miren, 5. ____________ (those) libros son para mi clase de sociología! ¡Son ocho libros! Pero me gusta la clase y pienso que es una buena asignatura (subject). Las oficinas de la Facultad de Sociología están en 6. ____________ (that over there) edificio (building). En 7. ____________ (these) días tengo mucho trabajo. Pero aunque (even though). 8. ____________ (these) años de universidad son difíciles, siempre son estimulantes (stimulating), ¿no creen?

Vamos a leer

¿Recuerdas? When you read in a foreign language:

- Look at the **photos** and **illustrations** that accompany a reading and determine what themes the images suggest.
- Read the **titles** and **subtitles** and determine what they suggest about the content of the reading.
- Identify **cognates.**
- Answer specific **pre-reading questions,** if there are any, as they will help prepare you for the reading.

Antes de leer

Hispanos influyentes After watching the video "Los hispanos en los Estados Unidos" in the **Primera etapa,** you learned about five Hispanic Americans who won awards in 2005 for their positive impact on the United States. Do you remember who they were? Working with a partner, try to recall their names and their professions and then turn back to page 72 and see if you were correct.

Guía para la lectura

Palabras y expresiones importantes Look at the words in **bold** in the text. Using the context, match the following words and expressions with their meanings.

_____ **1.** rinde homenaje a	**a.** along with, together with
_____ **2.** actualmente	**b.** news
_____ **3.** trigésimo quinto	**c.** nowadays, these days
_____ **4.** las noticias	**d.** pays tribute / homage to
_____ **5.** junto con	**e.** thirty-fifth

Al fin y al cabo

Escogemos a... After finishing the reading, in groups of three or four, imagine that you are members of the Hispanic Heritage Foundation's Awards and Nominations Committee. Determine who you would like to nominate for next year's Hispanic Heritage Awards in each of the five categories: **Artes, Educación, Liderazgo, Visión** y **Deportes.** For each nominee prepare a brief biography in which you highlight his or her outstanding achievements. Be prepared to share your list of nominees and biographies with the class.

Cinco hispanos muy influyentes

Conocer a los ganadores de los Premios Herencia Hispana 2005

La Fundación de la Herencia Hispana (HHF) en los Estados Unidos **rinde homenaje** a hispanos por su contribución a la comunidad hispana y a la vida cultural, social e intelectual de los Estados Unidos. Los distinguidos ganadores del Premio Herencia Hispana del 2005 son los siguentes:

- El maestro *James Brooks-Bruzzese,* Premio de las Artes

  El maestro Brooks-Bruzzese es director de una orquesta sinfónica y se le considera como "Embajador para Latinoamérica". Es de Panamá y procede de una casa bilingüe. Su madre es de Colombia y su padre fue[1] miembro de las Fuerzas Armadas de los Estados Unidos. Brooks-Bruzzese tiene un doctorado en musicología de la Universidad de Washington en St. Louis.

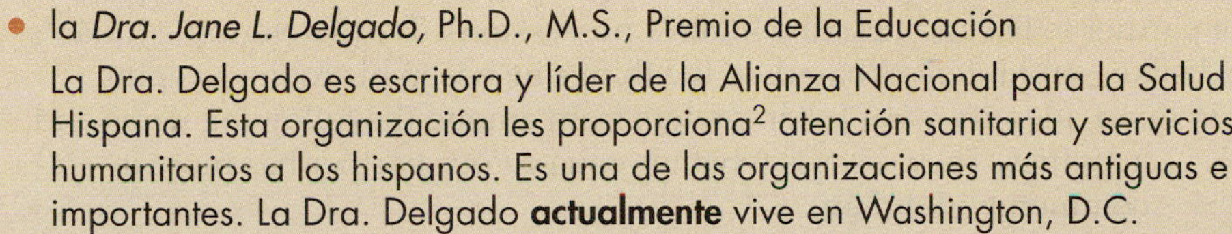

- la *Dra. Jane L. Delgado,* Ph.D., M.S., Premio de la Educación

  La Dra. Delgado es escritora y líder de la Alianza Nacional para la Salud Hispana. Esta organización les proporciona[2] atención sanitaria y servicios humanitarios a los hispanos. Es una de las organizaciones más antiguas e importantes. La Dra. Delgado **actualmente** vive en Washington, D.C.

- El *honorable Carlos Gutiérrez,* Premio de Liderazgo

  Gutiérrez es el **trigésimo quinto** Secretario de Comercio de los Estados Unidos, que promueve[3] los negocios estadounidenses a nivel nacional e internacional. Es de Cuba. Vive en los Estados Unidos desde 1960 después de ser exiliado durante el régimen de Fidel Castro. Tiene estudios en administración de empresas del Instituto Tecnológico de Estudios Superiores de Monterrey (ITESM) en Querétaro, México.

- *Soledad O'Brien,* Premio Visión

  María de la Soledad O'Brien es co-presentadora del programa "American Morning" de CNN. Es la hispana más visible de **las noticias** televisivas en inglés. Soledad es de Long Island, Nueva York. Su madre es cubana y su padre es irlandés-autraliano. Graduada por la Universidad de Harvard, tiene una licenciatura en inglés y en literatura americana.

- *Tab Ramos,* Premio de Deportes

  Tabaré "Tab" Ramos actualmente tiene un centro deportivo y dirige programas de fútbol en Nueva York, Nueva Jersey y Pennsylvania. Ramos es originario de Montevideo, Uruguay, y **junto con** Pelé y Franz Beckenbauer, Ramos fue seleccionado como uno de los "11 de Plata", las 11 personas más influyentes en el fútbol en los últimos 25 años.

[1]fue *(was)*; [2]proporciona *(provides)*; [3]promueve *(promotes)*

2-32 ¿De quién es...? Working with three other students, collect the materials you bring to class every day and assemble them on a desk. Look at the items and describe them with as much detail as you can. Take turns with your classmates asking **¿De quién es el/la... ?** and answering with the name of the student to whom the item belongs. Try to explain your reasoning.

MODELO *—Hay una mochila verde y una mochila negra.*
—¿De quién es la mochila verde?
—Es de Joe.
—Claro, Joe tiene muchas cosas verdes.

2-33 Las posesiones de Julián y sus gustos Look at the drawing and work with a partner to list and describe Julián's possessions. Try to determine Julián's likes, dislikes, and interests based on the things he has in his room. Keeping these in mind, identify what Julián prefers from among the following items and activities. Then discuss whether you or your partner has more in common with Julián.

MODELO la música hip hop, el jazz, la música rock
—¿Qué le gusta más a Julián: la música hip hop, el jazz o la música rock?
—Le gusta más la música hip hop.
—¿Y a ti?
—Me gusta más la música rock.

1. leer buena literatura, bailar, cantar ópera
2. ver televisión, ver películas en su cuarto
4. escuchar música en casa, tocar la batería, asistir a un concierto
5. la historia, las lenguas, las ciencias
6. la sociología, la educación, la psicología

2-34 Los estereotipos y las profesiones How do you imagine people in different professions to be? What do you think an actor likes to do? What about a doctor? And a writer?

1. Working with a classmate, select three different professions. Write down a description of a stereotypical person in each of the professions you selected. Include actions and things that the person would probably like and dislike.

MODELO *Un actor: Le gusta descansar, tomar vino y hablar por teléfono. No le gustan los periodistas. Le gusta trabajar y no le gusta la política.*

2. Present your ideas to the class and have your classmates guess the profession that corresponds to each one of the individuals described.
3. Find exceptions to these stereotypes where you can.

2-35 La pareja perfecta We often fantasize about a perfect world, a perfect job, or a perfect partner. Working with a classmate, design the perfect partner. Where is he or she from? What does this person do? Where do the two of you—**la pareja perfecta**—live? What physical features and personal qualities does he or she have? Share your descriptions with the class. How does the person you design match up with the other perfect people designed by your classmates?

VOCABULARIO

The **Vocabulario** consists of all new words and expressions presented in the chapter. When reviewing or studying for a test, you can cover up the English and go through the list to see if you know the meaning of each item.

Enfoques léxicos *Lexical focuses*

Las preguntas de tipo **sí/no**	*Yes and no questions* (p. 64)
Las preguntas con **quién, cuál, qué, dónde** y **cuándo**	*Who, which, what, where and when questions* (p. 78)
Las preguntas con **por qué, cómo, cuánto/a** y **cuántos/as**	*Why, how, how much and how many questions* (p. 90)

Las viviendas *Housing*

el apartamento	*apartment*
la casa	*house*
la residencia estudiantil	*dormitory*

En mi cuarto *In my room*

la alfombra	*rug, carpet*
la almohada	*pillow*
la cama	*bed*
el clóset	*closet*
la cómoda	*dresser*
el/la compañero/a de cuarto	*roommate*
la computadora portátil	*laptop computer*
el disco compacto	*compact disc*
el escritorio	*desk*
el estante	*bookshelf*
el estéreo	*stereo*
la lámpara	*lamp*
la pared	*wall*
la puerta	*door*
el póster	*poster*
el radio despertador	*clock radio*
el ropero / el clóset	*closet*
el sillón	*armchair*
la ventana	*window*

Los colores *The colors*

amarillo	*yellow*
anaranjado	*orange*
azul	*blue*
blanco	*white*
gris	*gray*
marrón, café	*brown*
morado	*purple*
negro	*black*
rojo	*red*
rosado	*pink*
verde	*green*
violeta	*violet*

En la universidad *At the university*

Las facultades	*Departments / Schools (pp. 76–77)*
Las titulaciones y licenciaturas	*Qualifications and university degrees (p. 76–77)*
Las salidas profesionales / carreras	*Careers (p. 76–77)*

La familia *family*

los abuelos maternos	*maternal grandparents*
los abuelos paternos	*paternal grandparents*
la abuela (materna/paterna)	*(maternal/paternal) grandmother*
el abuelo (materno/paterno)	*(maternal/paternal) grandfather*
el/la esposo/a	*husband/wife*
el/la ex-esposo/a	*ex-husband/ex-wife*
el/la hermano/a	*brother/sister*
el/la hijo/a	*son/daughter*
la madre	*mother*
el/la nieto/a	*grandson/granddaughter*
el padre	*father*
el/la primo/a	*cousin (m.f.)*
el/la sobrino/a	*nephew/niece*
el/la tío/a	*uncle/aunt*
los/las gemelos/as	*identical twins*
mayor	*older*
menor	*younger*

Cómo describir a personas *How to describe people*

Características físicas	*Physical characteristics (p. 89)*
Cualidades personales	*Personal qualities (p. 89)*

3 ¿Dónde y cuándo?

CHAPTER OBJECTIVES

In **Capítulo 3,** you will . . .

- learn how to describe a house or an apartment
- learn about buildings and public areas commonly found in the cities and towns of Spanish-speaking countries
- learn how to identify the days of the week, the months, and the seasons

- learn about Mexico

- discover Dueto de los Hermanos Ríos

- explore the **Hacienda Vista Alegre** and watch as the roommates select their bedrooms
- learn about the **Casa Azul, El Museo Casa de Frida Kahlo**

PRIMERA ETAPA: MI HOGAR

Functions

- identify the different parts of a house or an apartment and their respective furnishings
- say what you and others have to do or feel like doing
- provide information about someone's age and his/her physical and emotional condition

SEGUNDA ETAPA: MI PUEBLO

Functions

- identify and locate places in a city or town
- count up to a million
- express location

TERCERA ETAPA: LOS DÍAS DE LA SEMANA, LOS MESES Y LAS ESTACIONES

Functions

- provide a detailed schedule with the day and time for your daily activities
- correctly use the verbs **saber** and **conocer**
- talk about destinations and modes of transport

México

México

Población: 106.202.903 (julio 2005)
Capital: La Ciudad de México, Distrito Federal, 20.000.000
Moneda: el peso
Lenguas: el castellano, el maya, el náhuatl y otras lenguas indígenas

Tools

- Vocabulary for:
  - the interior of an apartment or a house
  - numbers 0–100
  - descriptions of physical and emotional conditions
- Grammatical structures:
  - **tener que** + infinitive, **tener ganas de** + infinitive, **tener** with idiomatic expressions
  - **estar** + adjectives

 **Comentarios culturales:** México: un país de contrastes

Tú dirás: La casa nueva de mi compañero de clase

Vamos a escuchar: El atareado día de Valeria

Tools

- Vocabulary for:
  - numbers 100 to a million
  - places and locations in cities and towns
- Grammatical structures:
  - present tense **estar** + location
  - prepositions of place or proximity and adverbs of location
  - present tense verbs with irregular **yo** forms

 **Comentarios culturales:** Mediu xhiga

Tú dirás: Una visita a México

 **Vamos a ver:** Los compañeros se instalan en sus cuartos

Tools

- Vocabulary for:
  - the days of the week, the months, and the seasons
- Grammatical structures:
  - present tense of stem-changing verbs **(e→ie; o→ue; e→i)**
  - the verb **ir**

Vamos a leer: El Museo Casa de Frida Kahlo

PRIMERA ETAPA

Para empezar: Mi hogar

Preparación: As you begin this **etapa,** answer the following questions:

- Where do you live now as a student? in a house? in an apartment? in a dorm? Where does your family live?
- If you were to describe your house or apartment to a friend, what vocabulary would you need?

Las partes de una casa y los muebles

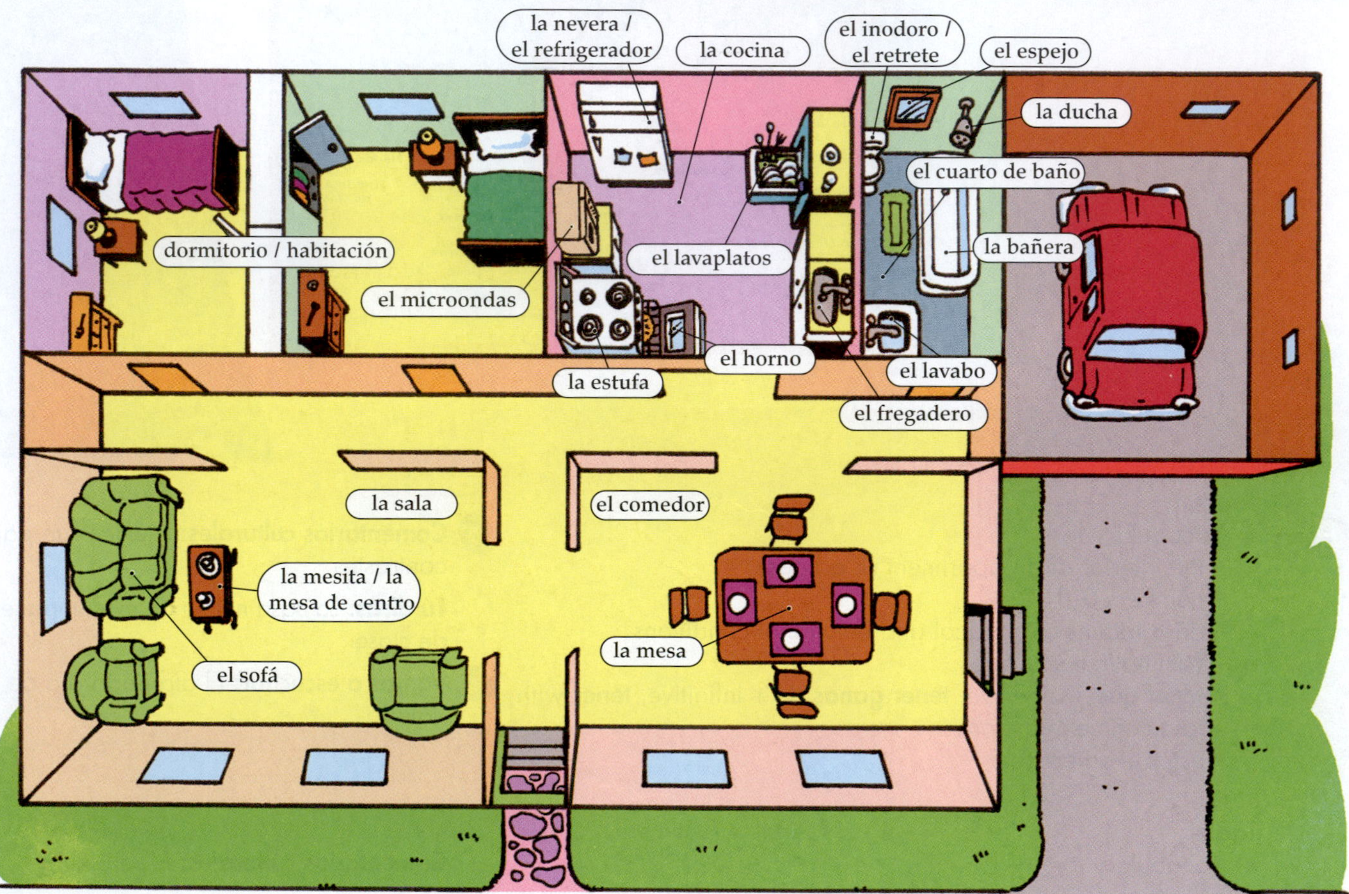

Expansión léxica

Tell the students that the bathroom at home may be called **el cuarto de baño** or simply **el baño.** In other countries, the bathroom may also be called **el baño, el excusado,** or **el servicio.** Remind them that when traveling, it's always a good idea to look for signs to learn the term used locally!

Práctica

3-1 Mi nuevo hogar Sofía has just moved out of her parents' house into her own apartment. Complete her e-mail below with the following vocabulary: **cama, dormitorio, ducha, fregadero, jardín, microondas, sofá.**

Enviar | Guardar | Archivos

De: sofia76@gmail.com

Para: sgonzález54@yahoo.mx

Asunto: Nuevo hogar

Hola Sara:

Ya no vivo en casa de mis padres. ¡Tengo un nuevo hogar! El apartamento tiene cocina, sala, cuarto de baño y un (1) __________ y está amueblado *(is furnished)*. Además *(Also)*, tiene un pequeño (2) __________ con muchas plantas.

En la cocina hay un refrigerador, una estufa, un (3) __________, una mesa y dos sillas. Tiene (4) __________ pero no tiene lavaplatos. En la sala hay un (5) __________, un sillón y una mesa de centro. También hay una ventana grande y por eso hay mucha luz *(light)* natural.

El cuarto de baño es pequeño, pero tiene todo lo que necesito: un espejo, un lavabo, una (6) __________ ¡y un inodoro, por supuesto *(of course)*!

La habitación tiene una (7) __________, unos estantes, un escritorio y una alfombra de muchos colores (es muy bonita, ¡me gusta mucho!). ¡Mi nuevo hogar es perfecto para mí!

Escríbeme pronto *(Write soon)*.

Un beso,

Sofía

3-2 ¿Cómo es tu hogar? You are going to describe your home in detail to a classmate who will render a drawing based on your description. First, draw the floor plan of your home and label the parts of the apartment or house. Then, draw and label some of the objects (furniture, appliances, etc.) that are in each part of your apartment or house. Finally, describe your home to a classmate who will try to reproduce your floor plan; then switch roles. Do the original floor plans match the new ones?

Enfoque léxico *Los números de 0 a 100*

Here is a list of the numbers from one to twenty.

0 **cero**	7 **siete**	14 **catorce**
1 **uno/una**	8 **ocho**	15 **quince**
2 **dos**	9 **nueve**	16 **dieciséis**
3 **tres**	10 **diez**	17 **diecisiete**
4 **cuatro**	11 **once**	18 **dieciocho**
5 **cinco**	12 **doce**	19 **diecinueve**
6 **seis**	13 **trece**	20 **veinte**

Nota gramatical

The number one is "**uno**" when it appears by itself, or "**una**" if it refers to a feminine object or person **(una clase, una profesora)**. It becomes "**un**" in front of a masculine noun as in **un cuaderno**. The same things occurs in all numbers in the tens that include *"one"* **(veintiún libros, veintiuna sillas, treintaiún discos compactos, treintiuna computadoras)**.

Notice that the Spanish equivalent of the number *one* has two forms; it agrees with the noun it introduces. For example: **una habitación, un cuarto de baño.**

Here is a list of the numbers from twenty-one to one hundred.

21 **veintiuno / veinte y uno**	30 **treinta**
22 **veintidós / veinte y dos**	31 **treinta y uno**
23 **veintitrés / veinte y tres**	32 **treinta y dos**
24 **veinticuatro / veinte y cuatro**	40 **cuarenta**
25 **veinticinco / veinte y cinco**	50 **cincuenta**
26 **veintiséis / veinte y seis**	60 **sesenta**
27 **veintisiete / veinte y siete**	70 **setenta**
28 **veintiocho / veinte y ocho**	80 **ochenta**
29 **veintinueve / veinte y nueve**	90 **noventa**
	100 **cien**

As you have observed in the list, the numbers twenty-one to twenty-nine may be written as one word or three words. Both forms are pronounced the same way, and both appear with equal frequency.

Práctica

3-3 Los códigos postales When sending letters to friends and family, paying bills, or moving, it's important to be able to share addresses. Read the following zip codes out loud, one numeral at a time. The hyphen (-) in a full zip code should be read as **guión.**

MODELO 02116-4300
cero-dos-uno-uno-seis-guión-cuatro-tres-cero-cero

1. 18104-5586
2. 20502-0100
3. 96911-3142
4. 06520-8302
5. 05753-1127
6. 45287-7116
7. tu código postal
8. el código postal de tu mejor amigo/a

3-4 Las direcciones *(Addresses)* Mexico City, called **Distrito Federal** or **D.F.** for short, is the dominant center of Mexican life. The **Avenida de los Insurgentes** is said to be the longest continuous city street in the world. Traversing the city from north to south, the **Avenida de los Insurgentes** runs 30 kilometers (21 miles) and is lined with modern commercial development. Write out the numbers of the following addresses on the Avenida de los Insurgentes.

Avenida de los Insurgentes

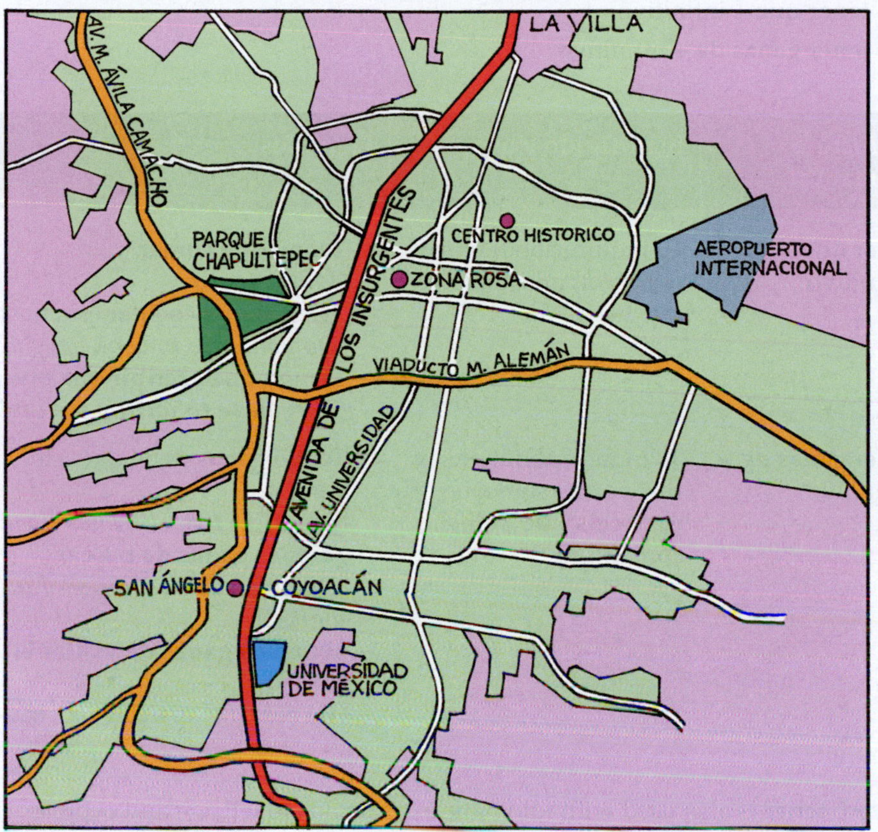

MODELO Avenida de los Insurgentes, 15
Avenida de los Insurgentes número quince

1. Avenida de los Insurgentes, 37
2. Avenida de los Insurgentes, 63
3. Avenida de los Insurgentes, 89
4. Avenida de los Insurgentes, 26
5. Avenida de los Insurgentes, 11
6. Avenida de los Insurgentes, 43
7. Avenida de los Insurgentes, 8
8. Avenida de los Insurgentes, 50

Enfoque estructural *Más sobre el verbo* ***tener***

Heinle iRadio: To hear more about **Tener** and **Tener** expressions, visit academic.cengage.com/spanish.

In **Capítulo 2** you learned how to conjugate the irregular verb **tener** *(to have)* and use it to inquire and talk about possessions in Spanish. Now you will learn to use two additional grammatical structures with **tener** that will allow you to express what you **have to do** and what you **feel like doing:**

- **tener que** + infinitivo
- **tener ganas de** + infinitivo

Estructura gramatical	Significado y uso	Ejemplos
tener que + infinitivo	To inquire about or say what you or someone else **has to do.**	—**Tengo que comer.** *(I have to eat.)* —¿**Tienes que cocinar** esta noche? *(Do you have to cook tonight?)* —**Tienen que escribir** una postal. *(They have to write a postcard.)*
tener ganas de + infinitivo	To inquire about or say that you or someone else **feels like doing something.**	—**Tengo ganas de viajar** este verano. *(I feel like traveling this summer.)* —¿**Tienes ganas de pasear**? *(Do you feel like going for a walk?)* —**Tenemos ganas de visitar** la ciudad. *(We feel like visiting the city.)*

The verb **tener** is also used with idiomatic expressions to tell age and express certain conditions and states.

To tell age:

—**¿Cuántos años tienes?** *How old are you?*
—**Tengo veinte años.** *I am twenty years old.*

—¿**Cuántos años tiene** tu hermana? *How old is your sister?*
—**Tiene dieciocho años.** *She's eighteen.*

Nota gramatical
The adjective **mucha** is used with **sed** because **sed**, like many words that end in **-d**, is feminine. Remember to make adjectives agree with the gender and number of the nouns they describe in expressions with **tener**: Paco no tiene **mucho sueño** *(Paco is not very sleepy)*; Tenemos **muchas ganas** de visitar la Casa Azul de Frida Kahlo *(We really feel like visiting Frida Kahlo's Casa Azul)*.

To express certain conditions and states:

tener calor *to be hot*	**tener prisa** *to be in a hurry*
tener frío *to be cold*	**tener razón** *to be right*
tener hambre *to be hungry*	**tener sed** *to be thirsty*
tener miedo *to be afraid*	**tener sueño** *to be sleepy*

—**Tengo hambre.** ¿Y tú? *I'm hungry. And you?*
—No, **no tengo hambre,** pero sí **tengo mucha sed.** *I'm not hungry, but I am very thirsty.*

—**¿Tienes prisa?** *Are you in a hurry?*

Práctica

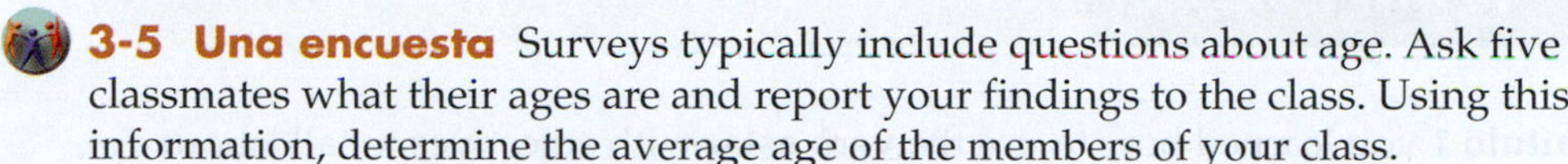

3-5 Una encuesta Surveys typically include questions about age. Ask five classmates what their ages are and report your findings to the class. Using this information, determine the average age of the members of your class.

MODELO —*¿Cuántos años tienes? (18)*
—*Tengo dieciocho años.*

3-6 ¿Qué tienen? Looking at the pictures, use an expression with **tener** to indicate the state or condition of the following people. Compare your answers with those of a classmate: do your interpretations of the drawings match those of your classmate?

MODELO *María tiene sueño.*

María

1. Juan

2. Carlos y Tomás

3. Teresa

4. Marina e Isabel

5. Carlota

3-7 Sí, pero primero tengo que... ***(Yes, but first I have to . . .)*** Pretend that your friend is inviting you to do something. You would, naturally, like to accept the invitation, but first you have something else to do. Working with a classmate, follow the model to accept the invitation and tell him or her what you have to do first. Be sure to take turns.

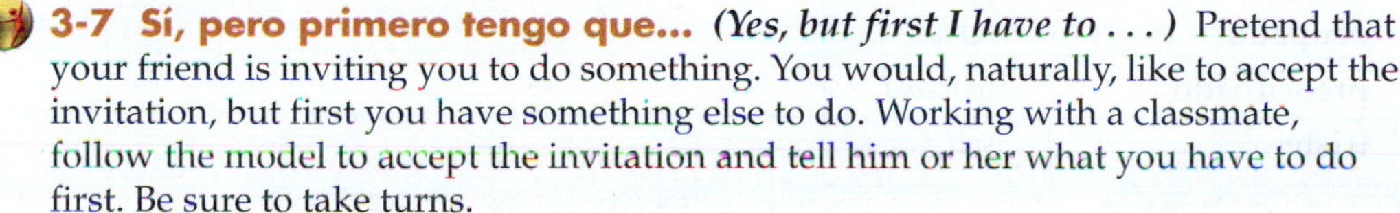

MODELO ver la televisión / estudiar
—*¿Tienes ganas de ver la televisión?*
—*Sí, pero primero tengo que estudiar.*

1. bailar / descansar un poco
2. hablar sobre nuestros compañeros de clase / asistir a clase
3. ir a la discoteca / cenar con mi familia
4. comer / cocinar algo *(something)*
5. ver una película / estudiar química
6. pintar un cuadro / comprar pintura *(paint)* y pinceles *(paintbrushes)*

3-8 Hoy tengo que... ***(Today I need to . . .)*** Now make a list of at least five things that you have to do by the end of the day today. Compare your list with that of four other students by asking them what they do and do not have to do today. Share your group's answers with the class. Which obligations are the most common? Which are the least common?

Enfoque estructural *El verbo **estar** + adjetivos*

Heinle iRadio: To hear more about **Ser** and **Estar** expressions, visit academic.cengage.com/spanish.

In **Capítulo 1** you learned how to use the verb **estar** with adjectives to talk about foods and drinks, and the only two forms that you needed to use were the third person singular and third person plural: **está** and **están.** You are now going to learn how to use **estar** with adjectives to describe physical or emotional conditions. Let's review how **estar** is conjugated. Remember that you must include the written accent mark in the second and third person singular and plural forms.

estoy	estamos
estás	estáis
está	están

The following are some adjectives used with **estar** to describe physical or emotional conditions.

aburrido	*bored*
alegre	*happy*
cansado	*tired*
contento	*happy*
enfermo	*sick*
enojado / enfadado	*angry*
estresado	*stressed*
listo	*ready*
ocupado	*busy*
preocupado	*worried*
triste	*sad*

Después de explorar toda la ciudad, Juan y Marina **están cansados.** — *After exploring the whole city, Juan and Marina **are tired.***

Carlos y Berta **están preocupados** porque tienen un examen. — *Carlos and Berta **are worried** because they have a test.*

Remember that all adjectives must agree in gender and number with the person they describe:

Juan está **contento.**
Marina está **contenta.**
Juan y Marina están **contentos.**

Práctica

3-9 ¿Cómo están? Look at the pictures and describe how these people feel today.

1. ______________ 2.   3. 

4. ______________ 5. ______________ 6. ______________

3-10 ¿Cómo están los compañeros de la Hacienda Vista Alegre? The roommates are adapting to their new living situation in Puerto Rico. Find out how they are feeling today by completing the sentences below with the **correct form** of the adjectives provided.

aburrido	**cansado**	**contento**
triste	**enojado**	**estresado**

1. Sofía está ______________ porque le gustan mucho sus nuevos compañeros y su nuevo hogar.
2. Antonio rompió *(broke)* una lámpara de la sala y está ______________ porque es una antigüedad *(antique)*.
3. Valeria extraña *(misses)* a su familia y a sus amigos; ella está un poco ______________.
4. Antonio y Javier están ______________ porque las mujeres tardan mucho *(take a long time)* en el baño por las mañanas *(in the mornings)*.
5. A Alejandra le gusta estar con otras personas. Ahora está ______________ porque está sola *(alone)* en casa.
6. Javier tiene ganas de tomar una siesta porque está ______________.

3-11 ¿Cómo están Uds.? Greet and ask five of your classmates how they are feeling today. Then report to the class. Is everyone in your group feeling the same? How does the majority of the class feel overall?

MODELO *—Hola, ¿cómo estás?*
—Estoy muy contento/a.

Comentarios culturales

México: un país de contrastes

Anticipación

Lo que sé *(What I know)* Before you watch the video, take the following quiz about Mexico.

1. ¿Qué tipo de gobierno tiene México?
   a. una monarquía **b.** una república federal **c.** una dictadura
2. ¿A qué país exporta México más de un 80% de su producción industrial y agrícola?
   a. a Argentina **b.** a Alemania **c.** a los Estados Unidos
3. México tiene amplias costas y está rodeado por *(surrounded by)* el océano Pacífico y ____________________.
   a. el mar Caribe **b.** el océano Atlántico **c.** el mar Cantábrico

Compare your answers with those of a classmate.

Vamos a ver

Comprensión As you watch the video, check your answers to the previous exercise and then respond to the following questions.

1. ¿Cuáles de los siguientes se mencionan *(are mentioned)* en el video?
   Zonas con playas famosas
   ❑ Oaxaca ❑ Cancún ❑ Mazatlán ❑ Acapulco ❑ Mérida
   Sitios arqueológicos excepcionales
   ❑ Tulúm ❑ Tula ❑ Uxmal ❑ Teotihuacán ❑ La Mesa
2. Según *(According to)* el vídeo, ¿cuáles son tranquilos y acogedores *(cosy)*?
   a. los pueblos coloniales **b.** los puertos **c.** los templos y palacios
3. Las principales *(main)* fuentes de ingreso *(souces of income)* de México son el petróleo y ____________________.
   a. agricultura **b.** el turismo **c.** la producción industrial

Expansión

¿Playas o pueblos coloniales? In the video you heard about several tourist attractions that Mexico has to offer. Here are some more facts:

- México tiene algunas de las mejores playas del mundo. Hay más de 5.000 playas a lo largo de la costa mexicana. Las más populares están en Cancún, Acapulco, Los Cabos y Mazatlán.

- Restos del dominio español se pueden ver en cientos de ciudades y pueblos coloniales a través de *(throughout)* México. Algunos ejemplos incluyen los muchos pueblos situados en el Valle de Oaxaca como Taxco en el estado de Guerrero, San Cristóbal de las Casas en Chiapas y las ciudades de Mérida y Valladolid en la Península de Yucatán y Jalapa en el estado de Veracruz.

Expansión

If you had the opportunity to travel to Mexico for a weekend getaway, which type of attraction would you choose to visit and why? Discuss your preference with a classmate.

La casa nueva de mi compañero de clase

Imagine that you have just purchased the house of your dreams. Work with a classmate and complete the following steps.

Paso 1. Below is the floor plan of your new home. Point to the different areas of the house and tell your classmate what will be there (for example, the kitchen, the bedroom). He or she should label the areas on the floor plan in his or her textbook. Switch roles.

MODELO *El cuarto de baño está aquí.*

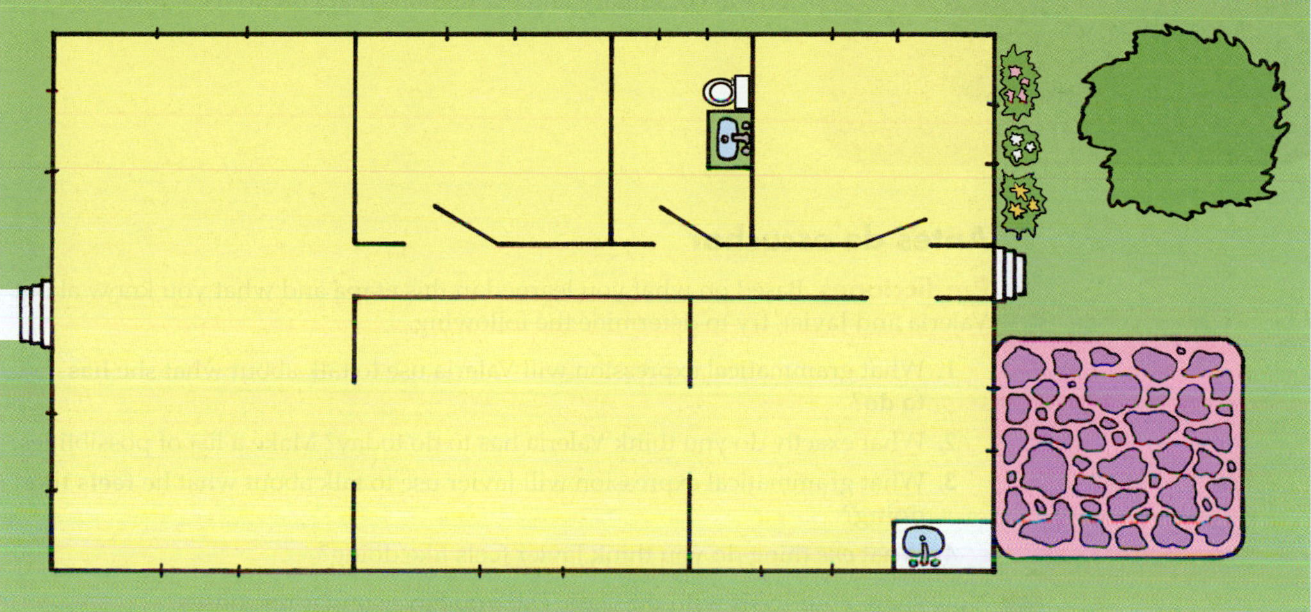

Paso 2. Since you are currently living in a furnished rental apartment, you will need to buy a lot of furniture and applicances for your new home. Describe to your partner all of the things that you plan to buy for each area of the house. On a separate piece of paper, he or she will write down a shopping list for you. Switch roles.

MODELO *Para la sala, tengo que comprar un televisor, un sofá...*

Paso 3. Work together to determine where all of the items on the **lista de compras** will go and insert them in the floor plan.

MODELO *El sofá, en la sala; el espejo, en el baño...*

Paso 4. Finally, form groups of four and share your finished floor plans. Choose the one you like the best. Be prepared to share your choice with the class and explain why you chose that particular design over the others.

MODELO *Me gusta la casa de... porque tiene...*

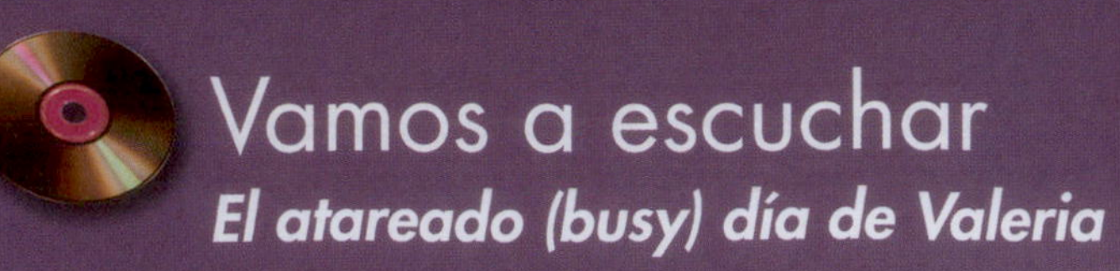

Vamos a escuchar

El atareado (busy) día de Valeria

Valeria and Javier, two of the roommates from the ***¡Tú dirás!*** video, are having a conversation. Listen carefully and complete the following activities. Try to understand as much as you can, but remember that you are not expected to recognize every word. Focus on the vocabulary and expressions that you do recognize.

Antes de escuchar

Predicciones Based on what you learned in this **etapa** and what you know about Valeria and Javier, try to determine the following.

1. What grammatical expression will Valeria use to talk about what she **has to do**?
2. What exactly do you think Valeria has to do today? Make a list of possiblities.
3. What grammatical expression will Javier use to talk about what he **feels like doing**?
4. What *one* thing do you think Javier feels like doing?

Now share your ideas with the class. Did you have similar responses?

Before you listen to the conversation, familiarize yourself with the exercises in the **Después de escuchar** section.

Después de escuchar

CD1, Track 10

¡Tengo mucho que hacer! Listen as Valeria tells Javier what she has to do today. Mark all of the activities that she mentions.

Tengo que...

- ❑ ...llamar por teléfono a mi madre.
- ❑ ...llamar por teléfono a mis amigos en Venezuela.
- ❑ ...escribir una postal.
- ❑ ...escribir unos correos electrónicos.
- ❑ ...caminar a la playa.
- ❑ ...caminar al centro.
- ❑ ...comprar comida.
- ❑ ...cocinar.

CD1, Track 10

Más detalles sobre Valeria Listen again to Valeria and Javier's conversation and answer the following questions that relate to Valeria.

1. ¿Qué no tiene la madre de Valeria?
2. ¿Qué cree Valeria que tienen ganas de hacer sus amigos?
3. ¿Cuántas hermanas tiene Valeria?
4. ¿Por qué dice Valeria que tiene que comprar comida?
5. ¿Qué piensa Valeria de la posibilidad de explorar la ciudad con los compañeros?

CD1, Track 10

Más detalles sobre Javier Listen again to Valeria and Javier's conversation and answer the following questions that relate to Javier.

1. ¿Cuál dice Javier que es la dirección de la Hacienda Vista Alegre?
2. ¿Qué dice Javier que tiene ahora?
3. ¿Cuántos hermanos tiene Javier? ¿Cuántos años tienen? ¿Qué estudian?
4. ¿Qué tiene ganas de hacer Javier?
5. ¿Con quién tiene que hablar?

Compare your responses with those of a classmate. Do they coincide?

SEGUNDA ETAPA

Para empezar: Mi pueblo

Preparación: As you begin this **etapa,** answer the following questions:

- What are the places and buildings likely to be found in any city or town?
- What are some expressions you use to indicate where places and buildings are located?

Expansión léxica

Public transportation has many names throughout the Spanish-speaking world. A *bus* is an **autobús** wherever you travel, but you will find local variations as well. In Puerto Rico, the Dominican Republic, the Canary Islands, and Cuba, look for **una guagua.** Throughout South America people hail **un ómnibus / bus.** In Mexico, **un camión** may refer to a *bus* or a *truck.* Wherever you travel, a **taxi** can always be found.

Práctica

3-12 Clasificar How would you classify the buildings and places in town? Place each building or space depicted in the illustration in the appropriate category.

Los espacios abiertos *(Open spaces)*	Los edificios públicos *(Public buildings)*	El transporte *(Transportation)*	El entretenimiento *(Entertainment)*

3-13 ¿Hay un/a... en el barrio? Ask a classmate if the following places are in downtown Cuernavaca. Your classmate will answer affirmatively and will indicate where each place can be found on the map below.

MODELO escuela de lenguas
—Perdón, señor (señorita), ¿hay una escuela de lenguas en el barrio?
—Sí, hay una escuela de lenguas en la calle Isla Mujeres.

1. iglesia
2. discoteca
3. museo
4. cine
5. biblioteca
6. oficina de correos
7. mercado
8. hospital

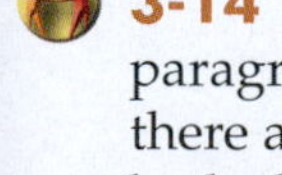

3-14 Y en tu pueblo o ciudad, ¿qué edificios hay? Write a short paragraph in which you describe your town or city, indicating what public places there are. Then, in class, share your paragraph with a classmate. After you have both shared your descriptions, answer this question: Are your towns/cities similar or different? Why?

Enfoque léxico *Los números de cien a un millón*

In the **Primera etapa,** you learned how to count from 1 to 100. In this **etapa,** you will learn how to use numbers over 100.

100	**cien**
101	**ciento uno**
102	**ciento dos**
120	**ciento veinte**
130	**ciento treinta**
140	**ciento cuarenta**
200	**doscientos/as**
300	**trescientos/as**
400	**cuatrocientos/as**
500	**quinientos/as**
600	**seiscientos/as**
700	**setecientos/as**
800	**ochocientos/as**
900	**novecientos/as**
1.000	**mil**
2.000	**dos mil**
3.000	**tres mil**
4.576	**cuatro mil quinientos setenta y seis**
25.489	**veinticinco mil cuatrocientos ochenta y nueve**
75.347	**setenta y cinco mil trescientos cuarenta y siete**
100.000	**cien mil**
200.000	**doscientos mil**
1.000.000	**un millón**
2.000.000	**dos millones**

Remember the following rules when using numbers over 100.

1. **Cien** is used before a noun.

   cien autobuses **cien plazas**

2. **Ciento** is used with numbers from 101 to 199. There is no **y** following the word **ciento.**

   110 = **ciento diez** 140 = **ciento cuarenta**

3. **Cientos** changes to **cientas** before a feminine noun.

   doscientos parques **doscientas iglesias**

4. **Millón/millones** is followed by **de** when it accompanies a noun.

   un millón de pesos **tres millones de habitantes**

However, if the number is **un millón** + another quantity, then **de** is not used.

   Tiene **un millón, doscientos cincuenta mil** euros

5. Notice that Spanish uses a period where English uses a comma.

   3.400 ***(tres mil cuatrocientos)*** = 3,400 *(three thousand four hundred)*

6. In Spanish, years are expressed the following way.

   Es un edificio del año **1921 *(mil novecientos veintiuno).***

   Hernán Cortés llega a México en **1519 *(mil quinientos diecinueve).***

   En el año **2006** hay elecciones generales en México. ***(dos mil seis)***

Práctica

3-15 Es una ciudad de... Mexican history began long before the Spaniards arrived. Look at the dates associated with each of the following cities and ceremonial sites and convert them into words. Use **antes de Cristo** (a.C.) for *B.C.* and **después de Cristo** (d.C.) for *A.D.*

MODELO El Templo Mayor (1318 d.C.)
El Templo Mayor es del año mil trescientos dieciocho después de Cristo.

1. El centro ceremonial olmeca de La Venta (1000 a.C.)
2. La ciudad zapoteca de Monte Albán (510 a.C.)
3. La Pirámide del Sol de Teotihuacán (391 d.C.)
4. Los palacios mayas de Uxmal (737 d.C.)
5. La ciudad tolteca de Tula (950 d.C.)
6. La capital azteca, Tenochtitlán (1325 d.C.)
7. El templo azteca de Huitzilopochtli (1490 d.C.)

3-16 ¿Cuántos años tienen? Mexico also has a rich collection of colonial buildings. Indicate the age of the following buildings and public spaces. Note that the date in parentheses tells you when they were built.

MODELO La Basílica Antigua de la Virgen de Guadalupe (1709)
En el año 2007, la Basílica Antigua de la Virgen de Guadalupe tiene doscientos noventa y ocho años.

Ciudad de México

1. La Plaza de la Constitución o el Zócalo (1520)
2. La Catedral Metropolitana (1573)

Cuernavaca

3. El Jardín Borda (1783)
4. La Catedral (1526)

Guadalajara

5. La iglesia de Jesús María (1722)
6. El Museo Regional de Guadalajara (1701)

Mérida

7. La Universidad del Estado en el Colegio de San Pedro (1711)
8. El hospital de Nuestra Señora del Rosario (1562)

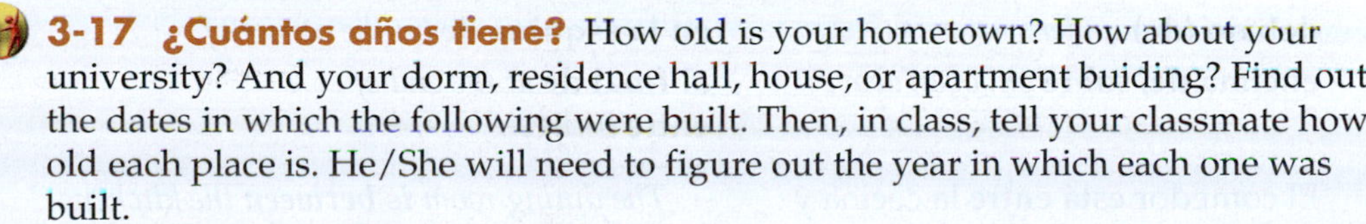

3-17 ¿Cuántos años tiene? How old is your hometown? How about your university? And your dorm, residence hall, house, or apartment buiding? Find out the dates in which the following were built. Then, in class, tell your classmate how old each place is. He/She will need to figure out the year in which each one was built.

1. tu ciudad o pueblo
2. la universidad
3. la biblioteca de la universidad
4. la biblioteca de tu pueblo
5. tu casa, residencia estudiantil o apartamento

Enfoque estructural *El verbo **estar** para expresar localización*

Thus far, you have learned how to use **estar** with adjectives to talk about food and drink **(Capítulo 1, Tercera etapa)** and to describe physical and emotional conditions **(Capítulo 3, Primera etapa).**

Another use of the verb **estar** is to indicate the location of a place, an object, or a person.

1. estar + preposition **(en)** + place

Estoy en la biblioteca.	***I am in** the library.*
Estamos en clase.	***We are in** class.*
Marina y Juan **están en** Veracruz.	*Marina and Juan **are in** Veracruz.*

2. estar + preposition **(en / a)** + geographical location / direction

Nota gramatical

When the preposition **a** is followed by the article **el**, then it contracts with the article into **al**.

en el norte *in the north*	**al norte** *to the north*
en el sur *in the south*	**al sur** *to the south*
en el este *in the east*	**al este** *to the east*
en el oeste *in the west*	**al oeste** *to the west*
en el interior *in the interior*	**en la frontera** *on the border*
en la costa *on the coast*	**en la sierra** *in the mountains*
Guatemala **está al sur** de México.	*Guatemala **is to the south** of Mexico.*
Tijuana **está en la frontera** de México con EE.UU.	*Tijuana **is on the border** of Mexico and the U.S.*

3. estar + an **adverb** of location

aquí *here*	**allí** *there*	**allá** *over there*
arriba *above/upstairs*	**dentro** *inside*	**cerca** *nearby*
abajo *below/downstairs*	**fuera** *outside*	**lejos** *distant, far away*

—¿Dónde **está** la cafetería? —**Está allá.**	*Where **is** the cafeteria?* ***It's over there.***
—¿Dónde **está** el baño? —**Está arriba.**	*Where **is** the bathroom?* ***It's upstairs.***

4. estar + an expression of location

a la derecha de *to the right of*	**cerca de** *near to*
a la izquierda de *to the left of*	**lejos de** *far from*
delante de *in front of*	**al lado de** *next to*
detrás de *behind*	**frente a** *across from, facing*
debajo (de) *under*	**en la esquina de** *on the corner of*
encima de, sobre *on, over, above*	**al final de** *at the end of*
	entre *between*

El comedor **está entre** la cocina y la sala.	*The dining room **is between** the kitchen and the living room.*
La lámpara **está encima de** la mesa.	*The lamp **is on** the table.*

Notice that the preposition **de** is used when a point of reference is mentioned:

El ayuntamiento **está en la esquina de** las calles 16 de septiembre y 5 de febrero.	*City Hall **is on the corner of** 16 de septiembre and 5 de febrero Streets.*
La biblioteca **está detrás de** la plaza.	*The library **is behind** the square.*
El museo **está cerca de** la iglesia.	*The museum **is close to** the church.*

Práctica

3-18 ¿Dónde está? With a classmate, look at the drawing of the house on page 111. Ask your classmate where at least four of the different rooms are in the house. Your classmate will answer and then ask you questions about at least four different objects in the house. Be as detailed as you can in your answers!

MODELO *—¿Dónde está la cocina?*
—Está al lado del cuarto de baño. ¿Dónde está la nevera?
—Está en la cocina.

3-19 Mapa de México Working with a classmate, learn more about Mexican geography. One of you will look at the map of Mexico on page 101 and the other will ask where the following cities are. Take turns asking questions and locating cities.

MODELO México, Distrito Federal
—¿Dónde está México, Distrito Federal?
—México, Distrito Federal está en el centro del país.

1. Oaxaca
2. Monterrey
3. Veracruz
4. Acapulco
5. Taxco
6. Mérida
7. Ciudad Juárez
8. Tijuana

3-20 ¿Dónde está la plaza... ? Using the map, describe to a classmate the precise location of the following places in the city of Guadalajara.

MODELO Instituto Cultural Cabañas
El Instituto Cultural Cabañas está al lado de la Plaza Tapatía, en la esquina de la Calzada Independencia Sur y la calle Morelos.

1. El Mercado Libertad
2. La Plaza de la Liberación
3. La Antigua Universidad
4. El Parque Morelos
5. La Plazuela de los Mariachis

Enfoque estructural *Los verbos irregulares en el presente: **hacer, poner, traer, salir***

In **Capítulo 2,** you studied the irregular verb **tener.** There are many other verbs in Spanish that are irregular and do not follow the regular patterns of conjugation presented in **Capítulo 1.**

For example, the verbs **hacer, poner, traer,** and **salir** are irregular because their **yo** form does not follow the regular pattern in the present tense. You'll notice that the other present tense forms of these verbs are conjugated regularly.

hacer *to make, to do*	
hago	hacemos
haces	hacéis
hace	hacen

poner *to put*	
pongo	ponemos
pones	ponéis
pone	ponen

traer *to bring*	
traigo	traemos
traes	traéis
trae	traen

salir *to go out, leave*	
salgo	salimos
sales	salís
sale	salen

¡Hola, soy Carlos! Vivo en Guadalajara. — *Hi, I'm Carlos. I live in Guadalajara.*

Soy estudiante y siempre **hago** la tarea para mis clases. — *I am a student and I always **do** the homework for my classes.*

¡Hola, me llamo Berta! Vivo en Cuernavaca. — *Hi, my name is Berta. I live in Cuernavaca.*

Todos los días **salgo** con mis amigos a pasear por la plaza. — *Every day **I go out** with my friends to walk around the plaza.*

Note the following when using the verbs **hacer, poner** and **salir:**

- When asked a question that includes the verb **hacer,** your answer will usually *not* reproduce the verb **hacer.** It will include the verb that expresses what you do:

  —¿**Qué haces** después de clase? — ***What do you do** after class?*

  —**Tomo un té caliente** en el café de la plaza. — ***I have hot tea** in the café in the plaza.*

- There are many idiomatic expressions using the verb **hacer.** Here are a few:

> **hacer cola** *(to stand in line)*
> **hacer ejercicio** *(to exercise, work out)*
> **hacer preguntas / hacer una pregunta** *(to ask questions / to ask a question)*

Más de mil personas **hacen cola** para el concierto de Maná. — *More than a thousand people **are standing in line** for the Maná concert.*

Hago ejercicio por la mañana. — ***I exercise** in the morning.*

Mis compañeros de clase **hacen muchas preguntas.** — *My classmates **ask a lot of questions.***

- Some common expressions using the verb **poner** are:

> **poner la mesa** *(to set the table)*
> **poner** + appliance or electronics *(to turn on)*

Mi hermano **pone la mesa** todas las noches. — *My brother **sets the table** every night.*

Mi compañera de cuarto **pone la radio** cuando estudia. — *My roommate **turns on the radio** when she studies.*

- Some common uses of **salir** are:

> **salir de** *(to leave a place)*
> **salir con** (*to go out with* or, if referring to one person, *to date*)

Salgo de casa temprano para llegar a la escuela. — ***I leave** the house early to go to school.*

Salgo con mis amigos a tomar un café. — ***I'm going out** with my friends to have a coffee.*

María **sale con** Juan. — *Maria **dates** Juan.*

Práctica

3-21 ¿Qué haces? Using the elements provided below, create as many sentences as possible to describe your activities.

MODELO salir de clase tarde
Salgo de clase tarde.
o
No salgo de clase tarde.

1. hacer ejercicio con mis amigos
2. hacer preguntas en la clase de español
3. poner la televisión mientras *(while)* estudio
4. hacer la cama todos los días
5. salir con mis compañeros de clase
6. salir de casa siempre tarde *(always late)*
7. traer comida a clase
8. traer amigos a mi apartamento

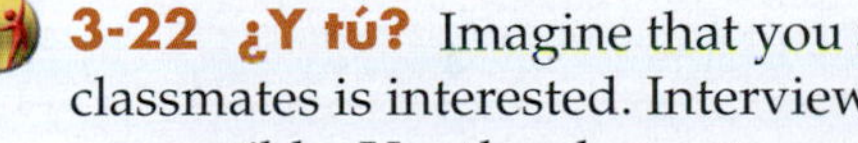

3-22 ¿Y tú? Imagine that you are looking for a roommate and one of your classmates is interested. Interview your classmate to find out if the two of you are compatible. Use the elements provided below to ask him or her questions.

1. hacer ejercicio todos los días
2. hacer la tarea en la biblioteca
3. traer los libros a clase
4. poner la mesa para comer
5. salir de casa temprano
6. salir con amigos por las tardes
7. poner la radio en el cuarto de baño

Comentarios culturales

Mediu xhiga

En el sur del estado de Oaxaca, en la región del Istmo de Tehuantepec se escuchan *(are heard)* los famosos sones istmeños. Los sones istmeños representan la música tradicional de los indios zapotecas, una de las grandes civilizaciones indígenas de Mesoamérica. Los sones de Istmo se originaron *(orginated)* en el año 1850. Actualmente están de moda *(in fashion)* de nuevo *(again)* gracias a la película *Frida*.

La canción que vas a escuchar se llama "Mediu xhiga" (pronunciado meh-DEE-ooh SHEE-gah) y es un son de boda *(wedding)*. Tradicionalmente, los músicos tocan este son istmeño instrumental en las bodas zapotecas cuando los novios *(bride and groom)* se sientan *(sit)* debajo de una enramada *(awning)* de hojas de palma *(palm leaves)* y reciben los regalos *(gifts)*. Mientras *(While)* los músicos tocan el son, los invitados *(guests)* desfilan *(file)* ante los novios y ponen sus regalos en unas jícaras *(gourd bowls)*. Ahora, mientras escuchas la canción intenta *(try to)* visualizar lo que hacen las personas en la boda.

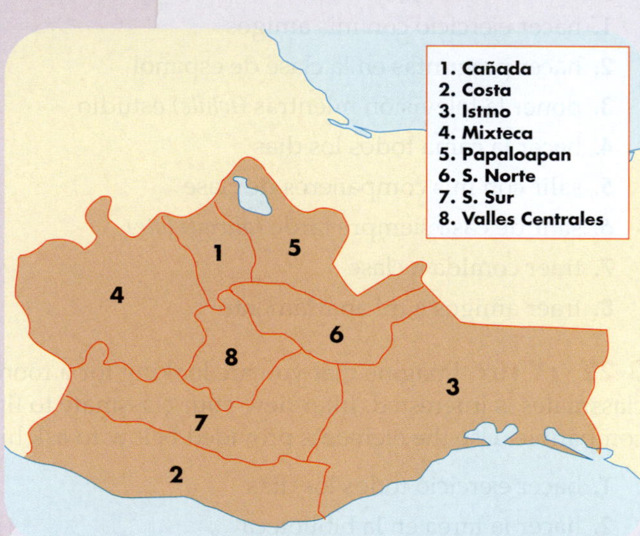

Análisis

1. What are the **sones istmeños**? Where and when did they originate?
2. During what part of a Zapotec wedding celebration is the song "Mediu xhiga" heard? What do people do while the song is being played?
3. Have you been to a wedding recently? What role did music play in the ceremony? Are there specific songs that you know are played at weddings? Which ones?
4. Did you like the song? Why or why not?

To experience this song, access the *¡Tú dirás!*, Fourth Edition Playlist.

Tú dirás

 *Una visita a México*

You are going to plan a visit to Mexico. Working with a classmate, complete the following steps.

Decisiones

- Select a Mexican city from the map on page 101 that you both would like to visit.
- Write down the places in that city that both of you would like to visit, for example, **la plaza, el ayuntamiento, los museos.**

El correo electrónico

Write an e-mail to the tourist bureau of your chosen city. In your letter, provide the following information:

- a brief description of yourselves (who you are, where you are from, how old you are, etc.)
- what you would like to do and see during your visit

Also, ask specific questions about:

- recommended transportation to and from the city and within the city during your stay
- the city's tourist attractions (public buildings, entertainment, etc.)

Address your e-mail to **Estimado/a Director/a de Turismo** and close with **Atentamente,** followed by your full names.

Investigación

Send your e-mails to other pairs of students in the class. Each pair of students will act as the **Director de Turismo** and will be responsible for answering the questions received. Make sure you send your answers to the correct people.

Presentación

Share your e-mail with the class and answer any questions your classmates may have about the locations you will visit.

Vamos a ver

Los compañeros se instalan en sus cuartos

The roommates are finally ready to settle into their new home. Let's return to the Hacienda's kitchen where the conversation has turned to room assignments. Once they've selected their quarters, the roommates will separate and we'll learn a bit more about some of their personal interests.

Anticipación

La Hacienda Vista Alegre Take a look at the reproduction of the Hacienda's floor plan. There are three bedrooms, a kitchen, a dining room, a living room, and a bathroom. Try to label these different parts of the house. How do you think the roommates will divide the three bedrooms? In **Capítulo 2** you saw a photograph of one of the bedrooms and saw who was sharing it. **¿Recuerdas?**

Vamos a ver

¿Qué deciden los compañeros sobre las habitaciones? Watch the video and complete the following activities.

1. Fill in the missing information below based on the roommates' discussions.

La habitación doble #1	
¿Dónde está?	Está cerca del baño.
¿De quiénes es?	Es de ______________ y ______________.

La habitación doble #2	
¿De quiénes es?	Es de ______________ y ______________.
¿Qué hay en la habitación?	Tiene dos ______________, un ______________, un ______________ y muchas ______________.

La habitación individual	
¿Dónde está?	______________________________.
¿De quién es?	Es de ______________.

2. La persona que vive en la habitación individual tiene muchas cosas. ¿Cuáles de las siguientes cosas menciona?

❏ unos cosméticos
❏ unos discos compactos
❏ un estéreo
❏ unos libros
❏ unos productos para el cabello *(hair)*
❏ un secador *(hairdryer)*
❏ unos vestidos *(dresses)*
❏ unos zapatos *(shoes)*

3. ¿Qué compañero dice que es sonámbulo *(a sleepwalker)*, o sea que camina cuando está dormido *(asleep)*? ¿Crees que es verdad o que está bromeando *(joking)*?

4. Alejandra le enseña *(shows)* a Sofía unas fotografías de su familia. Completa la descripción a continuación.

Gitano y Lady son los perros *(dogs)* ______________.
El padre de Alejandra es ______________ y su madre es ______________ de pelo ______________ y bajita como Alejandra. El hermano de Alejandra es ______________ y ______________.

Now watch the video for a second time and fill in any information that you did not complete during the first viewing.

Expansión

Una descripción más detallada Now that you have seen how the roommates decided to divide the bedrooms, make any corrections necessary to the floor plan in the Anticipación activity. Then, working with a partner, write a detailed description of the Hacienda Vista Alegre. Describe where the house is located, using estar to express location, and then describe in detail where the different areas of the house are located in relation to each other, using estar + adverbs and expressions of location. Be prepared to share your description with the class.

ATAJO **Phrases:** Describing places; **Vocabulary:** House; **Grammar:** Verbs: present, use of **estar**

TERCERA ETAPA

Para empezar: Los días de la semana, los meses y las estaciones

Preparación: As you begin this **etapa,** answer the following questions.

- What days of the week are the busiest for you?
- What activities and events do you associate with the different months of the year?
- What is your favorite season of the year? Why?

Mi agenda de la semana *(My weekly planner)*

los días laborales *(workdays)*	**lunes 10**	
	martes 11	*clase de español*
	miércoles 12	*cita con el médico*
	jueves 13	*clase de español*
	viernes 14	
los días del fin de semana *(weekend days)*	**sábado 15**	*cena con Ana*
	domingo 16	

¿Qué día es? *(What day is it)?*

Hoy es lunes. *(Today is Monday.)*
Mañana es martes. *(Tomorrow is Tuesday.)*

El miércoles tengo una cita con el médico. — ***On Wednesday / This Wednesday*** *I have a doctor's appointment.*

Los martes y **los jueves** tengo clase de español. — ***On Tuesdays*** *and* ***Thursdays*** *I have Spanish class.*

Los sábados siempre ceno con Ana, mi mejor amiga. — ***On Saturdays*** *I always have dinner with Ana, my best friend.*

Los doce meses del año

enero

l	m	m	j	v	s	d
		1	2	3	4	5
6	7	8	9	10	11	12
13	14	15	16	17	18	19
20	21	22	23	24	25	26
27	28	29	30	31		

febrero

l	m	m	j	v	s	d
					1	2
3	4	5	6	7	8	9
10	11	12	13	14	15	16
17	18	19	20	21	22	23
24	25	26	27	28		

marzo

l	m	m	j	v	s	d
					1	2
3	4	5	6	7	8	9
10	11	12	13	14	15	16
17	18	19	20	21	22	23
24/31	25	26	27	28	29	30

abril

l	m	m	j	v	s	d
1	2	3	4	5	6	7
8	9	10	11	12	13	14
15	16	17	18	19	20	21
22	23	24	25	26	27	28
29	30					

mayo

l	m	m	j	v	s	d
		1	2	3	4	5
6	7	8	9	10	11	12
13	14	15	16	17	18	19
20	21	22	23	24	25	26
27	28	29	30	31		

junio

l	m	m	j	v	s	d
					1	2
3	4	5	6	7	8	9
10	11	12	13	14	15	16
17	18	19	20	21	22	23
24	25	26	27	28	29	30

julio

l	m	m	j	v	s	d
1	2	3	4	5	6	7
8	9	10	11	12	13	14
15	16	17	18	19	20	21
22	23	24	25	26	27	28
29	30	31				

agosto

l	m	m	j	v	s	d
			1	2	3	4
5	6	7	8	9	10	11
12	13	14	15	16	17	18
19	20	21	22	23	24	25
26	27	28	29	30	31	

septiembre

l	m	m	j	v	s	d
						1
2	3	4	5	6	7	8
9	10	11	12	13	14	15
16	17	18	19	20	21	22
23/30	24	25	26	27	28	29

octubre

l	m	m	j	v	s	d
	1	2	3	4	5	6
7	8	9	10	11	12	13
14	15	16	17	18	19	20
21	22	23	24	25	26	27
28	29	31				

noviembre

l	m	m	j	v	s	d
			1	2	3	4
5	6	7	8	9	10	11
12	13	14	15	16	17	18
19	20	21	22	23	24	25
26	27	28	29	30		

diciembre

l	m	m	j	v	s	d
					1	2
3	4	5	6	7	8	9
10	11	12	13	14	15	16
17	18	19	20	21	22	23
24/31	25	26	27	28	29	30

Las estaciones

Práctica

 **3-23 Fechas** Work with a classmate to fill out the following chart. For each event, indicate the month, the day of the month, and the day of the week that event is in the current year.

Evento	Mes	Día del mes	Día de la semana este año
Navidad *(Christmas)*			
El día de Acción de Gracias *(Thanksgiving Day)*			
El día de la Independencia de los Estados Unidos			
Tu cumpleaños			
El cumpleaños de tu mejor amigo/a			

Now, do some reasearch to find out when the following Mexican holidays take place.

1. Día de los Reyes
2. Día de la Candelaria
3. Día de la Bandera
4. Día de la Independencia
5. Día de los Muertos

 **3-24 ¿Qué estación es en... ?** For each of the following months, work with a partner to indicate which season is in effect in the city listed in parentheses. Remember to identify the hemisphere of each city before determining the season. If you are unfamiliar with these cities, consult the maps at the front and back of the book.

MODELO enero (Montevideo, Uruguay)
En Montevideo es verano en enero.

1. mayo (San Francisco, Estados Unidos)
2. abril (Lima, Perú)
3. diciembre (Salamanca, España)
4. febrero (Valparaíso, Chile)
5. julio (Guadalajara, México)
6. noviembre (Potosí, Bolivia)
7. junio (Córdoba, Argentina)
8. agosto (Cancún, México)

Nota cultural

Countries in the Southern Hemisphere have summer during the months of December, January, and February. Fall starts in March and ends in May. June, July, and August are winter months, and spring starts in September and ends in November.

Enfoque léxico — *Los verbos **saber** y **conocer***

Heinle iRadio: To hear more about **saber** and **conocer** expressions, visit academic.cengage.com/spanish.

The Spanish verbs **saber** and **conocer** both mean *to know* in English, but express different ideas in Spanish and may *not* be used interchangeably. Refer to their meanings below.

Saber: *To know a fact, to have knowledge of, to know how to do something.*

sé	sabemos
sabes	sabéis
sabe	saben

Conocer: *To know a person (having met or heard about him or her), to be familiar with a place or a thing.*

cono**zco***	conocemos
conoces	conocéis
conoce	conocen

*add a **-z** before the **-co.**

Sé muy poco de Roberto. ¿Cómo es?	***I know*** *very little about Robert. What is he like?*
¿Sabe dónde está la estación de policía?	***Do you know*** *where the police station is?*
Sé **contar** hasta diez en español.	*I **know how to** count to ten in Spanish.*
Conozco bien **a** mi hermana.*	***I know*** *my sister well.*
Conocemos México. Visitamos México en julio.	***We're familiar with*** *Mexico. We visited Mexico in July.*
Enrique **no conoce** la música de Juanes.	*Enrique **is not familiar with** Juanes' music.*

**La a personal*

As you have seen, the verb **conocer** is used to convey the idea that you know a person. In the example above, **a mi hermana** is the direct object of the verb form **conozco.** Notice that this direct object is preceded by the preposition **a.**

Now compare with:

¿Conocen México? — ***Do you know*** *Mexico?*

In this case, México is also a direct object, but it is not preceded by the preposition **a.** Why?

Only when the direct object of a verb is a specific human being or an animal that is personalized, is it preceded by the preposition **a.** There is no equivalent in English.

¿Escuchas **a** tu madre? — *Do you listen to your mother?*

Note that when the definite article in the masculine singular form follows the personal **a,** the contraction **al** is used

¿Admiras **al** presidente? — *Do you admire the president?*

Práctica

3-25 ¿Qué sabes hacer? Ask a classmate if he or she knows how to do the following things. He or she should respond in the affirmative or the negative. Be certain to switch roles.

MODELO hablar otro idioma
—¿Sabes hablar otro idioma?
—Sí, sé hablar español e inglés.

1. hablar francés
2. poner la mesa
3. hacer preguntas en español
4. tocar la guitarra
5. escribir poesía
6. programar computadoras

3-26 ¿Saber o conocer? Decide which verb is correct in each of the sentences below. When you have finished, compare your answers with those of a classmate. Do you agree?

1. (Sé/Conozco) tocar la batería.
2. (Conocemos/Sabemos) una buena universidad para estudiar el Derecho.
3. ¿(Conoces/Sabes) a Javier el argentino?
4. Valeria, ¿(conoces/sabes) cocinar?
5. A Antonio le gusta (conocer/saber) a personas nuevas.
6. Alejandra (sabe/conoce) dibujar muy bien.

3-27 ¿Con *a* o sin *a*? Complete the sentences using a personal **a** when necessary. Follow the model.

MODELO Miro... (la televisión / los estudiantes).
Miro la televisión. Miro a los estudiantes.

1. Tenemos que visitar... (Sofía / el parque / el museo nuevo).
2. Tengo ganas de visitar... (el estadio / la señora Mendoza / Ciudad de México).
3. El médico analiza... (los pacientes / los resultados / las noticias de actualidad mexicana).
4. Valeria y Antonio ven... (la televisión / sus padres los domingos / muchas películas).

3-28 Un mensaje para tu profesor/a de español Imagine that you are studying with a program in Guadalajara, México. Complete the following email to your Spanish professor with the correct uses of **saber, conocer,** and the personal **a.**

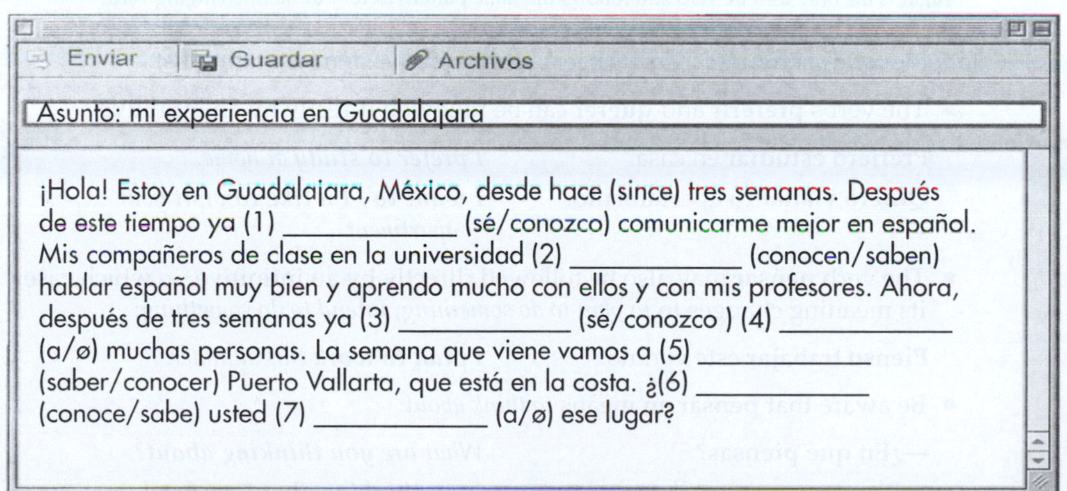

Enviar | Guardar | Archivos

Asunto: mi experiencia en Guadalajara

¡Hola! Estoy en Guadalajara, México, desde hace (since) tres semanas. Después de este tiempo ya (1) ____________ (sé/conozco) comunicarme mejor en español. Mis compañeros de clase en la universidad (2) ____________ (conocen/saben) hablar español muy bien y aprendo mucho con ellos y con mis profesores. Ahora, después de tres semanas ya (3) ____________ (sé/conozco) (4) ____________ (a/ø) muchas personas. La semana que viene vamos a (5) ____________ (saber/conocer) Puerto Vallarta, que está en la costa. ¿(6) ____________ (conoce/sabe) usted (7) ____________ (a/ø) ese lugar?

Enfoque estructural *Más verbos irregulares. Verbos con cambios en la raíz:* ***e → ie; o → ue; e → i***

There is a group of verbs in Spanish, called *stem-changing verbs,* which have irregular conjugations in the present tense. This group is divided into three categories:

1. **e → ie** verbs like **querer** *(to want)*, **preferir** *(to prefer)*, **pensar** *(to think)*, **venir** *(to come)*
2. **o → ue** verbs like **poder** *(to be able)*, **dormir** *(to sleep)*, **volver** *(to return)*
3. **e → i** verbs like **pedir** *(to ask for)*, **servir** *(to serve)*, **vestir** *(to dress / wear)*

Remember that the stem vowels are stressed in all forms of the present, except the **nosotros** and **vosotros** forms. The stem vowel changes in all of the stressed syllables; **e** changes to **ie, o** changes to **ue,** and **e** changes to **i** in all stressed syllables.

querer *to want*	
qu**ie**ro	queremos
qu**ie**res	queréis
qu**ie**re	qu**ie**ren

poder *to be able*	
p**ue**do	podemos
p**ue**des	podéis
p**ue**de	p**ue**den

pedir *to ask for*	
p**i**do	pedimos
p**i**des	pedís
p**i**de	p**i**den

—¿**Quieres** estudiar en la biblioteca? *Do you* ***want*** *to study in the library?*
—No, tengo que estudiar en casa. *No, I have to study at home.*

—¿**Puedes** salir esta noche? ***Can you*** *go out tonight?*
—Sí, si **pido** permiso a mi madre primero. *Yes, if I* ***ask*** *my mother* ***for*** *permission first.*

These are some commonly used stem-changing verbs:

e → ie	o → ue	e → i
cerrar *to close*	**almorzar** *to eat lunch*	**conseguir** *to get*
empezar *to begin*	**contar** *to count, tell a story*	**repetir** *to repeat*
entender *to understand*	**dormir** *to sleep*	**seguir** *to follow, continue, keep going*
pensar *to think, plan*	**jugar*** *to play*	**servir** *to serve*
perder *to lose*	**soñar** *to dream*	
preferir *to prefer*	**volver** *to return*	
venir *to come*		

***Jugar** is the only **u → ue** verb and follows the same pattern as **o → ue** stem-changing verbs.

Note the following when using select verbs from the stem-changing list:

- The verbs **preferir** and **querer** can be followed directly by an infinitive:

  Prefiero estudiar en casa. ***I prefer to study*** *at home.*

  Quiero visitar tu apartamento. ***I want to / I'd like to visit*** *your apartment.*

- The verb **pensar** may also be followed directly by an infinitive, in which case, its meaning changes to *to plan to do something, intend to do something*:

  Pienso trabajar este verano. ***I plan to work*** *this summer.*

- Be aware that **pensar en** means *to think about:*

  —¿En qué piensas? *What* ***are you thinking about?***
  —Pienso en mi familia. ***I am thinking about*** *my family.*

- **Empezar a** + infinitive means *to begin to do something:*

  Empiezo a trabajar el lunes. *I **begin to work** on Monday.*

- The verb **venir** is a stem-changing verb that is also irregular in its **yo** form: **vengo, vienes, viene,** venimos, venís, **vienen.**

- **Soñar con** means *to dream of / about.*

  Sueño con tener una casa grande. ***I dream of having** a big house.*

- **Volver a** + infinitive means *to do something again.*

  Por fin **vuelvo a estudiar** español. *At last **I'm studying** Spanish **again.***

There are many more verbs that follow this pattern. You will recognize them in the glossary and in vocabulary lists because they will be followed by the notation **(ie), (ue),** or **(i).**

Práctica

3-29 Las actividades de Gloria Valverde Gloria is a fairly typical university student with lots of responsabilities and lots of plans. Use the information below to describe the things Gloria thinks about and does during the week.

MODELO dormir poco los lunes y jueves
Gloria duerme poco los lunes y jueves.

1. empezar el día muy temprano *(early)*
2. querer sacar buenas notas *(to get good grades)*
3. pensar estudiar mucho
4. preferir estudiar en la biblioteca
5. pedir consejo *(advice)* a sus profesores
6. almorzar en la cafetería de la universidad
7. volver a casa tarde *(late)*
8. dormir mucho los sábados

3-30 Lo que hacemos Use the verbs and the information below to write complete sentences about your daily activities and those of some of the people you know.

yo	cerrar	ayuda *(help)* a mis profesores
mi profesor/a de español	empezar a	la puerta al salir de casa
mi compañero/a de cuarto y yo	entender	pizza por teléfono los viernes
mis amigos	pedir	tarde a casa de lunes a jueves
	preferir	refrescos a mis amigos
	servir	la gramática española
	venir	las clases interactivas y dinámicas
		hablar español mejor

When you are done, share your activities with the rest of the class. Listen as your classmates present their activities so you can write a summary following the model below:

En mi clase, tres personas...; cinco personas...; todos los estudiantes...

Enfoque estructural *El verbo* ***ir***

The Spanish verb **ir** means *to go*. The present tense forms of the verb **ir** are:

voy	**vamos**
vas	**vais**
va	**van**

—¿**Vas a** Mazatlán este verano? — ***Are you going to** Mazatlán this summer?*

—Sí, normalmente **voy a** Mazatlán todos los veranos. — *Yes, normally **I go to** Mazatlán every summer.*

—¿**Vas en** tren? — ***Are you going by** train?*

—No, no me gusta el tren; prefiero **ir en** carro. — *No, I don't like the train; I prefer **to go by** car.*

- To indicate destination, the preposition **a**—meaning *to* in this context—is used after the verb **ir.** If **a** is followed by the definite article **el,** as you saw on page 118, **a** and **el** combine to become **al.**
- To discuss modes of transportation, the preposition **en** is used in most expressions with **ir:**

en carro	Vamos **en carro** al centro.	*We go downtown **by car.***
en autobús	Van a Oaxaca **en autobús.**	*They go to Oaxaca **by bus.***
en metro	Voy al centro comercial **en metro.**	*I go to the mall **by subway.***
en taxi	¿Van al hotel **en taxi**?	*Are you going to the hotel **by taxi**?*
en bicicleta	¿Vas a la universidad **en bicicleta**?	*Do you go to the university **on bicycle**?*

The preposition **a** is used in one expression with **ir** to express mode of transportation:

a pie	Voy a casa **a pie.**	*I go home **on foot.***

- Some other useful expressions with the verb **ir** are:

ir de compras	*to go shopping*
ir de paseo	*to go for a walk*
ir de vacaciones	*to go on vacation*

—Tengo que **ir** al centro hoy para **ir de compras.** ¿Quieres **ir** conmigo? — *I have **to go** downtown **to go shopping.** Do you want **to go** with me?*

—Sí, yo también tengo que comprar unas cosas. ¿**Vamos a pie?** — *Yes, I also have to buy a few things **Shall we go on foot?***

—No, **vamos en carro.** — *No, **let's go by car.***

Práctica

3-31 ¿Adónde van de vacaciones? All of these people are planning vacations in Mexico. Using the information provided, tell where the following people are going on vacation.

1. Adela y su novio / Cancún
2. yo / el Distrito Federal
3. Juan y tú / Veracruz
4. Marina y yo / Puebla
5. Isabel y su familia / Oaxaca
6. Juan Carlos / Mérida

3-32 ¿Vas al centro? Walk around the classroom and ask at least four of your classmates if they are going to the places listed. Your classmates will answer appropriately and in the negative. Then, they will tell you where they are actually going. Follow up by asking how they are getting there.

MODELO casa
—¿Vas a casa?
—No, voy a clase.
—¿Cómo vas?
—Voy a pie.

1. biblioteca
2. oficina de correos
3. residencia estudiantil
4. banco
5. centro comercial
6. cine
7. de compras
8. casa de tus padres
9. de vacaciones
10. de paseo

3-33 Turismo en La Ciudad de México Imagine that you and your classmates are spending a couple of weeks in Ciudad de México. Here is a list of possible attractions that you may want to visit. With a partner, agree on four places you are going visit, and indicate how you think you will get there.

1. El centro histórico: el Zócalo, el Palacio Nacional, la Catedral de la Ciudad de México
2. El parque de Chapultepec: el zoológico, el lago, el Museo Nacional de Antropología e Historia
3. Afueras de la ciudad: la zona arqueológica de Teotihuacán, la Basílica de Guadalupe, las ciudades de Puebla, Taxcala o Cuernavaca.

Vamos a leer

Antes de leer

Predicción Look at the title of the reading on p. 135 and the photo that accompanies it to guess what this reading may be about.

Lo que ya sabes What do you know about Frida Kahlo's life and her artwork? Write down as much information as you can.

Guía para la lectura

Especificaciones importantes Look at the **ficha técnica** *(technical specifications)* and answer the following questions.

1. Why is the building called a **Museo Casa**?
2. Where is the building located?
3. In what century was the building constructed?

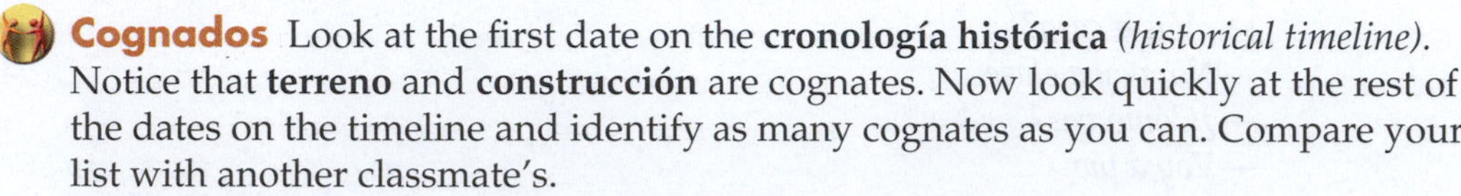

Cognados Look at the first date on the **cronología histórica** *(historical timeline)*. Notice that **terreno** and **construcción** are cognates. Now look quickly at the rest of the dates on the timeline and identify as many cognates as you can. Compare your list with another classmate's.

¿Cuándo? Skim the timeline to determine when the following events occurred. Put them in chronological order.

1. ______________ Frida's mother takes care of Zapatista soldiers on the balcones of the *Casa Azul*.
2. ______________ Frida Kahlo Calderón is born in the *Casa Azul*.
3. ______________ Frida and Diego get divorced.
4. ______________ Frida and her boyfriend have a car accident and she is left severely injured.
5. ______________ The *Casa Azul* is converted into a museum.

Los detalles Now read the timeline more carefully and find the following information.

1. the ethnic background of Frida Kahlo's parents
2. the name of the exiled Soviet revolutionary who lived in the Casa Azul
3. during which period of her life Frida met Diego Rivera
4. why Frida returned to Mexico in 1932
5. when Frida Kahlo died and how old she was

Al fin y al cabo

Acertamos ***(We got it right)*** Before reading the information about the **Museo Casa de Frida Kahlo,** you were asked to write down what you already knew about Frida Kahlo's life and her artwork **(Predicción).** Compare your thoughts with the information in the timeline. How much of the information about Frida's life did you already know? What additional information would you like to learn about Frida and/or the Casa Azul that is not provided in the timeline? Work with a classmate and make a list of questions. Then share your list with the class and see if any of your classmates can provide you with the answers.

Tu versión de la casa de Frida With a classmate, try to imagine what the interior of Frida Kahlo's house was like. Draw a floor plan and label the rooms. Then, add as much furniture as you think is necessary and label the furniture. Decide to whom each room belonged and explain why.

El Museo Casa de Frida Kahlo

Ficha técnica

Nombre del edificio	Museo Casa de Frida Kahlo, la "Casa Azul"
Ciudad	Distrito Federal
Calle y número	Londres 247, esquina Allende, 59
Uso original	Casa habitación
Uso actual	Museo
Época de construcción	Siglo XX

Cronología histórica de la Casa Azul

1904 Guillermo Kahlo, fotógrafo de origen judío húngaro, y su esposa mexicana Matilde Calderón compran un terreno de 800 m^2. Se inicia la construcción de la casa de la familia Kahlo-Calderón. Recibe el nombre de la "Casa Azul" por el color de sus paredes.

1907 El 6 de julio de 1907 Frida Kahlo Calderón nace[1] en la Casa Azul.

1913 Durante la lucha[2] entre zapatistas y carrancistas, la madre de Frida atiende[3] a los soldados del ejército[4] de Zapata en los balcones de la casa.

1918 Frida está recluida en casa porque tiene poliomielitis[5].

1925–1927 El 17 de septiembre de 1925 Frida y su novio[6], Alejandro Gómez Arias, tienen un accidente cuando su carro choca contra[7] un tranvía[8]. Frida está confinada a un aparato ortopédico y permanece[9] largos períodos de tiempo en casa y comienza a[10] pintar sus primeros cuadros. Conoce a Diego Rivera y Diego comienza a visitar a Frida en la Casa Azul con frecuencia.

1929 Frida se casa con[11] Diego Rivera el 21 de agosto. No viven en la Casa Azul; alquilan un departamento[12] en Paseo de la Reforma, 104.

1930–1933 Frida y Diego viven en Estados Unidos. Diego pinta murales en San Francisco, Detroit y Nueva York. Frida regresa[13] a México y a la Casa Azul por cinco semanas en 1932 cuando muere[14] su madre.

1937 León Trotsky, héroe de la Revolución de Octubre exiliado del régimen estalinista soviético, recibe asilo político[15] en México. Se instala en la Casa Azul en enero.

1939 Frida y Diego se divorcian.

1940 El 8 de diciembre Frida se casa con Diego de nuevo.

1941 Frida y Diego se instalan en la Casa Azul.

1954 Frida Kahlo Calderón muere el 13 de julio en el primer piso de la Casa Azul. Tiene cuarenta y siete años.

1958 La Casa Azul se tranforma en museo el 12 de julio en homenaje a[16] la vida y arte de Frida Kahlo.

[1]nace *(is born)*; [2]lucha *(fight)*; [3]atiende *(takes care of)*; [4]ejército *(army)*; [5]poliomielitis *(polio)*; [6]novio *(boyfriend)*; [7]choca contra *(collides into)*; [8]tranvía *(streetcar)*; [9]permanece *(stays)*; [10]comienza a *(starts to)*; [11]se casa con *(marries)*; [12]departamento *(apartment)*; [13]regresa *(returns)*; [14]muere *(dies)*; [15]asilo político *(political asylum)*; [16]en homenaje a *(in honor of)*

REPASO

3-34 Mis compañeros de clase Conduct a survey to find out how your classmates feel (hungry, thirsty, cold, etc.) and what they have to do for the rest of the day. Working in small groups, formulate a questionnaire and then ask three students from the other groups your questions. Make sure that you take notes! When you have all the information, report your findings to the class. How does the majority of the class feel? Do all students have to do similar activities for the rest of the day?

3-35 Visita al campus Imagine that you have volunteered to help first-year students navigate your campus. For each place below, indicate exactly where it is located. Use the verb **estar** plus the expressions you have learned. Your partner will let you know if he/she agrees or not with your description. Be sure to switch roles.

1. la biblioteca
2. la oficina de estudiantes internacionales
3. el gimnasio
4. la cafetería
5. el centro estudiantil

3-36 ¿Dónde estamos? Imagine that you are visiting San Cristóbal de las Casas with a classmate. Look at the map below and describe the location where you are. Your classmate will try to identify each site after you describe its location. Take turns locating places on the map and be sure to visit at least **six** of the following points of interest in San Cristóbal.

MODELO —*Estamos enfrente de la Plaza Principal, entre las avenidas General Utrilla y 20 de Noviembre.*
—*¡Estamos en la Catedral!*

El Palacio de las Bellas Artes
La Iglesia y Convento de Santo Domingo
El Teatro de Zabadía
El Mercado
El Templo de San Cristóbal
La Plaza Principal
El Museo de Ámbar
La Catedral

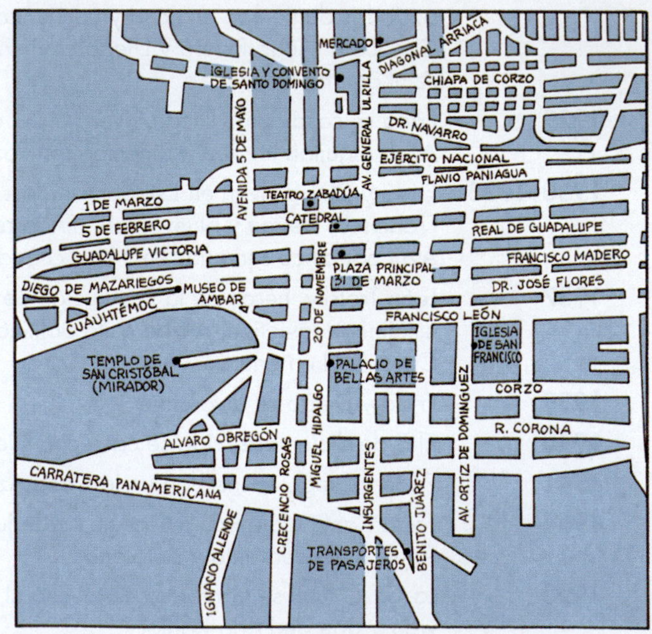

3-37 Deseos y obligaciones Write a list of your obligations for the next two weeks. Make sure to specify on what day of the week each will occur. Then, write a list of the things you would like to do in the next two weeks. Share your lists with a classmate. Who has more obligations? Do you feel like doing similar things?

VOCABULARIO

The **Vocabulario** consists of all new words and expressions presented in the chapter. When reviewing or studying for a test, you can cover up the English and go through the list to see if you know the meaning of each item.

Enfoques léxicos *Lexical focuses*

Los números de 0 a 100	*Numbers 0 to 100* (p. 104)
Los números de cien a un millón	*Numbers 100 to a million* (p. 116)
Los verbos **saber** y **conocer**	*The verbs **saber** and **conocer*** (p. 128)

Mi hogar *My home*

la bañera	*bathtub*
la cocina	*kitchen*
el comedor	*dining room*
el cuarto de baño	*bathroom*
la ducha	*shower*
el espejo	*mirror*
la estufa	*stove*
el fregadero	*kitchen sink*
la habitación / el dormitorio	*bedroom*
el horno	*conventional oven*
el inodoro / el retrete	*toilet*
el lavabo	*bathroom sink*
el lavaplatos	*dishwasher*
la mesa	*table*
la mesita / la mesa de centro	*coffee table*
el microondas	*microwave*
la nevera / el refrigerador	*refrigerator*
la sala	*living room*
el sofá	*sofa / couch*

Los días de la semana *Days of the week*

lunes	*Monday*
martes	*Tuesday*
miércoles	*Wednesday*
jueves	*Thursday*
viernes	*Friday*
sábado	*Saturday*
domingo	*Sunday*

Los meses *The months*

enero	*January*
febrero	*February*
marzo	*March*
abril	*April*
mayo	*May*
junio	*June*
julio	*July*
agosto	*August*
septiembre	*September*
octubre	*October*
noviembre	*November*
diciembre	*December*

Las estaciones *The seasons*

la primavera	*spring*
el verano	*summer*
el otoño	*fall*
el invierno	*winter*

Mi pueblo *My town*

el aeropuerto	*airport*
el ayuntamiento	*city hall*
la biblioteca	*library*
el cine	*movie theater*
la discoteca	*discotheque*
la escuela	*school*
la estación de policía	*police station*
la estación de trenes	*train station*
el estadio	*stadium*
el hospital	*hospital*
la iglesia	*church*
el mercado	*market*
el museo	*museum*
la oficina de correos	*post office*
el parque	*park*
la plaza	*plaza, square*
la terminal de autobuses	*bus station*

4 Mi rutina

CHAPTER OBJECTIVES

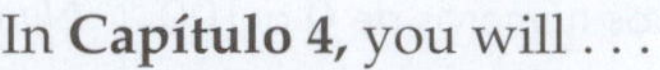

In **Capítulo 4,** you will . . .

- learn how to tell time
- learn how to talk about weekend activities
- learn how to talk about the weather
- learn how to make comparisons
-  learn about Cuba
-  discover Irakere
-  explore El Viejo San Juan with the roommates
- learn about José Martí and read Poema V

PRIMERA ETAPA: ¿A QUÉ HORA?

Functions

- ask for and tell the time
- describe your daily activities
- talk about your plans for the near future in detail

SEGUNDA ETAPA: LAS ACTIVIDADES DEL FIN DE SEMANA

Functions

- talk about daily routines in detail
- describe actions in progress

TERCERA ETAPA: ¿QUÉ TIEMPO HACE?

Functions

- inquire and provide information about weather conditions
- make comparisons and contrasts

Cuba, La República Dominicana y Puerto Rico

Cuba

Población: 11.346.670 (julio 2005)
Capital: La Habana, 2.836.294
Moneda: el peso cubano
Lengua: el castellano

La República Dominicana

Población: 8.950.034 (julio 2005)
Capital: Santo Domingo, 1.955.453
Moneda: el peso dominicano
Lengua: el castellano

Puerto Rico

Población: 3.916.632 (julio 2005)
Capital: San Juan, 434.000
Moneda: el dólar estadounidense
Lenguas: el castellano, el inglés

Tools

- Vocabulary for:
  - telling time
  - parts of the day
  - dates
- Grammatical structures:
  - **ir a** + infinitive
  - more present tense irregular verbs

 **Comentarios culturales:** Cuba: una joya del Caribe

Tú dirás: Un invitado especial

Vamos a escuchar: ¿Qué van a hacer los compañeros?

Tools

- Vocabulary for:
  - actions in a routine
  - indoor and outdoor activities
- Grammatical structures:
  - reflexive verbs
  - the present progressive tense

Comentarios culturales: Boliviana

Tú dirás: ¿Qué hacen normalmente?

Vamos a ver: La excursión al Viejo San Juan

Tools

- Vocabulary for:
  - weather conditions
  - talking about the weather
- Grammatical structures:
  - comparatives
  - superlatives

Vamos a leer: Poema V

Para empezar: ¿A qué hora?

Preparación: Antes de empezar esta etapa, contesta las siguientes preguntas:

- ¿A qué hora te levantas normalmente? ¿A qué hora te acuestas? ¿Qué te gustan más: las mañanas o las noches?
- ¿A qué hora tienes clase normalmente? ¿Son tus clases por la mañana, por la tarde o por la noche?

La hora

To tell time in Spanish, we use the verb **ser** plus the hour and then the minutes. Look at the examples below:

Es la una.

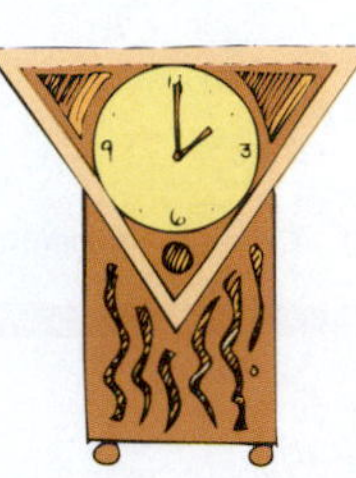
Son las dos.

Son las doce. / Es mediodía.

Son las doce. / Es medianoche.

Notice the singular form **es** is used with **la una**: **Es la una.** In the **ser** + number construction, the verb agrees with the subject. Therefore, **ser** is conjugated in the singular—**es**—with **la una,** and in the plural—**son**—with any other number.

To indicate the minutes after the hour, or the minutes before the hour, use these expressions:

Expansión léxica

To ask the time, use the following question: **¿Qué hora es?** The answer to this question requires the verb **ser** + article + time: **Es la una y cinco; son las dos y veinte.**

To ask at what time an event takes place, use the following question: **¿A qué hora es (la clase de español)?** To answer this question, use this structure: **a** + article + time: **A la una y cinco; a las dos y veinte.**

- between the hour and the half hour:

Son las dos y diez.

Son las dos y cuarto.

- on the half hour

Son las dos y media.

- between the half hour and the hour:

Son las tres menos veinte.

Son las tres menos cuarto.

Los momentos del día

The day is divided into the following parts:

la madrugada

la mañana

la tarde

la noche

To distinguish between A.M. and P.M., add these expressions to the time:

Son las diez **de la mañana.** Son las dos **de la tarde.** Son las doce **de la noche.**

La hora oficial

In many Spanish-speaking countries, the 24-hour clock is used instead of the 12-hour clock to indicate the following: the time at which television programs are shown; the time at which trains depart and arrive; the time at which planes take off and land; the time at which movies and concerts begin, etc. For this reason, it is important to become familiar with the way in which the official hour is expressed in Spanish. However, you should know that this is not the case throughout the entire Spanish-speaking world. Look at the following TV programs from Puerto Rico and Spain. What differences do you see?

Puerto Rico: Televicentro	**España: Televisión Española**
- DE MAGAZIN (lunes a viernes 9:00 A.M.)	- LOS LUNNIS (lunes a viernes 07:30 h)
- NOVELA COSITA RICA (lunes a viernes 1:00 P.M.)	- AL FILO DE LO IMPOSIBLE (domingo 22:25 h)
- CAFÉ TEATRO EL FOGÓN (miércoles 9:30 P.M.)	- MÚSICA UNO (martes 23:45 h)

Nota cultural

The difference between **la tarde** and **la noche**, like that between **la noche** and **la madrugada**, or **la madrugada** and **la mañana**, is flexible and depends on the speaker and the context in which the words are used. Compare the following examples:

La clase termina a las siete **de la tarde.** ¡Es temprano todavía!
Class ends at 7 o'clock in the afternoon. It's still early!
La clase termina a las siete **de la noche.** ¡Uy, qué tarde!
Class ends at 7 o'clock in the evening. It's really late!
Son las cinco **de la madrugada.** ¡Uy, qué temprano!
It's five o'clock in the morning. It's way too early!
Son las cinco **de la mañana.** Hay mucho tiempo.
It's five o'clock in the morning. There's a lot of time ahead.

El sistema conversacional

- is based on a 12-hour clock (with **de la madrugada, de la mañana, de la tarde,** and **de la noche**)
- divides the hour into two 30-minute segments (after and before the hour)
- uses **y cuarto, y media, menos cuarto, mediodía,** and **medianoche**

El sistema oficial

- is based on the 24-hour clock (0 = **medianoche** and 12 = **mediodía**)
- treats the hour as a 60-minute whole (that is, only moves forward)
- uses only cardinal numbers: **y quince, y treinta, y cuarenta y cinco**

For example:

El sistema conversacional		**El sistema oficial**	
9:45 (A.M.)	Son las diez menos cuarto (de la mañana).	9:45	Son las nueve (horas) y cuarenta y cinco.
12:30 (P.M.)	Son las doce y media (de la tarde).	12:30	Son las doce (horas) y treinta.
2:50 (P.M.)	Son las tres menos diez (de la tarde).	14:50	Son las catorce (horas) y cincuenta.
11:15 (P.M.)	Son las once y cuarto (de la noche).	23:15	Son las veintitrés (horas) y quince.

Práctica

4-1 ¿Qué hora es? Mira las horas que se indican a continuación. Indica qué hora es en cada caso. Usa el sistema conversacional.

MODELO 2:20 A.M.
Son las dos y veinte de la madrugada.

1. 1:00 P.M.
2. 1:30 A.M.
3. 3:12 P.M.
4. 10:55 A.M.
5. 11:45 P.M.
6. 4:15 P.M.
7. 5:35 A.M.
8. 10:16 P.M.

4-2 ¿A qué hora... ? Habla de tu rutina diaria con un/a compañero/a de clase. Túrnense *(Take turns)* para hacer y contestar las preguntas. ¿Cuándo tienen tiempo para tomar un café juntos *(together)*?

MODELO mirar la televisión
—*¿A qué hora miras la televisión?*
—*Miro la televisión a las nueve de la noche los martes y los jueves.*

1. hacer las tareas *(homework)* de español
2. usar el laboratorio de lenguas
3. trabajar
4. hacer ejercicio
5. desayunar
6. cenar
7. hablar por teléfono con tus amigos / con tu familia
8. escribir mensajes electrónicos

4-3 Una pequeña prueba Para aprender a usar la hora oficial en español contesta las siguientes preguntas. Después compara tus respuestas con las de un/a compañero/a.

1. Tienes ganas de ir al cine, pero tienes que estar en casa antes de las seis de la tarde. La película *(movie)* dura *(lasts)* dos horas y empieza a las 13:00, 16:00, 19:00 y 22:00. ¿A qué hora puedes ir?
2. Hay un programa de televisión a las 22:30. Normalmente te acuestas *(go to bed)* a las 10:00 de la noche y te levantas *(get up)* a las 6:00 de la mañana. La videocasetera está rota *(broken)*. ¿Puedes ver el programa?
3. Vas a la estación de autobuses para recoger *(to pick up)* a tus padres. El autobús llega *(arrives)* a las 17:30. Llegas a la estación a las 4:30 de la tarde. ¿Llegas a tiempo *(in time)*?
4. Invitas a un/a amigo/a a un concierto. El concierto empieza a las nueve de la noche. Se tarda *(it takes)* media hora en ir de tu apartamento al concierto. ¿A qué hora tiene que llegar tu amigo/a a tu apartamento? Usa el sistema oficial para indicar la hora.

Enfoque léxico *La fecha*

To express the date in Spanish, use the following construction:

el	+	**número cardinal (cinco, diez, treinta, etc.)**	+	**de**	+	**mes**

—¿Cuándo es tu cumpleaños? *When is your birthday?*

—Mi cumpleaños es **el 8 de septiembre.** *My birthday is September 8.*

Be aware of the following exceptions:

- Use **el primero** instead of the cardinal number when talking about the first of the month

  El cumpleaños de mi madre es **el primero** de febrero. *My mother's birthday is February first.*

- Do not use the definite article **el** after adverbs of time such as **hoy, ayer, mañana,** etc.

  —¿Qué día es hoy? *What is today's date?*

  —**Hoy** es **19 de noviembre,** Día del Descubrimiento de Puerto Rico. *Today is November 19, Discovery of Puerto Rico Day.*

In Capítulo 3, Tercera etapa, you learned that the months in Spanish are: **enero, febrero, marzo, abril, mayo, junio, julio, agosto, septiembre, octubre, noviembre, diciembre.** Note that the names of the months are spelled out with lower case letters. Also, they are masculine, but are usually used without articles. To say *in* a month, use **en** or **en el mes de.**

Mi cumpleaños es **en mayo.** *My birthday is **in May.***

Las clases de la universidad empiezan **en el mes de agosto.** *University classes start **in the month of August.***

Práctica

4-4 ¿En qué año? Indica, usando palabras, la fecha para los siguientes hechos históricos.

MODELO October 27, 1492 —llegada de Cristóbal Colón a Cuba
el veintisiete de octubre de mil cuatrocientos noventa y dos

1. December 6, 1492 —llegada de Cristóbal Colón a la República Dominicana
2. November 19, 1493 —llegada de Cristóbal Colón a Puerto Rico
3. July 12, 1829 —José Gualberto Padilla, poeta, conocido como "El Caribe", nace *(is born)* en San Juan, Puerto Rico
4. February 27, 1844 —el Día de Independencia de la República Dominicana
5. October 10, 1868 —Cuba empieza sus luchas independentistas contra España
6. February 7, 1959 —el nuevo gobierno cubano bajo Fidel Castro pone en vigor *(puts into effect)* la Constitución de 1940

4-5 Los cumpleaños de mis compañeros de clase Pregúntales a cuatro compañeros de clase cuándo es su cumpleaños. Después, trata de determinar en qué mes hay más cumpleaños.

MODELO *—¿Cuándo es tu cumpleaños?*
—El 22 de junio.

Enfoque estructural *El futuro inmediato: **ir** + **a** + infinitivo*

Thus far in your Spanish studies, you have learned to discuss what occurs in the present. You will now learn to express future actions. Look at the following sentences and notice how they refer to future activities.

—¿Qué **vas a hacer** esta tarde?	*What **are you going to do** this afternoon?*
—**Voy a estar** en casa.	***I am going to be** home.*
—¿Qué **van a hacer** este fin de semana?	*What **are you going to do** this weekend?*
—**Vamos a viajar.**	***We are going travel.***

To express future actions in Spanish, the following grammatical construction is commonly used:

ir	+	a	+	infinitivo

Voy a mirar una película.	***I am going to watch** a movie.*
¿**Vas a descansar** esta noche?	***Are you going to rest** tonight?*
¿**Va a ir** Juan a la biblioteca?	***Is Juan going to go** to the library?*
Vamos a asistir a clase.	***We are going to go to** class.*
¿**Vais a estudiar** juntos?	***Are you all going to study** together?*
Uds. **van a tomar** un café.	***You** (pl.) **are going to have** a coffee.*
Ellos **van a hacer** una fiesta.	***They are going to have** a party.*

As with other conjugated verbs, this construction may be negated by placing **no** immediately before the conjugated verb:

No voy a caminar al mercado.	***I am not going to walk** to the market.*
Ellos **no van a visitar** el museo.	***They are not going to visit** the museum.*

Práctica

4-6 Después de la clase Al terminar las clases el viernes, tú y tus amigos tienen planes diferentes. Algunos van a trabajar y otros van a divertirse. Describe lo que cada uno/a va a hacer usando elementos de cada columna.

yo		hacer un fiesta
Susana		cenar con amigos
nosotros	ir a	trabajar
Juan y su novia		estudiar para los exámenes
Uds.		viajar
tú		escribir una composición

4-7 ¿Qué van a hacer? Trabaja con otro/a estudiante. Dile *(Tell him/her)* qué van a hacer estas personas en los momentos indicados. Después, pregúntale a tu compañero/a qué va a hacer él o ella en ese mismo momento.

MODELO —Marcos / comer en un restaurante / domingo / 1:30 P.M.
—*Marcos va a comer en un restaurante el domingo a la una y media de la tarde. ¿Qué vas a hacer tú el domingo?*

1. Carlos / escuchar música en su apartamento / viernes / 8:00 P.M.
2. Juan / hacer ejercicio en el parque / sábado / 10:00 A.M.
3. Fernando y su amigo / ir al centro de la ciudad en autobús / sábado / 4:00 P.M.
4. Bárbara y Julián / salir con sus amigos / jueves / 6:00 P.M.
5. Marcos y yo / cocinar algo especial / domingo / 2:00 P.M.
6. el señor y la señora Ramírez / visitar a su hija en la universidad / domingo / 11:30 A.M.

4-8 Voy a... Para no agobiarse *(become overwhelmed)* es importante tener una agenda de la semana bien organizada. Escribe cinco actividades que vas a hacer la semana próxima. Después, comparte tus planes con un/a compañero/a.

____

____

____

____

____

Enfoque estructural *Más verbos irregulares*

Thus far, you have studied two different types of verbs with irregularities in the present: verbs with an irregular **yo** form and stem-changing verbs. In this section, you will learn about a few more irregularities in the present tense of certain verbs.

Los verbos -zco

These verbs—whose infinitive forms end in **-cir/-cer**—add a **-z** before the **-co** in the **yo** form. The rest of their conjugation is regular. In **Capítulo 3,** you studied one of these **-zco** verbs: **conocer. ¿Recuerdas?**

conocer *to know a person, to be familiar with a place or thing*	
cono**zco***	conocemos
conoces	conocéis
conoce	conocen

The following are **-zco** verbs whose infinitives end in **-cir.**

traducir *to translate*	
tradu**zco**	traducimos
traduces	traducís
traduce	traducen

conducir *to drive*	
condu**zco**	conducimos
conduces	conducís
conduce	conducen

producir *to produce*	
produ**zco**	producimos
produces	producís
produce	producen

Otros verbos irregulares

The verb **saber,** which you also studied in **Capítulo 3,** has an irregular **yo** form. The rest of its conjugation is regular in the present tense.

saber *to know a fact, to have knowledge of, to know how to do something*	
sé	sabemos
sabes	sabéis
sabe	saben

The verbs **ver** and **oír** have irregularities of their own in the present tense.

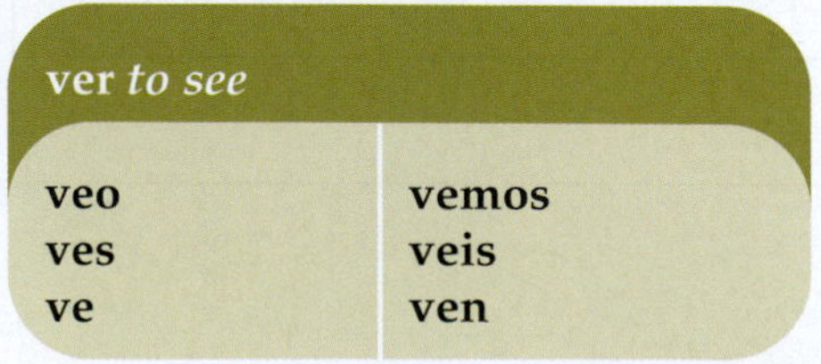

ver *to see*	
veo	**vemos**
ves	**veis**
ve	**ven**

oír *to hear*	
oigo	**oímos**
oyes	**oís**
oye	**oyen**

Práctica

4-9 Una tarjeta postal Amanda está estudiando en el Instituto Tecnológico de Santo Domingo (INTEC) en la República Dominicana. Lee la postal *(postcard)* que Amanda le va a enviar a su mejor amiga, que está en Puerto Rico. Después, completa los espacios con los verbos correspondientes.

Querida Linda:

Me gusta mucho Santo Domingo y mis estudios van bien aquí. Todos los días 1. ________ (salir / yo) de casa a las siete de la mañana. Normalmente 2. ________ (conducir / yo) mi carro y si 3. ________ (tener / yo) suerte, aparco (I park) cerca del edificio de clases. Las clases 4. ________ (empezar) a las ocho. Mi primera clase es la de español. Allí 5. ________ (ver / yo) a mis amigos Mario y Diana. A las once Mario, Diana y yo 6. ________ (tener) hambre. Normalmente 7. ________ (almorzar) en la cafetería. Yo siempre 8. ________ (pedir) un bocadillo y un refresco. Por las tardes 9. ________ (volver / yo) a casa a las dos y mientras 10. ________ (estar / yo) en mi carro 11. ________ (poner / yo) la radio y 12. ________ (oír / yo) las noticias. En casa, 13. ________ (hacer / yo) la tarea. Para la clase de español, siempre 14. ________ (traducir / yo) diez oraciones para aprender vocabulario. En el Instituto Tecnológico, ¡siempre hay mucho que hacer!

Besos,

Amanda

4-10 Y tu compañero/a, ¿qué hace? En la actividad **4-9,** una estudiante le describe a una amiga su rutina diaria en el Instituto Tecnológico de Santo Domingo. Usa los siguientes verbos para preguntarle a un/a compañero/a de clase acerca de *(about)* su rutina diaria. Comparte sus respuestas con la clase.

conducir	**volver**	**almorzar**	**oír**	**empezar**
ver	**pedir**	**hacer**	**salir**	**traducir**

MODELO —*¿Conduces todos los días?*
—*No, sólo conduzco los fines de semana.*

—*¿A qué hora empiezas el día?*
—*A las diez de la mañana.*

Comentarios culturales

Cuba: una joya del Caribe

Anticipación

Hechos *(facts)* **sobre Cuba** Antes de ver el video, organiza los siguientes hechos según *(according to)* las categorías que se incluyen en la tabla.

La geografía	El gobierno	La economía	La naturaleza

a. El Partido Comunista de Cuba (el PCC) es la fuerza *(authority)* superior que gobierna la sociedad.

b. Hoy en día el turismo y la pesca *(fishing)* son importantes actividades comerciales.

c. Cuba está en el Mar Caribe, muy cerca de las costas de los Estados Unidos y de México.

d. Cuba tiene un clima *(climate)* tropical; es un país rico en exuberante vegetación.

e. La República de Cuba es un estado socialista.

Vamos a ver

Comprensión Mira el video una vez y comprueba tus respuestas *(check your answers)* de **Hechos sobre Cuba.** Después, lee las siguientes preguntas. Ahora mira el video por segunda vez y completa las actividades sobre La Habana, capital de Cuba.

1. En los pequeños comercios de La Habana se venden *(are sold)* artesanías *(handicrafts)* y productos típicos de la isla. ¿Cuáles de los siguientes se mencionan en el video?

- ❑ objetos de cerámica
- ❑ objetos de vidrio *(glass)*
- ❑ objetos de madera *(wood)*
- ❑ objetos de cuero *(leather)*
- ❑ cassettes de música afro caribeña
- ❑ carteles de temas revolucionarios
- ❑ carros antiguos de Chevy y Oldsmobile
- ❑ muñequitas

2. El video menciona varios lugares de interés en La Habana. Empareja cada lugar con su descripción.

_____ El Malecón　　**a.** una larga avenida paralela al mar

_____ La Rampa　　**b.** una avenida que proviene *(comes)* del mar

Con más detalle Mira el video una vez más y haz estas actividades.

1. ¿Qué objeto forma parte del escudo cubano y es el símbolo del país?

a. la piña　**b.** la palma real　**c.** la caña de azúcar　**d.** el mango

2. ¿En qué lugar puedes probar los deliciosos y famosos helados de Coppelia o mirar una película en el Cine Yara?

a. el Malecón　**b.** la Rampa　**c.** el Vedado　**d.** la Plaza de la Revolución

3. ¿Qué hay en el centro de la Plaza de la Revolución?

a. los mejores hoteles del país

b. una estatua en homenaje a Fidel Castro

c. una inmensa fuente *(fountain)*

d. el Museo Memorial José Martí

Expansión

Nuestro itinerario En grupos de tres o cuatro estudiantes, organicen *(plan)* una excursión de un día *(day trip)* a La Habana. Incluyan estos detalles en su itinerario:

- Los lugares que van a visitar (cómo se llaman y dónde están)
- En qué parte del día van a visitar cada lugar y a qué hora
- Si van a los pequeños comercios, ¿qué recuerdos *(souvenirs)* van a comprar?

Compartan su itinerario con la clase.

Tú dirás

Un invitado especial (A special guest)

Este fin de semana van a venir unos amigos de visita. Como estás muy ocupado/a, todavía no tienes un plan para el fin de semana. Trabaja con otro/a estudiante para que te ayude *(so that he/she helps you)* a pensar en diferentes actividades.

Completa los siguientes pasos:

Paso 1. ¿Quiénes vienen, cómo son y qué les gusta hacer? Dile *(Tell)* a tu compañero/a quiénes van a venir de visita este fin de semana. Tu compañero/a va a hacerte preguntas sobre su personalidad, sus gustos e intereses.

¿Quiénes te van a visitar?

¿Cómo son?

¿Qué les gusta hacer?

Paso 2. ¿Qué podemos hacer? Pídele a tu compañero/a sugerencias para el fin de semana. Tus amigos llegan el sábado por la mañana y se van el domingo por la noche. Tienes que planear suficientes actividades para entretenerlos *(entertain)* todo el fin de semana.

Indica las horas de las actividades en los casos necesarios, por ejemplo, para los conciertos, las películas, las reservas para cenar. Escribe las sugerencias de tu compañero/a. Al terminar, cambien de papel *(switch roles).*

¿Qué podemos hacer el sábado por la mañana / por la tarde / por la noche?

¿Qué podemos hacer el domingo por la mañana / por la tarde / por la noche?

	El sábado	**El domingo**
Por la mañana		
Por la tarde		
Por la noche		

Paso 3. Ahora usa las sugerencias de tu compañero/a para preparar una lista de actividades para el fin de semana. Escribe un resumen de lo que tú y tus invitados van a hacer durante su visita. Comparte tu resumen con la clase.

MODELO *Mis amigos vienen este fin de semana y éste es mi plan para su visita. El sábado por la mañana, ellos van a llegar a las diez y nosotros vamos a…*

ATAJO **Phrases:** Sequencing events, Talking about the present; **Vocabulary:** City, Leisure, Time: days of the week, of day; **Grammar:** Verbs: future with **ir**, present

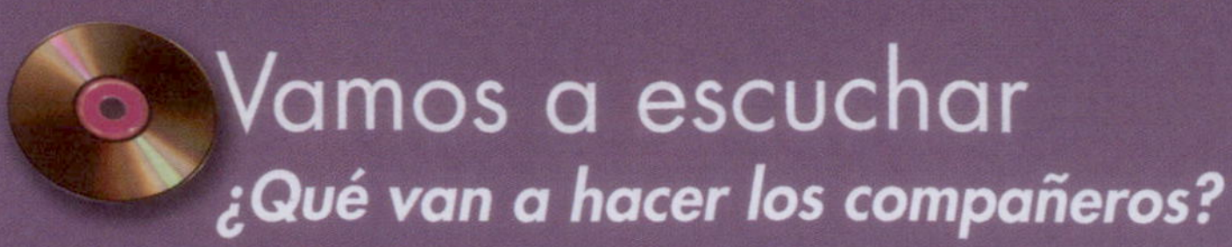

Vamos a escuchar

¿Qué van a hacer los compañeros?

Antonio habla por teléfono con Javier. Escucha la conversación entre los compañeros. Presta atención al vocabulario y a las expresiones que conoces.

Antes de escuchar

Predicciones De acuerdo con *(Based on)* lo que sabes, intenta contestar estas preguntas.

1. Según la información del **Capítulo 3,** ¿qué quiere hacer Javier con sus compañeros?
2. ¿Qué estructura gramatical van a usar Antonio y Javier para hablar sobre sus planes?
3. ¿Qué tipo de actividades van a planear? Haz *(Make)* una lista de las posibilidades.

Comparte tus ideas con la clase. ¿Tienen ideas similares?

Antes de escuchar la conversación, mira las actividades en la sección **Después de escuchar.**

Después de escuchar

CD1, Track 12

¡Una excursión! Mientras *(While)* escuchas la conversación de teléfono de Antonio y Javier, contesta estas preguntas.

1. ¿Dónde está Antonio?
2. ¿Por qué está llamando *(calling)* Antonio por teléfono a Javier?
3. ¿Qué forma de transporte sugiere Javier?
   a. el metro
   b. el trolebús
   c. ir a pie
4. ¿Por dónde va a caminar Antonio?
   a. por la Plaza Colón
   b. por la Plaza de la Rogativa
   c. por el Paseo de la Princesa

CD1, Track 12

¿Cómo lo dicen? Escucha la conversación una vez más. Después contesta las preguntas.

1. ¿Cómo contesta Javier al teléfono?
2. En la conversación, Antonio le dice a Javier *"not to worry"*. ¿Qué expresión utiliza?

SEGUNDA ETAPA

Para empezar: Las actividades del fin de semana

Preparación: Antes de empezar esta etapa, contesta las siguientes preguntas:

- ¿Qué haces los fines de semana? ¿Qué te gusta hacer y qué tienes que hacer? Piensa en las actividades que haces dentro *(indoors)* y fuera *(outdoors)*. Piensa en las diferentes actividades según las estaciones.
- ¿Cómo es tu rutina diaria? ¿Qué haces normalmente durante el día?

Las actividades al aire libre *(outdoors)*

andar en bicicleta

ir a la playa

acampar en las montañas

cortar el césped

regar (ie) las flores

recoger las hojas secas

quitar la nieve

Las actividades en casa

descansar

mirar videos y comer palomitas

limpiar el apartamento

quitar el polvo

pasar la aspiradora

barrer

lavar la ropa

planchar

Otras actividades

ir al centro comercial

hacer una fiesta

alquilar unos videos

ir a un concierto

hacer las compras

hacer mandados

Práctica

4-11 Mis fines de semana Conecta *(Match)* las actividades del fin de semana con la estación en que las haces.

MODELO *En verano riego las flores los fines de semana.*

En primavera	hago una fiesta	los fines de semana
En verano	recojo las hojas secas	
En otoño	alquilo videos	
En invierno	hago las compras	
Nunca *(Never)*	ando en bicicleta	
	descanso	
	voy a la playa	
	corto el césped	
	acampo en las montañas	
	quito la nieve	

4-12 ¿Y tú? Utiliza el vocabulario de esta etapa y pregúntale a un/a compañero/a qué actividades hace los fines de semana.

MODELO *Los fines de semana, ¿pasas la aspiradora?*

4-13 ¡No, no me gusta pasar la aspiradora! Haz una lista de cinco actividades que te gustan y otra lista de cinco actividades que no te gustan. Después compara tus listas con las de otro/a estudiante. ¿Qué actividades les gustan a los dos? ¿Qué actividades no les gustan? Compartan la información con el resto de la clase.

Me gusta...	No me gusta...
1.	
2.	
3.	
4.	
5.	

Enfoque léxico *Expresiones para hablar de la rutina diaria*

When you talk about your daily routine you can use specific expressions to organize your story. Below, you have a summary of the different expressions available in Spanish that answer the following questions: **¿Cuándo? ¿En qué momento del día? ¿Con qué frecuencia?** *(How often?)*. Some of these expressions you have seen before. **¿Recuerdas?**

1. ¿Cuándo?

todos los días	*every day*
durante la semana	**los lunes, los martes, los miércoles, los jueves, los viernes**
durante el fin de semana	**los sábados, los domingos**

2. ¿En qué momento del día?

los lunes...	**por la mañana**	*Monday mornings*
	por la tarde	*Monday afternoons*
	por la noche	*Monday evenings*
	a la hora de cenar	*Monday at dinnertime*
	al despertarme	*Monday upon waking*
	al salir de casa	*Monday upon leaving home*
	antes de clase	*Monday before class*
	después de comer	*Monday after eating*

Expansión léxica

Al + infinitive can be used to express the moment following any action. For example, **al salir de casa** expresses *upon leaving home* and **al despertarme** expresses *upon waking*. Because this expression has neither a subject nor a tense, it can refer to any subject in past, present, or future time frames.

3. ¿Con qué frecuencia?

a menudo	*often*
a veces	*sometimes*
algunas veces	*sometimes*
casi nunca	*almost never*
casi siempre	*almost always*
con frecuencia	*frequently*
de vez en cuando	*once in a while*
generalmente	*generally*
normalmente	*normally*
nunca	*never*
por lo general	*in general*
siempre	*always*

Práctica

4-14 Mis actividades Completa la siguiente tabla, indicando al menos seis actividades diferentes. Después, comparte la información con otros/as estudiantes. ¿Hacen las mismas actividades y con la misma frecuencia?

Actividad	¿Cuándo?	¿En qué momento del día?	¿Con qué frecuencia?

4-15 ¿Cuándo lo haces tú? Usa las siguientes actividades para hacerle preguntas a otro/a estudiante sobre su rutina. Tu compañero/a va a contestar usando las expresiones del **Enfoque léxico.** Al terminar, comparte con la clase **cuándo** y **con qué frecuencia** tu compañero/a hace cada actividad.

MODELO pedir pizza
—¿Cuándo pides pizza?
—Pido pizza todos los jueves por la noche.
—Él/Ella pide pizza todos los jueves por la noche.

1. acampar en las montañas
2. limpiar el apartamento
3. andar en bicicleta
4. lavar la ropa
5. hacer una fiesta
6. ir al centro comercial
7. hacer mandados
8. mirar videos y comer palomitas

4-16 ¿Qué hacen los compañeros? Imagina cuáles son las actividades de los compañeros cuando están en sus respectivos países.

1. Los jueves por la tarde Sofía… y Valeria…
2. Los sábados por la mañana Valeria… y Alejandra…
3. Los lunes a las once y media de la noche Javier… y Antonio…
4. Todos los días por la mañana Alejandra… y Javier…
5. Los miércoles a las dos de la tarde Antonio… y Sofía…

Después con otro/a estudiante, contesta estas preguntas: ¿Son las rutinas de los compañeros similares o diferentes? ¿Quiénes tienen rutinas más similares? ¿Quiénes tienen rutinas más diferentes?

Enfoque estructural *Los verbos reflexivos*

In Spanish, to talk about some of the actions that we perform daily (getting up, taking a shower, getting dressed, etc.), we need to use what are called *reflexive verbs.*

Me despierto a las siete.

Me levanto a las siete y diez.

Después, **me ducho** con agua caliente.

Me afeito.

Me visto.

Me voy. ¡Es un buen día!

A las siete, **no me despierto** —estoy dormida.

Me quedo en la cama hasta las ocho.

Me lavo los dientes.

Me peino.

Me visto y **me pongo** los zapatos.

Me voy corriendo. ¡Tengo mucha prisa!

In most cases reflexive verbs are used when "the doer" of the action and "the receiver" of the action are the same. In other words, reflexive verbs express actions that the subject does to himself, herself, or itself, or that subjects do to themselves. You can easily identify reflexive verbs in the infinitive form by looking for the pronoun **se** (levantar**se**, peinar**se**). Compare the following two sentences:

Maribel **lava** el carro*. *Maribel **washes** the car.*

*In this sentence Maribel performs the action and the car receives it.

Maribel **se lava***. *Maribel **washes herself.***

*In this sentence, Maribel both performs and receives the action.

Reflexive verbs are used with the corresponding reflexive pronouns: **me, te, se, nos, os, se.**

despertarse (ie) *to wake up*	
me despierto	**nos** despertamos
te despiertas	**os** despertáis
se despierta	**se** despiertan

Here is a list of some frequently used reflexive verbs that you will need to talk about your daily routine. Notice that many of these verbs are also stem-changing.

acostarse (ue)	*to go to bed*	**lavarse (los dientes)**	*to brush (one's teeth)*
afeitarse	*to shave*	**levantarse**	*to get up*
bañarse	*to take a bath*	**maquillarse**	*to put on make-up*
cepillarse (el pelo)	*to brush (one's hair)*	**peinarse**	*to comb one's hair*
despertarse (ie)	*to wake up*	**ponerse**	*to put on (clothing, shoes)*
dormirse (ue, u)	*to fall asleep*	**quedarse (en la cama)**	*to stay (in bed)*
ducharse	*to take a shower*	**quitarse**	*to take off (clothing)*
irse	*to leave*	**sentarse (ie)**	*to sit down*
lavarse (las manos, el pelo)	*to wash (one's hands, hair)*	**vestirse (i)**	*to get dressed*

When the verb is conjugated, the reflexive pronoun precedes it; with an infinitive, the pronoun is attached to the end of it.

Me levanto a las seis y media todas las mañanas.

Mañana quiero **levantarme** a las seis y media.

Práctica

4-17 Valeria o Antonio y yo Compara tus actividades diarias con las de Antonio y Valeria.

MODELO Antonio se despierta a las siete.
Yo me despierto a las siete menos cuarto.

1. Valeria se baña todas las mañanas.
2. Antonio no se ducha por la mañana.
3. Valeria se cepilla el pelo.
4. Antonio se lava los dientes una vez al día.
5. Valeria se maquilla todas las mañanas.
6. Antonio se afeita todos los días.
7. Valeria se viste con elegancia.
8. Antonio se acuesta tarde.

4-18 ¿Qué haces primero? Pon *(Put)* las siguientes actividades en orden cronológico *(chronological order)* según tu rutina personal. Añade *(add)* las actividades necesarias y elimina las actividades que no correspondan a tu rutina.

1. vestirme
2. levantarme
3. peinarme
4. irme
5. ducharme
6. despertarme
7. afeitarme
8. maquillarme

4-19 La rutina cotidiana ***(Daily routine)*** Imagínate que tienes un/a nuevo/a compañero/a de cuarto. Describe tu rutina usando seis verbos reflexivos diferentes. Tu compañero/a va a hacerte preguntas sobre tus actividades. Contesta sus preguntas. Al terminar, cambien de papel.

MODELO *—Me despierto y me levanto. No me quedo en la cama.*
—¿A qué hora te despiertas?
—Me despierto a las siete.

Al terminar compartan con las clase las actividades que tienen en común.

MODELO *Nos despertamos a las siete y media.*
No tenemos nada en común. (We don't have anything in common.)

Enfoque estructural *El presente progresivo: Para expresar acciones que tienen lugar (take place) en este momento*

In Spanish, when you want to show that an action is in progress at the moment you are speaking, you use the present progressive. In the examples below, you will notice the use of the verb **estar** plus another verb ending in **-ndo.** This **-ndo** form of the verb is known as the *present participle* (in Spanish, **el gerundio**).

—¿Qué **estás haciendo** ahora mismo?	*What **are you doing** right now?*
—**Estoy estudiando.**	***I am studying.***
—¿Qué **están haciendo** tus amigos en este momento?	*What **are** your friends **doing** at this moment?*
—**Están mirando** un programa de la tele.	***They are watching** a TV program.*

1. To form the present participle of **-ar** verbs, drop the **-ar** and add **-ando:**

compr**ar** → compr**ando**	habl**ar** → habl**ando**	estudi**ar** → estudi**ando**

2. To form the present participle of **-er** and **-ir** verbs, drop the **-er** or **-ir** and add **-iendo:**

com**er** → com**iendo**	hac**er** → hac**iendo**	corr**er** → corr**iendo**
escrib**ir** → escrib**iendo**	abr**ir** → abr**iendo**	sal**ir** → sal**iendo**

3. The present participles of the following verbs are irregular:

creer → **creyendo**	ir → **yendo**	leer → **leyendo**	oír → **oyendo**

4. Stem-changing **-ir** verbs also have an irregular present participle. The stem vowel **e** changes to **i** and the stem vowel **o** changes to **u,** as the following verbs illustrate:

decir → **diciendo** pedir → **pidiendo**	sentir → **sintiendo** vestir → **vistiendo**	dormir → **durmiendo**

Notice that the present participle (the **-ndo** form of the verb) does not change for agreement purposes; it always ends in **-o:**

Julia **está leyendo** una revista.	*Julia **is reading** a magazine.*
José **está durmiendo** ahora mismo.	*José **is sleeping** right now.*

Spanish uses the progressive tense differently than English. In Spanish, this form, as previously stated, is used *to express an action that is in progress at the moment you are speaking.* The following are some expressions you can use with the present progressive to emphasize this:

ahora *now*	**ahora mismo** *right now*	**en este momento** *at this moment*

In English, the present progressive is used to express *an action that is going to happen* and *an action that takes place over a long period of time.* In these two cases, Spanish uses the simple present tense. Look at the following examples:

To express an action that is going to happen:

Tomo un examen mañana.	***I am taking** a test tomorrow.*

To express an action that takes place over a long period of time:

Mi hermano **trabaja** en un restaurante en Santo Domingo.	*My brother **is working** at a restaurant in Santo Domingo.*

Práctica

4-20 ¿Qué están haciendo en este momento? Mira los dibujos y después indica qué están haciendo estas personas ahora.

1. Jaime

2. Julia y Teresa

3. Mari Rosa y Juan

4. Alberto

5. Carmen y Cristina

6. Juanito

7. Laura

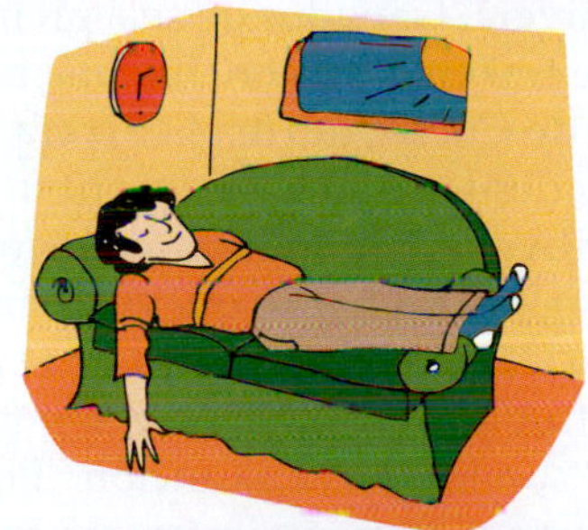
8. Mario

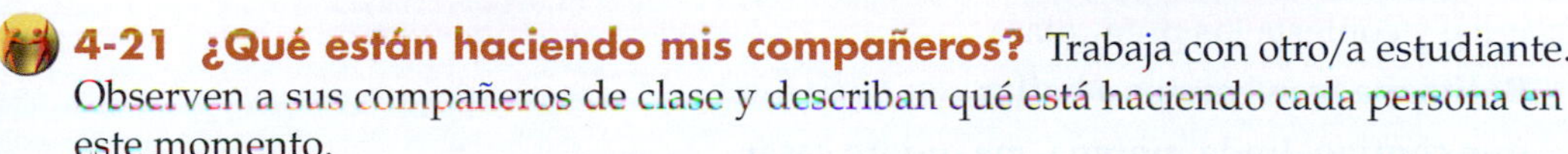
4-21 ¿Qué están haciendo mis compañeros? Trabaja con otro/a estudiante. Observen a sus compañeros de clase y describan qué está haciendo cada persona en este momento.

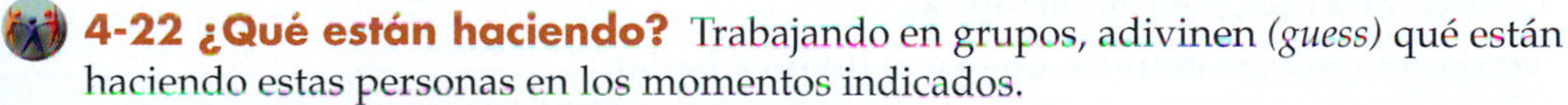
4-22 ¿Qué están haciendo? Trabajando en grupos, adivinen *(guess)* qué están haciendo estas personas en los momentos indicados.

MODELO el 14 de febrero / Juan
Es el 14 de febrero y Juan está cenando con Lola en el restaurante El Gallo de Oro.

1. el 31 de dicembre / Nelson y Pati
2. hoy, a las 5:00 de la tarde / los autobuses y taxis de San Juan
3. el 14 de febrero / tu mejor amigo/a
4. el día que cumples *(turn)* veintiún años / tú y tus amigos
5. el último día *(last day)* de clases / tu profesor/a

Comentarios culturales

Boliviana

Irakere significa "bosque" *(woods)* o "selva" *(forest)* en el idioma yoruba de la tribu africana que influyó *(influenced)* muchísimo en la música cubana. Irakere es tal vez *(perhaps)* el grupo de música moderna cubano más conocido. En los años sesenta, Armando Cuervo (percusión), Oscar Valdés (vocal y percusión), Jorge *"el niño"* Alfonso (congas), Enrique Plá (batería), Carlos del Puerto (bajo), Jorge Varona (trompeta), Arturo Sandoval (trompeta), Carlos Averhoff (saxo tenor), Paquito D'Rivera (saxo alto) y Carlos Emilio Morales (guitarra) empezaron a *(started to)* combinar música clásica, jazz, rock y música afro-cubana para crear un sonido *(sound)* inspirado y revolucionario.

La canción que vas a escuchar se llama "Boliviana" y es un *funk* lento cubano con aires de melodía andina tradicional. En esta canción resalta *(stands out)* el talento de **Paquito D'Rivera.** Ganador de seis premios Grammy, D'Rivera fue fundador y codirector de Irakere. "Irakere fue una bonita experiencia y una oportunidad para viajar y salir de Cuba", afirma D'Rivera. Se exilió en 1980 durante una gira *(tour)* con Irakere y desde entonces *(since then)* reside en Nueva York.

Añade D'Rivera: "De Irakere tengo los mejores recuerdos, fue una experiencia única. Sólo que no sabíamos que estábamos haciendo una cosa que iba a ser tan trascendental". La creencia *(belief)* de D'Rivera que "como las fronteras entre los países… las fronteras de la música son forzadas" se manifiesta en la música que creó *(created)* con Irakere. La canción "Boliviana" sí derriba *(destroys)* estas fronteras al combinar varios ritmos e instrumentos.

♪ To experience this song, access the ***¡Tú dirás!***, Fourth Edition playlist.

Ahora, escucha la canción "Boliviana". Después de escucharla, lee el estribillo *(chorus)* y contesta las preguntas.

Boliviana, ven, vamos a bailar,

que contigo, linda morena, me quiero casar.

Ojos como el sol, cuerpo escultural.

Ven conmigo, rica morena, que yo te invito a bailar.

Análisis

1. ¿Cuándo se forma el grupo musical Irakere? ¿Qué tipo de música producen?
2. ¿Qué creencia de D'Rivera es evidente en la música que toca Irakere?
3. ¿Cuáles son las dos cosas que el cantante quiere hacer con la mujer boliviana?
4. ¿Qué adjetivos usa para describir a la mujer?
5. ¿Te gusta esta canción? ¿Por qué sí o por qué no?
6. ¿Conoces a otro grupo musical que ignora *(ignores)* las fronteras en la música?

Tú dirás

¿Qué hacen normalmente?

Vas a entrevistar a un/a estudiante. Después, los/las dos van a escribir un resumen de la entrevista y compartirlo con la clase.

La entrevista

- Pregúntale a tu compañero/a el nombre de tres personas importantes en su vida. Escribe el nombre de cada persona y su relación con tu compañero/a. Al terminar, cambien de papel.

MODELO 1. *Dennis, su padre* 2. *Jill, una amiga…*

Nombre	Relación

- Después, pregúntale a tu compañero/a qué hacen normalmente esas tres personas. Al terminar, cambien de papel. Usen imaginación y creatividad.

MODELO *¿A qué hora se levanta tu padre? ¿Se afeita todos los días?*
¿Trabaja todos los días?
¿A qué hora se despierta tu amiga Jill? ¿Se maquilla todos los días?
¿Qué clases tiene?

Nombre	Actividades

El resumen y la presentación

- Juntos, escriban un resumen con las actividades más interesantes de las personas importantes en la vida de los dos.
- Compartan su resumen con el resto de la clase. Al terminar, decidan quién conoce a las personas más interesantes, según su rutina.

ATAJO **Phrases:** Talking about daily routines, Saying how often you do something; **Vocabulary:** Body: toilette, hair, face, Time: days of the week, expressions, of day; **Grammar:** Verbs: present, reflexives

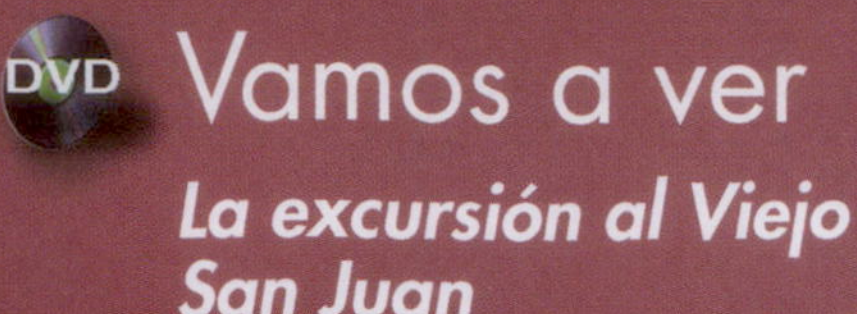

Vamos a ver

La excursión al Viejo San Juan

Los compañeros van a visitar el Viejo San Juan y cada uno tiene un plan diferente. Mientras ves el video, presta atención a las actividades de cada persona.

Anticipación

¿Qué hora es? Indica qué hora es según cada reloj. Es importante saber la hora de las diferentes actividades que hacen los compañeros en San Juan. Por ejemplo, **Son las siete de la mañana.**

1. **2.** **3.** **4.** **5.**

Lo que voy a hacer y lo que al fin hago... Cuando haces planes, ¿los cumples *(do you stick to them)* o cambias de idea?

En la primera columna haz una lista de cuatro planes recientes. Por ejemplo, **Voy a estudiar mucho durante el fin de semana.** En la segunda columna indica si los cumples o no. Si no cumples tus planes, ¿qué haces? Por ejemplo, **Hago una fiesta.**

Mis planes	¿Los cumplo?

¿Qué crees que va a pasar en el caso de los compañeros? ¿Van a hacer todo lo que dicen o no?

Vamos a ver

¿A qué hora? Mientras ves el video indica a qué hora ocurre cada una de las actividades siguientes. Escribe el número del reloj correspondiente de la actividad **¿Qué hora es?**

_______ Todos tienen que regresar a La Plaza de la Rogativa para juntarse y regresar a casa.

_______ Javier y Sofía deciden regresar al centro.

_______ Valeria está en el baño.

_______ Todos deciden separarse, porque tienen gustos diferentes, y empiezan a explorar la ciudad.

_______ Valeria regresa a casa.

Compara tus respuestas con las de un/a compañero/a.

¿Qué van a hacer Javier, Alejandra, Sofía, Valeria y Antonio? Cada compañero/a tiene una idea específica sobre lo que quiere hacer durante el día. Lee sus planes en la columna B. Mientras ves el video, indica en la columna A el nombre de la persona que quiere hacer cada actividad.

A	B
	Voy a ir a la playa.
	Voy a ir de compras.
	Voy a ir al mercado de la Plaza San José.
	Voy a tomar muchas fotos.
	Todos vamos a levantarnos temprano y visitar muchos lugares de interés en el Viejo San Juan.

¿Qué hacen los compañeros? Vamos a ver si los compañeros cumplen sus planes originales. Miren otra vez el episodio de video y después, en grupos, contesten estas preguntas.

1. ¿Qué hacen Sofía y Javier?
2. ¿Adónde van Alejandra y Antonio? ¿De quién hablan y cómo describen a esa persona?
3. ¿Qué hace Valeria? ¿Por qué no llega a la plaza a tiempo?

Compartan las respuestas con el resto de la clase.

Expansión

Mi diario Trabaja con otro/a estudiante. Juntos *(together)* escriban una página de un diario desde el punto de vista de uno de los compañeros. En el diario incluyan la rutina de esa persona teniendo en cuenta la información que tienen sobre ella y sus gustos.

MODELO SOFÍA: Me gusta levantarme temprano. Normalmente me ducho y me voy de casa a hacer ejercicio…

ATAJO **Phrases:** Saying how often you do something, Talking about daily routines, Talking about habitual actions, Talking about the present; **Vocabulary:** Body: hair, toilette, Food: meals, Time: of day; **Grammar:** Verbs: present, reflexives, use of **gustar**, use of **soler**

TERCERA ETAPA

Para empezar: ¿Qué tiempo hace?

Preparación: Antes de empezar esta etapa, contesta las siguientes preguntas:

- ¿Qué expresiones necesitas para hablar del tiempo?
- ¿Qué tiempo hace donde vives? ¿Hay diferentes estaciones?

Hace sol.

Llueve. (Está lloviendo.)

Hace viento.

Nieva. (Está nevando.)

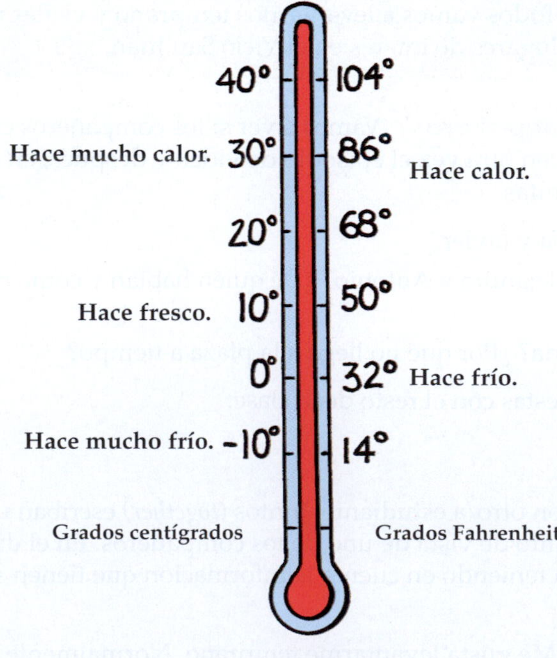

La temperatura

Práctica

4-23 Las estaciones y el tiempo Conecta las estaciones con el tiempo adecuado para cada una en el lugar donde vives.

la estación	el clima
en primavera	hace fresco
en verano	hace viento
en otoño	hace (mucho) calor
en invierno	hace sol
	hace (mucho) frío
	llueve
	nieva

4-24 ¿Qué tiempo hace en... ? Trabaja con otro/a estudiante. Uno de los dos va a hacer el papel *(role)* de un/a estudiante de la República Dominicana que quiere visitar los Estados Unidos. La persona de la República Dominicana prefiere visitar cuando hace buen tiempo. Describe qué tiempo hace en los meses siguientes. Después, indica cuándo es el mejor momento para su visita.

1. En diciembre y enero...
2. En marzo...
3. En julio y agosto...
4. En octubre...
5. El mejor mes para visitar mi pueblo/ciudad es...

4-25 ¿Qué hacen cuando... ? Trabaja con otro/a estudiante. Indiquen el tiempo apropiado para hacer las siguientes actividades.

MODELO ir a la playa
Vamos a la playa cuando hace sol y calor. No vamos a la playa cuando llueve.

1. recoger las hojas secas
2. quitar la nieve
3. quedarse en casa y mirar videos
4. andar en bicicleta
5. caminar en el parque
6. ir al centro comercial
7. acampar en las montañas
8. cortar el césped

Enfoque léxico *Más sobre el tiempo*

Éste es **el pronóstico del tiempo** *(weather forecast)* para varias ciudades en la República Dominicana.

Ciudad	Icono	Pronóstico
Santo Domingo		En Santo Domingo va a **hacer sol** todo el día. La **temperatura máxima** *(maximum temperature)* va a ser de 28 grados centígrados (28°C) y la **mínima** *(minimum)* de 18 grados centígrados (18°C).
Santiago		El cielo en Santiago **está nublado;** vamos a tener **nubes** *(clouds)* todo el día. La temperatura en estos momentos es de 26 grados centígrados (26°C). La máxima para hoy es de 29 grados centígrados (29°C) y la mínima de 20 grados centígrados (20°C).
La Romana		En La Romana vamos a tener **lluvia** *(rain)*. Va a **llover** toda la mañana. La temperatura máxima va a ser de 25 grados centígrados (25°C) y la mínima de 18 grados centígrados (18°C).
San Pedro de Macorís		En San Pedro de Macorís vamos a tener cielos despejados. Va a **hacer buen tiempo** todo el día. La temperatura máxima va a ser de 27 grados centígrados (27°C) y la mínima de 19 grados centígrados (19°C).

Here is a list of additional expressions that you may use to talk about the weather:

Está despejado.	*It's clear.*
Está nublado.	*It's cloudy.*
Hace buen tiempo.	*The weather is good / nice.*
Hace mal tiempo.	*The weather is bad.*
Hay hielo.	*It's icy.*
Hay neblina.	*It's misty.*
Hay niebla.	*It's foggy.*
Hay tormenta.	*It's stormy.*
Llovizna. / Está lloviznando.	*It's drizzling.*
Truena. / Está tronando.	*It's thundering.*
Caen rayos. / Están cayendo rayos.	*It's lightning.*

Práctica

4-26 ¿Qué tiempo va a hacer? Trabaja con otro/a estudiante. Entre los dos escriban el pronóstico del tiempo para su ciudad o pueblo para los próximos tres días. Incluyan las temperaturas máximas y mínimas en grados centígrados para cada uno de los días. Después, presenten su pronóstico al resto de la clase.

To convert Fahrenheit to Celsius, use the following formula: (°F–32) x 5/9 = °C.

Día	Máxima	Mínima	Pronóstico

4-27 El tiempo en los países del Caribe Mira el mapa y describe el tiempo en cada una de las ciudades indicadas. Después comparte tu descripción con la clase.

1. La Habana, Cuba
2. Santiago de Cuba, Cuba
3. San Domingo, República Dominicana
4. San Juan, Puerto Rico
5. Ponce, Puerto Rico

Enfoque estructural *Los comparativos*

In Spanish, as in English, there are certain expressions that are used to compare and contrast people or things.

Comparisons of equality

- To compare objects:

tanto/a + *singular noun* + **como**

Esta mañana hay **tanta** niebla **como** ayer por la mañana.
It's **as** *foggy this morning* **as** *it was yesterday morning.*

Hace **tanto** calor en Puerto Rico **como** en la República Dominicana.
It is **as** *hot in Puerto Rico* **as** *in the Dominican Republic.*

tantos/as + *plural noun* + **como**

Hoy hay **tantas** nubes en San Juan **como** en Santo Domingo.
There are **as** *many clouds in San Juan today* **as** *in Santo Domingo.*

Hoy no están cayendo **tantos** rayos **como** ayer.
There is not **as** *much lightining today* **as** *yesterday.*

- To compare qualities or manner:

tan + *adjective / adverb* + **como**

Ir a la playa es **tan** divertido **como** acampar en las montañas.
Going to the beach is **as** *fun* **as** *camping in the mountains.*

Puerto Rico es **tan** caluroso **como** Cuba.
Puerto Rico is **as** *hot* **as** *Cuba.*

En verano llueve **tan** intensamente en Cuba **como** en la República Dominicana.
In the summer it rains **as** *intensely in Cuba* **as** *in the Dominican Republic.*

- To compare actions:

verb + **tanto como**

Me gusta la primavera **tanto como** el verano.
I like spring ***as much as*** *fall.*

En agosto llueve **tanto como** en septiembre.
In August it rains **as much as** *in September.*

Comparisons of inequality

- To compare objects, qualities, or actions:

más / menos + *noun / adjective / adverb* + **que**

Esta semana hay **más / menos** nubes **que** la semana pasada.
*This week is **more / less** cloudy **than** last week.*

Hoy hace **más / menos** frío **que** ayer.
*Today it's cold**er** / **less** cold **than** yesterday.*

Esta tarde está nevando **más / menos** intensamente **que** esta mañana.
*This afternoon it's snowing **more / less** intensely **than** this morning.*

- The case of **más/menos de:**

When the point of reference in a comparison is a specific quantity or a number, the preposition **de** is used. Look at the examples:

La temperatura promedio de enero es **menos de** 5°C.
*The average temperature in January is **less than** 5°C.*

Algunas veces la temperatura sube **más de** 15°F en un día.
*Sometimes the temperature rises **more than** 15°F in one day.*

En el Caribe la estación de lluvias dura **más de** una semana.
*In the Caribbean, the rainy season lasts **more than** one week.*

- Adjectives with irregular comparative forms:

The following adjectives have an irregular comparative form and do *not* use **más/menos** to make comparisons:

Adjetivo	Comparativo
buen, bueno/a/os/as *(good)*	**mejor/es** *(better)*
mal, malo/a/os/as *(bad)*	**peor/es** *(worse)*
joven/jóvenes *(young)*	**menor/es** *(younger)*
viejo/a/os/as *(old)*	**mayor/es** *(older)*

La temperatura de hoy es **mejor que** la de ayer.
*Today's temperature is **better than** yesterday's.*

Esta semana hace **peor** tiempo **que** la semana pasada.
*The weather this week is **worse than** last week.*

Los gemelos son **menores que** David.
*The twins are **younger than** David.*

Enrique es **mayor que** Sara.
*Enrique is **older than** Sara.*

Práctica

4-28 El tiempo en el Caribe Mira la siguiente tabla que incluye información sobre el tiempo en tres ciudades del Caribe durante el mes de marzo. ¿Dónde hace mejor tiempo? ¿Dónde hace más calor o más frío? ¿Dónde llueve más? Usando toda la información de la tabla, haz todas las comparaciones posibles.

	días de lluvia	días nublados	tormentas	temperaturas medias (máximas y mínimas)
La Habana	10	15	6	23°C / 15°C
Santo Domingo	10	12	3	26°C / 16°C
San Juan	5	15	3	26°C / 16°C

4-29 El tiempo en dos ciudades de EE.UU. Trabaja con un/a compañero/a. Entre los dos seleccionen dos lugares de los EE.UU. Completen la tabla con información sobre esos lugares. Después, comparen con el mayor detalle posible el tiempo durante el mes de enero en los dos lugares. Utilicen las expresiones de esta etapa: **más/menos… que, tanto como, tanto/a/os/as como, más / menos de.**

Información media para el mes de enero

	Lugar 1: ________	**Lugar 2:** ________
días de lluvia		
días nublados		
tormentas		
nieve		
temperaturas medias (máximas y mínimas)		

4-30 Mi compañero/a y yo. Trabaja con otro/a estudiante para averiguar *(find out)* quién de los dos tiene más horas de trabajo, menos horas de clase, más tiempo libre, más tareas, etc. Habla con tu compañero/a y completa la siguiente tabla con información sobre él/ella. Cuando tengan toda la información, comparen su horario. ¿Quién tiene el mejor horario? ¿Quién tiene el peor? Usen las expresiones aprendidas: **más / menos... que, tanto como, tanto/a/os/as/... como.** Al terminar, compartan su información con la clase.

Actividad	Horas a la semana
clase	
tarea	
trabajo	
tiempo libre	
deportes	
tiempo con la familia	
tiempo con amigos	
¿otras actividades?	

Enfoque estructural *Los superlativos*

You have just learned how to make comparisons of equality and inequality in Spanish. Now you will learn how to use superlatives. To convey, in Spanish, the idea expressed in English by *-est, the most,* or *the least,* use the following construction:

definite article (el, la, los, las)	+	*noun*	+	**más / menos**	+	*adjective*

la semana **más** seca	*the dryest week*
el invierno **menos** frío	*the least cold winter*
el verano **más** caluroso	*the hottest summer*
el mes **menos** lluvioso	*the least rainy month*

The preposition **de** + noun is added to the above construction to specify to whom or what the person or thing is being compared. Compare the following:

el día más frío	*the coldest day*
el día más frío **del año**	*the coldest day of the year*
julio es el mes menos húmedo	*July is the least humid month*
julio es el mes menos húmedo **del verano**	*July is the least humid month of the summer*

Similar to the comparatives, the following adjectives use irregular superlatives:

buen, bueno/a/os/as	**el/la mejor** **los/las mejores**	*best*
mal, malo/a/os/as	**el/la peor** **los/las peores**	*worst*
joven/jóvenes	**el/la menor** **los/las menores**	*youngest*
viejo/a/os/as	**el/la mayor** **los/las mayores**	*oldest*

Alejandra es **la mejor fotógrafa** que conozco.
*Alejandra is **the best photographer** I know.*

Antonio es **el peor músico** del grupo.
*Antonio is **the worst musician** in the group.*

Valeria no es **la menor** de su familia.
*Valeria is not **the youngest** in her family.*

Javier es **el mayor** de sus hermanos.
*Javier is **the eldest** of his siblings.*

Práctica

4-31 ¿Qué opinas? Comparte con otro/a estudiante tu opinión sobre estos temas.

MODELO …el museo más famoso del mundo
—Creo que el museo más famoso del mundo es el Louvre de París. ¿Y tú?
—Estoy de acuerdo.
o
—No estoy de acuerdo. Pienso que el museo más famoso del mundo es el Museo Metropolitan de Nueva York.

¿Cuál es… ?

1. …el programa de televisión más divertido de todos?
2. …el mejor medio de transporte del mundo?
3. …la bebida más popular para el desayuno?
4. …el peor invento *(invention)* de todos los tiempos *(of all time)*?
5. …la carrera más difícil de la universidad?

¿Quién es… ?

6 …la persona más famosa de los Estados Unidos?
7. …el cantante más conocido de Puerto Rico?
8. …el político más influyente del mundo?

4-32 Entrevista En grupos de tres o cuatro estudiantes, hagan las siguientes preguntas sobre el pueblo o la ciudad donde se encuentra su universidad. Contesten turnándose *(taking turns)*.

1. ¿Cuál es el mejor cine? ¿Dónde está? ¿Cuántas salas tiene?
2. ¿Cuál es el lugar más turístico? ¿Por qué? ¿Dónde está?
3. ¿Cuál es la peor hora para ir en carro?
4. ¿Cuál es el restaurante más romántico? ¿Por qué? ¿Dónde está?
5. ¿Cuál es el café más popular entre los estudiantes universitarios? ¿Dónde está? ¿Cuál es el plato más popular?
6. ¿Quién es la persona más conocida de la universidad? ¿Por qué?

4-33 El mejor… la mejor Haz una lista de seis personas famosas que admiras. ¿Por qué las admiras? Utiliza superlativos para expresar la razón por la que crees que las seis personas de tu lista merecen *(deserve)* tu admiración. Después comparte tu información con la clase. ¿Están tus compañeros de acuerdo contigo? ¿Estás de acuerdo con ellos?

MODELO *Juan Luis Guerra es el mejor intérprete de merengue.*

Vamos a leer
Poema V

Antes de leer

El autor Antes de leer el poema de la página 175 lee la biografía del autor y contesta en inglés estas preguntas.

1. Where was José Martí born? Where were his parents originally from?
2. Why was Martí imprisoned and subsequently exiled from Cuba?
3. While in Spain, what degrees did Martí obtain?
4. Who was the love of his life and the woman who inspired his poetry?
5. What political party did Martí create while living in exile in New York?
6. When and how did Martí die?

Biografía

El 28 de enero de 1853, José Julián Martí y Pérez nace en La Habana, Cuba, en la calle de Paula, 41 (hoy Leonor Pérez, 314) en donde actualmente está el Museo José Martí. Sus padres, de origen español, son Mariano Martí y Navarro de Valencia y Leonor Pérez y Cabrera de Santa Cruz de Tenerife en las Islas Canarias.

De joven comienza a colaborar en un periódico independentista que le conduce a[1] prisión y luego a su destierro[2] a España. Vive en Madrid y continúa estudiando, y es allí donde publica en 1871 su primera obra en prosa que se titula *El presidio político en Cuba*. En 1873 se traslada a la ciudad de Zaragoza donde se licencia en Derecho en sólo 16 meses y más tarde termina su licenciatura en Filosofía y Letras en cuatro meses.

Después de terminar sus estudios empieza a viajar. Primero va a París y conoce a Víctor Hugo y a Augusto Bacquerie y luego viaja a Veracruz, México, donde conoce a la cubana Carmen Zayas Bazán y se casa con ella aunque[3] el amor de su vida y la inspiración de sus poemas es otra mujer que se llama María García Granada.

En 1878 José y Carmen regresan a la Habana y su hijo, José Francisco, nace el 22 de noviembre. Sin embargo, un año después José es deportado a España de nuevo por sus actividades políticas. Allí echa mucho de menos a su hijo y escribe *Ismaelillo* y *Versos libres*.

En 1880 se traslada a Nueva York donde trabaja como periodista y planea la liberación de su país. También continúa su producción literaria, y su obra *Versos sencillos* se publica en 1891. Funda el Partido Revolucionario Cubano y vuelve a Cuba para participar en la lucha independentista. José Martí, el Apóstol[4] de la Libertad de Cuba, muere en Dos Ríos, en la provincia de Oriente el 19 de mayo de 1895 cuando es herido de bala[5] mortalmente en la primera batalla en la que participa frente a tropas colonialistas españolas.

[1]conduce a *(leads to)*; [2]destierro *(exile)*; [3]aunque *(even though)*; [4]Apóstol *(apostle, champion)*; [5]bala *(bullet)*

Guía para la lectura

Símiles y metáforas En su **Poema V** de *Versos sencillos* (1891), Martí hace muchas comparaciones usando dos figuras retóricas comunes: símiles y metáforas. Trabaja con otro/a estudiante para dar una definición en inglés de cada figura. Después, piensen en un ejemplo para cada caso.

símil	
metáfora	

A buscar ejemplos Lee el **Poema V** y haz una lista de todos los ejemplos posibles de símiles y metáforas. Después compara tu lista con la lista de otro/a estudiante.

Poema V

Si ves un monte de **espumas,** — *foam*
Es mi verso lo que ves:
Mi verso es un **monte,** y es — *mount*
Un **abanico de plumas.** — *fan of feathers*

Mi verso es como un **puñal** — *dagger*
Que **por el puño echa** flor: — *from the handle sprouts*
Mi verso es un **surtidor** — *fountain*
Que da un agua de coral.

Mi verso es de un verde claro
Y de un **carmín encendido:** — *fiery carmine (a deep red color)*
Mi verso es un **ciervo herido** — *wounded deer*
Que busca en el monte **amparo.** — *shelter*

Mi verso al valiente **agrada:** — *pleases*
Mi verso, breve y sincero,
Es del vigor del **acero** — *steel*
Con que **se funde** la **espada.** — *is cast / sword*

Al fin y al cabo

Análisis Repasa tu lista de símiles y metáforas de la actividad **A buscar ejemplos.** Después contesta en inglés estas preguntas:

1. Why do you think Martí chose to compare his verse to those particular things?
2. Which comparison do you like the most and why?

REPASO

4-34 ¿Qué haces normalmente? Usa los siguientes verbos para indicar las actividades que tú, tus amigos, y tus amigos y tú hacen normalmente. Presta atención a los verbos: algunos son irregulares.

despertarse (ie)	**estudiar**	**trabajar**
almorzar (ue)	**jugar (ue)**	**acostarse (ue)**
asistir a clase	**leer**	**quedarse en la cama**
dormir (ue)	**pensar (ie)**	

MODELO *Juego al tenis a las nueve de la mañana.*
Mis amigos duermen hasta las diez de la mañana.
Mis amigos y yo comemos juntos todos los días.

4-35 Pronóstico del tiempo Trabaja con otro/a estudiante. Seleccionen un lugar del Caribe (Puerto Rico, Cuba o la República Dominicana) y preparen un pronóstico del tiempo lo más detallado posible para ese lugar para los próximos tres días. Indiquen si hay diferencias en el tiempo en distintas áreas, y cuáles son las temperaturas máximas y mínimas. En clase, con un mapa, presenten su pronóstico a la clase.

4-36 ¿Adónde vamos? Trabajen en grupos de tres. Imagínense que van a hacer un tour por varias ciudades de Puerto Rico. Van a pasar sólo *(only)* dos días en San Juan y la agencia de viajes les ofrece varias sugerencias. Lean las sugerencias y preparen un plan para un fin de semana en San Juan. Compartan su plan con la clase.

MODELO *El viernes a las nueve vamos a visitar el Museo de Doña Fela. Luego, vamos a…*

¡Bienvenidos a Puerto Rico! Recomendamos que visiten los siguientes lugares de interés en San Juan:

- **La Bahía de San Juan:** el puerto más utilizado del Caribe. Más de la mitad de todas las importaciones de la región y más de un millón de visitantes llegan al puerto todos los años.
- **La Muralla, o la Ciudad Amurallada:** se construye entre 1539 y 1641 para proteger la ciudad de ataques enemigos.
- **El Museo de Doña Fela:** residencia original de Doña Felisa Rincón de Gautier, la primera mujer en ser Alcaldesa de San Juan. El Museo está abierto de lunes a viernes de 9:00 A.M a 4:00 P.M.
- **La Casa Blanca:** residencia de los descendientes del primer gobernador de Puerto Rico, Juan Ponce de León, durante 250 años. Ahora es un museo representativo de la vida familiar de los siglos XVI y XVII, y en su interior tiene una réplica en miniatura de una villa taína. El jardín está abierto todos los días de 8:00 A.M. a 5:00 P.M.
- **La Plaza de Hostos:** una pequeña plazuela donde hay puestos de artesanías.
- **La Fortaleza:** construida en 1540, es la mansión gubernamental más antigua que está aún en uso en el hemisferio occidental. Hay visitas guiadas disponibles (available) durante la semana de 9:00 A.M. a 3:30 P.M. excepto en días feriados.

4-37 ¿Qué están haciendo? Mira el dibujo a continuación. Después, trabaja con otro/a estudiante. Túrnense *(take turns)* para indicar qué están haciendo las personas del dibujo en este momento. Al terminar compartan sus ideas con la clase.

VOCABULARIO

The **Vocabulario** consists of all new words and expressions presented in the chapter. When reviewing or studying for a test, you can cover up the English and go through the list to see if you know the meaning of each item.

Enfoques léxicos *Lexical focuses*

La fecha	*The date* (p. 143)
Para hablar de la rutina diaria	*Talking about daily routines* (p. 154)
Más sobre el tiempo	*More about the weather* (p. 166)

La hora *The time*

¿Qué hora es?	*What time is it?*
Es la una.	*It's one o'clock.*
Es mediodía.	*It's noon.*
Es medianoche.	*It's midnight.*
Son las dos.	*It's two o'clock.*
Son las dos y diez.	*It's ten past two.*
Son las dos y cuarto.	*It's quarter after two.*
Son las dos y media.	*It's half past two.*
Son las tres menos veinte.	*It's twenty to three.*
Son las tres menos cuarto.	*It's a quarter to three.*

Los momentos del día *The parts of the day*

la madrugada	*early morning*
la mañana	*morning*
la tarde	*afternoon*
la noche	*evening*

Las actividades al aire libre *Outdoor activities*

acampar en las montañas	*to camp in the mountains*
andar en bicicleta	*to ride a bike*
cortar el césped	*to mow the lawn*
ir a la playa	*to go to the beach*
quitar la nieve	*to shovel snow*
recoger las hojas secas	*to rake leaves*
regar (ie) las flores	*to water the flowers*

Otras actividades *Other activities*

alquilar unos videos	*to rent videos*
hacer las compras	*to go grocery shopping*
hacer mandados	*to run errands*
hacer una fiesta	*to have a party*
ir al centro comercial	*to go to the shopping mall*
ir a un concierto	*to go to a concert*

Las actividades en casa *Activities at home*

barrer	*to sweep the floor*
comer palomitas	*to eat popcorn*
descansar	*to rest*
lavar la ropa	*to do laundry*
limpiar el apartamento	*to clean the apartment*
mirar videos	*to watch videos*
pasar la aspiradora	*to vacuum*
planchar	*to iron*
quitar el polvo	*to dust*

El tiempo *The weather*

¿Qué tiempo hace?	*What's the weather like?*
(No) Hace sol.	*It's (It's not) sunny.*
(No) Hace viento.	*It's (It's not) windy.*
Llueve. / Está lloviendo.	*It's raining. / It's raining now.*
Nieva. / Está nevando.	*It's snowing. / It's snowing now.*

La temperatura *Temperature*

grados centígrados	*degrees centigrade*
grados Fahrenheit	*degrees Fahrenheit*
(No) Hace (mucho) calor.	*It's (It's not) (very) hot.*
(No) Hace fresco.	*It's (It's not) cool.*
(No) Hace (mucho) frío.	*It's (It's not) (very) cold.*

5 Los deportes

CHAPTER OBJECTIVES

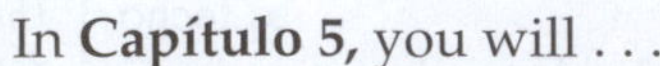

In **Capítulo 5**, you will . . .

- learn how to provide and obtain information related to sports, games, and other leisure-time activities
- learn how to narrate past events
-  learn about Uruguay
-  discover Todos Estrellas
-  watch the roommates as they go on a snorkeling adventure
- learn about the accomplished Uruguayan surfer, Celia Barboza

PRIMERA ETAPA: ¿QUÉ DEPORTES PRACTICAS?

Functions

- inquire and provide information about sports activities
- talk about something that started in the past and continues into the present
- talk about actions that were completed in the past

SEGUNDA ETAPA: ¿QUÉ EQUIPO NECESITAS?

Functions

- name sports equipment
- inquire and provide information about activities in the past
- talk about the immediate past

TERCERA ETAPA: ¿DÓNDE JUGASTE?

Functions

- indicate how long ago something happened
- provide information about sporting events in the past

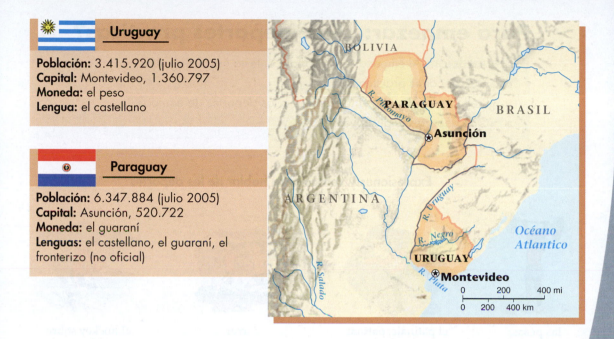

Uruguay y Paraguay

Uruguay

Población: 3.415.920 (julio 2005)
Capital: Montevideo, 1.360.797
Moneda: el peso
Lengua: el castellano

Paraguay

Población: 6.347.884 (julio 2005)
Capital: Asunción, 520.722
Moneda: el guaraní
Lenguas: el castellano, el guaraní, el fronterizo (no oficial)

Tools

- Vocabulary for:
  - names of sports
  - the people who play sports and sports-related vocabulary
- Grammatical structures:
  - elapsed time structures: **desde cuándo, desde (que), cuánto (tiempo) hace que, hace (...que),** and **desde hace**
  - preterite of regular **-ar** verbs

 **Comentarios culturales:** Uruguay: formidable representante del mundo hispanoamericano

Tú dirás: ¿Qué deportes practican tus compañeros de clase?

 **Vamos a escuchar:** ¿Qué deportes les gustan a los compañeros?

 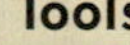

Tools

- Vocabulary for:
  - sports equipment
  - time expressions used to talk about action in the past
- Grammatical structures:
  - preterite of regular **-er, -ir** verbs and irregular verbs **hacer, ser,** and **ir**
  - **acabar de** + infinitive

Comentarios culturales: Mami me gustó

Tú dirás: Vacaciones en Paraguay

 **Vamos a ver:** Los compañeros hacen esnórkeling

Tools

- Vocabulary for:
  - places where sports are played
  - extreme or adventure sports
- Grammatical structures:
  - **hace** + length of time + **que** + subject + preterite
  - review of how to express past actions

Vamos a leer: Celia Barboza

Para empezar: ¿Qué deportes practicas?

Preparación: Al empezar esta etapa, contesta estas preguntas:

- ¿Qué deportes practicas?
- ¿Prefieres los deportes individuales o los deportes de equipo?
- ¿Qué deportes te gusta ver?

Expresiones y verbos para hablar de los deportes

el esquí, esquiar

las pesas, levantar pesas

el patinaje, patinar sobre hielo

correr

el hockey sobre hielo

el fútbol americano

el fútbol

el básquetbol

el béisbol

el vólibol

la natación, nadar

el surf

el esnórkeling

el buceo, bucear

el tenis

el golf

When talking about sports in Spanish there are several options:

- Use a sport-specific verb: **bucear, correr, esquiar, levantar pesas, nadar, patinar.**

Levanto pesas en el gimnasio.	*I **lift weights** at the gym.*
Corro en el parque por las mañanas.	*I **run** in the park in the morning.*
Buceo en el mar.	*I **scuba dive** in the sea.*

- In the absence of a specific verb, use the following expressions:

hacer + name of sport
jugar + **a** + name of sport
practicar + name of sport

There is no specific rule to guide you in selecting an appropriate expression. You must learn which verb is used with which sport. That said, **practicar** may be used with virtually any sport.

- **Hacer** is used in the following cases: **hacer... pesas, patinaje, surf**
- **Jugar a** is used in the following cases: **jugar al... básquetbol, béisbol, fútbol, fútbol americano, golf, hockey sobre hielo, tenis, vólibol**
- **Practicar** may be used with nearly any of the terms. It generally refers to sports that you play on a regular basis: **practicar el... básquetbol, béisbol, esquí, fútbol, fútbol americano, golf, hockey sobre hielo, surf, tenis, vólibol**

Práctica

5-1 ¿Qué deportes practicas? Para cada uno de los deportes, haz una oración indicando si tú practicas o no ese deporte. Utiliza los verbos adecuados.

MODELO el patinaje — *Hago patinaje todas las semanas.*
nadar / la natación — *No nado en el invierno.*

1. el esquí
2. el fútbol americano
3. el básquetbol
4. el surf
5. el buceo
6. el tenis

5-2 ¿Qué deportes te gustan más? Usando la lista del vocabulario, completa el proceso para encontrar a un/a compañero/a con quien puedes practicar deportes.

1. De los varios deportes que ahora puedes expresar en español, haz una lista de los tres deportes que más te gustan.
2. Circula por la clase y busca a las personas a las que también les gustan esos deportes.
3. Habla con una persona a quien le gustan los mismos deportes que te gustan a ti y haz una cita para practicar ese deporte juntos.

MODELO *—¿Qué deporte te gusta, Juana?*
—Me gusta la natación. ¿Y a ti?
—¡Sí, a mí también! ¿Vamos a nadar juntos?
—¡Perfecto! ¿Cuándo?
—El sábado por la tarde. ¿Está bien?
—¡Qué buena idea!
o
—No, no puedo ir el sábado. ¿Podemos ir el domingo?
—Sí, cómo no.

Enfoque léxico *Más vocabulario deportivo*

Although athletes may be called **los/las deportistas** or **los/las atletas,** there are also terms for those specializing in one sport. Here is a list of these terms:

El deporte	La persona
el básquetbol	**el/la jugador/a de básquetbol** *basketball player*
el béisbol	**el/la jugador/a de béisbol; el/la pelotero/a** *baseball player*
el buceo	**el/la buzo/a** *diver*
el esquí	**el/la esquiador/a** *skier*
el fútbol	**el/la futbolista** *soccer player*
el golf	**el/la golfista** *golfer*
el hockey	**el/la jugador/a de hockey** *hockey player*
la natación	**el/la nadador/a** *swimmer*
el patinaje	**el/la patinador/a** *skater*
el surf	**el/la surfista** *surfer*
el tenis	**el/la tenista** *tennis player*
el vólibol	**el/la jugador/a de vólibol** *volleyball player*

When talking about sports, it's also helpful to know additional vocabulary related to playing that sport. Here is a list of terms that you will find useful:

empatar	*to tie*
ganar	*to win, beat*
marcar	*to score*
meter (un gol / una canasta / un jonrón)	*to score (a goal [in soccer] / a basket [in basketball] / a home run [in baseball])*
perder	*to lose*
el/la aficionado/a	*sports fan*
el campeonato	*championship*
la carrera	*race*
el/la comentarista	*sports commentator*
la competición	*sports event*
el empate	*tie game*
el/la entrenador/a	*coach*
el equipo	*team*
el/la espectador/a	*spectator*
la liga	*league*
el partido	*game, match*

Práctica

 **5-3 ¿Quién recuerda más?** Mira los siguientes dibujos. Después, en grupos de tres, escriban todas las palabras relacionadas con cada deporte. Al terminar comparen sus respuestas. ¿Quién recordó más vocabulario relacionado con cada deporte?

MODELO *—el esquí*
—el/la esquiador/a, la competición, el equipo, ganar...

1. ________________

2. ________________

3. ________________

4. ________________

5-4 El partido del domingo Imagínate que estás viendo un partido, o una competición (reales o imaginarios) de básquetbol, béisbol, fútbol o de cualquier otro deporte que te interese. Llama a un/a compañero/a de clase y cuéntale *(tell him/her)* quiénes juegan, quiénes marcan, quién está ganando, cuántos espectadores hay, etcétera.

Enfoque estructural

Expresiones para indicar tiempo transcurrido: ***desde cuándo, desde (que), cuánto (tiempo) hace que, hace (...que), desde hace***

The following time expressions can be used to ask and repond to questions about actions or events starting in the past and continuing into the present.

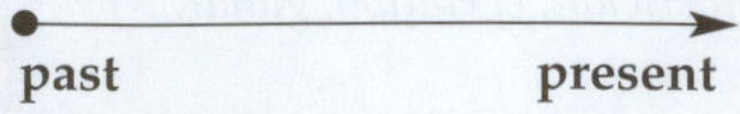

Pregunta	Respuesta
¿**Desde cuándo** + (subject) + present tense verb?	**Desde que** + (subject) + present tense verb
—¿**Desde cuándo juegas** al tenis? *(**How long have you been playing** tennis?)*	—**Desde que tengo** quince años. *(**Since I was** fifteen.)*
	Desde + specific point in time
—¿**Desde cuándo patinas**? *(**How long have you been skating**?)*	—**Desde** el año pasado. *(**Since** last year.)*
¿**Cuánto (tiempo) hace que** + (subject) + present tense verb?	**Hace** + length of time + **que** + (subject) + present tense verb
—¿**Cuánto tiempo hace que** Jaime **hace** surf? *(**How long has** Jaime **been** surfing?)*	—**Hace** dos meses **que** Jaime **hace** surf. *(**It has been** two months **that** Jaime **has been surfing**.)*
	Hace + length of time
—¿**Cuánto hace que vives** aquí? *(**How long have you lived** here?)*	—**Hace** dos años. *(**For** two years.)*
	(Subject) + present tense verb + **desde hace** + time expression
—¿**Cuánto hace que ustedes trabajan** aquí? *(**How long have you been working** here?)*	—**Trabajo** aquí **desde hace** un año. *(**I have been working** here **for** a year.)* —Sara **trabaja** aquí **desde hace** dos años. *(Sara **has been working** here **for** two years.)*

Here are several expressions that you can use to indicate length of time:

un minuto, dos minutos, cinco minutos
una hora, dos horas, varias *(several)* **horas**
un día, dos días, varios días
una semana, dos semanas, varias semanas
un mes, dos meses, varios meses
un año, dos años, varios años
mucho tiempo *(a long time)*
poco tiempo *(a short time)*

Práctica

5-5 ¡La estrella eres tú! Imagínate que eres una estrella de fútbol que juega para el Peñarol, un club de fútbol uruguayo. Contesta las siguientes preguntas sobre tu vida según la información entre paréntesis.

MODELO —¿Desde cuándo vives en Asunción? (años)
— *Desde hace diez años.*

1. ¿Desde cuándo sabes jugar al fútbol? (tener siete años)
2. ¿Cuánto tiempo hace que juegas para el Peñarol? (dos meses)
3. ¿Desde cuándo eres delantero *(forward)*? (el año pasado)
4. ¿Cuánto tiempo hace que no juegas para el Rocha Fútbol Club? (tres años)

5-6 ¿Cuánto tiempo hace que...? Pregúntales a varios/as compañeros/as de clase cuánto tiempo hace que hacen o no las siguientes actividades.

MODELO ir al cine
—¿Cuánto tiempo hace que no vas al cine?
—Hace dos semanas.

1. jugar al (tenis...)
2. ver un partido de (béisbol…)
3. estudiar español...
4. vivir aquí...
5. conocer a...
6. ir a un concierto / al teatro...
7. correr…
8. levantar pesas…

5-7 Entrevista Trabaja con otro/a estudiante. Una persona va a hacer el papel de un/a deportista famoso/a. La otra persona va a hacer el papel de un/a periodista que tiene que escribir un reportaje. Sigan estos pasos:

1. Seleccionen su papel.
2. El estudiante que hace el papel de deportista decide quién va a ser.
3. El estudiante que hace el papel de periodista prepara cinco preguntas.
4. Hagan la entrevista.
5. Compartan la entrevista con la clase.

Asegúrense de usar las estructuras y el vocabulario que han aprendido en esta etapa.

Enfoque estructural *El pretérito de los verbos regulares terminados en -ar*

To talk about actions that happened at a specific point in the past, Spanish uses a tense called the *preterite.* The preterite is used to narrate actions that took place at a specific time in the past, or within a specific time frame in the past.

To conjugate **-ar** verbs in this tense, drop the **-ar** from the infinitive and add the following endings:

cantar *to sing*					
cant-	**é**	**canté**	cant-	**amos**	**cantamos**
cant-	**aste**	**cantaste**	cant-	**asteis**	**cantasteis**
cant-	**ó**	**cantó**	cant-	**aron**	**cantaron**

Notice that the **yo** and the **Ud., él, ella** forms have a written accent. The inclusion of this accent is not optional—its presence or absence changes the verb's meaning significantly:

hablo *(I speak)* **habló** *(he/she/it/you spoke)*

The preterite tense is used in the following situations:

- when an action occurred at a specific point in time or during a specific period of time:

  Ayer Sara **marcó** un gol en el partido.
  *Yesterday Sara **scored** a goal in the game. (at a specific point in time)*

  ¿Jugaste al vólibol ayer por la tarde?
  ***Did you play** volleyball yesterday afternoon? (a period of time, perhaps from 4:00 to 5:30)*

- when referring to an action or condition that could be timed—even if an exact time is not specified:

  Esquié todo el día.
  ***I skied** all day.*

  Jugamos al tenis en verano.
  ***We played** tennis in the summer.*

Some of the time expressions used with the preterite are **ayer, anteayer** *(the day before yesterday)*, and **anoche** *(last night)*.

Práctica

5-8 Durante su viaje... Tus compañeros de cuarto regresaron de un viaje y te preguntan qué hiciste *(you did)* durante su ausencia. Contesta sus preguntas en forma afirmativa o negativa.

MODELO ¿Terminaste la tarea?
Sí, por supuesto. Terminé la tarea.
o
No, no terminé la tarea.

1. ¿Hablaste por teléfono con tus padres?
2. ¿Cenaste aquí o en un restaurante?
3. ¿Estudiaste para el examen de español?
4. ¿Miraste un programa de televisión?
5. ¿Escuchaste música?
6. ¿Compraste el periódico *(newspaper)*?
7. ¿Visitaste a alguien?
8. ¿Alquilaste un video?

5-9 El sábado pasado *(Last Saturday)* Quieres saber más de tus compañeros de clase. Pregúntales *(Ask)* a dos de tus compañeros qué deportes practicaron el sábado pasado. Usa preguntas de tipo sí/no. Sigue el modelo. ¡Puedes preguntarle a tu profesor/a también!

MODELO patinar el sábado pasado
—¿Patinaste el sábado pasado?
—No, no patiné el sábado pasado.
o
—Sí, sí, patiné.

1. bucear en el mar
2. nadar en la piscina del gimnasio
3. esquiar en las montañas
4. levantar pesas
5. ...

5-10 ¿Cuándo? Para cada expresión de tiempo, indica qué hiciste o no hiciste. Después, compara tus respuestas con las de otro/a estudiante. ¿Hicieron las mismas cosas?

Hace dos años	
Hace un mes	
Hace dos semanas	
Ayer por la mañana	
Anoche	

5-11 El fin de semana pasado... Trabaja con un/a compañero/a de clase. Dile lo que hiciste durante el fin de semana pasado, usando seis verbos distintos. Después escucha lo que hizo él/ella. Compartan sus respuestas con la clase usando **yo, él, ella** o **nosotros** según sea necesario. ¿Qué deportes y actividades son los más populares?

Comentarios culturales

Uruguay: formidable representante del mundo hispanoamericano

Anticipación

¿Qué sabes de Uruguay? Antes de ver el video, contesta las siguientes preguntas.

1. ¿Con qué otro país comparte Uruguay el símbolo cultural del gaucho?
   a. Brasil b. Paraguay c. Argentina
2. ¿Qué baile nació a principios del siglo XX en los suburbios de Montevideo y Buenos Aires?
   a. el tango b. el cha-cha-cha c. la samba

Vamos a ver

Comprensión Antes de ver el video, lee las oraciones sobre Uruguay. Luego, mientras ves el video, indica si son **ciertas (C)** o **falsas (F).** Corrige las falsas.

_______ 1. Los habitantes de Uruguay son de origen europeo: inmigrantes españoles e italianos y, en menor medida *(to a lesser extent)*, hombres y mujeres de África.

_______ 2. Uruguay es un país orgulloso de su vida democrática, de su sistema educativo, de los altos índices de seguridad y de la atención que presta a la preservación del medio ambiente *(environment).*

_______ 3. Cerca de la mitad de la población vive en la zona fronteriza con Argentina.

_______ 4. Uruguay es conocido internacionalmente por el mate, una infusión aromática.

_______ 5. La principal actividad económica de Uruguay proviene de las actividades industriales de las ciudades uruguayas.

Expansión

¿El agroturismo o el buceo? Imagínate que estás planeando un viaje a Uruguay y acabas de recibir un folleto *(brochure)* turístico. En el folleto ves los siguientes anuncios. Léelos y decide qué actividad tienes más ganas de hacer durante tu visita a Uruguay. También pregúntale a un/a compañero/a qué actividad le gusta más y por qué.

AGROTURISMO A MEDIDA Paysandú, Uruguay
Practique el agroturismo en Paysandú y rodéese *(surround yourself)* de los encantos del campo uruguayo.
Quédese con una familia campesina y haga las actividades típicas de las zonas rurales de Uruguay: ayudar con el manejo de ganado *(livestock)*, pasear a caballo, pescar *(fish)*, trabajar en las huertas *(gardens)* ecológicas y fabricar productos artesanales.

BUCEOMANÍA Colonia, Uruguay
Venga a nuestro paraíso de buceo. Tenemos cursos para todos los aficionados al buceo recreativo: cursos desde básicos hasta avanzados y cursos especializados, tales como cursos de rescate *(rescue)*.
Le ofrecemos una cantera *(quarry)* de explotación exclusiva, con más de 30 especies de peces, una gran variedad de plantas acuáticas y aguas cristalinas de una profundidad de más de 15 metros.

 ¿Qué deportes practican tus compañeros de clase?

Imagínate que trabajas para el periódico de la universidad. Para el número de la próxima semana, tu jefe quiere un reportaje sobre los deportes que practican los estudiantes. Trabajando con un/a compañero/a de clase, sigue los pasos a continuación.

Paso 1. La encuesta Haz una encuesta en clase. Hazles preguntas a tus compañeros de clase para averiguar *(find out)*:

- los deportes que practican
- desde hace cuánto tiempo practican esos deportes
- cuándo (las estaciones y/o los meses) y con qué frecuencia (una vez al año, todas semanas, dos veces a la semana, etcétera) practican esos deportes
- con quién(es) practican esos deportes

Llena el siguiente cuadro con la información proporcionada por tus compañeros.

Deporte	¿Desde hace cuánto tiempo?	¿Cuándo y con qué frecuencia?	¿Con quién(es)?

Paso 2. Informe Escribe un informe que resuma la información obtenida y preséntalo oralmente en clase. A continuación hay algunas frases que puedes usar para organizar la información que presentes en tu informe.

Los deportes que más / menos practican mis compañeros de clase son…
En general, a mis compañeros de clase, (no) les gusta(n)…
Es común practicar… durante las estaciones / los meses de…
Mis compañeros de clase suelen *(usually)*…
Los deportes que mis compañeros de clase practican desde hace muchos años son / incluyen…
Los deportes que mis compañeros acaban de empezar a practicar son / incluyen…
Mis compañeros practican… con sus amigos

¿Tienen los otros grupos resultados semejantes?

ATAJO **Phrases:** Comparing and contrasting, Saying how often you do something, Stating a preference; **Vocabulary:** Sports, Time: months, seasons; **Grammar:** Comparisons: inequality, Verbs: present

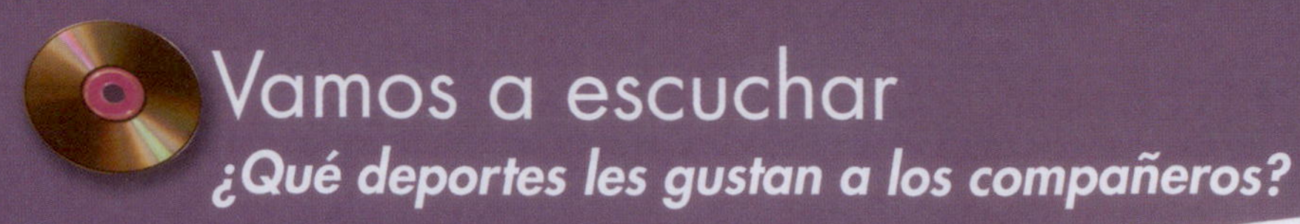

Vamos a escuchar

¿Qué deportes les gustan a los compañeros?

Escucha la conversación de los compañeros sobre deportes. Intenta comprender lo más posible, pero recuerda que no tienes que entender cada palabra. Presta atención al vocabulario y las expresiones que conoces.

Antes de escuchar

Predicciones Basándote en lo que ya sabes de cada compañero/a, adivina *(guess)* qué deportes practican. Escribe tus ideas a continuación.

Javier ______________________

Alejandra ______________________

Antonio ______________________

Sofía ______________________

Valeria ______________________

Compara tus respuestas con las de un/a compañero/a de clase. ¿Están de acuerdo Uds.? ¿Qué semejanzas y diferencias hay entre sus respuestas?

Ahora, antes de escuchar la conversación, lee las actividades de la sección **Después de escuchar.**

Después de escuchar

CD1, Track 14

Los deportes y actividades físicas Mientras escuchas la conversación por primera vez, marca con una X los deportes o las actividades que practican los compañeros.

	Javier	Alejandra	Antonio	Sofía	Valeria
alpinismo					
baloncesto					
buceo					
esnórkeling					
fútbol					
fútbol americano					
hockey sobre hielo					
tenis					
vólibol					
yoga					

CD1, Track 14

Con más detalle Escucha la conversación de nuevo. Revisa tus respuestas de la actividad anterior y contesta las siguientes preguntas.

1. A Javier le gustan mucho las actividades al aire libre. ¿Qué negocio dice que quiere tener en el futuro?
2. ¿A qué compañero/a no le gustan los deportes? ¿Qué actividad dice que considera que es un deporte?

Expansión

¿Qué es un deporte? En la conversación de los compañeros escuchamos que Alejandra piensa que "ir de compras: es un deporte". También escuchamos que Valeria hace yoga y que a Alejandra no le gustan los deportes, pero practica la danza. En grupos de cuatro estudiantes, contesten las preguntas:

- ¿Qué es un deporte?
- ¿Se puede decir que bailar es un deporte? ¿Por qué sí o por qué no?
- ¿Es el yoga un deporte? ¿Y el esnórkeling? ¿Por qué sí o por qué no?
- ¿Es el deporte una actividad esencial en la vida de los estudiantes? ¿Por qué sí o por qué no?
- ¿Qué hacen los estudiantes que no practican deportes?

Una persona del grupo debe tomar notas de las opiniones de todos para después compartirlas con la clase.

SEGUNDA ETAPA

Para empezar: ¿Qué equipo necesitas?

Preparación: Al empezar esta etapa contesta estas preguntas:

- ¿Qué equipo se necesita para los deportes que practicas?
- ¿Qué equipo tienes para estos deportes?

El equipo necesario

los esquís, los palos de esquí, las botas de esquí y las gafas de esquí

los patines de hielo y el palo de hockey

el guante de béisbol, el bate y la pelota de béisbol

la pelota de fútbol americano

la pelota de fútbol, las botas de tacos y la portería

la pelota de básquetbol, la canasta y las zapatillas de deportes

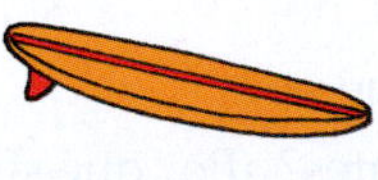

la tabla de surf

la pelota de tenis y la raqueta

el palo de golf y la pelota de golf

Práctica

5-12 ¿Qué equipo necesitan? Ahora imagínate que eres el encargado de los equipos deportivos de tu universidad. Para cada uno de los siguientes deportes, di qué equipo necesitan los atletas. Usa detalles *(details)*.

1. el tenis
2. el esquí
3. el fútbol americano
4. el béisbol

5-13 ¿Tienes el equipo necesario... ? A veces a uno le gustan ciertos deportes pero le falta *(he/she is missing)* el equipo para practicarlos. Con un/a compañero/a de clase, llenen el cuadro siguiente con la información adecuada. Primero tienen que escribir los deportes que les gustan y después el equipo que tienen y el que les falta.

Mis deportes favoritos	Tengo...	No tengo...

5-14 ¿Quiénes son y qué deporte juegan? Con un/a compañero/a, investiguen quiénes son las siguientes personas. Después completen el cuadro con la información necesaria.

	Juan Carlos Ferrero	Sergio García	Maria José Rienda	Manny Ramírez
Deporte				
Equipo necesario				
Últimos partidos / campeonatos				
Victorias importantes en su carrera				

Enfoque léxico *Expresiones para indicar el tiempo pasado*

The following are additional time expressions used to specify when an action took place in the past:

el año pasado *last year*
el fin de semana pasado *last weekend*
el jueves (sábado...) pasado *last Thursday (Saturday . . .)*
el mes pasado *last month*
la semana pasada *last week*

La semana pasada esquié en las montañas de Colorado.	***Last week*** *I skied in the mountains of Colorado.*
El viernes pasado patiné sobre hielo	***Last Friday*** *I ice-skated.*
El año pasado buceamos en el Caribe.	***Last year*** *we went scuba diving in the Caribbean.*

Práctica

5-15 ¿Cuándo fue? ***(When was it?)*** Imagínate que estás hablando con un/a amigo/a de todas tus actividades. Él/Ella quiere saber todo lo que haces y cuándo lo haces. Con un/a compañero/a de clase, usa los verbos para hacer preguntas y la información entre paréntesis para contestarlas con una oración completa. Al terminar, cambien los papeles. ¡Sean creativos!

MODELO hablar (ayer por la mañana)
—¿Cuándo hablaste con María?
—Hablé con María ayer por la mañana.

1. estudiar (el año pasado)
2. alquilar (ayer por la tarde)
3. comprar (el mes pasado)
4. bucear (el sábado por la mañana)
5. viajar (el fin de semana pasado)
6. esquiar (el invierno pasado)
7. patinar (la semana pasada)
8. nadar (anteayer)

5-16 La semana pasada ***(Last week)*** El horario del Centro Comunitario en Asunción incluye mucho tiempo dedicado a los deportes.Trabaja con un/a compañero/a de clase para comentar los deportes que practicaron las personas que visitaron el Centro durante la última semana.

	lunes	**martes**	**miércoles**	**jueves**	**viernes**	**sábado**	**domingo**
8:00–10:30	nadar (niños preescolares)	tenis	nadar (niños preescolares)	tenis	nadar (niños preescolares)	nadar (libre)	nadar (libre)
11:00–13:30	nadar (adultos)	pesas	vólibol (mujeres)	pesas	vólibol (mujeres)	buceo	pesas
14:00–16:30	básquetbol	boxeo	básquetbol	boxeo	básquetbol	buceo (expertos)	alpinismo interior
19:00–21:30	boxeo (expertos)	básquetbol	boxeo (expertos)	básquetbol	boxeo (expertos)	básquetbol	—

MODELO Fran y su hijo / el lunes de ocho a diez y media de la mañana
Fran y su hijo nadaron el lunes pasado por la mañana.

1. Begoña / el miércoles y el viernes de doce a una de la tarde
2. Félix / el martes, el jueves y el sábado de siete a nueve y media de la noche
3. Clara e Isabel / el sábado a las dos de la tarde
4. León / el domingo a las once de la mañana.
5. Javier y Pedro / el lunes de siete a nueve y media de la noche
6. El Sr. y la Sra. Gómez / el sábado y el domingo de ocho a diez y media de la mañana
7. Lucía / el domingo a las tres de la tarde
8. tú / tu tiempo libre

5-17 Mi rutina deportiva Habla con varios compañeros sobre su rutina deportiva durante la semana y el fin de semana. Después completa el siguiente horario con la información de cinco compañeros. ¿Hay estudiantes interesados en probar *(try)* deportes nuevos? ¿Qué deportes son los más populares?

lunes					
martes					
miércoles					
jueves					
viernes					
sábado					
domingo					

Enfoque estructural *El pretérito de los verbos regulares terminados en **-er** e **-ir** y los verbos irregulares **hacer, ser** e **ir***

Heinle iRadio: To hear more about the **Preterite** and the **Imperfect**, visit academic.cengage.com/spanish.

El pretérito de los verbos regulares en -er e -ir

To conjugate **-er** and **-ir** verbs in the preterite, drop the **-er** or **-ir** and add the following endings:

comer			vivir		
com-	**í**	**comí**	viv-	**í**	**viví**
com-	**iste**	**comiste**	viv-	**iste**	**viviste**
com-	**ió**	**comió**	viv-	**ió**	**vivió**
com-	**imos**	**comimos**	viv-	**imos**	**vivimos**
com-	**isteis**	**comisteis**	viv-	**isteis**	**vivisteis**
com-	**ieron**	**comieron**	viv-	**ieron**	**vivieron**

Notice that the **yo** and the **él, ella, Ud.** forms, like those of the **-ar** verbs, have a written accent. Also notice that the preterite endings for both **-er** and **-ir** verbs are identical.

—¿Patinaste sobre hielo el fin de semana pasado? — *Did you ice skate last weekend?*

—No, no patiné, pero **salí** a pasear por el parque. Por la tarde mi compañera de cuarto y yo **corrimos** un poco. — *No, I didn't ice skate, but I **went out** for a walk in the park. In the afternoon, my roommate and I **ran** a bit.*

El pretérito de los verbos irregulares: hacer, ser e ir

The verb **hacer** is used in the preterite to talk about what was done in the past. In the preterite, the verb **hacer** is conjugated as follows. Notice that the first and third persons of **hacer** in the preterite have no written accent.

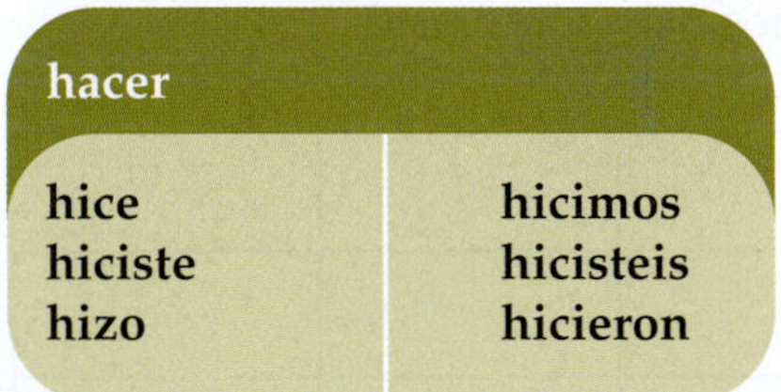

hacer	
hice	**hicimos**
hiciste	**hicisteis**
hizo	**hicieron**

When you are asked a question about the past with the verb **hacer,** you will generally respond with a different verb, one which expresses what was done. You may also use **hacer** to say that *nothing* was done, in which case you would say **no hice nada, no hicimos nada,** etc.

—¿Qué **hizo** Tomás ayer? — *What **did** Tomás **do** yesterday?*
—Tomás **buceó** en el mar. — *Tomás **went diving** in the ocean.*

—¿Qué **hicieron** ellos anoche? — *What **did they do** last night?*
—Pedro y Raúl **levantaron pesas.** — *Pedro and Raúl **lifted weights.***

—¿Qué **hiciste** tú anoche? — *What **did you do** last night?*
—**No hice** nada. — ***I didn't do** anything.*

In **Capítulos 3** and **4** (pages 120 and 153), you learned several expressions with **hacer: hacer ejercicio, hacer preguntas, hacer una fiesta, hacer mandados,** etc. Here are some additional expressions with **hacer:**

(no) hacer la cama	*to (not) make the bed*
hacer las maletas	*to pack*
hacer un viaje	*to take a trip*

Ernesto no **hizo la cama** ayer. — *Ernesto **did not make the bed** yesterday.*

¿**Hiciste las maletas** para tu viaje a Montevideo? — ***Did you pack** for your trip to Montevideo?*

Hicimos un viaje a Paraguay el año pasado. — ***We took a trip** to Paraguay last year.*

In thc preterite, the verb **ir** has exactly the same form as **ser.** Both **ir** and **ser** are conjugated as follows:

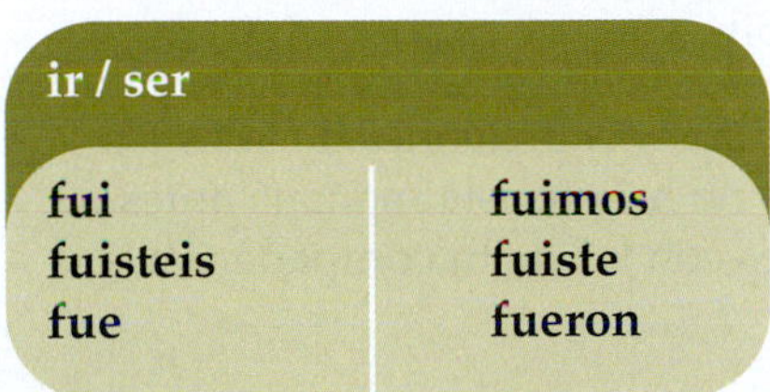

ir / ser	
fui	**fuimos**
fuisteis	**fuiste**
fue	**fueron**

The best way to differentiate between the preterite forms of the verbs **ir** and **ser** is by paying attention to the context in which they are used. Consider the following examples:

Mi abuelo **fue** un gran deportista. vs. Mi abuelo **fuc** al partido de fútbol.

You'll notice that the first example describes "what my grandfather was" and that the second example indicates "where he went." The same distinction is evident in the following examples.

¿Adónde **fueron** ustedes ayer? — *Where **did you go** yesterday?*

Mis hermanos **fueron** grandes atletas en la universidad. — *My brothers **were** great athletes at university.*

Práctica

5-18 ¿Qué tal tu mañana? Entrevista a un/a compañero/a de clase sobre el comienzo de su día hoy. Usa los verbos que siguen y mucha imaginación. ¿Ustedes dos tuvieron una mañana semejante *(similar)* o no?

MODELOS despertarse
—¿A qué hora te despertaste?
—Me desperté tarde, a las siete.
—Yo me desperté a las ocho.

beber
—¿Cuántas tazas de café bebiste?
—¡Uy! Bebí tres tazas de café... ¡y quiero más!
—¡Qué cosa! Los dos bebimos tres tazas de café... ¡y queremos más!

1. levantarse
2. ducharse
3. beber jugo de naranja
4. comer cereales
5. recibir una llamada telefónica
6. salir corriendo
7. perder el autobús
8. escribir

5-19 ¿Qué más hiciste? Ahora, utiliza los verbos y expresiones de la lista a continuación para indicar otras cosas que hiciste o no hiciste esta mañana antes de venir a clase hoy. Después compara tus actividades con las de tu compañero/a. ¿Hicieron o no las mismas cosas?

1. hacer café
2. hacer la cama
3. ir al parque
4. correr treinta minutos
5. bañarse
6. hacer ejercicio
7. beber agua
8. terminar las tareas

5-20 Y después de clase... Ahora, usa las palabras de cada columna para indicar qué hicieron tú y tus amigos después de clase. Cuéntale a un/a compañero/a de clase.

1. yo		comer	pizza
2. Miguel		escribir	un email
3. tú	(no)	hacer	ejercicio
4. Pedro y yo		salir con	unos compañeros de clase
5. Linda y Fernando		asistir a	un partido

5-21 El fin de semana Habla con otro/a compañero/a de clase sobre las actividades que cada uno hizo durante el fin de semana. Usen las siguientes expresiones en sus preguntas. Escriban las actividades que tienen ustedes en común y después compartan con la clase lo que hicieron.

MODELO comer en un restaurante
—¿Comiste en un restaurante?
—Sí, comí en un restaurante.
o
—No, no comí en un restaurante.

1. aprender información nueva
2. ir a un concierto
3. hablar por teléfono
4. escribir un correo electrónico
5. ir al cine
6. correr un poco
7. salir con un/a amigo/a
8. volver a casa tarde

Enfoque estructural *Acabar de* + *infinitivo*

You have learned how to use the *preterite* to talk about actions that happened at a specific point in the past. When you want to refer to the **immediate past,** however, use the following construction.

acabar de + infinitive

El partido de béisbol **acaba de terminar.** — *The baseball game* ***has just finished.***
Acabo de terminar el examen de español. — ***I have just finished*** *the Spanish test.*

While in English you use the present perfect (*have just* + *past participle*) to talk about things that *have just taken place* or *you have just done,* in Spanish you use the present tense of the regular **-ar** verb **acabar** + **de** + infinitive.

acab**o**	acab**amos**
acab**as**	acab**áis**
acab**a**	acab**an**

Práctica

5-22 ¿Quién? Empareja las personas con lo que acaban de hacer.

_____ **1.** Los nadadores — **a.** acaba de ver un arrecife *(reef)* de coral impresionante.
_____ **2.** La tenista — **b.** acaba de comprar unos patines nuevos.
_____ **3.** La patinadora — **c.** acaban de conseguir un hoyo *(hole)* con un solo golpe.
_____ **4.** La esquiadora — **d.** acaba de bajar la montaña.
_____ **5.** El buzo — **e.** acaban de salir de la piscina.
_____ **6.** El surfista y yo — **f.** acabamos de llegar. No hay muchas olas *(waves)* pero la playa es preciosa.
_____ **7.** Los golfistas — **g.** acaba de romper *(break)* la raqueta.

5-23 Un partido de básquetbol Lucía y Mercedes habían planeado *(had planned to)* ir juntas a la semifinal del XII Campeonato Suramericano de Básquetbol entre la selección femenina paraguaya y la selección boliviana esta tarde. Ahora Mercedes no puede ir porque tiene que trabajar. Ella es una gran aficionada al básquetbol y no se quiere perder ni un momento del partido. Le pide a Lucía que le escriba mensajes SMS a su teléfono móvil para saber exactamente lo que está pasando. Pon en orden (1–8) los siguientes mensajes SMS que Lucía le envía a Mercedes.

_____ Las bolivianas acaban de marcar, y ahora hay empate 21-21.
_____ Acabo de llegar a la cancha de básquetbol *(basketball court).* Todos estamos esperando la llegada de las jugadoras.
_____ ¡Con esta victoria, la selección femenina paraguaya acaba de pasar a la siguiente ronda! Se van a enfrentar *(face)* a la selección argentina en la semifinal.
_____ Acaba de terminar el primer cuarto: Paraguay 15, Bolivia 11.
_____ Las jugadoras acaban de llegar a la cancha. ¡Los espectadores están aplaudiendo y gritando!
_____ Acaba de empezar el partido.
_____ ¡El partido acaba de terminar y el resultado final es Paraguay 69, Bolivia 51!
_____ El tercer cuarto acaba de terminar: Paraguay 43, Bolivia 36.

5-24 Lo que acabamos de hacer. Escribe en un papel lo que acabas de hacer antes de asistir a la clase de español. Ahora, habla con cada uno/a de tus compañeros de clase y pregúntales lo que ellos acaban de hacer. Haz una lista de lo que cada persona te dice y trata de encontrar a alguien que acabe de hacer lo mismo que tú.

MODELO *Yo acabo de estudiar en la biblioteca.*
Bill acaba de desayunar en la cafetería. Jill acaba de…

Comentarios culturales
Mami me gustó

El compositor Lee la biografía de Rodríguez y contesta las preguntas que siguen.

Arsenio Rodríguez (1911–1970), compositor, percusionista y líder de banda, fue una de las figuras más importantes de la música cubana. Las innovaciones de Rodríguez cambiaron la música latina e hicieron posible lo que más tarde se conocería como *(would be known as)* la salsa.

Arsenio Rodríguez era *(was)* descendiente de esclavos africanos. Nació el 30 de agosto de 1911 en Guira de Macurije en Matanzas, Cuba. A los siete años, Rodríguez perdió la vista *(sight)* por un accidente y por eso se le conoce como "El Ciego *(blind man)* Maravilloso".

Rodríguez se considera el padre del "conjunto", un formato instrumental revolucionario por el uso del tambor de conga, que antes había sido prohibido *(had been prohibited)* por su origen africano. Muchas de las composiciones de Rodríguez llegaron a ser *(became)* típicas en los repertorios salseros de Cuba y Nueva York, enfatizando los elementos afrocubanos.

1. ¿Por qué se considera a Rodríguez una de las figuras más importantes de la música cubana?
2. ¿Por qué era revolucionario el conjunto?
3. ¿Cuál es el apodo *(nickname)* de Rodríguez? ¿Por qué?

La interpretación de "Mami me gustó" por Arsenio Rodríguez fue popular en los años cuarenta. La versión que ahora vas a escuchar es del conjunto **Todos Estrellas** en la cual destacan los talentos del pianista Guillermo Rubalcaba y del cantante solista Pedrito Calvo. Lee este fragmento de la canción antes de escuchar la canción entera.

To experience this song, access the *¡Tú dirás!,* Fourth Edition playlist.

¡Cómo me gustas!
Esa cosa que me hiciste mami me gustó, me gustó
Esa cosa que me hiciste mami me gustó, me gustó
Me gustas porque eres zalamera *(charming)*
Me gustas porque eres vanidosa
Me gustas porque eres pendenciera *(quarrelsome)*
Me gustas porque tienes, ¡ay!, muchas cosas
Esa cosa que me hiciste mami me gustó
Tú lo sabes bien, ¡ay!, me gustó
Esa cosa que me hiciste mami, me gustó
¿Cómo? Me gustó
Me gustas por lo suave que caminas
Me gusta cómo mueves la cintura *(waist)*
Me gustas porque andas con dulzura *(sweetness)*
y tienes muchas cosas que fascinan
Esa cosa que me hiciste, mami me gustó…

Análisis

1. ¿Cómo describe a la mujer la canción?
2. ¿Te gustó la canción? ¿Por qué sí o no?

Tú dirás

 *Vacaciones en Paraguay*

Estudiante A Tus amigos y tú están planeando unas vacaciones en Paraguay. Ayer fuiste *(you went)* a una agencia de viajes y te proporcionaron *(they made available)* la siguiente información sobre el país.

Uno/a de tus amigos que piensa ir de viaje contigo te llama por teléfono. Comparte con él/ella la información que tienes en **el folleto** *(brochure)*.

Él/Ella también tiene información sobre Paraguay. Debes pedirle a tu amigo/a información sobre el clima, las estaciones, la gastronomía, los deportes, la flora y la fauna así como también sobre la música y la danza paraguayas.

Paraguay: Guía práctica

- **Documentación:** Para países limítrofes: Argentina, Brasil, Chile y Uruguay con documentos de identidad común. El resto de los países con el pasaporte y visado según convenio.
- **Información turística:** La Secretaría Nacional de Turismo ofrece atención integral al turista, venta de artesanía y otros servicios. Está localizada en la Casa del Turista, Palma 468 c/ 14 de Mayo, Asunción, Paraguay Tel.: +595 21 494.110 Atención todos los días de 07:00 a 19:00 h.
- **Aduana** *(Customs)*: Los turistas pueden traer equipos de uso personal: cámara fotográfica, filmadora, equipos de sonido, equipos deportivos, y cualquier útil *(equipment)* necesario para el turismo.
- **Tasa** *(fee)* **de Embarque** *(boarding)* **y de Turismo:** Pagadero en el aeropuerto a la salida del país es de 25 USD.
- **Propinas:** 10% restaurantes.
- **Tarjetas de Crédito:** Se aceptan Diners, Visa, Mastercard y otras.
- **Horarios Comerciales:** de lunes a viernes de 8:00 a 12:00 h y de 15:00 a 19:00 h.
- **Horarios Bancarios**: de lunes a viernes de 8:00 a 13:00 h.

Paraguay: Guía práctica

- **Clima:** Temperatura media anual es de 22º C.
- **Estaciones:** verano: 21 diciembre – 20 marzo; otoño: 21 marzo – 20 junio; invierno: 21 junio – 20 septiembre; primavera: 21 septiembre – 20 diciembre.
- **Gastronomía:** La comida por excelencia en Paraguay se llama la chipa o pan paraguayo. Se prepara con almidón *(starch)* de mandioca *(manioc)*, harina de maíz *(cornstarch)*, queso y anís. Además del popular Mbejú y la muy difundida sopa paraguaya, hay 80 tipos de chipas.
- **Deportes:** Paraguay es un país de pesca, golf y otros deportes: hay cinco campos reglamentarios de golf que ofrecen las posibilidades de prácticas y competencias durante todo el año; los pescadores deportivos pueden disfrutar de los ríos paraguayos durante diez meses al año; y deportes como el fútbol, el básquetbol, el rugby y otros forman parte del activo calendario deportivo paraguayo.
- **Flora y fauna:** verdes bosques, empinados y agresivos cerros *(hills)*, impresionantes lagunas y cascadas, cristalinos lagos *(lakes)*, ríos, parques y reservas y todo ello unido a una flora y una fauna indescriptibles, por su variedad y la cantidad de especies únicas.
- **Música y danza paraguaya:** La música paraguaya es muy particular. Aunque Paraguay es el único país de Sudamérica donde la mayoría de los habitantes habla el idioma del origen nativo, su música es totalmente de origen europeo. Los instrumentos más populares son el arpa y la guitarra. Sus géneros son la canción paraguaya o purajhei (polca), y la guarania caracterizada por una canción lenta. Para la danza existen unas vivas polcas.

Estudiante B Estás pensando ir de vacaciones a Paraguay. Ayer fuiste a una agencia de viajes y te dieron la siguiente información sobre Paraguay. Llamas a tu amigo/a para compartir la información con él/ella.

Tu amigo/a también tiene información sobre Paraguay. Debes pedirle a tu amigo/a información sobre la documentación necesaria, la oficina de turismo, la aduana, la tasa de embarque y de turismo, las propinas, las tarjetas de crédito y los horarios comerciales y bancarios.

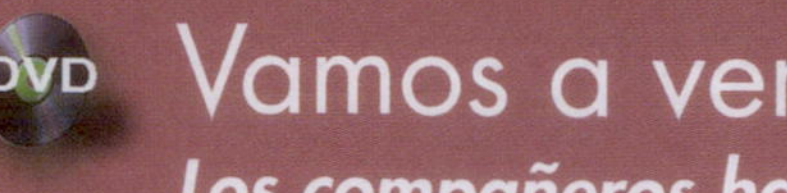

Vamos a ver
Los compañeros hacen esnórkeling

En el segmento de video que vas a ver, los compañeros van a hacer otra excursión juntos. En esta ocasión van a hacer esnórkeling.

Anticipación

Hacer esnórkeling Con un/a compañero/a, lean el resumen de lo que va a ocurrir durante el episodio e intenten adivinar *(guess)* el significado de las palabras en **negrita** *(bold)*.

Resumen del episodio
Edwin, el guía, está esperando a los compañeros a bordo del (1) **bote.** Después de preguntarles si están listos para (2) **zarpar,** la excursión empieza. Todos menos Valeria están muy entusiasmados. Navegan en el bote hasta llegar al lugar donde van a hacer esnórkeling. Sofía, Alejandra, Javier y Antonio se ponen el equipo de esnórkeling: las (3) **aletas** para ayudarles a nadar, la (4) **máscara** para poder ver bajo el agua y el tubo para poder respirar. Luego, desde el lado del bote, ellos (5) **brincan** al agua. Valeria les observa desde el bote. Sofía, Alejandra, Javier y Antonio disfrutan mucho de su experiencia al hacer esnórkeling.

_____	**1.** bote	**a.** boat
_____	**2.** zarpar	**b.** fins
_____	**3.** aletas	**c.** jump
_____	**4.** máscara	**d.** mask
_____	**5.** brincar	**e.** set sail

Vamos a ver

¿Qué hicieron? Mientras ves el episodio, ordena los siguientes eventos.

_____ Valeria les contó a todos que tenía miedo *(she was afraid)* de hacer esnórkeling.

_____ Edwin, el guía, saludó a los compañeros.

_____ Los cinco compañeros fueron en carro al Puerto del Rey.

_____ Mientras Sofía, Alejandra, Javier y Antonio hablaron, bebieron y comieron, Valeria se sentó sola.

_____ No pasó nada malo al entrar al agua porque los compañeros les hicieron caso a *(paid attention to)* las instrucciones del guía.

_____ Llegaron al Puerto del Rey.

_____ Después de decirle adiós a Edwin, los compañeros caminaron al carro.

_____ Los compañeros sacaron sus toallas, mochilas y bolsos del carro.

_____ Sofía, Alejandra, Javier y Antonio se prepararon para hacer esnórkeling al ponerse las aletas, la máscara y el tubo de respiración.

_____ Bajo el agua vieron peces de colores, corales preciosos y algas marinas.

_____ Todos menos Valeria brincaron del bote al agua.

_____ Los compañeros regresaron a casa.

El secreto de Valeria Mira el video de nuevo. Revisa tus respuestas del ejercicio **¿Qué hicieron?** y contesta la siguiente pregunta:

Valeria les miente *(lies)* a los compañeros sobre la razón por la cual no quiere hacer esnórkeling. En su testimonio revela la verdad. ¿Cuál es la razón verdadera por la cual Valeria no quiere hacer esnórkeling?

Expansión

¡Secretos, secretos! Trabajando en grupos de tres o cuatro personas, preparen testimonios para los demás compañeros (Sofía, Alejandra, Antonio y Javier) en los cuales ellos revelan un secreto. Básense en lo que ya saben de cada compañero, ¡y también usen la imaginación! Luego van a leer los testimonios a sus compañeros de clase y ellos van a intentar adivinar qué compañero/a es.

Para empezar: ¿Dónde jugaste?

Preparación: Al empezar esta estapa, piensa en los deportes que practicas.

- ¿Dónde practicas deportes?
- ¿Te gustan los deportes extremos o de aventura? ¿Practicas alguno?

Los lugares donde se practican los deportes

la pista de esquí

el gimnasio

la pista de hielo

el campo de béisbol

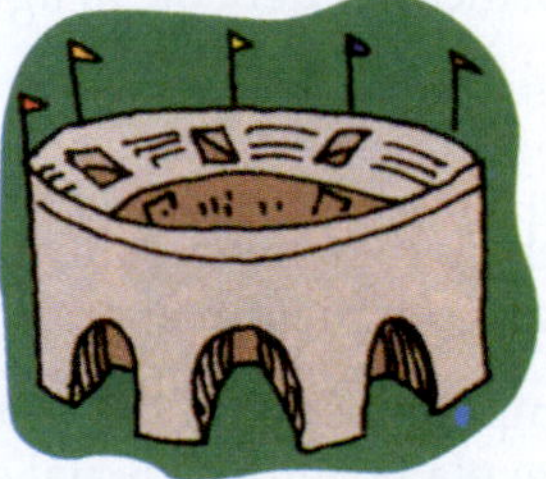
el estadio de fútbol

el campo de fútbol

la cancha de básquetbol

la piscina

la cancha de tenis

el campo de golf

la pista

Práctica

5-25 ¿Adónde? Tú y tu compañero/a de clase quieren decidir adónde van a ir este fin de semana. Escribe primero cinco deportes que te gustan e indica dónde se juegan. Después, compara tu lista con la de tu compañero/a de clase. ¿Tienen muchos deportes y lugares en común? Según la lista que tienen, ¿qué decisión van a tomar? Dile a la clase adónde van a ir y por qué.

5-26 Sobre los deportistas famosos Para cada uno de los deportistas famosos nombrados a continuación, indica qué deporte practica y dónde lo practica. Al final, aunque no seas famoso, indica cuál es tu deporte favorito y dónde lo practicas.

MODELO Albert Pujols
Albert Pujols juega al béisbol en el campo de béisbol.

1. Anna Kournikova y Maria Sharapova
2. Sergio García
3. LeBron James
4. Scott Hamilton y Sasha Cohen
5. Mia Hamm y Ronaldo
6. Carl Lewis, Florence Griffith Joyner y Jackie Joyner-Kersee
7. tu ídolo favorito
8. tú

5-27 Espacios deportivos Trabaja con otro/a estudiante. Juntos, escriban una lista de los espacios deportivos en la universidad. Después, indiquen los deportes que se juegan en esos espacios. Luego, contesten las siguientes preguntas:

- ¿Quién tiene acceso a esos espacios deportivos?
- ¿Cuántas personas usan cada espacio en un día de clases?
- Durante el fin de semana, ¿se usan más o menos esos espacios?
- Los espacios deportivos de tu universidad, ¿son para uso exclusivo de deportes? Si la respuesta es no, ¿qué otro tipo de actividades se hacen en esos lugares deportivos?
- ¿Son los espacios deportivos de tu universidad adecuados? ¿Sí? ¿No? Explica tu respuesta.

Enfoque léxico *Los deportes de riesgo o aventura*

Extreme sports or adventure sports are becoming increasingly popular. Have you ever considered trying one? Consult the lists of these sports—organized according to whether they're done in the air, in the water, or on the land—and gauge your interest.

Aéreos

el parapente	*paragliding*
el ala delta	*hang gliding*
el puenting	*bungee-jumping*
el paracaidismo	*parachuting*

Acuáticos

el espeleobuceo	*cave diving*
el rafting en aguas bravas	*white-water rafting*
el kayak de mar	*sea kayaking*

Terrestres

la espeleología	*caving, spelunking*
la escalada (en roca)	*(rock) climbing*
el barranquismo, el descenso de cañones	*canyoning*
el esquí extremo	*extreme skiing*
el snowboard	*snowboarding*

Práctica

5-28 Deportes extremos Empareja los deportes de riesgo o aventura con la descripción de cómo se practican.

Deporte

_____ **1.** el espeleobuceo
_____ **2.** el esquí extremo
_____ **3.** el descenso de cañones
_____ **4.** el parapente
_____ **5.** el puenting
_____ **6.** el rafting
_____ **7.** el snowboard

Cómo se practica

a. Se usa una aeronave construida sólo de tela *(cloth)* y cuerdas *(ropes)* con la que es posible despegar *(take off)* y aterrizar *(land)* de pie.

b. Consiste en descender a lo largo de los tajos *(steep cliffs)* naturales que hay en la montaña, producidos normalmente por la erosión del agua.

c. Consiste en descender por las aguas bravas de los ríos en una lancha neumática *(rubber raft)*, con la ayuda de remos *(paddles)*, evitando las rocas del camino y la caída al agua.

d. Consiste en saltar de un puente *(bridge)*; el saltador lleva un arnés al que se une uno de los cabos *(ends)* de la cuerda de escalada; el otro extremo de la cuerda está atado *(tied)* al otro lado del puente.

e. Consiste en bajar por una montaña con sólo los esquís; el esquiador da saltos y hace piruetas.

f. Es el estudio y exploración de las cavernas naturales que tienen uno o varios tramos *(sections)* sumergidos llamados sifones que están inundados *(flooded)* en su totalidad.

g. Consiste en surfear por la nieve.

5-29 ¿Qué deportes de riesgo o aventura practican tus compañeros? ¿Son muy aventureros tus compañeros de clase? Circula por la clase y busca a las personas que practiquen deportes de riesgo o aventura. Completa el siguiente cuadro.

Deporte de riesgo o aventura	¿Quién(es)?	¿Dónde lo practica(n)?	¿Desde hace cuánto tiempo? / ¿Con qué frecuencia?
1.			
2.			
3.			
4.			
5.			

5-30 Deportes extremos en el mundo hispano Trabaja con otro/a estudiante. Busquen información en Internet sobre deportes extremos que se practican en el mundo hispano. Hagan una lista de al menos cinco deportes extremos en cinco países diferentes. Después comparen la información con los deportes extremos en EE.UU. ¿Hay semejanzas? ¿Hay diferencias? Preparen un informe breve y preséntenlo en clase.

Enfoque estructural *Hace* y *hace que* para expresar tiempo transcurrido

In the **Primera etapa,** you learned how to use the following structure to talk about something that started in the past and is continuing in the present:

hace + length of time + **que** + subject + present tense verb

Hace dos meses que vivo en Montevideo. — ***I have been living** in Montevideo **for two months.***

When you want to indicate *how long ago* something happened, you use the same structure but with the verb in the preterite:

Pregunta	Respuesta
¿Cuánto (tiempo) hace que + preterite? —**¿Cuánto hace que terminó** el partido? *(**How long ago did** the game **end**?)*	**Hace** + length of time + **que** + (subject) + preterite —**Hace** una hora **que terminó.** *(**It ended** an hour **ago**.)*
	(Subject) + preterite + **hace** + length of time — (El partido) **terminó hace** una hora. *([The game] **ended** an hour **ago**.)*

Turn to page 184 for a quick reminder of the expressions you learned for expressing lengths of time.

Here are some more examples:

Hace un año **que salí** de Asunción. / **Salí** de Asunción **hace un año.** — ***I left** Asunción a year **ago.***

Hace dos meses **que** Raúl **hizo windsurf.** / Raúl **hizo windsurf hace** dos meses. — *Two months **ago** Raúl **went windsurfing**.*

Hace tres horas **que** Miguel **jugó al golf.** / Miguel **jugó al golf hace** tres horas. — *Miguel **played golf** three hours **ago.***

Notice that when **hace** is placed at the beginning of the sentence, you must insert **que** before the subject.

Práctica

5-31 ¿Cuánto hace que... ? Un/a amigo/a muy curioso/a quiere saber cuánto tiempo hace que tú y otra persona hicieron algo. Contesta las preguntas según el modelo.

MODELO ir a nadar / horas
—¿Cuánto hace que fueron a nadar?
—Fuimos a nadar hace dos horas.

1. aprender a jugar al golf / años
2. su equipo ganar la liga / años
3. levantar pesas / meses
4. esquiar / días
5. jugar al tenis / semanas
6. ver un partido de béisbol / semanas

5-32 ¿Y tú? ¿Cuánto hace que tú... ? Ahora, hazle a tu compañero/a las preguntas del ejercicio anterior. Él/Ella las va a contestar según el modelo.

MODELO ir a nadar / horas
—¿Cuánto hace que fuiste a nadar?
—Hace dos horas que fui a nadar.

Enfoque estructural *Repaso: el pasado*

In this **capítulo,** you have studied various ways to express past actions in Spanish. Here is a summary of those structures:

Estructura gramatical	Uso	Ejemplos
acabar de + infinitivo Remember that the verb **acabar** is conjugated in the *present tense.*	to talk about the immediate past, that is, what has just taken place or what you have just done	**Acabo de jugar** al tenis. *(I **have just played** tennis.)* Diego y Daniel **acaban de jugar** al golf. *(Diego and Daniel **have just played** golf.)*
el pretérito	to talk about completed actions that happened at a specific point in the past or during a specific period of time	Sara **nadó** ayer por la tarde. *(Sara **swam** yesterday afternoon.)* **Juan corrió una hora** *(Juan **ran** for an hour.)* **No asistieron** al partido de fútbol la semana pasada. (*They **didn't attend** the soccer game last week.*)
hace + length of time + **que +** (subject) + **preterite** **OR** (subject) + **preterite** + **hace** + length of time	to express how long ago something happened	**Hace** tres horas **que terminamos** el partido de tenis. *(**It has been** three hours since we **finished** the tennis match.)* (Mis amigos y yo) **Terminamos** el partido de tenis **hace** tres horas. *([My friends and I] **finished** the tennis match three hours **ago**.)*

Práctica

5-33 Una competición de atletismo Lee los comentarios del comentarista de radio sobre una competición de atletismo y completa los espacios en blanco con la forma correcta del verbo entre paréntesis.

Muy buenos días a todos y bienvenidos al estadio Calderón para la IX Competición de Atletismo Mundial. (1) ______________ (hacer) una hora que (2) ______________ (empezar) las pruebas de atletismo y ahora vamos a ver qué ocurre en la final femenina de los 100 metros libres. Las corredoras (3) ______________ (acabar) de llegar a la pista. *¡Bang!* Acaba de (4) ______________ (sonar) el disparo de salida *(starting signal)*. La salida fue válida. Hay mucha igualdad entre las calles *(lanes)* cuatro, seis y siete. Parece que se destaca ligeramente la atleta cubana en la calle seis. ¡Uf, qué emoción! Finalmente, (5) ______________ (ganar) la atleta de la calle cuatro, la mexicana Suárez. Ella (6) ______________ (hacer) una gran carrera y (7) ______________ (recibir) un gran aplauso de parte de los espectadores.

5-34 Un partido inolvidable *(unforgettable)* Imagínate que eres comentarista de tu deporte favorito. Descríbele a otro/a compañero/a de clase un partido inolvidable. Usa **acabar de** + infinitivo, verbos en **pretérito** y expresiones con **hacer que** en tu comentario, e incluye la siguiente información:

- el deporte y los equipos
- la fecha y el lugar
- qué equipo ganó / perdió
- quién o quiénes fueron los mejores jugadores
- por qué te gustó tanto el partido

Vamos a leer

Celia Barboza

Antes de leer

Las imágenes Mira la foto y el mapa que acompañan la lectura.

1. ¿De quién es la primera foto? ¿Qué deporte crees que practica?
2. En el mapa, localiza la playa de La Pedrera. ¿Se encuentra cerca de la ciudad de Montevideo, en Punta del Este o cerca de la ciudad de Rocha?

Guía para la lectura

Las competiciones Lee el primer párrafo que habla de las competiciones en las que Celia Barboza ha participado *(has participated)* e indica si las siguientes oraciones son **ciertas** o **falsas.** (Si son falsas, corrígelas para que contengan la información correcta.)

1. Celia Barboza sólo participa en competiciones nacionales.
2. Barboza fue la campeona uruguaya de surf durante siete años seguidos.
3. Barboza ganó la primera posición en cuatro competiciones internacionales.

Más sobre Barboza Termina de leer el texto y contesta las siguientes preguntas.

1. El pueblo de Rocha es un conocido lugar para practicar el surf en Uruguay. ¿Por qué?
2. ¿En qué está licenciada Barboza?
3. ¿Cómo se llama la escuela de surf que dirige Barboza?
4. ¿Qué aprenden los alumnos de la escuela?
5. ¿Qué reciben los alumnos si terminan el curso?

Celia Barboza es campeona uruguaya de surf. A continuación hay una lista de algunas de las competiciones internacionales y nacionales en las que Celia participó y su posición en cada una.

COMPETICIONES INTERNACIONALES:

- 1993 Campeonato Panamericano en Isla Margarita (N° 7 de 21)
- 1994 Campeonato Mundial en Río de Janeiro (N° 20 de 47)
- 1994 Campeonato Panamericano en Mar del Plata (N° 1 de 15)
- 1995 Campeonato Panamericano en Isla Guadalupe (N° 5 de 20)
- 1995 Intercambio Uruguay en EE.UU. (1° Lugar)
- 1996 Campeonato Mundial en California (N° 16 de 40)

- 1997 Campeonato Panamericano en Río de Janeiro (Nº 8 de 26)
- 1998 Campeonato Mundial en Portugal (Nº 15 de 79)
- 1999 Campeonato Panaense Brasil (Nº 1 de16)
- 1999 Circuito Catarinense playa Acores Brasil (Nº1 de 12)
- 1999 Circuito Catarinense playa Imbituba Brasil (Nº 1 de 12)
- 1999 Circuito Catarinense praia da Rosa Brasil (Nº 1 de 14)
- 1999 Campeonato Panamericano en Mar del Plata (Medalla de Bronce)

COMPETICIONES NACIONALES:

- Campeona Uruguaya de Surf (De 1993 a 1999)
- Vice Campeona de Bodyboard (1999)

Barboza practica en La Pedrera, un pequeño pueblo del departamento de Rocha, conocido por la calidad de sus olas y óptimas condiciones para la práctica del surf.

Además de ser campeona de surf, Barboza es licenciada como profesora de educación física y dirige la Escuela de Surf Alaia. La escuela ofrece clases de surf en forma individual o en grupo en diferentes categorías determinadas por tres factores: edad, experiencia previa y grado de adecuación[1] al medio acuático. El curso consiste en tres niveles en los cuales el alumno adquiere experiencia y conocimientos prácticos y teóricos (dinámica costera[2], normas de seguridad, historia del surf, nociones básicas de competición) del deporte. Las clases duran una hora y las dan profesores de educación física, expertos en la materia. La escuela le proporciona al alumno los elementos necesarios para la práctica del deporte, tales como trajes de neopreno, tablas y tablones y les otorga[3] a los alumnos un diploma de participación al concluir el curso.

[1]adecuación *(adaptation)*; [2]dinámica costera *(coastal dynamics)*; [3]otorga *(gives)*

Al fin y al cabo

 **A practicar el surf** Trabaja con un/a compañero/a de clase y contesten las siguientes preguntas.

1. ¿Es el surf un deporte popular en tu país? ¿Quiénes son algunos de los surfistas más conocidos?
2. Si tuvieras *(If you had)* la oportunidad de hacer un curso en la Escuela de Surf Alaia, ¿te gustaría *(would you like)* hacerlo? ¿Por qué sí o no?

REPASO

5-35 Normalmente... pero ayer... Ayer no fue un día normal, pues en tu rutina, todo fue muy diferente. Usando los verbos de la lista a continuación, indica las cosas que haces en un día normal. Luego di lo que pasó ayer.

MODELO levantarse a las...
Normalmente me levanto a las siete de la mañana, pero ayer me levanté a las cinco de la mañana.

1. despertarse a las...
2. ducharse
3. lavar los dientes
4. salir de casa a las...
5. ir a clase
6. volver a casa a las...
7. hacer las tareas
8. acostarse a las...

5-36 En esta clase no hay secretos Primero contesta las siguientes preguntas, usando la imaginación. Puedes contestar de manera misteriosa con respuestas falsas pero creativas. Después compara tus respuestas con las de un/a compañero/a de clase. ¿Quién es el/la más misterioso/a?

1. ¿Hiciste un viaje el verano pasado?
2. ¿Adónde fuiste el fin de semana pasado?
3. ¿Miraste un programa de televisión el domingo por la noche? ¿Qué programa?
4. ¿Hiciste ejercicio ayer? ¿A qué hora?
5. ¿Hablaste por teléfono anoche? ¿Con quién?
6. ¿Escribiste mensajes electrónicos la semana pasada? ¿A quién?
7. ¿Saliste a dar un paseo anteayer? ¿Con quién?
8. ¿Te acostaste tarde ayer? ¿Por qué?

5-37 Un poco de información sobre Paraguay Usa los siguientes hechos históricos para hacerle preguntas a un/a compañero/a de clase.

Hechos históricos

- Paraguay es descubierto por Alejo García en 1524
- Paraguay se independiza de España en 1811
- En 1865 Paraguay se enfrenta a Uruguay, Brasil y Argentina y como consecuencia de una lucha de cinco años (1865–1870) pierde gran parte de su territorio y casi la mitad de su población.
- En 1996 Paraguay sufre dificultades económicas y escándalos de corrupción.
- En mayo de 2000 ocurre un intento de golpe de estado *(coup d'état)*.

MODELO —*¿Cuánto tiempo hace que Paraguay fue descubierto?*
—Hace 483 años que Paraguay fue descubierto.

5-38 El verano pasado Tu compañero/a de clase y tú estuvieron muy ocupados el verano pasado porque participaron en muchos deportes y actividades. Para hacer un informe, organicen las actividades en el orden en que las hicieron. Usen expresiones adecuadas de tiempo. Al preparar su lista de actividades incluyan por lo menos tres en las que los dos participaron. Al final, indiquen, si es apropiado, cuánto tiempo hace que no practican esos deportes y actividades. Compartan su informe con la clase.

VOCABULARIO

The **Vocabulario** consists of all new words and expressions presented in the chapter. When reviewing or studying for a test, you can cover up the English and go through the list to see if you know the meaning of each item.

Enfoques léxicos *Lexical focuses*

Más vocabulario deportivo	*More sports-related vocabulary* (p. 182)
Expresiones para indicar el tiempo pasado	*Past-tense time expressions* (p. 194)
Los deportes de riesgo o aventura	*Extreme sports or adventure sports* (p. 206)

Los deportes *Sports*

el básquetbol	*basketball*
el béisbol	*baseball*
el buceo	*diving (underwater)*
el esnórkeling	*snorkeling*
el esquí	*skiing*
el fútbol	*soccer*
el fútbol americano	*football*
el golf	*golf*
el hockey sobre hielo	*ice hockey*
la natación	*swimming*
el patinaje sobre hielo	*ice skating*
las pesas	*weights*
el surf	*surfing*
el tenis	*tennis*
el vólibol	*volleyball*

Verbos y expresiones para hablar de deportes *Verbs and expressions for talking about sports*

bucear	*to dive (underwater)*
correr	*to run*
esquiar	*to ski*
hacer esnórkeling	*to snorkel*
hacer surf	*to surf*
jugar a + deporte	*to play + sport*
levantar pesas	*to lift weights*
nadar	*to swim*
patinar sobre hielo	*to ice skate*
practicar + deporte	*to play, practice + sport*

El equipo necesario *The necessary equipment*

el bate	*baseball bat*
las botas de esquí	*ski boots*
las botas de tacos	*cleats*
la canasta	*basketball basket*
los esquís	*skis*
las gafas de esquí	*ski goggles*
el guante de béisbol	*baseball glove*
el palo de golf	*golf club*
el palo de hockey	*hockey stick*
los palos de esquí	*ski poles*
los patines de hielo	*ice skates*
la pelota...	*ball*
...de básquetbol	*basketball*
...de béisbol	*baseball*
...de fútbol	*soccer ball*
...de fútbol americano	*football*
...de golf	*golf ball*
...de tenis	*tennis ball*
la portería	*soccer goal*
la raqueta	*tennis racket*
la tabla de surf	*surfboard*
las zapatillas de deportes	*sneakers, tennis shoes*

Lugares donde se practican deportes *Places where sports are played*

el campo de béisbol	*baseball field*
el campo de fútbol	*soccer field*
el campo de golf	*golf course*
la cancha de básquetbol	*basketball court*
la cancha de tenis	*tennis court*
el estadio de fútbol	*soccer stadium*
el gimnasio	*gymnasium*
la piscina	*swimming pool*
la pista	*(running) track*
la pista de esquí	*ski slope*
la pista de hielo	*ice rink*

6 Las compras

CHAPTER OBJECTIVES

In **Capítulo 6,** you will . . .

- learn about shopping malls and how to buy things in markets, supermarkets, and clothing stores
- continue learning how to narrate past events

- learn about Guatemala

- discover Ricardo Arjona

- watch Valeria as she prepares a surprise dinner

- learn about **el comercio justo**

PRIMERA ETAPA: EN UN CENTRO COMERCIAL

Functions
- inquire about the cost of items
- purchase items

SEGUNDA ETAPA: EN EL MERCADO Y EN EL SUPERMERCADO

Functions
- inquire about and purchase food products
- bargain with vendors over prices
- plan a meal discussing food products and necessary quantities

TERCERA ETAPA: EN UNA TIENDA DE ROPA

Functions
- inquire about and purchase clothing and accessories for yourself and others
- narrate what has happened or what you have done

Guatemala, El Salvador y Honduras

Guatemala

Población: 12.293.545
Capital: Guatemala, 964.823
Moneda: el quetzal y el dólar estadounidense
Lenguas: el castellano y más de 20 idiomas indígenas

El Salvador

Población: 6.822.378
Capital: San Salvador, 521.366
Moneda: el colón y el dólar estadounidense
Lenguas: el castellano y el nahua

Honduras

Población: 7.326.496
Capital: Tegucigalpa, 1.186.400
Moneda: el lempira
Lenguas: el castellano y varias lenguas indígenas

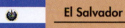

Tools

- Vocabulary for:
  - types of stores in a shopping mall
  - buying things
- Grammatical structures:
  - preterite of verbs with spelling changes (**c → qu, g → gu, z → c**)
  - preterite of stem-changing verbs

Comentarios culturales: Guatemala: tierra de misterio y de belleza natural
Tú dirás: Un regalo de cumpleaños
Vamos a escuchar: Valeria va de compras

Tools

- Vocabulary for:
  - the sections of markets and supermarkets
  - food products
  - expressions of quantity and bargaining
- Grammatical structures:
  - direct object pronouns
  - preterite of irregular verbs: verbs with **u, i, j,** and **y**

Comentarios culturales: El problema
Tú dirás: Vamos al mercado
Vamos a ver: Una cena sorpresa

Tools

- Vocabulary for:
  - clothing and accessories
  - buying clothing
  - describing materials and designs
- Grammatical structures:
  - demonstrative pronouns
  - the present perfect tense

Vamos a leer: El comercio justo

PRIMERA ETAPA

Para empezar: En un centro comercial

Preparación: Al empezar esta etapa, piensa en lo siguiente.

- ¿Te gusta ir de compras?
- ¿Dónde compras las cosas que necesitas?
- ¿Qué tipo de tiendas y de servicios ofrecen normalmente los centros comerciales?

Bienvenidos al Mall Multiplaza de Tegucigalpa

Les ofrecemos 200 **locales comerciales** *(business premises)*, un área de **entretenimiento** *(entertainment)* con **seis salas de cine** *(a six-screen movie theater)* de alta tecnología, quince restaurantes, **cajeros automáticos** *(ATMs)* y un **parqueo** *(parking area)* con capacidad para 1.115 vehículos. A continuación hay una lista de tiendas por categorías que los esperan en el Mall Multiplaza de Tegucigalpa. ¡Esperamos verlos pronto!

TIENDAS POR CATEGORÍA

Accesorios para el hogar *(Home accessories)*

Comida rápida y restaurantes

Deportes *(Sports accessories)*

Entretenimiento

Joyerías *(Jewelry shops)*

Jugueterías *(Toy shops)*

Librerías *(Bookshops)*

Moda para hombres y mujeres *(Men's and Women's Fashion)*

Música

Papelerías *(Stationers)*

Perfumerías *(Perfume shops)*

Supermercado *(Supermarket)*

Zapaterías *(Shoe shops)*

Práctica

6-1 Las compras de Valeria Imagínate que Valeria está en el Mall Multiplaza de Tegucigalpa de compras. ¿Adónde tiene que ir para comprar todas las cosas de su lista de compras?

MODELO una alfombra
—¿Dónde puedo comprar una alfombra?
—En una tienda de accesorios para el hogar.

1. *un regalo (gift) para el cumpleaños de mamá (¿Quizás un perfume?)*
2. *una pila (battery) nueva para mi reloj (watch)*
3. *una raqueta de tenis*
4. *un puzzle para mi hermano menor*
5. *un paquete de sobres (envelopes) y unos bolígrafos*
6. *un disco compacto*
7. *una novela del autor boliviano Augusto Céspedes*
8. *una lámpara para la sala*

6-2 Mis compras Haz una lista de ocho objetos que necesitas comprar este fin de semana en el centro comercial.

1. ______________	5. ______________
2. ______________	6. ______________
3. ______________	7. ______________
4. ______________	8. ______________

Después camina por la clase y habla con tus compañeros, invitándolos a ir contigo a diferentes tiendas.

MODELO *—Marta, ¿quieres ir conmigo a la tienda de deportes el sábado por la mañana? Tengo que comprar unas pelotas de tenis.*
—No, lo siento, el sábado por la mañana no puedo.
o
—Sí, perfecto. Yo también tengo que comprar… en la tienda de deportes.

Al final dile *(tell)* a la clase quién va a ir contigo a qué tiendas y qué van a comprar.

6-3 Nuestras preferencias Primero contesta las siguientes preguntas. Después, hazle a un/a compañero/a de clase las mismas preguntas. Al final, hagan un resumen de sus preferencias en el cual describan lo que tienen y no tienen en común.

1. ¿Prefieres ir de compras a una tienda pequeña o a un lugar grande como un centro comercial? ¿Por qué?
2. ¿Te gusta mirar escaparates *(to go window shopping)*? ¿Por qué sí o no?
3. ¿Cuáles son algunas de tus tiendas favoritas? ¿Qué compras normalmente en esas tiendas?
4. ¿Cuánto dinero gastaste la última vez que fuiste de compras? ¿Qué compraste?
5. ¿Hay algo que tienes muchas ganas de comprar? ¿Qué es? ¿Cuándo piensas comprártelo?

Enfoque léxico *Expresiones útiles para hacer compras*

Nota cultural

Buying and selling is usually a professional transaction, so **usted** is generally used. In Spain, however, stores catering to younger people tend to be very informal and you may hear **tú** used instead.

When shopping for clothing or other items, you will need to know, not only which type of store to visit, but also how to interact with the sales associates within that store. Here are some expressions that you will commonly hear, and some that you will find useful for communicating.

El/La dependiente/a *(salesperson)*		El/La cliente/a
¿En qué puedo servirle/s? *How can I help you?*	→	Busco / Buscamos... *I'm / We're looking for . . .*
¿Qué desea/n? *What would you like?*	→	Quiero / Queremos... *I / We would like . . .*
¿Qué necesita/n? *What do you need?*	→	Necesito / Necesitamos... *I / We need . . .*
Aquí tiene/n. *Here you are.*	→	(Muchas) gracias.
De nada. *You are welcome.*	←	
Cuesta/n / Vale/n 400 (quetzales / colones / lempiras). *It costs / They cost 400 (quetzals / colons / lempirs).*	←	¿Cuánto cuesta/n? / ¿Cuánto vale/n? *How much does it / do they cost?*
		Es / Son (muy) caro/a/s / barato/a/s. *It is / They are (very) expensive / cheap.*
		¡Es una ganga! Me lo/la/los/las llevo. *It's a bargain! I'll take it / them.*
Sí, hay un descuento del 10 por ciento (en juguetes / en muebles / en joyas). *Yes, there is a 10 percent discount (on toys / on furniture / on jewelry).* No hay oferta / rebaja hoy. *There isn't a sale today.*	←	¿Hay una oferta / rebaja (de juguetes / de muebles / de joyas) hoy? *Is there a (toy / furniture / jewelry) sale today?*
Sí / No, no está/n de oferta. *Yes, it is / they are on sale. / No, it isn't / they aren't on sale.*	←	¿Está/n de oferta? *Is it / Are they on sale?*
(El total es) 400 (quetzales / colones / lempiras). *(The total is) 400 (quetzals / colons / lempirs).*	←	¿Cuánto es todo? *How much is everything?* ¿Cuánto le debo? *How much do I owe you?*
¿Cómo va/n a pagar? *How are you going to pay?*	→	Con cheque / Con tarjeta de crédito / En efectivo. *By check / With a credit card. / In cash.*
Aquí tiene/n el cambio. *Here's your change.*	←	

El/La dependiente/a *(salesperson)*	El/La cliente/a
Sí, claro, con el recibo. *Yes, of course, with the receipt.* No, no tenemos ese servicio. *No, we do not offer that service.*	¿Se puede/n devolver? *Can this / these be returned?*
(Muchas) gracias. Que vuelva pronto. *Thank you (very much). Come back soon.*	
	Me gustaría cambiarlo/la/los/las. *I would like to exchange it / them.* Quiero que me devuelva el dinero. *I would like my money back.*
¿Tiene/n el recibo? *Do you have the receipt?* →	Sí, aquí lo tiene. *Yes, here you are.*

Práctica

6-4 El regalo perfecto Imagínate que vas a comprar regalos para diferentes miembros de tu familia. Tienes sólo 250 dólares para los regalos. Compra algo adecuado para cada persona de tu familia. Recuerda cuánto dinero gastas en cada regalo. ¿Cuánto gastas al final?

Voy a comprar…	Para…	Cuesta…
		Total:

Ahora, pregúntale a un/a compañero/a de clase qué compró para su familia, dónde (en qué tipo de tienda) y por qué. Sigue el modelo y cambia de papel con tu compañero/a.

MODELO —*¿Qué compraste?*
—*Compré un libro en una librería para mi hermano porque le gusta mucho leer. Compré un bolígrafo en una papelería para mi padre porque es negociante y usa muchos bolígrafos. También, compré un perfume en una perfumería para mi madre. Y tú, ¿qué compraste?*
—*Yo compré…*

6-5 En una tienda de deportes Trabaja con un/a compañero/a de clase y juntos escriban un diálogo entre un/a cliente/a y un/a dependiente/a. Escojan el papel *(role)* que quieran y decidan quién va a ser el/la cliente/a y quién va a ser el/la dependiente/a. Luego, decidan qué va a comprar el/la cliente/a y escriban el diálogo, usando las expresiones que aparecen en el **Enfoque léxico.**

MODELO —*¡Buenos días! ¿En qué puedo servirle?*
—*Necesito…*
—*Sí, claro, aquí tenemos…*
—*¿Cuánto cuesta…?*

Enfoque estructural — *El pretérito de los verbos con cambios ortográficos (c → qu, g → gu, z → c)*

A select group of **-ar** verbs undergo spelling changes when conjugated in the preterite. This spelling change affects only the first person singular: the **yo** form. The remaining forms are regular.

Verbs that end in -car:

Spelling change in the **preterite: c → qu**

The **c** of the infinitive changes to **qu** in front of the **é** of the **yo** form. This occurs to maintain the **[k]** sound of the original **c.**

Nota gramatical

The verb **buscar** *(to look for)* is never followed by a preposition, with the exception of personal **a** when required: **Busco a Juan.**

—¿Qué buscas?	—*What are you looking for?*
—Busco una pelota de tenis.	—*I'm looking for a tennis ball.*
—Busqué la raqueta pero no la encontré.	—*I looked for the racket but did not find it.*

buscar	
bus**qué**	buscamos
buscaste	buscasteis
buscó	buscaron

Some -car verbs	
buscar *(to look for)*	bus**qué**
explicar	expli**qué**
pescar *(to fish)*	pes**qué**
practicar	practi**qué**
sacar *(to take out)*	sa**qué**
tocar *(to play, touch, knock)*	to**qué**

Verbs that end in -gar:

Spelling change in the **preterite: g → gu**

The **g** of the infinitive becomes **gu** in front of the **é** of the **yo** form. This occurs to maintain the **[g]** sound of the original **g.**

llegar	
lle**gué**	llegamos
llegaste	llegasteis
llegó	llegaron

Some -gar verbs	
jugar	ju**gué**
llegar	lle**gué**
pagar	pa**gué**

Verbs that end in -zar:

Spelling change in the **preterite: z → c**

The **z** of the infinitive becomes **c** in front of the **é** of the **yo** form. This happens because **z** is almost never used in front of an **e** or **i.**

Nota gramatical

Remember that in **Capítulo 1** you learned that nouns ending in **z** change the **z** to **c** when followed by **es** to make the plural:

la vez → las veces   el pez → los peces

Other common words that end in **-z** are **cruz** and **lápiz.**

empezar	
empe**cé**	empezamos
empezaste	empezasteis
empezó	empezaron

Some -zar verbs	
abrazar *(to hug)*	abra**cé**
comenzar	comen**cé**
empezar	empe**cé**
utilizar *(to use)*	utili**cé**

Práctica

6-6 ¿Cierto o falso? Indica si las siguientes afirmaciones son **ciertas** o **falsas** para ti.

	Cierto	Falso
1. Ayer toqué el piano en casa de mi novio/a.	_______	_______
2. La semana pasada jugué al tenis.	_______	_______
3. Anteayer empecé a practicar golf.	_______	_______
4. La semana pasada busqué una novela en la librería.	_______	_______
5. El miércoles por la mañana pesqué un salmón.	_______	_______
6. El lunes llegué tarde a la clase de español.	_______	_______

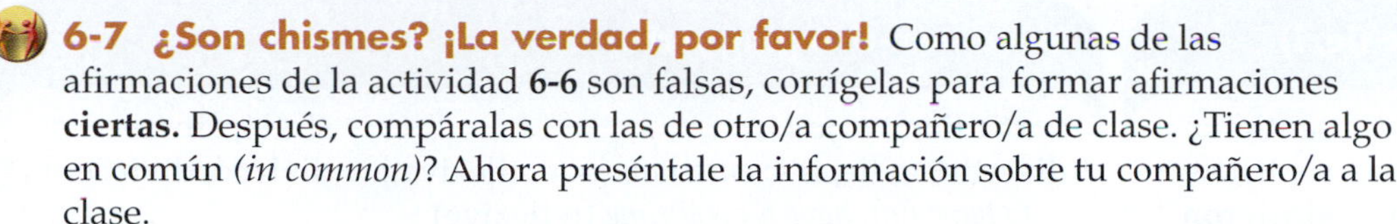

6-7 ¿Son chismes? ¡La verdad, por favor! Como algunas de las afirmaciones de la actividad **6-6** son falsas, corrígelas para formar afirmaciones **ciertas.** Después, compáralas con las de otro/a compañero/a de clase. ¿Tienen algo en común *(in common)*? Ahora preséntale la información sobre tu compañero/a a la clase.

6-8 ¿Qué hicieron tus ídolos? ¿Quiénes son tus ídolos? Nombra a dos e imagínate lo que hicieron la semana pasada. Describe sus actividades con un mínimo de seis oraciones originales y completas utilizando verbos de la lista que sigue. ¿Qué hizo cada individuo y qué hicieron los dos? ¿Son sus actividades diferentes de las que haces tú?

abrazar
buscar
empezar
jugar
llegar
pescar
practicar
tocar
utilizar

¿Quién es tu ídolo? ¿Admiras a Big Papi o a Shakira?

Enfoque estructural *El pretérito de los verbos con cambio en la raíz*

In **Capítulo 3,** you learned about a group of verbs that undergo certain changes in the stem vowel when conjugated in the present: *stem-changing verbs.* Of these verbs, *only* those that end in **-ir** have a change in the stem vowel in the preterite. With **-ir** stem-changing verbs in the preterite, the vowel of the third person singular **(Ud./él /ella)** and of the third person plural **(Uds./ellos/ellas)** forms changes.

Nota gramatical
Remember that in **Capítulo 4** you learned that all of these verbs undergo a similar change in the present participle: **sentir → sintiendo; pedir → pidiendo; dormir → durmiendo.**

-ir verbs with e → ie stem changes in the present:

Stem change in the **preterite: e → i**

The vowel **e** changes to **i** in the third person singular and plural forms.

sentir (ie, i)	
sentí	sentimos
sentiste	sentisteis
sintió	**sintieron**

Some stem-changing verbs	
sentir (ie, i) *to feel*	sintió; sintieron
divertir(se) (ie, i) *to entertain* (nonreflexive); *to have fun, have a good time* (reflexive)	divirtió; divirtieron
preferir (ie, i) *to prefer*	prefirió; prefirieron
sugerir (ie, i) *to suggest*	sugirió; sugirieron

-ir verbs with e → i stem changes in the present:

Stem change in the **preterite: e → i**

The vowel **e** changes to **i** in the third person singular and plural forms.

vestirse (i, i)	
me vestí	nos vestimos
te vestiste	os vestisteis
se **vistió**	se **vistieron**

Some stem-changing verbs	
conseguir (i, i) *to obtain, succeed in doing something* + (infinitive)	consiguió; consiguieron
despedirse (i, i) *to say good-bye*	despidió; despidieron
pedir (i, i) *to ask for, order*	pidió; pidieron
reírse (i, i) *to laugh*	rió; rieron
repetir (i, i) *to repeat*	repitió; repitieron
seguir (i, i) *to continue doing something* + (present participle **-ndo**)	siguió; siguieron
servir (i, i) *to serve*	sirvió; sirvieron
sonreír (i, i) *to smile*	sonrió; sonrieron
vestirse (i, i) *to get dressed*	vistió; vistieron

-ir verbs with o → ue stem changes in the present:

Stem change in the **preterite: o → u**

The vowel **o** changes to **u** in the third person singular and plural forms.

dormir (ue, u)	
dormí	dormimos
dormiste	dormisteis
durmió	**durmieron**

Some stem-changing verbs	
dormir (ue, u) *to sleep*	durmió; durmieron
morir (ue, u) *to die*	murió; murieron

Práctica

6-9 ¿Quién hizo qué ayer? Combina elementos de cada columna para hacer oraciones completas.

Juan	dormir	mucho
Felipe	vestirse	con la ropa de esquiar
yo	pedir	un café
Pedro y yo	sentirse	bien
Marisa	despedirse	de sus amigos
Marina y Amalia	reírse	con los chistes de Ana
Gloria	preferir	jugar al tenis
tú	divertirse	poco
ustedes	sugerir	ir al centro comercial
Marta y Jorge	seguir	estudiando para el examen

6-10 Una comparación Compara lo que hiciste tú el fin de semana pasado con lo que hizo tu compañero/a de cuarto.

MODELO divertirse mucho / divertirse poco
Yo me divertí mucho, pero mi compañero/a se divirtió poco.

1. reírse con un programa de televisión / reírse con los chistes de un amigo
2. dormir ocho horas / dormir doce horas
3. sugerir una película de aventuras / sugerir una película romántica
4. conseguir un trabajo para julio / conseguir un trabajo para agosto
5. pedir pizza / pedir comida china
6. morirse de risa *(laughing)* / morirse de vergüenza *(of embarrassment)*
7. servir más refrescos / servir más cervezas
8. repetir un chiste *(joke)* / repetir un chisme *(piece of gossip)*

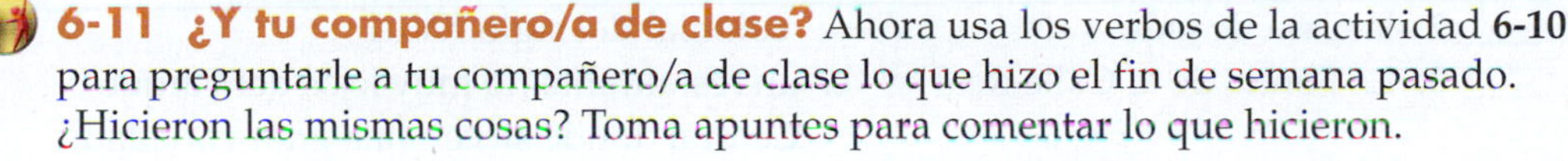

6-11 ¿Y tu compañero/a de clase? Ahora usa los verbos de la actividad **6-10** para preguntarle a tu compañero/a de clase lo que hizo el fin de semana pasado. ¿Hicieron las mismas cosas? Toma apuntes para comentar lo que hicieron.

MODELO divertirse
—¿Te divertiste el fin de semana?
—Sí, me divertí mucho. ¿Y tú?
—Yo me divertí mucho también.
—Pues, nosotros nos divertimos mucho.

Comentarios culturales

Guatemala: tierra de misterio y de belleza natural

Anticipación

Una introducción a Guatemala Antes de ver el video, empareja los elementos de las columnas para hacer oraciones completas sobre Guatemala.

____ **1.** Guatemala está situada al sudeste *(southeast)* de México
____ **2.** Veinte grupos de origen maya
____ **3.** El 60% de la población
____ **4.** La base de la economía guatemalteca
____ **5.** La capital de Guatemala
____ **6.** Guatemala es un país conocido por sus

a. constituyen el 45% de la población de Guatemala.
b. es la agricultura.
c. es la Ciudad de Guatemala.
d. pintorescas comunidades, pueblos coloniales, misteriosas ruinas mayas y su bello paisaje.
e. vive en la pobreza.
f. y es el país situado más al norte de Centroamérica.

Vamos a ver

Mientras ves el video, haz las siguientes actividades.

Hechos históricos Los siguientes hechos históricos de Guatemala están en orden cronológico. Escribe la fecha mencionada para cada hecho.

______ **1.** Se fundó la ciudad de Antigua, la más antigua capital colonial de Centroamérica.
______ **2.** La Ciudad de Guatemala se estableció después de que un terremoto *(earthquake)* destruyera Antigua, la capital original.
______ **3.** La actividad guerrillera, que Guatemala sufrió durante 36 años, terminó formalmente cuando el gobierno firmó un tratado.

La ciudad de Antigua Empareja los siguientes lugares de Antigua con sus descripciones.

____ **1.** la Casa Popenoe
____ **2.** la Casa de Jade
____ **3.** La Fonda de la Calle Real

a. un buen ejemplo de la arquitectura colonial del siglo XVIII
b. un restaurante no muy lejos del Parque Central donde sirven una gran variedad de platos con carne y pollo a la parilla, todo servido con frutas y verduras
c. una combinación de fábrica, tienda y sala de exhibiciones

Con más detalle Mira el video de nuevo y contesta las siguientes preguntas.

1. ¿Cuáles son los dos productos más importantes de Guatemala?
2. ¿Por qué no hay edificios altos en la ciudad de Antigua?
3. Nombra **dos** tipos de artesanías típicas de Guatemala que los vendedores venden en los espacios abiertos.
4. ¿Cómo se llaman las bonitas blusas *(blouses)* bordadas *(embroidered)* que venden las mujeres indígenas los domingos en las plazas principales de las ciudades?
5. ¿Qué ciudad guatemalteca con templos y pirámides mayas atrae a turistas de todo el mundo?

Compara tus respuestas con las de un/a compañero/a.

Expansión

De compras en Antigua Imagínate que estás en Antigua y quieres comprar algunos recuerdos *(souvenirs)* para los miembros de tu familia y/o para tus amigos. Cuéntale a un/a compañero/a qué tipos de artesanía vas a comprar, para quién(es) y por qué. ¿Quieren comprar artesanías similares o diferentes?

Tú dirás

 Un regalo de cumpleaños

Imagínate que la semana que viene es el cumpleaños de un/a amigo/a y quieres comprarle un regalo. Con un/a compañero/a de clase, van a preparar un diálogo. Sigan los pasos a continuación.

Paso 1. Preparación Antes de preparar el diálogo, piensa en lo siguiente:

- qué cosas le gustan a tu amigo/a
- los posibles regalos y el tipo de tienda en qué se venden *(are sold)*

Posibles regalos	Dónde se venden

- quién va a ser el/la cliente/a y quién va a ser el/la dependiente/a
- un nombre para la tienda donde el/la cliente/a va a ir a buscar un regalo para su amigo/a

Paso 2. El diálogo Preparen un diálogo en el cual hacen lo siguiente.

El/la cliente/a	El/la dependiente/a de la tienda
• Saluda al/a la dependiente/a. • Explica qué tipo de regalo buscas para tu amigo/a.	• Saluda al/a la cliente/a. • Haz las sugerencias necesarias.
• Haz las preguntas necesarias sobre los colores, las marcas *(brands)*, precios, etc.	• Contesta todas sus preguntas.
• Decide qué vas a comprar.	• Averigua *(find out)* cómo prefiere pagar el/la cliente
• Explica por qué le va a gustar el regalo a tu amigo/a.	
• Pregunta sobre el sistema de devoluciones.	• Explica el sistema de devoluciones.
	• Indica el total de la compra.
• Paga tu compra. • Despídete.	• Despídete.

Paso 3. Presentación Presenten su diálogo a la clase. ¿Quién compró el mejor regalo para su amigo/a?

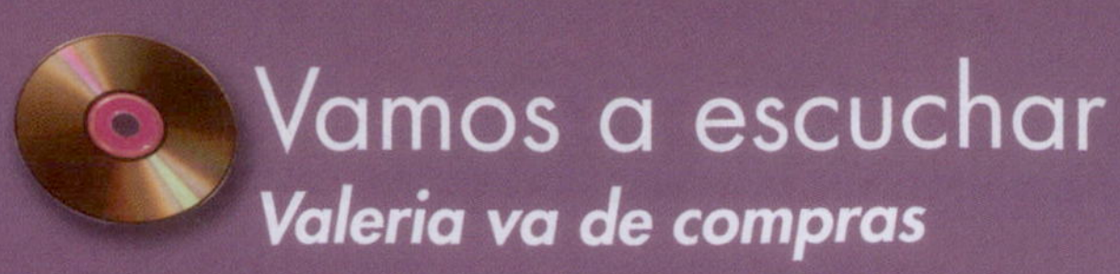

Vamos a escuchar

Valeria va de compras

Valeria se levantó temprano esta mañana y fue de compras. Acaba de llegar a casa con muchas bolsas *(bags).* Conversa con Alejandra sobre su día de compras.

Antes de escuchar

Predicciones Antes de escuchar la conversación, contesta las siguientes preguntas. Valeria fue a muchas tiendas en un centro comercial puertorriqueño. Abajo tienes una lista de tiendas en las cuales Valeria compró cosas. Adivina qué compró Valeria en cada tienda. Escribe tus predicciones abajo.

En la libería:
En la tienda de accesorios para el hogar:
En la tienda de música:
En la floristería *(flower shop):*
En la perfumería:

Antes de escuchar la conversación entre Valeria y Alejandra, lee las preguntas en la sección **Después de escuchar.**

Después de escuchar

CD2, Track 2

Las compras ¿Qué compró Valeria y para quién(es)? Llena el siguiente cuadro. Después contesta esta pregunta: ¿En quién piensa más Valeria a la hora de hacer compras?

Tiendas	¿Qué compró Valeria?	¿Para quién(es)?
Librería		
Accesorios para el hogar		
Música		
Floristería		
Perfumería		

CD2, Track 2

Con más detalle Escucha la conversación de nuevo y contesta las siguientes preguntas.

1. ¿Cómo se llama el centro comercial?
2. ¿Quiénes son Esmeralda Santiago y Carlos Baute?
3. ¿Puede devolver Valeria la planta si a los demás compañeros no les gusta?
4. ¿Cómo pagó todo Valeria?

Más preguntas sobre las compras de Valeria Trabaja con otro/a estudiante. Conjuga el verbo entre paréntesis en la forma adecuada del pretérito para hacer preguntas sobre las compras de Valeria. Luego contesta las preguntas.

1. ¿A qué tiendas (ir) Valeria?
2. ¿Qué (buscar) en la librería?
3. ¿Qué le (sugerir) la dependienta de la librería?
4. ¿A qué hora (llegar) al centro comercial?
5. ¿Cómo (pagar) sus compras?
6. Según Alejandra, ¿qué tipo de día (tener) Valeria?

Ahora, di qué tipo de día crees tú que Valeria tuvo. ¿Sueles pasar algún día como ella?

SEGUNDA ETAPA

Para empezar: En el mercado y en el supermercado

Preparación: Al empezar esta etapa, contesta estas preguntas.

- ¿Has ido alguna vez a un mercado al aire libre? ¿Dónde? ¿Cuándo?
- ¿Qué se puede comprar en un mercado al aire libre?
- ¿Qué productos puedes comprar en un supermercado que no puedes comprar en un mercado al aire libre?

El mercado

El supermercado

Sección	Productos típicos
aceites *(oils)* **y salsas** *(sauces)*	**el aceite de oliva, la mayonesa** *(mayonnaise)*, **la salsa de tomate** *(tomato sauce)*
bebidas	**el agua, los refrescos, el café, el té, los jugos, la cerveza, el vino**
carnes y aves	**el bistec, el cerdo** *(pork)*, **el cordero** *(lamb)*, **la hamburguesa, el pollo, el pavo** *(turkey)*
charcutería y quesos	**el chorizo** *(sausage)*, **el jamón** *(ham)*, **el queso**
congelados *(frozen foods)*	**los helados** *(ice creams)*, **las pizzas, los platos preparados** *(pre-cooked meals)*
conservas *(canned goods)*	**las latas** *(cans)* **de atún** *(tuna)*, **de sopa, de verduras**
frutas	**los aguacates** *(avocados)*, **las fresas** *(strawberries)*, **los limones** *(lemons)*, **los mangos** *(mangoes)*, **las manzanas** *(apples)*, **los melocotones** *(peaches)*, **el melón** *(melon)*, **las naranjas** *(oranges)*, **las peras** *(pears)*, **la piña** *(pineapple)*, **los plátanos** *(bananas)*, **las uvas** *(grapes)*
otros	**el arroz, la pasta, la harina** *(flour)*
panadería / pastelería	**los bollos** *(pastries)*, **el pan** *(bread)*, **las galletas** *(cookies, crackers)*
pescados y mariscos	**las almejas** *(clams)*, **las gambas** *(shrimp)*, **la langosta** *(lobster)*, **los mejillones** *(mussels)*, **las ostras** *(oysters)*, **el pulpo** *(octopus)*, **el salmón** *(salmon)*
productos lácteos *(dairy products)* **y huevos**	**la crema, la leche, la mantequilla, el yogur y los huevos**
verduras	**las cebollas** *(onions)*, **los guisantes** *(peas)*, **los frijoles** *(beans)*, **los hongos** *(mushrooms)*, **la lechuga** *(lettuce)*, **el maíz** *(corn)*, **las papas, los pepinos** *(cucumbers)*, **los tomates** *(tomatoes)*, **las zanahorias** *(carrots)*

Práctica

 **6-12 En el mercado y en el supermercado** Imagínense que están de viaje en Guatemala. Necesitan comprar varias cosas en el mercado y en el supermercado. Trabajen juntos para hacer lo siguiente.

Estudiante A: Imagínate que quieres comprar las siguientes cosas en el **mercado.** Pregúntale a tu compañero/a dónde están.

MODELO —*¿Dónde están los limones?*
—*En los puestos de frutas y verduras.*

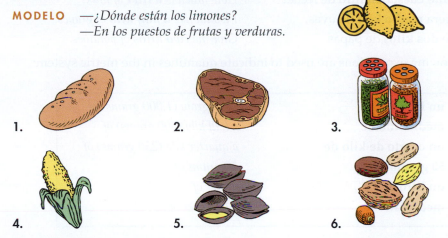

1. 
2. 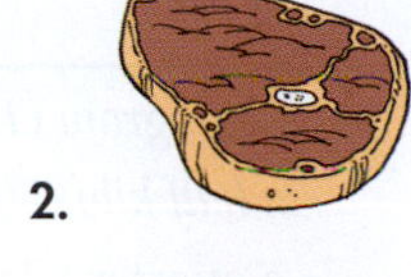
3. 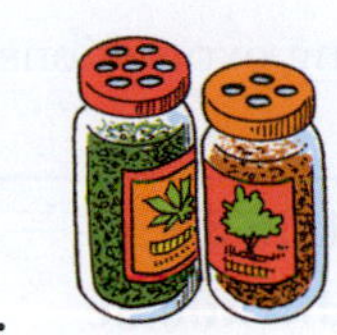
4. 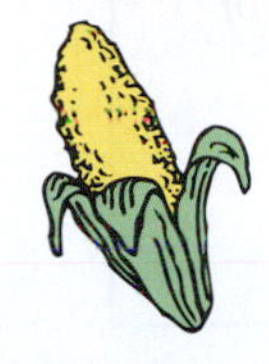
5. 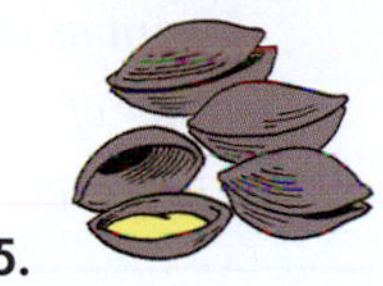
6. 

Estudiante B: Imagínate que quieres comprar las siguientes cosas en el **supermercado.** Pregúntale a tu compañero/a dónde están.

MODELO —*¿Dónde está el arroz?*
—*En la sección con la pasta y la harina.*

1. 
2. 
3. 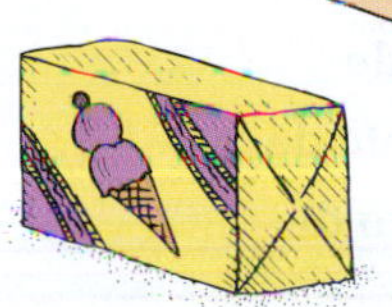
4. 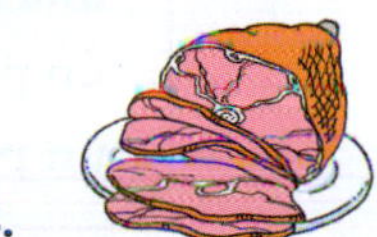
5. 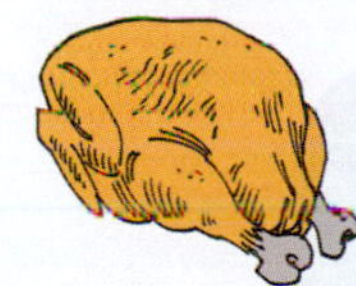
6. 
7. 

6-13 Una fiesta Imagínate que tú y otro/a compañero/a están preparando una fiesta para la clase de español. Hagan una lista de todas las cosas que quieren comprar en el supermercado para la fiesta.

Lista de la compra

Compartan su lista con la clase. ¿Quiénes tienen la mejor lista para la fiesta? ¿Por qué es la mejor?

Enfoque léxico *Expresiones de cantidad y estrategias para regatear*

Las expresiones de cantidad

The Spanish-speaking world—like much of the modern world—uses the metric system for measurements. Note the following examples:

¿Cuánto cuesta **un litro** de leche?	*How much is **a liter** of milk?*
Quisiera **medio kilo** de uvas.	*I would like **a half kilo** of grapes.*
Deme **dos kilos** de papas.	*Give me **two kilos** of potatoes.*

The following expressions are used to indicate quantities in the metric system:

un kilo de	*a kilogram (1,000 grams) of*
medio kilo de	*a half kilo (500 grams) of*
un cuarto de kilo de	*a quarter kilo (250 grams) of*
50 gramos de	*50 grams of*
un litro de	*a liter of*
medio litro de	*a half liter of*

Expansión léxica

There are also expressions in Spanish that denote the English Standard system of measurement, which is most commonly used in the United States and the United Kingdom:

una libra de	*a pound of*
una onza de	*an ounce of*
un galón de	*a gallon of*

Quantities may also be indicated without use of either the Metric or the English systems of measurement.

una botella de	*a bottle of*
una docena de	*a dozen*
una lata de	*a can of*
un paquete de	*a package of*
un pedazo de	*a piece of*

Cómo regatear *(How to haggle / bargain)*

When at the market, it is common for buyers to haggle with sellers over prices. The following are some expressions that are typically used:

	El/La comprador/a *(buyer)*	El/La vendedor/a *(seller)*
Para fijar *(set)* **el precio**	**¿Cuánto cuesta/n? / ¿Cuánto vale/n?**	**Es a / Son a** (precio). *(It is / They are [price]).*
		Es muy buen precio. *(It's a really good price.)* **El precio es barato.** *(The price is cheap.)* **¿Se lo/la/los/las lleva?** *(Are you going take it/them?)*
Para reaccionar a un precio *(to react to a price)*	**No, no puedo, es demasiado.** *(I can't, it's too much.)* **Eso es mucho.** *(That's a lot.)* **(El precio) Me parece muy caro.** *([The price] It seems very expensive to me.)* **¡Eso es (muy) caro!** *(That's [very] expensive)*	
Para negociar		**¿Cuánto quiere pagar?** *(How much are you willing to pay?)*
	Le doy (precio). *(I'll give you [price]).* **Si usted baja a** (precio), **cerramos el trato.** *(If you lower the price to [price], we can close the deal.)*	**No puedo bajarle tanto, pero puedo bajar a** (precio). *(I can't lower the price that much, but I can lower it to [price].)* **Éste es el precio más bajo que puedo hacerle.** *(That is the lowest price I can offer you.)*
Para cerrar el trato *(to close the deal)*	**No, gracias.** **De acuerdo, le doy** (precio). *(OK, I'll give you [price].)*	**¿Tenemos un trato?** *(Do we have a deal?)* **¿Trato hecho?** *(Deal?)*

Práctica

6-14 ¿Cuánto compraron? Mira los dibujos y di cuánto compró cada cliente.

MODELO ¿Qué compró Juana?
Compró cincuenta gramos de queso.

1. ¿Qué compró Mercedes?

2. ¿Qué compró el señor González?

3. ¿Qué compró Antonio?

4. ¿Qué compró Maribel?

5. ¿Qué compró la señora Ruiz?

6. ¿Qué compró Francisco?

6-15 En el mercado Sofía está en el mercado seleccionando frutas y verduras para la semana. Completa su diálogo con el vendedor del puesto usando las siguientes palabras: **bajar, cuestan, doy, el medio kilo, trato, mucho.**

SOFÍA: ¿Cuánto (1) _______________ los tomates?

EL VENDEDOR: Son a 5 dólares (2) _______________

SOFÍA: Eso es (3) _______________. Le (4) _______________ 4 dólares.

EL VENDEDOR: No puedo (5) _______________ tanto, pero puedo bajar a 4,50 dólares el medio kilo.

EL VENDEDOR: ¿(6) _______________ hecho?

SOFÍA: Sí, de acuerdo. Deme medio kilo de tomates.

 **6-16 A regatear** Imagínense que están en un mercado. Una persona va a hacer el papel de cliente/a y la otra de vendedor/a. Usen las expresiones de cantidad y de regateo *(bargaining)* del **Enfoque léxico.**

Estudiante A: El/La cliente/a A continuación tienes tu lista de la compra. Pregunta el precio de cada cosa y di cuánto necesitas. Si algo te parece caro, regatea con el/la vendedor/a para intentar conseguir un mejor precio. Apunta *(jot down)* los precios que pagas para cada cosa de tu lista y cuánto pagaste por todo.

Lista de compras	**Precio final pagado**
leche: 3 botellas	3 x ______ $ la botella = ______ $
naranjas: media docena	1 x ______ $ la media docena = ______ $
papas: 5 kilos	5 x ______ $ el kilo = ______ $
cebollas: medio kilo	1 x ______ $ el medio kilo = ______ $
arroz: 2 paquetes	2 x ______ $ el paquete = ______ $
pastel: 2 pedazos	2 x ______ $ el pedazo = ______ $
	Total ______ $

Estudiante B: El/La vendedor/a A continuación tienes tu lista de precios. Estás dispuesto a *(you are willing to)* regatear, ¡pero no vas a bajar el precio mucho! Apunta *(jot down)* los precios que consigues para cada cosa de tu lista y cuánto dinero recibiste por todo.

Lista de precios	**Precio final conseguido**
leche: 2 dólares la botella	3 x ______ $ la botella = ______ $
naranjas: 3 dólares la docena	1 x ______ $ la media docena = ______ $
papas: 2 dólares el kilo	5 x ______ $ el kilo = ______ $
cebollas: 2,5 dólares el kilo	1 x ______ $ el medio kilo = ______ $
arroz: 1,75 dólares el paquete	2 x ______ $ el paquete = ______ $
pastel: 1,50 dólares el pedazo	2 x ______ $ el pedazo = ______ $
	Total ______ $

Enfoque estructural *Los pronombres de complemento directo*

In the following sentences there is a subject, a verb, and a direct object, which receives the action of the verb:

Marta compró una casa.	*Marta bought a house.*
José y Ana vendieron su carro.	*José and Ana sold their car.*

Sujeto	Verbo	Complemento directo
Marta	compró	una casa.
José y Ana	vendieron	su carro.

A **direct object** is a person or thing that receives the action of a verb or shows the result of the action and answers the question "what?" or "whom?". An action verb with a direct object is called a transitive verb.

- When the direct object of a verb is a specific human being or an animal that is personified, it is preceded by the personal **a.** There is no equivalent in English.

Conocemos **a** los Smith.	*We know the Smiths.*
¿Escuchas **a** tu madre?	*Do you listen to your mother?*
¿Admiras **al** presidente?	*Do you admire the president?*

- In Spanish, as in English, whenever possible, speakers replace nouns with pronouns in order to avoid repetition. When the direct object is referred to again in a conversation, speakers can use **direct object pronouns** to take the place of direct object nouns. The pronouns agree with the direct object they refer to in number (singular and plural) and, in the third person, also in gender (masculine and feminine). These are the direct object pronouns in Spanish:

Nota gramatical
In some parts of the Spanish-speaking world, when the direct object is a human male, **le** and **les** are used instead of **lo** and **los**: **¿Viste a Juan? Sí, le vi ayer.**

me	*me*	**nos**	*us*
te	*you* (informal sing.)	**os**	*you* (informal pl.)
lo	*you* (formal sing.), *him, it* (m.)	**los**	*you* (formal pl.), *them* (m., m. + f.)
la	*you* (formal sing.), *her, it* (f.)	**las**	*you* (formal pl.), *them* (f.)

These direct object pronouns are used to refer to both people and things:

—¿Compró Marta **una casa**?	*Did Marta buy **a house**?*
—Sí, **la** compró ayer.	*Yes, she bought **it** yesterday.*
—¿Conocen **a Juan**?	*Do you know **Juan**?*
—Sí, **lo** conocemos.	*Yes, we know **him**.*

La posición de los pronombres de complemento directo

The placement of the direct object pronoun in the sentence depends on the form of the verb.

- **With conjugated verbs**

  When the main verb of the sentence is a conjugated verb, the direct object pronoun is placed immediately *in front of* the conjugated verb.

pronombre de complemento directo	+	verbo conjugado

—¿Escuchaste el mensaje de Juan? *Did you hear Juan's message?*
—Sí, **lo** escuché ayer. *Yes, I heard **it** yesterday.*

- **With infinitives**

  The direct object pronoun is attached to the end of the infinitive

infinitivo **+ pronombre de complemento directo**

Gracias por invitar**me** a tu casa. *Thank you for inviting **me** to your house.*

- **With both a conjugated verb and an infinitive or present participle**

  When a conjugated verb and an infinitive or present participle are used together in a sentence, the direct object pronoun can be placed in **either** of the following positions:

  - in front of the conjugated verb + infinitive or present participle

pronombre de complemento directo	+	verbo conjugado	+	infinitivo / gerundio

—¿Vas a pagar la cuenta? *Are you going to pay the bill?*
—Sí, **la** voy a pagar. *Yes, I'm going to pay **it**.*
—**La** estoy pagando ahora. *I'm paying **it** now.*

  - attached to the end of the infinitive or present participle

verbo conjugado	+	infinitivo / gerundio	+	**pronombre de complemento directo**

—¿Vas a pagar la cuenta? *Are you going to pay the bill?*
—Sí, voy a pagar**la**. *Yes, I'm going to pay **it**.*
—Estoy pagándo**la** ahora.* *I'm paying **it** now.*

* A written accent mark is needed to retain the stressed vowel of a present participle when a direct object is attached to it.

Práctica

6-17 ¿Sí o no? Te hacen muchas preguntas y no tienes mucho tiempo para responder. Trabaja con un/a compañero/a de clase para hacer y contestar las siguientes preguntas. Para contestar, usen el pronombre apropiado para reemplazar los complementos directos que aparecen en las preguntas.

MODELO ¿Hablas alemán?
Sí, lo hablo.
o
No, no lo hablo.

1. ¿Miras la televisión por la noche?
2. ¿Tomas el autobús a la universidad?
3. ¿Tus profesores dan mucha tarea?
4. ¿Tienes tiempo para comer?
5. ¿Tu madre prepara la comida en tu casa?
6. ¿Lees el periódico cuando desayunas?
7. ¿Haces tu tarea por la noche?
8. ¿Lavas los platos después de la cena?

6-18 No quiero hacerlo... no voy a hacerlo... Estás de muy mal humor esta noche. Cuando te preguntan si vas a hacer lo que haces normalmente, contestas que no lo quieres hacer y más específicamente que no lo vas a hacer. Trabaja con un/a compañero/a y sigue el modelo.

MODELO preparar la cena
—¿Vas a preparar la cena esta noche?
— No, no quiero prepararla esta noche.
—Pero, vas a prepararla de todas maneras (anyway), *¿no?*
—No, no quiero prepararla y no voy a prepararla.

1. lavar la ropa
2. ayudar a tu hermano
3. quitar la mesa
4. leer el libro
5. terminar tu tarea
6. mirar la televisión
7. comprar comida
8. lavar los platos

6-19 Más preguntas. Tu compañero/a de clase es un/a chico/a muy curioso/a. Contesta sus preguntas con la forma adecuada del pronombre y el verbo.

1. ¿Visitaste a tus padres el fin de semana?
   – Sí, ________ ______________. Fue un fin de semana muy divertido.
2. ¿Despertaste a tu hermana el sábado por la noche?
   – No, no ________ ______________. Entré en casa con mucho cuidado.
3. ¿Conoces a mi novio/a?
   – Sí, ________ ______________ ayer en una fiesta.
4. ¿Vas a ver a tus amigos esta tarde?
   – No, no voy a ______________. Tengo que estudiar para un examen.
5. ¿Viste al profesor de historia?
   – No, no ________ ______________. Voy a ______________ mañana por la tarde.

Enfoque estructural *Otros pretéritos irregulares: pretéritos con **u, i, j,** e **y***

The following groups of verbs have irregular preterite forms:

Los pretéritos con *u*

The stem vowels change to **u:**

andar: an**du**ve, an**du**viste, an**du**vo, an**du**vimos, an**du**visteis, an**du**vieron
estar: es**tu**ve, es**tu**viste, es**tu**vo, es**tu**vimos, es**tu**visteis, es**tu**vieron
poder: **pu**de, **pu**diste, **pu**do, **pu**dimos, **pu**disteis, **pu**dieron
poner: **pu**se, **pu**siste, **pu**so, **pu**simos, **pu**sisteis, **pu**sieron
saber: **su**pe, **su**piste, **su**po, **su**pimos, **su**pisteis, **su**pieron
tener: **tu**ve, **tu**viste, **tu**vo, **tu**vimos, **tu**visteis, **tu**vieron

- Notice that the accent pattern in these preterite forms is very different from that which you encountered in the regular preterites. In the irregulars, all **yo** and **él/ella/Ud.** forms place the stress over the stem vowel: an**du**ve/an**du**vo, es**tu**ve/es**tu**vo, **pu**de/**pu**do, **pu**se/**pu**so, **su**pe/**su**po, **tu**ve/**tu**vo. For this reason, there is no written accent in these forms.

  ¿Dónde estuviste ayer? — *Where were you yesterday?*
  Estuve en el centro comercial. — *I was at the mall.*

- The preterite of **haber** also follows this pattern:

  haber: **hu**be, **hu**biste, **hu**bo, **hu**bimos, **hu**bisteis, **hu**bieron

Of all the preterite forms of **haber,** only **hubo** will be used on a regular basis to express *there was / there were* in the sense of "to take place."

Ayer **hubo** una fiesta. — ***There was** a party yesterday.*

Los pretéritos con *i*

The stem vowels change to **i:**

querer: quise, quisiste, quiso, quisimos, quisisteis, quisieron
venir: vine, viniste, vino, vinimos, vinisteis, vinieron

- Notice that these verbs follow a pattern similar to that which you saw in **Capítulo 5** (página 196) with the verb **hacer.** Once again, the accent pattern of the verbs **hacer, querer,** and **venir** is irregular; the **yo** and **él/ella/Ud.** forms place the accent over the stem vowel: **hi**ce/**hi**zo, **qui**se/**qui**so, **vi**ne/**vi**no.

Los pretéritos con *j*

conducir: conduje, condujiste, condujo, condujimos, condujisteis, condujeron
decir: dije, dijiste, dijo, dijimos, dijisteis, dijeron
traer: traje, trajiste, trajo, trajimos, trajisteis, trajeron

- Other verbs like these are **traducir** *(to translate)*, **producir** *(to produce)*, and **reducir** *(to reduce)*.
- Notice that the accent pattern in these verbs is like that of other irregular verbs. The **yo** form and the **él/ella/Ud.** forms do not have the stress on the last syllable and therefore do not carry a written accent.
- Also note that in the **Uds./ellos/ellas** form, **-eron** (not **-ieron**) is used after the **j.**

Los pretéritos con *y*

leer: leí, leíste, le**yó,** leímos, leísteis, le**yeron**
oír: oí, oíste, o**yó,** oímos, oísteis, o**yeron**
creer: creí, creíste, cre**yó,** creímos, creísteis, cre**yeron**

- Other verbs that follow this pattern are **caer(se)** *(to fall)*, **huir** *(to escape)*, and **construir** *(to build)*.
- These verbs are regular in all forms of the preterite except the third person singular **(él/ella/Ud.)** as well as the plural **(ellos/ellas/ Uds.)** because an **i** between two vowels changes to **y.**
- Pay attention to the written accents on these verbs—the accent pattern is the same as that found in regular verbs!

Práctica

6-20 ¿Qué hicieron después de clase? Haz oraciones con los elementos siguientes para expresar lo que pasó después de las clases ayer.

1. los estudiantes de la clase de español avanzado / leer / una novela
2. haber / un concierto de jazz en el café Yelmo
3. mi profesor/a de español / caerse / de la silla
4. mi compañero/a de cuarto / poder / descansar
5. (yo) / no leer / el periódico
6. mis profesores / no creer / mi excusa
7. (yo) / tener que ir / hacer mandados
8. Mis amigos y yo / conducir / al centro comercial

Nota gramatical

The personal pronouns in parentheses should remind you that you do not need to include the subject pronoun in your sentence since the verb ending contains that information already.

6-21 Un misterio: ¿Quién fue? La policía tiene unas preguntas sobre un hecho misterioso que ocurrió en el campus. Con un/a compañero/a, túrnense para hacer y contestar las siguientes preguntas. Al terminar, explica lo que tú crees que pasó.

1. ¿Dónde estuviste ayer después de las cuatro de la tarde?
2. ¿Qué tuviste que estudiar anoche?
3. ¿Anduviste de noche por el campus?
4. ¿Oíste algo?
5. ¿Cómo supiste que ocurrió algo?
6. ¿Qué pusiste en tu mochila antes de venir a la universidad esta mañana?
7. ¿A qué hora viniste a la universidad esta mañana?
8. ¿Qué hecho misterioso ocurrió en el campus? ¡Inventa algo!

Comentarios culturales

El problema

Ricardo Arjona

La canción que vas a escuchar se titula "El problema" y es de Ricardo Arjona. Lee la siguiente información sobre Arjona y contesta las preguntas que siguen.

Edgar Ricardo Arjona Morales conocido internacionalmente como Ricardo Arjona es un cantautor *(singer-songwriter)* guatemalteco. Nació en el pueblo de Jocotenango, Antigua, Guatemala, el 19 de enero de 1964. Unos años más tarde su familia se trasladó a la Ciudad de Guatemala y a los ocho años de edad el futuro cantautor ya tocaba *(was playing)* la guitarra.

"El problema", la canción que vas a escuchar, es del séptimo álbum de Arjona titulado *Santo pecado* (2002). Fue el primer sencillo del álbum y llegó al top cinco en los rankings de radio en sólo dos semanas. Arjona sigue lanzando discos de éxito y hasta 2006 vendió 12 millones de discos.

Antes de escuchar la canción piensa en el título: "El problema".

- ¿De qué tipo de problemas suelen *(usually)* hablar los cantautores? Haz una lista.
- ¿Cuáles pueden ser las causas de los problemas de los que hablan los cantautores?

♪ To experience this song, access the *¡Tu dirás!*, Fourth Edition playlist.

Análisis

1. Mientras escuchas la canción, apunta los problemas que Arjona menciona en las columnas correspondientes. Por ejemplo, el primer problema de la canción es el siguiente: "*El problema no fue hallarte* (finding you). *El problema es olvidarte*."

es quererte	es cambiarte	es que duela *(it hurts)*
es que es conmigo	es que mientas *(you lie)*	es tu ausencia
es problema	es que te espero	es lo que haces
es que lo olvido	es que me gusta	es lo que digas *(what you say)*
es que no quiero	son las huellas *(marks)*	es que me duele
es que te creo	es el daño	es que juegues *(you play games)*

es que tú no sientas *(you don't feel)* lo mismo

es lo que callas *(what you don't mention; keep to yourself)*

EL PROBLEMA **NO...**	EL PROBLEMA...
fue hallarte	*es olvidarte*

Compara tus respuestas con las de un/a compañero/a de clase. ¿Apuntaron los mismos problemas?

2. ¿Aparecieron algunos de los problemas de la lista que hiciste antes de escuchar la canción? ¿Cuáles?
3. ¿Te gustó la canción? ¿Por qué sí o no?

Tú dirás

Vamos al mercado

Entre todos van a convertir la clase en un mercado. La clase se va a dividir en dos grupos: los vendedores y los compradores. Antes de empezar, la clase tiene que votar para decidir el país en el cuál se va a realizar *(take place)* el mercado. Luego, sigan los siguientes pasos:

Los vendedores

- Decidan qué productos van a tener en su puesto.
- Hagan un cartel *(sign)* con los precios de todos sus productos. No olviden usar la divisa nacional del país en el cual la clase decidió realizar el mercado. Usen las expresiones de cantidad (litro, kilo, etc.).
- Saluden a los compradores.
- Contesten las preguntas de los compradores sobre sus productos y los precios.
- Estén dispuestos a regatear con los compradores hasta donde puedan.
- Mantengan una lista de sus ventas (los productos vendidos, las cantidades y los precios) porque al final del día tienen que saber qué vendieron, qué cantidad vendieron de cada producto y cuánto dinero ganaron.

Los compradores

- Escriban una lista de las cosas que necesitan comprar.
- Decidan cuánto dinero pueden gastar.
- Visiten los puestos del mercado.
- Hagan preguntas sobre los productos y los precios.
- Compren los productos que necesiten. No olviden regatear con los vendedores para conseguir un mejor precio.
- Mantengan una lista de sus compras (los productos, las cantidades y los precios) para poder saber qué y cuánto compraron de cada producto y cuánto gastaron en el mercado.

Al concluir el mercado, los vendedores deben presentarle un resumen de su lista de ventas a la clase. ¿Qué vendedor/a ganó más dinero? Los compradores también deben presentar un resumen de sus compras. ¿Qué comprador/a regateó mejor y consiguió los mejores precios?

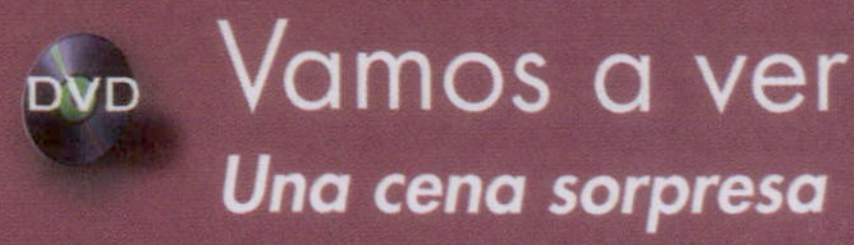

Vamos a ver
Una cena sorpresa

En este episodio del video vamos a ver a Valeria mientras prepara una cena sorpresa para Antonio. Va a preparar chiles rellenos *(stuffed)* al horno, un plato mexicano. Como Valeria no sabe cocinar, Alejandra le ayuda.

Anticipación

La comida hispana Con dos compañeros de clase, contesten las siguientes preguntas.

1. ¿Les gusta la comida hispana? Expliquen su respuesta.
2. ¿Qué platos han probado? Hagan una lista.

Escojan uno de los platos de su lista que por lo menos dos de Uds. han probado *(have tried)* y descríbanlo con la información siguiente.

Nombre del plato:	
Tipo de plato: (mexicano, caribeño, Tex-Mex, etc.)	
Ingredientes:	

Vamos a ver

La lista de la compra Antes de ir al mercado para comprar los ingredientes necesarios para preparar el plato, Valeria escribe una lista de la compra. ¡Ayúdale a hacerla! Al ver el episodio por primera vez, escucha mientras Alejandra lee la receta. Marca solamente los ingredientes necesarios para hacer la receta.

Chiles Rellenos al Horno

- ❑ arroz blanco guisado *(cooked)*
- ❑ pimiento rojo *(red pepper)*
- ❑ crema
- ❑ caldillo *(broth)* de jitomate
- ❑ caldillo de pollo
- ❑ queso añejo *(mature)*
- ❑ sal
- ❑ chiles poblanos
- ❑ queso de cabra *(goat)*
- ❑ azúcar
- ❑ cebollitas de cambray *(Cambray onions)*

Ahora, compara tu lista con la de un/a compañero/a.

¿Qué cantidad y cómo se prepara *(is prepared)* el plato? Además de los ingredientes, Alejandra menciona las cantidades requeridas y cómo se prepara el plato. Mientras ves este episodio por segunda vez, escribe el nombre de los ingredientes mencionados, al lado de las cantidades, y ordena (del 1 a 6) los pasos de preparación del plato.

Los ingredientes y sus cantidades

seis ______________
una taza y media de ______________
una taza de ______________
tres ______________
media cucharadita de ______________
una taza de ______________
______________ al gusto

Cómo se prepara el plato

_______ Encima se vacía *(is poured)* la crema y se espolvorea *(is sprinkled)* el queso añejo.
_______ Se colocan *(are placed)* en un platón refractario *(heat-resistant)*.
_______ Se hornea *(is baked)* diez minutos a 190º C.
_______ Se llenan *(are filled)* los chiles con el arroz.
_______ Se bañan los chiles con el caldillo de jitomate.
_______ Se licúan *(are liquefied)* la crema, las cebollitas y la sal.

Expansión

¿Cómo estuvo la cena? Al final del episodio Valeria en su testimonio dice: "*La cena resultó todo un desastre*". Trabaja con otro/a estudiante para explicar el significado de esta oración. ¿Por qué fue un desastre? ¿Estás de acuerdo con Valeria? ¿Qué pensó Antonio?

Ahora, te toca a ti Después de hablar de la cena de Valeria piensa en una ocasión en que cocinaste algo por primera vez. ¿Cómo fue tu experiencia? ¿Fue similar a la de Valeria o diferente? Explica por qué. Compartan sus experiencias con la clase. Después de escuchar a todos los estudiantes, decidan quién tuvo la mejor experiencia y quién tuvo la peor experiencia.

Un plato hispano En la sección de **Anticipación,** tú y unos compañeros escribieron una lista de ingredientes para un plato hispano que ya habían probado *(had tried)*. Ahora escriban las cantidades para cada ingrediente. Cuando terminen, presenten en clase el plato y los ingredientes. ¿Cuántas personas de la clase conocen el plato que presentaron? ¿Qué otros platos fueron presentados?

TERCERA ETAPA

Para empezar: En una tienda de ropa

Preparación: Al empezar esta etapa, piensa en las siguientes preguntas.

- ¿Te gusta comprar ropa?
- ¿Dónde compras ropa normalmente?
- ¿Con qué frecuencia compras ropa nueva?

La ropa

Práctica

6-22 ¿Qué llevas hoy? Eres el/la encargado/a *(person in charge)* de la sección de moda del periódico de la universidad. Necesitas saber qué ropa llevan los estudiantes y los profesores. Describe lo que lleva cada una de las siguientes personas. Sigue el modelo.

MODELO *Luis lleva una camiseta roja con unos pantalones azules.*

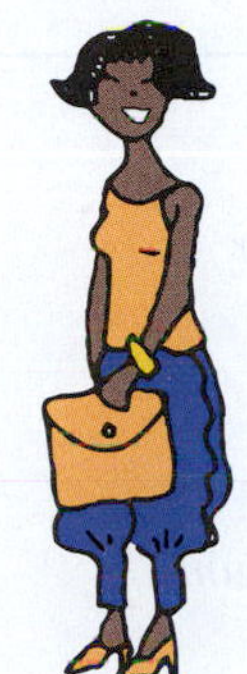

1. Roberta **2.** Nadia **3.** Alfonso

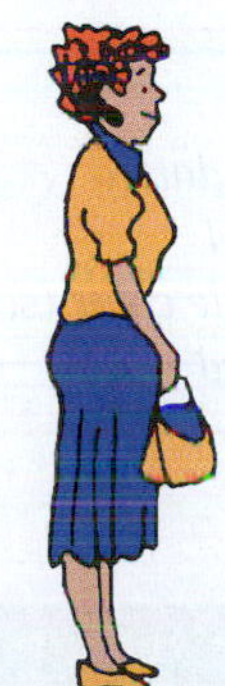

4. Arturo **5.** Olga **6.** Esteban

6-23 ¿Y la moda en tu clase? Mira bien a tus compañeros de clase. ¿Qué llevan hoy? Siguiendo el modelo de la actividad **6-22**, describe la ropa de seis compañeros de clase. ¡Incluye todos los detalles que puedas!

1. ______________________________
2. ______________________________
3. ______________________________
4. ______________________________
5. ______________________________
6. ______________________________

Enfoque léxico

Más vocabulario y expresiones útiles para comprar ropa y accesorios

En una tienda

la caja registradora	*cash register*
el escaparate	*display window*
el mostrador	*display counter / case*
el probador	*dressing room*

Los materiales

Es / Son de... *(It is / They are made of . . .)*

algodón	*cotton*
ante	*suede*
cuero / piel	*leather*
hilo / lino	*linen*
lana	*wool*
oro	*gold*
plata	*silver*
platino	*platinum*
rayón	*rayon*
seda	*silk*

Los estilos

de cuadros / a cuadros	*plaid*
de lunares / a lunares	*polka-dotted*
de rayas / a rayas	*striped*
de un solo color	*a single color (solid)*
estampado	*printed*

Probándose ropa

El/La cliente/a	
¿Puedo probarme esto?	*Can I try this on?*
¿Qué tal me queda/n?	*How does it / do they fit me?*
¿Me queda bien?	*Does it fit me well?*
Necesito una talla más / menos.	*I need a bigger / smaller size.*

El/La dependiente/a	
¿Se quiere probar esto?	*Would you like to try this on?*
Le queda/n bien / mal / suelto / ajustado / apretado.	*It fits / They fit you well / poorly / loose / fitted / tight.*
Le queda/n grandes / pequeños/as.	*It's / They're too big / small for you.*
¿Qué talla tiene?	*What is your size? (clothes)*
¿Qué número tiene?	*What is your size? (shoes)*

Práctica

6-24 En una tienda de ropa Alejandra está en su tienda favorita de ropa. Completa su diálogo con la dependienta usando las siguientes palabras: **caja registradora, color, grande, probador, probarme, queda, rayas, talla.**

ALEJANDRA: ¿Puedo (1) ______________ esta camiseta?

LA DEPENDIENTA: Por supuesto. ¿Qué (2) ______________ tiene?

ALEJANDRA: Normalmente una mediana.

LA DEPENDIENTA: Esta camiseta les queda (3) ______________ a las personas, así que tome ésta, es una talla pequeña.

ALEJANDRA: ¿Dónde está el (4) ______________?

LA DEPENDIENTA: En la parte de atrás de la tienda, a la derecha.

ALEJANDRA: Gracias.

(unos minutos más tarde Alejandra sale del probador)

ALEJANDRA: ¿Qué tal me (5) ______________?

LA DEPENDIENTA: Le queda perfecta. El color le sienta *(suits)* muy bien. También las tenemos de (6) ______________.

ALEJANDRA: No, gracias. La prefiero de un solo (7) ______________.

LA DEPENDIENTA: Muy bien. Le espero en la (8) ______________.

ALEJANDRA: Bien. Enseguida voy.

6-25 A comprarte ropa Imagínate que necesitas comprar ropa y también algunos accesorios. ¿Qué necesitas? Haz una lista.

Necesito comprarme…

Ropa:

Accesorios:

Un/a compañero/a va a ser el/la dependiente/a y tú vas a ser el/la cliente/a. Usen el vocabulario de esta etapa y las expresiones útiles para comprar ropa y accesorios. Hagan preguntas sobre los materiales, los estilos y sobre cómo les queda todo. Pregunten también sobre los precios, descuentos y la posibilidad de devolución. Mantengan una lista de sus compras, los precios y cuánto dinero gastaron en total. ¿Encontraron todo lo que tenían *(you had)* en la lista?

En mi tienda favorita de ropa compré…	Me costó…
	Total:

Enfoque estructural *Los pronombres demostrativos*

Demonstrative pronouns designate a person, object, or place when the noun itself is not mentioned. Compare the following:

Esa camisa no me quedó bien.	*That shirt did not fit me well.*
Ésta me queda perfecta.	***This one** fits me perfectly.*

Demonstrative pronouns have the same spelling as demonstrative adjectives (you studied these in **Capítulo 2,** page 94), but are distinguished by an accent mark.The accent mark does not affect the pronunciation of the word, but rather shows that it has a different use and meaning.

Near the speaker		Corresponding adverb
éste **ésta**	*this one*	**aquí**
éstos **éstas**	*these*	

Near the listener		Corresponding adverb
ése **ésa**	*that one*	**ahí**
ésos **ésas**	*those*	

Far from both the speaker and the listener		Corresponding adverb
aquél **aquélla**	*that one . . . over there*	**allá**
aquéllos **aquéllas**	*those . . . over there*	

- Demonstrative pronouns agree in gender and number with the nouns they replace.

Esta canción es muy alegre; **ésa** es muy triste.	*This song is very happy;* ***that one*** *is very sad.*
Me gusta este disco más que **aquél.**	*I like this album better than* ***that one.***

- When using demonstrative pronouns, it is helpful to use adverbs of location to specify how close to you an object remains. The proximity allows you to decide whether you should refer to the object using **éste/a, ése/a,** or **aquél/la.**

¿Quieres **este** reloj **de aquí, ése de ahí** o **aquél de allá**?	*Do you want* ***this*** *watch* ***here, that one there,*** *or* ***that one over there?***

Los pronombres demostrativos neutros: esto, eso, aquello

- The neuter demonstrative pronouns in Spanish refer to items that are not yet identified or to ideas that were already mentioned. They never take an accent mark.

—¿Qué es **esto?** —Es una cartera.	*What is* ***this?*** *It's a wallet.*
Eso es lo que dijo.	***That****'s what she/he said.*
Aquello fue impresionante.	***That*** *was great.*

Práctica

6-26 Mundo joven Valeria está en *Mundo joven,* su tienda favorita de ropa. Mario, el dependiente le está mostrando ropa y accesorios que acaban de llegar. Completa su diálogo usando los **pronombres demostrativos** correctos.

MARIO: Hola, Valeria. Me alegro de verte de nuevo.

VALERIA: Hola, Mario. Busco un vestido.

MARIO: ¡Qué bien! (1) ______________ de aquí acaba de llegar esta mañana.

VALERIA: Es bonito, pero necesito algo más largo y de un solo color. No me gustan los vestidos estampados.

MARIO: Tenemos unos vestidos largos por allá. ¿Los ves? (2) ______________ al final del pasillo *(aisle).*

VALERIA: Muy bien. También busco una pulsera para llevar con el vestido.

MARIO: Recibimos unas pulseras nuevas el lunes. Están en este mostrador. Veamos. (3) ______________ de aquí son de plata. (4) ______________ de ahí son bonitas pero informales.

VALERIA: Me gusta mucho (5) ______________ de allá.

MARIO: Sí, aquella pulsera es perfecta para ti.

6-27 *¿Esto, eso o aquello?* Completa las oraciones con la información entre paréntesis.

1. ______________ *(This)* es muy interesante.
2. ______________ *(That)* me parece muy difícil.
3. ¿Qué piensas de ______________ *(this)*?
4. ¿Ves ______________ *(that over there)*?
5. ______________ *(This)* suena muy bien.
6. ______________ *(That)* es estupendo.

6-28 Las compras de Alejandra y Valeria Lee lo que dicen Alejandra y Valeria en una tienda de ropa. Completa el diálogo con los pronombres demostrativos que faltan.

Mirando zapatos

VALERIA: Alejandra, ¿te gustan (1) ______________ *(those)?*

ALEJANDRA: No, (2) ______________ *(those)* no me gustan, prefiero (3) ______________ *(these).*

Mirando faldas

ALEJANDRA: Valeria, ¿por qué no te pruebas (4) ______________ *(this one)?*

VALERIA: ¿(5) ______________ *(That one)?* No, no me gusta el rayón. Voy a probarme (6) ______________ *(that one over there)* de allá.

Mirando camisetas

ALEJANDRA: Vale, mira, (7) ______________ *(these)* son muy bonitas.

VALERIA: Sí, es verdad, y (8) ______________ *(those)* también. Y ¿qué te parecen (9) ______________ *(those over there)* de allá? Son mis favoritas.

Enfoque estructural *Otro tiempo pasado: el pretérito perfecto*

The **pretérito perfecto** *(present perfect)* tense is used to talk about an action that has happened already, either in the general past or quite recently in relation to the moment of speaking. The equivalent in English is *to have done something.* For example:

—¿**Han viajado** últimamente?	***Have you traveled** lately?*
—**Hemos ido a** Honduras.	***We've gone to** Honduras.*

Sometimes it may be used to suggest that the effects of a past event carry over into the present: "I've always done it that way (and still do)."

—Siempre **he comprado** la ropa aquí.	*I **have** always **bought** clothes here (and I still do).*

To form the **pretérito perfecto,** use the present tense of the auxiliary verb **(haber)** with the **past participle** form of the main verb. The past participle of an **-ar** verb is formed by substituting **-ado** for **-ar.** For both **-er** and **-ir** verbs, the ending **-ido** replaces **-er** and **-ir.**

Auxiliary verb **haber**

yo	**he**
tú	**has**
Ud., él, ella	**ha**
nosotros/as	**hemos**
vosotros/as	**habéis**
Uds., ellos, ellas	**han**

\+

Past participle of the main verb

-ar verbs
bail**ado**

-er / -ir verbs
com**ido** / sal**ido**

- This two-part verb is never split up in Spanish by a negative as it is in English:

Carlos **no ha llegado.**	*Carlos **has not arrived.***

- Nor is this compound verb split up by the subject or subject pronoun when it is used in a question, as it is in English:

—¿**Ha llegado** Jim?	***Has** Jim **arrived?***
—Sí, sí **ha llegado.**	*Yes, he **has arrived.***

The following are examples of regular past participles:

	Infinitivo	Participio pasado
-**ar** verbs	dar estar hablar jugar mandar trabajar	**dado** **estado** **hablado** **jugado** **mandado** **trabajado**
-**er** verbs	aprender comer comprender	**aprendido** **comido** **comprendido**
-**ir** verbs	ir pedir seguir	**ido** **pedido** **seguido**

Irregularities also exist in this tense. Here are some of the most common irregular past participles:

	Infinitivo	Participio pasado
-er verbs	devolver hacer poner resolver romper ver volver	**devuelto** **hecho** **puesto** **resuelto** **roto** **visto** **vuelto**
-**ir** verbs	abrir cubrir decir describir descubrir escribir	**abierto** **cubierto** **dicho** **descrito** **descubierto** **escrito**

Práctica

6-29 ¿Qué ha pasado antes? Las siguientes personas han ido al centro comercial para comprar ropa y accesorios para sus vacaciones de verano. Explica lo que han hecho.

MODELO Mario / comprar unas camisetas y sandalias
Mario ha comprado unas camisetas y sandalias.

1. yo / probarse / unos bluejeans
2. Silvia y Luis / comprar dos impermeables amarillos
3. nosotros / ver mucha ropa bonita pero demasiado cara
4. Eloina / descubrir una tienda nueva que le gusta muchísimo
5. Alfonso y Jesús / pagar sus compras con tarjeta de crédito
6. Inés y yo / mirar muchos escaparates
7. el Sr. y la Sra. López / encontrar muchos descuentos
8. tú / devolver unos pantalones

6-30 Ya lo he hecho Un/a amigo/a te hace preguntas sobre un viaje que vas a hacer a El Salvador. Contéstale que ya has hecho todo lo necesario. Cuando sea posible, usa pronombres para abreviar *(to shorten)* tus respuestas.

MODELO ¿Viste los nuevos folletos *(brochures)*?
Sí, ya los he visto.

1. ¿Fuiste a la agencia de viajes?
2. ¿Compraste una guía *(guide book)* de El Salvador?
3. ¿Viste el horario de trenes?
4. ¿Pusiste tu maleta *(suitcase)* en el carro?
5. ¿Llamaste a tus amigos?
6. ¿Escribiste la lista de regalos que vas a comprar?

Vamos a leer

El comercio justo

Antes de leer

El texto que vas a leer presenta información sobre el comercio justo. La lectura está dividida en tres secciones: **Definición, Historia** y **Quiénes son los productores.**

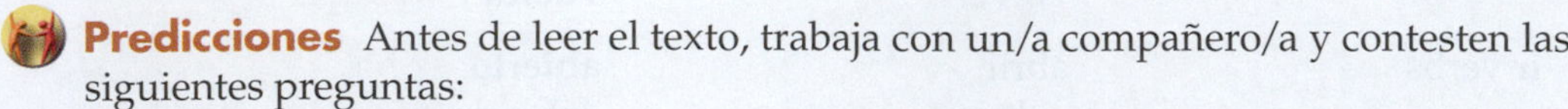

Predicciones Antes de leer el texto, trabaja con un/a compañero/a y contesten las siguientes preguntas:

1. Miren la foto en la página 255 y describan lo que ven.
2. El título del texto es "El comercio justo". ¿A qué se refiere?

Guía para la lectura

Paso a paso Sigue las instrucciones que aparecen a continuación y contesta las preguntas.

Definición Lee la primera sección.

1. Define el concepto de comercio justo. Escribe tu definición en español con tus propias palabras.

Historia Lee la segunda sección.

2. ¿Qué pasó en 1964?
3. ¿Qué significa "Comercio, no ayuda"? En tu opinión, ¿fue un buen título para el informe? ¿Por qué sí o por qué no?

¿Quiénes son los productores? Lee la tercera sección.

4. Nombra **tres** tipos de productores de comercio justo.
5. ¿Cuál es la organización más antigua de comercio justo? ¿Cuántos miembros tiene?
6. ¿Cuántos países exportan productos de comercio justo? ¿Dónde están estos países?
7. ¿Cuántas personas reciben el beneficio del comercio justo?

Al fin y al cabo

Discusión Después de leer el artículo, trabaja con un/a compañero/a de clase y contesten las siguientes preguntas.

1. ¿Hay tiendas en su pueblo o ciudad que venden productos de comercio justo? ¿Cómo se llaman? ¿Dónde están?
2. ¿Alguna vez han comprado un producto de comercio justo? ¿Qué compraron? ¿Cuánto costó?
3. Irónicamente, uno de los problemas para el comercio justo es el consumidor. Estos buscan el precio más asequible *(affordable)* para los productos que compran. Ustedes, como consumidores, ¿están dispuestos a pagar más dinero por un producto de comercio justo? ¿Por qué sí o por qué no?

El comercio justo

Definición

El comercio justo está basado en unas relaciones justas que promueven[1] igualdad entre hombres y mujeres, los salarios dignos[2] y el respeto al medio ambiente[3]. Es una alternativa al comercio tradicional que promueve el desarrollo de las poblaciones más desfavorecidas[4] con el fin de[5] erradicar la pobreza. El comercio justo potencia[6] la posición económica de los pequeños productores para garantizarles un medio de vida sostenible[7] y para evitar[8] su marginalización por no tener acceso directo al mercado local o mundial.

Los productos del comercio justo se adquieren directamente de los campesinos y de los artesanos. De esta manera se eliminan los intermediarios y los productores reciben una retribución[9] justa que cubre los costes de producción y sus necesidades fundamentales. Los precios de los productos se fijan de acuerdo con[10] los productores.

Historia

Las características del comercio justo se comenzaron a definir en los años sesenta del pasado siglo. En 1964 la Conferencia de Naciones Unidas sobre el Comercio y el Desarrollo[11] publicó un informe llamado "Comercio, no ayuda". Desde ese momento el comercio justo se ha ido desarrollando poco a poco a lo largo de[12] los años.

¿Quiénes son los productores?

Los productores de comercio justo varían de una zona geográfica a otra y de un producto a otro, pero normalmente incluyen federaciones de productores, cooperativas, familias, talleres[13] para minusválidos[14], organismos estatales y empresas privadas. La organización más antigua de exportación de productos de comercio justo es el Frente Solidario de Pequeños Cafetaleros de América Latina, en la cual hay más de 200.000 cafetaleros.

Actualmente, las organizaciones de comercio justo importan productos de unas 800 organizaciones de productores de 45 países del hemisferio sur. Los beneficiarios directos del comercio justo son aproximadamente 800.000 familias, o cinco millones de personas. En muchos países del Sur, la mujer, el marido y, a veces, los hijos u otros familiares comparten el trabajo de producción.

[1]promueven *(promote)*; [2]dignos *(appropriate)*; [3]medio ambiente *(environment)*; [4]desfavorecidas *(disadvantaged)*; [5]con el fin de *(with the intention of)*; [6]potencia *(strengthens)*; [7]sostenible *(sustainable)*; [8]evitar *(avoid)*; [9]retribución *(payment)*; [10]se fijan de acuerdo con *(are set in accordance with)*; [11]Desarrollo *(Development)*; [12]a lo largo de *(throughout)*; [13]talleres *(shops)*; [14]minusválidos *(disabled persons)*

REPASO

6-31 ¿Qué pasó? De acuerdo con la información que tienes a continuación, dile a un/a compañero/a de clase lo que pasó el fin de semana pasado. ¿Quién lo pasó mejor?

El viernes (yo)	El sábado mi compañero/a de cuarto
oír un anuncio de radio	ir a casa de Isabel
llamar a un amigo	oír música
ir al centro comercial	poner la tele
ver ofertas interesantes	ver videos musicales
no poder comprar nada	pedir pizza
ponerme muy triste	dormirse a las tres de la madrugada

6-32 Y tú, ¿qué hiciste? Utiliza los siguientes verbos para hacerle preguntas a tu compañero/a sobre su verdadero fin de semana.Tu compañero/a contestará tus preguntas y luego cambiará de papel contigo. ¿Hicieron las mismas cosas o no?

MODELO ver
—¿Viste una película?
—Sí, vi una película el viernes.

1. oír
2. leer
3. pagar
4. decir
5. utilizar
6. venir
7. despedirse
8. jugar

6-33 ¿Cuánto cuesta todo esto? Unos amigos y tú están planeando una cena para cinco personas. No tienen mucho dinero, sólo 50 dólares para las bebidas, el postre y el plato principal. Miren los precios de la lista y decidan cuánto pueden comprar de cada cosa sin gastar más de 50 dólares. Después de decidir, escriban lo que van a comprar e indiquen la cantidad. Al terminar, compartan con la clase el menú para la cena.

MODELO *—¿Qué vamos a servir?*
—Bueno, para el plato principal, ¿por qué no preparamos pollo con papas fritas y verduras?
—A ver. El pollo cuesta...

Los productos lácteos		**Otros productos**	
el yogur	3 / $2	el pan	$1
la leche	1 litro / $1	las galletas	$2
la mantequilla	$1	el arroz	$2
la crema	2 / $1	las pastas	$2
el queso	$2	la lechuga	$1
Las conservas		los tomates	1 kilo / $2
la sopa	2 / $1	**Los productos congelados**	
el atún	2 / $2.50	el pescado	1 kilo / $5
la salsa de tomate	2 / $1.50	la pizza	$5
las aceitunas	2 / $1.50	las papas fritas	$2
Las bebidas		el pollo	1 kilo / $4
el café	1 kilo / $15	las verduras	$2
el agua mineral	1 litro / $2	el helado	$4
los refrescos	2 litros / $1		

6-34 Las compras Completa los minidiálogos con **los pronombres de complemento directo** adecuados.

1. DEPENDIENTE: ¿En qué puedo servirle?
   CLIENTE: Busco un libro de doce cuentos sobre temas musicales y folclóricos de María de Baratta que se llama "El Teocalli".
   DEPENDIENTE: Sí, señor, tenemos ese libro. __________ puede encontrar en la sección de autores salvadoreños.

2. COMPRADORA: ¿Cuánto cuestan estas manzanas verdes?
   VENDEDOR: Son a 5 lempiras el medio kilo. ¿Se __________ lleva?
   COMPRADORA: Sí, deme un kilo, por favor.

3. DEPENDIENTA: ¿Qué desean?
   CLIENTE #1: ¿Hay una oferta de juguetes hoy?
   DEPENDIENTA: Sí, hay un descuento del 30% en juguetes.
   CLIENTE #2: Entonces quiero este carro a control remoto.
   DEPENDIENTA: Lo siento, pero ese carro no está de oferta. Sólo __________ que están allí al final del pasillo están de oferta.

4. COMPRADOR: Perdone, señora. ¿Dónde están las verduras?
   DEPENDIENTA: ¿Busca usted verduras frescas o congeladas?
   COMPRADOR: Frescas.
   DEPENDIENTA: __________ puede encontrar en la sección de frutas y verduras en la entrada del supermercado.

VOCABULARIO

The **Vocabulario** consists of all new words and expressions presented in the chapter. When reviewing or studying for a test, you can cover up the English and go through the list to see if you know the meaning of each item.

Enfoques léxicos *Lexical focuses*

Expresiones útiles para hacer compras	*Useful expressions for buying things* (p. 220)
Expresiones de cantidad y para regatear	*Expressions of quantity and to bargain* (p. 232)
Más vocabulario y expresiones útiles para comprar ropa y accesorios	*More vocabulary and useful expression for buying clothing and accessories* (p. 248)

En un centro comercial

accesorios para el hogar	*home accessories*
los cajeros automáticos	*automatic cash dispensers*
comida rápida y restaurantes	*fast food and restaurants*
deportes	*sports*
entretenimiento	*entertainment*
joyerías	*jewelry shops*
jugueterías	*toy shops*
librerías	*bookshops*
los locales comerciales	*business premises*
moda para hombres y mujeres	*men's and women's fashions*
música	*music*
papelerías	*stationers*
el parqueo	*parking area*
perfumerías	*perfume shops*
las salas de cine	*movie theaters*
supermercado	*supermarket*
zapaterías	*shoe shops*

En el mercado

artesanías	*handicrafts*
aves, carnes y charcutería	*poultry, meats, and deli meats*
especias	*spices*
frutas y verduras	*fruits and vegetables*
frutos secos	*nuts*
panaderías	*bakeries*
pescados y mariscos	*fish and seafood*

En el supermercado

el aceite de oliva	*olive oil*
los aguacates	*avocados*
las almejas	*clams*
el arroz	*rice*
el bistec	*steak*
los bollos	*pastries*
las cebollas	*onions*
el cerdo	*pork*
el chorizo	*sausage*
los congelados	*frozen foods*
las conservas	*canned goods*
el cordero	*lamb*
las fresas	*strawberries*
los frijoles	*beans*
las galletas	*cookies, crackers*
las gambas	*shrimp*
los guisantes	*peas*
la harina	*flour*
los helados	*ice creams*
los hongos	*mushrooms*
el jamón	*ham*
la langosta	*lobster*
las latas de atún, de sopa, de verduras	*cans of tuna, soup, vegetables*
la lechuga	*lettuce*
los limones	*lemons*
el maíz	*corn*
los mangos	*mangoes*
las manzanas	*apples*

En el supermercado *(cont.)*

la mayonesa	*mayonnaise*
los mejillones	*mussels*
los melocotones	*peaches*
el melón	*melon*
las naranjas	*oranges*
las ostras	*oysters*
el pan	*bread*
el pavo	*turkey*
las peras	*pears*
la piña	*pineapple*
los plátanos	*bananas*
los platos preparados	*pre-cooked meals*
los pepinos	*cucumbers*
los productos lácteos	*dairy products*
el pulpo	*octopus*
el salmón	*salmon*
la salsa de tomate	*tomato sauce*
los tomates	*tomatoes*
las uvas	*grapes*
las zanahorias	*carrots*

La ropa y los accesorios

el abrigo	*coat*
el anillo	*ring*
los aretes	*earrings*
los bluejeans	*jeans*
la blusa	*blouse*
el bolso	*bag, purse*
las botas	*boots*
la bufanda	*winter scarf*
los calcetines	*socks*
la camisa	*shirt*
la camiseta	*T-shirt*
la cartera	*wallet*
la chaqueta	*jacket*
el cinturón	*belt*
el collar	*necklace*
la corbata	*tie*
la falda	*skirt*
la gorra	*baseball cap*
los guantes	*gloves*
el impermeable	*raincoat*
las medias	*stockings*
los pantalones	*pants*
el pañuelo	*decorative scarf*
la pulsera	*bracelet*
el reloj	*watch*
las sandalias	*sandals*
el sombrero	*hat*
la sudadera	*sweatshirt*
el suéter	*sweater*
el vestido	*dress*
los zapatos	*shoes*
los zapatos de tacón	*high-heeled shoes*

7 La salud física y mental

CHAPTER OBJECTIVES

In **Capítulo 7,** you will . . .

- learn about health, health care, and personality traits
- learn how to use a new past tense to better describe past conditions and events

- learn about Venezuela

- discover Aterciopelados

- watch the roommates' individual testimonials
- learn about Gabriel García Márquez and read an excerpt from his novel *Cien años de soledad*

PRIMERA ETAPA:
LAS PARTES DEL CUERPO

Functions
- describe accidents and injuries
- talk about habitual actions and describe situations in the past

SEGUNDA ETAPA:
LA PERSONALIDAD Y LOS ESTADOS DE ÁNIMO

Functions
- identify others' personality traits and states of mind
- express conditions that result from a previous action

TERCERA ETAPA:
LOS PROBLEMAS DE SALUD

Functions
- inquire and provide information about common symptoms and illnesses
- talk about health professionals and the services they provide, visits to medical centers, and treatments and remedies for common ailments

Venezuela y Colombia

Venezuela

Población: 25.730.435
Capital: Caracas, 1.838.939
Moneda: el bolívar
Lengua: el castellano y 35 idiomas indígenas

Colombia

Población: 43.593.035
Capital: Santa Fe de Bogotá, 6.680.500
Moneda: el peso
Lenguas: el castellano

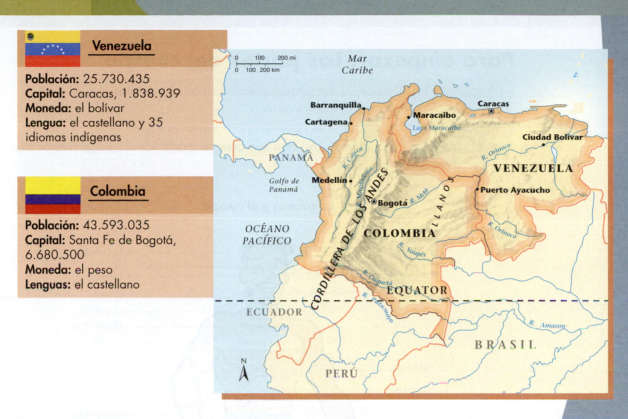

Tools

- Vocabulary for:
  - body parts
  - accidents and injuries
- Grammatical structures:
  - imperfect tense of regular and irregular verbs
  - indirect object pronouns

 **Comentarios culturales:** Venezuela: un país encantador

Tú dirás: Un accidente

 **Vamos a escuchar:** Las lesiones de Alejandra y Sofía

Tools

- Vocabulary for:
  - states of mind and personality types
  - indicating habitual actions
- Grammatical structures:
  - the verbs **ser** and **estar**
  - the verb **estar** + adjectives to express conditions

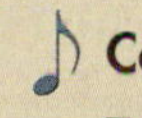 **Comentarios culturales:** El estuche

Tú dirás: Un retrato psicológico

Vamos a ver: Los testimonios de los compañeros

Tools

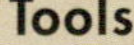

- Vocabulary for:
  - symptoms, illnesses, and health-related activities
  - health professionals and their functions, medical centers, treatments and remedies
- Grammatical structures:
  - more uses of the imperfect tense
  - summary of the uses of the preterite and the imperfect

Vamos a leer: *Cien años de soledad*

Para empezar: Las partes del cuerpo

Preparación: Al empezar esta etapa, piensa en posibles dolores *(pains)* y enfermedades *(illnesses)*.

- ¿Qué palabras y expresiones necesitas para expresar dolor?
- ¿Has tenido un accidente? ¿Alguien que conoces ha tenido un accidente? ¿Qué pasó?

La cabeza y el cuerpo

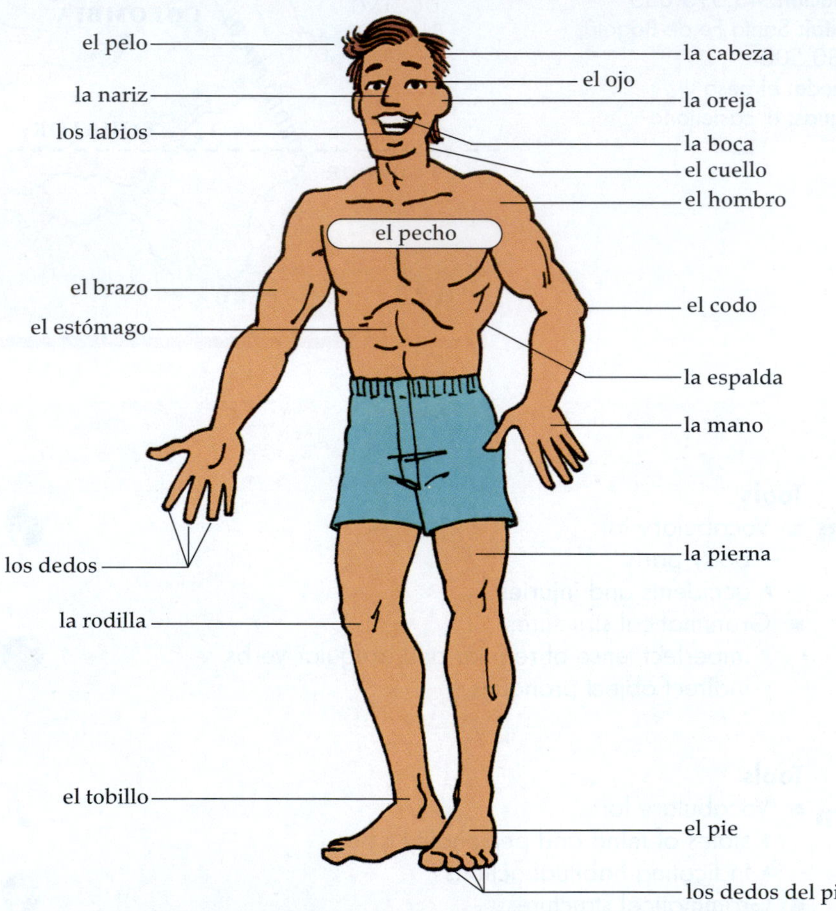

Otras partes del cuerpo

la cara	*face*	**la garganta**	*throat*
el cerebro	*brain*	**los huesos**	*bones*
la cintura	*waist*	**los músculos**	*muscles*
el corazón	*heart*	**la piel**	*skin*
los dientes	*teeth*	**los pulmones**	*lungs*

Práctica

7-1 Partes del cuerpo Identifica las partes del cuerpo que asocias con las siguientes actividades.

MODELO tocar el piano
Para tocar el piano, tienes que usar los dedos y las manos.

1. correr
2. nadar
3. saludar a alguien
4. mirar la televisión
5. seleccionar un perfume
6. comer
7. cantar
8. bailar

7-2 La ropa y las partes del cuerpo Indica en qué parte del cuerpo te pones las siguientes prendas de vestir *(articles of clothing)*.

1. unos guantes
2. un pantalón
3. una bufanda
4. unos calcetines
5. una gorra
6. una camiseta
7. un cinturón
8. un anillo

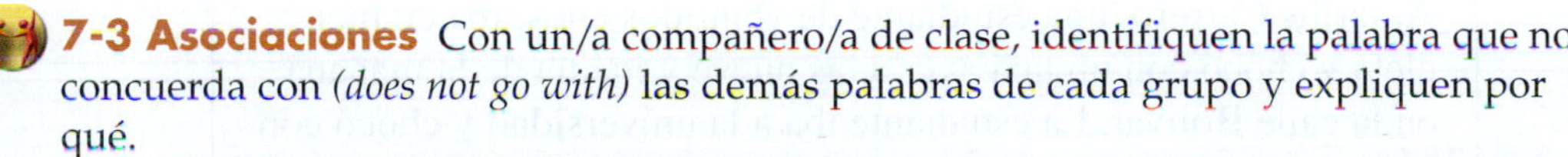

7-3 Asociaciones Con un/a compañero/a de clase, identifiquen la palabra que no concuerda con *(does not go with)* las demás palabras de cada grupo y expliquen por qué.

MODELO la nariz, el codo, los ojos
El codo. El codo es parte del brazo mientras que (while) *la nariz y los ojos son parte de la cabeza.*

1. los dedos, las rodillas, los pies
2. los ojos, las orejas, el estómago
3. los dedos del pie, la boca, los labios
4. la piel, el pelo, los pulmones
5. la boca, los dedos, la nariz

Enfoque léxico *Hablar de accidentes y lesiones*

Expansión léxica

Bandages come in many shapes and sizes, all of which may be called **la venda**. An *eye-patch* is **el parche**, which also means *small bandage*. In Latin America, a *small bandage* or *bandaid* may be called **la curita** and in Spain, **la tirita**. If the damage is serious, the doctor may need to *put a cast on* it, which is expressed by **enyesar** in Latin America and **escayolar** in Spain.

To describe injuries in Spanish, you will use a number of reflexive verbs plus the relevant body part. Consider the following verbs:

cortarse un/el dedo, la cara, etcétera	*to cut oneself one's finger, face, etc.*
hacerse una herida	*to wound oneself*
lastimarse un/el pie, una/la rodilla, etcétera	*to hurt oneself one's foot, knee, etc.*
romperse una/la pierna, un/el brazo, etcétera	*to break one's leg, arm, etc.*
torcerse (ue) un/el tobillo, etcétera	*to sprain one's ankle, etc.*

Notice how these Spanish expressions are formed:

the reflexive verb + an article (definite or indefinite) + the body part

- Use the definite article when you are referring to a specific body part: ***la* pierna** = *one leg in particular;* ***la* cara** = *the only face,* etc.

  María tuvo un accidente y **se lastimó el pie.** — *Maria had an accident and* ***hurt her foot.***

- Use the indefinite article when you are describing injuries in general: ***un* brazo** = *an arm;* ***un* dedo** = *a finger*, etc.

  Juan se cayó y **se rompió un brazo.** — *Juan fell and* ***broke an arm.***

Práctica

 **7-4 Estudiante choca con taxi** Lee el texto sobre un accidente.

> Amarilis Carrero, una estudiante de veintidós años, iba en bicicleta y chocó con un taxi ayer a las nueve y media de la mañana en la calle Bolívar. La estudiante iba a la universidad y chocó con el coche cuando cruzaba *(she was crossing)* la calle. El conductor del taxi se lastimó una pierna. El pasajero no se lastimó. La Srta. Carrero se rompió un brazo, se torció un tobillo y se hizo una herida en la cabeza. La llevaron al Hospital Santa Cruz en una ambulancia de la Cruz Roja.

Ahora, busca las palabras que significan lo siguiente y compara tus respuestas con las de otro/a compañero/a de clase. ¿Están de acuerdo?

1. hurt a leg
2. broke an arm
3. sprained an ankle
4. wounded
5. was not hurt

7-5 Un accidente Imagínate que tu amigo y tú tuvieron un accidente la semana pasada. Emplea la información que sigue para indicar lo que les pasó. Sigue el modelo.

MODELO (Yo) Me lastimé...
(Yo) Me lastimé *la mano.*

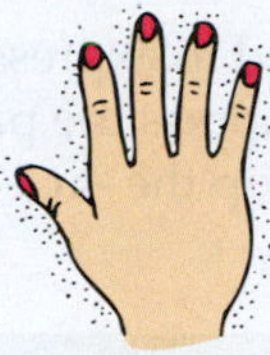

1. (Yo) Me lastimé... y mi amigo...

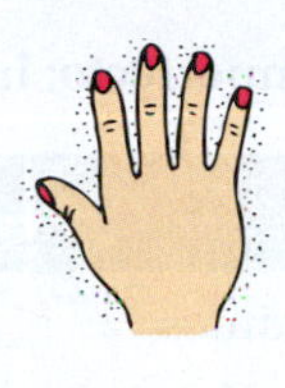

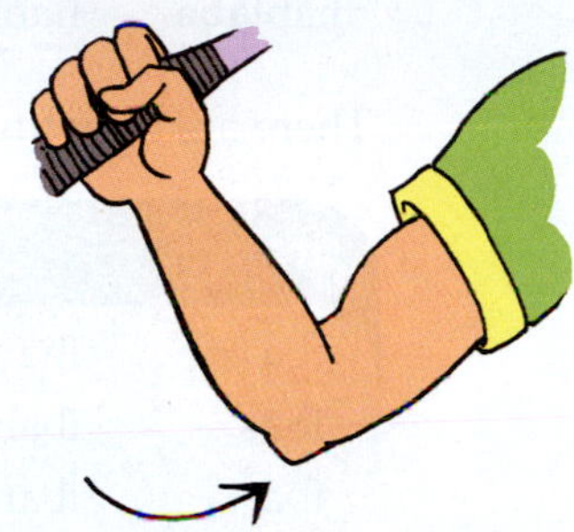

2. (Yo) Me torcí... y mi amigo...

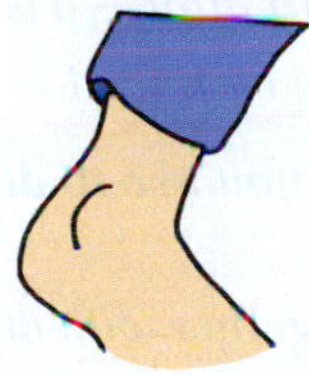

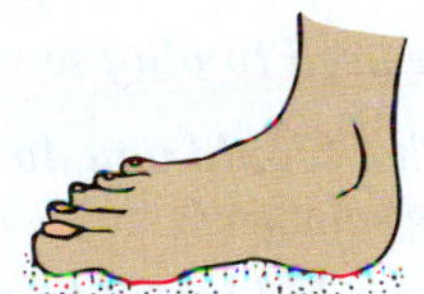

3. (Yo) Me rompí... y mi amigo...

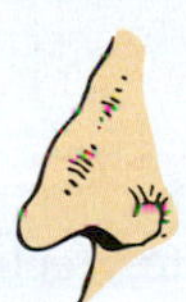

Enfoque estructural *El imperfecto*

Heinle iRadio: To hear more about the **Preterite** and the **Imperfect**, visit academic.cengage.com/spanish.

Nota gramatical

Notice that the imperfect forms for **yo** and **él/ella/Ud.** are identical. When using the imperfect, you may need to employ the subject pronoun to clarify your subject.

Up to this point, you have learned to express past actions using the preterite. Now you will learn another form to express the past in Spanish—the imperfect.

To conjugate the imperfect, drop the **-ar**, **-er**, or **-ir** from the infinitive and add the following endings:

hablar		comer		vivir	
habl-		com-		viv-	
habl**aba**	habl**ábamos**	com**ía**	com**íamos**	viv**ía**	viv**íamos**
habl**abas**	habl**abais**	com**ías**	com**íais**	viv**ías**	viv**íais**
habl**aba**	habl**aban**	com**ía**	com**ían**	viv**ía**	viv**ían**

There are only three irregular verbs in the **imperfecto: ir, ser,** and **ver**.

ir		ser		ver	
iba	íbamos	era	éramos	veía	veíamos
ibas	ibais	eras	erais	veías	veíais
iba	iban	era	eran	veía	veían

The imperfect tense is most commonly used to express *habitual past actions that you and other people used to (would) do.*

—¿Qué deportes **jugaba** Jorge de niño? *What sports **did** Jorge **use to play** as a boy?*

—**Jugaba** al fútbol y al básquetbol. ***He used to play** soccer and basketball.*

—¿Qué **hacías** los veranos? *What **would you do / did you use to do** in the summer?*

—**Me reunía** con mi familia. ***I would / I used to get together** with my family.*

The imperfect tense is also used to express several other situations in the past:

Uso	Ejemplos
To describe the physical attributes of people and things in the past	Ella **era** alta y **tenía** los ojos azules. *(She **was** tall and **had** blue eyes.)* Los veranos siempre **eran** muy divertidos. *(Summers **were** always lots of fun.)*
To describe mental states, feelings, and general health in the past	Ayer **estaba** muy cansado. **Tenía** mucho sueño. *(Yesterday I **was** very tired. I **was** very sleepy.)* **No estaba** muy contento. *(I **wasn't** very happy.)* Yo **no me sentía** bien. *(I **wasn't feeling** well.)*
To express someone's age in the past	Él **tenía** 50 años. *(He **was** 50 years old.)*

To tell time in the past	**Eran** las 3:30. (*It was 3:30.*)
With the verb **haber** to describe what people and/or things were at a place in the past	En la fiesta **había** mucha comida. (*There was a lot of food at the party.*) **Había** 30 alumnos en la clase. (*There were 30 students in the class.*)

As evidenced by the previous examples, the imperfect tense can have several equivalents in English:

Ella **vivía** en Caracas. ⟶ { *She **lived** in Caracas.* / *She **used to live** in Caracas.* / *She **was living** in Caracas.* }

Práctica

7-6 La juventud *(youth)* El padre de Diana recuerda lo que hacía cuando era niño en Venezuela. En la descripción de su vida, pon los verbos en el imperfecto.

MODELO Nosotros (vivir) en Caracas.
Vivíamos en Caracas.

1. Mi padre (trabajar) en un banco.
2. Mi mamá (quedarse) en casa.
3. Yo (asistir) al colegio de nuestro barrio.
4. Nosotros (pasar) los veranos en la Isla de Margarita.
5. Mis padres (alquilar) una casa cerca del mar.
6. A mi hermana le (gustar) nadar.
7. Yo (jugar) al vólibol en la playa.
8. Nosotros (divertirse) mucho en las vacaciones.

7-7 Descripciones de tu mundo Piensa en tu pasado y describe cómo eran las siguientes personas y cosas cuando eras niño/a. Puedes usar, entre otros, los verbos **ser, tener** y **haber.**

1. tu abuela
2. tu mejor amigo/a cuando tenías siete años
3. tu maestro/a favorito/a
4. otro/a maestro/a de tu escuela
5. tu habitación
6. tu casa
7. tu escuela secundaria
8. tu parque favorito

7-8 Días especiales ¿Puedes recordar cómo eran estos días cuando eras niño/a? Cuéntale a un/a compañero/a qué hacías cuando eras niño/a en cada una de las siguientes ocasiones.

1. el día de tu cumpleaños
2. el día de Navidad u otra fiesta de tu familia
3. el primer día de clase después de las vacaciones de verano
4. cuando visitabas a tus abuelos
5. el primer día de vacaciones de verano

Enfoque estructural *Los pronombres de complemento indirecto*

Indirect objects indicate the person(s) receiving the direct object or the person(s) or thing(s) affected in some way by the action of the verb. The indirect object typically specifies "to whom" or "for whom" the action of the verb is performed.

Yo **le** compré unos guantes.	*I bought **her** a pair of gloves.*
María **me** compró una bufanda.	*María bought a scarf **for me.***

Indirect object pronouns replace indirect objects, which are usually people. Here are the indirect object pronouns in Spanish:

me	*to (for) me*	**nos**	*to (for) us*
te	*to (for) you*	**os**	*to (for) you*
le	*to (for) you, him, her*	**les**	*to (for) you, them*

La posición de los pronombres de complemento indirecto

Similar to the placement of direct object pronouns in a sentence, that of indirect object pronouns depends on the type of verb.

- with conjugated verbs

  When the main verb of the sentence is a conjugated verb, the indirect object pronoun is placed immediately *in front of* the conjugated verb.

pronombre de complemento indirecto	+	verbo conjugado

  Le mandé unas flores. *I sent **her** some flowers.*

- with a conjugated verb and an infinitive or present participle

  When a conjugated verb and an infinitive or present participle are used together in a sentence, the indirect object pronoun can be placed in **either** of the following positions:

  - in front of the conjugated verb + infinitive or present participle

pronombre de complemento indirecto	+	verbo conjugado	infinitivo / gerundio

  Le voy a mandar flores. *I'm going to send **him** flowers.*

  Le estoy escribiendo un correo electrónico. *I'm writing **her** an e-mail.*

  - attached to the end of the infinitive or present participle

verbo conjugado	+	infinitivo / gerundio + **pronombre de complemento indirecto**

  Voy a mandar**le** flores. *I'm going to send **him** flowers.*

  Estoy escribiéndo**le*** un correo electrónico. *I'm writing **her** an e-mail.*

  *A written accent mark is needed to retain the stressed vowel of a present participle when an indirect object is attached to it.

Para clarificar la tercera persona de los pronombres de complemento indirecto

- Since the indirect objects **le** and **les** can refer to several different persons (**le:** you, him, her; **les:** you, them), the preposition **a** + a pronoun is often included for clarification:

  Le mandé flores **a ella.** *I sent **her** flowers.*

  Les escribo un correo electrónico **a ellos.** *I'm writing **them** an e-mail.*

- With third person forms, it is very common in Spanish to include in a sentence both the indirect object noun and the indirect object pronoun:

Le tiré la pelota **a María.**	*I threw the ball* ***to María.***
Les mandamos un regalo **a Teresa y a Pepe.**	*We sent a gift* ***to Teresa and Pepe.***

There are a number of verbs that are generally used with an indirect object. You are familiar with some of them, but others are new.

aconsejar	*to advise*	**poner una venda / curita**	*to put on a bandage / Band-aid*
curar	*to heal*	**preguntar**	*to ask a question*
dar	*to give*	**recetar**	*to prescribe, to write a prescription*
dar las gracias	*to say thanks*	**recomendar (ie)**	*to recommend*
decir	*to say, to tell*	**regalar**	*to give a gift*
enviar	*to send*	**responder**	*to respond*
enyesar	*to put on a cast*	**sugerir (ie)**	*to suggest*
escribir	*to write*		
mandar	*to send*		
pedir (i, i)	*to ask for*		
poner una inyección	*to give an injection / a shot*		

Notice that with verbs that involve parts of the body, the definite article is used instead of the posessive. Consider the following examples.

Le enyesaron **la** mano a Teresa.	*They put a cast on* ***Teresa's*** *hand.*
Te curé **la** herida.	*I healed* ***your*** *wound.*

Práctica

7-9 En el hospital Una amiga tuya tuvo un accidente ayer y está en el hospital. Ayúdale a completar su descripción de lo ocurrido poniendo los pronombres correctos en los espacios en blanco.

Después del accidente, la ambulancia _______ llevó al hospital. Cuando llegué al hospital 1. _______ dieron unos calmantes. Después, vino el médico y 2. _______ pregunté qué me había pasado *(had happened)*. El médico 3. _______ dijo que no era muy serio. Sin embargo, como me torcí el tobillo 4. _______ pusieron una venda. Cuando vino la enfermera *(nurse)*, 5. _______ pedí un vaso de agua. La enfermera 6. _______ dio agua y una aspirina. Mis amigos 7. _______ mandaron flores. Cuando me fui del hospital, 8. _______ di las gracias tanto al médico como a la enfermera.

7-10 ¿Quién le dio qué y a quién? En nuestras interacciones con amigos y familiares es frecuente dar y recibir cosas. Con otro/a compañero/a de clase, digan lo que intercambiaron las siguientes personas la semana pasada. Utilicen los verbos sugeridos y después de formar las oraciones, compárenlas con las de otro grupo. ¿Son parecidas *(similar)*?

MODELO *Yo le di una carta a mi madre.*

yo	dar	a mi hermano/a
tú	enviar	a mi madre / a mi padre
mi padre	pedir	a mis padres
mi madre	regalar	a mis abuelos
mis abuelos	escribir	a mí
mi hermano/a y yo		a nosotros

Comentarios culturales

Venezuela: un país encantador

Anticipación

Unos héroes venezolanos Antes de mirar el video, trabaja con un/a compañero/a. Busquen información en Internet sobre los siguientes personajes históricos: Antonio José de Sucre y Simón Bolívar. En su investigación respondan a las siguientes preguntas:

1. ¿Quiénes fueron Sucre y Bolívar?
2. ¿Cuándo vivieron?
3. ¿Por qué son famosos?

Vamos a ver

Mientras ves el video, haz las siguientes actividades.

Algunos datos sobre Venezuela Indica las cifras *(figures)* mencionadas para cada dato (*fact, piece of information*).

1. El porcentaje de personas que vive en los centros urbanos. _____
2. El porcentaje de la población que sabe leer y escribir. _____
3. La edad hasta la que la educación es gratuita y obligatoria. _____
4. La temperatura media de la ciudad de Caracas (en grados Fahrenheit). ______

Mira el video de nuevo y haz la siguiente actividad.

La ciudad de Caracas Empareja las siguientes cosas o lugares de Caracas con sus descripciones.

____ **1.** Las Torres de Silencio	**a.** centros sociales donde los jóvenes se reúnen
____ **2.** el metro	**b.** ejemplos de la arquitectura colonial
____ **3.** los centros comerciales	**c.** un lugar muy importante en la vida diaria
____ **4.** la catedral y el Panteón Nacional	**d.** unos impresionantes rascacielos de la ciudad
____ **5.** el mercado	**e.** usado por la gente con frecuencia

Expansión

Los parques de Caracas El video menciona que Caracas tiene muchos parques bonitos. Lee las descripciones de ellos y decide cuál te gustaría visitar y por qué. Luego pregúntale a un/a compañero/a qué parque escogió para visitar y por qué.

Parque Rómulo Betancourt (Parque del Este)	Le ofrece al visitante senderos *(paths)*, lagunas artificiales y un vivero *(plant nursery)*.
Parque Los Caobos	Es uno de los parques más antiguos de Caracas y tiene una de las más importantes colecciones de árboles centenarios *(over a hundred years old)* de la ciudad.
Parque Los Chorros	Hay un mirador *(viewing point)* desde el cual se puede ver las cascadas *(waterfalls)*, una serie de pozos artificiales y áreas de picnic.
Parque de Recreación Jóvito Villalba (Parque del Oeste)	Cuenta con un anfiteatro *(amphitheater)*, una sala de servicos audiovisuales, canchas deportivas, kioscos que se pueden alquilar y el Museo Jacobo Borges.

Tú dirás

Un accidente

Piensa en un accidente que tuviste en el pasado. Vas a hablar con un/a compañero/a de clase sobre lo que pasó *(what happened)*. Sigue los pasos a continuación.

Paso 1. Preparación Llena el siguiente cuadro con los datos sobre el accidente que tuviste.

¿Qué tipo?	¿Fue una caída, una herida, un accidente de coche, etcétera?
¿Cuándo?	¿En qué fecha (día, mes, año) ocurrió? ¿Cuántos años tenías?
¿Dónde?	¿En qué lugar ocurrió?
¿Quién(es)?	¿Quién(es) estaba(n) allí cuando ocurrió el accidente?
¿Qué te pasó?	¿Físicamente?

Paso 2. Lo ocurrido Habla con tu compañero/a de clase y cuéntale sobre el accidente que tuviste. Tu compañero/a te hará muchas preguntas para saber toda la historia. Usen las siguientes preguntas como ejemplos:

—¿Por qué te caiste?
—¿Cómo te hiciste la herida?
—¿Quién te ayudó?
—¿Fuiste al hospital?

Paso 3. Resumen Preséntale un resumen del accidente de tu compañero/a a la clase. ¿Quién tuvo el accidente…

...menos grave *(serious)*?
...más grave?
...más cómico?
...más curioso *(strange)*?
...más reciente?

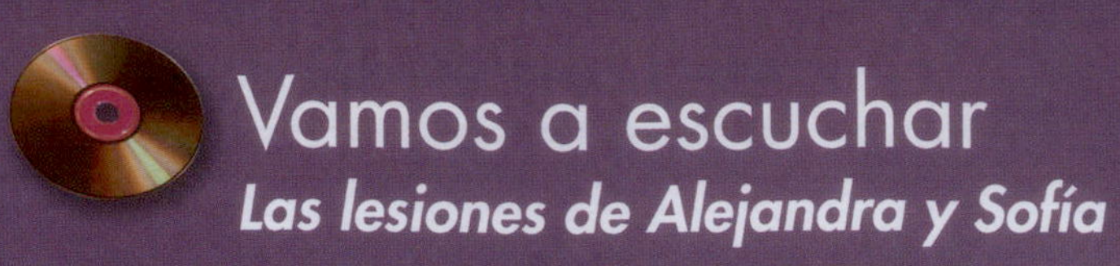

Vamos a escuchar

Las lesiones de Alejandra y Sofía

En este segmento vas a escuchar a Alejandra y Sofía que hablan de unas lesiones que han sufrido.

Antes de escuchar

Predicciones Antes de escuchar la conversación, contesta las siguientes preguntas.

1. Sabes que Alejandra es bailarina. ¿Qué tipo de lesiones crees que ella ha sufrido?
2. Sofía va a describir un accidente que tuvo. ¿Qué tipo de accidente crees que fue? ¿Qué le pasó?

Antes de escuchar la conversación entre Alejandra y Sofía, lee las preguntas de la sección **Después de escuchar.**

Después de escuchar

CD2, Track 4

¿Qué les pasó? Escoge la respuesta correcta para las siguientes preguntas de acuerdo con lo que oigas en la conversación.

1. ¿Qué están haciendo Alejandra y Sofía?
   a. están haciendo aeróbics
   b. están bailando
   c. están practicando yoga
2. ¿Qué parte del cuerpo de repente le duele *(hurts)* a Alejandra?
   a. el pie
   b. el cuello
   c. el tobillo
3. ¿Por qué le duele?
   a. porque se lo torció
   b. porque se lo rompió
   c. porque se lo cortó
4. ¿Qué se rompió Alejandra el año pasado?
   a. la pierna
   b. el pie
   c. la mano
5. ¿Qué tuvo que usar Alejandra durante unos meses?
   a. una silla de ruedas *(wheelchair)*
   b. unas muletas *(crutches)*
   c. unas vendas
6. ¿Qué tipo de accidente tuvo Sofía?
   a. de moto
   b. de coche
   c. de bicicleta
7. ¿Qué le pasó a Sofía?
   a. se torció el tobillo y la muñeca
   b. se rompió la pierna y el brazo
   c. se hizo heridas en las piernas y se cortó la mano
8. ¿Por qué dice Alejandra que Sofía tuvo suerte?
   a. porque el vehículo se le cayó encima a Sofía, pero no le lastimó
   b. porque sus heridas no eran muy graves
   c. porque iba muy rápido cuando ocurrió el accidente

CD2, Track 4

¿Cómo lo dicen? Escucha la conversación una vez más. Fíjate en lo que dicen Alejandra y Sofía y contesta estas preguntas.

1. ¿Qué preguntas le hace Alejandra a Sofía sobre su accidente?
2. ¿Qué significa "a la de tres"? ¿Cuándo y por qué usó Sofía esta expresión?

SEGUNDA ETAPA

Para empezar: La personalidad y los estados de ánimo

Preparación: Al empezar esta etapa, piensa en estas preguntas.

- ¿Qué información necesitas para describir físicamente a una persona?
- ¿Qué información necesitas para describir su personalidad?

La personalidad

Aquí está mi amigo Tomás.

❑ No es pesimista.
❑ Es **trabajador** *(hard-working)*.
❑ Es idealista.
❑ Es honesto.
❑ Es paciente.
❑ Es intelectual.
❑ Es serio.
❑ No es **antipático** *(unfriendly)*.
❑ Es un poco **aburrido** *(boring)*.
❑ No es **perezoso** *(lazy)*.
❑ Es generoso.
❑ Es independiente.
❑ Es responsable.
❑ No es **triste** *(sad)*.

Aquí está mi amiga Cecilia.

❑ Es optimista.
❑ Es valiente.
❑ Es realista.
❑ Es honesta.
❑ Es un poco impaciente.
❑ Es muy atlética.
❑ Es cómica.
❑ Es simpática.
❑ Es muy **divertida** *(fun)*.
❑ Es activa y enérgica.
❑ Es generosa.
❑ Es independiente.
❑ Es inteligente.
❑ Es **alegre** *(happy)*.

Más adjetivos para describir la personalidad

In **Capítulo 2,** you learned some adjectives to use with **ser** to describe people's physical features and inherent personal qualities. Here are some additional adjectives you may use to describe personal qualities.

agradable	*nice, pleasant*	**imaginativo/a**	*imaginative*
desagradable	*unpleasant*	**ingenuo/a**	*naive, innocent*
desordenado/a	*messy*	**introvertido/a**	*introverted*
dinámico/a	*dynamic*	**ordenado/a**	*neat*
egoísta	*selfish*	**tacaño/a**	*stingy*
estúpido/a	*stupid*	**tímido/a**	*shy*
extrovertido/a	*extroverted*		

Práctica

7-11 José Manuel y la Sra.Velázquez: retratos psicológicos Cada día hay más interés por los rasgos psicológicos de candidatos profesionales, políticos y hasta académicos. Contesta las preguntas sobre la personalidad de José Manuel y la de la Sra.Velázquez. ¿Con quién te gustaría trabajar? ¿Con quién te gustaría vivir?

1. A José Manuel le gusta mucho hacer paracaidismo y escalar. ¿Es valiente o tímido?
2. La Sra.Velázquez les da dinero a muchas organizaciones benéficas y a los amigos que se lo piden. ¿Es generosa o tacaña?
3. A José Manuel le gusta arreglar automóviles y limpiar y ordenar la casa. ¿Es trabajador o perezoso?
4. La Sra.Velázquez encontró 50.000 dólares en un taxi. Llamó por teléfono a la policía. ¿Es honesta o deshonesta?
5. A José Manuel no le gusta tocar el piano, pero le encanta jugar al béisbol y le gusta esquiar. ¿Es atlético o perezoso?
6. La Sra.Velázquez siempre escucha la radio. Le gustan la música clásica y las discusiones políticas. ¿Es seria o cómica?
7. A José Manuel le gusta disfrutar de la vida y tiene muchos amigos. ¿Es triste o alegre?
8. La Sra.Velázquez trabaja mucho.Va al teatro, al museo y al cine. ¿Es activa o perezosa?

7-12 ¿Cómo son? Ahora te toca crear un perfil de tus amigos y colegas. Escoge adjetivos de la lista para describir las personalidades y aspecto físico de las personas indicadas.

❑ activo/a	❑ fuerte	❑ independiente	❑ pesimista
❑ alegre	❑ guapo/a	❑ ingenuo/a	❑ realista
❑ antipático	❑ generoso/a	❑ inteligente	❑ serio/a
❑ bueno/a	❑ grande	❑ malo/a	❑ simpático/a
❑ cómico/a	❑ honesto/a	❑ optimista	❑ tímido/a
❑ delgado/a	❑ idealista	❑ paciente	❑ trabajador/a
❑ dinámico/a	❑ imaginativo/a	❑ pequeño/a	❑ triste
❑ egoísta	❑ impaciente	❑ perezoso	❑ valiente

1. tú
2. tu mejor amigo/a
3. otro/a amigo/a
4. una persona a quien no quieres mucho

7-13 Retrato de un/a compañero/a de clase ¿Conoces bien a tus compañeros/as de clase? Con un/a compañero/a, usen los adjetivos del ejercicio anterior para describir a uno/a de sus compañeros/as de clase. No mencionen su nombre. La clase va a tratar de adivinar quién es.

Enfoque léxico

Expresiones para hablar de acciones habituales

In the **Primera etapa**, you learned how to use the imperfect tense to express *habitual* past actions, in other words, what you and other people used to / would do on a regular basis.

Todas las Navidades íbamos a casa de nuestros abuelos.	***Every** Christmas we used to go to our grandparents' house.*
Todos los años celebraba mi cumpleaños con una gran fiesta.	***Every year** I would celebrate my birthday with a big party.*

The following adverbs and expressions convey the idea of a routine. For this reason, they often accompany the imperfect tense.

a menudo	*often*
a veces	*sometimes*
todos los días	*every day*
todas las tardes / las mañanas / las noches...	*every afternoon / morning / night . . .*
todas las semanas	*every week*
todos los meses / los años...	*every month / year . . .*
con regularidad	*regularly*
de vez en cuando	*from time to time*
frecuentemente / con frecuencia	*frequently*
muchas veces	*many times*
normalmente	*normally*
por lo general	*in general*
siempre	*always*
todos los lunes / los martes /...	*every Monday / Tuesday / . . .*
una vez al día / a la semana / al mes / al año...	*once a day / week / month/ year / . . .*

Práctica

7-14 ¿Qué hacían? Mira los dibujos y después describe qué hacían estas personas normalmente en el pasado.

MODELO Carmen / todos los jueves por la tarde
Carmen corría todos los jueves por la tarde.

1. Carlos / frecuentemente

2. Mónica / una vez al mes

3. Olga y Lucía / todos los días

4. Alberto / sólo a veces

5. Jaime / siempre / por las noches

6. Isabel / todos los meses

7. Luisa y Daniel / con regularidad

8. Paula y Marcos / muchas veces

 **7-15 ¿Que hacías?** Ahora dile a un/a compañero/a de clase con qué frecuencia tú hacías las mismas actividades que las personas de los dibujos de la actividad **7-14**.

MODELO *Cuando estaba en la secundaria, yo corría con frecuencia los domingos.*

Enfoque estructural *Ser* versus *estar*

The verbs **ser** and **estar** are used to express different kinds of information. Below is a summary of the uses that you have learned thus far for each verb.

Heinle iRadio: To hear more about **Ser** and **Estar**, visit academic.cengage.com/spanish.

Use **ser** to express	
➢ Identity *(Capítulo preliminar)*	**Soy** Antonio. ¿Cómo te llamas?
➢ Origin and nationality *(Capítulo 1, Segunda etapa)*	Me llamo Valeria Herrera del Castillo. **Soy** de Venezuela. **Soy** venezolana.
➢ Possession *(Capítulo 2, Primera etapa)*	Hay dos habitaciones dobles en la Hacienda Vista Alegre: una **es** de Antonio y Javier y la otra **es** de Sofía y Alejandra.
➢ Occupations or professions *(Capítulo 2, Segunda etapa)*	El padre de Javier **es** médico.
➢ Family relationships *(Capítulo 2, Tercera etapa)*	Jaime y Luisa **son** los padres de Alejandra. Jaime **es** su padre y Luisa **es** su madre.
➢ Physical features and personal qualities *(Capítulo 2, Tercera etapa)*	Antonio **es** alto, moreno y delgado. **Es** simpático y muy bromista.
➢ Time of day and dates *(Capítulo 4, Primera etapa)*	Hoy **es** sábado. **Son** las nueve de la mañana y los compañeros acaban de salir de casa para ir al puerto. ¡Van a hacer esnórkeling!
➢ What material things are made of *(Capítulo 6, Tercera etapa)*	La blusa de Valeria **es** de seda, sus bluejeans **son** de algodón y su collar **es** de oro.

Use **estar** to express	
➢ The appearance and taste of foods and drinks *(Capítulo 1, Tercera etapa)*	Los chiles rellenos de Valeria **están** quemados y el queso **está** muy salado. Todo **está** horrible.
➢ Physical or emotional conditions *(Capítulo 3, Primera etapa)*	Alejandra, Sofía, Javier y Antonio **están** cansados al llegar a casa después de explorar el Viejo San Juan todo el día. Valeria **está** nerviosa porque **está** perdida.
➢ Location of people, things and places *(Capítulo 3, Segunda etapa)*	Los compañeros **están** en casa. La habitación individual de Valeria **está** al lado de la habitación doble de Antonio y Javier. San Juan **está** en Puerto Rico.
➢ An action that is happening and in progress at the moment you are speaking (el presente progresivo) *(Capítulo 4, Segunda etapa)*	—¿Qué **están** haciendo los compañeros ahora? —**Están** hablando en la sala.
➢ Weather conditions *(Capítulo 4, Tercera etapa)*	Ahora mismo **está** lloviendo en la ciudad de San Juan.

Ser y estar con adjetivos

As you may recall, there are certain adjectives that may only be used with **ser** and others that may only be used with **estar**.

With **ser** we use adjectives that express nationality, physical features, and inherent characteristics:

Gabríel García Márquez **es colombiano.**
Sofía **es delgada.**
Alejandra **es extrovertida.**

With **estar** we use adjectives that express a physical or emotional state or condition:

Valeria **está preocupada.**
Javier **está enfermo.**

There are other adjectives that may be used with either **ser** or **estar.** In this case, the speaker's choice of **ser** or **estar** depends on the desired message, as the meanings of these particular adjectives change. Notice the differences:

	con *ser*	con *estar*
aburrido	*boring*	*bored*
bueno	*good*	*in good health*
despierto	*alert*	*awake*
divertido	*amusing*	*amused*
listo	*intelligent, clever*	*ready*
malo	*bad*	*sick*

There are still other adjectives that may be used with either verb, without changing their meanings. With these adjectives, the change occurs in the translation of the verb **estar:** the speaker indicates that the person or thing described *looks, feels,* or *tastes* a certain way, rather than *is* a certain way. Remember that adjectives always have to agree with the noun they modify.

Marta **es alegre.**	*Marta* ***is a happy person.***
Cristina **está alegre.**	*Cristina* ***looks happy.***
Inés **es pesimista.**	*Ines* ***is pesimistic.***
Berta **está pesimista.**	*Berta* ***feels pesimistic.***
Las peras **son buenas.**	*Pears* ***are good*** *(for you).*
Estas peras **están buenas.**	*These pears* ***taste good.***

Práctica

7-16 Un día no muy bueno Hoy parece que todo va un poco mal. Tus amigos no se comportan como suelen *(like they usually do).* Emplea los verbos **ser** o **estar** para expresar cómo son las personas normalmente y cómo están hoy.

1. María normalmente ________ una persona amable. Hoy ________ muy antipática.
2. Juan y Carlos normalmente ________ divertidos. Hoy ________ muy serios.
3. Yo normalmente ________ optimista. Hoy ________ pesimista.
4. Nosotros ________ alegres. Hoy ________ tristes.

7-17 ¿Ser o estar? Para describir las cosas sin confusión, es importante usar el verbo correcto con los adjetivos. Escoge el verbo correcto.

1. ¡Camarero! ¡Tráigame otro café! Este café (es / está) frío.
2. Dana siempre saca buenas notas. La verdad es que ella (es / está) muy lista.
3. No debes comprar esa piña; no puedes comerla. (Es / Está) mala.
4. ¡No vayas a la fiesta de Tomás! ¡Sus fiestas (son / están) aburridísimas!

7-18 ¿Cómo son y cómo están? Con un/a compañero/a selecciona cuatro estudiantes. Entre los dos piensen: ¿cómo son estas personas? y ¿cómo están hoy estas personas? Describan a cada uno/a de los cuatro estudiantes con dos o tres adjetivos.

Enfoque estructural

Estar + *adjetivos y participios para expresar una condición resultante*

As you learned, the verb **estar** is used with adjectives to express conditions that are true at a given moment. Look at the examples below:

—¿Qué tal **está** la fruta?

—**Está** muy **rica**.

—¿Qué tal **estás**?

—Estoy muy **cansada.**

Adjectives used to express conditions like the ones presented above are **bueno, malo, frío, caliente, dulce, salado, delicioso, triste, alegre, aburrido, cansado,** etc. In Spanish, past participles (**Capítulo 6,** páginas 254–255) can also be used as adjectives. When employed in this way, the past participle expresses a condition that results from a previous action.

El vaso **está roto.**
The glass ***is broken.*** *(someone broke it)*

La puerta del restaurante **está abierta.**
The restaurant's door ***is open.*** *(someone opened it)*

Some participles commonly used with **estar** are:

abierto/a	*open*
cerrado/a	*closed*
cubierto/a	*covered*
descrito/a	*described*
dicho/a	*said*
doblado/a	*folded*
escrito/a	*written*
hecho/a	*done*
lavado/a	*washed*
ocupado/a	*busy*
puesto/a	*set*
roto/a	*broken*

Para dar énfasis a una descripción

The adverbs **un poco** *(a little)*, **muy** *(very, quite)*, and **algo** *(somewhat, a bit)* may be placed before an adjective of condition in order to enhance or mitigate the quality expressed by the adjective.

—La ventana está **muy** abierta.
The window is ***wide*** *open.*

—La ropa está **un poco** mojada.
The clothes are ***a bit*** *wet.*

Práctica

7-19 ¿Cómo están? Estas cosas están... bueno, ¡tú dirás cómo están! ¿Puedes adivinar por qué están así?

MODELO nuestra mesa
Nuestra mesa está puesta porque ahora vamos a comer.

1. el ensayo

2. la ropa

3. la ventana

4. la puerta del garaje

5. el piso de la cocina

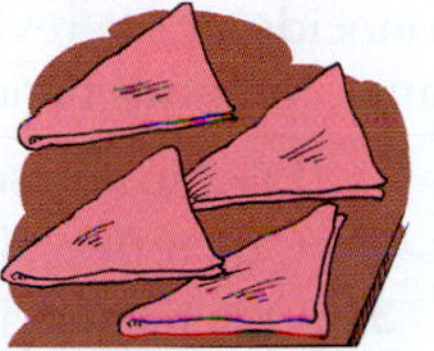

6. las servilletas

7-20 Ya está hecho Aunque no te gusta pedir favores, a veces es necesario hacerlo. Pregúntale a tu compañero/a de clase si puede hacer las siguientes cosas. Tu compañero/a se ha anticipado y ya ha hecho lo que le pides. Pon el participio pasado en el género apropiado.

MODELO abrir la ventana
—¿Puedes abrir la ventana, por favor?
—Ya está abierta.

1. cerrar la puerta
2. lavar la ropa
3. lavar los platos
4. poner la mesa
5. doblar la ropa
6. hacer la cama

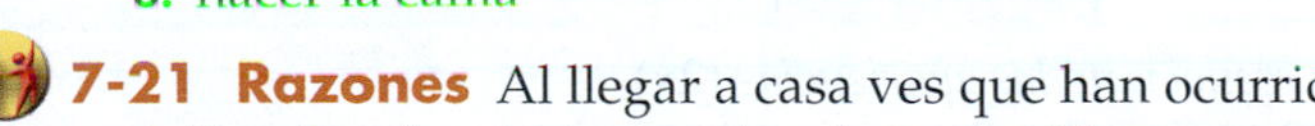

7-21 Razones Al llegar a casa ves que han ocurrido varias cosas y no sabes por qué. Pregúntale a tu compañero/a por qué las cosas están así. Sigue el modelo.

MODELO abrir la puerta
—¿Por qué está abierta la puerta?
—Porque no tenía las llaves.

1. abrir la nevera
2. cubrir el sofá con una manta *(blanket)*
3. mojar el suelo
4. romper los platos
5. no hacer las camas

Comentarios culturales
El estuche

Aterciopelados La canción que vas a escuchar se titula "El estuche" y es del grupo colombiano Aterciopelados. Lee la siguiente información sobre este grupo y contesta las preguntas que siguen.

El grupo se originó en 1990 cuando Hector Buitrago y Andrea Echeverri formaron Delia y los Aminoácidos. Después de tocar en los bares de Bogotá durante unos años, cambiaron su nombre a Aterciopelados y lanzaron su primer disco titulado "Con el corazón en la mano" en 1993.

El nombre Aterciopelados *(velvety)* hace referencia tanto a su estilo sedoso *(silky)* como a la influencia que tuvo el grupo The Velvet Underground sobre ellos. Su exitosa música mezcla la música latina tradicional con el rock y la música electrónica moderna. Aterciopelados es uno de los grupos colombianos más populares tanto en su propio país como en el extranjero.

Aterciopelados ha sido nominado al premio Grammy varias veces y ha sido reconocido por la revista *Time* como una de las mejores 20 bandas de rock del planeta junto con otras bandas como U2 y Los Rolling Stones.

1. ¿En qué año se formó el grupo Aterciopelados?
2. ¿Qué refleja el nombre del grupo?
3. ¿Qué reconocimientos *(recognitions)* ha recibido este grupo?

La letra Antes de escuchar la canción "El estuche *(shell)*", empareja los fragmentos para formar versos completos.

1. No es un mandamiento *(order)*
2. Para qué trabajar
3. Acaso *(perhaps)* deseas
4. Y desencadenar *(unleash)*

a. por un cuerpo escultural
b. sentir en ti todos los ojos
c. ser la diva del momento (uau)
d. silbidos *(whistles)* al pasar

Mira la esencia, no las apariencias (2x)
El cuerpo es sólo un estuche
Y los ojos la ventana de nuestra alma *(soul)* aprisionada (oye)
Mira la esencia, no las apariencias

5. Que todo entra por los ojos
6. Lo que hay adentro
7. Siento en el aire
8. Mensajeros alados *(winged)*
9. Si abres el estuche
10. Es una joya que

e. te deslumbrará *(will dazzle)* (hay pero…)
f. intentando aterrizar
g. lo que debes encontrar
h. es lo que vale
i. un aroma espiritual
j. dicen los superficiales

To experience this song, access the *¡Tu dirás!*, Fourth Edition playlist.

Mira la esencia, no las apariencias (2x)
90-60-90 suman doscientos cuarenta
Cifras que no hay que tener en cuenta *(take into account)* (oye)
Mira la esencia, no las apariencias
No te dejes medir *(measure)*, no te dejes confundir
alúzate *(shine)*, hazte valer (2x)

Análisis Escucha la canción otra vez y averigua si emparejaste correctamente los fragmentos. Luego contesta las siguientes preguntas.

1. En tu opinión, ¿cuál es el mensaje *(message)* principal de la canción?
2. ¿Qué opinas sobre el mensaje de la canción? ¿Estás de acuerdo con lo que dice? ¿Es éste un tema común en la música que escuchas normalmente?
3. ¿Te gustó la canción? ¿Por qué sí o por qué no?

Tú dirás

 Un retrato psicológico

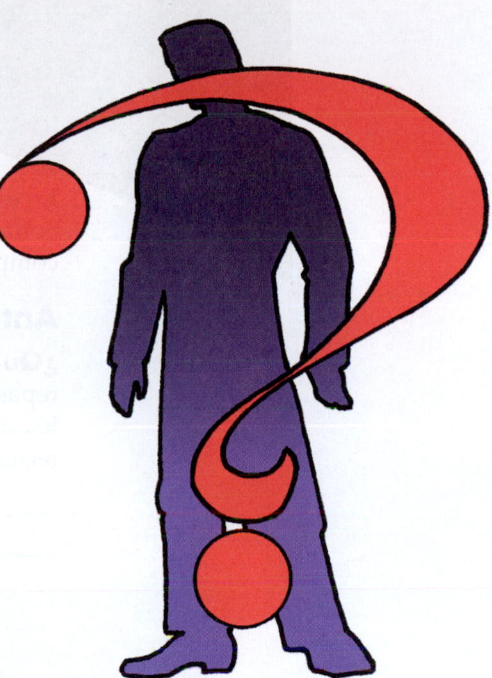

En grupos de tres, van a componer el retrato *(portrait)* psicológico de una persona famosa: **¿Cómo es? ¿Cómo está?** Sigan los pasos a continuación.

Paso 1. Preparar el retrato

- Decidan a qué persona famosa quieren retratar.
- **¿Cómo es?** Describan su personalidad usando el máximo número de adjetivos que puedan para que sea una descripción muy detallada.
- **¿Cómo está hoy?** Imaginen que hoy es un día típico o un día atípico en la vida de esta persona.

  Si es un día típico, describan lo que hace y cómo está.

  Si es un día atípico, describan por qué (**¿qué le pasó?**) y cómo está ahora como resultado de lo que le ha pasado.

Paso 2. Composición

- Escriban el retrato de esta persona.
- Dediquen un párrafo elaborado a la descripción de la personalidad.

Esta persona es idealista, honesta y por lo general muy valiente…

- Dediquen otro párrafo a la descripción de un día típico.

En un día típico esta persona se levanta a las siete de la mañana, hace ejercicio… Normalmente está contenta y tranquila…

- Dediquen otro párrafo a la presentación de un día atípico.

Hoy, sin embargo, se levantó tarde porque no sonó el despertador. Llegó tarde a trabajar… Al volver a casa tuvo un pequeño accidente de tráfico… Ahora, al final del día, esta persona está cansada y preocupada…

Paso 3. Presentación

- Escojan a un/a portavoz *(spokesperson)* para su grupo.
- El/La portavoz debe leerle en voz alta el retrato psicológico a la clase, teniendo cuidado de **no** decir el nombre de la persona famosa.
- Mientras escuchan las presentaciones, escriban en un papel los nombres de las personas famosas que creen que el portavoz está describiendo.

Paso 4. Puesta en común

- Comparen sus respuestas. ¿Están de acuerdo?
- Hagan una lista final de respuestas para su grupo.
- Escojan a una segunda persona del grupo para leerle sus respuestas a la clase y a una tercera persona para calcular el puntaje *(the score)* que obtiene el grupo.
- La persona que está a cargo de calcular el puntaje tiene que sumar los puntos ganados por el grupo e informarle a la clase del número de puntos finales del grupo.

Puntaje

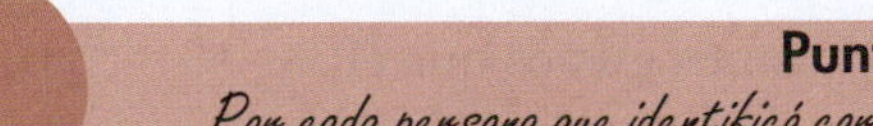

Por cada persona que identificó correctamente, el grupo recibe un punto.

¿Qué grupo obtuvo el mayor puntaje?

Vamos a ver

Los testimonios de los compañeros

En este episodio vas a ver unos testimonios que han dado Antonio, Javier, Sofía, Alejandra y Valeria en donde expresan sus opiniones sobre los demás compañeros.

Anticipación

¿Qué les ha pasado a los compañeros? Antes de ver los testimonios, repasa lo que han hecho los compañeros hasta ahora. Ordena cronológicamente los siguientes eventos, marcando el primer evento con el número 1 y el más reciente con el número 8.

____ Todos los compañeros menos Valeria hicieron esnórkeling.

____ Javier, Sofía, Valeria, Antonio y Alejandra se conocieron por primera vez. Se presentaron y hablaron de su país de origen, sus estudios y sus intereses.

____ Los compañeros llegaron uno por uno a la Hacienda Vista Alegre en las afueras de San Juan, Puerto Rico.

____ Los compañeros decidieron visitar el viejo San Juan.

____ Valeria preparó una cena sorpresa de *chiles rellenos al horno*, un plato mexicano, para Antonio.

____ Cinco personas de países diferentes viajaron a Puerto Rico para convivir durante un mes.

____ Los compañeros escogieron su habitación y se instalaron.

____ Valeria se perdió en las calles de San Juan y llegó muy tarde a la Hacienda.

Vamos a ver

Los compañeros se desahogan ***(pour their hearts out)*** En los testimonios los cinco compañeros revelan mucho de su personalidad y de sus primeras impresiones sobre los demás compañeros. Antes de ver el video, lee la información de esta actividad. Después, mientras miras el video, indica de quién(es) está hablando cada compañero/a (**Ale** = Alejandra; **An** = Antonio; **J** = Javier; **S** = Sofía; **V** = Valeria).

1. Valeria opina que…

____ **a.** es atractivo pero también vanidoso

____ **b.** son bonitas pero corrientes *(ordinary)*

____ **c.** es muy raro

____ **d.** es muy gracioso *(funny)* pero a ella le parece muy pesado *(a pain)*

2. Antonio opina que…

____ **a.** es guapísima, llamativa y sexi

____ **b.** es arrogante

____ **c.** tiene los mismos gustos que él

____ **d.** no le gusta a nadie, aunque a él no le disgusta del todo

____ **e.** es muy guapa y siempre está feliz

____ **f.** parece estar amargada por alguna razón

3. Alejandra opina que…

____ a. es muy linda e inteligente

____ b. es muy galante y atento *(attentive)* con ella

4. Sofía opina que…

____ a. es muy alegre y bromista y le hace reír

____ b. es una chica muy guapa… pero es insoportable *(unbearable)*

____ c. es simpática y bonita… un poquito curiosa le parece

____ d. no tiene interés en su carrera para nada

5. Javier opina que…

____ a. es buen amigo; es muy divertido

____ b. es valiente y decidida

Expansión

Un mensaje electrónico Escríbele un mensaje a uno/a de los compañeros. Incluye la siguiente información:

- un saludo (*Hola Javier, Hola Sofía*, etcétera.)
- una presentación de ti mismo/a *(Soy… y miré el video sobre tu mes de convivencia en Puerto Rico en mi clase de español…)*
- la razón por la cual le estás escribiendo *(Te escribo porque…)*
- lo que tienes en común con él/ella (estudios, intereses, etcétera)
- tu reacción a sus comentarios sobre los demás compañeros *(En tus testimonios…)*
- preguntas que quieres hacerle
- una despedida (*Un saludo, Un abrazo*, etcétera.)

TERCERA ETAPA

Para empezar: Los problemas de salud

Preparación: Al empezar esta etapa piensa en lo siguiente:

- ¿Cuáles son las enfermedades más comunes? ¿Cuáles son los síntomas?
- ¿Qué medicamentos se toman para esas enfermedades?

Problemas médicos comunes

las alergias *allergies*
la bronquitis *bronchitis*
el catarro / el resfriado *cold*
la gripe *flu*

Verbos relacionados con la salud

doler (ue) *to ache, to hurt*
enfermarse / ponerse enfermo/a *to get sick*
estar enfermo/a *to be sick*
estar resfriado/a *to have a cold*
estar sano/a *to be healthy*
resfriarse *to catch a cold*
sentirse (bien / mal) *to feel (good / bad)*

Síntomas comunes

Nota gramatical

The verb **doler** is used like the verb **gustar**, with indirect object pronouns (**me, te, le, nos, os, les**) and third person singular and plural conjugations of the verb (**duele, duelen**). When using **doler** to talk about body parts that ache or hurt, use the definite articles (**el, la, los, las**) to designate the body part: **Me duele el estómago.**

Estornuda.

Tiene fiebre.

Tose. / Tiene tos.

Tiene escalofríos.

Le duele la garganta. / Tiene dolor de garganta.

Le duele la cabeza. / Tiene dolor de cabeza.

Le duele el estómago. / Tiene dolor de estómago.

Otros síntomas

estar congestionado/a *to be congested*
estar mareado/a *to be dizzy*
tener dolor de espalda, de muelas, de músculos, de oído *to have a backache, a toothache, a muscle ache, an earache*
tener la nariz tapada *to have a stuffy nose*
tener náuseas *to be nauseous*

Práctica

7-22 ¿Qué tienen? Todos están mal. Describe los síntomas de las personas que aparecen en los dibujos.

MODELO Sr. González
Al Sr. González le duele el estómago.

1. Sra. Torres

2. Cristina

3. Isabel

4. Sr. López

5. Martín

6. Beatriz

7-23 Llega el invierno y la gente se enferma Sofía escribe normalmente un diario sobre sus experiencias. Completa la información que ella ha escrito con las siguientes palabras: **doler, fiebre, gripe, de músculos, náuseas, tos, tapada.**

Todos los inviernos los microbios cruzan las fronteras. Llegan de todas partes del mundo. Es la temporada de la (1) ________. ¡Todos mis amigos están enfermos ahora y tienen los síntomas más comunes de la gripe! Antonio tiene (2) __________ de 40° C y le (3) __________ mucho la cabeza. Valeria tiene dolores (4) __________ en todo el cuerpo. Alejandra tiene la nariz (5) __________ y se está sonándola (is blowing her nose) *constantemente. Y Javier tiene una (6) __________ seca* (dry) *y no tiene ganas de comer porque tiene (7) __________. ¡Pobrecitos! ¡Espero que se mejoren muy pronto!*

7-24 Encuesta Quieres saber cuál es el estado de salud de tus compañeros de clase. Pregúntales a tus compañeros lo siguiente:

1. ¿Cuándo estuviste enfermo por última vez?
2. ¿Qué enfermedad tuviste?
3. ¿Cómo te sentías? ¿Qué síntomas tenías?

Organiza la información antes de darle a la clase los resultados de la encuesta. Utiliza este modelo:

1. Tres estudiantes estuvieron enfermos la semana pasada, el mes pasado…
2. Dos tuvieron gripe y uno tuvo catarro…
3. …estaban cansados, tenían la nariz tapada…

Enfoque léxico *Más vocabulario de salud*

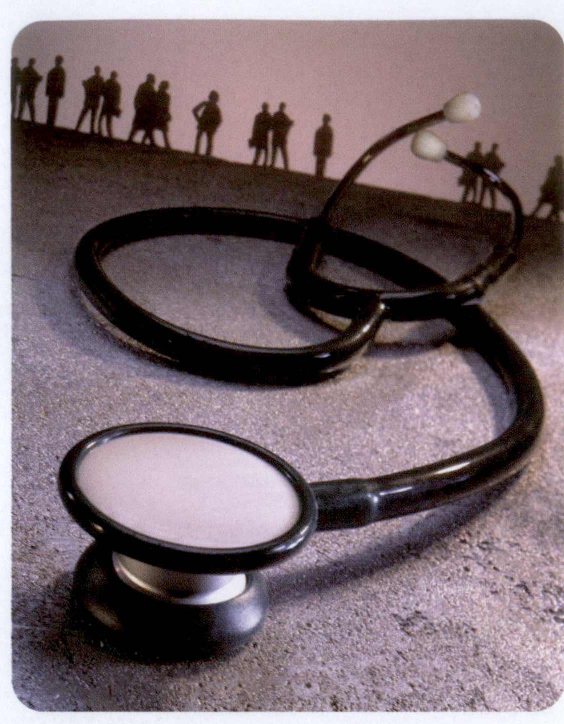

If you are sick and need medical attention, you'll have to interact with a variety of health professionals. The terms and expressions in this section will be of great use to you in talking about those involved in healthcare and the services that they provide.

Los profesionales

el/la cirujano/a *surgeon*
el/la dentista *dentist*
el/la enfermero/a *nurse*
el/la farmacéutico/a *pharmacist*
el/la médico/a *doctor*
el/la psicólogo/a *psychologist*
el/la psiquiatra *psychiatrist*

Una visita al centro de salud

hacer una cita *make an appointment*
ir a la consulta / a la clínica *go to the doctor's office / to the medical clinic*
ir a la sala de emergencia / de urgencias *go to the emergency room*
llamar una ambulancia *call for an ambulance*
tener seguro médico *have health insurance*

Los servicios

darle una receta (a alguien) *give (someone) a medical prescription*
examinarle (al paciente / a la paciente) *examine (the patient)*
hacer un diagnóstico *make a diagnosis*
ponerle una inyección (a alguien) *give (someone) a shot, injection*
recetar medicamentos *prescribe medications*
tomarle la presión / tensión arterial (a alguien) *take (someone's) blood pressure*
tomarle la temperatura (a alguien) *take (someone's) temperature*

Los tratamientos y los remedios

el antibiótico *antibiotic*
la aspirina *aspirin*
el descanso *rest*
las gotas *drops*
el jarabe (para la tos) *(cough) syrup*
la pastilla *pill*
la receta (médica) *prescription*
la vacuna *vaccine*

Expansión léxica

Point out that *pills* may come as a *tablet*, **el comprimido** or **la tableta**, or as a *capsule*, **la cápsula**. Also, in most Spanish-speaking countries, **la píldora** is not just any pill but "The Pill," or *birth control pill*.

Práctica

7-25 Cuando me enfermo Alejandra describe lo que hace cuando se enferma. Completa el texto con las siguientes palabras: **antibióticos, consulta, pastillas, enfermera, jarabe, presión, receta, aspirinas.**

Cuando no me siento bien, voy a la farmacia y compro alguna medicina. Cuando toso mucho, compro un (1) ____________ para la tos. Si tengo dolor de garganta, compro unas (2) ______________. Si tengo la gripe y me duele todo el cuerpo, me acuesto para descansar. Bebo mucha agua o jugo y tomo (3) ______________ para el dolor. Cuando tengo bronquitis, necesito tomar (4) _________. El farmacéutico siempre tiene un buen remedio para mí.
Cuando estoy muy enferma, hago una cita con el médico y lo veo en su (5) __________. La (6) ___________ me toma la temperatura y la (7) ___________ y el médico me examina. Me mira la garganta y los oídos y me escucha la respiración. Si tengo una infección o fiebre, el médico me da una (8) __________ para comprar antibióticos. Con la receta, voy a la farmacia.

Nota cultural

In most Spanish-speaking countries, one can consult with a pharmacist to obtain adequate treatment for his/her symptoms. Many medications sold in **la farmacia** do not require a prescription.

7-26 ¿Qué necesitan? Imagínate que estás con tu familia de visita en Cali. Varios miembros de tu familia tienen síntomas de algunas enfermedades comunes. Como tú sabes español, todos dependen de ti para que los ayudes. Trabaja con un/a compañero/a de clase y explícale al/a la farmacéutico/a cuáles son los problemas de tu familia. En la farmacia te van a dar los remedios adecuados. Sigue el modelo.

MODELO your father has a headache
—A mi padre le duele la cabeza.
—Necesita unas aspirinas.

1. Your sister has a very bad cough.
2. Your father has a backache.
3. You have a fever and ache all over.
4. Your mother has a sore throat.

7-27 En la consulta del médico Trabaja con un/a compañero/a; uno/a va a hacer el papel de médico/a y otro/a el papel de paciente. Elaboren entre los dos un diálogo, basándose en una experiencia previa o en una inventada. Asegúrense de incluir la siguiente información:

- Saludos
- Preguntas y respuestas sobre la salud del paciente
- Tratamiento
- Despedida

Enfoque estructural *Más usos del imperfecto*

Heinle iRadio: To hear more about the **Preterite** and the **Imperfect**, visit academic.cengage.com/spanish.

In addition to the uses you learned in the **Primera etapa** (pages 266–267), the imperfect is used in the following situations.

Uso	Ejemplos
To indicate actions that *were going on* at a particular time in the past	Mientras **bailábamos** ella **bebía** un refresco. *(While we **were dancing**, she **was drinking** a soda.)*
To express attitudes and beliefs that were held at a particular time in the past, using verbs such as **creer, pensar,** etc.	Yo **creía** que era bonita. *(I **thought** she was pretty.)*
To set the background or context for a story taking place in the past	**Eran** las 9:00 de la noche. Yo **estaba** de visita en Santa Fe de Bogotá. **Era** invierno, pero **hacía** muchísimo calor allí. **Estábamos** en un pequeño restaurante. *(It **was** 9:00 at night. I **was** visiting Santa Fe de Bogotá. It **was** winter, but it **was** very hot there. We **were** in a small restaurant.)*
To provide a reason or an explanation for a past action	No terminé el trabajo **porque me dolía la cabeza y tenía fiebre.** *(I didn't finish the work **because my head hurt / I had a headache and I had a fever**.)*

Práctica

 **7-28 La consulta de la doctora Ugarte** Cuando la doctora llegó a la consulta ya había varios pacientes allí. De acuerdo con el dibujo, emplea el imperfecto para indicar lo que hacían sus pacientes cuando ella llegó. Cuando termines, compara tu descripción con la de un/a compañero/a de clase. ¿Están de acuerdo?

 **7-29 Circunstancias** Cuéntale a un/a compañero/a de clase algo que te pasó en los momentos que se mencionan a continuación. En cada caso indica dónde estabas, qué hacías, cómo te sentías, si estabas solo/a *(alone)* o con otras personas y qué hacían ellos/as. **¡Ojo!** Usa el imperfecto para dar estas explicaciones y el pretérito para decir lo que pasó.

1. ayer por la noche a las ocho
2. esta mañana a las siete y media
3. el sábado pasado a las diez de la noche
4. el viernes pasado por la noche

 **7-30 Un recuerdo de mi infancia** Trata de recordar algún acontecimiento importante de tu infancia. ¿Te visitó una persona importante? ¿Recibiste un juguete especial? ¿Viajaste a alguna parte especial? ¿Sufriste un accidente? **¡Ojo!** Usa el pretérito para decir lo que pasó y el imperfecto para dar más detalles. Cuéntale a un/a compañero/a de clase ese recuerdo indicando lo siguiente:

- que pasó
- dónde estabas
- con quién(es) estabas
- qué hacías tú; qué hacían los demás
- cómo te sentías; cómo se sentían los demás

7-31 Una visita al médico Trabaja con un/a compañero/a para recordar entre los dos una visita al médico. La conversación puede empezar con las siguientes preguntas:

- ¿Cuándo fuiste al médico por última vez?
- ¿Qué te pasaba?
- ¿Qué te dijo el médico?

Incluyan otras preguntas oportunas según el contenido de la conversación. Al terminar, compartan con la clase un resumen de la conversación.

Enfoque estructural *Resumen de los usos del pretérito y del imperfecto*

As a review, the following chart includes a summary of the uses for the preterite and the imperfect.

El pretérito	El imperfecto
Actions that are begun or completed as single events: Ella **corrió** hacia el parque. Ellos **llegaron** a las siete.	Actions that occurred simultaneously over an indefinite period of time: Mientras **corría** por el parque **pensaba** en sus planes para más tarde.
Actions that are repeated a specified number of times or that have a time limit: **Fui** a la tienda tres veces. **Vi** la televisión toda la tarde.	Actions repeated habitually: Ella **comía** conmigo todos los días. Siempre **salíamos** a bailar.
Sudden changes in mental states or conditions (moods, feelings, opinions, illnesses, other physical complaints) that occurred at a specific moment or time in the past: En ese momento, **tuve** miedo de subir al avión. Al salir de casa **me sentí** mal.	General mental states: Cuando **era** pequeña, **tenía miedo** de subirme al avión. Aquella tarde **me sentía** mal.
	Descriptions of people, things, or physical conditions: **Era** un muchacho sano y fuerte. **Se llamaba** Rafael.
	Telling time and age: **Eran** las cinco de la tarde. El actor **tenía** treinta y ocho años.

Heinle iRadio: To hear more about the **Preterite** and the **Imperfect**, visit academic.cengage.com/spanish.

Nota gramatical

There are four verbs that actually acquire a slightly new meaning when used in the preterite. These verbs are nonactive in most tenses, but in the preterite they take on a more active meaning: **conocer** *(to know a person, place, or concept)* → (in the preterite: *to meet someone for the first time*), **saber** *(to know a fact)* → (in the preterite: *to learn / to find out something*), **poder** *(to be able to)* → (in the preterite: *to attempt something*), and **querer** *(to want)* → (in the preterite: *to try;* **no querer**: *to refuse to do something*). While you are unlikely to use these verbs in this way as you begin your Spanish studies, you may see or hear them used this way as your language skills develop.

Práctica

7-32 ¡Tremendo día! La pobre Catalina está en Caracas como estudiante de intercambio. En general, sus experiencias han sido buenísimas, pero ayer lo pasó bastante mal.

Basándote en los dibujos, cuenta cómo le fue a Catalina ayer. Usa el pretérito o el imperfecto, según el contexto.

MODELO despertarse
Catalina se despertó a las siete.

1.

quedarse en la cama quince minutos
hacer sol

2.

levantarse
estar cansada
vestirse mal / no estar bien vestida

3.

salir de casa
llover
darse prisa para llegar a la escuela

4.

esperar
subir
no haber asientos
no sentarse

5.

entrar en... a las...
llegar tarde
no saber las respuestas
recibir una mala nota
no estar contenta

6.

regresar a su casa
acostarse

7-33 Ayer... ¿Lo pasaste como Catalina? Con otro/a compañero/a de clase, habla de cómo fue el día de ayer para ti y para tus amigos. Puedes usar los verbos de la lista u otros que necesites. Usa el pretérito o el imperfecto, según el contexto.

levantarse	tener mucho trabajo	tener sed
estar contento/a	hablar con	acostarse
hacer / tomar un examen	comer	hacer sol, etcétera
llegar tarde / a tiempo / temprano	ir a clase	salir
tener mucha tos	tomar jarabe	comprar pastillas
estar de buen / mal humor	vestirse	estar cansado/a
dormir la siesta	hacer deporte	tener hambre
dolerle la cabeza	estar enfermo/a	tener alergias

1. tú
2. tu compañero/a de clase
3. tu compañero/a de clase y tú
4. tu profesor/a de español
5. todos los alumnos de español
6. tus mejores amigos

7-34 Cuando yo era niño/a... Habla con otro/a compañero/a sobre tu niñez. ¿Dónde vivías? ¿A qué escuela asistías? ¿Con quiénes jugabas? ¿Qué hacías en los fines de semana? ¿Con quiénes pasabas los días festivos? ¿Qué hacías en las vacaciones? Menciona algo extraordinario que te ocurrió en una de tus vacaciones (una aventura, un accidente, un viaje especial, etcétera). Usa el pretérito o el imperfecto, según el contexto.

Vamos a leer
Cien años de soledad

Gabriel García Márquez

Vas a leer un fragmento de la novela *Cien años de soledad* de Gabriel García Márquez. Esta novela, una de las más importantes de la literatura Hispanoamérica del siglo XX, cuenta la vida de la familia Buendía a lo largo de siete generaciones. La historia de esta familia está conectada a la del pueblo en el que viven, Macondo, un lugar imaginado por el autor de la obra. A lo largo de la novela, el lector descubre un mundo lleno de fantasía. Para la familia Buendía todas las cosas que llegan a Macondo desde otro lugar, son algo nuevo y excitante.

El fragmento que vas a leer pertenece a las primeras páginas de la novela. En él vemos algunos detalles de la relación entre el padre, José Arcadio Buendía, y sus hijos: José Arcadio Buendía y Aureliano Buendía.

Antes de leer

Anticipación A continuación tienes una lista de cuatro temas que aparecen en la lectura. Lee estos temas. Después mira el fragmento de la novela, y une cada tema con el párrafo correspondiente.

_____ Llega a Macondo de un grupo de gitanos (*gypsies*) que son diferentes a los que los habitantes de Macondo conocían antes.

_____ José Arcadio Buendía, con sus hijos, busca entre los gitanos a un gitano que se llama Melquíades.

_____ José Arcadio Buendía les enseña muchas cosas a sus hijos: a leer, a escribir, las maravillas del mundo...

_____ Los hijos de José Arcadio quieren que su padre los lleve a ver un espectáculo.

Un poco más de información sobre el texto Antes de leer todo el texto, haz las siguientes actividades.

1. Lee esta frase que aparece en el primer párrafo:

   "les hablò de las maravillas del mundo no solo hasta donde le alcanzaban sus conocimientos, sino forzando a extremos increíbles los límites de su imaginación."

   Después contesta ¿Cómo les enseñaba el padre a los hijos?
   - ❑ de manera tradicional, según los libros
   - ❑ de manera original, y utilizando al máximo la imaginación.
2. La segunda frase del segundo párrafo dice: "En un instante transformaron la aldea". Explica cómo crees tú que los gitanos cambiaron la aldea de Macondo. Piensa en lo que hacen los gitanos, en cómo son, en las actividades que normalmente hacen. Escribe tres ideas.
3. En el tercer párrafo, un gitano le dice a José Arcadio Buendía: "Melquíades murió." ¿Cómo crees que va a reaccionar José?
4. El final de la lectura, los niños ven algo que no han visto nunca. ¿Cómo reaccionas tú ante algo desconocido? Piensa en algo que una vez te sorprendió mucho, ¿qué fue? ¿Cuál fue tu reacción?

Ahora lee el fragmento completo. Al leer, recuerda la información de la sección de **Anticipación.** No prestes atención a todas las palabras nuevas y concéntrate en las cosas que sabes y que puedes reconocer.

Guía para la lectura

Narración y descripción Lee de nuevo los dos primeros párrafos del texto. Subraya los verbos en pasado que encuentres. ¿Qué tiempo domina en cada párrafo? ¿Qué significa esto?

El bloque de hielo Lee de nuevo el último párrafo en la página 296. Después, pon las siguientes acciones en orden cronológico según la lectura.

_____ El padre dijo que era un diamante.
_____ Un gigante de torso peludo abrió un cofre de pirata.
_____ El gigante dijo que era hielo.
_____ Dentro del cofre había un bloque transparente.
_____ Un día un hombre llevó a sus hijos a la feria de los gitanos.
_____ Los tres entraron en una carpa (*tent*).

Al fin y al cabo

Piensa en el final de este fragmento En grupos de tres hagan lo siguiente:

1. Expliquen las razones por las que el padre les dice a los niños que el hielo es "el diamante más grande del mundo?
2. ¿Qué pensaron los niños al oír la respuesta del gitano?

Cien años de soledad

Pero desde la tarde en que llamó[1] a los niños para que le ayudaran[1] a desempacar[2] las cosas del laboratorio, les dedicó sus horas mejores. En el cuartito apartado[3], cuyas paredes se fueron llenando poco a poco de mapas inverosímiles y gráficos fabulosos, les enseñó a leer y escribir y a sacar cuentas[4], y les habló de las maravillas del mundo no solo hasta donde le alcanzaban[5] sus conocimientos, sino forzando a extremos increíbles los límites de su imaginación. Fue así como los niños terminaron por[6] aprender que en el extremo meridional de Africa había hombres tan[7] inteligentes y pacíficos que su único entretenimiento era sentarse a pensar, y que era posible atravesar[8] a pie el mar Egeo saltando de isla en isla hasta el puerto de Salónica. Aquellas alucinantes[9] sesiones quedaron[10] de tal modo impresas en la memoria de los niños, que muchos años màs tarde, un segundo antes de que el oficial de los ejércitos regulares diera[11] la orden de fuego al pelotón de fusilamiento[12], el coronel Aureliano Buendía[2] volvió a vivir la tibia[13] tarde de marzo en que su padre interrumpió la lección de física, y se quedó fascinado, con la mano en el aire y los ojos inmóviles, oyendo a la distancia los pífanos y tambores y sonajas[3] de los gitanos que una vez más llegaban pregonando[14] el último y asombroso descubrimiento de los sabios de Memphis.

[1]le ayudaran *(help him)*; [2]desempacar *(unpack)*; [3]En el cuartito apartado *(In the back)*; [4]sacar cuentas *(to add and subtract)*; [5]le alcanzaban *(reached)*; [6]terminaron por *(ended up)*; [7]tan *(so)*; [8]atravesar *(to cross)*; [9]alucinantes *(amazing)*; [10]quedaron *(remained)*; [11]diera *(gave)*; [12]pelotón de fusilamiento *(firing squad)*; [13]tibia *(warm)*; [14]pregonando *(announcing)*

[1] Se refiere a José Arcadio Buendía, el padre.
[2] Este es uno de los hijos, que recuerda, antes de morir fusilado, su infancia con su padre.
[3] Instrumentos que tocan los gitanos.

Eran gitanos nuevos. Hombres y mujeres jóvenes que sólo conocían su propia lengua, ejemplares hermosos de piel aceitada[15] y manos inteligentes, cuyos bailes y músicas sembraron[16] en las calles un pánico de alborotada alegría, con sus loros[17] pintados de todos colores que recitaban romanzas italianas[4], y la gallina que ponía un centenar de huevos de oro al son de la pandereta[18], y el mono amaestrado que adivinaba el pensamiento, y la máquina múltiple que servía al mismo tiempo para pegar[19] botones y bajar la fiebre, y el aparato para olvidar los malos recuerdos, y el emplasto[20] para perder el tiempo, y un millar de invenciones más, tan ingeniosas e insólitas, que José Arcadio Buendía hubiera querido inventar la máquina de la memoria para poder acordarse de todas. En un instante transformaron la aldea. Los habitantes de Macondo se encontraron de pronto[21] perdidos en sus propias calles, aturdidos[22] por la feria multitudinaria.

Llevando un niño en cada mano para no perderlos en el tumulto[23], tropezando con saltimbanquis de dientes acorazados de oro y malabaristas de seis brazos[5], sofocado por el confuso aliento de estiércol[24] y sándalo que exhalaba la muchedumbre, José Arcadio Buendía andaba como un loco buscando a Melquíades por todas partes, para que le revelara los infinitos secretos de aquella pesadilla[25] fabulosa. Se dirigió a varios gitanos que no entendieron su lengua. Por último llegó hasta el lugar donde Melquíades solía plantar[26] su tienda[27], y encontró un armenio taciturno[28] que anunciaba en castellano un jarabe[29] para hacerse invisible. Se había tomado de un golpe una copa de la sustancia ambarina[30], cuando José Arcadio Buendía se abrió paso a empujones[31] entre el grupo absorto que presenciaba el espectáculo, y alcanzó a hacer la pregunta. El gitano lo envolvió en el clima atónito de su mirada, antes de convertirse en un charco de alquitrán pestilente y humeante[32] sobre el cual quedó flotando la resonancia de su respuesta: "Melquíades murió." Aturdido por la noticia, José Arcadio Buendía permaneció inmóvil, tratando de sobreponerse a la aflicción. Hasta que el grupo se dispersó reclamando otros artificios y el charco del armenio taciturno se evaporó por completo. Más tarde, otros gitanos le confirmaron que en efecto Melquíades había sucumbido a las fiebres en los médanos[33] de Singapur, y su cuerpo había sido arrojado[34] en el lugar más profundo del mar de Java.

A los niños no les interesó la noticia[6]. Estaban obstinados en que su padre los llevara a conocer la portentosa[35] novedad de los sabios de Memphis[7], anunciada a la entrada de una tienda que, según decían, perteneció al rey Salomón. Tanto insistieron, que José Arcadio Buendía pagó los treinta reales[36] y los condujo hasta el centro de la carpa[37], donde había un gigante de torso peludo[38] y cabeza rapada[39], con un anillo de cobre en la nariz y una pesada cadena de hierro en el tobillo, custodiando un cofre[40] de pirata. Al ser destapado[41] por el gigante, el cofre dejó escapar un aliento[42] glacial. Dentro sólo había un enorme bloque transparente, con infinitas agujas[43] internas en las cuales se despedazaba[44] en estrellas de colores la claridad del crepúsculo[45]. Desconcertado[46], sabiendo que los niños esperaban una explicación inmediata, José Arcadio Buendía se atrevió a murmurar: —Es el diamante más grande del mundo.

—No —corrigió el gitano— Es hielo.

[15]aceitada *(oily)*; [16]sembraron *(spread)*; [17]loros *(parrots)*; [18]pandereta *(tambourine)*; [19]pegar *(glue)*; [20]emplasto *(remedy)*; [21]de pronto *(suddenly)*; [22]aturdidos *(confused)*; [23]tumulto *(commotion)*; [24]estiérol *(manure)*; [25]pesadilla *(nightmare)*; [26]plantar *(set)*; [27]tienda *(tent)*; [28]armenio taciturno *(quiet Armenian)*; [29]jarabe *(syrup)*; [30]ambarina *(light yellow color)*; [31]se abrió paso a empujones *(making way for himself)*; [32]charco de alquitrán pestilente y humeante *(smelly and smoky puddle of tar)*; [33]médanos *(sand dunes)*; [34]arrojado *(thrown)*; [35]portentosa *(incredible)*; [36]reales *(coins)*; [37]carpa *(big top)*; [38]torso peludo *(hairy chest)*; [39]rapada *(shaved)*; [40]cofre *(trunk)*; [41]destapado *(uncovered)*; [42]aliento *(breath)*; [43]agujas *(nails)*; [44]se despedazaba *(tear to pieces)*; [45]crepúsculo *(twilight)*; [46]Desconcertado *(Confused)*

[4] Los loros recitaban poesía

[5] tripping over pupetters with teeth armoured with gold, and six arm jugglers

[6] Se refiere a la muerte de Melquíades.

[7] Los gitanos nuevos que acaban de llegar a Macondo.

REPASO

7-35 Cuando tenías siete años... Emplea las sugerencias y pregúntale a un/a compañero/a sobre su vida cuando tenía siete años. ¡Sé creativo/a y usa las palabras que necesites para formar preguntas interesantes y adecuadas! Escribe las respuestas en una hoja de papel para que puedas informarle a la clase sobre lo que escribiste.

MODELO ir a la escuela
—*¿A qué escuela ibas?* —*A una escuela cerca de casa.*

1. vivir aquí
2. dormir una siesta
3. ser travieso/a (*mischievous*)
4. celebrar tu cumpleaños
5. jugar deportes
6. hacer la tarea

7-36 Un resfriado de verano El verano es la peor estación para las enfermedades. Ana, una estudiante, nos cuenta su triste historia. Complétala con los verbos en la forma y el tiempo correctos. ¿Te ha pasado algo semejante?

La noche después de terminar los exámenes finales, hacía mucho calor cuando me acosté. (Yo) 1. (Dejar) la ventana de mi cuarto abierta. 2. (Ser) las seis de la mañana cuando, de repente, 3. (despertarme). 4. (Tener) frío. ¡Qué extraño! ¡Era verano! Entonces, 5. (levantarme), 6. (cerrar) la ventana y 7. (cubrirme) con una manta. 8. Me (doler) todo el cuerpo, y en especial la cabeza y el estómago. ¡Qué mala suerte tengo! Es terrible enfermarse el primer día de vacaciones, ¿no crees?

7-37 *¿Ser o estar?* Como ya sabes por el video de ***¡Tú dirás!*** la convivencia puede causar situaciones interesantes. Completa las siguientes oraciones con la forma correcta de **ser** o **estar** para saber de qué están hablando los compañeros y qué está pasando en la **Hacienda Vista Alegre**.

1. Alejandra __________ de Colombia pero ahora _________ viviendo en Puerto Rico.
2. Pregunta Valeria: "¿Dónde __________ Javier y Antonio? Todavía no han regresado a casa y la cena ya __________ lista."
3. Valeria va al centro comercial a comprar un regalo para sus padres porque mañana ________ su aniversario de bodas (*wedding anniversary*). Les va a comprar dos marcos (*picture frames*) muy bonitos que _______ de plata y se los va a enviar por correo Express.
4. Normalmente Sofía ________ una persona sana pero ahora mismo es obvio que tiene catarro y _______ enferma.
5. Javier empieza su testimonio: "Hoy _______ viernes, 16 de diciembre. _______ las cinco de la tarde."
6. Dice Antonio: "Creo que este programa de televisión _______ muy divertido pero las chicas siempre _______ aburridas cuando lo miran. ¡No entiendo por qué a ellas no les gusta!"
7. Dice Javier: "Actualmente mi hermana ________ estudiando en Argentina. Ella quiere ________ médica."

7-38 ¿Qué hacías cuando te enteraste de *(found out about)*... ? La vida se define por unos cuantos instantes grabados en la memoria. Compara algunos de tus recuerdos con los de un/a compañero/a de clase. Prepara una lista de los eventos clave de tu vida y habla con un/a compañero/a de lo que hacías cuando viste o te enteraste de cada evento de tu lista. ¿En qué aspecto te cambiaron la vida estos eventos?

- Piensa en una lista de eventos clave que te marcaron la vida.
- Dile a tu compañero/a: **¿Te acuerdas del día cuando... ? Yo estaba... cuando me enteré. ¿Qué hacías tú?**
- En tu historia, incluye la acción y los detalles descriptivos: qué pasó, cuándo pasó, dónde, qué día era, qué tiempo hacía, quién estaba contigo, etcétera.

Prepárate para compartir la información sobre tu compañero/a con la clase.

VOCABULARIO

CD2, Track 5

The **Vocabulario** consists of all new words and expressions presented in the chapter. When reviewing or studying for a test, you can cover up the English and go through the list to see if you know the meaning of each item.

Enfoques léxicos *Lexical focuses*

El cuerpo *The body*

la boca	*mouth*
el brazo	*arm*
la cabeza	*head*
la cara	*face*
el cerebro	*brain*
la cintura	*waist*
el codo	*elbow*
el corazón	*heart*
el cuello	*neck*
el dedo (de la mano)	*finger*
el dedo del pie	*toe*
el diente	*tooth*
la espalda	*back*
el estómago	*stomach*
la garganta	*throat*
el hombro	*shoulder*
los huesos	*bones*
los labios	*lips*
la mano	*hand*
los músculos	*muscles*
la nariz	*nose*
el ojo	*eye*
la oreja	*ear*
el pecho	*chest*
el pelo	*hair*
el pie	*foot*
la piel	*skin*
la pierna	*leg*
los pulmones	*lungs*
la rodilla	*knee*
el tobillo	*ankle*

La personalidad y los estados de ánimo *Personality and states of mind*

aburrido/a	*boring*
activo/a	*active*
agradable	*nice, pleasant*
alegre	*happy*
antipático/a	*unfriendly*
atlético/a	*athletic*
cómico/a	*funny*
desagradable	*unpleasant*
desordenado/a	*messy*
dinámico/a	*dynamic*
divertido/a	*funny*
egoísta	*selfish*
enérgico/a	*energetic*
estúpido/a	*stupid*
extrovertido/a	*extroverted*
generoso/a	*generous*
honesto/a	*honest, virtuous*
idealista	*idealistic*
imaginativo/a	*imaginative*
impaciente	*impatient*
independiente	*independent*
ingenuo/a	*naive, innocent*
intelectual	*intellectual*
inteligente	*intelligent*
introvertido/a	*introverted*
mentiroso/a	*dishonest, lying*
optimista	*optimistic*
ordenado/a	*neat*
paciente	*patient*
perezoso/a	*lazy*

La personalidad y los estados de ánimo *Personality and states of mind (cont.)*

pesimista	*pessimistic*
realista	*realistic*
responsable	*responsible*
serio/a	*serious*
simpático/a	*agreeable*
tacaño/a	*stingy*
tímido/a	*shy*
trabajador/a	*hardworking*
triste	*sad*
valiente	*brave*

Problemas médicos comunes *Common medical problems*

las alergias	*allergies*
la bronquitis	*bronchitis*
el catarro / el resfriado	*cold*
la gripe	*flu*

Verbos relacionados con la salud *Health-related verbs*

doler (ue)	*to ache, to hurt*
enfermarse / ponerse enfermo/a	*to get sick*
estar enfermo/a	*to be sick*
estar resfriado/a	*to have a cold*
estar sano/a	*to be healthy*
resfriarse	*to catch a cold*
sentirse (bien / mal)	*to feel (good / bad)*

Síntomas comunes *Common symptoms*

dolerle el estómago	*to have a stomachache*
la cabeza	*a headache*
la garganta	*a sore throat*
estar congestionado/a	*to be congested*
estar mareado/a	*to be dizzy*
estornudar	*to sneeze*
tener dolor de garganta	*to have a sore throat*
de cabeza	*a headache*
de espalda	*a backache*
de muelas	*a toothache*
de músculos	*a muscle ache*
de oído	*an earache*
tener escalofríos	*to have chills*
tener fiebre	*to have a fever*
tener la nariz tapada	*to have a stuffy nose*
tener náuseas	*to be nauseous*
toser / tener tos	*to cough / to have a cough*

8 El mundo a mi alrededor

CHAPTER OBJECTIVES

In **Capítulo 8,** you will . . .

- discuss topics related to the environment, news broadcasts, and new technologies
- review the past verb tenses and cultivate new ways to narrate and describe past events and use pronouns to avoid repetition

- learn about Argentina

- discover Acida

- watch as Valeria and Alejandra talk about how they celebrated their childhood birthdays
- learn about **Movistar Argentina**

PRIMERA ETAPA: LA VIDA URBANA Y RURAL

Functions

- talk about the impact of environmental problems in both urban and rural settings and about possible solutions
- create a narration of past events

SEGUNDA ETAPA: LOS TITULARES

Functions

- discuss types of news media and their headlines
- describe events happening prior to a specific point in the past

TERCERA ETAPA: LAS ÚLTIMAS TECNOLOGÍAS

Functions

- discuss the characteristics and functions of various personal electronic devices
- talk about computer equipment and how to use the Internet
- describe different past events and activities

Argentina

Argentina

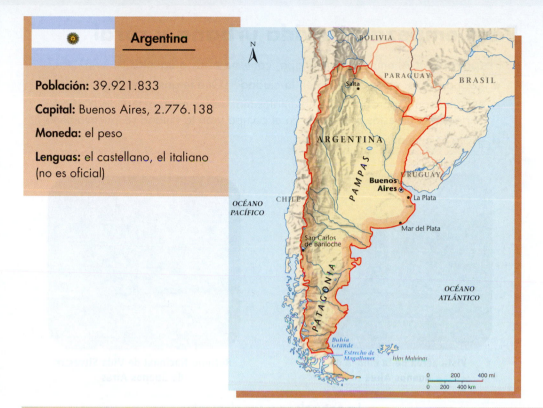

Población: 39.921.833

Capital: Buenos Aires, 2.776.138

Moneda: el peso

Lenguas: el castellano, el italiano (no es oficial)

Tools

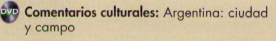

- Vocabulary for:
  - rural and urban settings
  - environmental problems and solutions
- Grammatical structures:
  - review of the preterite and imperfect tenses
  - using direct and indirect object pronouns together

 **Comentarios culturales:** Argentina: ciudad y campo

Tú dirás: La Reserva Natural Punta Quiroga

Vamos a escuchar: La isla de Mona

Tools

- Vocabulary for:
  - types of news sources
  - holidays and celebrations
- Grammatical structures:
  - the past perfect tense
  - direct and indirect object pronouns with infinitives and present participles

Comentarios culturales: El presente permanente

Tú dirás: Un noticiero

 **Vamos a ver:** Valeria y Alejandra se ponen nostálgicas

Tools

- Vocabulary for:
  - personal electronic devices
  - computer equipment and the Internet
- Grammatical structures:
  - review of the past tenses (preterite, imperfect, present perfect, and past perfect)
  - the verb **gustar** and other similar verbs

Vamos a leer: Movistar Argentina

Para empezar: La vida urbana y rural

Preparación: Al empezar esta etapa, contesta estas preguntas.

- ¿Dónde vives, en el campo o en la ciudad? ¿Qué te gusta más? ¿Por qué?
- ¿Cuáles son los problemas ambientales más serios en la actualidad? ¿Qué impacto tienen estos problemas en el campo y en la ciudad respectivamente?
- ¿Qué es el ecoturismo?

Vista aérea de la ciudad de Buenos Aires

Refugio Nacional de Vida Silvestre de Buenos Aires

La naturaleza y sus elementos

el aire	*air*	**el océano**	*ocean*
la atmósfera	*atmosphere*	**la playa**	*beach*
el bosque	*forest*	**los recursos naturales**	*natural resources*
el desierto	*desert*	**el refugio de vida silvestre**	*wildlife refuge*
la flora y la fauna	*flora and fauna*		
el mar	*sea*	**la reserva natural**	*nature reserve*
el medio ambiente	*environment*	**la selva**	*jungle*
la montaña	*mountain*	**el suelo**	*land*

Nuestro impacto en la naturaleza

la basura	*garbage*	**los desperdicios**	*waste*
el calentamiento global	*global warming*	**el efecto invernadero**	*greenhouse effect*
la capa de ozono	*ozone layer*	**la escasez (de agua, etc.)**	*shortage (of water, etc.)*
la circulación / el tráfico	*traffic*	**la lluvia ácida**	*acid rain*
la contaminación	*pollution*	**la sequía**	*drought*
la deforestación	*deforestation*		

Acciones relacionadas con la naturaleza

ahorrar	*to save*	**estar en peligro de extinción**	*to be endangered*
apagar	*to turn off*		
arrojar / tirar basura	*to litter*	**hacer ecoturismo**	*to do ecotourism*
		impedir	*to prevent*
construir	*to build*	**mejorar**	*to improve*
contaminar	*to pollute*	**proteger**	*to protect*
desperdiciar	*to waste*	**reciclar**	*to recycle*
empeorar	*to worsen, deteriorate*	**reutilizar**	*to reuse*

Práctica

8-1 ¿Problema o solución? Determina si las siguientes cosas son problemas o soluciones respecto al medio ambiente.

	Problema	Solución
1. Usamos productos químicos que contribuyen a aumentar el tamaño del agujero *(hole)* en la capa de ozono.		
2. Apagamos las luces cuando salimos de un cuarto.		
3. Recordamos reciclar papel y plásticos.		
4. En vez de hacer fotocopias, el/la profesor/a de español crea una página web donde pone información relacionada con la clase.		
5. Nuestra salud está siendo amenazada *(threatened)* por la contaminación.		
6. Los gobiernos y las federaciones privadas crean parques, reservas naturales y refugios de vida silvestre.		
7. Montamos en bicicleta o usamos el transporte público, en vez de ir en carro.		
8. Hay muchos animales que están en peligro de extinción.		

8-2 ¿Es una persona de conciencia ecológica? Hazle a un/a compañero/a de clase las siguientes preguntas y al final opina si él o ella es una persona de conciencia ecológica o no. Prepárate para defender tu opinión con ejemplos específicos.

1. ¿Separas la basura para el reciclaje? ¿Qué materiales reciclas (papel, plásticos, etcétera)? ¿Con qué frecuencia?
2. ¿Usas transporte público, caminas o vas en bicicleta en vez de ir en carro?
3. ¿Eres miembro de alguna organización no gubernamental (ONG) relacionada con la defensa de la naturaleza, por ejemplo, Greenpeace?
4. ¿Tomas medidas para ahorrar energía y agua en tu casa? ¿Dejas luces encendidas cuando no estás en un cuarto? ¿Cierras el grifo cuando te lavas los dientes?
5. ¿Alguna vez has arrojado basura a la calle?
6. ¿Usas aerosoles que contienen clorofluorocarbonos (CFCs) que destruyen la capa de ozono?
7. ¿Haces ecoturismo? ¿Dónde? ¿Con qué frecuencia?

Enfoque léxico *Expresiones para organizar una secuencia de acciones en el pasado*

You have already learned the verb structures necessary to talk about past events. When recounting specifics about what you did yesterday, the day before yesterday, or last week, weekend, month, summer, and so on, you use the preterite tense. Consider the following example.

Ayer, después de levantarme, primero de todo **me tomé** un café. Luego, **me duché** rápidamente, **limpié** un poco el apartamento y, por fin, **salí** de casa a las diez para ir a clase.

To talk about what you used to do X years ago **(hace X años),** when you were X years old **(cuando tenía X años),** or when you lived somewhere else **(cuando vivía en),** you will use the imperfect tense, as in the example below.

Hace cinco años **vivía** en un apartamento de estudiantes. Durante la semana **tenía** clase todos los días a las ocho, así que normalmente me **levantaba** temprano y casi siempre **estaba** de mal humor. No me **gustaba** madrugar *(to get up early)*. Después de la primera taza de café, **me sentía** un poco mejor y entonces **era** capaz *(capable)* de hablar con mi compañera de apartamento.

In this section, you will learn some expressions that will be useful in recounting a sequence of completed events in the past. When you talk about what you did in the past, you can refer to a particular day **(un día determinado),** a period of time **(un período de tiempo),** or an ongoing, indeterminate timeframe. In Spanish, you can use the following expressions to organize your discourse.

- **Un día determinado en el pasado:**

ayer	*yesterday*	**el lunes (martes...) pasado**	*last Monday (Tuesday . . .)*
anteayer	*the day before yesterday*		
el día anterior	*the day before*		

To indicate the time of day, you can use **por la mañana, por la tarde, por la noche...**

To specify the sequence of events or actions:

primero	*first*	**al final... del día**	*at the end... of the day*
primero de todo	*first of all*	**de la tarde**	*... of the afternoon*
después / luego	*then*	**de la noche**	*... of the evening / night*
más tarde	*later on*	**finalmente / por fin**	*finally*
		por último	*at the end*

- **Un período de tiempo en el pasado**

el fin de semana pasado	*last weekend*	**las vacaciones pasadas**	*last vacation*
el mes pasado	*last month*	**el verano pasado**	*last summer*
la semana pasada	*last week*		

To provide more detail as to your activities during that period of time, use expressions first from column A, and then from column B.

A		B	
al llegar	*upon arriving*	**ese mismo día**	*that same day*
el día que llegamos	*the day we arrived*	**al día siguiente**	*the next day*
el primer día	*the first day*	**el último día**	*the last day*
los primeros días	*the first days*		

El fin de semana pasado fuimos a visitar a unos amigos en San José.

Al llegar, descansamos un rato. Después, **ese mismo día** salimos a dar una vuelta por el centro.

Práctica

8-3 ¿Qué hiciste ayer para proteger la naturaleza? Habla con dos o tres compañeros de clase. Usa los verbos siguientes para hacer preguntas. Sigue el modelo.

MODELO ahorrar *¿Ahorraste energía ayer? ¿Qué hiciste?*

apagar **impedir** **mejorar** **reciclar** **reducir**

Al terminar las preguntas, haz un resumen de las respuestas para toda la clase. Utiliza las expresiones necesarias para organizar la información. Sigue el modelo.

MODELO *Estas son las actividades de protección de la naturaleza que hicieron nuestros compañeros. Primero Juan recicló el papel que tenía en su cuarto. Después, María... Más tarde... Por último...*

8-4 Un viaje por Argentina Esteban está narrando el viaje por Argentina que hizo con su familia. Completa su narración usando los verbos entre paréntesis en el tiempo pasado correcto: pretérito o imperfecto.

Nuestro viaje 1. __________ (comenzar) en la ciudad de Buenos Aires, conocida como "la Reina del Plata". Llegamos al mediodía y después de dejar las cosas en el hotel, 2. __________ (dar) un paseo por muchas partes de la ciudad. Entre otras muchas cosas visitamos el Museo de Arte Moderno en el tradicional barrio de San Telmo. Al día siguiente, nosotros 3. __________ (ir) al Parque Temaikén en Escobar, a sólo 30 minutos de la Capital Federal. Temaikén, en lengua tehuelche, significa Tierra de Vida. Los tehuelches o patagones 4. __________ (ser) indígenas que vivían en el sur de la Patagonia. Allí vimos más de 200 diversas especies autóctonas *(native)* y de otras regiones del mundo mezclándose con la flora típica de sus hábitats naturales.

No tuvimos mucho tiempo para ver más en Buenos Aires y al día siguiente 5. __________ (salir) para ver las Cataratas del Iguazú ubicadas en el extremo noroeste del país dentro del Parque Nacional Iguazú. Además de los más de 200 saltos *(waterfalls)* impresionantes, allí encontramos una selva de exuberante vegetación y muchas especies de animales.

Después de dos días en la costa, visitamos la ciudad de Salta. Una de las cosas que más nos 6. __________ (gustar) allí fue el recorrido que hicimos en el famoso Tren de las Nubes, uno de los tres ferrocarriles más altos del mundo. El viaje de ida y vuelta que atraviesa las montañas de la Cordillera de los Andes duró casi quince horas. Disfrutamos de paisajes espectaculares y paramos en muchos pueblos donde 7. __________ (haber) puestos con artesanías y productos regionales. Yo 8. __________ (comprar) muchos recuerdos para regalar a mis amigos. ¡Nuestra visita a Argentina fue una experiencia increíble!

8-5 Mis vacaciones Tomando como modelo la narración de Esteban, usa las siguientes expresiones y verbos para hablar de tus vacaciones más recientes. Si en realidad no fuiste de vacaciones, inventa los detalles *(details)*.

Expresiones: el verano pasado, el primer día, el día siguiente, esa noche, primero, después, más tarde

Verbos: levantarse, desayunar, dar un paseo, comer, descansar, salir de, dormir, ir a, visitar, sacar fotos, ver, encontrarse con, comprar

En tu narración, incluye la siguiente información:

- el lugar al que fuiste
- las personas con las que viajaste
- el tiempo que estuviste allí
- las cosas que viste
- las actividades que hiciste
- las cosas que compraste
- cualquier otra cosa que quieras añadir

Al final, comparte tu narración con el resto de la clase.

Enfoque estructural *La narración en el pasado: el pretérito y el imperfecto*

Heinle iRadio: To hear about the **Preterite** and the **Imperfect**, visit academic.cengage.com/spanish.

Thus far, you have learned two past tense forms: the preterite **(fui, estuvimos, quiso)** and the imperfect **(iba, estábamos, quería).** Although both forms are used to report past actions, each one is used in different contexts.

When narrating, the main distinction between the use of the preterite and the imperfect lies in the nature of the action described.

<table>
<tr><th>El pretérito</th><th>El imperfecto</th></tr>
<tr><td>If an action is viewed as having been started or completed within a definite time period, if it occurred only once, or if it was repeated a specific number of times

Pasé una semana en la playa.
(a definite time period: a week)

Apagué las luces tres veces ayer.
(an action repeated a specific number of times)</td><td>If a past action is habitual or is repeated an unspecified number of times

Antes, yo iba todos los años a las montañas de vacaciones.
(a habitual occurrence)</td></tr>
<tr><td></td><td>To justify the reason someone did or did not do something, or to explain why something did or did not get done

Fui a Argentina con mi novia porque queríamos conocer ese país.
(a reason)</td></tr>
<tr><td colspan="2">To describe an action in progress interrupted by another action, both tenses will be employed.

Estaba dando un paseo por el parque cuando vi a mi amigo Joaquín.
(ongoing action) (interupting action)</td></tr>
<tr><td></td><td>To express simultaneous actions

El guía nos hablaba de la historia de los pueblos mientras viajábamos en el tren.
(concurrent actions)</td></tr>
<tr><td colspan="2">In a narrative, the preterite and imperfect will both be employed. The preterite narrates what occurred against the background described by the imperfect.

Eran las siete de la mañana. Hacía frío y llovía. Me levanté porque tenía hambre.
(background situation) (background) (action) (background)

Fui a la cocina, desayuné y volví a la cama.
(action) (actions)</td></tr>
</table>

Práctica

8-6 Eva Perón y el tango Escoge el tiempo correcto para completar la siguiente narración.

Las vacaciones pasadas (1. **pasé / pasaba**) cinco días en Buenos Aires. Cuando llegué al hotel, me (2. **dieron / daban**) información sobre una excursión muy recomendada que se llamaba "Dos pasiones argentinas: Eva Perón y el tango". Me pareció muy interesante y decidí hacerla esa misma tarde.

(3. **Fueron / Eran**) las 14:00 horas; cinco personas más y yo esperábamos en la recepción del hotel cuando llegó Javier, nuestro guía. (4. **Subimos / Subíamos**) a un autobús y fuimos al Tango Salón para tomar una clase de tango al estilo de los años 40. La clase duró casi dos horas y mientras (5. **practicamos / practicábamos**) los pasos del baile, los instructores nos (6. **hablaron / hablaban**) de la historia del tango, de sus figuras más conocidas y de cómo el tango es una expresión de la cultura popular. Después (7. **merendamos / merendábamos**) sandwiches y té en un restaurante cerca del museo Evita. ¡Menos mal, porque teníamos mucha hambre después de tanto bailar! Por último, hicimos una visita guiada en el museo Evita donde conocimos la vida y obra de Eva Perón, una de las mujeres más importantes de la historia Argentina. A las 18:30 horas (8. **llegó / llegaba**) el autobús para llevarnos al hotel y la excursión finalizó. ¡Fue una tarde completa y muy interesante!

8-7 La última vez que visité una gran ciudad Entrevista a un/a compañero/a sobre la última vez que visitó una gran ciudad. Al terminar, cambien de papel.

1. ¿Qué ciudad visitaste?
2. ¿Cuál fue el motivo de la visita?
3. ¿Qué pasó durante esa visita?
4. ¿Qué tiempo hacía?
5. ¿Quién estaba contigo?
6. ¿Te gustó la visita? ¿Por qué sí, por qué no?

Preséntenle a la clase un resumen organizado de la visita a una gran ciudad, que cada uno de ustedes hizo. Después de escuchar, decidan qué visita fue la más interesante y por qué.

8-8 La última vez que fui al campo Ahora entrevista a otro/a compañero/a sobre la última vez que hizo una excursión al campo. Pregúntale lo siguiente. Al terminar, cambien de papel.

1. ¿Cuándo fue la última vez que hiciste una excursión al campo?
2. ¿Qué tipo de excursión era? ¿Cuánto duró?
3. ¿Cuántos años tenías? ¿Estabas solo/a o ibas acompañado/a?
4. ¿Qué tiempo hacía?
5. ¿Qué actividades hiciste?
6. ¿Te gustó la excursión? ¿Por qué sí, o por qué no?

Preséntenle a la clase un resumen organizado de la excursión al campo, que cada uno de ustedes hizo. Después de escuchar, decidan qué excursión fue la más interesante y por qué.

Después, comparen las visitas a las ciudades con las excursiones al campo. ¿Cuál te pareció más atractiva? ¿Por qué?

Enfoque estructural *Los pronombres de complemento directo e indirecto*

In **Capítulo 6,** you studied direct object pronouns and in **Capítulo 7,** you studied indirect object pronouns. In this chapter, you are going to learn how to use direct and indirect object pronouns together. First, let's quickly review the forms.

Los pronombres de complemento directo

me	*me*	**nos**	*us*
te	*you* (informal sing.)	**os**	*you* (informal pl.)
lo	*you* (formal sing.), *him, it* (m.)	**los**	*you* (formal pl.), *them* (m., m. + f.)
la	*you* (formal sing.), *her, it* (f.)	**las**	*you* (formal pl.), *them* (f.)

Los pronombres de complemento indirecto

me	*to (for) me*	**nos**	*to (for) us*
te	*to (for) you*	**os**	*to (for) you*
le*	*to (for) you, him, her*	**les***	*to (for) you, them*

* Use **se** instead of **le** or **les** before direct object pronouns **lo, la, los, las.**

When direct and indirect object pronouns are used together, both are placed before the conjugated verb. The indirect object pronoun always precedes the direct object pronoun.

complemento indirecto + **complemento directo** + **verbo conjugado**

—¿Te dieron dinero para comprar recuerdos? *Did they give you money to buy souvenirs?*
—Sí, **me lo** dieron. *Yes, they gave **it to me.***
—¿Nos envió Javier la información sobre Argentina? *Did Javier send us the information about Argentina?*
—Sí, **nos la** envió la semana pasada. *Yes, he sent **it to us** last week.*

Remember that the indirect object pronouns for the third person singular and plural forms **(le** and **les)** become **se** when used with the direct object pronouns **lo, la, los,** and **las.**

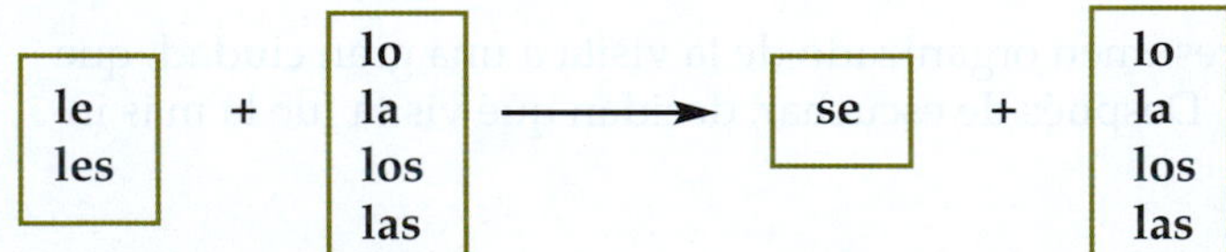

—¿Quién **le** dio una visita guiada del Museo Perón **al turista**? *Who gave **the tourist** a guided tour of the Perón Museum?*
—El guía **se la** dio. *The guide gave **it to him.***
—¿Quién **les** regaló artesanías argentinas **a sus amigos**? *Who gave Argentinian handicrafts **to his friends**?*
—**Se las** regaló Esteban. *Esteban gave **them to them** as gifts.*

Pronouns permit speakers to share known information without being repetitive. Notice the difference between the first column, which repeats the direct and indirect objects, and the second column, which employs direct and indirect object pronouns. Which sounds more natural?

ANA: ¿Quién te envió la información?	ANA: ¿Quién te envió la información?
JULIA: Javier me envió la información.	JULIA: Javier me la envió.
ANA: ¿Cuándo te envió la información?	ANA: ¿Cuándo te la envió?
JULIA: Me envió la información ayer.	JULIA: Me la envió ayer.

Práctica

8-9 ¿Quién mostró qué y a quién? Vas a participar en unos trabajos voluntarios para la conservación de la naturaleza. Un amigo que está interesado en este tema, te hace las siguientes preguntas. Para cada pregunta de la primera columna, selecciona la respuesta más adecuada de la segunda columna.

1. ¿Quién te enseñó la playa?	**a.** Me la mostró el director.
2. ¿Quién te mostró la reserva natural?	**b.** Me la enseñó mi amigo Paco.
3. ¿Quién les explicó los problemas de la contaminación en esta zona?	**c.** Nos la dio el profesor de ecología y medio ambiente.
4. ¿Quién les dio una charla *(talk)* sobre el calentamiento global?	**d.** Nos los explicó Juan.
5. ¿Quién te enseñó los efectos de la lluvia ácida?	**e.** Me los enseñó un voluntario.

8-10 Formas de proteger la naturaleza Tu amigo/a te sigue preguntando acerca de la conservación y de tu trabajo como voluntario. Contesta las siguientes preguntas con el pronombre que falta.

1. ¿Les dio su profesor información sobre el medio ambiente en América del Sur?
Sí, nos ______ dio.

2. ¿Les mostró su profesora los efectos de la deforestación en Centroamérica?
Sí, nos _________ mostró.

3. ¿Te explicaron la importancia del reciclaje en las ciudades?
Sí, me ________ explicaron.

4. ¿Te dieron instrucciones sobre cómo separar la basura en Buenos Aires?
Sí, claro, me _________ dieron.

5. ¿Les enviaron los folletos *(brochures)* sobre medidas para proteger la naturaleza?
No, no nos _________ enviaron. Todavía ________ estamos esperando.

8-11 Dime con quien andas... A veces la mejor manera de conocer a otros es saber más de sus amistades y relaciones. Usando la información que aparece a continuación, forma preguntas. Usando estas preguntas, entrevista a un/a compañero/a de clase.

MODELO dar consejos a tus amigos para evitar la contaminación
¿Les das consejos a tus amigos para evitar la contaminación?
Sí, se los doy frecuentemente.

1. mandar mensajes electrónicos sobre reciclaje a tus compañeros
2. pedir ayuda a tus amigos para conservar el medio ambiente
3. dar dinero a Greenpeace
4. contar a tus padres tus experiencias con la contaminación
5. prestar libros a nosotros sobre recursos naturales

Comentarios culturales

Argentina: ciudad y campo

Anticipación

¿Se asocia con la ciudad o con el campo? Antes de mirar el video, decide si las palabras a continuación están relacionadas con **la ciudad** o **el campo**.

las llanuras	el área metropolitana	el palacio presidencial
los gauchos	el Congreso Nacional	los glaciares

Vamos a ver

Antes de ver el video lee las siguientes preguntas. Mientras miras el video, toma notas para poder hacer después las siguientes actividades.

La ciudad de Buenos Aires Contesta las siguientes preguntas sobre la capital de Argentina.

1. Como es un país grande, Argentina tiene diferentes zonas geográficas. ¿En qué región se encuentra Buenos Aires?
2. ¿Qué porcentaje de argentinos vive en el área metropolitana de Buenos Aires?
3. ¿Por qué se le llama a Buenos Aires el "París de Sudamérica"?
4. ¿Cuál es el nombre del palacio presidencial?
5. El video menciona varios tipos de diversiones de las que gozan *(enjoy)* los bonaerenses. Nombra tres.

El campo argentino Empareja los siguientes lugares y personas con sus descripciones.

____ **1.** Las llanuras	**a.** aprenden temprano a montar a caballo y a usar el lazo.
____ **2.** El gaucho	**b.** son grandes regiones de tierra relativamente plana.
____ **3.** Los glaciares	**c.** se encuentran en el extremo sur del país y son visitados por turistas y estudiados por científicos.
____ **4.** Los niños del campo	**d.** es el vaquero argentino que representa la aventura y la fuerza física y moral.

Expansión

Mis preferencias y las de la clase Sigue los pasos para determinar tus preferencias y las de tus compañeros de clase sobre qué lugares visitar en Argentina.

Paso 1. Pon en orden los lugares mencionados en el video según el interés que tengas *(you may have)* en visitarlos. (1 = de mayor interés; 5 = de menor interés)

_____ las llanuras
_____ el Congreso Nacional
_____ el palacio presidencial
_____ los glaciares
_____ la región de los Andes

Paso 2. Formen grupos de cuatro o cinco estudiantes y comparen sus preferencias. Determinen el lugar favorito de su grupo y escojan a un/a representante para su grupo.

Paso 3. El/La representante de cada grupo debe compartir con la clase la decisión de su grupo para poder contestar la pregunta: **¿Cuál es el lugar que más le gusta a la clase?**

Tú dirás

La Reserva Natural Punta Quiroga

Con un/a compañero/a de clase, vas a hacer una presentación oral sobre la Reserva Natural Punta Quiroga. Cada uno de Uds. ha conseguido información que ahora tiene que compartir.

Estudiante A

Ésta es la información que tienes sobre la reserva. Léela con atención y contesta las preguntas de tu compañero/a.

La Reserva Natural Punta Quiroga está ubicada en el accidente geográfico *(geographical feature)* denominado Punta Quiroga. La reserva tiene como motivo principal la protección y conservación de los ecosistemas marino-costeros y de llanura de la zona.

Para visitar la reserva, es necesario hacer una reserva previamente. Se puede llegar desde la Ciudad de Puerto Madryn en vehículos de agencias de turismo o en vehículos propios de la reserva.

La flora y la fauna que se puede observar en la reserva son variadas. En las zonas más afectadas por el viento, la vegetación es escasa *(scarce)* mientras que en los valles y zonas bajas la vegetación es más abundante. Entre los muchos tipos de especies de animales, destacan los predadores como el puma, el zorro *(fox)* gris y el gato montés *(bobcat)*. Además, en la costa del Golfo San Matías hay una colonia permanente de lobos marinos *(sea lions)*.

Éstas son las preguntas que debes hacerle a tu compañero/a para completar la información sobre la reserva:

- ¿En qué provincia argentina está la reserva?
- ¿Puedo visitar la reserva solo/a o tengo que ir acompañado/a?
- Si decido visitar la reserva ¿qué voy a poder ver y hacer allí?

Estudiante B

Ésta es la información que tienes sobre la reserva. Léela con atención y contesta las preguntas de tu compañero/a de clase.

La Reserva Natural Punta Quiroga se encuentra al noroeste de la provincia argentina de Chubut. Es Patrimonio Natural de la Humanidad y el lugar perfecto para realizar ecoturismo. En grupos reducidos (si el grupo va acompañado por un Guardaparque Profesional de la reserva) y sólo, los visitantes pueden hacer el circuito especial para los aficionados de trekking y visitar puntos de interés de la reserva como la lobería, la playa de las conchillas y la baliza Punta Quiroga.

En la lobería, viven más de 1.200 lobos marinos *(sea lions)* durante todo el año. La playa de las conchillas está ubicada en una pequeña bahía de 3 km de largo. Allí hay una gran concentración de conchas *(shells)* y restos de moluscos *(mollusks)* y otros invertebrados como cangrejos y estrellas de mar *(starfish)*. En la baliza Punta Quiroga, hay un centro de visitantes que los invita a descubrir el mundo de los faros *(lighthouses)* y balizas *(beacons)*.

Éstas son las preguntas que debes hacerle a tu compañero/a para completar la información sobre la reserva:

- ¿En qué accidente geográfico *(geographic feature)* se encuentra la reserva?
- ¿Cuál es el objetivo de la reserva?
- ¿Qué es necesario hacer si quieres visitar la reserva? ¿Es posible visitar la reserva en carro propio? ¿Cómo se llega a la reserva?
- Si decido visitar la reserva, ¿qué voy a poder ver allí?

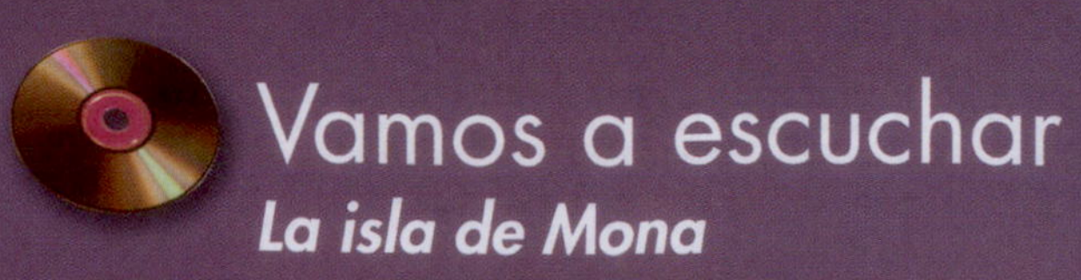

Vamos a escuchar

La isla de Mona

En este segmento vas a escuchar a Javier y Sofía hablando de un sueño que Javier quiere realizar.

Antes de escuchar

¿Recuerdas? Antes de escuchar la conversación, contesta la siguiente pregunta.

Cuando Javier se presentó a los otros compañeros les dijo que era estudiante de medicina. Sin embargo, en sus testimonios ha revelado otro sueño profesional que tiene relacionado con su interés por la naturaleza y las actividades al aire libre. ¿Qué sueño tiene Javier?

 **Y ahora, te toca a ti** Discute los siguientes temas con un/a compañero/a de clase.

1. Muchas veces los deseos de los padres no coinciden con los de los hijos. ¿Crees que para ser buen hijo uno tiene que seguir las recomendaciones de sus padres? ¿Por qué?
2. En cambio, se dice que los padres deben apoyar a sus hijos en todo. ¿Estás de acuerdo con esto? ¿Por qué sí, o por qué no?
3. Ahora, teniendo en cuenta lo que has comentado con tu compañero/a, ¿qué consejos le darías a Javier?

Antes de escuchar la conversación entre Javier y Sofía, lee las preguntas en la sección **Después de escuchar.**

Después de escuchar

CD2, Track 6

Comprensión Contesta las preguntas que siguen, según la información de la conversación.

1. ¿Cuál es el sueño de Javier?
2. ¿Qué países está considerando Javier como posibles lugares para realizar su sueño?
3. ¿Dónde está la isla de Mona?
4. ¿Quién vive en la isla?
5. ¿Para qué tiene que pedirle un permiso al Departamento de Recursos Naturales?
6. Javier le describe a Sofía los tipos de animales que viven en la isla de Mona. ¿Cuáles de los siguientes animales menciona?

- ❏ ballenas Humpback
- ❏ caballos salvajes
- ❏ cabras *(goats)*
- ❏ cerdos *(pigs)* salvajes
- ❏ iguanas
- ❏ lobos marinos
- ❏ pingüinos
- ❏ pumas
- ❏ tortugas *(turtles)* marinas
- ❏ zorros

CD2, Track 6

¿Cómo lo dicen? Escucha la conversación una vez más. Fíjate en lo que dicen Javier y Sofía y contesta estas preguntas.

1. Además de los biólogos, ¿quiénes viven en la reserva natural? ¿Qué significa en inglés?
2. La isla de Mona también se conoce por otro nombre. ¿Cuál es?

¿Qué opinan ustedes sobre el ecoturismo? El ecoturismo es una actividad que está muy de moda *(fashionable)* ahora. ¿Qué opinan ustedes? En grupos de tres estudiantes, hablen sobre la importancia, la necesidad y los efectos del ecoturismo. Después compartan sus opiniones con la clase. ¿Hay alguna opinión que domine en la clase?

SEGUNDA ETAPA

Para empezar: Los titulares

Preparación: Al empezar esta etapa, contesta estas preguntas.

- ¿Qué tipo de noticias prefieres: las de la radio, de la televisión o de los periódicos? ¿Por qué?
- ¿Qué información hay estos días en las noticias?

Los medios de comunicación

los periódicos

las revistas

la televisión

el Internet*

la radio

*__Internet__ is most commonly used without the article: **Estoy conectado a Internet; Uso Internet todos los días;...**

Tipos de información

la actualidad	*current events*
la crítica	*review*
la entrevista	*interview*
las noticias de última hora	*breaking news*
el noticiero, el telediario	*T.V. news report*
el reportaje	*live report*

Noticias que tienen que ver con...

...la política

el acuerdo	*agreement*
las elecciones	*elections*
el gobierno	*goverment*
la huelga	*strike*
la inmigración	*immigration*
la ley	*law*

...la delincuencia

el asesinato	*murder*
la crimen	*crime*
el robo	*robbery*
el secuestro	*kidnapping*
el/la testigo	*witness*
la víctima	*victim*

...los desastres naturales

el huracán	*hurricane*
la inundación	*flood*
el terremoto	*earthquake*
el tornado	*tornado*

Práctica

8-12 Los titulares Completa los titulares con el siguiente vocabulario: **acuerdo, robo, asesinato, huelga, ley, testigo**

Ascienden a 67 los muertos por (1) ______________ en Nueva York.

Policía local encuentra la pistola que habrían usado en el (2) ______________ del fin de semana pasado.

Israel y Palestina siguen negociando el (3) ______________ de paz.

(4) La ______________ de pilotos provoca un caos en el Aeropuerto de Ezeiza de Buenos Aires.

Según un (5) ______________ presencial, el accidente de tráfico fue a causa de la fuerte lluvia.

La (6) ______________ municipal de reciclaje de residuos fue aprobaba por unanimidad.

8-13 Una noticia de última hora Mario estaba mirando la televisión cuando el programa fue interrumpido por una noticia de última hora. Mario llama a su madre por teléfono para contárselo. Completa el diálogo entre Mario y su madre con el vocabulario para hablar de noticias.

MARIO: Mamá, hay una (1) ______________________ en la tele. Los chilenos han elegido a una mujer como presidenta del país.

MADRE: ¿Cuándo la han anunciado?

MARIO: Hace unos minutos.

MADRE: ¿Qué más viste en las noticias?

MARIO: Pues hubo un (2) ______________________ en el centro de la ciudad. La (3) ______________________ es una mujer joven. La policía interrogó a los (4) ______________________ que estaban en el lugar del (5) ______________________.

MADRE: ¡Qué pena! ¿Algo más?

MARIO: Sí, va a haber (6) ______________________ en Perú. Los peruanos tienen que elegir un nuevo (7) ______________________.

MADRE: ¿Es todo?

MARIO: Bueno, parece que mañana va a haber (8) ______________________ en el transporte público. Los conductores de autobuses de la ciudad quieren que cambien la (9) ______________________ que regula sus salarios y beneficios.

MADRE: ¡Qué problema! ¿Y cómo voy a ir a trabajar?

MARIO: No te preocupes, yo te llevo.

Enfoque léxico *Los días feriados y las celebraciones*

Holidays and celebrations are regular topics of news broadcasts. Year after year, the events associated with the following international holidays, held in common by Hispanic countries, are highlighted in the news. Several of these holidays are also recognized and celebrated in the United States and around the world.

Las fiestas religiosas y otros días de fiesta en los países hispanos

el Día de Año Nuevo	*(New Year's Day)* 1° de enero
el Día de los Reyes Magos	*(Epiphany,* 6 de enero *Feast of the Three Wise Men)*
la Semana Santa	*(Holy Week)* la fecha varía
el Viernes Santo	*(Good Friday)* la fecha varía
el Domingo de Pascua o Resurrección	*(Easter Sunday)* la fecha varía
el Día del Trabajo	*(Labor Day)* 1° de mayo
el Día de Todos los Santos	*(All Saints Day)* 1° de noviembre
el Día de los Muertos	*(All Saints Day)* 2 de noviembre
la Nochebuena	*(Christmas Eve)* 24 de diciembre
el día de Navidad	*(Christmas Day)* 25 de diciembre
la Nochevieja	*(New Years Eve)* 31 de diciembre

There are other events that are universally celebrated among individuals and family members. These celebrations may be the focus of local news or even national or international news in the case of celebrities.

el cumpleaños

la boda

el bautizo

la graduación

el aniversario

Expansión léxica

Many non-Spanish speakers recognize **una fiesta** as *a party.* The word has other meanings as well, depending on the context in which it's used. A *holiday* is a **fiesta,** as is a religious *feast day.* While many people in Spanish-speaking countries have a day off on both national and religious holidays, the *day off* is called **el día feriado** or **el día festivo.**

When conversing about these celebrations, you may find these terms and expressions useful:

el anfitrión / la anfitriona	*host / hostess*	aceptar una invitación	*to accept an invitation*
el banquete	*banquet*	brindar por	*to make a toast to*
el banquete de bodas	*wedding reception*	celebrar	*to celebrate*
el brindis	*toast*	cumplir... años	*to have a birthday, to turn. . . years old*
la fiesta sorpresa	*surprise party*	dar / hacer una fiesta	*to throw a party*
los invitados	*guests*	divertirse (ie)	*to have fun*
el pastel de cumpleaños	*birthday cake*	felicitar	*to congratulate*
el regalo	*gift*	hacer regalos, regalar	*to give gifts*
la vela	*candle*	invitar a gente a una fiesta	*to invite people to a party*
¡Enhorabuena! / ¡Felicidades!	*Congratulations!*	pasarlo bien	*to have a good time*
¡Feliz cumpleaños!	*Happy birthday!*	soplar las velas	*to blow out the candles*

Práctica

8-14 ¿Qué fiesta es? Ya que la celebración de algunas fiestas varía según el país, la ciudad o el pueblo, primero identifica el tipo de fiesta celebrada en las siguientes fechas, después explica brevemente cómo celebras estas fiestas en tu país.

1. 25 de diciembre
2. 1° de enero
3. 24 de diciembre
4. 1° de mayo
5. 1° de noviembre
6. 6 de enero
7. 2 de noviembre
8. 31 de diciembre

8-15 Mi cumpleaños Cumples veintiún años la semana que viene y quieres tenerlo todo preparado. Completa el siguiente párrafo con las palabras o expresiones adecuadas.

La semana que viene es mi 1. _______________ *(birthday)* y voy a 2. _______________ *(to throw a party)* muy grande. Voy a 3. _______________ *(to invite)* a mucha gente, pues lo quiero 4. _______________ *(to celebrate)* con todos mis amigos. Vamos a tener un 5. _______________ *(birthday cake)* enorme con 21 6. _______________ *(candles)*. Quiero que sea una 7. _______________ *(party)* inolvidable, con mi primer 8. _______________ *(toast)* técnicamente legal. Por supuesto, todos los invitados van a 9. _______________ *(to have fun)*.

8-16 ¿Cómo celebras tu cumpleaños? Haz una encuesta en la clase para descubrir cómo celebran tus compañeros su cumpleaños. Usa las expresiones siguientes para formular preguntas:

celebrar
brindar por
soplar las velas
invitar a gente
dar/hacer una fiesta
pasarlo bien/divertirse

Al terminar, indica cuántas personas hacen las actividades de la lista.

Nota gramatical

You may want to review the past participles presented on pages 252–253. They are used in this tense as well as with the present perfect tense.

Enfoque estructural *El pluscuamperfecto*

The **pluscuamperfecto** *(past perfect tense)* is used to indicate that something *had already happened* before something else occurred. Similar to English, this tense requires another action in the past as a reference point, whether it is stated or not, in order to make sense. Consider the following examples:

Carlos no miró las noticias en la televisión porque **ya había leído** el periódico.
Carlos didn't watch the news on TV because he ***had already read*** *the newspaper.*

Los meseros **ya habían servido** la cena cuando llegamos al banquete de bodas.
The waiters ***had already served*** *dinner when we arrived at the wedding reception.*

The **pluscuamperfecto,** like the present perfect, has two parts: the "helping" verb **haber** and the past participle. The difference between the present perfect and past perfect tense remains in the form of **haber;** the present perfect uses the present tense of the auxiliary verb **haber (he, has, ha, hemos, habéis, han),** whereas the past perfect uses the imperfect tense **(había, habías, había, habíamos, habíais, habían).** Note the following examples.

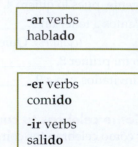

Auxiliary verb **haber**			**Past participle** of the main verb
yo	**había**		**-ar** verbs habl**ado**
tú	**habías**		
Ud., él, ella	**había**	+	**-er** verbs com**ido**
nosotros/as	**habíamos**		
vosotros/as	**habíais**		**-ir** verbs sal**ido**
Uds., ellos, ellas	**habían**		

Práctica

8-17 Ya lo había hecho cuando... Cambia las oraciones según el modelo, para indicar que algo ya había pasado antes de la otra acción.

MODELO Marta sopló las velas y después llegué yo.
Marta ya había soplado las velas cuando yo llegué.

1. El huracán destruyó la ciudad y después llegaron los equipos de rescate *(rescue).*
2. Los candidatos a la presidencia dieron sus discursos *(speeches)* y después los ciudadanos votaron.
3. El robo ocurrió y después llegó la policía.
4. Un compañero de clase nos dijo algo sobre una huelga de profesores y después oímos las noticias.
5. Ustedes se durmieron en el carro y después en la radio nos hablaron de las condiciones atmosféricas.

8-18 ¿Qué habían hecho? Piensa en los compañeros del video de ***¡Tú dirás!*** e imagina tres cosas que cada uno de ellos había hecho antes de viajar a Puerto Rico. Piensa en cosas diferentes para cada compañero.

MODELO *Antes de viajar a Puerto Rico Sofía había comprado varios libros.*

1. Antonio
2. Valeria
3. Javier
4. Alejandra
5. Sofía

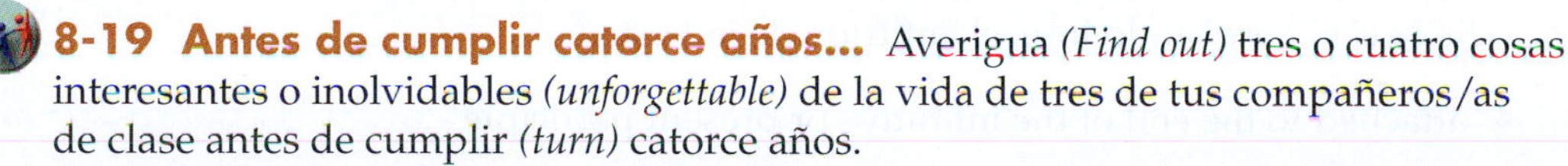

8-19 Antes de cumplir catorce años... Averigua *(Find out)* tres o cuatro cosas interesantes o inolvidables *(unforgettable)* de la vida de tres de tus compañeros/as de clase antes de cumplir *(turn)* catorce años.

MODELO *—¿Qué habías hecho antes de cumplir 14 años? ¡Cuéntame lo más interesante!*
—Antes de cumplir 14 años, yo ya había...
o
—Cuando cumplí 14 años yo ya había...

Después escribe una lista de esta información para leérsela a la clase.

Enfoque estructural

Los pronombres de complemento directo e indirecto con el infinitivo y los tiempos progresivos

In the **Primera etapa,** you learned how to use both direct and indirect objects in a sentence. You will recall that both the direct and indirect objects are placed before conjugated verbs, with the indirect object pronoun always preceding the direct object pronoun.

pronombre de complemento indirecto	+	**pronombre de complemento directo**	+	verbo conjugado

When verbs are more complex and include a conjugated verb and either an infinitive or a present participle, the double object pronouns may be placed in one of two positions:

- in front of the conjugated verb + infinitive or present participle

pronombre de complemento indirecto	+	**pronombre de complemento directo**	+	verbo conjugado	+	infinitivo / gerundio

—¿Cuándo le van a dar la invitación a Enrique?
—**Se la** van a dar el lunes.

—¿Dónde están Berta y Rosa?
—Están viendo el apartamento.
—¿Quién **se lo** está enseñando?
—**Se lo** está enseñando José, el anfitrión de la fiesta.

- attached to the end of the infinitive or present participle

verbo conjugado	+	infinitivo / gerundio	+	**pronombres de complemento indirecto + de complemento directo**

—¿Cuándo van a darle la invitación a Enrique?
—Van a dár**sela** el lunes.

—¿Dónde están Berta y Rosa?
—Están viendo el apartamento.
—¿Quién está enseñándo**selo**?
—Está enseñándo**selo** José, el anfitrión de la fiesta.

¡OJO! Notice that when you attach both pronouns to the end of an infinitive, an accent mark is added to the vowel before **-r.** With present participles, an accent mark is added to the vowel before **-ndo,** even if only one pronoun is added at the end.

Práctica

8-20 ¡Un viaje a Argentina! Imagínate que tu familia ha decidido pasar sus vacaciones de verano en Argentina. Llama a tu mejor amigo/a para compartir las buenas noticias. Contesta sus preguntas sobre lo que vas a hacer allí empleando los pronombres de complemento directo e indirecto.

MODELO ¿Vas a enviarme mensajes electrónicos? (Claro, desde un cibercafé)
Claro, te los voy a mandar desde un cibercafé.
o
Claro, voy a mandártelos desde un cibercafé.

1. ¿Vas a mandarnos fotos a nosotros, tus amigos? (No, porque será difícil)
2. ¿Piensas regalarme yerba mate argentina? Sabes que me gusta muchísmo. (Claro, porque te quiero mucho)
3. ¿Quieres comprarle un recuerdo *(souvenir)* de Argentina a la profesora de español? (Por supuesto, porque le encantan los recuerdos)
4. ¿Vas a explicarle a tu hermano el itinerario? (Sí, esta noche)

8-21 ¿Quién está haciéndolo? Ser el anfitrión / la anfitriona de una fiesta sorpresa de cumpleaños para Rafael, tu mejor amigo, no es fácil. Requiere mucho trabajo y por eso le has pedido ayuda a tus amigos. Contesta las preguntas utilizando los pronombres correctos.

MODELO —Raúl, ¿estás preparándome los aperitivos?
—Sí, estoy preparándotelos.
o
—Sí, te los estoy preparando.

1. Jimena, ¿estás preparándome las invitaciones?
2. Mercedes y Pilar, ¿están envolviéndole *(wrapping)* el regalo?
3. Juan, ¿estás dándole las instrucciones al pastelero *(pastry cook)* sobre cómo queremos que sea el pastel de cumpleaños?
4. Isabel, ¿estás escribiéndome un discurso para el brindis?
5. Enrique, ¿están poniéndome la mesa?

8-22 ¿Quién está haciendo qué? Mira los dibujos y, con un/a compañero/a, túrnense para contestar las preguntas con los pronombres adecuados. Asegúrense de variar la posición de los pronombres de complemento indirecto y directo.

Javier Sofía Alejandra, Valeria Alejandra, Valeria

1. ¿Quién le está haciendo un pastel a Alejandra?
2. ¿Quién le está encendiendo las velas?
3. ¿Quién le está dando un regalo a Alejandra?
4. ¿Quién le está dando las gracias a Valeria?

Comentarios culturales

El presente permanente

Acida Lee la siguiente información sobre el grupo argentino Acida y contesta las preguntas que siguen.

Acida es un dúo formado por Tweety González y su esposa Alina Gandini, un par de *(a couple of)* computadoras y muchos teclados *(keyboards).* Antes de su unión musical en 1999, durante ocho años Tweety fue teclista de Soda Stereo, una de las bandas de rock argentinas más exitosas en los años ochenta y noventa y también trabajó en los álbumes de otros músicos argentinos como Fito Páez, Illia Kuryaki, Fabiano Cantilo y muchos más. Alina tocó durante 5 años con Leo Masliah y 3 años con Fito Páez. También participó como cantante en varios álbumes y formó parte del grupo femenino Las 72 horas.

En julio de 1999 Acida grabó "Apart" para un compilado de Warner Music Latin *Tributo a The Cure,* un disco de bandas alternativas latinoamericanas que rindió homenaje *(paid homage)* a las canciones de The Cure. Más tarde fueron descubiertos en Internet por el productor artístico británico Chris Allison que había trabajado con bandas de prestigio como Coldplay y The Beta Band. Colaborando con Allison, Acida creó su debut álbum titulado *La vida real.*

1. ¿Qué relación hay entre los miembros del grupo Acida?
2. ¿Qué es Soda Stereo?
3. ¿Con qué cantante argentino muy conocido han trabajado tanto Tweety como Alina?
4. ¿A qué grupo de rock británico le hicieron un tributo Acida y otras bandas latinoamericanas?
5. ¿Con qué productor trabajó Acida para lanzar *(launch)* su primer álbum?

A escuchar Mientras escuchas la canción "Presente permanente" rellena los espacios en blanco con las palabras que oigas.

To experience this song, access the *¡Tu dirás!,* Fourth Edition playlist.

Todo __________
Vos matá tu cucaracha
Nada va a _________
Todos nos estamos por morir acá
La ___________ es la de antes
Nada cambió, nada nuevo pasó
La memoria te engaña
Mátate un rato para ver el tiempo, el tiempo real
Es un regalo de tu mente, un regalito fatal
En tu presente permanente nada tiene final
Todos los días que pasaban no parecen pasar
Ah... puedo __________
Ah... la tranquilidad
________ percepción
Yo no ________ la que se ríe
Entendiste mal
Siempre ________ miedo de perderme
Salvo el dolor
nada ________ calma

Análisis Escucha la canción otra vez y averigua si rellenaste correctamente los espacios en blanco. Luego contesta las siguientes preguntas.

1. En tú opinión, ¿cuál es el tema *(theme)* de la canción?
2. ¿Te gustó la canción? ¿Por qué sí o no?

Un noticiero

Tú y tus compañeros de clase van a preparar un noticiero para el canal 7 de la televisión argentina. Para hacerlo sigan los pasos a continuación.

Paso 1. Las secciones del noticiero

La clase debe dividirse en cinco grupos y cada grupo va a encargarse de una de las siguientes secciones del noticiero:

1. las noticias internacionales
2. las noticias nacionales
3. las noticias locales
4. el tiempo
5. los deportes

Juntos, decidan el orden de presentación de las secciones.

Paso 2. A preparar el noticiero

En sus grupos, hagan lo siguiente:

- Decidan qué información van a presentar en su sección del noticiero y...
    - Los grupos que se encarguen de las noticias internacionales, nacionales y locales deben empezar sus reportajes mencionando como mínimo tres titulares y luego deben describir cada noticia en detalle.
    - El grupo que se encargue del tiempo debe hablar de las condiciones atmosféricas actuales y también debe incluir un pronóstico para los próximos cinco días.
    - El grupo que se encargue de los deportes debe incluir por lo menos tres deportes diferentes y para cada deporte debe hacer un resumen de los resultados.
- En grupos escriban un guión *(script)*.
- Presenten las noticias.

Paso 3. ¡Luces, cámara, acción!

- En el orden establecido anteriormente, los presentadores van a presentar sus secciones del noticiero.
- Al terminar el noticiero, trabajen en sus grupos de nuevo y hagan un resumen de las noticias presentadas por todos.

Vamos a ver

Valeria y Alejandra se ponen nostálgicas

En este episodio, Valeria y Alejandra van a hablar sobre cómo celebraban sus cumpleaños durante la niñez.

Anticipación

 **Mi cumpleaños** Entrevista a un/a compañero/a de clase sobre cómo celebraba su cumpleaños durante la niñez. Usa las preguntas a continuación como guía para la entrevista. Escribe las respuestas de tu compañero/a en una hoja de papel.

- ¿Dónde celebrabas tu cumpleaños y con quiénes lo celebrabas (con amigos, parientes, etc.)?
- ¿Cómo te sentías en tu cumpleaños?
- ¿Había tradiciones o costumbres familiares para los cumpleaños?
- ¿Qué comías? ¿Qué bebías?
- ¿Había música? ¿De qué tipo? ¿Bailabas?

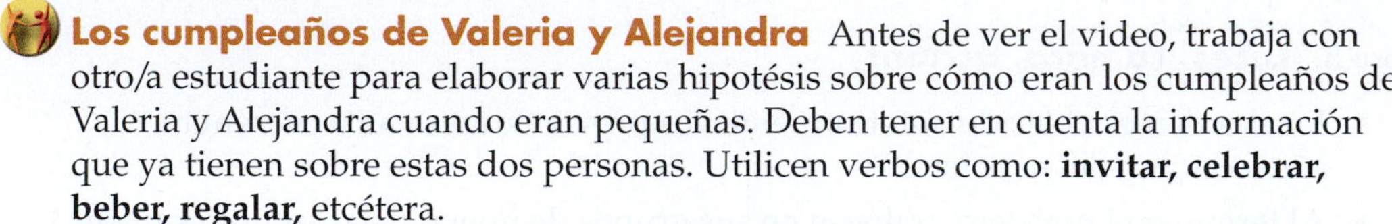

Los cumpleaños de Valeria y Alejandra Antes de ver el video, trabaja con otro/a estudiante para elaborar varias hipotésis sobre cómo eran los cumpleaños de Valeria y Alejandra cuando eran pequeñas. Deben tener en cuenta la información que ya tienen sobre estas dos personas. Utilicen verbos como: **invitar, celebrar, beber, regalar,** etcétera.

Valeria
1. **2.** **3.**
Alejandra
1. **2.** **3.**

Vamos a ver

Las fiestas familiares Mientras ves este episodio, presta atención a la conversación entre Valeria y Alejandra sobre cómo celebraban sus cumpleaños y luego contesta las siguientes preguntas.

Valeria

1. ¿Cómo celebraba su cumpleaños?
2. ¿Quiénes asistían a la celebración?
3. ¿Qué le regalaba su padre?
4. ¿Qué hacía su madre y quiénes le ayudaban?

Alejandra

5. ¿Cómo celebraba su cumpleaños?
6. ¿Quiénes asistían?
7. ¿Dónde lo celebraba?
8. ¿Qué comían y bebían?

Compara tus respuestas con las de un/a compañero/a.

Expansión

Acertamos, ¿o no? Ahora, con otro/a estudiante, comparen sus hipótesis sobre los cumpleaños de Valeria y Alejandra con la información real. ¿Cuántas de sus hipótesis pueden confirmar? ¿Cuáles sí? ¿Cuáles no? Compartan esta información con el resto de la clase.

Los cumpleaños de la niñez: Semejanzas y diferencias Usando la información que aprendiste de tu compañero/a de clase durante la entrevista en la sección de **Anticipación** y lo que acabas de aprender sobre Valeria y Alejandra en la sección de **Después de ver,** escribe una narración de por lo menos ocho frases en la cual compares y contrastes los cumpleaños de tu compañero/a de clase con los de Valeria y/o Alejandra.

Usa las expresiones para organizar una secuencia de acciones en el pasado de la **primera etapa,** el vocabulario de celebraciones de esta **etapa** y los comparativos y superlativos (**más / menos... que, tan... como, tanto... como, el mejor, el peor,** etcétera) que aprendiste en el **Capítulo 4.**

Después, lee tu párrafo a tu compañero/a de clase. ¿Está de acuerdo con la comparación? Explícalo.

Para empezar: Las últimas tecnologías

Preparación: Haz una lista de todos los aparatos electrónicos que tengas.

- ¿Qué ventajas y qué desventajas tienen esos aparatos?
- ¿Cómo sería tu vida sin esos aparatos? ¿Mejor? ¿Peor? ¿Por qué?

Los aparatos electrónicos personales

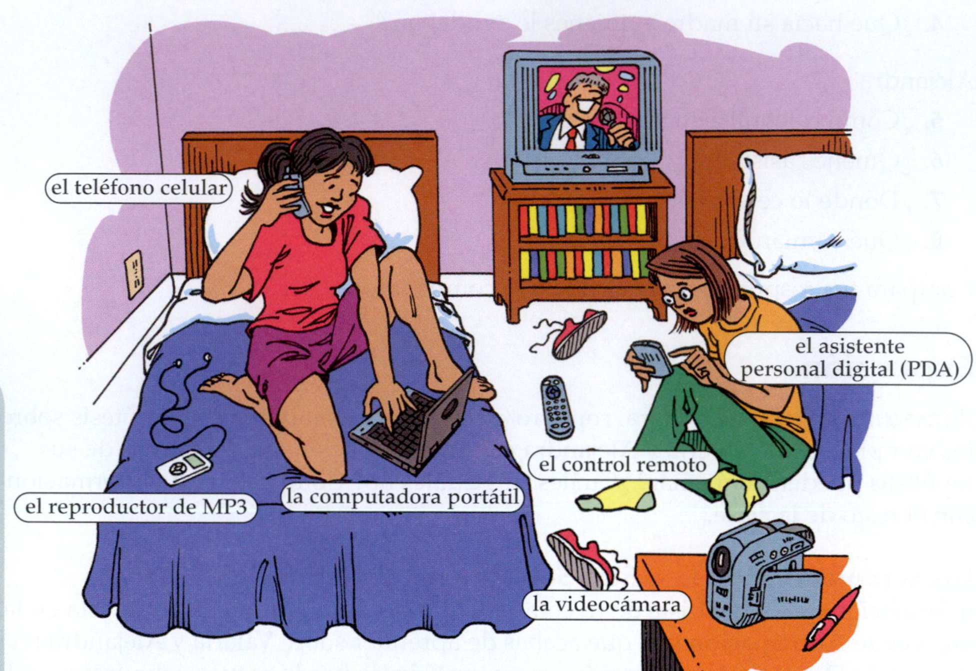

Para hablar de los aparatos

inalámbrico/a	*cordless*
apagar	*to turn off*
cargar	*to charge (a battery)*
el cargador	*battery charger*
(des)conectar	*to (dis)connect*
encender, prender	*to turn on*
(des)enchufar	*to plug in (to unplug)*
el enchufe	*plug, outlet*
funcionar	*to work*
grabar	*to record*
reproducir	*to play (a CD, a DVD, etc.)*

Práctica

8-23 Te lo explico Imagínate que tu abuelo ha decidido ponerse al día *(bring himself up to date)* respecto a las nuevas tecnologías en aparatos electrónicos personales. Él hizo una lista de las cosas que había visto en una tienda y ahora te está pidiendo una explicación de cada una. Explícale a tu abuelo qué es cada cosa, para qué se usa y cómo se usa. Recuerda que es tu abuelo y no sabe casi nada de tecnología, así que vas a tener que hablarle sencillamente *(speak plainly)* y darle explicaciones y ejemplos que él pueda entender.

MODELO la cámara digital
Abuelo, igual que una cámara tradicional, se usa una cámara digital para sacar fotos. Una cámara digital es diferente de una cámara normal porque puedes guardar tus fotografías en un CD o en la computadora. También puedes editar o cambiar las fotos digitales fácilmente.

1. el asistente personal digital
2. la computadora portátil
3. el teléfono celular
4. el reproductor de MP3

8-24 Se debe... *(One should . . .)* Todos los aparatos electrónicos vienen con manuales de uso. Completa las siguientes instrucciones con el siguiente vocabulario.

apagar **cargar** **enchufar** **grabar** **prender** **usar**

1. Se debe __________ la camára digital completamente antes de usarla por primera vez.
2. No se debe usar el CD/DVD-ROM para __________ películas o discos de música para su venta. La piratería es ilegal.
3. Se debe __________ el asistente personal digital cuando no esté en uso.
4. Sólo se debe __________ pilas *(batteries)* de ión-litio recargables.
5. Después de sacarlo de la caja, se debe __________ el cable del GPS portátil al carro y comprobar *(verify)* que tiene cargado el software y que ya funciona.
6. Si por alguna razón el MP3 deja de funcionar mientras se está reproduciendo, se debe apagar y volver a __________.

8-25 ¿Qué aparatos electrónicos usas? Usando el cuadro que aparece a continuación haz una encuesta en tu clase sobre el uso de aparatos electrónicos personales.

	¿Cuántas personas lo tienen?	¿Dónde lo usan?	¿Cuándo lo usan?	¿Para qué lo usan?
teléfono celular				
reproductor de MP3				
APD				
cámara digital				

Al terminar, escribe un resumen de los resultados y comparte la información con la clase.

Enfoque léxico *Las computadoras e Internet*

Personal computers and the World Wide Web have become an essential part of our everyday lives. Here is the necessary vocabulary to talk about them in Spanish.

La computadora

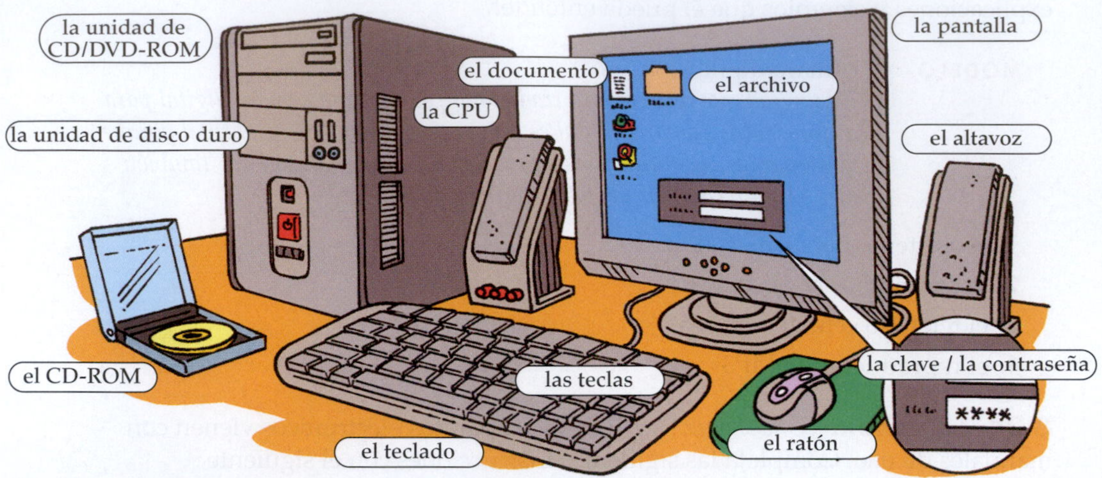

Para manejar una computadora

abrir	*to open*	**cortar**	*to cut*
archivar, guardar	*to save*	**editar**	*to edit*
cerrar	*to close*	**imprimir**	*to print*
copiar	*to copy*	**pegar**	*to paste*

Otros aparatos

el escáner	*scanner*	**el módem**	*modem*
la impresora	*printer*		

Internet

el buscador	*search engine*	**el servidor de web**	*web server*
la dirección de web	*web address, URL*	**el sitio (de) web**	*web site*
el enlace	*link*	**la web**	*the World Wide Web*
el navegador	*browser*	**bajar, descargar**	*to download*
la página (de) web	*web page*	**hacer clic, pulsar**	*to click*
la página inicial / principal	*home page*	**navegar, surfear**	*to surf*

El correo electrónico

el anexo	*attachment*	**borrar**	*to delete*
la arroba	*at (@)*	**enviar, mandar**	*to send*
el buzón	*mailbox*	**recibir**	*to receive*
la copia	*copy (cc)*	**reenviar**	*to forward*
el mensaje	*message*	**responder**	*to reply*
el punto (.)	*dot (.)*		

Práctica

8-26 ¿Cómo se usa? Tu abuelo no sabe usar la computadora, pero tú sí sabes. Pon en orden lógico las siguientes acciones.

____ Escribes tu clave personal.
____ Imprimes la carta.
____ Guardas el documento en una carpeta.
____ Escribes una carta.
____ Enciendes la impresora.
____ Abres un documento nuevo.
____ Enciendes la computadora.

8-27 El correo electrónico Siempre tienes mucho que hacer, pero prefieres leer tu correo electrónico antes de hacer cualquier otra cosa. Completa el siguiente párrafo con la palabra apropiada de la lista.

anexo	**buzón**	**mandé**	**recibo**
borré	**correo electrónico**	**mensajes**	

Ayer por la tarde me conecté a Internet para leer mi 1. __________. Normalmente 2. __________ bastante y ayer, como siempre, mi 3. __________ estaba lleno. Leí muchos 4. __________, pero no todos. Guardé unos y 5. __________ otros. Después, le 6. __________ un artículo interesante a un amigo como 7. __________.

8-28 Las páginas web Tu abuela quiere aprender sobre las computadoras y la web. Completa el siguiente párrafo con las palabras apropiadas.

Mi abuela está aprendiendo a 1. __________ *(to surf)* por la web. Ayer utilizó un 2. __________ *(search engine)* para conseguir información para su trabajo. Encontró muchas 3. __________ *(web pages)* muy interesantes. Cada una tiene 4. __________ *(links)* a otras páginas y mi abuela está haciendo una lista de sus 5. __________ *(addresses)* favoritas para poder volver después a esos 6. __________ *(web sites)*.

8-29 El uso del correo electrónico Pregúntales a varios estudiantes sobre el uso del correo electrónico. Después comparte la información con la clase.

1. ¿Cuánto tiempo pasas al día mirando tu correo electrónico?
2. ¿Con quién te comunicas por medio del correo electrónico?
3. ¿Qué información compartes?
4. ¿Qué opinas sobre el uso del correo electrónico?

8-30 Tus sitios favoritos Entrevista a un/a compañero/a de clase. Averigua cuánto tiempo pasa en la Red y cuáles son sus sitios favoritos. Comparte la información sobre tu compañero/a con la clase.

Enfoque estructural *Repaso de los tiempos del pasado*

Thus far, you have learned a number of tenses to express past actions or describe past events. Let's review these tenses, their formations, and their usages to ensure that you are well-equipped to function in Spanish. A review of the past tenses requires that we look at the preterite (pages 186, 196, 222, 224, 239, and 240), the imperfect (pages 266–267), the present perfect (pages 252–253), and the past perfect (page 318).

El pretérito

1. The regular preterite forms

-ar: hablar → habl**é**, habl**aste**, habl**ó**, habl**amos**, habl**asteis**, habl**aron**
-er: beber → beb**í**, beb**iste**, beb**ió**, beb**imos**, beb**isteis**, beb**ieron**
-ir: vivir → viv**í**, viv**iste**, viv**ió**, viv**imos**, viv**isteis**, viv**ieron**

2. The irregular preterite forms

- **Ser** and **ir:** Remember that these two verbs share the same irregular forms in the preterite: **fui, fuiste, fue, fuimos, fuisteis, fueron**
- The preterite forms of **-ar** verbs with orthographical changes in the first person singular

c → qu:	**practicar → practiqué**	**tocar → toqué**
g → gu:	**llegar → llegué**	**pagar → pagué**
z → c:	**cruzar → crucé**	**empezar → empecé**

- The preterite forms of **-ir** verbs with stem changes in the present that have a stem change in the third person singular and plural

sentir: sentí, sentiste, s**i**ntió, sentimos, sentisteis, s**i**ntieron
vestir: vestí, vestiste, v**i**stió, vestimos, vestisteis, v**i**stieron
dormir: dormí, dormiste, d**u**rmió, dormimos, dormisteis, d**u**rmieron

- The preterite forms of verbs with **y** in the third person singular and plural

leer: leí, leiste, le**y**ó, leímos, leísteis, le**y**eron
oír: oí, oíste, o**y**ó, oímos, oísteis, o**y**eron

- The preterite forms of verbs with **u** and **i**

u
andar: and**u**ve, and**u**viste, and**u**vo, and**u**vimos, and**u**visteis, and**u**vieron
estar: est**u**ve, est**u**viste, est**u**vo, est**u**vimos, est**u**visteis, est**u**vieron
poder: p**u**de, p**u**diste, p**u**do, p**u**dimos, p**u**disteis, p**u**dieron
poner: p**u**se, p**u**siste, p**u**so, p**u**simos, p**u**sisteis, p**u**sieron
saber: s**u**pe, s**u**piste, s**u**po, s**u**pimos, s**u**pisteis, s**u**pieron
tener: t**u**ve, t**u**viste, t**u**vo, t**u**vimos, t**u**visteis, t**u**vieron

i
hacer: h**i**ce, h**i**ciste, h**i**zo, h**i**cimos, h**i**cisteis, h**i**cieron
querer: qu**i**se, qu**i**siste, qu**i**so, qu**i**simos, qu**i**sisteis, qu**i**sieron
venir: v**i**ne, v**i**niste, v**i**no, v**i**nimos, v**i**nisteis, v**i**nieron

- The preterite forms of verbs with **j**

conducir: condu**j**e, condu**j**iste, condu**j**o, condu**j**imos, condu**j**isteis, condu**j**eron
decir: di**j**e, di**j**iste, di**j**o, di**j**imos, di**j**isteis, di**j**eron
traer: tra**j**e, tra**j**iste, tra**j**o, tra**j**imos, tra**j**isteis, tra**j**eron

El imperfecto

1. The regular imperfect forms

-ar: hablar → habl**aba**, habl**abas**, habl**aba**, habl**ábamos**, habl**abais**, habl**aban**
-er: beber → beb**ía**, beb**ías**, beb**ía**, beb**íamos**, beb**íais**, beb**ían**
-ir: vivir → viv**ía**, viv**ías**, viv**ía**, viv**íamos**, viv**íais**, viv**ían**

2. The *only* irregular imperfect forms

ir: iba, ibas, iba, íbamos, ibais, iban
ser: era, eras, era, éramos, erais, eran
ver: veía, veías, veía, veíamos, veíais, veían

El pretérito perfecto y el pluscuamperfecto

	The auxiliary verb haber	+ The past participle of the main verb*
Pretérito perfecto	The **present tense** of **haber:** **he, has, ha, hemos, habéis, han**	**-ar:** bailar → bail**ado**
Pluscuamperfecto	The **imperfect tense** of **haber:** **había, habías, había, habíamos, habíais, habían**	**-er:** comer → com**ido** **-ir:** salir → sal**ido**

*Remember that there are many **participios irregulares,** for example:

-er verbs:	devolver → **devuelto** hacer → **hecho** poner → **puesto** resolver → **resuelto** romper → **roto** ver → **visto** volver → **vuelto**	**-ir** verbs:	abrir → **abierto** describir → **descrito** cubrir → **cubierto** decir → **dicho** descubrir → **descubierto** escribir → **escrito**

Práctica

8-31 Un mensaje ¿Qué pasó ayer? Imagina que es el final del día y que, como de costumbre, le escribes un mensaje a una persona querida (uno de tus padres, tu novio/a, tu mejor amigo/a, un/a hermano/a...) contándole lo que te pasó ayer. Escribe una narración breve de algo que ocurrió ayer. Usa el pretérito para contar lo ocurrido y el imperfecto para narrar.

8-32 ¿Fue secuestrado/a? Acabas de enterarte de que tu profesor/a de español ha desaparecido. No apareció esta mañana para dar su primera clase y la policía sospecha que se trata de un secuestro. Ahora mismo todos son sospechosos *(suspects)*. Hagan lo siguiente:

- Una persona va a ser el/la detective y las otras dos, testigos.
- Para encontrar a la persona secuestrada, el/la detective tiene que interrogar a los dos testigos.
  ¿Cómo se llama? ¿Dónde vive? ¿Qué relación tiene con el/la desaparecido/a?
  ¿Qué hizo anoche?
  ¿Qué había hecho por la mañana cuando llegó a la universidad?
  ¿Vio u oyó algo raro? ¿Qué? ¿Cuándo? ¿Dónde?
  ¿Estaba contento/a o no con la clase de español? ¿Por qué sí, o por qué no?
- Después de terminar de interrogar a los dos testigos, el/la detective debe presentar sus conclusiones a la clase. ¿Dónde está el/la instructor/a de español?

Enfoque estructural *El verbo **gustar** y otros verbos similares*

Heinle iRadio: To hear more about **gustar**, visit academic.cengage.com/spanish.

In **Capítulo 2,** you learned how to use the verb **gustar** with other verbs to *talk about what you like to do* and with nouns to talk about *things* that you *like* or *do not like.* You will also recall that **gustar** means *to please* (or *to be pleasing*) and, therefore, similar to that verb in English, is used with indirect object pronouns.

me *(to me)* **te** *(to you)* **le** *(to you, to him, to her)* **nos** *(to us)* **os** *(to you)* **les** *(to you, to them)*	+	**gusta**	+	**verbo (infinitivo)**
	+	**gusta**	+	**cosa (singular)**
	+	**gustan**	+	**cosas (plural)**

Me gusta navegar por la web. — ***I like*** *to surf the World Wide Web. / Surfing the World Wide Web* ***is pleasing to me.***

Nos gusta la página web de la clase de español. — ***We like*** *the Spanish class's web page. / The Spanish class's web page* ***is pleasing to us.***

Les gustan las últimas tecnologías. — ***They / you all like*** *the latest technologies. / The latest technologies* ***are pleasing to them / you all.***

The following are some of the most common verbs like **gustar**:

apetecer *to appeal*	**importar** *to matter*
doler (ue) *to hurt, to ache*	**interesar** *to interest*
encantar *to delight, love*	**molestar** *to bother*
fascinar *to fascinate*	**preocupar** *to worry*

Nota gramatical

Notice that the first person singular pronoun **mí** has an accent, but the second person singular pronoun **ti** does not. It is important to use the accent because **mí** *(me)* and **mi** *(my)* have different meanings and are not interchangeable.

The preposition **a** plus a person's name or pronoun is frequently added for purposes of emphasis (first and second persons) and clarification (third person).

Emphasis:

A mí me encanta navegar por la web.
A ti te fascina la página web de la clase.
A nosotros nos interesan las últimas tecnologías.
A vosotros os molesta recibir spam en vuestro buzón de correo electrónico.

Clarification:

A él (a ella, a Ud., a Marta...) le gusta sacar fotos con su cámara digital.
A ellos (a ellas, a Uds., a Marta y a Juan) les interesa ir al congreso sobre las nuevas tecnologías.

Práctica

8-33 ¿Qué les pasa? Indica qué les pasa a los compañeros. Emplea la información siguiente para hacer oraciones completas.

MODELO Antonio está de mal humor. A él / doler la cabeza
A él le duele la cabeza.

1. Javier está enfermo. A él / doler las piernas
2. Valeria está cansada. A ella / interesar dormir más
3. Sofía y Alejandra están de visita por la isla. A ellas / encantar todo lo que han visto hasta ahora.
4. Los médicos van a ver a Javier. A ellos / preocupar su salud
5. Sofía: —Ayer tuve un accidente. A mí / doler la cabeza y / molestar los ruidos
6. Alejandra: —El ejercicio es bueno para el cuerpo. ¿A ti / encantar hacer ejercicio?
7. Javier y Sofía: —A nosotros / interesar proteger el medio ambiente
8. Antonio y Valeria: —Mañana vamos a visitar la ciudad. A nosotros / apetecer mucho esta excursión.

8-34 Preferencias Completa las oraciones con la forma correcta de los siguientes verbos: **interesar, encantar, fascinar, importar, molestar, preocupar.**

1. No me gusta hablar de política. Hablar de política me ____________.
2. A la mayoría de los estudiantes, les _________ sacar buenas notas.
3. Sé que te ___________ las computadoras. ¿Piensas ser informático?
4. ¿Les __________ ir al cine esta noche?
5. A los científicos y a muchos ciudadanos les ___________ el deterioro de la capa de ozono.
6. ¡Me __________ recibir correo electrónico de mis amigos!

Ahora, dile a un/a compañero/a qué opinas tú sobre las oraciones previas. ¿Qué te interesa, encanta, importa, molesta, etcétera?

Vamos a leer

Movistar Argentina

Antes de leer

El texto que vas a leer es un folleto *(brochure)* que presenta información sobre la compañía *Movistar Argentina* y las características de algunos de sus teléfonos móviles.

Terminología técnica Antes de leer el folleto, trabaja con un/a compañero/a y empareja los términos con sus definiciones.

____ **1.** Bluetooth
____ **2.** GSM (Global System for Mobile Communications)
____ **3.** ion litio
____ **4.** marcación por voz
____ **5.** MMS (Multimedia Messaging Services)
____ **6.** SMS (Short Message Service)
____ **7.** tono de llamada polifónico
____ **8.** WAP (Wireless Application Protocol)

a. Sistema Global para Comunicaciones Móviles; una red celular digital

b. tipo de batería utilizada para la alimentación de los aparatos de comunicación inalámbrica

c. consiste en hacer una llamada con tan solo *(just by)* decir en voz alta el nombre del receptor

d. servicio de envío y recepción de mensajes de texto corto (hasta 160 caracteres) para teléfonos móviles a través del servicio de mensajes de la Red

e. puede estar formado por varias notas al mismo tiempo y se emite a través de un altavoz

f. protocolo para aplicaciones móviles; la aplicación más importante basada en este protocolo es la de acceso a Internet desde un teléfono móvil.

g. Servicio de Mensajes Multimedia; una función de mensajes que les permite a los usuarios de teléfonos móviles enviar y recibir contenido rico como imágenes, timbrados musicales polifónicos, clips de audio, y hasta video clips.

h. tecnología que permite conectar dispositivos como teléfonos móviles, computadoras portátiles, cámaras digitales, PDA y otros dispositivos móviles sin necesidad de cables; esta tecnología permite a estos dispositivos comunicarse entre sí mediante ondas de radio de corto alcance.

Guía para la lectura

Comprensión Lee el folleto para contestar las siguientes preguntas.

¿Quiénes somos?

1. Movistar Argentina es parte de otras dos compañías. ¿Cuáles son?
2. ¿Cuál de las compañías de la pregunta #1 es mundial y cuenta con *(has)* millones de clientes? ¿En cuántos países ofrece sus servicios y productos?
3. ¿Qué ofrece Movistar Argentina a sus clientes?
4. ¿En qué invierte Movistar Argentina cada año?
5. ¿Cómo ha mejorado su Red de telefonía celular en Argentina?

¿Qué tipos de teléfonos móviles ofrecen...

6. mensajes SMS y MMS, marcación por voz y videograbadora?
7. cámara digital con zoom, speakerphone y un peso de menos de cien gramos?

Movistar Argentina

¿Quiénes somos? Movistar Argentina forma parte del Grupo Telefónica Móviles, el mayor grupo de telefonía móvil de Argentina y Latinoamérica y la segunda multinacional de telefonía movil en el mundo. Grupo Telefónica Móviles forma parte del Grupo Telefónica, el líder de telecomunicaciones de habla hispana más grande del mundo con más de 80 millones de clientes en quince países.

Hoy en día, Movistar Argentina tiene 7,4 millones de clientes y lidera el mercado de la telefonía móvil en el país. Los clientes de Movistar Argentina disfrutan de los productos y servicios más desarrollados de nivel internacional gracias a la experiencia, innovación, espíritu joven y liderazgo[1] del Grupo Telefónica Móviles.

Movistar Argentina tiene más de 3.100 empleados y cada año invierte[2] millones de pesos en mejorar los servicios prestados a sus clientes como los servicios de Red Privada Virtual, Mensajería (SMS), Voice Mail, Datos Móviles, WAP y Prepago. También, en el último año, Movistar Argentina instaló más de mil nuevas radiobases celulares en el país y no para de ampliar su red[3] de telefonía celular GSM en zonas donde ya estaba instalada y extender la cobertura GSM a áreas que antes no tenían esta tecnología o donde hasta la fecha no poseían servicios de telefonía móvil.

¿Qué tipos de teléfonos móviles le ofrecemos? A continuación le presentamos una tabla comparativa de tres de nuestros télefonos móviles.

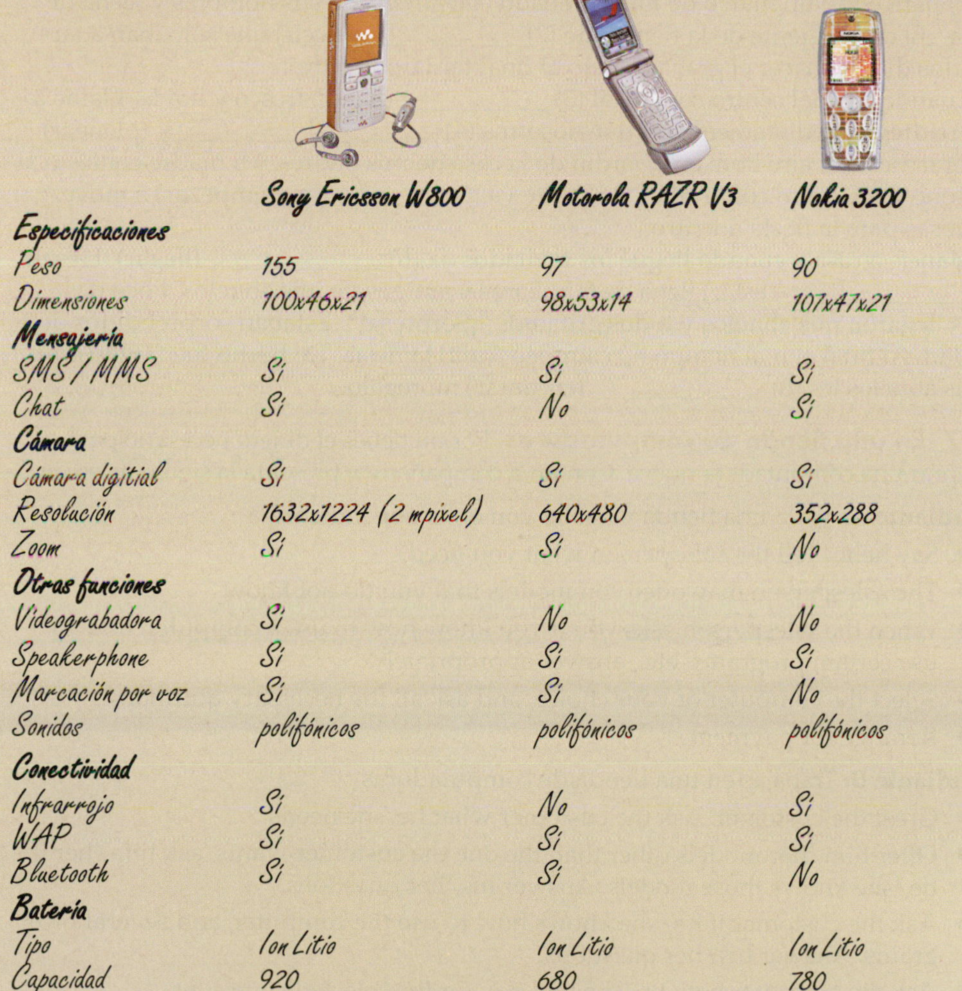

	Sony Ericsson W800	Motorola RAZR V3	Nokia 3200
Especificaciones			
Peso	155	97	90
Dimensiones	100x46x21	98x53x14	107x47x21
Mensajería			
SMS / MMS	Sí	Sí	Sí
Chat	Sí	No	Sí
Cámara			
Cámara digital	Sí	Sí	Sí
Resolución	1632x1224 (2 mpixel)	640x480	352x288
Zoom	Sí	Sí	No
Otras funciones			
Videograbadora	Sí	No	No
Speakerphone	Sí	Sí	Sí
Marcación por voz	Sí	Sí	No
Sonidos	polifónicos	polifónicos	polifónicos
Conectividad			
Infrarrojo	Sí	No	Sí
WAP	Sí	Sí	Sí
Bluetooth	Sí	Sí	No
Batería			
Tipo	Ion Litio	Ion Litio	Ion Litio
Capacidad	920	680	780

[1]liderazgo *(leadership)*; [2]invierte *(invests)*; [3]red *(network)*

Al fin y al cabo

Discusión Trabaja con un/a compañero/a de clase y juntos contesten las siguientes preguntas.

1. ¿Qué compañías de telefonía móvil hay donde vives? ¿Cuál es el líder del mercado?
2. ¿Tienes un télefono móvil? ¿Qué marca es? ¿Qué características tiene?
3. Si quisieras *(wanted to)* comprarte un teléfono móvil, ¿cuál de los tres modelos presentados en el folleto comprarías *(would you buy)*? ¿Por qué?

REPASO

8-35 La importancia del reciclaje Aquí tienes un mensaje escrito por correo electrónico que necesita ser editado. Sustituye las palabras o frases subrayadas por otras palabras más precisas. Usa el siguiente vocabulario: **contaminar, deforestación, desperdicios, medio ambiente, mejorar, proteger, reutilizar, tomar medidas.**

> Puesto que la situación ecológica del mundo empeora, la importancia de (1) usar dos o más veces los envases es cada día más urgente. Para (2) guardar cuidadosamente los escasos recursos, necesitamos (3) hacer mejor los sistemas de reciclaje que ya existen. Por ejemplo, el gobierno municipal puede contratar *(hire)* a una persona que sea experta en la conservación del (4) mundo natural que rodea a la gente.
>
> Hay muchas cosas que pueden (5) hacer que se vuelva impura el agua, así que necesitamos también un sistema para purificar el agua potable *(drinkable)* que sea más eficiente. Esto se ve afectado también por la (6) pérdida de los bosques. Otros resultados de no reciclar son la alta cantidad de (7) basura y la contaminación de la tierra. Aunque abundan los recursos naturales, es vital (8) dar los pasos necesarios para no desperdiciarlos.

8-36 La fiesta de aniversario Completa la narración de Alejandra con las formas correctas de los verbos en el pasado.

Ayer fue el aniversario de boda de mis abuelos paternos. Antes de visitarlos, primero fui al centro comercial para recoger el regalo que ya (1) ____________ (comprar) para ellos: un marco de fotos grabado *(engraved)* con sus nombres y fecha de boda. ¡El dependiente de la tienda me (2) ____________ (decir) que sólo iban a tardar dos días en hacer el grabado pero al final tardaron cuatro!

Cuando salí del centro comercial (3) ___________ (hacer) fresco y llovía. Llamé a mis padres inmediatamente porque nosotros (4) ____________________ (planear) hacer la fiesta al aire libre en el jardín de la casa de mis padres. Mi madre contestó al teléfono y me contó cómo ella y mi padre ya (5) ____________ (empezar) a mover las cosas para la fiesta adentro.

Manejé a casa y cuando llegué los invitados ya (6) _____________ (llegar). La sala (7) ______________ (estar) llena de familiares y amigos de mis abuelos. Poco después llegaron mis abuelos y todos gritamos "¡Sorpresa!". Estaban sorprendidos de verdad. Al final el mal tiempo no estropeó *(ruin)* la fiesta. De hecho fue fantástica y a mis abuelos les (8) _____________ (encantar) mi regalo.

8-37 En una tienda de computadoras Por fin tienes el dinero necesario para comprar una computadora nueva. Con un/a compañero/a, presenta la siguiente escena.

Estudiante A: Vas a una tienda y hablas con el/la dependiente/a.

- Say hello. Tell the salesperson what you need.
- The salesperson may offer you models that you do not know.
- When the salesperson asks you if you know how to use a computer, how to use certain programs, etc., answer appropriately.
- Select the computer of your choice, and ask all the necessary questions.
- Arrange for payment.

Estudiante B: Trabajas en una tienda de computadoras.

- Greet the customer. Ask the customer what he/she needs.
- Offer him/her models other than the one the customer wants, ask him/her if he/she knows those models. Answer his/her questions.
- Ask the customer if he/she knows how to use the computer, and several programs. Answer his/her questions.
- Ask the customer how he/she will pay for the selected computer.
- Say good-bye.

VOCABULARIO

The **Vocabulario** consists of all the new words and expressions presented in the chapter. When reviewing or studying for a test, you can cover up the English and go through the list to see if you know the meaning of each item.

Enfoques léxicos *Lexical focuses*

Para organizar una secuencia de acciones en el pasado	*To organize the sequence of past actions* (p. 304)
Días feriados y celebraciones	*Holidays and celebrations* (p. 316)
Las computadoras e Internet	*Computers and the Internet* (p. 328)

La naturaleza y sus elementos

el aire	*air*
la atmósfera	*atmosphere*
el bosque	*forest*
el desierto	*desert*
la flora y la fauna	*flora and fauna*
el mar	*sea*
el medio ambiente	*environment*
la montaña	*mountain*
el océano	*ocean*
la playa	*beach*
los recursos naturales	*natural resources*
el refugio de vida silvestre	*wildlife refuge*
la reserva natural	*nature reserve*
la selva	*jungle*
el suelo	*land*

Nuestro impacto en la naturaleza

la basura	*garbage*
el calentamiento global	*global warming*
la capa de ozono	*ozone layer*
la circulación / el tráfico	*traffic*
la contaminación	*pollution*
la deforestación	*deforestation*
los desperdicios	*waste*
el ecoturismo	*ecotourism*
el efecto invernadero	*greenhouse effect*
la escasez (de agua, etc.)	*shortage (of water, etc.)*
la lluvia ácida	*acid rain*
la sequía	*drought*

Acciones relacionadas con la naturaleza

ahorrar	*to save*
apagar	*to turn off*
arrojar / tirar basura	*to litter*
construir	*to build*
contaminar	*to pollute*
desperdiciar	*to waste*
empeorar	*to worsen, deteriorate*
estar en peligro de extinción	*to be endangered*
hacer ecoturismo	*to do ecotourism*
impedir	*to prevent*
mejorar	*to improve*
proteger	*to protect*
reciclar	*to recycle*
reutilizar	*to reuse*

Los medios de comunicación

la actualidad	*current events*
la crítica	*review*
la entrevista	*interview*
el Internet	*Internet*
las noticias de última hora	*breaking news*
el noticiero / el telediario	*T.V. news / report*
los periódicos	*newpapers*
la radio	*radio*
el reportaje	*(live) report*
las revistas	*magazines*
la televisión	*televisión*

Los aparatos electrónicos personales

apagar	*to turn off*
el asistente personal digital	*personal digital assistant (PDA)*
la cámara digital	*digital camera*
el cargador	*battery charger*
cargar	*to charge (a battery)*
la computadora portátil	*laptop computer*
el control remoto	*remote control*
(des)conectar	*to (dis)connect*
(des)enchufar	*to plug in (to unplug)*
encender, prender	*to turn on*
el enchufe	*plug*
funcionar	*to work*
grabar	*to record*
inalámbrico/a	*cordless*
reproducir	*to play (a CD, a DVD, etc.)*
el reproductor de MP3	*MP3 player*
el Sistema de Posicionamiento Global	*global positioning system (GPS)*
el teléfono celular	*cell phone*
la videocámara	*video camera*
el videojuego portátil	*portable video game*

Noticias que tienen que ver con...

...la política	***politics***
el acuerdo	*agreement*
las elecciones	*elections*
el gobierno	*goverment*
la huelga	*strike*
la inmigración	*immigration*
la ley	*law*
...la delincuencia	***delinquency***
el asesinato	*murder*
el crimen	*crime*
el robo	*robbery*
el secuestro	*kidnapping*
el/la testigo	*witness*
la víctima	*victim*
...los desastres naturales	***natural disasters***
el huracán	*hurricane*
la inundación	*flood*
el terremoto	*earthquake*
el tornado	*tornado*

9 Festivales, música y cine

CHAPTER OBJECTIVES

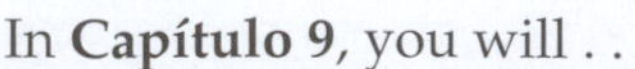

In **Capítulo 9**, you will . . .

- talk about musical genres, musical festivals, and concerts
- learn about different types of musical instruments
- discuss movies, meet the people who work in the film industry, and learn about film festivals
- talk about unplanned and impersonal actions
- describe reciprocal actions and actions done to oneself or to others
- express negation
-  learn about Ecuador
- discover Susana Baca
-  watch as the roommates take a dancing lesson
- learn about El Festival Internacional del Nuevo Cine Latinoamericano

PRIMERA ETAPA: LOS FESTIVALES MUSICALES Y LOS CONCIERTOS

Functions

- describe types of music
- talk about music festivals

SEGUNDA ETAPA: LOS INSTRUMENTOS MUSICALES

Functions

- talk about different types of musical instruments and musicians
- compare and contrast your past and present musical interests

TERCERA ETAPA: EL CINE

Functions

- talk about movies and the people who work in the film industry
- describe movies and the movie-going experience

Perú, Ecuador y Bolivia

Perú

Población: 28.302.603
Capital: Lima, 8.866.160
Moneda: el nuevo sol
Lenguas: el castellano y el quechua (oficiales), el aymara

Ecuador

Población: 13.547.510
Capital: Quito, 1.516.353
Moneda: el dólar estadounidense
Lengua: el castellano y varias lenguas indígenas, en especial, el quechua

Bolivia

Población: 8.989.046
Capitales: La Paz (sede del gobierno), 812.986; Sucre (sede jurídica), 226.668
Moneda: el boliviano
Lengua: el castellano, el quechua y el aymara (oficiales)

Tools

- Vocabulary for:
  - types of music
  - music festivals and concerts
- Grammatical structures:
  - reciprocal actions
  - the personal **a**

Comentarios culturales: Ecuador: país de contrastes
Tú dirás: El concierto de...
Vamos a escuchar: ¡Qué noche!

Tools

- Vocabulary for:
  - musical instruments
  - types of musicians
- Grammatical structures:
  - the impersonal **se**
  - reflexive and nonreflexive verbs

Comentarios culturales: Zamba Malató
Tú dirás: La música que me gusta, la música que me gustaba
Vamos a ver: ¡A bailar!

Tools

- Vocabulary for:
  - types of movies
  - film industry professions
  - describing movies and movie theaters
- Grammatical structures:
  - **se** to express unplanned events
  - affirmative and negative expressions

Vamos a leer: El Festival Internacional del Nuevo Cine Latinoamericano

PRIMERA ETAPA

Para empezar: Los festivales musicales y los conciertos

Preparación: Al empezar esta etapa, piensa en algunos de los festivales de música más importantes.

- ¿Hay festivales de música cerca del lugar donde vives? ¿Qué tipo de música se presenta en esos festivales?
- ¿Hay mucha gente que viene de otros lugares para asistir a esos festivales?
- ¿Hay sitios en el lugar donde vives en los que se den conciertos? ¿Vas a conciertos?

El festival Calle Ocho en La Pequeña Habana de Miami

Un concierto de música latina

Tipos de música

las baladas	*ballads*
el flamenco	*flamencos; soulful guitar- and percussion-based music from southern Spain*
el hip hop	*hip hop*
el jazz	*jazz music*
la ópera	*opera*
el rap	*rap*
la música	*music*
clásica	*classic music*
folclórica	*folk music*
latina	*Latin music*
pop	*pop music*
reggae	*reggae music*
rock	*rock music*
tecno	*techno music*

Tipos de ritmos y bailes latinoamericanos

el bolero	*bolero; classic romantic music*
la bomba y la plena	*types of Puerto Rican music*
el corrido	*corrido; a traditional Mexican ballad*
la cumbia	*cumbia; a popular Colombian dance*
el merengue	*merengue; rhythmic Dominican music*
la salsa	*salsa; complex Latin dance music created in New York*
el son	*a type of Cuban music*
el tango	*tango; seductive Argentine dance for couples*

Práctica

9-1 La música y los bailes latinoamericanos Empareja los géneros con sus definiciones.

____ **1.** el bolero	a. Surgió en Nueva York en los años setenta cuando inmigrantes latinoamericanos, especialmente de Cuba y Puerto Rico, mezclaron ritmos tradicionales latinos con elementos del jazz, según el ejemplo del mambo y del chachachá.
____ **2.** el merengue	b. Es una danza y ritmo asociados con la República Dominicana aunque su influencia se ha extendido hasta Puerto Rico, Colombia y Venezuela; posee una característica melodía acompañada por la tambora, el güiro y el acordeón.
____ **3.** el son	c. Es el ritmo afrocolombiano por excelencia que surgió durante la importación española de esclavos negros africanos para trabajar en las plantaciones colombianas.
____ **4.** el tango	d. Es un ritmo procedente de España y con difusión en casi todos los países hispanoamericanos, muy especialmente en Cuba.
____ **5.** la cumbia	e. Es la música de los colonialistas españoles, con instrumentos españoles tradicionales fusionados con instrumentos y ritmos de África; a veces se compara con la música "blues" de los Estados Unidos debido a sus orígenes similares. Es la base de tantos otros géneros de música, como la rumba, la salsa, el mambo y el chachachá.
____ **6.** la salsa	f. Es tanto, una danza, como una música cantable que tiene su propio lenguaje particular llamado el lunfardo.

9-2 Un cuestionario Hazle a un/a compañero/a de clase las siguientes preguntas del cuestionario. Al terminar hagan un resumen de lo que tengan en común para presentárselo a la clase.

LOS GUSTOS MUSICALES

1. ¿Cuánto interés tienes por la música en términos generales? *(en una escala de 1 a 10, donde el 1 significa que no te interesa nada y el 10 que te interesa muchísimo)*

   ____

2. ¿Qué género(s) musical(es) prefieres?

   ____

3. Durante una semana normal, ¿con qué frecuencia escuchas música?

   _____ todos los días _____ algunos días
   _____ casi todos los días _____ rara vez o nunca

4. ¿Cuánto tiempo escuchas música diariamente?

   _____ menos de una 1 hora _____ entre 4 y 5 horas
   _____ entre 1 y 3 horas _____ más de 5 horas

5. ¿De dónde viene la música que escuchas más frecuentemente? Escoge DOS de las siguientes opciones, priorizando las respuestas (1ª y 2ª).

   _____ viene de la radio _____ la compro
   _____ la grabo de amigos _____ la compro como música pirata
   _____ la bajo de Internet _____ no tengo música

6. Habitualmente, ¿cómo consigues la información sobre la música que te interesa? Escoge DOS de las siguientes opciones, priorizando las respuestas (1ª y 2ª).

   _____ de la radio _____ de amigos/conocidos
   _____ de la televisión _____ de Internet
   _____ de la prensa / las revistas _____ de otras fuentes (¿cuáles?)
   ____

7. Aproximadamente, ¿cuánto dinero gastas al mes en música? (al comprar canciones y CDs, al asistir a conciertos, etc.)

   ____

8. ¿Estás de acuerdo con estas afirmaciones? Escoge una de las siguientes posibilidades.

   1 = nada, 2 = poco, 3 = regular, 4 = bastante, 5 = muy, 6 = me es indiferente

   _______ La música consigue modificar mi estado de ánimo: Si es alegre me pone alegre y si es triste me pone triste.
   _______ Para que me guste *(I like)* una canción, es importante que la letra me diga algo *(says something to me)*.
   _______ Me gusta la música que tiene éxito y es muy conocida.
   _______ Me gusta que la música sea *(is)* innovadora.
   _______ La música tiene que estar cantada en mi propio idioma para que me guste.
   _______ La música me sirve de compañía.

Enfoque léxico *Hablar de festivales musicales y conciertos*

Music, singers, concerts, and festivals are all an essential part of the culture in Spanish-speaking countries. To be able to talk about these issues it's helpful to know some specific vocabulary.

la actuación	*performance*
el afiche / el cartel	*poster*
el/la artista	*artist*
la banda	*band*
la discografía	*discography*
la entrada	*ticket*
el escenario	*stage*
el grupo musical	*musical group*
la letra	*lyrics*
la música en vivo / en directo	*live music*
el/la patrocinador/a	*sponsor*
el repertorio	*repertoire*
el último disco	*latest album / record*
el/la vocalista	*vocalist*
actuar	*to perform*
celebrarse	*to celebrate, to take place*
concursar	*to compete*
estar de gira	*to be on tour*
patrocinar	*to sponsor*
presentar un disco	*to launch an album*
promover (ue)	*to promote*
tener lugar	*to take place*

Práctica

9-3 Los músicos y su mundo ¿Cuánto sabes de la vida de un músico? Completa las siguientes definiciones con la palabra adecuada.

1. El ______________ es el lugar donde actúan los músicos.
2. Las personas que pagan los gastos de un concierto a cambio de publicidad se llaman ______________.
3. Cuando un grupo musical viaja de un sitio a otro para actuar se dice que ______________.
4. Los ______________ anuncian las fechas de los conciertos.
5. El conjunto de canciones que toca un grupo se llama ______________.
6. Necesitas comprar ________________ para asistir al concierto.

9-4 Mi grupo favorito ¿Cuál es tu grupo favorito? Utiliza el vocabulario de esta etapa para hablar con un/a compañero/a de clase de tu grupo musical favorito.

9-5 Música en los países andinos En grupos de tres personas, busquen información en Internet sobre la música de los países andinos. Busquen ejemplos de música peruana, boliviana o ecuatoriana. Preparen entre los tres una mini-presentación para compartir en clase.

Enfoque estructural *Las acciones recíprocas*

In Spanish the pronouns **nos, os,** and **se,** can be used to express actions that people do to each other. These types of actions, which involve at least two people, are referred to as reciprocal actions. Consider the following examples:

¡**Nos vemos** mañana!	***We'll see each other** tomorrow.*
¿**Os encontraréis** en el concierto?	***Will you meet up with each other** at the concert?*
Teresa y Juan **se miran** y **se saludan.**	*Teresa and Juan **look at each other** and **greet each other.***
Ellos son amigos y **se conocen** bien.	*They are friends and **know each other** well.*
¿**Se quieren** mucho?	***Do you / they** really **love each other**?*

The following are some verbs that are often used to express reciprocal actions:

abrazarse	*to hug each other*
ayudarse	*to help each other*
besarse	*to kiss each other*
conocerse	*to know each other*
darse la mano	*to shake hands*
despedirse	*to say good-bye to each other*
escribirse	*to write each other*
hablarse	*to talk to each other*
llamarse por teléfono	*to call each other on the phone*
mirarse	*to look at each other*
pelearse	*to fight with each other*
quererse	*to love each other*
respetarse	*to respect each other*
saludarse	*to greet each other*
verse	*to see each other*

Práctica

9-6 ¿Qué hacen durante la fiesta? Es Carnaval en Cajamarca, la capital del carnaval peruano, y todo el mundo está de vacaciones. Mira los siguientes dibujos y di qué hacen estas personas.

1. Paula y Maritza

2. José y Gilberta

3. José y Marina

4. Omar y Rosa

5. Carolina y Alfonso

6. Don Rafael y Doña Amelia

9-7 ¡Nos vemos en el Carnaval! Como todo el mundo está en el carnaval de Cajamarca, vamos allá también. Completa las oraciones con la forma correcta de los verbos.

1. Quiero ir al Carnaval con mis padres. Mis padres y yo ________________ (quererse) mucho.
2. Mi hermana y yo ________________ (llamarse) por teléfono antes de escoger la ropa para la celebración.
3. Mis amigos y yo ________________ (escribirse) mensajes frecuentemente mientras hacemos los planes.
4. Cuando mis amigos y yo ________________ (verse) bien vestidos y con máscaras, ________________ (saludarse) con grandes risas.
5. Cuando veo a mis profesores en la calle, ellos y yo ________________ (darse) la mano cuando ________________ (despedirse).

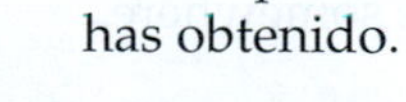

9-8 Los amigos de verdad ¿Cómo defines la palabra **amigo**? ¿Quién es tu mejor amigo/a? Habla con tu compañero/a sobre su mejor amigo y utiliza estos verbos para hacerle preguntas. Después, comparte con la clase la información que has obtenido.

1. conocerse
2. verse
3. escribirse
4. llamarse
5. ayudarse

Enfoque estructural *La **a** personal*

In **Capítulo 6**, when you learned about direct object pronouns, you were introduced to the concept of the personal **a**. You will recall that the direct object is the noun or pronoun that receives the action of the verb.

In Spanish, when this direct object is a person, it is always preceded by the preposition **a**. For English speakers, the personal **a** appears to be an extra word, but it is required in Spanish.

Conocemos **a** los Smith.	*We know the Smiths.*
¿Oyes **al** cantante?	*Do you hear the singer?*
¿Admiras **a** los músicos de la banda escolar?	*Do you admire the musicians of the school band?*

The personal **a** is *not* used:

when the direct object is not human.

Escucho música pop.	*I listen to pop music.*
Oigo la música de tu cuarto.	*I hear the music from your room.*

when the direct object refers to persons that are not specific. Compare the following:

Conozco **al** grupo telonero.	*I know **the** opening band.*
Busco **un** grupo telonero para el concierto.	*I'm looking for **an** opening band for the concert.*

after the verb **haber.**

Hay cinco hombres en la banda.	*There are five men in the band.*
Había diez cantantes en el festival.	*There were ten singers in the festival.*

after the verb **tener,** when it means *to have.*

Tengo muchos amigos.	*I have many friends.*
Tengo un hermano y dos hermanas.	*I have a brother and two sisters.*

Conversely, the personal **a** is used with **tener** when it means:

- enrolled in or located in.

Tengo **a** dos hermanos mayores en esa universidad.	*I have two older brothers enrolled in that university.*

- that one is physically holding someone or has placed someone somewhere.

Tengo **a** mi bebé en brazos.	*I have my baby in my arms.*
Tengo **a** mi hija en el hospital.	*My daughter's in the hospital.*

- that one has a particulary close or emotional relationship with someone.

Cuando necesito hablar, siempre tengo **a** mis amigos.	*When I need to talk I always have my friends.*

Práctica

9-9 ¿A personal o no? Imagina que estás en una escuela de música. Al terminar la clase, todos están en los pasillos *(hallways)* hablando. Para saber qué están diciendo, usa las siguientes listas de palabras para formar oraciones. ¿Es necesario usar la **a** personal o no?

1. el grupo musical / no conocer / ese vocalista
2. nosotros / esperar / el cantante
3. yo / tener / amigos / en aquella clase
4. ella / admira / el profesor de música clásica
5. el grupo musical / buscar / un representante
6. hoy / la vocalista del grupo / presentar / su primer disco como solista

9-10 En el concurso Lee la siguiente narración sobre un concurso de música y llena los espacios en blanco con la **a** personal cuando ésta sea necesaria. Escribe una **X** en el espacio cuando la **a** personal no sea necesaria.

Anoche hubo un concurso de música rock en La Paz. Al principio, la organización que planeó el concurso tuvo problemas financieros porque necesitaba (1) _______ patrocinadores. Afortunadamente, encontraron (2) _______ un patrocinador que les pagó más de 10.000 $ a cambio de publicidad. Gracias a ese dinero el concurso pudo celebrarse. Tengo (3) _______ amigos que son aficionados a la música rock, pero no todos querían asistir porque las entradas eran bastante caras. Por eso, sólo José e Inés asistieron al concurso conmigo. Habíamos decidido irnos en el carro de José. José recogió (4) _____ Inés primero y luego me recogieron en mi casa. Cuando llegamos al concurso sobre las dos y media, el primer grupo musical ya había empezado a tocar. En total vimos (5) ________ diez grupos de rock de varios pueblos y ciudades de Bolivia. No todos eran buenos, pero había dos o tres que se destacaron. El grupo ganador del concurso resultó ser uno de nuestros favoritos. ¡Seguro que les van a ofrecer un contrato musical, porque entre el público no sólo había aficionados de música rock, sino también muchos representantes de discográficas *(record companies)* allí que buscaban (6) _______ nuevos artistas.

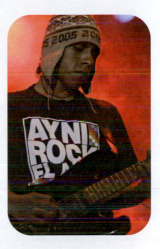

9-11 En un concierto de rock Varios compañeros están hablando sobre un concierto de rock al que fueron el fin de semana pasado. Todos quieren saber el mayor número de detalles posible. Háganse las siguientes preguntas y contesten, usando la **a** personal cuando ésta sea necesaria.

1. ¿A qué grupo viste?
2. ¿Quién fue contigo al concierto?
3. ¿Conociste a alguien allí?
4. ¿Llevaste a alguien en el carro?

Comentarios culturales

Ecuador: país de contrastes

Anticipación

¿Qué sabes ya de Ecuador? Antes de mirar el video, lee la siguiente información. Después, intenta *(try)* emparejar los lugares de interés con sus descripciones.

____ **1.** Quito
____ **2.** Cuenca
____ **3.** Ingapirca
____ **4.** Otavalo
____ **5.** Las islas Galápagos

a. el complejo arqueológico más importante de Ecuador donde se encuentran ruinas de hace más de quinientos años de la civilización inca
b. la capital de Ecuador que está situada al pie del volcán Pichincha
c. un archipiélago de origen volcánico que está situado a unas 650 millas de distancia del continente y que ofrece una experiencia inolvidable para los visitantes interesados en la historia natural
d. un pueblo famoso por su mercado que está situado en las tierras altas y volcánicas de los Andes
e. una ciudad que se encuentra en las orillas *(banks)* del río Tomebamba

Compara tus respuestas con las de otro/a compañero/a de clase.

Vamos a ver

Mientras miras el video, haz las siguientes actividades.

Lugares importantes Contesta las preguntas a continuación sobre los lugares descritos en la actividad anterior.

1. ¿En qué lugar se complementan la arquitectura colonial y las construcciones modernas?
2. ¿Qué lugar es una ciudad colonial?
3. ¿Qué lugar es también conocido por su música?

Las islas Galápagos Contesta las preguntas a continuación.

1. ¿De cuántas islas e islotes *(small uninhabitated islands)* está formado este famoso archipiélago?
   _____ islas grandes   _____ islas pequeñas   _____ islotes
2. ¿Desde qué año forman parte de Ecuador las islas Galápagos?
3. ¿Qué célebre científico británico visitó las islas Galápagos en 1835?
4. Indica en qué isla o islas se puede ver las siguientes cosas. Escribe la letra o letras en la línea (**Fer** = la Isla Fernandina, **Fl** = la Isla Floreana; **E** = la Isla Española, **I** = la Isla Isabela)
   _____ **a.** los lobos marinos
   _____ **b.** playas pristinas con gigantes tortugas
   _____ **c.** el Hueco Soplador *(blow hole)*
   _____ **d.** el cortejo *(courtship)* de los albatroses

Expansión

Viaje a Ecuador Según la información que has visto en el video, habla con un/a compañero/a sobre los lugares que te gustaría visitar en Ecuador. Explica por qué.

El concierto de...

Con un/a compañero/a de clase, vas a preparar la publicidad para un grupo musical. Sigan los pasos que aparecen a continuación.

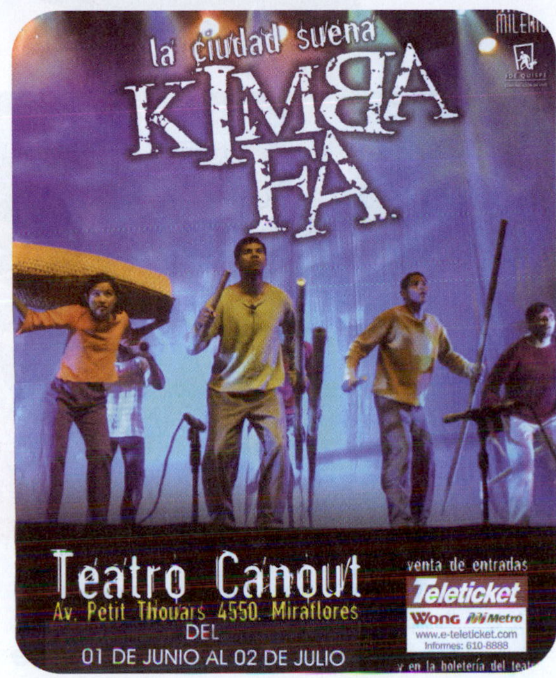

Paso 1. Datos básicos Llenen el cuadro con los datos básicos sobre su grupo y el concierto que va a dar.

EL GRUPO MUSICAL		
Nombre del grupo		
Género de música		
Nombres de los miembros del grupo		
Álbumes (nombres y fechas de producción)		
El CONCIERTO		
Fecha y hora		
Lugar		
Patrocinador(es)		
Entradas	Precio	
	Dónde se venden	
	Fechas de venta	
Nombre y breve descripción del grupo telonero *(si lo hay)*		

Paso 2. Preparar un cartel publicitario

- Decidan qué información del primer paso quieren incluir en el cartel publicitario para su próximo *(upcoming)* concierto.
- Hagan un diseño para el cartel (el tamaño, los colores, las fotos / los gráficos, etc.).
- Hagan el cartel publicitario.

Paso 3. Preparar un anuncio publicitario para la radio

- Decidan qué información del primer paso quieren incluir en el anuncio publicitario para la radio.
- Decidan en qué orden van a presentar la información.
- Piensen en el lenguaje que van a usar para captar la atención de los oyentes *(listeners)*. Usen imaginación y creatividad.

  Este sábado, a las 10 de la noche, fabuloso concierto de… No te lo pierdas (Don't miss it).
  Mañana, concierto único de… en… Ven a ver a…

- Escriban el guión del anuncio publicitario.

Paso 4. Un concurso La clase va a hacer un concurso para escoger el mejor cartel y el mejor anuncio de radio.

- Cada grupo debe presentar su cartel y anuncio de radio.
- Después de cada presentación los demás grupos le darán una puntuación de 1 a 10 (siendo el 10 la mejor puntuación posible), tanto al cartel como al anuncio.
- Después de todas las presentaciones cada grupo le va a explicar a la clase qué grupo, en su opinión, creó el mejor cartel y el mejor anuncio de radio. Pueden ser de grupos diferentes o del mismo grupo. Los miembros del grupo deben estar listos para presentar razones específicas que apoyen lo que hayan escogido.

¿Qué grupo recibió más votos por tener el mejor cartel? ¿Y por el mejor anuncio?

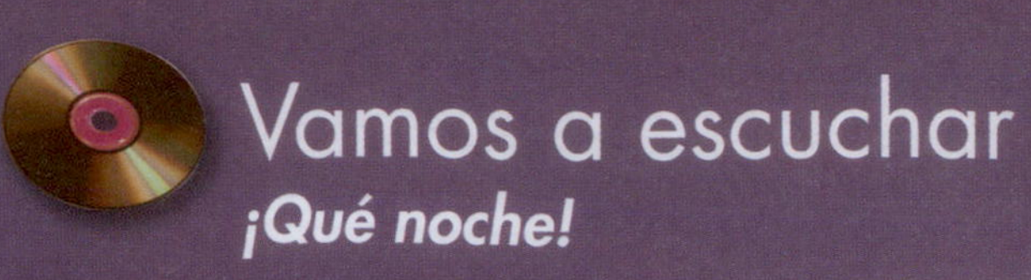

Vamos a escuchar

¡Qué noche!

La Sarita

En este segmento vas a escuchar a Alejandra y a Antonio hablar sobre un concierto al que acaban de asistir.

Antes de escuchar

Los conciertos Antes de escuchar la conversación, contesta las siguientes preguntas sobre tus propias experiencias.

1. ¿Alguna vez has asistido a un concierto?
2. ¿Por qué asististe a ese concierto?
3. ¿Qué te motiva a escoger un concierto en lugar de otro?
4. ¿Qué características tiene un buen concierto?

Predicciones Ahora, contesta las siguientes preguntas acerca de la experiencia de Antonio y Alejandra.

1. Mira la foto del grupo La Sarita. ¿Qué tipo de música crees que toca?
2. De acuerdo con la información que tienes sobre Antonio y Alejandra, ¿qué tipo de grupo musical crees que les puede gustar?

Antes de escuchar la conversación entre Alejandra y Antonio, lee las preguntas en la sección **Después de escuchar.**

Después de escuchar

CD2, Track 8 **Comprensión** Después de escuchar la conversación con cuidado, completa las oraciones que siguen.

1. El concierto se dio en homenaje al _______________.
2. Alejandra se llevó un _____________ como recuerdo del concierto.
3. El concierto era en beneficio de _______________.
4. A Antonio le impresionaron ________________.
5. Según Alejandra, ¿de qué temas tratan las canciones de La Sarita? Identifícalos.
   - ❏ la corrupción
   - ❏ el racismo
   - ❏ el abuso de poder
   - ❏ la plata sucia
   - ❏ la plata fácil
6. Aunque las entradas les parecían caras, ¿por qué no le importó pagar tanto a Alejandra para asistir al concierto?

CD2, Track 8 **¿Cómo lo dicen?** Escucha la conversación una vez más. Fíjate en lo que dicen Alejandra y Antonio y contesta estas preguntas.

1. ¿Cómo describe Antonio a los músicos contemporáneos que formaron parte del concierto?
2. Cuando Alejandra le enseña el afiche de La Sarita que compró, Antonio reacciona. ¿Cuál es la expresión mexicana que usa para decir "*Cool!*"?

Expansión

¿Y tú? ¿A qué concierto piensas ir? Trabajando con otro/a estudiante, imagínense que durante todo el próximo mes ustedes van a estar en una de las tres ciudades siguientes: La Paz, Quito, Lima.

1. Escojan una de las tres ciudades.
2. Busquen información en Internet sobre un concierto al que van a asistir mientras estén de visita en esa ciudad.
3. Traigan a clase la información que han encontrado.
4. Compartan sus planes con sus compañeros y explíquenles por qué decidieron ir a ese concierto.

SEGUNDA ETAPA

Para empezar: Los instrumentos musicales

Preparación: Al empezar esta etapa, considera lo siguiente.

- Piensa en los diferentes tipos de música y en los instrumentos relacionados con cada tipo: clásica, jazz, reggae, hip hop.
- ¿Eres músico/a? ¿Cantas? ¿Tocas algún instrumento?

Nota gramatical

Similar to **agua**, **arpa** is a feminine noun that starts with a stressed "a" and, therefore, requires a masculine definite article. In the plural, it is **las arpas**.

Expansión léxica

La quena and **la zampoña** are woodwinds used throughout the Andean region. **La quena** is a flute-like instrument, typically made from bamboo or bone, and **la zampoña** is an instrument comprised of tubes of varying lengths, typically made from reed.

Instrumentos de cuerda

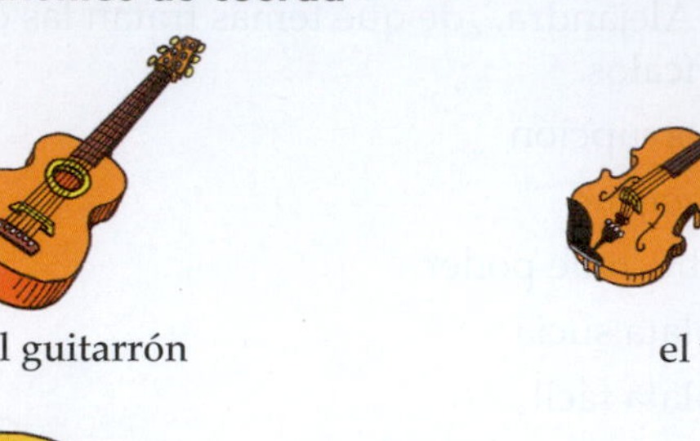

la guitarra · el guitarrón · el violín

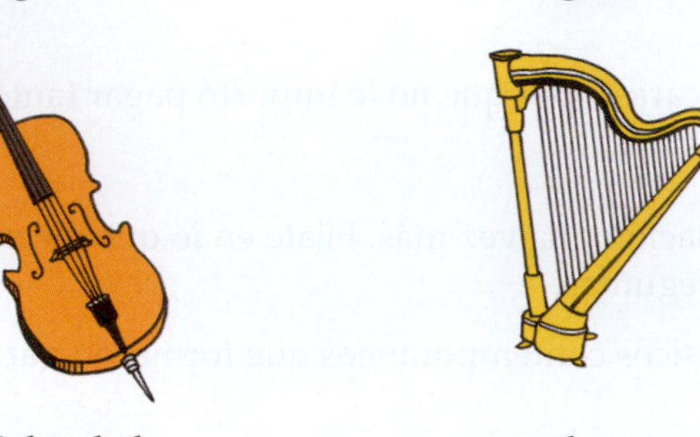

el violonchelo · el arpa · el bajo

Instrumentos de viento

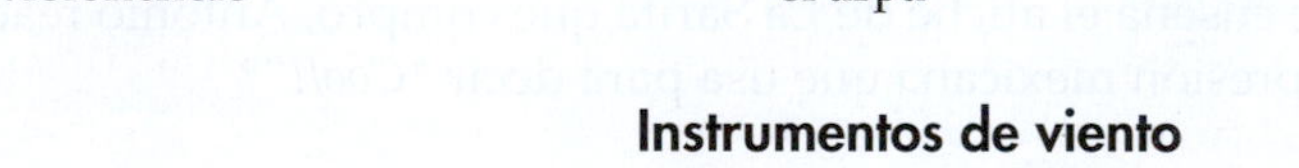

la flauta · la trompeta · el saxofón · el acordeón

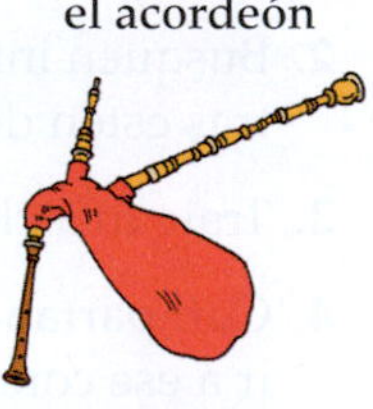

el clarinete · la tuba · el trombón · la gaita

Instrumentos de percusión y de teclado

la batería (el tambor)

el bongó

las congas

el piano

Práctica

9-12 ¿Qué es? Al pasar por el escaparate de una tienda de música, ves los instrumentos que se reproducen a continuación. Di cómo se llama cada uno de ellos.

9-13 ¿Qué tocan? Muchos músicos famosos tocan o tocaban más de un instrumento, pero casi siempre se les asocia con uno solo. Trabaja con otro/a compañero/a y juntos identifiquen los instrumentos asociados con los artistas que aparecen a continuación.

1. Elton John
2. Louis Armstrong
3. Yo Yo Ma
4. Carlos Santana
5. Tito Puente
6. Cándido Camero

9-14 Los instrumentos musicales Pregúntale a un/a compañero/a de clase lo siguiente y escribe un breve resumen de sus respuestas para luego presentárselo a la clase.

1. ¿Qué instrumentos musicales son tus favoritos? ¿Y los que menos te gustan? Da razones para tus respuestas.
2. ¿Qué instrumento musical te parece más difícil de tocar? ¿Y más fácil? Da razones para tus respuestas.
3. ¿Tocas algún instrumento? ¿Cuál(es)? ¿Desde cuándo?
4. ¿Qué instrumento no tocas pero te gustaría (*would like*) aprender a tocar? ¿Por qué?

Enfoque léxico *Los músicos*

Although a musician may be called **el/la músico/a** or **el/la artista,** there are also specialized terms for musicians who sing, compose, and play different musical instruments. The terms in the following list will allow you a greater degree of specificity in your conversations.

el/la acordeonista	*accordion player*
el/la arpista	*harpist*
el/la bajista	*bass player*
el/la batería	*drummer*
el/la cantante	*singer*
el/la cantautor/a	*singer-songwriter*
el/la clarinetista	*clarinet player*
el/la compositor/a	*composer*
el/la conguero/a	*conga player*
el/la flautista	*flutist*
el/la gaitero/a	*bagpipe player*
el/la guitarrista	*guitarist*
el/la percusionista	*percussionist*
el/la pianista	*pianist*
el/la saxofonista	*saxophonist*
el/la teclista	*keyboard player*
el/la tocador/a de bongós	*bongo player*
el/la trombonista	*trombone player*
el/la trompetista	*trumpet player; trumpeter*
el/la tubista	*tuba player*
el/la violinista	*violinist*
el/la violonchelista	*cellist*

9-15 Un repaso de artistas A continuación hay una lista de los artistas que has ido conociendo a lo largo del libro en los **Comentarios culturales.** ¿Cuánto recuerdas sobre ellos? ¿Mucho? ¿Poco? Lee la información que aparece en esta actividad y trata de emparejar a cada artista con su descripción.

1. Eddie Palmieri
2. Jiro Yamaguchi
3. Paquito D'Rivera
4. Arsenio Rodríguez
5. Guillermo Rubalcaba
6. Ricardo Arjona
7. Andrea Echeverri
8. Tweety González

a. Es un cantautor guatemalteco. Empezó a tocar la guitarra cuando tenía ocho años.

b. Es el percusionista del grupo Ozomatli.

c. Fue compositor, percusionista y líder de banda de música cubana. Compuso la canción "Mami me gustó".

d. Es saxofonista y flautista y fue fundador y co-director del grupo Irakere.

e. Es pianista y compositor de salsa y jazz latino.

f. Es teclista y productor. Junto con su esposa Alina Gandini forma el dúo musical llamado Acida.

g. Es pianista y junto con el cantante solista Pedrito Calvo forma el conjunto musical Todos Estrellas.

h. Es la vocalista de la banda *Aterciopelados*.

9-16 Algunos músicos hispanos A continuación hay una lista de músicos hispanos. Es posible que conozcas a algunos de ellos, pero tal vez no los conozcas a todos. Trabaja con dos compañeros/as de clase y juntos busquen en Internet información sobre los artistas hispanos que aparecen en la lista. ¿Qué tipo de músicos son? ¿Qué género de música se asocia con cada artista? ¿De dónde son? Sigan el modelo.

MODELO Silvio Rodríguez
Es guitarrista. Es cantautor cubano.

1. Manuel "Guajiro" Mirabal
2. Shakira
3. Carlos Santana
4. Julio Iglesias
5. Mercedes Gómez
6. Jerry González
7. Juan Calleros

Enfoque estructural *El **se** impersonal*

Thus far, you have studied several uses of **se.** In this **etapa,** you will learn about yet another: the **se impersonal.** Prior to discussing this new usage, let's briefly review what you have studied in earlier chapters.

Uso	Ejemplos	¿Dónde?
As third-person (singular and plural) reflexive pronouns	Maribel **se levanta** a las ocho. Jorge y Antonio **se acuestan** a las once.	Capítulo 4, Segunda etapa (p. 156)
As a replacement for the indirect object pronouns **le** and **les** when they are used before third-person direct object pronouns **lo, la, los, las**	—¿Quién le regaló el CD a Enrique? —Iván **se** lo regaló. —¿Quién les compró la batería y la guitarra a los miembros del grupo? —El productor **se** las regaló.	Capítulo 8, Primera etapa (p. 308)
As a third-person pronoun to express reciprocal actions	Juan y Marta **se quieren** mucho.	Capítulo 9, Primera etapa (p. 344)

Another common use of **se** is to express an action with no specific subject *(person or persons performing the action).* This is called an impersonal action. The equivalent in English is *you, people, they,* or *one.*

The **se impersonal** is formed by placing **se** before the third person singular form of the verb: **se come, se habla, se trabaja,** etc.

Se habla español aquí.	***You (People, They, One) speak/s*** *Spanish here.*
Se escucha mucha música latina en los Estados Unidos.	***You (People, They, One) hear/s*** *a lot of Latin music in the United States.*
En esta banda **se trabaja** mucho.	***People work*** *a lot in this band.*

Práctica

9-17 ¿Quieres ser músico? Imagínate que trabajas para una discográfica reconocida. Hace unos días hiciste la siguiente lista de información para músicos aspirantes. Tu jefa piensa que las oraciones sonarían *(would sound)* mejor como expresiones impersonales, y quiere que las cambies. Sigue el modelo.

MODELO Los productores aceptan que lanzar un disco de éxito es difícil.
Se acepta que lanzar un disco de éxito es difícil.

1. En esta discográfica los artistas ganan mucho dinero.
2. Dicen que por cada músico famoso hay millones de músicos anónimos.
3. Los patrocinadores confían en artistas de éxito para vender productos.
4. Los músicos aspirantes tienen que dejar una maqueta (*demo record*) en la discográfica.
5. En esta discográfica los artistas producen música de calidad.
6. Para conseguir mayores ventas, los músicos componen en español e inglés.

9-18 ¿Qué se puede y no se puede hacer? Imagínate que te piden una guía de comportamiento para los conciertos y festivales de verano en tu ciudad. Indica de manera impersonal las actividades que la gente puede o no puede hacer durante los conciertos y festivales. Hay que ser creativo/a y dar consejos adecuados. Compara tu guía de comportamiento con las de otros estudiantes en la clase.

MODELO Fumar
No se fuma en los conciertos. Sólo se fuma en el área para fumadores.

Un concierto en Quito, Ecuador

Enfoque estructural *Más sobre los verbos reflexivos: los verbos reflexivos y los no reflexivos*

In **Capítulo 4**, you learned to use reflexive verbs in order to express actions done to oneself. Many of these verbs can also be used nonreflexively to indicate actions done to other people or other things:

Alejandra **se lava** la cara.	*Alejandra **washes her** face.*
Alejandra **lava** la ropa.	*Alejandra **washes** the clothes.*
Javier **se levanta** a las siete.	*Javier **gets up** at 7:00.*
Javier **levanta** las llaves del suelo.	*Javier **picks up** the keys from the floor.*

Oftentimes, the meaning of the verb remains the same whether it is reflexive or nonreflexive; however, there are instances when the meaning of the verb does change. The following list highlights the verbs most commonly used both reflexively and nonreflexively. Notice the slight variations in meaning.

Expansión léxica

The verb **ponerse** *(to put on)* also means *to become* or *to get* when it is followed by an adjective of emotion: **ponerse contento** *(to become happy)*, **ponerse furioso** *(to become furious)*, **ponerse triste** *(to become sad)*.

Reflexive verbs (that express reflexive actions)	Nonreflexive verbs
acostarse *to go to bed*	acostar a *to put (someone) to bed*
despertarse *to wake up*	despertar a *to wake (someone) up*
dormirse *to go to sleep*	dormir a *to put (someone) to sleep*
levantarse *to get up*	levantar *to lift, to pick up*
ponerse *to put on (clothes)*	poner *to put, to place, to turn on (TV, radio, etc.)*
probarse *to try on*	probar *to taste*
sentarse *to sit down*	sentar *to seat (someone)*
vestirse *to get dressed*	vestir *to dress (someone)*

Reflexive verbs (that do not express reflexive actions)	Nonreflexive verbs
alegrarse *to become happy*	alegrar *to make (someone) happy*
divertirse *to have fun*	divertir *to entertain, to amuse*
enamorarse de *to fall in love with*	enamorar *to win (someone's) love*
enojarse *to get angry*	enojar *to make (someone) angry*
irse *to leave, to go away*	ir *to go (somewhere)*
preocuparse *to worry*	preocupar *to worry (someone)*
quedarse *to stay*	quedar *to remain*
sentirse (+ adjective or adverb) *to feel (well, bad, sad, happy, etc.)*	sentir (+ noun) *to feel, to perceive (something)*

Práctica

9-19 La hermana de Sofía Sofía acaba de recibir una carta de su hermana en la que le cuenta cómo es su rutina diaria. Completa la descripción de un día típico de la hermana de Sofía, seleccionando la forma correcta del verbo entre paréntesis.

Querida Sofía:

¿Qué tal te va (how is it going for you) en San Juan? Me imagino que fenomenal. ¡Me das mucha envidia! Por aquí las cosas van bien, pero como sabes, mi rutina es bastante aburrida. Todos los días 1. (acuesto / me acuesto) a los niños a las ocho. Tus sobrinos nunca 2. (duermen / se duermen) rápidamente, pero eso no me preocupa mucho. Siempre tengo mucho que hacer: 3. (Siento / Me siento) en el sofá y leo o hago algo de tarea antes de 4. (acostar / acostarme) a las once y media. Cuando suena el despertador, 5. (levanto / me levanto) y 6. (despierto / me despierto) a los niños. Primero los 7. (baño / me baño) y luego todos 8. (vestimos / nos vestimos). Laura y yo siempre decimos la misma cosa: "¡Ay! ¡Es imposible! ¡Yo no sé qué 9. (poner / ponerme) hoy!" Javi siempre 10. (enoja / se enoja) y le dice a su hermana: "¡Qué pesada! ¡Tienes que 11. (probar / probarte) diez vestidos antes de salir de casa todos los días! ¡Eres imposible!" Pensándolo bien, mi rutina no es tan aburrida: 12. (divertimos / nos divertimos) mucho, Laura, Javi y yo.

¡Escríbeme pronto! Tengo muchas ganas de tener noticias tuyas.

Un beso,

Pepa

9-20 ¡Bienvenido, viajero! Imagínate que un/a compañero/a de clase y tú acaban de regresar de un viaje de dos semanas a Quito. Háganse preguntas el uno al otro, utilizando los siguientes verbos. Comparen sus respuestas y luego descríbanle las experiencias de ambos a la clase.

1. acostarse
2. despertar
3. ponerse
4. probar
5. levantar
6. sentarse
7. sentir
8. divertir
9. sentirse
10. alegrarse

9-21 Descubre algo nuevo Después de varias semanas de clase de español, ya conoces bastante bien a tus compañeros. Pero, seguro que todavía hay algo de ellos que no sabes. Caminando por la clase, utiliza los siguientes verbos para hacerles preguntas a tus compañeros. Después, haz una lista de cinco cosas nuevas que has aprendido hoy sobre tus compañeros de clase. Comparte la información con la clase.

alegrarte | **ponerte triste** | **preocuparte**
dormirte | **enojarte** | **divertirte**

MODELO divertirte
¿Qué te divierte?

Comentarios culturales

Zamba Malató

Susana Baca Lee la siguiente información sobre Susana Baca y contesta las preguntas que siguen.

Susana Baca, profesora, bailarina, vocalista, compositora e investigadora del folclore afroperuano, es una de las grandes divas de América del Sur. De renombre (*fame*) internacional, Baca lleva años exponiendo las tradiciones musicales afroperuanas al mundo entero durante más de 20 giras internacionales. Ha participado en 22 festivales nacionales y más de 60 festivales internacionales y ha dado más de 500 conciertos.

Susana Baca nació en el barrio negro de la costa de Chorrillos en las afueras (*outskirts*) de Lima donde los descendientes de esclavos han vivido desde los días del Imperio Español. La música formó parte integral de su niñez; su padre tocaba la guitarra, su madre era bailarina y desde joven Susana se dedicó a cantar folk y a bailar.

En su diverso repertorio de más de 150 temas, Baca canta la canción negra tradicional de la costa peruana, recrea la música de raíz *(root, origen)* negra de Latinoamérica y el Caribe e interpreta musicalmente la poesía de autores peruanos y latinoamericanos.

Junto con su marido, el sociólogo Ricardo Pereira, Baca fundó en Lima el Centro Experimental de Música Negro Continuo *(The Institute of the Black Continuum)*, un centro cultural dedicado al estudio y la preservación de la música, cultura y danza afroperuanas. En 2001 fue nominada para el Grammy Norteamericano y en 2002 fue nominada y premiada con un Grammy Latino.

1. ¿De dónde es Susana Baca?
2. Según el texto, Susana Baca es conocida internacionalmente y considerada como una de las grandes divas de América del Sur. ¿Por qué?
3. ¿Qué tipos de canciones forman el repertorio musical de Susana Baca?
4. ¿Qué es el Centro Experimental de Música Negro Continuo?

Análisis La canción que vas a escuchar se llama "Zamba Malató" y es una interpretación que ha hecho Susana Baca de una una canción tradicional afroperuana. La zamba malató representa una de las tres principales danzas afroperuanas. A continuación tienes una parte de la letra de la canción. Mientras escuchas la canción fíjate en cómo Baca ha incorporado palabras africanas y luego contesta las preguntas.

♪ To experience this song, access the *¡Tú dirás!,* Fourth Edition playlist.

Zamba malató landó *(X4)*

La zamba se pasea
Por la batea

Landó
Zamba malató landó *(X3)*

Bailando **se menea** *(she moves herself)*
Pa que la vea *(so he can see her)*

Landó
Zamba malató landó *(X3)*

Ese pajarillo
Pecho colorao
Eso te sucede negro
Por enamorao

Landó landó zamba landó landó *(X4)*

1. En esta canción, la zamba hace dos cosas para que la vea su enamorado. ¿Qué son estas dos cosas?
2. En la canción, hay varias palabras africanas. ¿Puedes identificar algunas?
3. ¿Te gustó la canción? ¿Por qué sí o no?

Tú dirás

 La música que me gusta, la música que me gustaba

Con el tiempo y la edad, los gustos musicales de las personas cambian. Habla con un/a compañero/a de clase sobre tus gustos musicales de ahora y antes. Sigue los pasos a continuación.

Paso 1. Mis gustos de antes y ahora Completa el siguiente cuadro con información sobre tus gustos musicales de ahora y tus gustos musicales de hace diez años. Llena las columnas tituladas "**Yo**".

	Ahora		Antes	
	Yo	**Mi compañero/a**	**Yo**	**Mi compañero/a**
Género(s) de música				
Cantantes y/o grupos favoritos				
Álbumes favoritos				

Paso 2. Los gustos musicales de mi compañero/a de clase Ahora, pregúntale a un/a compañero/a de clase sobre sus gustos musicales de ahora y de hace diez años. Escribe sus respuestas en las columnas tituladas "**Mi compañero/a de clase**" del cuadro.

Paso 3. ¿Tenemos y/o teníamos gustos parecidos? Usen la información del cuadro para comparar la música que escuchan ahora y la música que escuchaban antes. Trabajando juntos/as, escriban un resumen de sus gustos musicales, contestando las siguientes preguntas:

¿Qué (no) tienen en común?
¿Qué (no) tenían en común?
¿Tienen mejor gusto ahora?
¿Creen que algunos tipos de música se asocian con ciertas personas?
¿Qué nos dicen los gustos musicales de una persona?

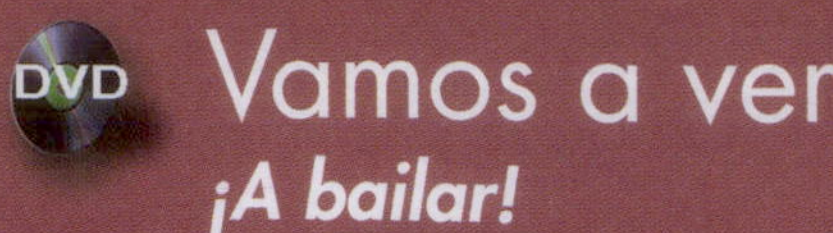

Vamos a ver

¡A bailar!

En Puerto Rico, los compañeros asisten a una clase de baile. Esta clase forma parte de su experiencia en la isla. Como sabes, la música y el baile son elementos esenciales de la cultura de cualquier país, y en el caso de Puerto Rico, de manera especial.

Anticipación

Palabras para bailar Antes de mirar el video, empareja las siguientes palabras con sus definiciones.

1. paso
2. acentuación
3. ritmo

a. la acción de hacer algo más claro o perceptible
b. la velocidad o rapidez con que se realiza o se produce una determinada acción que dura (*lasting*)
c. la manera de mover los pies y el cuerpo en una danza o baile

Ahora completa las siguientes citas del video con las palabras de la lista anterior.

4. "Así que le voy a pedir a Andrés que me toque el ___________ del 'cicá'."
5. "Cada ritmo obviamente tiene su ___________ básico."
6. "Y vamos a buscar la ______________, el golpe fuerte dentro del ritmo. Sería dumdumdumdá, dumdumdumdá."

¿Quién baila? ¿Quién no? De acuerdo con la información que tienes sobre los cinco compañeros, trata de adivinar quién de los cinco no quiere participar en la clase de baile. ¿Por qué no? Trabaja con un/a compañero/a para elaborar la hipótesis de ustedes y su justificación.

Vamos a ver

¡A bailar! Escoge la palabra que mejor complete las siguientes afirmaciones, de acuerdo con lo que ocurre en el episodio.

1. La persona que no quiere bailar es ________.
   a. Valeria
   b. Antonio
   c. Alejandra
2. Víctor es el instructor de baile ________ de los compañeros.
   a. folclórico
   b. contemporáneo
   c. clásico
3. El baile que los compañeros aprenden se llama _____.
   a. la plena
   b. la danza
   c. la bomba
4. ________ es un tambor que se encarga de mantener un ritmo constante.
   a. El buleador
   b. La seguidora
   c. El primo o subidor
5. ________ es un tambor que se encarga de improvisar y marcar los pasos que hace el bailarín o la bailarina.
   a. El buleador
   b. La seguidora
   c. El primo o subidor

Expansión

¿Cómo fue la clase? ¿Qué te pareció la clase de baile que recibieron los compañeros? Comenta con otro/a estudiante tu opinión sobre la clase, la música y los instrumentos. Después compartan su opinión sobre la habilidad para bailar de cada compañero. ¿Quién baila mejor?

La última vez que bailé... Describe a un/a compañero/a la última vez que bailaste y/o viste a gente que bailaba.

1. ¿Dónde estabas? (en un festival de música, en un concierto, en una discoteca, etcétera.) ¿Aproximadamente cuántas personas había allí?
2. ¿Cómo ibas vestido/a? (formalmente, casualmente, etcétera.) ¿Qué tipo de ropa llevabas?
3. ¿Qué tipo de música se tocaba mientras la gente bailaba? Si había una banda musical, ¿qué instrumentos tocaba?
4. ¿Bailabas, mirabas a la gente que bailaba o ambas cosas?
5. ¿Qué tipos de bailes bailabas tú y/o bailaba la gente mientras tocaban los músicos?
6. ¿Te divertías mientras tocaba la banda? ¿Y las demás personas?

Para empezar: El cine

Preparación: Antes de empezar esta etapa, contesta las preguntas:

- ¿Te gusta ir al cine?
- ¿Qué tipo de películas te gusta más?
- ¿Cuál fue la última película que viste? ¿Te gustó?
- ¿Qué festivales de cine conoces? ¿Has asistido alguna vez a un festival de cine?

Géneros cinematográficos

un drama

una comedia

una animación

una película de ciencia ficción / de fantasía

una película de intriga / de suspenso

una película de acción y aventuras

un documental

un musical

Más generos cinematográficos

una película ...

bélica	*war movie / film*
clásica	*classic movie / film*
extranjera	*foreign movie / film*
de artes marciales	*martial arts movie / film*
del oeste	*western movie / film*
de terror (o de miedo)	*horror movie / film*
histórica	*historical movie / film*
independiente	*independent movie / film*
infantil (o para niños)	*children's movie / film*
policíaca	*detective movie / film*
romántica	*romance movie / film*

La industria cinematográfica

el actor/la actriz (principal, secundario/a)	*(main, supporting) actor/actress*
el/la agente	*agent*
el/la cámara	*camera man/camera woman*
el/la director/a	*director*
el/la doble, el/la especialista	*stunt double*
efectos visuales	*visual effects*
el/la guionista	*scriptwriter*
el/la maquillador/a	*make-up artist*
el/la peluquero/a	*hairdresser*

Práctica

9-22 Películas ganadoras A continuación hay una lista de películas ganadoras de los Premios de la Academia, más conocidos como Oscar, otorgados anualmente por la Academia de Artes y Ciencias Cinematográficas en Los Ángeles, California. Identifica el/los género/s de cada película. Si es necesario, busca información en Internet sobre estas películas.

MODELO *E.T. The Extra-Terrestrial* (1982)
drama, comedia, película de ciencia ficción / de fantasía

1. *Todo sobre mi madre* (1999)
2. *Mar adentro* (2004)
3. *Silence of the Lambs* (1991)
4. *The Godfather* (1972)
5. *My Fair Lady* (1964)
6. *One Flew Over the Cuckoo's Nest* (1975)
7. *Braveheart* (1995)
8. *Schindler's List* (1993)

9-23 Personas que se destacan en el mundo cinematográfico Aquí hay una lista de personas de éxito en el mundo cinematográfico. Trabaja con un/a compañero/a y juntos identifiquen la profesión de cada persona.

Nombre	Profesión	Ejemplos de películas en las que ha trabajado
1. Martin Scorsese		The Aviator (2004), Casino (1995), Goodfellas (1990), The Last Temptation of Christ (1988), Raging Bull (1980), Taxi Driver (1976)
2. Nora Ephron		Bewitched (2005), Hanging Up (2000), You've Got Mail (1998), Sleepless in Seattle (1993), When Harry Met Sally (1989), Silkwood (1983)
3. Pedro Almodóvar		La mala educación *(Bad education)* (2004), Hable con ella *(Talk to Her)* (2002), Todo sobre mi madre *(All About My Mother)* (1999), Mujeres al borde de un ataque de nervios *(Women on the Verge of a Nervous Breakdown)* (1988)
4. Morag Ross		The Aviator (2004), Lost in Translation (2003), Sense and Sensibility (1995), Interview with the Vampire (1994), The Crying Game (1992)
5. Gael García Bernal		The King (2005), Diarios de motocicleta *(The Motorcycle Diaries)* (2004), El crimen del padre Amaro *(The Crime of Father Amaro)* (2002), Y tú mamá también *(And Your Mother Too)* (2001)

9-24 El cine y yo En grupos de tres, hablen sobre la última película que ha visto cada uno de ustedes. Compartan sus opiniones sobre la película en general, así como sobre la actuación y la dirección. Al terminar, compartan con la clase el contenido de su conversación.

Enfoque léxico *Hablar de las películas y el cine*

Film, the same as music, is an essential part of any culture. To be able to talk about films in Spanish, you need to familiarize yourself with the following vocabulary.

Hablemos de cine

el argumento	*plot*
el cine mudo	*silent movies*
el cine negro	*film noir*
el cine sonoro	*talking movies*
la clasificación	*rating*
la duración	*running time*
la película doblada	*dubbed movie*
la película (en blanco y negro) / (en color)	*(black and white) / (color) movie*
la película con subtítulos	*subtitled movie*
el/la protagonista	*leading man / woman*
el reparto	*cast*
la versión original	*original version*

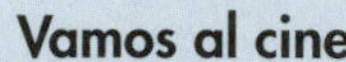

Vamos al cine

la boletería / la taquilla	*box office*
los boletos / las entradas	*movie tickets*
las butacas	*seats*
en cartelera	*now playing*
el día del espectador	*movie viewer's day (typically one or two days a week during which all sessions are offered at a reduced ticket price)*
los estrenos / próximos estrenos	*new releases / upcoming releases*
las funciones / las sesiones	*session times*
las golosinas	*candy*
el horario	*showtimes*
las palomitas de maíz	*popcorn*
las salas	*theaters, screening rooms*
las tarifas (reducidas)	*(reduced) ticket prices*

Práctica

9-25 ¡Vámonos al cine! Alejandra y Antonio van a ir al cine en San Juan. Antes de ir al cine, hablan para concretar los planes. Completa su diálogo con las siguientes palabras: **boleto, butacas, cartelera, día del espectador, horario, palomitas, entradas, tarifa. ¡Ojo!** hay una palabra en esta lista, que no es necesaria.

ALEJANDRA: Antonio, consulté la (1) ______________ y hay muchas películas nuevas que se estrenan este fin de semana.

ANTONIO: ¡Qué bien! ¿Tienes el (2) ______________?

ALEJANDRA: Sí, toma. ¿A qué hora quieres ir?

ANTONIO: No sé, no importa. Cuando tú quieras ¿Sabes cuánto cuesta un (3) ______________? Nunca he ido al cine en San Juan.

ALEJANDRA: Según el periódico, hoy es el (4) ______________ y sólo cuesta 5.00 dólares. Los fines de semana la (5) ______________ normal es 7.00 dólares.

ANTONIO: De acuerdo. Vamos hoy y así tendremos dinero suficiente para comprarnos (6) ______________ y golosinas, ¿no crees?

ALEJANDRA: ¡Fantástico! Sólo espero que las (7) ______________ sean cómodas.

9-26 Adivinanzas Trabaja con un/a compañero/a. Elige cuatro palabras de la columna A y tu compañero/a va a elegir cuatro palabras de la columna B. Cada uno va a escribir una definición para cada palabra sin mencionarla. Cuando tengan todas las definiciones listas, túrnense para leerse sus definiciones y adivinar las palabras.

A	B
argumento	cine mudo
reparto	versión original
taquilla	clasificación
cartelera	salas
estreno	palomitas

Al terminar, escojan cuatro palabras entre los dos, y escriban un párrafo incorporando las cuatro palabras. Compartan su párrafo con la clase.

9-27 Los gustos cinematográficos de mi compañero/a de clase Habla con un/a compañero/a sobre sus gustos cinematográficos. Averigua (*Find out*) la siguiente información y toma apuntes para comentar con la clase los gustos de tu compañero/a.

- los géneros cinematográficos que más le gustan
- sus preferencias en cuanto a actores/actrices, productores, guionistas, etcétera.
- la frecuencia con la que va al cine
- a qué cine va y por qué (qué servicios, tarifas, descuentos, etcétera ofrece)
- el nombre de la última película que vio (averigua si le gustó y pídele que te explique el argumento)
- si alguna vez ha visto una película extranjera en el cine (averigua el nombre y si la vio doblada, subtitulada o en versión original)
- si alguna vez ha asistido a un festival de cine (averigua el nombre del festival, dónde y cuándo se celebró y qué películas vio)

¿Hay géneros cinematográficos y/o películas que se mencionen repetidamente?

Enfoque estructural *El pronombre reflexivo **se** para expresar accidentes y acciones imprevistas*

In the **Segunda etapa,** you reviewed the uses of the pronoun **se** and learned about the use of **se impersonal** to express an action that is carried out by an unknown or unimportant subject. You are now going to learn another structure that uses **se** to express *unplanned actions*.

In Spanish, unlike in English, the person to whom the unplanned action occurs is seen as an "innocent victim" with no role or responsibility in the accident. For this reason, the "victim" appears in the sentence not as the subject but as the indirect object of the verb. This structure is formed as follows:

se	+	**indirect object pronoun** (the person/s to whom the action happens)	+	**third person verb** (singular / plural)	+	**subject** (singular / plural)

—¡Hola! ¿Qué tal? ¿Cómo está?	*Hi! What's up? How are you?*
—Pues, no muy bien. **Se me olvidó la cartera** en casa y no puedo comprar el boleto.	*Well, not so well. **I forgot my wallet** at home and I can't buy the movie ticket.*
—¿Son estudiantes?	*Are you students?*
—Sí, pero **se nos olvidaron** los carnets.	*Yes, but **we forgot our IDs.***
—Lo siento, pero tienen que presentar el carnet de estudiante para recibir la tarifa reducida.	*I'm sorry, but you have to show your student IDs in order to receive the reduced ticket price.*
—¿Va a comprar Alicia palomitas de maíz?	*Is Alicia going to buy popcorn?*
—No puede. **Se le acabó el dinero**.	*She can't. **There isn't any money left.***
—¿Qué te pasa? ¿No quieres ver una película?	*What's wrong? Don't you want to see a movie?*
—Sí, pero no estoy de buen humor porque **se les acabaron las entradas**.	*Yes, but I'm not in a good mood because **they ran out of tickets.***

Notice that the subject (the thing that is forgotten, finshed, etc.) can be either singular **(la cartera)** or plural **(los carnets)**. Depending on whether the subject is singular or plural, the verb is conjugated in either the third person singular or the third person plural.

The person/s to whom the action happened, expressed by the indirect object pronoun, can be clarified by adding ***a*** + noun or pronoun:

A Juan se le acabaron las palomitas rápido.	*Juan ran out of popcorn quickly.*
A los guionistas se les ocurrió una idea magnífica.	*The scripwriters had a wonderful idea.*

The verbs that normally employ this structure are:

acabar	*to finish, to run out of (something)*	**perder**	*to lose*
caer	*to fall, to drop*	**quemar**	*to burn*
ocurrir	*to occur (to have an idea)*	**romper**	*to break*
olvidar	*to forget*		

Nota gramatical

The verb **ocurrir** is a cognate of the English verb *to occur.* Although the only letters that are ever doubled in Spanish are **ll**, **nn**, and **rr**, students often commit the error of following the English spelling. **¡No se te ocurra deletrear este verbo mal!** *(Don't even think of spelling this verb wrong!)*

Práctica

9-28 ¡Vaya día! Ayer Erika y tú tuvieron un mal día. Completa el párrafo con el verbo entre paréntesis en la forma correcta para indicar lo que les pasó.

Ayer me levanté tarde y salí de casa muy de prisa. Con la prisa se me 1. ________ (olvidar) el dinero para el cine. Al llegar a la universidad me encontré con mi mejor amiga. Erika estaba preocupada porque hoy se le 2. ________ (perder) los boletos para el concierto. A la hora de comer, Erika y yo fuimos a su casa a buscarlos, pero no los encontramos. Mientras buscábamos los boletos, preparamos algo para comer pero no pudimos comer porque se nos 3. ________ (quemar) el arroz y no había más comida en casa.Tuvimos que ir a comer a un restaurante. En el restaurante a Erika se le 4. ________(caer) un vaso de agua y se le 5. ________ (romper). Las dos salimos del restaurante mojadas *(wet)* y molestas *(irritated)*.

9-29 Un día desastroso Al salir del cine, un amigo y tú fueron a cenar a un café cercano. Lamentablemente, todo salió mal esa noche. Mira los dibujos y completa las descripciones de lo que pasó esa noche en el café.

1. A Juan / caer

2. Al camarero / perder

3. A los cocineros / quemar

4. A ti / romper

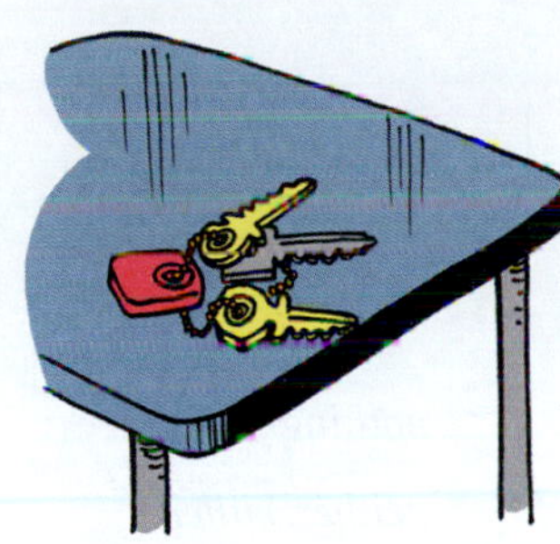

5. Al último cliente / olvidar

Enfoque estructural *Expresiones negativas y afirmativas*

You have already learned that you can make Spanish sentences negative by simply placing **no** before the conjugated verb:

No voy al cine esta noche.

You may also negate a verb in Spanish using a specific set of negative words. These negative words have corresponding affirmative words.

Consider the following examples:

—**Nadie** va al concierto, ¿no?	***Nobody*** *is going to the concert, right?*
—No, Alberto **no va ni** Mario **tampoco.**	*No, Alberto* ***is not going*** *and Mario isn't going* ***either.***
—¿Quiere **alguien** ir conmigo al festival?	*Does* ***anyone*** *want to go to the festival with me?*
—No, **no** quiere ir **nadie.**	***No, no one*** *wants to go.*
—¿Sabes tú **algo** de ese director?	*Do you know* ***anything*** *about that director?*
—No, no sé **nada.**	*No, I don't know* ***anything.***
—¿Hay **algún** cine independiente aquí?	*Is there* ***an*** *independent movie theater here?*
—No, **no** hay **ningún** cine independiente aquí.	*No, there's* ***no*** *independent movie theater here.*
—¿Van Alberto **o** Nico contigo al cine?	*Is* ***either*** *Alberto* ***or*** *Nico going with you to the movies?*
—No van **ni** Alberto **ni** Nico.	***Neither*** *Alberto* ***nor*** *Nico is going.*

Here are some negative words in Spanish along with their affirmative counterparts:

nadie	*no one, nobody*	**alguien** **todo el mundo**	*someone, somebody* *everyone, everybody*
ningún **ninguno** **ninguna**	*no, none*	**algún** **alguno** **alguna**	*a, an, any, some*
		algunos **algunas**	*any, some*
nada	*nothing*	**algo**	*something*
tampoco	*neither, either*	**también**	*also*
nunca	*never*	**una vez** **algún día** **siempre** **todos los días**	*once* *someday* *always* *every day*
ni... ni...	*neither. . . nor. . .*	**o... o...** **... y...**	*either. . . or. . .* *(both). . . and. . .*

In studying the list of negative and affirmative expressions, pay special attention to the following:

- The words **ninguno** and **alguno** become **ningún** and **algún** before a singular masculine noun.
- The words **ninguno, alguno**, and their variations are used as adjectives as well as pronouns. Both match the nouns they refer to in gender (masculine or feminine) and number (singular and plural). The adjectives **ningún** and **ninguna** are normally used in the singular since they literally mean *not one*. One of the few exceptions would be a noun that is used only in the plural (e.g., **ganas**): **No tengo ningunas ganas de ver esa película**.
- In Spanish, a double negative construction like **No sé nada, No quiere ir nadie**, or **No hay ningún estudiante aquí** is normal practice.
- **Nadie, nunca**, and **tampoco** can be placed before the verb. If placed before the verb, no other negative word is necessary. If placed after the verb, the word **no** has to be used before the conjugated verb.

Nadie quiere ir al concierto.	**No** quiere ir **nadie** al concierto.
Nunca voy al teatro.	**No** voy al teatro **nunca**.
Tampoco voy al cine.	**No** voy al cine **tampoco**.

- The personal **a** is used with indefinite and affirmative and negative pronouns, for example **alguien** and **nadie**, when they are used as direct objects and refer to people.
  Conozco **a alguien** que puede ayudarnos.
  No veo **a nadie** aquí.

Práctica

9-30 ¡No, no y no! Tienes algunos amigos que no quieren hacer ciertas cosas. ¡Qué pena! Contesta las siguientes preguntas de forma negativa. No olvides utilizar la doble negación si es necesario. Sigue el modelo.

MODELO ¿Nilda va a ir al concierto de La Sarita?
No, Nilda nunca va a conciertos.
o
No, Nilda no va a conciertos nunca.

1. ¿Alberto y Enrique van a mirar una película latinoamericana en versión original?
2. ¿Quieres comprar algo para comer durante la película?
3. ¿Alguien quiere pagar una tarifa normal cuando puede pagar una reducida?
4. ¿Elena siempre mira el mismo tipo de película que su hermana?
5. ¿Algún estudiante va a tomar clases de cine español este semestre?

9-31 Nadie va a ese cine, ¿verdad? En tu pueblo hay un cine realmente malo. ¡Pero hay otros muy buenos! Un/a compañero/a de clase muy negativo/a te hace varias preguntas sobre los cines y tú debes contestar de forma que comuniques lo bueno que hay en tu pueblo.

MODELO —Nadie va al cine, ¿verdad?
—Todo el mundo va al cine a veces.

1. No hay ningún cine bueno aquí, ¿verdad?
2. No hay nada bueno en cartelera esta semana, ¿verdad?
3. En este pueblo no hay ningún cine con salas tipo estadio, ¿verdad?
4. Tampoco hay cines independientes, ¿verdad?
5. Tu familia no va al cine nunca los fines de semana, ¿verdad?

9-32 ¿Hay alguien o no hay nadie? Camina por la clase y hazles preguntas a tus compañeros para encontrar personas que cumplan con las siguientes condiciones.

- Nunca ha visto una película de cine mudo.
- Algunas veces va al cine solo/a.
- No ha ido nunca al cine a ver una película subtitulada.

Vamos a leer

El Festival Internacional del Nuevo Cine Latinoamericano

Antes de leer

Anticipación Mira el título de esta lectura, los títulos de las tres películas (en la sección Algunas películas a concurso) y las categorías de cada película (también en la sección Algunas películas a concurso).

1. ¿De qué tipo de festival se trata la lectura?
2. Basándote en los títulos de las películas y en las categorías, ¿qué géneros de películas crees que son?

Guía para la lectura

Detalles Lee la primera sección del texto y contesta las siguientes preguntas:

1. ¿En qué año se inauguró el festival?
2. ¿Dónde se celebra el festival?
3. ¿Por qué se creó el festival?
4. ¿Qué nuevo premio se introdujo en 1993? ¿Qué película lo ganó?
5. Además de añadir nuevos premios, ¿cómo ha cambiado el festival a lo largo de los años?
6. ¿De qué se habla durante las conferencias?

¿Qué película? Lee la sección del texto titulada *Algunas películas en concurso* e indica cuál de las tres películas se asocia con las siguientes declaraciones. **MT** = Manchay tiempo, **LMH** = La mamá huaca, **BD** = Dí buen día a papá

____ 1. Fue participante del concurso latinoamericano.

____ 2. Es un documental.

____ 3. Fue coproducida por tres países.

____ 4. Tiene la menor duración.

____ 5. Trata de las experiencias de una familia boliviana durante la guerrilla *(guerilla warfare)* de Ernesto Che Guevara.

____ 6. Es protagonizada por dos niñas y presenta algunas de las costumbres de una civilización indígena.

____ 7. Trata de una organización subversiva y terrorista que en mayo de 1980 desencadenó un conflicto armado contra el Estado y la sociedad peruana.

Al fin y al cabo

Discusión Después de leer sobre el festival, trabaja con un/a compañero/a de clase y contesten las siguientes preguntas.

1. ¿Te gustaría *(would you like to)* asistir al festival? ¿Por qué sí o por qué no?
2. ¿Cuál de las tres películas en concurso te parece más interesante y por qué?
3. Si tuvieras *(you had)* la oportunidad de ser miembro/a del jurado *(panel of judges)*, ¿cuál de las siguientes categorías preferirías *(would you prefer)* juzgar y por qué?
   - Ficción
   - Documentales
   - Animación
   - Ópera Prima *(films by first-time directors)*
   - Guión inédito *(unpublished screenplay)*
   - Carteles cinematográficos

El primer Festival Internacional del Nuevo Cine Latinoamericano de La Habana se celebró del 3 al 10 de diciembre de 1979. El festival fue creado como plataforma de lanzamiento[1] de las cinematografías latinoamericanas que entonces sufrían al tener que competir con las influyentes[2] producciones de Hollywood.

Cada año, el festival añadió nuevos premios como, por ejemplo, el premio del mejor filme de un realizador[3] no latinoamericano sobre América Latina en 1981 y el premio de la popularidad que fue ganado por la película *Fresa y chocolate* en 1993. Además, desde su comienzo, el festival ha crecido en número de salas de exhibición y de asistentes[4] que incluyen delegados, participantes acreditados y el público en general.

Junto con la exhibición de obras cinematográficas, el festival sirve como lugar de debate teórico sobre el mundo del cine. Se realizan[5] conferencias sobre identidad cultural, producción y distribución de cinematografías lationamericanas, nuevas tecnologías y los desafíos[6] que representan.

Algunas películas a concurso

A continuación tienes información sobre tres películas que compitieron en el 27° Festival.

MANCHAY TIEMPO

Participa en: Concurso Extranjero sobre América Latina

Director: María Pía Medina Luna, Florence Blue
País: Perú
Título original: Manchay tiempo
Idioma original: Español

Categoría: Documental
Tipo: Color
Duración: 27 minutos
Año de Producción: 2004

Sinopsis: En Perú, la represión continúa provocando conflictos internos a raíz del arresto de los líderes de Sendero Luminoso. En el 2001 se crea la Comisión de la Verdad y la Reconciliación (CVR) para establecer responsabilidades.

LA MAMÁ HUACA

Participa en: Concurso Latinoamericano

Director: Pablo Carrasco
País: Ecuador
Título original: La mamá huaca
Idioma original: Español

Categoría: Animado
Tipo: Color
Duración: 11 minutos
Año de Producción: 2003

Sinopsis: Este video de animación recoge las costumbres y tradiciones de los cañaris *(una tribu indígena ecuatoriana)* por medio de dos niñas llamadas Sarita y Samari que recorren y descubren los secretos del mundo mágico de las huacas *(los dioses, las cosas extraordinarias y los templos)*. Las niñas se encuentran con su Huaca Protectora para que las bendiga, dándoles buenas cosechas y manteniendo la música y danza milenaria.

DI BUEN DÍA A PAPÁ

Participa en: Concurso de Óperas Primas

Director: Fernando Vargas Villazón
País: Bolivia, Argentina, Cuba
Título original: Dí buen día a papá
Idioma original: Español

Categoría: Ficción
Tipo: Color
Duración: 110 minutos
Año de Producción: 2004

Sinopsis: Cuenta la historia de una familia de Valle Grande (Bolivia), sus amores, conflictos y reconciliaciones durante los treinta años que transcurren entre la guerrilla del Che y la exhumación de sus restos.

[1]lanzamiento *(launching)*; [2]influyentes *(influential)*; [3]realizador *(productor)*; [4]asistentes *(attendees)*; [5]Realizan *(They hold)*; [6]desafíos *(challenges)*

REPASO

9-33 Hay música para todos los gustos ¿Qué tipo de música te gusta? Trabaja con un/a compañero/a de clase y piensen en dos de sus cantantes preferidos. Establezcan comparaciones entre sus cantantes favoritos, utilizando la siguiente información. Utilicen **más... que, menos... que, tanto/a/os/as... como, tan... como** para comparar los/las cantantes y sus estilos.

la edad
el aspecto *(appearance)* físico
su música
su forma de actuar en conciertos
el número de discos
la letra de sus canciones

9-34 Un festival de música... y muchos recuerdos Con un/a compañero/a de clase, preparen una lista de las actividades típicas de un festival de música. ¡No se olviden de incluir las locuras propias de un concierto! Asegúrense de emplear el **se** accidental. Luego comenten cuánto tiempo hace que no hacen (¡o sí hacen!) estas cosas. Comparen sus experiencias con la clase. ¿Quién vive la vida más loca?

9-35 Una decisión difícil Como gran aficionado/a al cine, este año tienes planeado asistir a un festival de cine. Has hecho una lista de varios festivales y ahora te toca escoger. Revisa tu lista y luego explícale a un/a compañero/a a qué festival vas a asistir y por qué lo escogiste. ¿Escogieron el mismo festival? ¿Por qué sí o por qué no? Traten de usar algunas de las estructuras que han estudiado en este capítulo: por ejemplo, el **se** impersonal y las expresiones negativas y afirmativas.

Nombre	**Dónde (*y cuándo*)**	**Descripción**
Festival de Cine de Donostia-San Sebastián	Donostia-San Sebastián, España (*septiembre*)	Uno de los cuatro festivales de cine más importantes del mundo; el premio más importante es la Concha de Oro Sebastián, disputado por directores y actores.
Festival de Cine Latino	Miami, Florida EE.UU. (*abril*)	Este festival forma parte del esfuerzo por internacionalizar culturalmente la ciudad de Miami. Los concursantes buscan los Premios Garza de Oro a la mejor película, al mejor director, al mejor actor, a la mejor actriz, al mejor guión y a los mejores valores latinos.
Chicago Latino Film Festival	Chicago, Illinois EE.UU. (*abril / mayo*)	Este festival promueve la cultura iberoamericana al exhibir los mejores y más recientes trabajos de España, Portugal, Latinoamérica y los Estados Unidos. Aunque el festival no es competivo, otorga el Premio del Público por medio de votación.
Festival Internacional de Cine de Guadalajara	Guadalajara, México (*marzo*)	Este festival difunde y promueve la producción cinematográfica más reciente de México e Iberoamérica en categorías de ficción y documental además de secciones paralelas de cortometraje (*short film*) y de film internacional.

VOCABULARIO

The **Vocabulario** consists of all new words and expressions presented in the chapter. When reviewing or studying for a test, you can cover up the English and go through the list to see if you know the meaning of each item.

Enfoques léxicos *Lexical focuses*

Hablar de festivales musicales y conciertos	*Talking about music festivals and concerts* (p. 343)
Los músicos	*Musicians* (p. 354)
Hablar de las películas y el cine	*Talking about movies and movie theaters* (p. 366)

Los festivales y conciertos *Festivals and concerts*

Tipos de música	*Types of music*
las baladas	*ballads*
el flamenco	*flamenco*
el hip hop	*hip hop*
el jazz	*jazz music*
la música clásica	*classical music*
la música folclórica	*folk music*
la música latina	*Latin music*
la música pop	*pop music*
la música reggae	*reggae music*
la música rock	*rock music*
la música tecno	*techno music*
la ópera	*opera*
el rap	*rap*
Tipos de ritmos y bailes latinoamericanos	*Types of Latin American rhythms and dances*
el bolero	*bolero*
la bomba y la plena	*types of Puerto Rican music*
el corrido	*corrido*
la cumbia	*cumbia*
el merengue	*merengue*
la salsa	*salsa*
el son	*a type of Cuban music*
el tango	*tango*

Los instrumentos musicales *Musical instruments*

Instrumentos de cuerda	*String instruments*
el arpa	*harp*
el bajo	*bass*
la guitarra	*guitar*
el guitarrón	*large guitar*
el violín	*violin*
el violonchelo	*cello*
Instrumentos de viento	*Wind instruments*
el acordeón	*accordion*
el clarinete	*clarinet*
la flauta	*flute*
la gaita	*bagpipes*
el saxofón	*saxophone*
el trombón	*trombone*
la trompeta	*trumpet*
la tuba	*tuba*
Instrumentos de percusión y de teclado	*Percussion and keyboard instruments*
la batería	*drum set*
el bongó	*bongo drum*
las congas	*conga drums*
el piano	*piano*
el tambor	*drum*

El cine *Cinema*

Géneros cinematográficos	Cinematographic genres
una animación	*animation*
una comedia	*comedy*
un documental	*documentary*
un drama	*drama*
un musical	*musical*
una película…	
…bélica	*war movie / film*
…clásica	*classic movie / film*
…de acción y aventuras	*action movie / film*
…de artes marciales	*martial arts movie / film*
…de ciencia ficción / …de fantasía	*science-fiction, fantasy movie / film*
…de intriga / de suspenso	*thriller*
…del oeste	*western movie / film*
…de terror (o de miedo)	*horror movie / film*
…extranjera	*foreign movie / film*
…histórica	*historical movie / film*
…independiente	*independent movie / film*
…infantil (o para niños)	*children's movie / film*
…policíaca	*detective movie / film*
…romántica	*romance*

La industria cinematográfica *The film industry*

el actor / la actriz (principal, secundario/a)	*(main, supporting) actor / actress*
el/la agente	*agent*
el/la cámara	*camera man/camera woman*
el/la director/a	*director*
el/la doble, el/la especialista	*stunt double*
el/la guionista	*scriptwriter*
el/la maquillador/a	*make-up artist*
el/la peluquero/a	*hairdresser*

10 Viajemos

CHAPTER OBJECTIVES

In **Capítulo 10**, you will . . .

- make travel arrangements
- interpret, describe, and create travel itineraries
- discuss future events with others
-  learn about Spain
-  discover Javier Álvarez
-  watch as the roommates share their plans for the future, their dreams, and their ambitions
- be introduced to Juan Ramón Jiménez and his poem "El viaje definitivo"

PRIMERA ETAPA: EN LA AGENCIA DE VIAJES

Functions
- make and discuss travel arrangements
- speak about the future

SEGUNDA ETAPA: EN EL AEROPUERTO

Functions
- describe what travelers do in the different sections of an airport for both departures and arrivals
- indicate the position or location of objects or people

TERCERA ETAPA: EN EL HOTEL

Functions
- talk about hotels and the services they offer
- express conjecture and make hypotheses

España

España

Población: 44.108.530

Capital: Madrid, 2.915.961

Moneda: el euro

Lenguas: castellano, catalán, euskera (vasco), gallego

Tools

- Vocabulary for:
  - travel agencies and the services they provide
  - planning a trip: documentation and itineraries
- Grammatical structures:
  - verb expressions to describe future events
  - the future tense

Comentarios culturales: España y su diversidad

Tú dirás: Un viaje a Zaragoza

Vamos a escuchar: Antes de irse a Puerto Rico...

Tools

- Vocabulary for:
  - aiports
  - types of transportation
- Grammatical structures:
  - prepositions of place
  - **por** and **para**

Comentarios culturales: ¿Por qué te vas?

Tú dirás: Un itinerario

Vamos a ver: Los planes de los compañeros

Tools

- Vocabulary for:
  - hotels
  - making a reservation and checking into a hotel
- Grammatical structures:
  - special uses of the future tense
  - **lo** + adjectives

Vamos a leer: "El viaje definitivo"

PRIMERA ETAPA

Para empezar: En la agencia de viajes

Preparación: Al empezar esta etapa, contesta las siguientes preguntas.

- ¿Cómo planeas tus viajes y vacaciones? ¿Vas a una agencia de viajes o prefieres hacer tus reservas en Internet?
- Cuando vas de viaje, ¿te gusta seguir un itinerario o prefieres ser más espontáneo?
- ¿A qué lugares has viajado recientemente?

Expansión léxica

The term **boleto** is most commonly used in Latin America to refer to **el billete**.

Dan información sobre...

la excursión	*excursion, side trip*
el itinerario	*itinerary*
el precio del billete	*fare*
el viaje de novios / la luna de miel	*honeymoon*
el viaje organizado	*organized tour*
la visita con guía	*guided sightseeing tour*

Reservan *(reserve)* y confirman *(confirm)*...

las habitaciones de hotel	*hotel rooms*
los billetes (de avión / de tren / de autobús)	*(airline / train / bus) tickets*
los coches de alquiler	*rental cars*

Práctica

10-1 ¡A planear nuestras vacaciones! Jaime y Raquel están planeando un viaje y el agente de viajes les está ayudando. Completa su conversación con las siguientes palabras de vocabulario: **viaje, excursiones, folleto turístico, luna de miel, mapas.**

AGENTE:	¿En qué les puedo servir?
JAIME:	Nos vamos a casar en junio y aún no sabemos adónde vamos a ir para nuestra (1) ____________________.
AGENTE:	¿Tienen Uds. alguna preferencia en cuanto a donde quieren ir? ¿Prefieren ir a una ciudad, a una playa o a ambas *(both)*?
RAQUEL:	A una playa sin lugar a duda *(no doubt)*.
JAIME:	Y que sea un lugar exótico.
AGENTE:	¿Qué les parece un (2) ______________ de diez días a Tahití, Moorea y Bora Bora?
RAQUEL Y JAIME:	¡Perfecto!
AGENTE:	Este viaje es uno de los favoritos entre los recién casados *(newlywed)*. Aquí tienen el (3) ____________ en el cual hay fotos, (4) __________, descripciones de los lugares e información sobre (5) ____________ opcionales y precios.
RAQUEL:	Bueno, creo que debemos llevar toda esta información a casa para estudiarla un poco.
AGENTE:	Muy bien. Si en cualquier momento Uds. tienen alguna duda, llámenme.

10-2 Una encuesta Imagínate que trabajas en una agencia de viajes. Tu jefe quiere que les hagas una pequeña encuesta a todos los clientes que vengan y pidan información turística. Trabaja con un/a compañero/a de clase. Él/Ella va a ser un/una cliente y va a responder a las preguntas de la encuesta.

1. *¿Cuántas veces aproximadamente viaja Ud. al año...*
   por negocios? __________
   por placer (pleasure)*?* __________
2. *¿Qué tipo(s) de destinos prefiere?*
   - ❑ *playas*
   - ❑ *ciudades*
   - ❑ *campo*
   - ❑ *nacionales*
   - ❑ *internacionales*
   - ❑ *otros*
3. *Ordene los siguientes factores según su importancia a la hora de escoger un viaje (1 más importante, 5 menos importante).*
   _____ *el precio*
   _____ *el itinerario*
   _____ *las excursiones con guía*
   _____ *la posibilidad de hacer excursiones opcionales*

10-3 El viaje de tus sueños Habla con un/a compañero/a sobre el viaje de tus sueños. Indica:

- cuándo es el mejor momento para ese viaje
- el lugar al que quieres ir y por qué
- con quién quieres viajar
- cuánto tiempo va a durar el viaje
- qué vas a hacer en ese viaje

Enfoque léxico *Antes de viajar: ¡Hay tanto que hacer!*

Before traveling, there are many things that you have to do. Here are some terms that you will find useful when talking about your preparations for an upcoming trip.

Expansión léxica

In Latin America, **el visado** is referred to as **la visa.**

Preparar la documentación *(documentation)*	
contratar el seguro de viajes	*to get travel insurance*
ir al consulado	*to go to the consulate*
obtener el visado	*to get a visa*
sacar el pasaporte	*to get your passport*

Revisar *(check)* el itinerario	
el destino	*destination*
la duración de la estancia	*length of stay*
la escala / hacer escala (en)	*layover / to have a layover (in)*
la hora de salida / de llegada	*departure / arrival time*
el horario	*timetable*
el/la pasajero/a	*passenger*
la tarifa	*tariff, rate*
la tasa	*fee, charge*
el trayecto, la ruta	*route*
el viaje de ida	*outward journey*
el viaje de vuelta	*return journey*
el viaje de ida y vuelta	*round-trip*
el/la viajero/a	*traveler*

Práctica

10-4 ¿Listo para viajar? Javier fue a la agencia de viajes para recoger sus billetes y un mapa para su próximo viaje a España. Ahora está hablando por teléfono con su hermano, Nico. Completa su conversación con las siguientes palabras: **tasas, consulado pasaporte, visado, escala.**

NICO: ¿Estás listo para tu viaje a España? ¡Qué envidia me das *(I'm jealous)*!
JAVIER: Sí, creo que sí.
NICO: Veamos. ¿Sacaste el (1) __________?
JAVIER: Sí, ya lo tengo. Lo saqué el otro día.
NICO: ¿Te explicó el agente de viajes lo que tienes que hacer para sacar el (2) _____________?
JAVIER: Sí, es bastante fácil. Tienen los formularios *(forms)* en el (3) ______________________. Se tiene que ir en persona, y voy a ir mañana mismo.
NICO: ¿Nada más?
JAVIER: Bueno, dinero para pagar la tarifa y las (4) ___________. Cuesta 97 dólares en total.
NICO: Oye, otra cosa. ¿Cómo es tu vuelo? ¿Hace (5) ______________ en algún sitio o es directo?
JAVIER: Hace escala en Miami.
NICO: Ah, qué bien. Por lo menos no queda lejos Miami de San Juan.

10-5 El itinerario de vuelo A continuación aparece el itinerario de vuelo *(flight)* de Javier. Él ya lo ha revisado y toda la información es correcta. Contesta las siguientes preguntas.

1. ¿Desde qué aeropuerto sale su vuelo *(flight)* de ida? ¿Cuál es la hora de salida? ¿Y la hora de llegada al aeropuerto de destino?
2. ¿De qué aeropuerto sale su vuelo de vuelta? ¿Cuál es la hora de salida? ¿Y la hora de llegada al aeropuerto de destino?
3. ¿Tiene que hacer escala?
4. ¿Viaja solo o acompañado Javier?
5. ¿Cuánto dura el trayecto de ida? ¿Y el de vuelta?
6. ¿Cómo pagó Javier?
7. Si Javier quiere hablar con el agente de viajes sobre su itinerario, ¿qué número le debe dar para que él pueda verlo en su computadora?
8. ¿Cuánto cuesta el vuelo? ¿Cuál es el precio final con tasas incluídas?

Pasajero(s): Sr. Javier Montoya
Referencia de la reserva: 4XSL5B
Modalidad de pago: AMERICAN EXPRESS
Número de tarjeta: ************8741
Pago total: 751,08 €

Detalles de su itinerario:

IDA	**San Juan, Puerto Rico - Madrid, España** Salida: Sábado 11 de junio de 2007 02:38 p.m. San Juan, Puerto Rico Llegada: Sábado 11 de junio de 2007 05:16 p.m. Miami, Florida Compañía: Iberia (**IB 1236**) Avión: 757 Duración total del trayecto de ida: 2 horas 38 minutos Salida: Sábado 11 de junio de 2007 06:15 p.m. Miami, Florida Llegada: Domingo 12 de junio de 2007 08:55 a.m. Madrid, España Compañía: Iberia (**IB 68**) Avión: 767 Duración total del trayecto de ida: 8 horas, 40 minutos
VUELTA	**Madrid, España – San Juan, Puerto Rico** Salida: Martes 21 de junio de 2007 11:45 a.m. Madrid, España Llegada: Martes 21 de junio de 2007 03:15 p.m. Miami, Florida Compañía: Iberia (**IB 69**) Avión: 767 Duración total del trayecto de ida: 9 horas, 30 minutos Salida: Martes 21 de junio de 2007 05:02 p.m. Miami, Florida Llegada: Martes 21 de junio de 2007 07:36 p.m. San Juan, Puerto Rico Compañía: Iberia (**IB 1299**) Avión: 757 Duración total del trayecto de vuelta: 2 horas, 34 minutos

Precio (Euros)	**Tarifa**		**Tasas**		**Pasajeros**		**Precio total** (Euros)
	608.00	+	**143.08**	×	**1 Adulto (s)**	=	**751.08 €**

Enfoque estructural *Expresiones verbales para hablar del futuro*

In **Capítulo 4**, you learned how to discuss future events using the verb **ir + a +** infinitive. In addition to this structure, there are other verb structures that you may use to refer to future plans and events. Alternating among the following verb structures, when expressing future events, will result in a more varied and fluid Spanish.

Expresión verbal	Ejemplo
***ir* + *a* + otro verbo en infinitivo**	Este fin de semana Cristina y Enrique **van a tener** mucho tiempo libre. *(This weekend Cristina and Enrique **are going to have** a lot of free time.)*
***querer* + otro verbo en infinitivo**	Está claro que Enrique y Cristina **quieren pasarlo** bien estos días. *(It's obvious that Enrique and Cristina **want to have** a good time over the next few days.)*
***pensar* + otro verbo en infinitivo**	El sábado por la tarde **piensan ir** a un bar. *(Saturday afternoon **they plan to go** to a bar.)*
***tener (muchas) ganas de* + otro verbo en infinitivo**	Enrique y Cristina **tienen muchas ganas de ver** el museo del Prado en Madrid. *(Enrique and Cristina **really feel like seeing** the Prado museum in Madrid.)*

Nota gramatical

You may recall that a basic way to discuss future events, especially those occurring in the near future, is to use the regular present tense. Be sure to place these verbs in a context to avoid any time confusion.
Este sábado **voy** al cine con mi novia.
*This Saturday **I'm going** to the movies with my girlfriend.*

Remember that you use reflexive verbs **(levantarse, vestirse, lavarse...)** in the same way as regular verbs; yet, do not forget to include the reflexive pronouns **(me, te, se...)** that always accompany them. The reflexive pronoun may be placed immediately before **ir, querer**, and **pensar**, but we recommend that you keep it attached to the infinitive, as in the examples that follow.

Creo que Cristina **va a levantarse** más tarde que de costumbre este fin de semana.	*I think that Cristina **is going to get up** later than usual this weekend.*
El sábado próximo **no pienso despertarme** antes de las once.	*Next Saturday **I don't plan to wake up** before 11:00.*

Since there are several different ways to express future events and actions, placing your words in context is very important. The following expressions will help organize your discourse and establish a time order when you refer to future actions.

hoy... (por la mañana / la tarde / la noche)	*today . . . (in the morning / the afternoon / the evening)*
esta mañana / esta tarde / esta noche	*this morning / this afternoon / this evening*
esta semana / este mes / este año	*this week / this month / this year*
mañana... (por la mañana / la tarde / la noche)	*tomorrow . . . (morning / afternoon / evening)*
pasado mañana... (por la mañana / la tarde / la noche)	*the day after tomorrow . . . (in the morning / the afternoon / the evening)*
el lunes (martes) que viene	*next Monday (Tuesday)*
el fin de semana que viene	*next weekend*
la semana que viene	*next week*
el mes que viene	*next month*
el año que viene	*next year*
el curso que viene	*next academic year*

Práctica

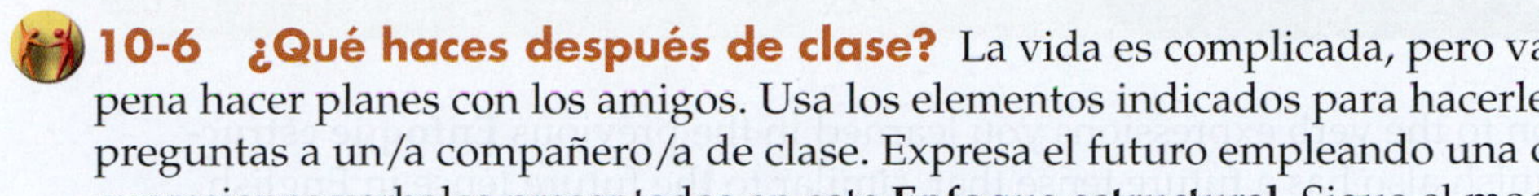

10-6 ¿Qué haces después de clase? La vida es complicada, pero vale la pena hacer planes con los amigos. Usa los elementos indicados para hacerle preguntas a un/a compañero/a de clase. Expresa el futuro empleando una de las expresiones verbales presentadas en este **Enfoque estructural.** Sigue el modelo.

MODELO hacer / hoy después de la clase
—¿Qué haces hoy después de la clase?
—Yo voy a ir (pienso ir, etcétera) al centro.

1. viajar / durante las próximas vacaciones
2. leer / esta tarde después de volver a tu casa
3. ir / esta noche
4. ver / en el cine la semana próxima
5. comprar / esta tarde en la nueva tienda del centro comercial
6. comer / el sábado en el restaurante mexicano
7. aprender a hacer / este verano
8. estudiar / el año próximo

10-7 ¿Qué piensan hacer? A causa del mal tiempo tu amigo y tú han perdido *(missed)* la conexión en Nueva York y tienen que pasar la tarde y la noche en el aeropuerto. ¿Qué van a hacer? Para decir lo que van a hacer, utilicen las expresiones para hablar del futuro y los siguientes verbos:

1. comer
2. comprar
3. hablar
4. buscar
5. tres cosas más que van a hacer

Después, compartan sus planes con la clase.

10-8 Un escape de fin de semana Imagínate que el fin se semana que viene es especial: un/a amigo/a y tú se van de viaje, y por lo tanto *(consequently)*, no vas a seguir tu rutina habitual. Dile a un/a compañero/a de clase las cosas que haces normalmente los fines de semana. Después, explica qué vas a hacer este fin de semana tan especial.

MODELO *Normalmente los sábados por la mañana me quedo en casa, pero el sábado que viene me voy a ir de viaje con un/a amigo/a...*

Enfoque estructural *El tiempo futuro*

In addition to the verb expressions you learned in the previous **Enfoque estructural,** Spanish also has a future tense that, similar to the future tense in English, expresses what will happen. Note the following examples:

—¿**Visitaremos** el volcán mañana? *Will we visit the volcano tomorrow?*

—Sí, **llamaré** por teléfono para confirmarlo. *Yes, I'll call to confirm it.*

In Spanish, however, this tense is more likely to be used in writing than in everyday conversation. When speaking, you are more likely to use and hear the alternatives you already know.

Los verbos regulares

To form the future tense, simply add the endings **-é, -ás, -á, -emos, -éis, -án** to the infinitive form of the verb (whether it is an **-ar**, **-er**, or **-ir** verb).

llegar		ver		pedir	
llegar**é**	llegar**emos**	ver**é**	ver**emos**	pedir**é**	pedir**emos**
llegar**ás**	llegar**éis**	ver**ás**	ver**éis**	pedir**ás**	pedir**éis**
llegar**á**	llegar**án**	ver**á**	ver**án**	pedir**á**	pedir**án**

Los viajeros **llegarán** temprano al aeropuerto para no perder el vuelo. *The travelers **will arrive** early at the airport so they don't miss their flight.*

Javier **verá** muchos museos y monumentos en Madrid. *Javier **will see** many museums and monuments in Madrid.*

Algunos verbos irregulares

Certain verbs undergo changes to their infinitive form and, as such, are considered irregular. Despite the irregularity in their future stems, they use the same future tense endings as the regular verbs **(-é, -ás, -á, -emos, -éis, -án)**.

The following commonly used verbs form a new future stem by shortening their infinitives.

Infinitive	Stem	Conjugation
decir	**dir-**	**dir**é, **dir**ás, **dir**á, **dir**emos, **dir**éis, **dir**án
hacer	**har-**	**har**é, **har**ás, **har**á, **har**emos, **har**éis, **har**án

¿Crees que Pilar **hará** las maletas esta noche o a última hora mañana por la mañana? *Do you think Pilar **will pack** her suitcase tonight or at the last minute tomorrow morning?*

In some **-er** verbs, the **e** of the infinitive is dropped to form the stem.

Infinitive	Stem	Conjugation
haber	**habr-**	**habr**é, **habr**ás, **habr**á, **habr**emos, **habr**éis, **habr**án
poder	**podr-**	**podr**é, **podr**ás, **podr**á, **podr**emos, **podr**éis, **podr**án
querer	**querr-**	**querr**é, **querr**ás, **querr**á, **querr**emos, **querr**éis, **querr**án
saber	**sabr-**	**sabr**é, **sabr**ás, **sabr**á, **sabr**emos, **sabr**éis, **sabr**án

¿Piensas que los viajeros **querrán** madrugar mañana? *Do you think the travelers **will want** to get up early tomorrow?*

In other **-er** or **-ir** verbs, the infinitive ending is replaced by **-dr** to form the stem.

Infinitive	Stem	Conjugation
poner	pondr-	**pondr**é, **pondr**ás, **pondr**á, **pondr**emos, **pondr**éis, **pondr**án
salir	saldr-	**saldr**é, **saldr**ás, **saldr**á, **saldr**emos, **saldr**éis, **saldr**án
tener	tendr-	**tendr**é, **tendr**ás, **tendr**á, **tendr**emos, **tendr**éis, **tendr**án
venir	vendr-	**vendr**é, **vendr**ás, **vendr**á, **vendr**emos, **vendr**éis, **vendr**án

El vuelo **saldrá** al mediodía del Aeropuerto Internacional de Barajas. — *The flight **will leave** at noon from Barajas International Airport.*

Práctica

10-9 Hoy no, pero mañana sí Parece *(It Seems)* que hoy nadie tiene ganas de hacer nada y prefieren hacerlo todo mañana. Indica que las siguientes personas harán mañana lo que no pueden hacer hoy. Sigue el modelo.

MODELO ¿Puedes ir al banco?
Hoy no, pero iré mañana.

1. ¿Tu hermana puede ir a la agencia de viajes?
2. ¿Van a hacer las reservas ustedes?
3. ¿Vas al consulado con tu novio/a?
4. ¿Puedes llamar al aeropuerto?
5. ¿Pueden confirmar las reservas del vuelo?
6. ¿Tienes tiempo libre hoy?

10-10 De vacaciones Indica lo que harán las siguientes personas durante sus vacaciones en España. Sigue el modelo.

MODELO Mario (estar) en Santiago de Compostela, donde (visitar) su famosa catedral románica. Después de eso (ir) a La Coruña.
Mario estará en Santiago de Compostela, donde visitará su famosa catedral románica. Después de eso irá a La Coruña.

1. Juana (ir) a varias playas en la Costa del Sol con unos amigos. Allí todos (tomar) el sol y (estar) al aire libre.
2. Nosotros (visitar) el Palacio Real de Madrid donde seguramente (sacar) muchas fotos y luego (dar) un paseo por el Parque del Retiro.
3. Natalia y su hermana (hacer) un esfuerzo (*make an effort*) para hablar en castellano. Aunque son principiantes, (tratar) de poner en práctica todo lo que han aprendido en sus clases de español.
4. Yo (viajar) a Granada. (Estar) allí tres días y, por supuesto, les (escribir) una tarjeta postal a mis amigos.
5. Tú (quedarte) en Sevilla mientras yo visito Granada porque tú (querer) visitar más museos y monumentos de esa ciudad que yo.
6. Como tiene muchas ganas de probar la gastronomía española, Javier (ir) a muchos restaurantes diferentes. (Pedir) platos típicos de las diversas regiones de España.

Vista exterior del Palacio Real

10-11 ¿Qué harán...? Piensen de nuevo en el viaje de sus sueños. En grupos de tres indiquen cuáles de las actividades mencionadas en la actividad **10-10** harán ustedes y cuáles no harán. Después compartan con la clase dos o tres cosas que hará cada uno de ustedes y una cosa que no harán.

Comentarios culturales

España y su diversidad

Anticipación

Hechos y geografía Antes de ver el video, contesta las siguientes preguntas sobre España. Mira el mapa que aparece al principio de este capítulo en la página 377 y el de esta página.

1. ¿Cuál es la capital de España y en qué parte del país está ubicada *(located)*?
2. ¿Sabes qué es una comunidad autónoma? ¿Cuántas comunidades autónomas hay en España?
3. ¿Sabes qué ciudades autónomas, situadas en la costa norte de África también forman parte del territorio español?

Nota cultural

Las comunidades autónomas en España tienen un estatus político similar al de cada uno de los estados que forman los Estados Unidos. Cada comunidad tiene un gobierno propio, una capital, un estatuto (equivalente a las constituciones estatales), unas elecciones, etc...

Vamos a ver

Comunidades autónomas El video va a describir detalladamente las siguientes comunidades autónomas. Completa las fichas que aparecen a continuación con la información mencionada en el video sobre cada comunidad. Luego compara tus respuestas con las de un/a compañero/a de clase. ¿Estáis de acuerdo?

	Ubicación	Capital	Idiomas(s)
La comunidad autónoma de Andalucía	En el sur	__________	el castellano
	Datos de interés: Tierra donde se originó el __________ y donde nacieron muchos de los famosos __________ .		
La comunidad autónoma de Cataluña	En el noreste	__________	el castellano y el __________
	Datos de interés: Una comunidad con un elevado nivel de desarrollo __________ e industrial.		
La comunidad de Valencia	En la __________ este mediterránea	Valencia	el castellano y el __________
	Datos de interés: Fue un antiguo reino moro y la influencia árabe se reconoce en su __________.		
La comunidad de Galicia	En el noroeste de España	Santiago de Compostela	el castellano y el __________ que es similar al __________
	Datos de interés: Posee gran riqueza agrícola y pesquera; su capital es un centro de peregrinación __________ para el mundo cristiano.		
El País Vasco	En el norte, cerca de los __________	Vitoria	El castellano y el __________ probablemente la lengua más antigua de Europa
	Datos de interés: Es una región húmeda con gran riqueza natural: verdes __________ e increíbles paisajes.		
Castilla-La Mancha	En el __________	__________	el castellano
	Datos de interés: Tiene la famosa llanura de la Mancha donde __________ luchó contra los molinos de viento; la ________ de su capital, de estilo gótico con influencia árabe, es una de las más bellas de España.		

Expansión

Un viaje a España Imaginaos que vais a hacer un viaje a España. Preparad una breve descripción de vuestro viaje.

- La ruta que seguiréis (cuáles serán la primera, la segunda y la tercera comunidades que visitaréis y qué ciudades visitaréis a lo largo de la ruta)
- Los idiomas que escucharéis durante vuestro viaje
- Los lugares de interés que veréis

Estad listos/as para presentarle vuestra descripción a la clase.

 Un viaje a Zaragoza

Estudiante A Estás de vacaciones por un mes en España. Quieres visitar la ciudad de Zaragoza el fin de semana que viene.

- Llama a la agencia de viajes y di que quieres un billete de tren de Madrid a Zaragoza.
- Indica que quieres salir el sábado por la mañana y volver el domingo por la noche. Pide información sobre las opciones disponibles *(available)*.
- Pide información sobre el precio del billete y los servicios del tren.
- Decide si vas a comprar el billete o no.

Estudiante B Trabajas en la agencia de viajes El Sol.

- Un/a cliente/a llama para pedir información sobre trenes de Madrid a Zaragoza.
- Sugiérele que vaya en el tren de alta velocidad, el AVE.
- Pídele al/a la cliente/a información sobre los días y las horas en que quiere viajar.
- De acuerdo con las respuestas del/de la cliente/a, conéctate a Internet con la página de RENFE **(la Red Nacional de Ferrocarriles Españoles)** y busca lo siguiente: los trenes disponibles, los horarios, los precios y los servicios de los trenes.

IDA: *Madrid a Zaragoza*

Nº Tren	Recorrido Tipo Tren	Salida	Llegada	Período de Circulación (1)	Precios (EURO)	Clases	Prestaciones
09815	AVE	07:00	08:39	LMXJV	Turista 39,60 Preferente 58,40 Club 70,90	P T C	
09819	AVE	09:00	10:39	DIARIO	Turista 39,60 Preferente 68,40 Club 70,90	P T C	

VUELTA: *Zaragoza a Madrid*

Nº Tren	Recorrido Tipo Tren	Salida	Llegada	Período de Circulación (1)	Precios (EURO)	Clases	Prestaciones
09882	AVE	17.30	19.00	DIARIO del 29-07-2006 al 24-09-2006	Turista 39,60 Preferente 58,40 Club 70,90	P T C	
09836	AVE	18:30	20:00	LMXJV D del 03-09-2006 al 24-09-2006	Turista 39,60 Preferente 58,40 Club 70,90	P T C	

P Preferente — T Turista — C Club — Reserva telefónica — Desayuno en asiento Preferente y Club

Merienda en asiento Preferente y Club — Servicio cafetería — Bebida de Bienvenida en Preferente, Gran Clase y Club

Prensa en Preferente, Gran Clase y Club — Revista "Paisajes" — Música por canal individual

Vídeo por canal individual — Aparcamiento para viajeros de Preferente, Gran Clase y Club: 24h. viaje ida, 48h. viaje ida y vuelta

Control de acceso (cierre 2 min. antes de la salida del tren)

Plazas para personas con movilidad reducida — Aseo para personas con movilidad reducida

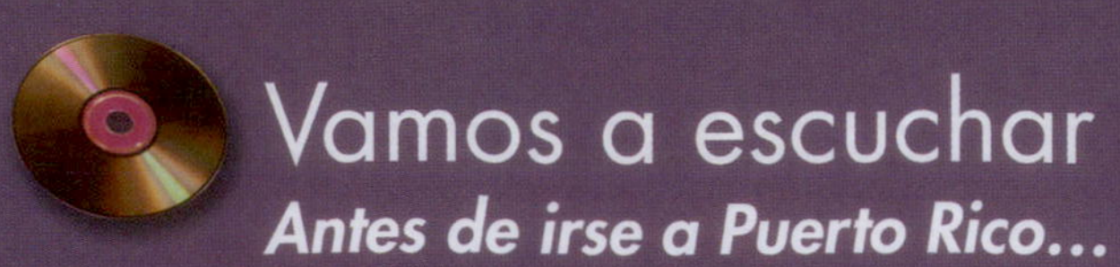

Vamos a escuchar

Antes de irse a Puerto Rico...

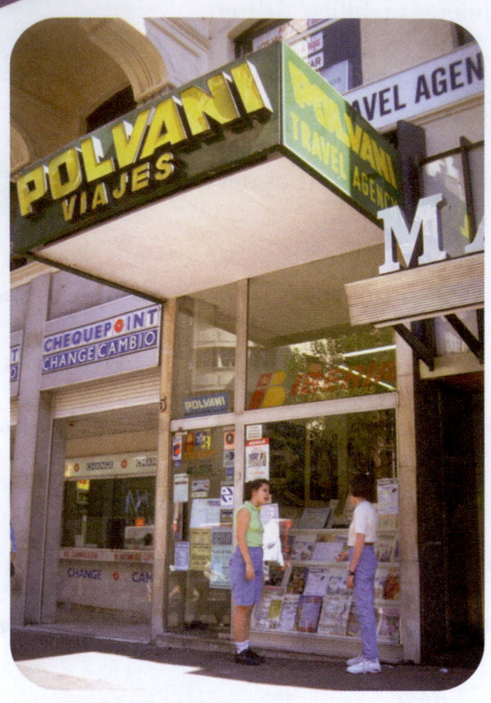

En este segmento vas a escuchar la conversación telefónica que tuvo Sofía con Gema, su agente de viajes en España, cuando estaba planeando su viaje a Puerto Rico.

Antes de escuchar

Antes de viajar Antes de escuchar el segmento, contesta las siguientes preguntas.

1. Cuando viajas, ¿qué preguntas haces a la hora de comprar los billetes?
2. ¿Qué diferencias hay entre viajar dentro de tu propio país y viajar a un país extranjero? ¿Cuál es más complicado? ¿Por qué?

Las preguntas de Sofía Ahora, trabajando con otro/a estudiante, traten de pensar en las preguntas que va a hacer Sofía al preparar su viaje a Puerto Rico. Piensen por lo menos en tres preguntas.

Ahora, antes de escuchar la conversación entre Sofía y Gema, lee las preguntas que aparecen en la sección **Después de escuchar.**

Después de escuchar

 **Comprensión** Contesta las preguntas que siguen, basándote en lo que escuchaste.

CD2, Track 10

1. ¿Qué compró Sofía ayer en la agencia de viajes?
   a. una guía turística de Puerto Rico
   b. un billete de avión
   c. no compró nada
2. Sofía escoge…
   a. un vuelo directo.
   b. un vuelo con escala.
   c. un vuelo que cuesta 200 euros.
3. Sofía va a la agencia…
   a. mañana por la mañana.
   b. esta tarde.
   c. mañana por la tarde.
4. Sofía debe llegar al aeropuerto para su vuelo de ida…
   a. a las doce.
   b. a la una.
   c. a las once.
5. Después de decidir lo de los billetes, Sofía está casi lista para irse a Puerto Rico. ¿Qué le dice a Gema que todavía necesita hacer antes de irse a Puerto Rico?
   a. Necesita sacar un visado.
   b. Necesita sacar el pasaporte.
   c. Necesita alquilar un coche.

¿Cómo lo dicen? Escucha el segmento de nuevo. Fíjate en lo que se dice y contesta estas preguntas.

CD2, Track 10

1. Cuando Gema le está explicando a Sofía los precios de los billetes de avión en vez de decir, por ejemplo, "el vuelo / el billete cuesta…", usa otra expresión. ¿Cómo lo dice?
2. ¿Qué dice Sofía para preguntar si debe llegar temprano al aeropuerto?

SEGUNDA ETAPA

Para empezar: En el aeropuerto

Preparación: Al empezar esta etapa, piensa en lo siguiente.

- ¿Qué tipo de transporte prefieres para viajar? ¿Por qué?
- ¿Cuándo viajaste en avión la última vez? ¿Adónde fuiste? ¿Cómo fue el viaje?

SALIDAS

La terminal

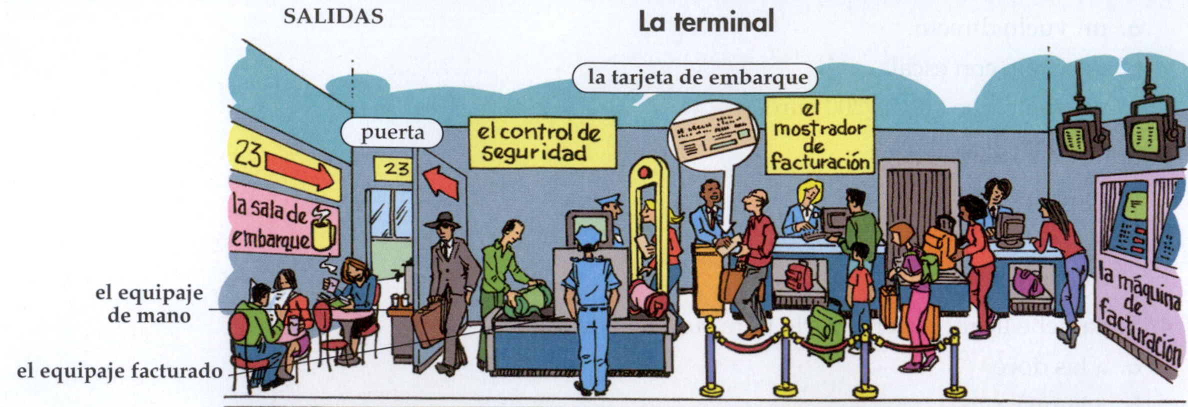

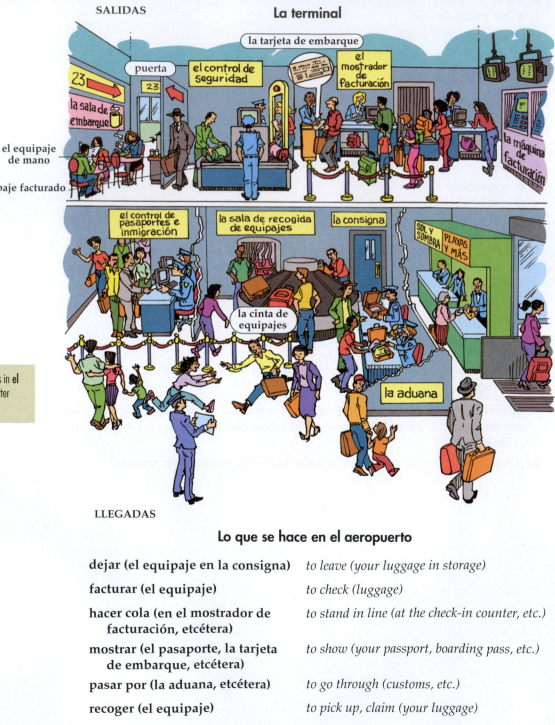

LLEGADAS

Enfoque lexico

Travelers will often place their suitcases in **el carrito de equipajes** *(luggage cart)* after claiming them.

Lo que se hace en el aeropuerto

dejar (el equipaje en la consigna)	*to leave (your luggage in storage)*
facturar (el equipaje)	*to check (luggage)*
hacer cola (en el mostrador de facturación, etcétera)	*to stand in line (at the check-in counter, etc.)*
mostrar (el pasaporte, la tarjeta de embarque, etcétera)	*to show (your passport, boarding pass, etc.)*
pasar por (la aduana, etcétera)	*to go through (customs, etc.)*
recoger (el equipaje)	*to pick up, claim (your luggage)*

Práctica

10-12 El viaje de ida en avión Como ya sabes, Javier está planeando un viaje a España. Pon sus acciones en un orden lógico.

____ Compró un billete de ida y vuelta y habló con la agente de viajes sobre la documentación que tenía que llevar.

____ Entró en la terminal 3 del aeropuerto.

____ Esperó en la sala de embarque hasta que oyó el siguiente anuncio: "¡Último aviso para los pasajeros del vuelo Iberia 68 con destino a Madrid, embarquen por la puerta número 32!"

____ Facturó el equipaje y recibió su tarjeta de embarque.

____ Fue a sacar el pasaporte

____ Fue a una agencia de viajes.

____ Hizo cola en el mostrador de facturación de la compañía aérea Iberia.

____ Hizo las maletas.

____ Le mostró su pasaporte y tarjeta de embarque al agente de seguridad y pasó por el control.

____ Tomó un taxi al aeropuerto de San Juan.

10-13 El viaje de vuelta en avión Ahora, explícale a un/a compañero/a de clase lo que hará Javier durante su viaje de vuelta en avión. Usa las palabras **primero, luego, después** y **finalmente.**

MODELO *Primero, tomará un taxi al aeropuerto de Barajas en Madrid. Después, ... , y luego...*

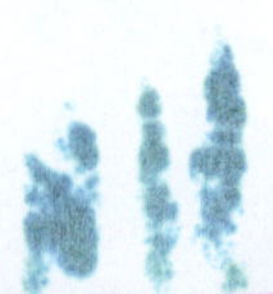

Enfoque léxico *Hablar del transporte*

You will find the following terms useful when talking in Spanish about travel plans or trips you have taken. These terms and expressions will permit you to speak in greater detail.

Los medios de transporte	
en autobús	*by bus (long-distance)*
en avión	*by plane*
en coche (de alquiler)	*by (rental) car*
en ferry	*by ferry*
en metro	*by subway*
en taxi	*by taxi*
en tren	*by train*

Los medios de transporte en detalle

El avión	
la aerolínea	*airline*
la cabina	*cabin*
la conexión	*connecting flight*
la escala	*stopover*
el número de vuelo	*flight number*
la puerta	*gate*
el vuelo (sin escala)	*(nonstop) flight*
aterrizar	*to land*
despegar	*to take off*
En carretera	
la autopista	*toll highway*
la autovía	*highway*
la carretera	*road*
el peaje	*toll*
El tren	
el andén	*platform*
el coche-cama	*sleeper car (trains)*
el número de vagón	*car number*
la vía	*track*
El ferry	
el puerto	*port, waterfront*
la travesía	*crossing*

Algunas palabras en común...	
el asiento de pasillo / de ventana	*aisle / window seat*
la estación (de tren / de autobuses / de metro)	*(train / bus / metro) station*
la parada (de tren / de autobús / de metro / de ferry)	*a (train / bus / metro / ferry) stop*
a tiempo	*on time*
retrasado	*delayed*
bajar (del tren / del autobús / del metro)	*to get off (the train / the bus / the metro)*
bajar (del coche / del taxi)	*to get out of (a car / taxi)*
desembarcar (del avión / del ferry)	*to disembark from (the plane / the ferry)*
embarcar (al avión / al ferry)	*to board (the plane / the ferry)*
subirse (al tren / al autobús / al metro)	*to get on (the train / the bus / the metro)*
subirse (al coche / al taxi)	*to get in (the car / the taxi)*

Práctica

10-14 ¿Qué significa? Antes de tu viaje a España quieres asegurarte (*make sure*) de que sabes todo el vocabulario relacionado con viajes. Empareja las siguientes palabras de vocabulario con sus definiciones.

1. el peaje	a. organización o compañía de transporte aéreo
2. la aerolínea	b. autopista libre de pago
3. la autovía	c. tasa que se paga para derecho de tránsito
4. el andén	d. en las estaciones de tren y de metro, una especie de acera a lo largo de la vía desde donde los viajeros suben a los vagones

10-15 Unas dudas Rafael está pensando *(planning to)* hacer un viaje por España. Como tiene algunas dudas sobre su itinerario de viaje, ha llamado a la agencia que le ha ayudado con sus planes. Completa la conversación que tiene por teléfono con Susana, la agente de viajes con las siguientes palabras: **asiento, coche-cama, escala, estación, puerta, vía.**

SUSANA: Hola, Rafael. ¿En qué te puedo ayudar?
RAFAEL: Tengo algunas preguntas sobre mi itinerario.
SUSANA: ¿Cuáles son?
RAFAEL: Es un vuelo sin (1) ___________ de Nueva York a Barcelona, ¿verdad?
SUSANA: Sí, es un vuelo directo y te reservé un (2) ___________ de ventana como me lo pediste.
RAFAEL: Perfecto. ¿Y cuál es la (3) ___________ de embarque? No está indicada aquí en el itinerario.
SUSANA: Claro, porque eso no lo sabrás hasta el día del vuelo cuando recibas la tarjeta de embarque.
RAFAEL: Bien. Y una vez en Barcelona, dijiste que puedo tomar el tren de cercanías del aeropuerto de El Prat al centro de la ciudad.
SUSANA: Exacto. El tren sale desde la (4) ___________ número uno.
RAFAEL: Vale, esto es fácil de recordar.
SUSANA: Pasarás tres días en Barcelona y luego irás en tren de Barcelona a Sevilla.
RAFAEL: Sí, y tengo una reserva en el (5) ___________, ¿no?
SUSANA: Eso es, porque el viaje es bastante largo.
RAFAEL: ¿Y cómo se llama la (6) ___________ de tren en Sevilla donde me bajaré?
SUSANA: Se llama Santa Justa.
RAFAEL: Bueno, creo que eso es todo. Muchas gracias por tu ayuda, Susana.
RAFAEL: De nada, Rafael. Buen viaje.

10-16 Adivina Trabaja con un/a compañero/a. Escoge cuatro palabras de la columna A y tu compañero va a escoger cuatro palabras de la columna B. Cada uno va a escribir una definición para cada palabra sin mencionarla. Cuando tengan todas las definiciones listas, túrnense para leerse las definiciones y adivinar las palabras.

A	B
aterrizar	cabina
escala	embarcar
andén	puerto
a tiempo	retrasado
pasillo	conexión

Al terminar, escojan cuatro palabras entre los dos, y escriban un párrafo incorporando las cuatro palabras. Compartan su párrafo con la clase.

Enfoque estructural *Las preposiciones de lugar*

Notice how the following prepositions, in **bold**, are used in the following sentences.

En julio pensamos ir **a** España. — *In July we plan to go **to** Spain.*

Vamos a comer gazpacho **en** Sevilla y mariscos **en** la costa. — *We are going to eat gazpacho **in** Seville and seafood **on** the coast.*

Vamos a salir **de** Nueva York. — *We are going to leave **from** New York.*

Volamos **hacia** el este. — *We'll fly **toward** the east.*

Después iremos **a** Francia. ¿Qué distancia hay **entre** Madrid y París? — *Then we will go **to** France. What's the distance **between** Madrid and Paris?*

Vamos a seguir **hasta** la frontera francesa en tren. — *We are going to continue on all the way **to** the French border by train.*

Segovia está **cerca de** Madrid. — *Segovia is **close to (near)** Madrid.*

The aforementioned prepositions express a physical relationship between a person/object/event and a location. Consider the following:

Location	Preposition(s)
as a reference to the location itself	**en**
as a reference to a starting point or place of origin	**de** **desde**
as a reference to a final destination	**a** **hasta**
as a reference to the movement toward a place	**a** **hacia** **para**
as a reference to the distance between the location and another place	**entre**

The following are additional expressions to convey the proximity or the distance between two points: **cerca de** *(close to)*, **lejos de** *(far from)*, **más allá de** *(beyond)*, **a** + distance + **de** *(X distance from)*.

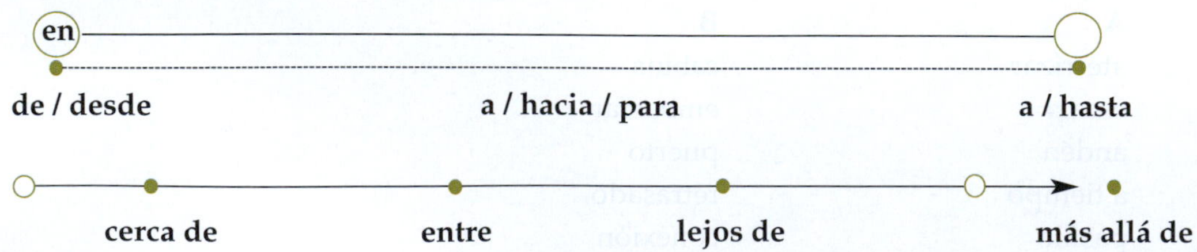

Práctica

10-17 España tiene mil lugares ¡Hay mil razones para visitar España! Lee las siguientes oraciones dichas por unos turistas. Según el contexto de cada oración, indica cuál de las palabras entre paréntesis es la correcta.

MODELO Mis tíos ahora viven (de / en / hasta) Santander.
Mis tíos ahora viven en Santander.

1. Mañana el avión vuela *(flies)* (entre / en / hacia) Tenerife a las once y cuarenta y cinco.
2. ¿Quiénes quieren almorzar (hasta / entre / en) el Parque del Retiro?
3. Prefiero ir (en / a / entre) la Costa del Sol.
4. Aranjuez está a 25 km (hacia / de / a) Madrid.
5. Dicen que el tren hace seis paradas (en / por / entre) Madrid y Málaga.
6. Pienso llevar a mi sobrino (de / en / a) la playa este fin de semana.
7. El niño dormirá durante el viaje (para / entre / a) Barcelona y Zaragoza.
8. El plan es salir (lejos de / de / hacia) la estación de Atocha de Madrid porque tiene los trenes más rápidos.

10-18 Durante tu viaje Hazle las siguientes preguntas a un/a compañero/a para averiguar los detalles de un viaje al norte de España. Escoge la preposición que corresponda a la que aparece en inglés entre paréntesis. Después, tu compañero/a contestará la pregunta con una oración completa que empiece con **sí** o **no**, usando la misma preposición en la respuesta. Sigan el modelo.

MODELO ¿Vas ________ la playa con tu familia este verano? *(to)*
—*¿Vas a la playa con tu familia este verano?*
—*Sí, voy a Santander con mi familia.*
o
—*No, voy a la playa con mis amigos.*

1. ¿Van a estar Uds. ________ una ciudad? *(far from)*
2. ¿Cuándo piensan regresar ________ su pueblo? *(to)*
3. En su viaje, ¿van a pasar unos días ________ un pueblo pintoresco? *(in)*
4. ¿Van a poder conducir ________ Francia en un coche tan viejo? *(all the way to)*
5. ¿Van ________ el norte el segundo día de su viaje? *(in the direction of)*
6. ¿Van a comer ________ el famoso restaurante de mariscos que está ________ la costa? *(in / on)*

10-19 ¿Dónde? Usando las preposiciones que acabas de aprender, formula preguntas sobre la geografía de España. Mira el mapa que está en la página 377 y después, prepara por lo menos cinco preguntas, usando cinco preposiciones diferentes. Al terminar, hazle tus preguntas a la clase.

MODELO ¿Qué ciudades hay entre Barcelona y Valencia?

Enfoque estructural *Las preposiciones **por** y **para***

Heinle iRadio: To hear more about **Por** and **Para**, visit academic.cengage.com/spanish.

Although the two prepositions **por** and **para** often correspond to the English preposition *for,* they are used to convey very specific meanings in Spanish. For this reason, it's important to learn the uses of each preposition.

- **Por** normally conveys the idea of cause.

It is used in Spanish:	
• to express the reason for or the cause of something; the equivalent of *because of*	Los aviones no pueden despegar **por** la intensa niebla. *(The planes can't take off **because of** the intense fog.)* Estoy muy contento **por** el viaje que vamos a hacer. *(I am very happy **because of** the trip we're going to take.)*
• to express *through, alongside,* or *by*	La carretera pasa **por** el pueblo de mis padres. *(The road goes **through** my parents' town.)*
• to express *on behalf of* someone	Vengo **por ti**. *(I am here **for you, on your behalf.**)* Trabajaré **por** mi hermana mientras está de vacaciones. *(I'll work **for** my sister while she's on vacation.)*
• to express *in exchange for*	Te doy 30$ **por** esa maleta. *(I'll give you $30 **for** that suitcase.)* ¿Cuánto pagaste **por** el viaje? *(How much did you pay **for** the trip?)* Cambiamos los billetes de avión **por** billetes de tren. *(We exchanged our airline tickets **for** train tickets.)*
• to express the time of day something happens; the equivalent of *in* or *during*	Vendrá **por la mañana**. *(He will be here **in the morning.**)* Ese ferry llega **por la tarde**. *(That ferry arrives **in the afternoon.**)*
• to express what is *left to be done*	Nos quedan **por ver** tres pueblos. *(We still have three towns **left to see.**)*
• to express *by means of*	Dieron la noticia **por el altavoz** *(They announced it **over the loudspeaker.**)* Hablaron **por teléfono**. *(They talked **on the phone.**)*
• with fixed expressions	**por ciento** *percent* **por ejemplo** *for example* **por favor** *please* **por fin** *finally* **por lo menos** *at least* **por primera vez / última vez** *for the first time / last time* **por todas partes** *everywhere* **gracias por** *thanks for*

- **Para** normally conveys the idea of a destination or a goal.

It is used in Spanish:	
• to express that something is *for* someone or *for* something	Este billete es **para** ti. *(This ticket is **for** you.)* Esta terminal es **para** vuelos internacionales. *(This terminal is **for** international flights.)*
• to express the goal of an action; the equivalent of *in order to*	Viajamos en segunda clase **para** ahorrar dinero. *(We're traveling in second class **to** save money.)*
• to express the direction of a movement; the equivalent of *to, toward*, or *for*	Este autobús va **para** Salamanca. *(This bus goes **to** Salamanca.)* Juan se fue **para** Bilbao. *(Juan left **for** Bilbao.)*
• to express the date or time by which something needs to be done; the equivalent of *for* and *by*	Necesito el pasaporte **para** mañana. *(I need the passport **for** tomorrow.)* El itinerario tiene que estar hecho **para** el lunes. *(The itinerary needs to be done **by** Monday.)*

Práctica

10-20 *¿Por o para?* Mientras te preparas para un viaje en coche, tienes muchas cosas que hacer. Describe tus preparativos, completando las siguientes oraciones con la preposición correcta.

1. Cuando viajo en carro me gusta salir ________ la mañana temprano.
2. Voy a llamar a Teresa ________ teléfono hoy mismo.
3. Tengo que decirle a mi hermano que necesito el coche ________ el fin de semana.
4. ¿Cuánto pagaré________ el peaje de esta autopista?
5. Mi hermano ha traído este mapa ________ nosotros. Nos será muy útil ________ el viaje.
6. Yo sé que estás bastante preocupada ________ la condición de las carreteras.
7. Salimos de viaje ________ San Sebastián mañana ________ la tarde.
8. Mil gracias ________ tus consejos.

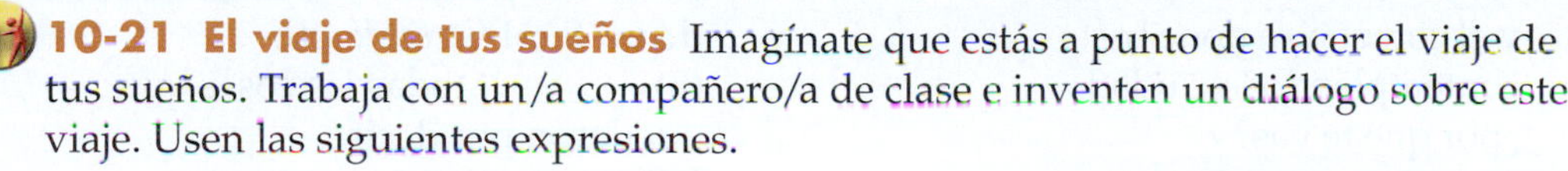

10-21 El viaje de tus sueños Imagínate que estás a punto de hacer el viaje de tus sueños. Trabaja con un/a compañero/a de clase e inventen un diálogo sobre este viaje. Usen las siguientes expresiones.

1. Por fin...
2. Por lo menos...
3. Por ejemplo...
4. ...por primera vez...
5. ...por todas partes...

Al terminar, presenten su diálogo a la clase.

10-22 Más ejemplos En grupos de tres estudiantes repasen los ejemplos de la presentación de los valores de **por** y **para**. Después, imaginen otros ejemplos originales para ilustrar los usos de **por** y **para**. Escriban sus ejemplos y al terminar, compártanlos con la clase.

Comentarios culturales

¿Por qué te vas?

Un principio humilde Lee la siguiente información sobre Javier Álvarez y contesta las preguntas que siguen.

Javier Álvarez, cantautor madrileño del barrio de Cuatro Caminos, empezó a tocar en público en las estaciones de metro de Madrid. Luego trasladó (*moved*) sus actuaciones a cafés, principalmente el Libertad 8, y al aire libre en los parques de Madrid donde tocaba por unas monedas y ganando poco a poco aficionados. Álvarez tuvo suerte cuando fue descubierto un día en el Parque del Retiro por Gonzalo Benavides, un representante de una de las grandes discográficas. Grabó su primer disco con colaboraciones de artistas célebres como Ana Belén, Víctor Manuel y Luis Pastor. Este disco resultó ser disco de platino.

La canción que vas a escuchar es del álbum *Grandes éxitos* (2001), el cuarto disco de Álvarez. El título engaña *(misleads)* porque este disco no es un recopilatorio de sus propias canciones sino versiones de 19 temas de otros artistas a los que Álvarez quería homenajear. Álvarez canta todas las canciones en sus idiomas originales, por ejemplo, "Smooth Criminal", "Every Breath You Take", "With Or Without You", "My Sharona" y "Xanadu" en inglés, "Amoureux Solitaries" en francés, "O Leaozinho" en portugués, "Quando Dico Che Ti Amo" en italiano y "¿Por qué te vas?" en castellano. Escrita por José Luis Perales, la canción " Por qué te vas?" formó parte de la banda sonora de la película *Cría cuervos…* de Carlos Saura.

1. ¿De dónde es Javier Álvarez?
2. ¿Dónde tocaba antes de ser descubierto por el representante de una discográfica?
3. ¿Por qué es engañoso *(misleading)* el título del cuarto disco de Álvarez?
4. ¿En qué idiomas canta Álvarez en su disco *Grandes éxitos* (2001)?

Análisis Ahora vas a escuchar la interpretación de Javier Álvarez de la canción "¿Por qué te vas?" Completa los siguientes pasos.

Paso 1. Escribe la forma indicada del tiempo futuro de los siguientes verbos

1. dormirse *(3ª persona plural)*
2. esperar *(3ª persona plural)*
3. irse (*3ª persona plural*)
4. llorar (*1ª persona singular*)
5. olvidar (*2ª persona singular*)

To experience this song, access the *¡Tú dirás!*, Fourth Edition playlist.

Paso 2. Ahora, mientras escuchas la canción, rellena los espacios en blanco con los verbos del **Paso 1** que oigas.

Hoy en mi ventana brilla *(shines)* el sol,
y el corazón se pone triste
contemplando la ciudad,
¿por qué te vas?

Como cada noche,
desperté pensando en ti
y en mi reloj todas las horas vi pasar
¿por qué te vas?

(Estribillo): Todas las promesas de mi amor (1) __________ contigo, me
(2) __________, me (3) __________.
Junto a la estación hoy (4) __________
igual que un niño.
¿Por qué te vas (X4)?

Junto a la penumbra *(semidarkness)*
de un farol *(street light)*,
(5) __________ todas las cosas que quedaron por decir,
(6) __________.
Junto a las manillas *(hands)* de un reloj,
(7) __________ todas
las horas que quedaron por vivir,
(8) __________.
Estribillo (X4)

Paso 3. Contesta las siguientes preguntas:

1. En tu opinión, ¿cuál es el tema de la canción?
2. ¿Te gustó la canción? ¿Por qué sí o no?

Un itinerario

Trabaja con otro/a estudiante. Están en Madrid y quieren viajar a Burgos, una famosa ciudad conocida por su arquitectura gótica y arte medieval. Después de leer la información en el folleto, habla con tu compañero/a y pregúntale lo siguiente sobre esta excursión especial:

- la fecha de salida
- la estación de la que sale el tren
- la hora de salida del tren
- la hora de llegada
- los lugares que piensan visitar en la ciudad
- la fecha de regreso
- la hora de llegada a Madrid

Programa

Burgos, cuna del Cid, donde lo románico y lo gótico se entremezclan para formar una de las provincias más ricas en arte medieval. Lerma, Covarrubias, Silos y Burgos capital, donde lo gótico culmina en una gran obra, la catedral de Burgos.

La Catedral de Burgos, España

Sábado

8.30 h. Salida en tren TER* de Madrid-Chamartín

11.23 h. Llegada a Lera. Transbordo a autobús. Circuito a Lerma.

12.30 h. Covarrubias. Visita a la Colegiata. Tiempo libre para almorzar.

16.30 h. Salida en autobús para visitar Santo Domingo de Silos y La Yecla.

20.00 h. Llegada a Burgos. Traslado al hotel. Tiempo libre.

21.30 h. Saludo del Ayuntamiento en el antiguo monasterio de San Juan, vino y actuaciones folclóricas. Elección de la madrina del tren.

Domingo

8.00 h. Desayuno en el hotel.

8.30 h. Recogida en el hotel en autobús. Visita guiada a la catedral, Monasterio de las Huelgas, Monasterio de San Pedro de Cardeña (posibilidad de oír misa) y Cartuja.

14.00 h. Tiempo libre para almorzar.

16.30 h. Visita panorámica de la ciudad. Traslado a la estación.

17.45 h. Salida en tren TER hacia Madrid.

21.30 h. Llegada a Madrid Chamartín. Fin de viaje.

*NOTA: El tren TER continúa a Burgos, con llegada a las doce y diez horas. Los viajeros no interesados en la excursión pueden continuar a Burgos y hacer uso de sus habitaciones en el hotel elegido.

Vamos a ver
Los planes de los compañeros

Los compañeros están pasándolo muy bien en Puerto Rico, pero saben que al terminar el mes tendrán que volver a su vidas normales. Ahora vas a mirar un resumen de los testimonios y conversaciones entre los compañeros sobre sus planes, sueños y aspiraciones para el futuro. El resumen está dividido en tres partes: primero verás los planes de Javier, después los de Sofía y Alejandra y por último *(last)* los de Antonio y Valeria.

Anticipación

Predicciones Basándote en lo que ya sabes de cada compañero/a, adivina qué harán después de su mes juntos en Puerto Rico. ¿Qué planes, sueños y aspiraciones tienen? Escribe tus predicciones abajo en la columna "*Yo*". Usa expresiones verbales para hablar del futuro (**querer / pensar / tener ganas de** + infinitivo e **ir** + **a** + infinitivo).
Luego, pregúntale a un/a compañero/a sobre sus predicciones (**¿Qué crees que Javier piensa hacer?, etcétera.**) y escribe sus respuestas en la columna **"Mi compañero/a"**. ¿Tienen ideas parecidas?

LOS PLANES FUTUROS DE...	PREDICCIONES	
	Yo	**Mi compañero/a de clase**
Javier		
Sofía		
Alejandra		
Antonio		
Valeria		

Vamos a ver

¿Qué harán? Mientras miras el video contesta las siguientes preguntas sobre los planes de los compañeros. Luego, compara tus predicciones y las de tu compañero/a de clase con los planes, sueños y aspiraciones de los compañeros revelados en el segmento del video. ¿Quién se acercó más a los planes verdaderos: tú o tu compañero/a de clase?

Javier
Indica si las siguientes afirmaciones son verdaderas (V) o falsas (F). Si son falsas, da la version correcta.

1. ______ Javier nunca quiso estudiar medicina.
2. ______ Javier quiere tener una agencia de ecoturismo en América del Sur.
3. ______ Javier respeta la opinión de Sofía.
4. ______ Javier sabe exactamente lo que va a hacer.

Sofía y Alejandra
Escoge la respuesta correcta.

5. Sofía escribirá...
   a. un libro sobre el turismo en Puerto Rico.
   b. un libro sobre la cultura puertorriqueña.
   c. un libro sobre la relación entre España y Puerto Rico.
6. Sofía vivirá en Puerto Rico...
   a. un año.
   b. dos años.
   c. no sabe.
7. Al regresar a Colombia, Alejandra...
   a. montará un festival de danza.
   b. preparará una exposición de fotografía.
   c. tomará más fotografías.

Antonio y Valeria
Completa estas afirmaciones.

8. Antonio le pregunta a Valeria si quiere…
9. Valeria le responde…

Expansión

¿Cuál será el desenlace *(outcome)*? Trabajando de nuevo con tu compañero/a de clase, piensen en lo que les pasará a Antonio y Valeria: ¿Qué decidirá hacer Valeria? ¿Irá a Tejas o no? ¿Seguirán siendo amigos o se harán novios? Escriban sus predicciones en forma de narrativa (en uno o dos párrafos) y estén listos para leerla a la clase.

Para empezar: En el hotel

Preparación: Antes de empezar esta etapa, piensa en lo siguiente:

- ¿Dónde te gusta alojarte *(stay)* cuando viajas?
- ¿Qué necesitas para hacer reservas en un hotel?

Hesperia del Port* **
Avenida Paralelo, nº 40
08001 Barcelona (España)
Tel: (+34) 932 308 500
Fax: (+34) 932 308 510
hotel@hesperia-delport.com
http://www.hesperia-delport.com

Situado en el centro de Barcelona, abierto en 2004

Edificio de nueva construcción, con una situación privilegiada en el centro de Barcelona y a tan solo unos minutos del puerto y del centro histórico y comercial de la ciudad. Es el hotel perfecto para el ocio o los viajes de trabajo. El Hotel Hesperia Del Port ha capturado el carácter moderno y hospitalario de esta gran ciudad, ofreciendo un servicio personalizado con todos los detalles. Seguro que su ***estancia*** *(stay)* será de su gusto.

Servicios

- 48 habitaciones: 18 ***habitaciones sencillas*** *(single rooms)* y 30 ***habitaciones dobles*** *(double rooms)*
- Todas las habitaciones están equipadas con ***aire acondicionado*** *(air conditioning)* y ***calefacción*** *(heating)*, ***minibar***, teléfono, TV Color con antena parabólica y baño privado con ***secador de pelo*** *(hairdryer)*
- Habitaciones disponibles para no fumadores
- ***Conexión Wi-Fi gratis*** *(free Wi-Fi Internet connection)*
- ***Desayuno Buffet***
- ***Sala de reuniones*** *(meeting room)*
- ***Servicio de lavandería*** *(laundry)* de lunes a viernes
- Garaje

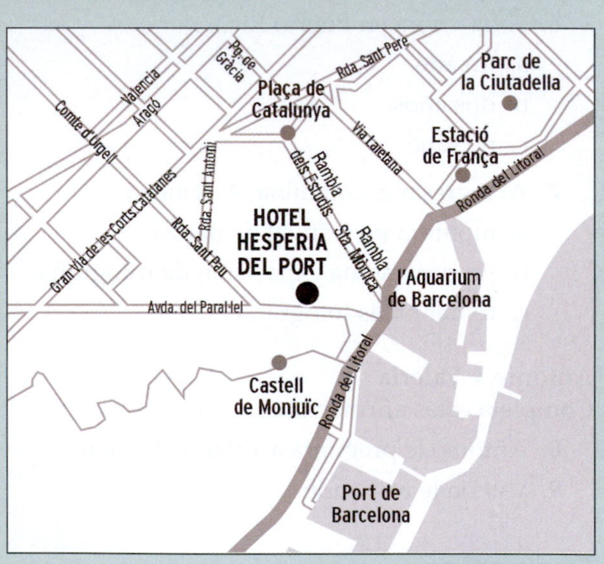

Expansión léxica

When traveling abroad, you will often have the option to reserve a room with **media pensión** *(half board)* or **pensión completa** *(full board)*. If you choose the former option, you will receive breakfast and one other meal (lunch or dinner); if you choose the latter you will receive breakfast, lunch, and dinner.

En el hotel

el aparcamiento / el parqueo	*parking*
el ascensor / el elevador	*elevator*
el botones	*bellhop*
la caja de seguridad / la caja fuerte	*security deposit box, safe*
el/la huésped/a	*guest*
la llave / la llave magnética	*key / keycard*
la recepción	*reception area, front desk*
el servicio despertador	*wake-up service*
el servicio de habitaciones (de 24 horas)	*(24-hour) room service*
el servicio de limpieza	*housekeeping service*

Práctica

10-23 Para servirle El Hotel Hesperia del Port es una opción para aquéllos que quieran viajar a Barcelona. Revisa la información sobre este hotel en la página 402 y contesta las siguientes preguntas.

1. ¿Dónde está este hotel?
2. ¿Con qué están equipadas todas las habitaciones?
3. ¿Hay habitaciones disponibles para no fumadores?
4. ¿Qué servicios le ofrecen al viajero de negocios?
5. ¿Hay piscina?

10-24 En el hotel Javier ha llegado a Madrid y ahora mismo se encuentra en la recepción del hotel donde tiene reservada una habitación. Completa la conversación que mantiene con el empleado del hotel con las siguientes palabras: **botones, desayuno buffet, individual, llave, recepción**

EMPLEADO: Buenos días, señor. ¿En qué puedo ayudarle?
JAVIER: Buenas días. Tengo una reserva para una habitación (1) ___________ a nombre de Javier Montoya.
EMPLEADO: Muy bien. Déjeme buscar su reserva en el ordenador… Sí, aquí la tengo. Va a quedarse con nosotros tres noches, ¿verdad?
JAVIER: Sí.
EMPLEADO: Sí, señor. Están incluidos el (2) _____________ y la cena. ¿Me deja su pasaporte y una tarjeta de crédito, por favor?
JAVIER: Tome Ud.
EMPLEADO: Gracias. Aquí tiene su (3) ________ magnética. Es la habitación 276. Hugo, el (4)_____________, le acompañará a su habitación.
JAVIER: Ah, una cosa…
EMPLEADO: Dígame.
JAVIER: ¿A qué hora tengo que dejar la habitación el último día? No tengo que tomar el tren hasta las 19:00.
EMPLEADO: Antes de las 12:00, pero el equipaje lo puede dejar aquí en (5) ___________ unas horas sin ningún cargo.
JAVIER: Perfecto. Muchas gracias.
EMPLEADO: A Ud. Que tenga una buena estancia con nosotros.
HUGO: Sígame, por favor…

10-25 En el hotel Trabajen en grupos de tres para crear un diálogo en la recepción de un hotel. Debe ser un diálogo semejante *(similar)* a la conversación de Javier que han visto en la actividad **10-24**. Uno de ustedes va a hacer el papel de empleado. Los otros dos, van a hacer el papel de dos huéspedes que acaban de llegar al hotel.

Enfoque léxico *Para reservar una habitación*

The following expressions will be useful when making reservations for a hotel room in a Spanish-speaking country.

la reserva / la reservación	*reservation*
la tarjeta de crédito	*credit card*
Busco / Buscamos...	*I am / We are looking for . . .*
Necesito / Necesitamos...	*I / We need . . .*
Yo quisiera una habitación.	*I would like a room.*
Tengo / Tenemos una reserva...	*I / We have a reservation . . .*
para dos personas	*for two people*
para tres noches	*for three nights*
con una cama sencilla / camas sencillas	*with a single bed / single beds*
con cama doble / matrimonial	*with a double bed*
con baño	*with a bathroom*
sin baño	*without a bathroom (with a shared bathroom in the hall)*

Práctica

10-26 ¿En qué puedo servirle? Imagina que quieres hacer una reserva en un hotel en Madrid. Completa el siguiente diálogo con las palabras adecuadas.

EMPLEADA: Hotel Meliá, buenos días. ¿En qué puedo servirle?
TÚ: Buenos días. Necesito hacer una (1) ____________________.
EMPLEADA: Sí, ¿para cuándo?
TÚ: Para el próximo fin de semana, para dos (2) ____________.
EMPLEADA: Muy bien. Y ¿para cuántas personas?
TÚ: Para dos.
EMPLEADA: ¿Desea una (3) ______________ o dos (4) __________________?
TÚ: Una doble, por favor.
EMPLEADA: Perfecto. Tenemos una (5) ______________________ para dos personas, para el próximo fin de semana. ¿Puede darme su número de (6) ____________________?

10-27 Un fin de semana inolvidable en un parador Tú y un/a compañero/a de clase están pensando en hacer un viaje a España y les parece interesante la idea de quedarse en un parador. Los paradores son un tipo especial de hotel que existe en España. Han encontrado la siguiente información por Internet sobre el Parador de Toledo. Lean el folleto en la página 405 y contesten las preguntas.

PARADOR DE TOLEDO

★ ★ ★ ★ ★

Cerro del Emperador, s/n. 45002. Toledo, España
Tel. : 00 34 925 22 18 50 Fax: 00 34 925 22 51 66
e-mail: ***toledo@parador.es***

PRESENTACIÓN: Situado en el Cerro del Emperador junto al río Tajo, este Parador ofrece una vista panorámica inigualable del perfil monumental de Toledo, con sus más valiosas joyas, como la Catedral, el Alcázar *(fortress)* y las sinagogas. El Parador ofrece, además, la posibilidad de disfrutar de su refrescante piscina y de planificar actividades relacionadas con la naturaleza. Desde las habitaciones, salones, terraza y piscina se contemplan las bellas vistas de la Ciudad Imperial, mientras que el interior destaca por su amplitud y lujosas instalaciones. Un confortable mobiliario se combina con vigas *(beams, rafters)*, escaleras, barandillas *(banisters)* de madera y elementos mudéjares presentes en alfombras y en la azulejería *(enameled tiling)*. En el comedor, se ofrecen típicos platos castellano-manchegos como la perdiz estofada *(partridge stew)* a la toledana, cordero asado *(roast lamb)*, helado de queso y miel y los famosos mazapanes de Toldeo *(traditional sweets for the Christmas holiday, made of fresh almonds and pure sugar and cast in the shape of little figures)*.

ACTIVIDADES: equitación *(horseback riding)*, golf, natación, vuelo sin motor *(gliding)*

EXCURSIONES

- Toledo. Catedral, sinagogas, Alcázar, Casa Museo del Greco.
- Aranjuez (50 km). Palacio-Casa del Labrador, Patrimonio Nacional.
- Ruta de Don Quijote. Consuegra (70 km), El Toboso (141 km).
- Ruta de Los Montes de Toledo.
- Palacio de El Pardo (Madrid), Patrimonio Nacional.
- Madrid (70 km.). Conventos de Las Descalzas y de La Encarnación, Patrimonio Nacional.

TARIFAS OFICIALES

Habitación doble estándar

Enero	Febrero	Marzo	Abril
140,00	***140,00***	***150,00***	***150,00***
Mayo	Junio	Julio	Agosto
150,00	***150,00***	***150,00***	***150,00***
Septiembre	Octubre	Noviembre	Diciembre
150,00	***150,00***	***140,00***	***140,00***
Semana Santa	Menú	Desayuno	Impuestos
150,00	***28,00***	***13,00***	***7,00*** %

*Todos los precios se indican en Euros.

1. ¿Qué vista hay desde el parador?
2. ¿Qué tipo de diseño interior tiene el parador?
3. ¿Dónde hay ejemplos del estilo mudéjar?
4. ¿Cuál de los platos y/o dulces típicos toledanos les gustaría probar y por qué?
5. ¿Qué verán y harán durante el fin de semana? Hagan una lista de las actividades y las excursiones que querrán hacer mientras estén en Toledo.
6. ¿Qué les parecen los precios? ¿Caros, razonables o baratos?

 **10-28 Elijan un parador** Trabajen en grupos de tres estudiantes para hacer lo siguiente. Imaginen que van a pasar un mes en España. Como parte de la experiencia, les gustaría pasar dos noches en un parador. Vayan a la página web de Paradores (www.parador.es). Entre todos, decidan en qué parador se van a quedar, elijan las fechas y consulten los precios. Después inventen un diálogo en el cual reservan la habitación. Presenten en clase el resultado de su trabajo.

Enfoque estructural *Usos especiales del futuro*

Earlier in this chapter, you learned how to use the future tense in Spanish to refer to future actions. In addition to this use, the future tense may also express conjecture, probability, and matter-of-fact statements in conditional clauses.

El futuro de probabilidad

The future tense is often used in Spanish to *wonder* about an action or a situation related to the present. Note the following examples.

¿Qué hora **será**?	***I wonder*** *what time it* ***is.***
¿**Llegará** el tren?	***I wonder if*** *the train* ***is coming.***
¿Quién **será** esa persona que llama a la habitación?	***I wonder*** *who* ***is*** *calling the room.*

Using the future tense, you may also express probability or uncertainty with regard to an action or a situation in the present. In other words, when you make a comment that is a guess or a speculation, rather than confirmed information, the future tense is used.

—¿Cuántos años **tendrá**?	—***I wonder*** *how old he* ***is.***
—**Tendrá** unos treinta.	—***He's probably (He must be)*** *about 30.*
—¿Dónde **estarán** los billetes?	—***I wonder*** *where the tickets* ***are.***
—**Estarán** en tu cuarto.	—***They are probably*** *in your room.*

El futuro en oraciones condicionales

Conditional clauses (also known as *if-clauses*) can express a variety of conditions: real, possible, or impossible. When an if-clause conveys a condition that is real, that is, one that can happen, the verb of the main clause is expressed in the future. Look at the examples below:

If clause		Main clause
Si + ***present tense verb***	+	***future tense verb***

Si conseguimos billetes, **iremos** a Sevilla.	*If we* ***get*** *tickets, we* ***will go*** *to Seville.*
Si me **escribes**, me **pondré** muy contento.	*If you* ***write*** *to me, I* ***will be*** *very happy.*
Si pierdes el tren, **será** una lástima.	*If you* ***miss*** *the train, it* ***will be*** *a shame.*

Práctica

10-29 Me pregunto... Imagínate que estás en la estación, esperando un tren... y que estás aburriéndote. Así que pasas el tiempo preguntándote cosas. Convierte las siguientes oraciones en preguntas que expresen una conjetura. Sigue el modelo y utiliza palabras interrogativas como **dónde, cuándo, cómo, por qué, qué...**

MODELO El tren no sale a tiempo.
¿Cuándo saldrá el tren?

1. No puedo pagar con un cheque de viajero.
2. No podemos comer en el restaurante de la estación.
3. El tren no para en Huelva.
4. No sirven desayuno en el tren.
5. Hay muchos pasajeros alemanes.
6. No podemos sentarnos juntos en este tren.

10-30 ¡No sé, José! El hijo de unos amigos españoles viaja en el tren contigo. José tiene sólo ocho años y es muy persistente con las preguntas que hace. Como tú no sabes contestarlas de una manera exacta, expresa la probabilidad o la duda usando el mismo verbo que él usa, pero cambiándolo al tiempo futuro. Sigue el modelo.

MODELO ¿Qué hora es?
¡No sé! Serán las nueve.

1. ¿Cómo se llama el conductor del tren?
2. ¿Qué sirven para comer en el tren?
3. ¿Qué tipo de música escucha esa chica en su iPod?
4. ¿Qué tiene esa señora en su maleta?
5. ¿Cuántas personas hay en este tren?
6. ¿Qué pueblo es éste?
7. ¿Dónde estamos ahora?
8. ¿A cuántos kilómetros por hora vamos en este momento?

10-31 Condiciones Todo el mundo quiere que le hagas favores, pero tú tienes que poner límites. Completa las oraciones siguientes con la condición real que tú quieras poner. Compara tus respuestas con las de un/a compañero/a de clase.

MODELO Te podré ayudar si...
Te podré ayudar si me llamas.

1. Sabré el número del vagón si...
2. Iré a la estación contigo si...
3. Mi novio dice que podré viajar con él si...
4. Compraré los billetes para el viaje si...
5. El tren llegará retrasado si...
6. Iremos a Málaga el verano próximo si...
7. Estaré muy contento/a si...
8. No tendremos dificultades en el viaje si...

10-32 Consecuencias Cada acción tiene una consecuencia. Como hemos visto, si se cumple una condición real, algo pasará. Completa las oraciones siguientes indicando las consecuencias de la acción previa. Sigue el modelo. Compara tus respuestas con las de un/a compañero/a. ¿Quién tiene una actitud más optimista?

MODELO Si esperas media hora...
Si esperas media hora, iremos juntos al andén.

1. Si sales a tiempo...
2. Si el avión sale tarde...
3. Si no llega el autobús pronto...
4. Si te gusta viajar...
5. Si cuesta demasiado dinero...
6. Si el hotel no es bonito...
7. Si el pasaporte no está listo...
8. Si hablas con el jefe de estación...
9. Si tus amigos no quieren viajar en ferry...
10. Si ustedes leen el horario...

Enfoque estructural *El artículo **lo** + adjetivos*

You are already quite familiar with the Spanish definite articles (**el, la, los, las**) that refer to masculine or feminine nouns. In addition to the masculine **el/los** and feminine **la/las**, Spanish also has a neuter definite article **lo;** however, **lo** is not used before a noun, as no nouns have a neuter gender. Therefore, the neuter definite article **lo** is used before singular, masculine adjectives, and together they function as nouns and refer to a concept or category, rather than a specific object or person. There is no one way to translate **lo** into English, as the choice of the word depends on the context; nonetheless, expressions such as *what is . . ., the. . . thing, the . . . part, the . . .aspect, the . . .nature*, etc. effectively convey its meaning. Consider the following example:

Lo importante es tener buenos amigos. — ***What´s important / The important thing*** *is to have good friends.*

Lo may be used to refer to concrete qualities or abstract ideas:

- to refer to a particular quality

  Lo difícil fue expresarme porque no hablo bien el catalán. — ***The difficult part*** *was expressing myself because I don't speak Catalan well.*

  Me encantó **lo romántico** de la ciudad de Toledo. — *I loved* ***the romantic nature*** *of Toledo.*

- to refer to an abstract idea

  Lo mejor de viajar es conocer a gente nueva. — ***The best thing*** *about traveling is meeting new people.*

  Lo bueno de vivir en Madrid son los museos y las actividades culturales. — ***The good thing*** *about living in Madrid are the museums and cultural activities.*

Práctica

10-33 Lo mejor de las vacaciones Contesta la pregunta a continuación y luego compara tu respuesta con las de otros compañeros. Escriban un resumen de sus opiniones para presentar a la clase.

MODELO *En nuestra opinión, lo mejor de las vacaciones es… porque….*

¿Qué es lo mejor de las vacaciones?

____ no tener clases
____ estar con la familia
____ dormir hasta tarde
____ jugar
____ viajar
____ otro: ______________________

Después de decidir qué es lo mejor, ahora con un compañero/a decidan qué es:

- lo aburrido de las vacaciones
- lo interesante de las vacaciones
- lo bueno de las vacaciones
- lo malo de las vacaciones

Comparen sus respuestas con el resto de la clase.

 **10-34 Una encuesta** La versión por Internet del periódico español *El mundo* hizo una encuesta sobre "los mejores" en su sección de viajes (elmundoviajes.com). Abajo tienes los resultados. Lee la información y después haz la actividad que sigue.

IV ENCUESTA: LOS MEJORES DE ELMUNDOVIAJES.COM

Un total de 3.150 participantes de 26 países diferentes han elegido con sus votos a lo largo de los últimos meses a los destinos, establecimientos y empresas del sector turístico que mejor lo han hecho durante esta temporada.

Perfil de los votantes

De las 3.150 personas que han participado en la cuarta edición de la Encuesta: Los Mejores de elmundoviajes.com un 66,1% son hombres y un 33,9% mujeres.

En total, 2.849 personas votaron desde España (90,47%) y 301 (9,52%) desde otros países. Madrid ha sido la ciudad desde la que se ha emitido un mayor número de sufragios (un 32,38% del total), seguida de Valencia (3,23%), Barcelona (2,66%), Sevilla (2,28%) y Palma de Mallorca (1,90%).

Por otra parte, un 9,52% de los participantes votó desde el extranjero, concretamente desde 26 naciones diferentes entre las que destaca Estados Unidos (34% de los votantes que lo hicieron fuera de España), México (20%), Argentina (18%), Reino Unido (16%), Francia (12%), Alemania (10%), Bélgica (8%) y República Dominicana (6%).

En lo que respecta a la nacionalidad de los participantes, es especialmente numerosa la de mexicanos (22% de los votantes extranjeros), argentinos (18%), estadounidenses (12%) y franceses, brasileños, cubanos y dominicanos (6% cada uno)... y así hasta las 16 nacionalidades que han aportado su voto.

Resultados (Sección Internacional)

Categoría	Ránking	% Votos
Mejor País	1. Italia	16,07%
	2. Francia	10,93%
	3. México	6,25%
	4. Estados Unidos	6,02%
	5. Argentina	4,68%
Mejor Ciudad	1. París	15,76%
	2. Nueva York	9,23%
	3. Londres	6,98%
	4. Praga	6,30%
	5. Roma	5,63%
Mejor Playa	1. Riviera Maya (México)	11,78%
	2. Playa Bávaro, Punta Cana (República Dominicana)	10,71%
	3. Varadero (Cuba)	8,21%
	4. Copacabana e Ipanema (Río de Janiero, Brasil)	6,42%
	5. Algarve (Portugal)	3,92%
Mejor Isla	1. Cuba	11,49%
	2. Madeira (Portugal)	5,27%
	3. Sicilia (Italia)	4,34%
	4. La Española (República Dominicana y Haití)	4,03%
	5. Córcega (Francia)	3,72%
Mejor Hotel	1. Nacional de Cuba (La Habana)	4,31%
	2. La Mamounia (Marraquech, Marruecos)	3,95%
	3. Ritz París	3,59%
	4. The Waldorf Astoria (Nueva York)	2,51%
	5. Llao Llao Hotel & Resort (Bariloche, Patagonia Argentina)	2,15%
Mejor Aerolínea	1. British Airways	15,57%
	2. Air France	11,07%
	3. Lufthansa	10,03%
	4. KLM	7,26%
	5. Thai Airways	6,92%

De la información que acabas de leer, indica qué es para ti

1. lo más interesante de esta encuesta
2. lo más curioso
3. lo más relevante
4. lo más inesperado
5. lo menos interesante

Vamos a leer

"El viaje definitivo"

Juan Ramón Jiménez
(Espana, 1881-1958)

Juan Ramón Jiménez nació en Moguer, en la provincia de Huelva el 23 de diciembre de 1881. Jiménez primero quiso ser pintor, después empezó a estudiar la carrera de Derecho, pero encontró su verdadera vocación al hacerse poeta. Para Jiménez, la poesía representó la mejor forma de alcanzar la belleza y llegar a conocer la naturaleza del mundo que le rodeaba. El poema que vas a leer es de su libro *Poemas agrestes* (1910-1911) y es un ejemplo de la creación poética de este gran poeta español y ganador del Premio Nobel de Literatura (1956).

Antes de leer

Las palabras, los versos y el título Antes de leer el poema haz lo siguiente.

1. Mira las palabras glosadas que aparecen en negrita *(boldface)* en el poema para saber su significado antes de leerlo. ¿Qué ideas te dan estas palabras sobre el contenido del poema?
2. ¿Qué significa el título? ¿Qué ideas e imágenes te vienen a la mente al pensar en "un viaje definitivo"?

Guía para la lectura

Rimas Lee las palabras finales de cada verso. Léelas en voz alta. ¿Qué sonidos se repiten?

El sentido *(sense, meaning)* **del poema** Lee el poema.

1. Al leer, identifica los adjetivos que usa el poeta. Después clasifícalos según estas categorías:

Adjetivos de colores	Otros adjetivos

2. Identifica los verbos en futuro que usa el poeta. ¿Qué significan estos verbos?
3. Ahora, identifica los elementos de la naturaleza que aparecen en el poema. ¿Qué dice el poeta de ellos?
4. Finalmente, ¿cuál crees que es el tema principal del poema? ¿A qué se refiere el título "el viaje definitivo"? ¿Cómo lo sabes?

El viaje definitivo

...Y yo me iré. Y se quedarán los pájaros
cantando;
y se quedará mi **huerto,** con su verde árbol, — *vegetable garden*
y con su **pozo** blanco. — *well*

Todas las tardes, el cielo será azul y **plácido;** — *placid, calm*
y tocarán, como esta tarde están tocando,
las campanas del **campanario.** — *bell tower*

Se morirán aquellos que me amaron;
y el pueblo se hará nuevo cada año;
y en el **rincón** aquel de mi huerto **florido** y **encalado,** — *corner / flowery / whitewashed*
mi espíritu **errará,** nostálgico... — *will wander*

Y yo me iré; y estaré solo, sin hogar, sin árbol
verde, sin pozo blanco,
sin cielo azul y plácido...
Y se quedarán los pájaros cantando.

Al fin y al cabo

En resumen Lee el poema de nuevo y escribe un breve resumen de cinco o seis oraciones sobre lo que describe Juan Ramón Jiménez en este poema.
Este poema trata el tema de la muerte...

REPASO

10-35 Un viaje Tanto hablar de viajes puede hacerte recordar tus viajes. Habla con un/a compañero/a de clase sobre un viaje que hiciste. Al terminar, tu compañero/a va a hablar de su viaje. Incluye la siguiente información:

- el lugar al que fuiste
- las personas con las que viajaste
- el tiempo que estuviste allí
- las cosas que viste
- las actividades que hiciste
- las cosas que compraste
- cualquier otra cosa que quieras añadir

10-36 Planes para un viaje Quieres hacer un viaje corto este fin de semana con un/a compañero/a de tu clase. Habla con él/ella para decidir qué van a hacer.

- Decidan el lugar al que van a ir.
- Hablen de cómo van a llegar allí.
- Piensen en dónde se van a quedar.
- Decidan qué van a hacer mientras estén allí.

10-37 El lunes que viene El lunes que viene va a ser un día completamente normal para ti y tu familia (o para tus compañeros/as de apartamento o de cuarto). Cuéntale a un/a compañero/a de clase qué vas a hacer el lunes. Intenta incluir todos los detalles que puedas. Usa las expresiones verbales para hablar del futuro y las expresiones para conectar y organizar una narración *(primero, más tarde, por fin, etcétera)*.

10-38 Serán las... Hoy tu compañero/a de cuarto tiene muchas preguntas... y tú no tienes todas las respuestas. Contesta las siguientes preguntas usando el futuro de conjetura.

MODELO ¿Dónde están mis llaves?
No sé, estarán en tu bolso / mochila.

1. ¿Qué hora es?
2. ¿Cuántos años tiene el/la profesor/a de español?
3. ¿A qué hora sale el avión para Nueva York?
4. ¿Qué hay para comer?
5. ¿Qué temperatura hace?

10-39 En una agencia de viajes Trabaja con un/a compañero/a de clase para hacer planes para un viaje en tren, en autobús o en avión. Uno de ustedes hace el papel del agente de viajes y el otro el del viajero. Hablen del destino, del mejor medio de transporte para el viaje, del horario, del precio de los billetes, del alojamiento y de cualquier otra información que necesiten (por ejemplo, puntos de interés turístico, etcétera). Después de organizar el viaje, el viajero le informará a la clase de sus planes.

VOCABULARIO

The **Vocabulario** consists of all new words and expressions presented in the chapter. When reviewing or studying for a test, you can cover up the English and go through the list to see if you know the meaning of each item.

Enfoques léxicos *Lexical focuses*

Antes de viajar: ¡Hay tanto que hacer!	*Before traveling: There's much to do!* (p. 380)
Hablar del transporte	*Talking about transportation* (p. 392)
Para reservar una habitación	*To reserve a room* (p. 404)

En la agencia de viajes *At the travel agency*

el/la agente de viajes	*travel agent*
los billetes (de avión, de tren)	*tickets (plane, train)*
los cheques de viaje	*traveler's checks*
los coches de alquiler	*rental cars*
confirmar	*to confirm*
la excursión	*excursion, trip*
el folleto (turístico)	*(tourist) brochure*
la guía	*guidebook*
las habitaciones de hotel	*hotel rooms*
el itinerario	*itinerary*
el mapa	*map*
el precio del billete	*fare*
reservar	*to reserve*
el viaje de novios / la luna de miel	*honeymoon*
el viaje organizado	*organized tour*
la visita con guía	*guided sightseeing tour*

En el aeropuerto *At the airport*

la aduana	*customs*
la cinta de equipajes	*baggage carousel*
el control de pasaportes e inmigración	*passport and immigration checkpoint*
el control de seguridad	*security checkpoint*
la consigna	*luggage storage*
el equipaje de mano	*carry-on luggage*
el equipaje facturado	*checked luggage*
llegadas	*arrivals*
la máquina de facturación	*auto check-in machine*
el mostrador de facturación	*check-in counter*
la sala de embarque	*departure lounge*
la sala de recogida de equipajes	*baggage claim area*
salidas	*departures*
la tarjeta de embarque	*boarding pass*
la terminal	*terminal*

Lo que se hace en el aeropuerto *What one does in an airport*

dejar	*to leave (something behind)*
facturar	*to check*
hacer cola	*to stand in line*
mostrar	*to show*
pasar por	*to go through*
recoger	*to pick up, claim*

En el hotel *At the hotel*

el aire acondicionado	*air conditioning*
la calefacción	*heat, heating*
el aparcamiento / el parqueo	*parking*
el ascensor / el elevador	*elevator*
el/la botones	*bellhop*
la caja de seguridad / la caja fuerte	*security deposit box, safe*
la conexión Wi-Fi gratis	*free Wi-Fi Internet connection*
el desayuno buffet	*buffet breakfast*
la estancia	*stay*
las habitaciones dobles	*double rooms*
las habitaciones sencillas	*individual rooms*
el huésped / la huéspeda	*guest*
la llave / la llave magnética	*key / magnetic keycard*
el minibar	*minibar*
la recepción	*reception area, front desk*
la sala de reuniones	*meeting room*
el secador de pelo	*hairdryer*
el servicio despertador	*wake-up service*
el servicio de habitaciones (de 24 horas)	*(24-hour) room service*
el servicio de lavandería	*laundry service*
el servicio de limpieza	*housekeeping service*

11 Los estudios en el extranjero

CHAPTER OBJECTIVES

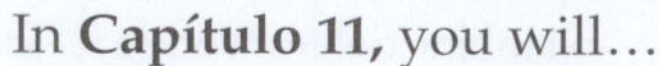

In **Capítulo 11,** you will…

- learn about study-abroad programs
- learn how to make short- and long-term living arrangements in a Spanish-speaking country
- talk about your personal finances and learn how to complete banking transactions while abroad
- understand and make formal and informal commands

- learn about Costa Rica

- discover Luis Enrique

- watch as Sofía looks for an apartment to rent in Puerto Rico
- read several students' opinions regarding their study abroad experiences

PRIMERA ETAPA: LOS ESTUDIOS EN EL EXTRANJERO

Functions
- talk about study-abroad programs
- describe people and objects in detail

SEGUNDA ETAPA: ¿BUSCAS APARTAMENTO?

Functions
- look for and select an apartment
- make arrangements to view and rent an apartment
- understand and give commands to others

TERCERA ETAPA: EN EL BANCO

Functions
- describe services provided by banks
- give instructions and commands to others

Nicaragua, Costa Rica y Panamá

Nicaragua

Población: 5.570.129
Capital: Managua, 926.883
Moneda: el córdoba oro
Lenguas: el castellano; en la costa atlántica hay comunidades de habla inglesa y de lenguas indígenas

Costa Rica

Población: 4.075.261
Capital: San José, 328.195
Moneda: el colón
Lengua: el castellano

Panamá

Población: 3.191.319
Capital: Panamá, 490.347
Moneda: la balboa, el dólar estadounidense
Lenguas: el castellano y el inglés. Muchos panameños son bilingües.

Tools

- Vocabulary for:
  - the study abroad office
  - study abroad programs
  - how to arrange a foreign stay
- Grammatical structures:
  - review of verbs like **gustar**
  - relative pronouns

Comentarios culturales: Costa Rica: pura vida
Tú dirás: La primera visita
Vamos a escuchar: Estudiar en Nicaragua

Tools

- Vocabulary for:
  - describing apartments
  - renting an apartment
- Grammatical structures:
  - formal (**usted** and **ustedes**) commands
  - informal (**tú**) commands

Comentarios culturales: Compréndelo
Tú dirás: Buscamos apartamento
Vamos a ver: A buscar un apartamento en Puerto Rico

Tools

- Vocabulary for:
  - personal finances
  - types of financial transactions used when abroad
- Grammatical structures:
  - commands with direct and indirect object pronouns
  - review of formal and informal commands

Vamos a leer: Opiniones de los estudiantes

Para empezar: Los estudios en el extranjero

Preparación: Al empezar esta etapa, contesta estas preguntas:

- ¿Te gustaría estudiar en el extranjero? ¿En qué país? ¿Qué piensas estudiar allí?
- ¿Conoces algún estudiante que esté ahora estudiando en el extranjero?
- ¿Crees que es importante vivir en otro país durante algún tiempo?
- ¿Tiene tu universidad programas de estudio en el extranjero? ¿En qué países?

En la oficina de relaciones internacionales

Los trámites

la acreditación	*accreditation*	**el expediente académico**	*transcript*
la beca	*scholarship*	**la financiación**	*financing*
el calendario escolar	*academic calendar*	**la matrícula**	*tuition*
los costos (académicos)	*(academic) costs*	**el seguro (médico, de viaje)**	*(medical, travel) insurance*
los créditos	*credits*		
la estadía (por un semestre, por un año académico)	*(semester, academic year) stay*	**licenciarse, graduarse (en)**	*to graduate*

Práctica

11-1 ¿Cómo se asocian? Empareja una palabra de la columna A con una de la columna B.

A	B
1. la financiación	**a.** la beca
2. el calendario escolar	**b.** las notas
3. el/la consejero/a	**c.** la matrícula, el alojamiento, el seguro
4. los costos	**d.** los semestres o los trimestres
5. el expediente académico	**e.** el/la asesor/a académico/a

11-2 En la Universidad de Costa Rica Lee la información sobre los estudios en la Universidad de Costa Rica que aparece a continuación. Después, con un/a compañero/a contesta las preguntas que aparecen después.

La Universidad de Costa Rica

De interés académico

La Universidad de Costa Rica data del año 1843 cuando se abrió la Universidad de Santo Tomás, convertida en 1940 en la actual institución autónoma, situada en la ciudad capital de San José. Dedicada a la formación espiritual y profesional de los ciudadanos, la universidad también ofrece un programa de intercambio internacional. Los estudiantes norteamericanos y europeos pueden incorporarse por unos meses a la universidad, como estudiantes visitantes.

Hay una amplia diversidad de cursos y de opciones personalizadas de las que cada estudiante puede escoger, para iniciar o para continuar el aprendizaje del español, o para desarrollar sus conocimientos de las sociedades iberoamericanas. El número limitado de estudiantes por aula en las clases de lengua permite la participación activa del alumno de español.

Datos útiles para el estudiante extranjero

El alumno visitante puede escoger entre una variedad de carreras ofrecidas por las siguientes escuelas de las Facultades de Bellas Artes, Letras, Ciencias y Ciencias Sociales:

- Escuela de Artes Musicales
- Escuela de Filología
- Escuela de Ciencias Políticas
- Escuela de Lenguas Modernas
- Escuela de Antropología y Sociología
- Escuela de Historia
- Escuela de Geografía
- Escuela de Biología
- Escuela de Economía Agrícola

Cada alumno debe presentar una visa estudiantil válida durante el año escolar y una carta de presentación de la universidad de origen. Debe presentar también el expediente académico, es decir, las notas de los dos últimos años de enseñanza universitaria con la escala de calificaciones usada en el país de origen.

1. ¿Qué documentos tienes que presentar para ser admitido/a?
2. ¿Te gustaría estudiar en la Universidad de Costa Rica? ¿Por qué sí o por qué no?
3. ¿En qué aspectos son semejantes esta universidad y la tuya? ¿En qué aspectos son diferentes?

11-3 Los programas en el extranjero Trabaja con otro/a estudiante para hablar sobre los programas de estudios en el extranjero que ofrece la universidad en la que ustedes estudian. Entre los dos contesten estas preguntas.

1. ¿Es obligatorio estudiar en el extranjero?
2. ¿Qué programas ofrece la universidad?
3. ¿Cuántos alumnos estudian en el extranjero cada año?
4. ¿En qué países estudian los alumnos?
5. ¿Qué lugares son los más populares? ¿Por qué?

Al terminar comparte la información con el resto de la clase. ¿Están de acuerdo en sus respuestas?

Enfoque léxico *Cómo tramitar una estadía en el extranjero*

Once you have chosen the type of program in which you'd like to participate, you'll need to complete certain tasks before embarking on your international experience. While you'll want to familiarize yourself with the specific requirements for the program in which you're interested, there remain tasks common to all international study-abroad programs:

Primero, debes fijarte en... *(pay attention to)*
☑ **los cursos ofrecidos**
☑ **los plazos** *(deadlines)*
☑ **el período de presentación de solicitudes** *(application period)*
☑ **los requisitos de ingreso** *(admission requirements)*
Después debes...
☑ **llenar** *(fill out)* **un formulario**
☑ **presentar la solicitud** *(present, turn in one's application)*
☑ **matricularte** *(register)* **(en un programa, en un curso)**
☑ **pagar la matrícula**
Por último tienes que...
☑ **ir al consulado**
☑ **solicitar y obtener una visa/un visado**

Nota cultural

In Costa Rica specifically, *to matriculate* is **ingresar** and *to graduate* is **egresar**; a *graduate* is **el/la egresado/a.** In many places, **el/la licenciado/a** is any sort of professional outside of the teaching or medical fields (lawyer, accountant, social worker, etc.). In Costa Rica, **el/la bachiller** is a *university graduate* and **el/la licenciado/a** is a recipient of the equivalent of an M.A., M.F.A., or M.S.

Práctica

11-4 ¿Qué tengo que hacer primero, después...? Imagínate que estás interesado/a en estudiar en un programa de idiomas en el extranjero este verano. ¿Qué tendrás que hacer para tramitar y realizar la estadía? Pon los siguientes trámites en orden lógico.

____ asistir a las clases
____ fijarme en los requisitos de ingreso
____ graduarme
____ llenar los formularios
____ pagar la matrícula
____ presentar la solicitud
____ ser aceptado/a en el programa de idiomas

11-5 Algunas cosas necesarias Félix ha decidido que quiere participar en un programa de intercambio en Costa Rica. Ayúdale a escribirle un mensaje electrónico a Paloma, una amiga suya que está estudiando en San José. Félix necesita hacerle algunas preguntas a Paloma sobre los preparativos para el programa de intercambio. Usa el siguiente vocabulario: **beca, consulado, plazos, formularios, matrícula, solicitar, visa.**

Enviar | Guardar | Archivos

De: paloma.lobato_2008@ucr.ac.cr

Para: felix_usa@hotmail.com

Asunto: Ayuda con los preparativos

Querida Paloma:

¡Voy a ir a Costa Rica en septiembre!
Ayer tuve una cita con el consejero de la Oficina de Relaciones Internacionales. Él fue muy amable y me explicó el proceso para (1) _________ la admisión en la Universidad. Como sólo quedan tres plazas disponibles para el año académico que viene y se cumplen rápidamente los (2) ___________, llené todos los (3) ___________ antes de salir de la oficina. Llevé el catálogo de cursos a casa y creo que va a ser difícil escoger sólo cinco, porque todos me parecen muy interesantes. ¿Me puedes recomendar algunos? Te lo agracedería *(I would appreciate it)*.
Sabía que necesitaba pasaporte, pero no sabía que también exigen *(they require)* una (4) __________ para visitas de más de noventa días. ¿Cuánto tiempo tendré que esperar mientras tramitan los documentos en el (5) _________ de Costa Rica?
¡Ah, una cosa más! Quería preguntarte sobre la solicitud de una (6) __________ para ayudar con los costos de la (7) __________ y el alojamiento. ¿Son difíciles de conseguir?
Oye, Paloma, mil gracias por tu ayuda.

Un abrazo,

Félix

11-6 Buscando el programa ideal Investiga sobre dos programas de estudios en el extranjero que te parezcan apropiados para tus compañeros de clase. Después, prepárate para explicarles todos los detalles del programa a varios de tus compañeros de clase. En clase, la mitad de los alumnos hacen el papel de consejeros y la otra mitad hacen el papel de estudiantes que buscan información; después, cambien de papel. Cuando pidas información sobre programas, trata de obtener toda la información necesaria. Al terminar, comparte con la clase lo siguiente *(the following)*: ¿qué programa o programas te parecen más interesantes? ¿Por qué?

Enfoque estructural *Un repaso de los verbos como **gustar***

You will recall that **gustar**—and verbs like it—are most often used in the third person singular **(gusta)** or plural **(gustan)** along with the indirect object pronouns **me, te, le, nos, os,** and **les.**

- If the subject is a noun, the use of the singular or plural verb forms depends on whether the noun is singular or plural.

—¿Qué **programa de intercambio te gusta** más?	*What exchange program do you like best / is the most pleasing to you?*
—Me **gusta** más **el programa en Panamá.**	*I like the program in Panama best. / The program in Panama is the most pleasing to me.*
—¿Qué **clases** te **gustan?**	*Which classes do you like / are pleasing to you?*
—Me **gustan las clases de conversación.**	*I like the conversation classes. / The conversation classes are pleasing to me.*

- If the subject is an infinitive, or even several infinitives, the verb is always singular.

Nos **gusta conocer** nuevas culturas.	*We like getting to know new cultures. / Getting to know new cultures is pleasing to us.*
A los estudiantes les **gusta pasear, comer** en un restaurante y **ver** una película durante los fines de semana.	*The students like to take walks, eat out, and see a movie over the weekend. / Taking walks, eating out, and seeing a movie over the weekend is pleasing to the students.*

- If the infinitive is a reflexive verb, then attach the reflexive pronoun to the end of the infinitive.

A su novio no le gusta **levantarse** temprano para asistir a clase.	*Her boyfriend does not like to get up early to go to class. / Getting up early to go to class is not pleasing to her boyfriend.*

- The clarifying phrase **a** + noun or pronoun is frequently added to this construction.

  —¿Qué programa de idiomas le gusta **a tu novio**?
  —**A él** le gusta el programa en Managua.
  —¿Y **a ti**?
  —**A mí** me gusta más el de San José.

There remains a large number of verbs that are used like **gustar.** In addition to the list of verbs that you learned in **Capítulo 8,** these verbs follow the same model.

caer bien / mal	*to like or dislike*	**parecer**	*to seem, to think about*
faltar	*to need, to lack*	**tocar**	*to be one's turn*
hacer falta	*to need, to lack*		

—¿**Te caen bien** los estudiantes?	***Do you like / get along with** the students?*
—En general sí, pero hay uno que **me cae muy mal.**	*In general I do, but there is one that **I do not like at all.***
—¿Qué **les falta**?	*What **do you need?***
—**Me falta** una visa.	***I need** a visa.*
—**Nos hacen falta** los formularios.	***We need** the forms.*
—¿Qué **te parece** esta beca?	*What **do you think** about this scholarship?*
—¡**Me parece** estupenda!	***I think** it's great!*
—¿A quién **le toca** pagar?	*Whose **turn is it** to pay?*
—**Te toca** pagar a ti.	***It's your turn** to pay.*

Práctica

11-7 Un año académico en la Universidad de Panamá Tú y las siguientes personas están pensando en estudiar en la Universidad de Panamá el año que viene. Indica lo que todavía les queda por hacer y lo que harán si deciden ir a la Ciudad de Panamá. Emplea la información siguiente para hacer oraciones completas.

MODELO: Raúl quiere solicitar una beca. A él / faltar / presentar la solicitud
A él le falta presentar la solicitud.

1. Jorge y Sara aún no saben qué tipo de programa en el extranjero deben escoger. A ellos / hacer falta / pasar por la Oficina de Relaciones Internacionales
2. Tú prefieres una estadía larga. A ti / parecer / mejor un programa de dos semestres
3. Teresa tiene algunas dudas y por eso pidió cita con el consejero. A Teresa / tocar / hablar con el consejero hoy a las tres
4. Ignacio es muy buen estudiante y planea hacer estudios de posgrado *(to do postgraduate work)* después de licenciarse. A él / interesar / seguir sacando buenas notas en el extranjero
5. Luis y Pedro están preparando los documentos que tienen que mandar a la Universidad de Panamá. A ellos / todavía / faltar / los expedientes académicos
6. Siempre me ha interesado participar en un programa de intercambio. A mí / parecer estupendo / estudiar en otro país
7. Los empleados de la Oficina de Relaciones Internacionales toman en serio *(take seriously)* sus responsabilidades. A ellos / interesar / ayudar a los alumnos para que tengan una buena experiencia en el extranjero
8. Tenemos que entregarle al señor Ramírez unos formularios que llenamos porque él tramita los documentos en la Oficina de Relaciones Internacionales. A nosotros / caer muy bien / el señor Ramírez

11-8 Los programas en el extranjero Como estudiantes de español, tú y tus compañeros de clase se dan cuenta de los beneficios de estudiar un semestre o un año en un país hispanohablante. Ahora, entérate de *(find out)* la opinión personal de uno/a de tus compañeros. Hazle preguntas a un/a compañero/a de clase sobre los estudios en el extranjero. Al terminar comparte las respuestas con la clase. Toma nota de las respuestas de tus compañeros, porque las vas a necesitar para la actividad siguiente.

MODELO tipo de programa / interesar
¿Qué tipo de programa te interesa?
Me interesa una estadía de investigación.

1. país / interesar / estudiar
2. importar / el costo del programa
3. parecer / participar en un programa de voluntariado
4. faltar / hacer antes de escoger un programa académico en el extranjero
5. fascinar / vivir y estudiar en otro país
6. caer bien / tu consejero académico

11-9 ¿Qué piensan los estudiantes? Utiliza tus notas de la actividad anterior para hacer un resumen de lo que piensan los estudiantes de la clase sobre los estudios en el extranjero. Utiliza en tu resumen los verbos **interesar, importar, parecer, faltar, fascinar, caer bien / mal,** etcétera. ¿Hay muchas diferencias de opinión?

Enfoque estructural *Los pronombres relativos*

As you have learned, pronouns refer to nouns. Relative pronouns *(that, which, who, whom)* introduce clauses that modify nouns.

¿Quién es el hombre que trabaja en esa oficina? *Who is the man that works in that office?*

↑ (main clause) ↑ (subordinate clause)

These subordinate (or dependent) clauses provide us with extra information about a noun; for this reason, they are known as "relative" clauses, as they are "related" to a previously mentioned noun. As illustrated in the prior example, the relative pronoun **que** introduces the clause **trabaja en esa oficina**, which provides additional information about the identity of the previously stated noun **el hombre**.

- In Spanish, the most frequently used relative pronoun is **que.** It is the equivalent of the English words *that, which, who,* and *whom.* It may refer to people, places, or things, which may be feminine or masculine, singular or plural.

  Prefiero los programas de intercambio **que** duran un año académico. *I prefer exchange programs* ***that*** *last an academic year.*

  El consejero es el hombre **que** trabaja en esa oficina. *The advisor is the man* ***who*** *works in that office.*

  Note that while relative pronouns are often omitted in English, they are **never** omitted in Spanish.

  El programa de idiomas **que** escogí está en Panamá. *The language program* ***(that)*** *I chose is in Panama.*

- The relative pronouns **quien** and **quienes** refer only to people (there is no masculine / feminine distinction). They are used after the personal **a** or prepositions and, in those instances, are the equivalent of *whom.*

  El profesor de español **a quien** vimos el otro día es de Nicaragua. *The Spanish professor* ***(whom / that)*** *we saw the other day is from Nicaragua.*

  La chica **con quien** hablé en la Oficina de Relaciones Internacionales es una estudiante de intercambio. *The girl* ***with whom*** *I spoke in the Office of International Relations is an exchange student.*

- When the relative pronouns refer to an abstract idea, **lo que** is used. **Lo que** translates into English as *what* or *the thing that.*

  No comprendí **lo que** me dijo. *I didn't understand* ***what*** *he told me.*

  Lo que necesitas son prácticas profesionales en el extranjero. ***What (The thing that)*** *you need is a foreign internship.*

Práctica

11-10 En la Oficina de Relaciones Internacionales Imagínate que has llevado a unos amigos a la Oficina de Relaciones Internacionales porque están interesados en saber más sobre los estudios en el extranjero. Expresa tus comentarios, usando los pronombres relativos **que, quien** o **quienes.**

1. Me caen muy bien las personas __________ trabajan aquí. Todas son muy simpáticas.
2. Los folletos __________ explican los programas de idiomas en el extranjero son muy informativos. Tomen éste sobre los programas en América Latina y éste sobre los programas en España.
3. Miren, allí está Maribel, la chica de __________ les hablé ayer. Está haciendo una estadía de investigación aquí por un semestre, ¿recuerdan?
4. Ayer ese chico se matriculó en un programa de voluntariado ________ dura un mes. ¡Será una experiencia inolvidable!
5. El hombre con ________ está hablando Maribel tramita todos los documentos. Siempre está ocupado. ¡Miren qué cola!
6. Los estudiantes a __________ ves allí están esperando hablar con el consejero. Hace falta pedir cita con él.

11-11 A estudiar español en Panamá Mientras estás esperando a tus amigos en la Oficina de Relaciones Internacionales, ves un anuncio que te interesa. Complétalo con el pronombre relativo adecuado para saber más sobre un programa de idiomas en Panamá.

¿Quiere mejorar su nivel de español?
Venga a nuestra escuela de idiomas (1) ____________ se encuentra en el corazón de la Ciudad de Panamá. Nuestros profesores (2) ____________ tienen muchos años de experiencia trabajando con alumnos de muchos países diferentes, desde los Estados Unidos a Corea, emplean un método de enseñanza comunicativo e interactivo.
Para (3) ____________ están interesados en clases tradicionales, ofrecemos clases particulares y de grupo en nuestro instituto en El Cangrejo. Para las personas (4) ____________ prefieren una formación más práctica, hay opciones de tomar clases fuera del aula, por ejemplo, en el café, el banco, el supermercado o cualquier lugar en la ciudad. Finalmente, (5) __________ es muy popular entre nuestros alumnos que disponen de poco tiempo son nuestros cursos intensivos de una semana.

11-12 ¿Qué programas te gustan? Habla con otro/a estudiante sobre los programas de estudios en el extranjero que les interesan. En su conversación, utilicen de modo consciente los pronombres relativos para dar los detalles necesarios.

Pueden usar expresiones como:

Los programas **que** me gustan son los que tienen…

La persona con **quien** hablé…

El programa **que** tiene la universidad en…

Comentarios culturales

Costa Rica: pura vida

Anticipación

Conociendo Costa Rica Antes de ver el video, completa los siguientes hechos sobre Costa Rica. Mira el mapa y la información al principio del capítulo (página 415) para ayudarte con algunas de las preguntas.

1. Costa Rica comparte fronteras con dos países: con _____ al norte y con _______ al sur.
   a. Honduras, Nicaragua **b.** Nicaragua, Panamá **c.** El Salvador, Colombia
2. La divisa oficial de Costa Rica es el _______.
   a. dólar estadounidense **b.** córdoba oro **c.** colón
3. El gobierno de Costa Rica es una _______.
   a. monarquía **b.** democracia **c.** dictadura
4. Costa Rica se diferencia de muchos otros países porque ________.
   a. no tiene fuerzas militares **b.** la sede gubernamental no se encuentra en San José, la capital **c.** no tiene religión oficial
5. La economía costarricense se basa esencialmente en ________.
   a. la agricultura **b.** el petróleo **c.** la pesca *(fishing)*

Vamos a ver

Temas Lee la lista de temas que aparece a continuación. No todos van a estar incluidos en el video. Mientras miras el video por primera vez, marca sólo los temas que escuches.

❑ la capital	❑ los museos	❑ las cosechas *(crops)*
❑ la religión	❑ la danza	❑ los deportes
❑ el sistema educativo	❑ la música	❑ la ecología
❑ la economía	❑ el transporte	❑ la gastronomía

Más detalles Ahora mira el video de nuevo y escribe unos detalles sobre los temas que marcaste antes. Mira el ejemplo.

Tema	Más detalles
la capital	*San José; muy viva con muchos peatones; centro de población, cultura e industria*

Ahora compara tu lista de detalles con la de un/a compañero/a de clase. ¿Tienen la misma información?

Expansión

¿Un buen ejemplo? Lee los hechos sobre los recursos naturales de Costa Rica y luego contesta las preguntas que siguen.

1. ¿Crees que más países deben seguir el ejemplo de Costa Rica en cuanto a la protección de los recursos naturales? ¿Por qué sí o por qué no?
2. En tu opinión, ¿quién debe ocuparse de crear y mantener parques naturales y áreas protegidas: el gobierno del país o instituciones privadas? ¿Por qué?

Expansión

Los recursos naturales de Costa Rica: Costa Rica está entre los veinte países con mayor biodiversidad del mundo, y fue uno de los primeros países latinoamericanos en reconocer la importancia de la protección de los recursos naturales y en aplicarlo consecuentemente. Hay más de 500.000 especies que habitan el pequeño territorio de Costa Rica, de las cuales 300.000 son insectos. Estas especies representan cerca del 4% del total de las estimadas a nivel mundial. Desde los años setenta, Costa Rica ha designado más de un 25% de su superficie terrestre y parte de su zona marítima como parques naturales y áreas protegidas.

La primera visita

Imagínate que estás en otro país, preparándote para tu primer día como estudiante de intercambio.

Paso 1. Trabajando en grupos de tres, consulten el horario que aparece a continuación y determinen las actividades para el primer día en la universidad donde Uds. empezarán sus estudios.

Paso 2. Tienen que llegar a un acuerdo *(come to an agreement)* entre los tres para complacer *(to please)* los temperamentos diferentes de Uds.: el estudiante "A" no quiere despertarse temprano para nada, el estudiante "B" quiere asistir a todas las actividades, sin excepción, y el estudiante "C" prefiere hacer sólo lo necesario. Todos quieren pasar el día juntos.

Hora	Actividad	Lugar
7:00–9:00	Café y conversación con estudiantes mayores	Centro estudiantil
7:30–9:00	Matrícula avanzada para la Facultad de Medicina	Rectorado / Facultad de Medicina
8:00–13:30	Matrícula general / Estudiantes internacionales	Rectorado / Facultad de Humanidades / Filosofía y Letras
8:00	Asamblea "Hermanos de San José"	Capilla
9:00	Asamblea general	Estadio
10:30	Orientación general / Nuevos estudiantes	Auditorio / Facultad de Humanidades / Filosofía y Letras
10:00–11:30	Confesiones	Capilla
11:30	Misa de apertura	Capilla
11:30–13:00	Sesiones informativas / Organizaciones estudiantiles	Plaza principal / Facultad de Humanidades / Filosofía y Letras
11:30–13:30	Entrevistas individuales / Estudiantes internacionales	Rectorado / Facultad de Humanidades / Filosofía y Letras
13:30–14:30	Visita al campus	Plaza principal / Facultad de Humanidades / Filosofía y Letras
18:00	Tertulia	Café Tico / Estudiantes nacionales Rectorado / Facultad de Humanidades / Estudiantes internacionales
21:00	Cena para estudiantes internacionales	Centro estudiantil

Paso 3. Preséntenle a la clase la decisión que tomaron entre todos.

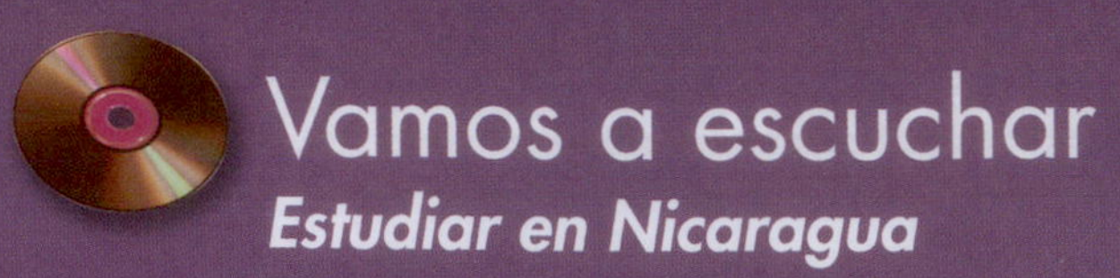

Vamos a escuchar

Estudiar en Nicaragua

En este segmento vas a escuchar una conversación telefónica entre Antonio y Enrique, su hermano menor. Enrique es estudiante y está cursando su primer semestre *(in the middle of his first semester)* en la INCAE Business School en Nicaragua.

Antes de escuchar

¿Y tú? Antes de escuchar el segmento, contesta las siguientes preguntas.

1. ¿Viajaste alguna vez por más de un año y sin tu familia? ¿Qué extrañabas de tu casa?
2. Cuando llamas a alguien de tu familia cuando estás de viaje, ¿de qué hablas? ¿Qué te dicen tus padres, tus hermanos y parientes?

Ahora, antes de escuchar la conversación entre Antonio y Enrique, lee las preguntas que aparecen en la sección **Después de escuchar.**

Después de escuchar

Comprensión Indica si las siguientes preguntas son verdaderas o falsas según la información que escuchaste. Si son falsas, corrígelas con la información correcta.

CD3, Track 2

1. _______ Antonio se preocupa por la salud por su hermano pequeño.
2. _______ Enrique tuvo dificultades con la matrícula.
3. _______ Uno de sus profesores y un consejero le ayudaron a solucionar sus problemas.
4. _______ Enrique vive con otros estudiantes.
5. _______ Enrique lleva un mes en Costa Rica.
6. _______ Enrique llamó a su madre para hablar con ella y pedirle dinero.

¿Cómo lo dicen? Escucha el segmento de nuevo. Fíjate en lo que dicen y trata de contestar estas preguntas.

CD3, Track 2

1. ¿Qué palabras usa Antonio para decir que Enrique estudia mucho? Explica por qué esta expresión significa esto.
2. Enrique está bien en Nicaragua pero siente estar lejos de su familia. ¿Qué palabras usa para describir sus sentimientos?

Expansión ¿Te comunicas mucho con tu familia? ¿Poco? En la conversación que acabas de escuchar, vemos cómo Antonio llama con frecuencia a su familia. Completa la siguiente tabla sobre tus hábitos de comunicación con tu familia.

Hablo con mi familia: mucho ❑ o poco ❑.

Hablo por teléfono con estas personas de mi familia:

- ❑ Mi padre
- ❑ Mi madre
- ❑ Los dos
- ❑ Mis hermanos
- ❑ Mis abuelos
- ❑ ___________

Normalmente los llamo:

- ❑ Todos los días
- ❑ Todas las semanas
- ❑ Cada dos semanas
- ❑ _______________

Con mi familia hablo de:

- ❑ mis amigos
- ❑ mis clases
- ❑ dinero
- ❑ mi trabajo
- ❑ ___________

Ahora compara tus hábitos con los de otras personas en la clase. Busca un estudiante que tenga unos hábitos similares a los tuyos y otro que tenga unos hábitos muy diferentes.

SEGUNDA ETAPA

Para empezar: ¿Buscas apartamento?

Preparación: Al empezar esta etapa, contesta estas preguntas.

- ¿Qué haces normalmente cuando necesitas buscar un apartamento?
- ¿Qué tipo de información sobre apartamentos aparece normalmente en un anuncio del periódico?

ALQUILO CASA NUEVA Aserrí, 2 cuartos, cochera, ¢70.000. Tels. 226-5886, 227-9547.

CASA Guadalupe Ipís, 2 habitaciones, enrejada, sala, cocina, comedor, ¢45.000 + depósito. Tel. 385-6676.

ALAJUELA CENTRO habitaciones alfombradas, amuebladas todo incluido, ¢40.000. Tels. 440-0105, 380-0925, 261-7295.

SABANILLA ALREDEDORES Más x Menos apartamento 2 dormitorios, cochera, teléfono, cable, agua caliente, enrejado, muy seguro, construcción nueva, ¢85.000 + depósito. Tels. 253-2749, 371-2507.

PURRAL CENTRO alquilo casa pequeña 1 dormitorio, ¢37.000. Tels. 234-6595, 245-0014.

HATILLO 100 mts Plaza América habitación amueblada, cocina, lavadora, teléfono, ¢25.000. Tel. 252-3176.

ALQUILO Hatillo 7 casa grande, cómoda y segura, enrejada. Tels. 393-6085, 236-0895.

Los apartamentos

amueblado *furnished*
sin amueblar *unfurnished*
el balcón *balcony*
el estacionamiento *parking*
el jardín *garden*
el/la portero/a *doorperson*
la terraza *terrace*

Para alquilar un apartamento

la (agencia) inmobiliaria *real estate (agency)*
el/la agente *agent*
el alquiler *rent, rental fee*
el contrato *lease, contract*
el depósito *deposit, down payment*
la fianza *security deposit*
firmar *to sign*

Práctica

11-13 Palabras clave Lee los anuncios (página 428) con cuidado. ¿Qué apartamentos, casas o habitaciones tienen las siguientes características?

1. tiene cochera
2. está amueblado
3. tiene teléfono
4. es seguro
5. tiene dos dormitorios
6. tiene lavadora

11-14 Anuncios clasificados Estás revisando los anuncios de apartamentos que hay en el periódico hoy. Llama un/a amigo/a por teléfono y descríbele uno de los apartamentos. Usa la imaginación, pero basa la descripción en uno de los anuncios de la página 428.

MODELO *El apartamento está cerca de la Plaza de América. Está todo amueblado, tiene una habitación, comedor, sala, cocina renovada, baño moderno y terraza. Tiene lavadora, TV por cable y teléfono. Está en el 4º piso en un edificio con portero. El alquiler es de 25.000 colones al mes.*

11-15 Un anuncio Trabaja con otro/a estudiante para escribir juntos un anuncio para alquilar un apartamento. Al terminar, compartan su anuncio con la clase. Al final, decidan quién tiene el mejor apartamento.

Enfoque léxico *Otros aspectos del alquiler*

At the start of this **etapa,** you learned essential vocabulary for renting an apartment. In addition to securing basic information, you may want to find out specifics about a potential place of residence and its location. The following terms and expressions should prove useful in this regard.

el barrio	*neighborhood*
la comunidad	*community*
la infraestructura de la zona (hospitales, escuelas, tiendas, etc.)	*services in the area (hospitals, schools, shops, etc.)*
la seguridad	*security*
el transporte público	*public transportation*
los vecinos	*neighbors*
la ubicación (en el centro, en las afueras)	*location (downtown, in the outskirts)*
los servicios públicos (el agua, la electricidad, el gas, el teléfono, etc.)	*utilities (water, electricity, gas, phone, etc.)*
la vista	*view*
la zona comercial	*commercial area*
la zona residencial	*residential area*

Práctica

11-16 ¿Te interesa comprar uno de estos apartamentos? Lee el anuncio sobre apartamentos a la venta en Santa Ana, Costa Rica. Indica si hay información sobre las siguientes cosas en el anuncio, marcándolas con una "X".

- ❑ las infraestructuras de la zona
- ❑ la seguridad
- ❑ las vistas
- ❑ los servicios públicos
- ❑ el tamaño de los apartamentos
- ❑ la ubicación específica

Baeza Consultores Inmobiliarios
Apartamentos de lujo en Santa Ana
Características: *Descripción del complejo: 80 apartmentos con tamaños desde 85m² hasta 120 m² – Construcciones de 2, 3 y 4 habitaciones, duplex y áticos – 2 y 3 baños completos y terrazas privadas – 2 piscinas con cascada – Áreas de esparcimiento – Excelente vista hacia las montañas – Parqueo reservado para cada apartamento – Parqueos para visitantes – Conexiones de teléfono, TV e Internet en cada habitación – Alarma y caja de seguridad individual – Intercomunicador con la puerta de entrada.*
Precios de Venta Base: Desde US $133.000

11-17 Un correo electrónico Después de leer la información sobre los apartamentos en Santa Ana, Joaquín decide escribir un correo electrónico a la inmobiliaria. Completa su correo con las siguientes palabras: **comunidad, servicios públicos, infraestructura, de alquiler, ubicadas, vista, vecinos.**

Enviar | Guardar | Archivos

De: JHerrera78@yahoo.com

Para: info@baezaci.com

Asunto: Apartamentos en Santa Ana

Baeza Consultores Inmobiliarios

Estimados señores:

Me dirijo a Uds. para solicitar más información sobre los apartamentos (1) __________ en Santa Ana. ¿Me podrían decir cuántas habitaciones tienen? Me interesa un apartamento de tres o cuatro habitaciones, preferiblemente con una de ellas con baño privado. En el anuncio dice que los apartamentos tienen una excelente (2) __________ hacia las montañas. ¿Dónde están (3) __________ exactamente?

Me encanta la naturaleza, pero también me gustaría saber cómo es la (4) __________ de la zona. Tengo un hijo pequeño y es importante que haya escuelas, centros médicos y supermercados cerca de donde vivimos.

Finalmente, les agradecería información sobre el precio del alquiler así como si éste incluye o no los (5) __________. ¡Ah!, una cosa más, ¿cómo son los (6)__________ que viven en el (7) __________?

Pueden ponerse en contacto conmigo o por correo electrónico o por el siguiente número de teléfono: 385-9842

Gracias de antemano por su ayuda.

Atentamente,

Joaquín Herrera

11-18 Compartir el alquiler Necesitas alquilar una casa o un apartamento y quieres compartir el alquiler con otra persona para que resulte más económico. Trabaja con otro/a estudiante, siguiendo los siguientes pasos.

1. Decidan juntos las caracterísicas de la casa o apartamento. Sean lo más explícitos posible.
2. Indiquen dónde quieren que esté el apartamento o la casa, y digan por qué.
3. Decidan cuánto pueden gastar.
4. Busquen en Internet un apartamento o una casa que sean apropiados.
5. Descríbanle a la clase el alojamiento que han encontrado.

Enfoque estructural *Los mandatos con **usted** y **ustedes***

Command forms of a verb **(mandatos)** are used to tell someone to do something. Here you will learn how to understand and give commands to others using the formal singular *you* **(usted)** and formal and informal plural *you* **(ustedes).** Remember that in the Spanish-speaking world, the formal **usted** is used to address those with whom we are not on a first-name basis. **Ustedes** is used to address either a group of superiors or a group of peers throughout most of the Spanish-speaking world.

To form the **Ud.** and **Uds.** commands, drop the **-o** from the **yo** form of the present tense and add **-e/-en** to **-ar** verbs and **-a/-an** to **-er** and **-ir** verbs. Consider the following:

llamar: yo **llamo**	→	**llam-**	¡**Llame** Ud.!	¡**Llamen** Uds.!
vender: yo **vendo**	→	**vend-**	¡**Venda** Ud.!	¡**Vendan** Uds.!
escribir: yo **escribo**	→	**escrib-**	¡**Escriba** Ud.!	¡**Escriban** Uds.!

—Ayer vi un anuncio para un apartamento de alquiler en un buen barrio. — *Yesterday I saw an ad for a rental apartment in a good neighborhood.*

—¿Ah sí? ¡**Llame** a la agencia inmobiliara! — *Really? **Call** the real estate agency!*

—El agente ha recibido una buena oferta de una pareja que quiere comprar nuestra casa. — *The real estate agente received a good offer from a couple who wants to buy our house.*

—¡Fantástico! ¡**Vendan** la casa, sin duda! — *Great! **Sell** the house, without a doubt!*

—Leí un artículo en el periódico sobre condominios nuevos en las afueras de Managua. — *I read an article in the newspaper about new condominiums in the outskirts of Managua.*

—¡**Escriba** un correo electrónico para solicitar más información! — ***Write** an e-mail to request more information!*

The formal command form follows the same rules of formation with *most* irregular verbs. Let's take, for example, present tense verbs with an irregular **yo** form, stem-changing verbs, and verbs with a spelling change.

Verbs with an irregular *yo* form

conducir	yo **conduzco**	→	**conduzc-**
¡**Conduzca** Ud. más despacio! ¡**Conduzcan** Uds. más despacio!			
recoger	yo **recojo**	→	**recoj-**
¡**Recoja** Ud. esos papeles! ¡**Recojan** Uds. esos papeles!			
tener	yo **tengo**	→	**teng-**
¡**Tenga** Ud. paciencia! ¡**Tengan** Uds. paciencia!			

Stem-changing verbs

pensar	yo **pienso**	→	**piens-**
¡**Piense** Ud. en los demás! ¡**Piensen** Uds. en los demás!			
volver	yo **vuelvo**	→	**vuelv-**
¡**Vuelva** Ud. antes de las 23:00! ¡**Vuelvan** Uds. antes de las 23:00!			
pedir	yo **pido**	→	**pid-**
¡**Pida** Ud. ayuda si la necesita! ¡**Pidan** Uds. ayuda si la necesitan!			

You'll notice that the irregularity in the **yo** form or in the stem is maintained in the formal command, and that, similar to regular verbs, the **-e/-en** endings are used with the **-ar** verbs and the **-a/-an** endings are used with the **-er** and **-ir** verbs.

Verbs with a spelling change

practicar (c→qu)	**yo** practico	→	practiqu-
¡**Practique** Ud.!			
¡**Practiquen** Uds.!			
llegar (g→gu)	**yo** llego	→	llegu-
¡**Llegue** Ud. temprano!			
¡**Lleguen** Uds. temprano!			
comenzar (z→c)	**yo** comienzo	→	comienc-
¡**Comience** Ud.!			
¡**Comiencen** Uds.!			

These verbs, which end in **-car, -gar,** or **-zar**, exhibit this change in order to maintain correct pronunciation. Their spelling may change, but they still employ the same endings as regular verbs.

There are a few verbs that have a completely irregular command form: **dar, estar, ir,** and **ser.**

¡**Dé** Ud....!	¡**Esté** Ud....!	¡**Vaya** Ud....!	¡**Sea** Ud....!
¡**Den** Uds....!	¡**Estén** Uds....!	¡**Vayan** Uds....!	¡**Sean** Uds....!

In order to form negative formal commands, simply place **no** before the verb.

¡**No hable** Ud. en inglés! ¡**No hablen** Uds. en inglés!

With reflexive verbs, attach the reflexive pronoun to the end of affirmative **Ud.** and **Uds.** commands, but place it in front of the negative **Ud.** and **Uds.** commands.

¡Levánte**se*** Ud. más temprano! ¡Levánten**se*** Uds. más temprano!

¡No **se** acueste Ud. tan tarde! ¡No **se** acuesten Uds. tan tarde!

*Notice that the affirmative **Ud.** and **Uds.** commands (**levántese, levántense**) have written accent marks in order to maintain the original stress.

In **Capítulo 6** (página 222), you learned about such spelling changes when conjugating verbs in the preterite. **¿Recuerdas?**

Commands are often used to provide directions. The following list of verbs will be helpful in that regard.

caminar *(to walk)*	→	**Camine / Caminen** (a la Avenida Juárez).
cruzar *(to cross)*	→	**Cruce / Crucen** (la calle Hidalgo).
doblar *(to turn)*	→	**Doble / Doblen** (a la izquierda / a la derecha).
seguir *(to keep going)*	→	**Siga / Sigan** (recto / de frente *[straight]*).

Práctica

11-19 A mi profesor/a Ahora te toca *(it's your turn)* darle órdenes a tu profesor/a. Usa los mandatos formales **(Ud.)**.

MODELO no terminar la clase tarde / *No termine la clase tarde.*

1. ser paciente
2. escribir las instrucciones en la pizarra
3. hablar más despacio, por favor
4. buscar actividades interesantes
5. repetir la explicación, por favor
6. empezar la clase a las ocho y cinco

11-20 Un grupo de nuevos estudiantes Imagínate que te han pedido hablar con un grupo de estudiantes de intercambio que acaba de llegar a tu universidad. Haz una lista de seis a ocho recomendaciones, usando mandatos formales, sobre lo que deben y no deben hacer para tener éxito en la universidad.

MODELO *Organicen bien su tiempo. / No lleguen tarde a clase.*

11-21 Fiesta de bienvenida Además de darles consejos sobre la vida universitaria has decidido hacer una fiesta para darles la bienvenida a los estudiantes de intercambio. Ya que piensas tener la fiesta en tu casa, hay que darles instrucciones de cómo llegar. Usando los mandatos formales, explica cómo se llega a tu casa del campus. Comparte estas instrucciones con un/a compañero/a de clase. ¿Le parecen claras las instrucciones?

Enfoque estructural *Los mandatos afirmativos y negativos regulares con **tú***

In the previous **Enfoque estructural,** you learned how to give formal commands with **Ud.** and **Uds.** Here you will learn the informal command form. This form is used to make requests of the people with whom you are on a first-name basis, particularly, your loved ones, peers, or younger people.

The regular affirmative **tú** command uses the third person singular **(él, ella)** present tense ending.

llamar → ¡Llama!
vender → ¡Vende!
escribir → ¡Escribe!

The verbs **decir, hacer, ir, poner, salir, ser, tener,** and **venir** have irregular affirmative command forms.

decir → **¡Di!**	ir → **¡Ve!**	salir → **¡Sal!**	tener → **¡Ten!**
hacer → **¡Haz!**	poner → **¡Pon!**	ser → **¡Sé!**	venir → **¡Ven!**

Negative informal commands are formed differently from the affirmative commands. To form the negative **tú** command, drop the **o** from the **yo** form of the present tense and add **-es** to **-ar** verbs and **-as** to **-er** and **-ir** verbs.

llamar	yo **llamo** → **llam-**	**¡No llames!**
vender	yo **vendo** → **vend-**	**¡No vendas!**
escribir	yo **escribo** → **escrib-**	**¡No escribas!**

Since the negative **tú** commands use the **yo** form of the present tense, they will maintain certain irregularities, much like the formal commands (**Ud.** and **Uds.**).

Verbs with an irregular *yo* form

conducir	yo **conduzco**	→	**conduzc-**	¡**No conduzcas** tan rápido!
recoger	yo **recojo**	→	**recoj-**	¡**No recojas** esos papeles!
tener	yo **tengo**	→	**teng-**	¡**No tengas** miedo!

Stem-changing verbs

pensar	yo **pienso**	→	**piens-**	¡**No pienses** en eso!
volver	yo **vuelvo**	→	**vuelv-**	¡**No vuelvas** tan tarde esta noche!
pedir	yo **pido**	→	**pid-**	¡**No pidas** tanto!

Verbs with a spelling change (-car, -gar, or –zar verbs)

practicar	yo **practico**	→	**practiqu-**	¡**No practiques** ahora mismo!
llegar	yo **llego**	→	**llegu-**	¡**No llegues** tarde!
comenzar	yo **comienzo**	→	**comienc-**	¡**No comiences** todavía!

In the previous **Enfoque estructural** you learned that **dar, estar, ir** and **ser** have irregular command forms for **usted** and **ustedes.**

¡**Dé** Ud....!	¡**Esté** Ud....!	¡**Vaya** Ud....!	¡**Sea** Ud....!
¡**Den** Uds....!	¡**Estén** Uds....!	¡**Vayan** Uds....!	¡**Sean** Uds....!

Nota gramatical

In Spain, where **vosotros/as** is used as the plural of **tú**, there are additional command forms. To form affirmative **vosotros** commands, drop the **-r** from the infinitive of the verb and add a **-d**.

hablar: ¡**Hablad!**	**escuchar:** ¡**Escuchad!**
comer: ¡**Comed!**	**beber:** ¡**Bebed!**
ir: ¡**Id!**	**venir:** ¡**Venid!**

The negative command for **vosotros/as** is formed by dropping the last two letters of the infinitive and adding a new ending. For **-ar** verbs, drop the **-ar** of the infinitive and add **-éis.** For **-er** and **-ir** verbs, drop the **-er** or **-ir** of the infinitive and add **-áis.**

hablar:	¡**No habléis!**
comer:	¡**No comáis!**
venir:	¡**No vengáis!**

When using **vosotros** commands with reflexive verbs, the **-d** of the affirmative form is dropped and the reflexive pronoun **-os** is attached directly to the verb: ¡**Pone*os*** las chaquetas! ¡**Quita*os*** los zapatos!

To form the negative **tú** command of these verbs, simply add an **s** to the **usted** command form:

dar	¡**No des** las respuestas!
estar	¡**No estés** triste!
ir	¡**No vayas** a la fiesta sin mí!
ser	¡**No seas** tan cabezón *(stubborn)*!

Similar to the **Ud.** and **Uds.** commands, with reflexive verbs, the reflexive pronoun attaches to the end of affirmative **tú** commands but is placed in front of negative **tú** commands.

¡Pon**te** la chaqueta! ¡No **te** pongas esa chaqueta!

¡Quíta**te*** los zapatos! ¡No **te** quites los zapatos!

*As you learned with reflexive pronouns for affirmative **Ud.** and **Uds.** commands, written accent marks must be added to some affirmative **tú** commands in order to maintain the original stress **(quítate)**.

Práctica

11-22 Consejos Durante el año en el extranjero, uno/a de tus amigos tiene los siguientes problemas en la universidad. Intenta ayudarle, dándole consejos para mejorar su situación. Entre otros, puedes usar los siguientes verbos: **estudiar, trabajar, hablar, hacer, practicar, escribir, ir, decir, pedir.**

Problemas

1. Mis notas en las clases no son muy buenas.
2. Mi compañero/a de cuarto pone la música muy alta.
3. Tengo problemas con mi clase de literatura.
4. No sé qué hacer para divertirme.
5. Necesito muchos libros para mis clases, pero no tengo dinero.
6. Mi compañero/a de cuarto es muy desordenado/a. Deja la ropa por todos lados.
7. Mi compañero/a usa mi ropa.
8. Estoy un poco deprimido/a y quiero volver a casa.

11-23 ¿Quién va a hacer qué? Después de dos semanas en San José, tu compañero/a de apartamento y tú van a hacer una fiesta para celebrar el hecho de que ya tienen apartamento. Piensen en las cosas que necesitan para la fiesta y después con un/a compañero/a de clase, hagan una lista de tres mandatos afirmativos y tres negativos que indiquen qué va a hacer cada persona para tener todo listo *(ready)*. Usa los siguientes verbos: **limpiar, decorar, comprar, hacer, poner, ir, llamar, olvidar, comer.**

MODELO *Marco, pon tu ropa sucia en tu cuarto.*
Frank, no olvides traer la música.

11-24 Consejos sobre alquileres Imagínate que quieres alquilar un apartamento en San José. Como no conoces bien la ciudad, vas a ver a un agente inmobiliario para que te aconseje. Con otro/a estudiante, uno va a hacer el papel de agente y otro el papel de la persona que busca apartamento. El agente le va a dar consejos a esta persona en forma de mandatos.

Comentarios culturales
Compréndelo

Luis Enrique Lee la siguiente información sobre la canción "Compréndelo" y el artista Luis Enrique y contesta las preguntas que siguen.

El cantante nicaragüense Luis Enrique se ha hecho famoso por cantar salsa. Fue uno de los salseros más populares a finales de los años 80 y 90, ganándose así el apodo de "El príncipe de la salsa".

Lanzó su primer álbum, *Mi Mundo*, en 1989 y éste fue seguido por *Luces del alma* (1990), *Los príncipes de la salsa* (1990) y *Amor y alegría* (1990), que contenía éxitos como "Desesperado", "Tú no le amas, Le temes" y "Compréndelo". Luego apareció *En vivo* en 1992, *Dilema* y *Amor de media noche* al año siguiente y *Brillante* y *Luis Enrique* en 1994. *Génesis*, su último disco con la discográfica Sony, salió a la venta en 1996. Éste inició su paso hacia la música pop. Luis Enrique siguió sacando discos año tras año pero después de *Evolución* (2000) y *Transparente* (2002) se retiró del mercado para dedicarse a su familia. En 2006, con el lanzamiento de *Dentro y fuera*, Luis Enrique volvió a la escena musical mostrando al mundo su evolución y madurez como artista.

En reconocimiento a su estilo de salsa romántica, Luis Enrique ha ganado varios discos de oro y platino, cuatro nominaciones Grammy y muchos otros premios, tales como el ACE, Golden Globe, Lo Nuestro, Aplauso y más. Además ha colaborado con muchos artistas famosos incluyendo a Ricky Martin, Juan Luis Guerra, Foreigner, Chayanne y Gloria Estefan.

1. ¿Cuál es el género musical por el cual es famoso Luis Enrique?
2. ¿Con qué disco empezó a experimentar con la música pop?
3. ¿Por qué dejó de sacar discos nuevos durante unos años?
4. En cuanto a la trayectoria musical de Luis Enrique, ¿qué importancia tenía el disco *Dentro y fuera*?

♪ To experience this song, access the *¡Tú dirás!*, Fourth Edition playlist.

Análisis Escucha la canción y luego contesta las preguntas que siguen.

1. En la canción se repite mucho la frase "compréndelo". ¿Qué significa? ¿Qué tipo de mandato es?
2. ¿Qué otros mandatos contiene la canción? ¿Qué significan?
3. En la canción, Luis Enrique compara su relación con la mujer con varias cosas, diciendo "así somos tú y yo". Anota algunas de esas comparaciones.
4. ¿Cuál es el tema de la canción?
5. ¿Qué te gustó de la canción? ¿Qué no te gustó? ¿Por qué?

Buscamos apartamento

Hace un mes que tú y otro/a estudiante viven con una familia en un programa de intercambio de su universidad. Ahora Uds. deciden que quieren vivir en un apartamento. Miren los anuncios que aparecen a continuación para poder hacer las actividades siguientes.

Paso 1. Describan los apartamentos según la información en los anuncios: ubicación, precio, etcétera.

Paso 2. Decidan qué apartamentos no les interesan o son demasiado caros para Uds.

Paso 3. Escojan el apartamento que van a alquilar.

Paso 4. Expliquen por qué les gusta el apartamento que han escogido.

San Antonio. Amueblado. Cuatro dormitorios. Dos baños. Comedor. Dos terrazas. Piscina.
80.000 colones.
Tel. 4 12 54 40

Paseo Colón. Tres dormitorios. Cocina grande. Comedor. Todo amueblado excepto salón.
60.000 colones.
Tel. 6 10 90 87

Alajuela. Amueblado. Comedor. Un dormitorio. Teléfono. Terraza. Piscina. Tenis.
40.000 colones.
Tel. 8 14 23 85

Sabanilla. Un dormitorio grande. Cocina amueblada. Aire acondicionado. Jardín.
45.000 colones.
Tel. 7 21 40 89 noche.

Escazú. Vacío. Dos dormitorios. Comedor. Baño. Cocina.
70.000 colones.
Tel. 4 50 17 76

Pinares. Amueblado. Dos dormitorios. Comedor. Cocina. Baño. Terraza.
55.000 colones.
Tel. 3 15 41 55

Vamos a ver

A buscar un apartamento en Puerto Rico

En el episodio anterior, te enteraste del plan de Sofía de quedarse en Puerto Rico después de terminar el mes de convivencia con sus compañeros en la Hacienda Vista Alegre. En este episodio, verás a Sofía mientras empieza a buscar un apartamento para alquilar en Puerto Rico.

Anticipación

Para buscar un apartamento Imagínate que has decidido estudiar en el extranjero durante el verano que viene. Antes de mirar anuncios clasificados en varios periódicos de Puerto Rico, debes pensar qué tipo de apartamento te gustaría alquilar. Usa el siguiente cuadro para indicar lo que prefieres. Primero, marca tus requisitos *(requirements)* para un apartamento de alquiler. Luego, indica la información específica sobre el apartamento: el número de dormitorios, el precio, etc.

Mi apartamento de alquiler			
	apartamento sin amueblar		terraza
	apartamento amueblado		jardín
	cocina sin amueblar		garaje
	cocina amueblada		estacionamiento
	salón		piscina
	comedor		alarma de seguridad
	balcón		portero
Número de habitaciones:			
Número de baños:			
Precio máximo (al mes):			
Otras características deseadas (ubicación, etc.):			

Usa el cuadro y explícale a un/a compañero/a de clase cómo es tu apartamento de alquiler preferido. Luego, deja que tu compañero/a te explique cómo es el suyo. ¿Tienen Uds. gustos parecidos? ¿Por qué sí o por qué no?

La búsqueda de Sofía ¿Puedes predecir qué tipo de apartamento de alquiler va a preferir Sofía? Ya que sabes las razones por las cuales ella se quiere quedar en Puerto Rico. Habla con un/a compañero/a sobre las características que va a tener el apartamento ideal de Sofía.

Vamos a ver

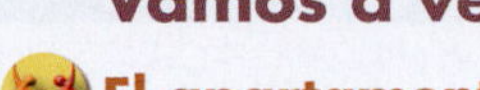

El apartamento perfecto Mientras miras el episodio, presta atención a la búsqueda de apartamento de Sofía y haz las siguientes actividades.

1. En uno de sus testimonios, Sofía describe el apartamento perfecto que encontró. Completa la información a continuación.

   El apartamento perfecto de Sofía tiene un ____________ *y un* ______________ *,*
   una ________________ *pequeña y un* ______________ *.*

2. ¿Qué hace Javier al final del episodio? ¿Cómo reacciona Sofía? ¿Y Valeria, Antonio y Alejandra?

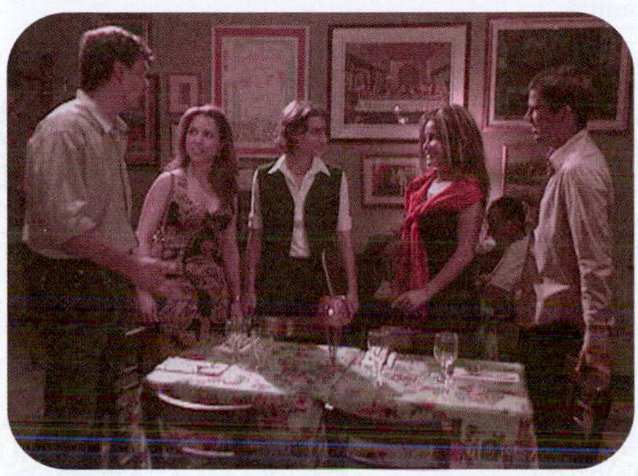

Compara tus respuestas con las de un/a compañero/a de clase.

Expansión

Lo que yo prefiero y lo que prefiere Sofía En grupos de tres o cuatro personas, compartan los datos que tienen en su cuadro de la sección de **Anticipación** para poder determinar quién prefiere más cosas parecidas a las de Sofía, en cuanto a un apartamento de alquiler. ¿Por qué creen que es así? ¿Tiene esta persona mucho en común con Sofía en cuanto a su personalidad o sus pasatiempos? Estén preparados para presentarle sus conclusiones a toda la clase.

TERCERA ETAPA

Expansión léxica

In Spain, the word for **depósito** is **ingreso** and **depositar** or **hacer un depósito** is **ingresar dinero o un cheque.**

Para empezar: En el banco

Preparación: Al empezar esta etapa, piensa en lo siguiente:

- ¿Qué servicios ofrecen los bancos?
- ¿Qué servicios bancarios existen para las personas que viajan y para las que estudian en el extranjero?
- ¿Qué tipo(s) de cuentas bancarias tienes?

la clave secreta	*PIN number*
la cuenta corriente	*checking account*
la cuenta de ahorro	*savings account*
un préstamo	*loan*
el presupuesto	*budget*
la tarjeta de crédito	*credit card*
la tarjeta de débito	*debit card*
las transacciones bancarias	*banking transactions*
ahorrar	*to save*
cargar	*to charge*
cerrar (una cuenta)	*to close (an account)*
invertir	*to invest*
pagar a plazos	*to pay in installments*
pedir prestado	*to borrow*
prestar	*to loan*

Práctica

11-25 ¿Qué es? Empareja las siguientes palabras del vocabulario con sus definiciones.

1. la tarjeta de débito
2. la tarjeta de crédito
3. el préstamo
4. la clave secreta
5. la chequera
6. el depósito

a. el dinero que se pone en una cuenta
b. una tarjeta emitida generalmente por una institución bancaria a nombre de una persona y que le permite hacer compras, tanto nacional como internacionalmente
c. normalmente cuatro o seis números que una persona tiene que marcar para poder sacar dinero de un cajero automático
d. una tarjeta que, al realizar una operación con ella, genera un cargo directo en la cuenta bancaria asociada con la tarjeta
e. contiene cheques y un cuadernillo de registros que se usa para anotar la fecha de uso de cada cheque y llevar control de las finanzas personales: depósitos, pagos y saldo *(balance)*
f. una cantidad de dinero que se solicita, generalmente a una institución financiera, con la obligación de devolverlo con un interés

11-26 Las finanzas personales Pregúntale a un/a compañero/a de clase sobre sus hábitos financieros.

1. ¿Gastas tu dinero sin pensarlo o te fijas en lo que gastas?
2. ¿Qué gastos *(expenses)* fijos tienes todos los meses, por ejemplo, el alquiler, el teléfono, el agua y la electricidad, el transporte, las diversiones *(entertainment)*?
3. ¿Tienes un presupuesto mensual? ¿Por que sí o por qué no? ¿Normalmente recibes/ganas más dinero del que gastas, o al revés?
4. ¿Tienes una cuenta de ahorro? *(Si responde que sí, averigua lo siguiente: ¿cuándo la abrió?; ¿con qué frecuencia hace depósitos?; si otras personas [por ejemplo, sus padres] también hacen depósitos en ella)*
5. ¿Tienes una cuenta corriente?
6. ¿Tienes tarjetas de débito? ¿Y de crédito? ¿Cuántas?
7. Si tienes dinero que te sobra *(that is left over)* al final del mes, ¿lo inviertes o lo gastas?
8. ¿Cómo aprendiste a manejar tu dinero? ¿Te enseñaron tus padres o aprendiste a hacerlo tú mismo/a?

Enfoque léxico

Transacciones bancarias en el extranjero

If you decide to study or travel abroad, you will need access to monetary funds. Most likely, you will need to open a bank account in your host country. In this section you'll find expressions that will be useful in accomplishing that task.

la cantidad (de dinero)	*amount (of money)*
las casas de cambio	*money exchange offices*
el cargo / el costo	*charge*
los fondos disponibles	*available funds*
la moneda extranjera	*foreign currency*
la sucursal	*branch office*
la tasa de cambio	*exchange rate*
la transferencia (bancaria)	*(bank) transfer*
cambiar los cheques de viajero por efectivo	*to cash traveler's checks*
cambiar dinero	*to exchange money*
cobrar	*to charge*
enviar (dinero)	*to send (money)*
recibir (dinero)	*to receive (money)*
reemplazar tarjetas de crédito robadas o extraviadas	*to replace stolen or lost credit cards*
sacar dinero de un cajero automático	*to withdraw money from an ATM machine*
transferir (fondos)	*to transfer (funds)*

Práctica

11-27 Definiciones Trabaja con otro/a estudiante. Cada uno tiene que definir las palabras de una columna sin mencionar la palabra. El otro debe adivinar qué palabra es. Cuando adivinen todas las palabras de las dos columnas, escojan cuatro palabras y escriban un párrafo, usando esas cuatro palabras.

A	**B**
casa de cambio	tasa de cambio
sucursal	moneda extranjera
disponible	enviar
transferir	cargo / costo

11-28 ¡Por favor, envíenme dinero! Trabaja con un/a compañero/a de clase y sigan las siguientes instrucciones.

Estudiante A Imagínate que estás estudiando en Panamá y necesitas que tus padres te envíen más dinero. Encontraste la siguiente información sobre los servicios de envío de dinero en Panamá. Ahora estás hablando con tu madre/padre por teléfono. Haz lo siguiente:

- Explícale por qué necesitas más dinero y qué tiene que hacer para enviártelo.
- Contesta todas sus preguntas.

¿Quiénes somos en Panamá?

Contamos con 65 sucursales a nivel nacional, convirtiéndonos en la red más grande de Panamá. Además tenemos horarios extendidos hasta las 11:00 de la noche en el área de El Dorado y servicio de 24 horas en San Miguelito y Cerro Viento.

✓ **RAPIDEZ** Estamos conectados vía satélite con más de 185 países, su transferencia está disponible instantáneamente.

✓ **SEGURIDAD** Cada año realizamos más de 30 millones de transferencias. Nuestro sistema garantiza que su dinero llega completo y sin demora.

✓ **COMODIDAD** En Panamá usted puede enviar o recibir dinero en más de 55 oficinas ubicadas en todo el país.

¿Cómo enviar dinero?

- Sólo debe de aproximarse a nuestras oficinas y presentar su identificación, un operador le llenará el formulario correspondiente y listo.
- Sólo se paga para enviar dinero, la persona que recibe nunca será cobrada.

¿Cómo recibir dinero?

- Debe de aproximarse a nuestras oficinas, presentar su identificación y brindarnos la siguiente información para corroborar la transferencia:

  Nombre de la persona que envía el dinero.

  Ciudad y país de donde proviene el dinero.

  Cantidad que espera aproximadamente.

Tarifa por envío Internacional

Monto a Enviar		
Desde	**Hasta**	**Cargo al Cliente**
0.01	50.00	13.00
50.01	100.00	15.00
100.01	200.00	22.00
200.01	300.00	29.00
300.01	400.00	34.00
400.01	500.00	40.00
500.01	750.00	45.00
750.01	1.000.00	50.00
1.000.01	1.500.00	75.00
1.500.01	1.750.00	80.00
1.750.01	2.000.00	90.00
2.000.01	2.500.00	110.00
2.500.01	3.000.00	120.00
3.000.01	3.500.00	140.00
3.500.01	4.000.00	160.00
4.000.01	4.500.00	180.00
4.500.01	5.000.00	200.00
5,000.01	5.500.00	220.00

Estudiante B Imagínate que tu hijo/a está estudiando en Panamá. Ahora estás hablando con él/ella por teléfono. Hazle preguntas sobre lo siguiente:

- en qué gastó el dinero que tenía
- cuánto dinero necesita
- por qué cree que el servicio que encontró es la mejor opción para transferir el dinero
- qué tienes que hacer para enviarle dinero con este servicio y qué tendrá que hacer él/ella en Panamá para poder recibirlo
- cuánto será el cargo / costo por enviar la cantidad de dinero que te está pidiendo

Enfoque estructural *Los mandatos con pronombres de complemento directo e indirecto*

In the **Segunda etapa,** you learned how to conjugate formal and informal commands to make requests of people. You also learned that when conjugating reflexive verbs, the reflexive pronoun is attached to the end of both formal and informal affirmative commands, but placed before both formal and informal negative commands, **¿Recuerdas?**

- Affirmative commands:
  ¡Levánte**se** Ud. más temprano! / ¡Levánten**se** Uds. más temprano! *(formal)*
  ¡Levánta**te** más temprano!
- Negative commands:
  ¡No **se** levante tan tarde! / ¡No **se** levanten tan tarde!
  ¡No **te** levantes tan tarde!

When using direct and indirect object pronouns with commands, you should follow the sames placement rules that you learned for reflexive pronouns:

- With all affirmative commands (**Ud., Uds.,** and **tú**), the object pronouns are attached directly to the end of the command form of the verb. If both direct and indirect object pronouns are attached, the indirect object pronoun comes before the direct object pronoun.

  —¿Le mando el dinero por transferencia bancaria?
  —Sí, **mándemelo** a mi cuenta corriente, por favor.

  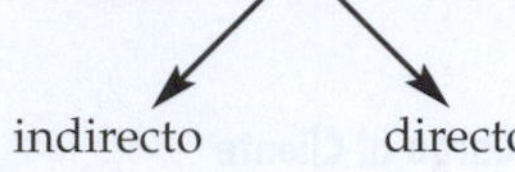

  —¿Me cambias la moneda extranjera mañana?
  —Mañana no puedo. **Te la** cambiaré el lunes.

  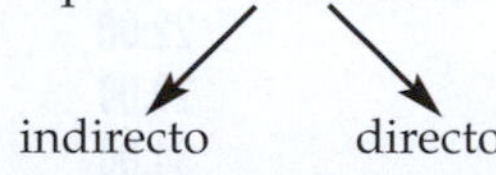

- When you attach two pronouns to the end of an affirmative command, put an accent mark on the third- or fourth-to-the-last syllable. Remember that the written accent is placed to keep the original stress pattern of the verb.

  —¿Deposito el dinero en tu cuenta o lo prefieres en efectivo?
  —**Pónmelo** en mi cuenta. / —**Deposítamelo** en mi cuenta.

- When only one pronoun is attached to the affirmative command form, sometimes you will use an accent mark and sometimes you will not. To determine whether you need a written accent or not, you need to identify where the stress falls on the verb form before the pronouns are added to the end; if, with the addition of a pronoun, this syllable is not the second-to-last, you will need to place a written accent mark over the stressed syllable. Again, the goal is to maintain the original stress pattern of the verb.

  Dile lo que tiene que hacer para transferirte el dinero.
  Dígale lo que tiene que hacer para transferirle el dinero.

- With all negative commands, the object pronouns come before the command form of the verb. If both direct and indirect object pronouns are in use, the indirect object pronoun comes before the direct object pronoun.

  —¿Le doy al cajero mi solicitud para pedir un préstamo?
  —No, no **se*** **la** dé al cajero. Ud. tiene que dársela a la señora Hernández, nuestra encargada de préstamos personales.

  —¿Te pago en efectivo?
  —No. No **me pagues** en efectivo. Prefiero un cheque porque es más seguro.

*Remember the rule regarding the indirect third person singular and plural object pronouns: these pronouns become **se** when used with the direct object pronouns **lo**, **la**, **los**, and **las**.

Práctica

11-29 Consejos Lee las siguientes situaciones en las cuales las personas están pidiéndo les consejos financieros, y sigue las instrucciones.

Situación #1: Una señora está preguntándole a su asesora financiera cómo debe manejar mejor su dinero. Haz el papel de la asesora y contesta sus preguntas, usando mandatos formales.

1. *¿Abro una cuenta de ahorro?*
2. *¿Invierto mi dinero en la bolsa (stock exchange)?*
3. *¿A qué banco de esta ciudad le pido un préstamo personal?*
4. *Ya tengo tres tarjetas de crédito, ¿debo solicitar otra más?*

Situación #2: Un joven que está planeandos ir al extranjero el verano que viene está pidiéndoles consejos a sus padres sobre asuntos financieros. Haz el papel de los padres y contéstale sus preguntas, usando mandatos informales.

5. *Uso mi nombre para mi clave secreta. ¿Debo cambiarla?*
6. *¿Dónde debo ir para cambiar los cheques de viajero por efectivo?*
7. *Si quiero comprarme algo, ¿debo sacar dinero de un cajero automático o pagarlo con mi tarjeta de crédito?*
8. *Si tengo dudas sobre cómo funcionan los cajeros automáticos en Nicaragua, ¿a quién le debo pedir ayuda?*

11-30 ¿Qué me recomiendas? Imagínate que un/a estudiante de tu universidad tiene unas preguntas financieras. Cóntestale con detalle, usando mandatos informales.

1. ¿En qué banco debo abrir una cuenta corriente? No quiero pagar muchas comisiones.
2. Hoy tengo que pagarle el alquiler al dueño del apartamento, pero no tengo dinero suficiente. Mis padres me van a hacer una transferencia pero tardará unos días. ¿Qué le debo decir al dueño?
3. ¿Debo cambiar mi moneda extranjera en un banco o en una casa de cambio?
4. El otro día recibí información sobre una tarjeta de crédito especial para estudiantes de esta universidad. ¿Debo solicitarla?
5. Estoy pagando $500 al mes de alquiler para compartir un apartamento de dos habitaciones con cuatro personas. Me parece caro, ¿debo buscarme otro apartamento?

11-31 Consejos Escribe una lista de cuatro o cinco problemas o dificultades que tengas en la actualidad relacionados con dinero.

1. ____________________
2. ____________________
3. ____________________
4. ____________________
5. ____________________

Después, comparte tus problemas con otro/a estudiante, y pídele consejos para solucionar o mejorar tu situación.

Enfoque estructural

Resumen de los mandatos formales e informales

Los mandatos con Ud. & Uds.

Afirmativos y negativos

To form the affirmative and negative **Ud.** and **Uds.** commands of regular verbs, present tense verbs with an irregular **yo** form, and stem-changing verbs:
drop the **-o** from the **yo** form of the present tense
add **-e/-en** for **-ar** verbs and **-a/-an** for **-er** and **-ir** verbs

¡No habl**e** en clase!
¡Escrib**a** Ud. la respuesta en la pizarra!
¡Teng**an** Uds. unas buenas vacaciones!
¡Piens**en** Uds. antes de hablar!

For verbs that end in **-car, -gar,** or **–zar:**
change **c → qu, g → gu** and **z → c**
add **-e/-en** for **-ar** verbs and **-a/-an** for **-er** and **-ir** verbs

¡Bus**que** Ud. un apartamento en el centro de la ciudad!
¡No pa**guen** Uds. en efectivo!
¡Empie**cen** Uds. el examen ahora!

The verbs **dar**, **estar**, **ir** and **ser** and have irregular **Ud.** and **Uds.** command forms.

¡**Dé** Ud. el cheque!
¡**Estén** Uds. preparados para el examen mañana!
¡No **vaya** Ud. al banco por la tarde!
¡**Sean** Uds. respetuosos en el extranjero!

Los mandatos con tú

Afirmativos

To form the affirmative **tú** command of regular verbs:
use the third person singular **(él, ella)** present tense form of the verb

¡**Habla** en español!
¡**Escribe** la respuesta en la pizarra!
¡**Piensa** antes de hablar!

The verbs **decir, hacer, ir, poner, salir, ser, tener,** and **venir** have irregular affirmative command forms.

¡**Di** la verdad!
¡**Haz** la tarea!
¡**Ve** al banco!
¡**Pon** tus libros en la mochila!
¡**Sal** de la clase!
¡**Sé** bueno!
¡**Ten** cuidado!
¡**Ven** a mi despacho después de clase!

Negativos

To form the negative **tú** command of regular verbs, present tense verbs with an irregular **yo** form, and stem-changing verbs:
drop the **-o** from the **yo** form of the present tense
add **-es** for **-ar** verbs and **-as** for **-er** and **-ir** verbs

¡No habl**es** durante el examen!
¡No escrib**as** más de 200 palabras!
¡No recoj**as** esos papeles!
¡No pid**as** tanto!

For verbs that end in **-car, -gar,** or **-zar:**
change **c → qu, g → gu** and **z → c**
add **-es**

¡No bus**ques** un apartamento en el centro de la ciudad!
¡No pa**gues** en efectivo!
¡No empie**ces** el examen todavía!

To form the negative **tú** command of the verbs **dar, estar, ir** and **ser,** add an **s** to the **usted** command form:

¡No **des** el cheque!
¡No **estés** nervioso durante el examen!
¡No **vayas** al banco por la tarde!
¡No **seas** irrespetuoso en el extranjero!

Los mandatos con verbos reflexivos y objetos directos e indirectos

- With all **affirmative** commands, pronouns (reflexive, direct object and indirect object) are attached directly to the end of the imperative form of the verb.
- If both direct and indirect object pronouns are attached, the indirect object pronoun precedes the direct object pronoun.
- When attaching one or two pronouns to the affirmative command form, you will need to identify where the stress falls on the verb form before the pronoun or pronouns are added. If, with the addition of one or two pronouns, this syllable is not the second-to-last, you will have to place a written accent mark over the stressed syllable in order to maintain the orginal stress pattern of the verb.

  ¡Levánte**se** Ud. / Levánten**se** Uds. más temprano!
  (verbo reflexivo, mandatos **Ud**. y **Uds**.)

  ¡Levánta**te** más temprano!
  (verbo reflexivo, mandato **tú**)

  Mánde**melo** a mi cuenta corriente, por favor.
  (mandato **Ud.** con objeto indirecto y directo)

  Di**le** lo que tiene que hacer para transferirte el dinero.
  (mandato **tú** con objeto indirecto)

- With all negative commands, the reflexive and object pronouns come before the imperative form of the verb.

  ¡No **se** levante Ud. / **se** levanten Uds. tan tarde!
  (verbo reflexivo, mandatos **Ud**. y **Uds**.)

  ¡No **te** levantes tan tarde!
  (verbo reflexivo, mandato **tú**)

- If there are both direct and indirect object pronouns, the indirect object pronoun comes before the direct object pronoun with negative commands.

  No **me lo** mande a mi cuenta corriente, por favor.
  (mandato **Ud.** con objeto indirecto y directo)

  No **se lo** digas a tu madre.
  (mandato **tú** con objeto indirecto y directo)

Práctica

11-32 Una cuenta corriente Imagínate que estás en el Banco General de Panamá. Un empleado del banco te está intentando convencer para que abras una cuenta corriente con ellos. Contesta sus preguntas empleando mandatos afirmativos formales. Añade (*Add*) información en tu respuesta.

MODELO ¿Le describo nuestras cuentas corrientes disponibles?
Sí, descríbamelas, por favor. Y también dígame cómo funcionan las cuentas de ahorro.

1. Tenemos algo que se llama Cuenta Corriente Estudiantil. Es algo perfecto para Ud. ¿Le explico cómo funciona?
2. ¿Le muestro la chequera que recibirá al instante de abrir la cuenta?
3. ¿Le enseño los diferentes modelos de cheques?
4. ¿Le doy la hoja informativa sobre nuestra Cuenta Corriente Estudiantil?

Ahora cambien de papel y repitan el ejercicio, empleando mandatos negativos formales según el modelo.

MODELO ¿Le describo nuestras cuentas corrientes disponibles?
No, no me las describa, gracias. No me interesa abrir una cuenta en este banco.

5. Tenemos algo que se llama Cuenta Corriente Estudiantil. Es algo perfecto para Ud. ¿Le explico cómo funciona?
6. ¿Le muestro la chequera que recibirá en cuanto abra la cuenta?
7. ¿Le enseño los diferentes modelos de cheques?
8. ¿Le doy la hoja informativa sobre nuestra Cuenta Corriente Estudiantil?

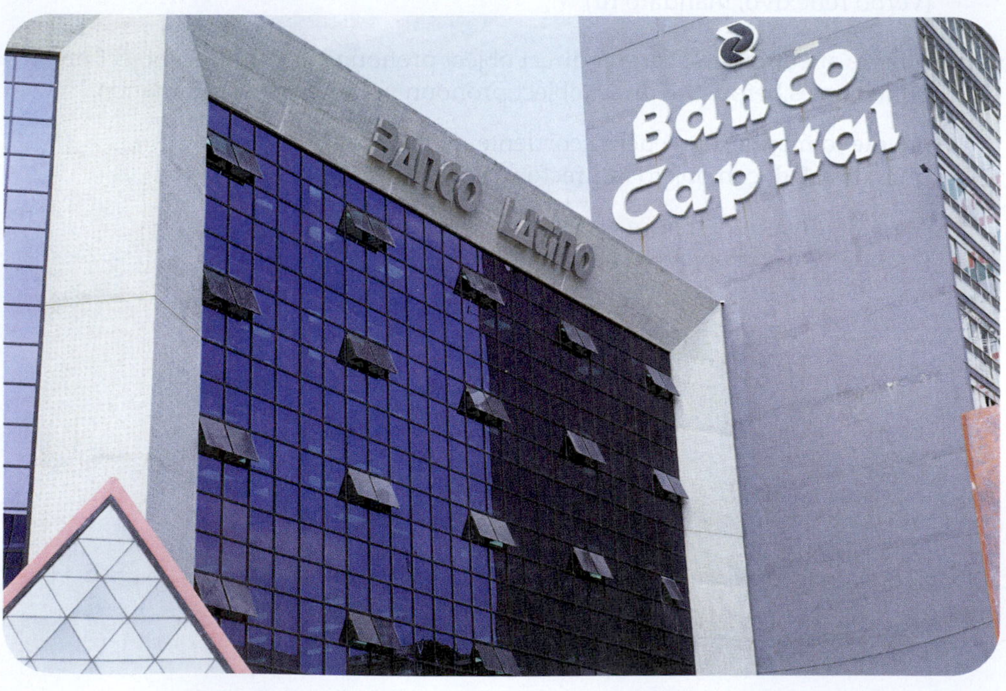

11-33 La Cuenta Corriente Estudiantil Imagínate que te llevaste la hoja informativa sobre la Cuenta Corriente Estudiantil a casa. Has decidido que vas a abrir la cuenta y ahora estás hablando por teléfono con un amigo tuyo, otro estudiante de intercambio, explicándole lo que tiene que hacer para abrir la cuenta y los servicios que ofrece. Usa la información que aparece a continuación para formar oraciones, y emplea mandatos informales. Sigue el modelo.

MODELO olvidarse / haber / una apertura y un saldo mínimo de ____
No te olvides que hay una apertura y un saldo mínimo de $50.00.

Cuenta Corriente Estudiantil

Los jóvenes también quieren llevar el control de sus gastos y les ofrecemos una Cuenta Corriente diseñada especialmente para ellos:

- *Apertura y saldo mínimo de $50.00.*
- *Chequera al instante.*
- *Tarjeta 5 Estrellas Clave con costo reducido.*
- *Banca en Línea (Internet).*
- *Convenientes horarios y sucursales.*
- *Autobancos hasta las 6:00 P.M.*
- *Banca por teléfono a través de Estrella al 260-3500.*
- *Diferentes modelos de cheques. Con giro de cinco cheques sin costo y sucesivos a $1.00 cada uno.*

La Cuenta Corriente Estudiantil se puede abrir en cualquiera de nuestras sucursales, presentando su carné vigente de estudiante diurno o nocturno o su carné de OTEC.

1. ir / a cualquier ____________ / y / abrir la cuenta
2. despertarse / temprano mañana por la mañana / para evitar las colas en el banco
3. en el banco / presentar / tu ____________ o tu carné de ____________.
4. le / preguntar / al empleado / sobre los diferentes ____________ de cheques
5. para hacer ____________ / llamar / al 260-3500
6. no / ir / a los autobancos después de las ____________
7. no / girar / más de ____________ al mes para evitar costos adicionales

Vamos a leer
Opiniones de los estudiantes

Antes de leer

Anticipación Antes de leer el texto contesta las siguientes preguntas.

1. ¿Qué crees que los estudiantes van a decir sobre…
   …las ventajas de estudiar en el extranjero?
   …las desventajas de estudiar en el extranjero?
   …la experiencia de vivir con una nueva "familia"?
2. Ahora, para conocer a estos estudiantes lee la información en negrita que presenta su nombre, su país de origen y el país al que fueron a estudiar.

Guía para la lectura

Comprensión Lee todo el texto y di a quién se refieren las siguientes descripciones. Escribe las iniciales de la persona o personas en la línea: Hai-Ning Chen **(HC)**, Denise Sponda **(DS)**, Sakolpat Wirojwong **(SW)**, Ahmed Farooq **(AF)**, Bethany Brady **(BB)**, Jackie Massie **(JM)**

______ **1.** Está cursando estudios postgraduados y decidió irse a otro país para hacer un curso de idiomas de muy poca duración.

______ **2.** Escogió esta institución, debido a las recomendaciones de su(s) amigo(s).

______ **3.** Su padre también estudió en el extranjero.

______ **4.** Se lleva muy bien con su "familia" australiana.

______ **5.** Lo que más le gustó de la experiencia de intercambio fue asimilar la lengua al oírla todos los días.

______ **6.** Como está asistiendo a un colegio sólo para chicos, extraña tener clases con chicas.

______ **7.** Le encantó la experiencia de compartir un apartamento con otras personas, la ciudad donde vivía y el trato que recibió en la academia.

______ **8.** Le gusta mucho la ciudad y la residencia estudiantil en la que está viviendo. También, le caen muy bien los profesores.

______ **9.** Le interesa mucho la cultura del país donde está estudiando porque es multiétnica.

Opiniones de los estudiantes

Hai-Ning Chen (Taiwan), **St Paul's School, QLD, Australia**

«Yo quería estudiar en el extranjero porque creo que es la mejor forma de mejorar mi inglés y conocer la cultura de otro país. He estudiado aquí tres años y encontré el colegio porque dos amigos míos estudiaron aquí. Lo mejor de estudiar aquí es que conoces a mucha gente de todas partes del mundo que se convierten en buenos amigos, a la vez que mejoras tu nivel de inglés. Vivo en una familia con una madre y su hija. Llamo a la madre "mamá" porque me hace sentir en su casa como me hace sentir mi propia madre. Ella me quiere y me cuida como lo hacen mis padres. En casa hablo y bromeo con ellos como en familia. A veces vamos de compras juntas. Nos hemos compenetrado muy bien, por lo que estoy tremendamente contenta de estar con ella en Australia.»

Denise Sponda (Río de Janeiro), **English and Tefl Institute, Durban, South Africa**

«Un amigo mío que vive en la ciudad me habló del colegio y estoy estudiando inglés por seis semanas. Vine aquí porque cuando estudiamos en otro país aprendemos a hablar mucho más rápido que en nuestro país y también podemos conocer gente diferente de otros países. El sistema escolar es muy abierto. Podemos decir cuando queremos hacer algo diferente y tenemos una atención personalizada, ya que sólo somos tres estudiantes por clase. La cosa más interesante de este país es la cultura que es muy diferente. Es una mezcla de la cultura india, negra y blanca. También es un país precioso con bellas playas, montañas y lugares para ir de safari.»

Sakolpat Wirojwong (Thailand), **Shirley Boy's High School, Christchurch, New Zealand**

«Yo quería estudiar en el extranjero para aprender inglés. Mi madre encontró el colegio en Internet y estoy estudiando los cursos 10 y 11 en 15 meses. Yo quería venir a Christchurch y escogí el colegio por el número de estudiantes (1.200) que no son ni muchos ni pocos. Lo mejor de estudiar aquí es el acento neozelandés de los profesores y estudiantes y lo peor es que no hay chicas. Vivo con una familia neozelandesa . En dos minutos, puedo ir andando al colegio. Es extraño que haya tan pocas personas en Nueva Zelanda, en comparación con Tailandia, y que no haya serpientes. También Nueva Zelanda es mucho más tranquila que Bangkok.»

Ahmed Farooq (Pakistan), **Hartwick College, NY, USA**

«Este es mi primer año en Hartwick College y me gustaría estudiar Informática y Física. Quería estudiar en EE.UU., como lo hizo mi padre, para tener las mejores oportunidades en mi carrera profesional. Hartwick College ha estado mejor de lo que pensaba. Está situado en un lugar precioso. Antes de llegar aquí tenía dudas del entorno académico pero me he dado cuenta de que es bastante bueno y exigente[1] y de que la gente aquí es muy agradable. Los profesores son geniales y todo el mundo te ayuda en lo que necesites. Vivo en la residencia del campus. Es tranquila, y no está permitido fumar, beber alcohol o tomar drogas. Los fines de semana la gente suele ir a pubs y bares. Hartwick College es un lugar genial para estudiar y para ponerse en forma, ya que el campus tiene muchas cuestas. Oneonta es una gran ciudad para vivir. Toda la vecindad es muy acogedora y respetuosa.»

Bethany Brady (USA), **Linguae Mundi, Jerez de la Frontera, Spain**

«Actualmente estoy haciendo un máster en Londres y quería hacer la investigación de mi tesis en Latinoamérica. Luego pensé que, como tenía que mejorar mi español, España era la mejor opción para ello. Estuve muy afortunada al descubrir Linguae Mundi a través de la oficina de turismo local en Jerez de la Frontera. Allí hice un curso superintensivo de español durante dos semanas. Escogí la academia porque el primer día que fui a visitarlo, los estudiantes estaban cocinando platos típicos españoles para una fiesta por la noche en la terraza. También me gustó el tamaño pequeño de la academia, la atención personalizada de los instructores, la localización de Jerez, los precios razonables y los horarios flexibles. La enseñanza en Linguae Mundi excedió mis expectativas. Me hospedé en un piso compartido precioso en el centro de la ciudad, del que se puede andar en sólo diez minutos a la academia. Todo se realizó a través del director. Resultó[2] genial vivir con otros estudiantes y con otras personas del lugar que nos enseñaron los alrededores. También resultó muy bien tener una habitación individual, una cocina para cocinar, áreas comunes en la casa, un patio con vistas preciosas y el estar en la calle principal para ver todas las celebraciones de Semana Santa.»

Jackie Massie (USA), **Columbus School for Girls, Weimar, Germany**

«Sólo estuve tres semanas en Weimar (en un intercambio) pero asistí a cursos de alemán, matemáticas y química. Realmente no fui con ningunas expectativas. Me quedé sorprendido de la cantidad de adolescentes que vi fumar, y de las modas que había, ya que eran muy diferentes. Lo mejor de estudiar en Alemania fue escuchar el idioma como algo cotidiano, desde la mañana hasta la tarde y no verlo como una asignatura más. Me hospedé con una familia y me encantó la experiencia. Tuve mucha suerte con la hija, con la que sigo manteniendo contacto. Cualquiera que tenga la oportunidad debe estudiar en el extranjero. Te enseña algo más que un idioma y puedes hacer muy buenos amigos.»

[1]exigente *(demanding)*; [2]Resultó *(It turned out)*

Al fin y al cabo

¿Qué opinas tú? Ahora, después de leer las opiniones de los estudiantes sobre sus estudios en el extranjero, expresa tu propia opinión según las siguientes preguntas.

1. ¿Adivinaste bien las respuestas de los estudiantes sobre sus opiniones de las ventajas y desventajas de estudiar en otro país y vivir con una nueva "familia"?
2. ¿Te sorprendió alguna de las respuestas de los estudiantes? ¿Por qué sí o no?
3. ¿Si tuvieras *(If you had)* la oportunidad de participar en uno de los programas en el extranjero descritos por los estudiantes, ¿cuál escogerías *(would you choose)*? ¿Por qué?

REPASO

11-34 Déjame aconsejarte Imagínate que fuiste un/a estudiante de intercambio en Costa Rica el año pasado. Ahora mismo tu amigo Raúl está estudiando ahí y te ha enviado un correo electrónico con la siguiente información sobre las actividades del Teatro Nacional en San José. Como el año pasado tú fuiste mucho al teatro, tu amigo valora tus opiniones sobre las actividades a las que debe asistir. Lee el calendario y escríbele un correo electrónico en el cual le recomiendes al menos cuatro actividades. Usa mandatos informales y verbos como: **(no) ir, no perderse, (no) asistir a, mirar, no olvidar, escuchar,** etcétera.

MODELO *Ve al Festival Internacional de Música Clásica por uno, o incluso dos días si puedes, porque a mí me encantó.*

Teatro Nacional		
Fecha	**Actividad**	**Hora**
1–10 de agosto	Festival Internacional de Música Clásica	20:00
21, 22 y 24 de agosto	Concierto Paquito de Rivera Jazz con la Orquesta Sinfónica Nacional	21:00
9 de septiembre	Espectáculo Compañía Nacional de Danza y Orquesta Sinfónica Nacional	16:00
18–21 de septiembre	Danza Universitaria de la Universidad de Costa Rica	19:30
23 y 24 de septiembre	Concierto Mercedes Sosa	20:30
25 de septiembre	Espectáculo "Carnaval de los Animales" del mimo israelí Eno Rossen	17:00
18 de octubre	Espectáculo Els Comedians, Barcelona, España	17:00
24 y 26 de octubre	Concierto Orquesta Sinfónica Nacional	20:00
13, 14 y 16 de noviembre	Espectáculo *Amor Brujo,* de Manuel de Falla, con la Orquesta Sinfónica Nacional	21:00
15 de noviembre	Concierto de Piano, Scarlett Brebion	14:00
19 y 20 de noviembre	Escuela de Ballet Clásico Ruso	20:30

11-35 Queremos alquilar este apartamento Trabaja con otros/as dos estudiantes para alquilar un apartamento. Uno de Uds. va a hacer el papel del/de la agente que ofrece el apartamento, y los otros dos van a ser las personas que quieren alquilar el apartamento. Hay que incluir la siguiente información en su conversación:

- saludos y presentaciones
- una descripción de lo que Uds. desean en cuanto al lugar, los servicios, el precio, etcétera
- la información sobre tres o cuatro apartamentos que el agente tiene
- unas preguntas sobre esos apartamentos
- planes para ver el apartamento que más les interesa de los tres o cuatro
- despedidas

11-36 Algunos consejos Trabaja con un/a compañero/a de clase y juntos hagan una lista de consejos para estudiantes que quieren estudiar en el extranjero. Incluyan consejos sobre lo siguiente:

- el proceso de seleccionar un programa de intercambio
- los trámites que tienen que hacer
- qué deben hacer si quieren buscar un apartamento en el país de destino
- qué deben hacer si necesitan que alguien les envíe dinero
- qué deben o no deben hacer en el país de destino

Utilicen mandatos con **Uds.**

MODELO *Vayan a la Oficina de Relaciones Internacionales y pidan cita con el consejero.*
Levántense temprano y asistan a todas sus clases.
¡Aprovechen su estadía no sólo para estudiar, sino también para sumergirse en la cultura del país!

VOCABULARIO

The **Vocabulario** consists of all new words and expressions presented in the chapter. When reviewing or studying for a test, you can cover up the English and go through the list to see if you know the meaning of each item.

Enfoques léxicos *Lexical focuses*

Cómo tramitar una estadía en el extranjero	*How to arrange a foreign stay* (p. 418)
Otros aspectos del alquiler	*Other aspects of renting* (p. 430)
Transacciones bancarias en el extranjero	*Bank transactions while abroad* (p. 440)

Los estudios en el extranjero *Study abroad*

la acreditación	*accreditation*
la beca	*scholarship*
el calendario escolar	*academic calendar*
el/la consejero/a	*advisor*
los costos (académicos)	*(academic) costs*
los créditos	*credits*
la estadía (por un semestre, por un año académico)	*(semester, academic year) stay*
las estadías de investigación	*research stays*
el expediente académico	*transcript*
la financiación	*financing*
el formulario	*form*
licenciarse, graduarse (en)	*to graduate*
la matrícula	*tuition*
la Oficina de Asesoramiento Académico	*academic advisement office*
las prácticas profesionales en el extranjero	*foreign internships*
los programas académicos	*academic programs*
los programas de idiomas	*language programs*
los programas de intercambio	*exchange programs*
los programas de voluntariado	*volunteer programs*
el seguro (médico, de viaje)	*(medical, travel) insurance*
los trámites	*steps*

¿Buscas apartamento? *Are you looking for an apartment?*

la (agencia) inmobiliaria	*real estate agency*
el/la agente	*agent*
el alquiler	*rent, rental fee*
amueblado/a	*furnished*
el balcón	*balcony*
el contrato	*lease, contract*
el depósito	*deposit, down payment*
el estacionamiento	*parking*
la fianza	*security deposit*
firmar	*to sign*
el jardín	*garden*
el/la portero/a	*doorperson*
sin amueblar	*unfurnished*
la terraza	*terrace*

En el banco *At the bank*

abrir (una cuenta)	*to open (an account)*
ahorrar	*to save*
el/la cajero/a	*bank teller*
el cajero automático	*ATM machine*
cargar	*to charge*
cerrar (una cuenta)	*to close (an account)*
el cheque	*check*
la chequera	*checkbook*
la clave secreta	*PIN number*
el contrato	*contract*
la cuenta corriente	*checking account*
la cuenta de ahorro	*savings account*
las cuentas nuevas	*new accounts*
depositar	*to deposit*
el depósito	*deposit*
la factura	*bill*
invertir	*to invest*
pagar a plazos	*to pay in installments*
pedir prestado	*to borrow*
un préstamo	*a loan*
los préstamos personales	*personal loans*
el presupuesto	*budget*
pedir un préstamo	*ask for a loan*
prestar	*to loan*
retirar / sacar	*to withdraw*
la tarjeta de crédito	*credit card*
la tarjeta de débito	*debit card*
las transacciones bancarias	*banking transactions*
la ventanilla	*teller window*

Las relaciones interpersonales

CHAPTER OBJECTIVES

In **Capítulo 12,** you will…

- talk about friendships and what constitutes a good friend
- discuss the stages of romantic relationships
- talk about professions, jobs, and the working world
- learn how to express your needs, wishes, requests, and emotions
-  learn about Chile
-  discover Joe Vasconcellos
-  watch as Valeria and Antonio share stories about their past relationships
- read about the best 100 companies to work for in Latin America

PRIMERA ETAPA: RELACIONES CON AMIGOS

Functions
- talk about friendships and what personal characteristics good friends do and do not possess
- express needs, wishes, and requests

SEGUNDA ETAPA: RELACIONES DE PAREJA

Functions
- describe the differerent stages associated with romantic relationships
- express opinions and certain emotional responses

TERCERA ETAPA: RELACIONES LABORALES

Functions
- talk about different types of professions and jobs
- express willingness and other emotional responses

Chile

Chile

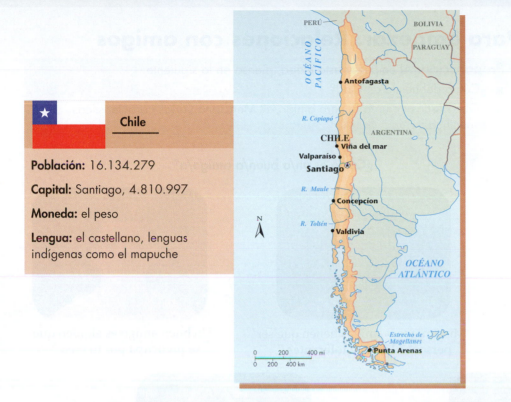

Población: 16.134.279

Capital: Santiago, 4.810.997

Moneda: el peso

Lengua: el castellano, lenguas indígenas como el mapuche

Tools

- Vocabulary for:
  - actions and personality traits associated with friendships and friends
  - volunteer and social activities
- Grammatical structures:
  - the subjunctive of regular and irregular verbs
  - the subjunctive with expressions of wish and desire

Comentarios culturales: Chile: pasado, presente y futuro

Tú dirás: Consejos

Vamos a escuchar: La hermana menor de Valeria

Tools

- Vocabulary for:
  - romantic relationships
  - weddings
- Grammatical structures:
  - the subjunctive with expressions of emotion
  - the subjunctive and impersonal expressions of emotion

Comentarios culturales: Mágico

Tú dirás: ¡Se casan!

Vamos a ver: Las relaciones sentimentales

Tools

- Vocabulary for:
  - professions and jobs
  - job searches and career stages and actions and characteristics associated with employees and bosses
- Grammatical structures:
  - Review of the subjunctive
  - More expressions of emotion used with the subjunctive and the subjunctive with reflexive verbs

Vamos a leer: Análisis: Las 100 mejores empresas para trabajar en América Latina

PRIMERA ETAPA

Para empezar: Relaciones con amigos

Preparación: Al empezar esta etapa, piensa en lo siguiente:

- ¿Cómo defines la amistad?
- ¿Qué buscas en un/a buen/a amigo/a? Menciona varias características específicas.

¿Cómo es un/a buen/a amigo/a?

"Los buenos amigos **te apoyan** incondicionalmente."

"Mis amigos y amigas tienen que ser personas **leales** y **tolerantes.**"

"Un buen amigo es alguien que **se preocupa por** tu bien."

"Los amigos **están dispuestos a aceptarte** tal y como eres."

"Las buenas amigas **me dan consejos.** Los buenos amigos son **atentos** y nunca son **celosos.**"

Cualidades

atento/a	*attentive*
comprensivo/a	*understanding*
confiable	*trustworthy*
leal	*loyal*
paciente	*patient*
respetuoso/a	*respectful*
sincero/a	*sincere*
tolerante	*tolerant*

Defectos ***(faults / imperfections)***

celoso/a	*jealous*
desconfiado/a	*distrustful, suspicious*
egoísta	*selfish*
envidioso/a	*envious*
falso/a	*insincere, two-faced*
presumido/a	*conceited, full of oneself*

Verbos útiles

aceptar	*to accept*
apoyar	*to support*
compartir	*to share*
confiar (en)	*to trust, to confide (in)*
contar (ue) con	*to count on*
dar consejos	*to give advice*
estar dispuesto/a a…	*to be ready, willing to*
llevarse bien / mal (con)	*to get along well / poorly (with)*
preocuparse (por)	*to worry (about)*

Práctica

12-1 ¿Eres un/a buen/a amigo/a? Haz el siguiente test de la amistad para averiguar si posees las cualidades necesarias para ser un/a buen/a amigo/a. Para cada pregunta, contesta "sí" o "no".

____ ¿Aún tienes amigos/as de la infancia?
____ ¿Aceptas a tus amigos tal y como son?
____ ¿Vienen tus amigos a contarte sus cosas porque tú los sabes escuchar?
____ Cuando tus amigos te cuentan un secreto, ¿lo sabes guardar?
____ Si te peleas con un/a amigo/a, ¿sueles *(usually)* dar el primer paso para la reconciliación?
____ ¿Te mantienes siempre en contacto con tus amigos?
____ ¿Aceptas por igual las virtudes y los defectos de tus amigos?
____ ¿Eres sincero/a y leal?
____ ¿Confían en ti tus amigos?
____ Si ves que un/a amigo/a tuyo/a está pasando por un mal momento, ¿intentas ayudarlo/a y comprenderlo/a?

Puntaje

Entre 7 y 10 respuestas afirmativas
¡Felicidades! Sabes lo que es la amistad y eres un/a amigo/a verdadero/a.

Entre 4 y 6 respuestas afirmativas
Posees algunas de las cualidades necesarias para ser un/a buen/a amigo/a, pero también algunos defectos que pueden dificultar que conserves la amistad.

Entre 0 y 3 respuentas afirmativas
Eres una persona con pocas cualidades para mantener una amistad. Intenta ser más atento/a con las necesidades de los demás.

Compara tus respuestas con las de un/a compañero/a de clase. ¿Quién obtuvo la mejor puntuación?

12-2 Un/a buen/a amigo/a Elabora una definición detallada de lo que para ti significa ser un/a buen/a amigo/a. Utiliza tantas expresiones del vocabulario como sean necesarias. Al terminar, comparte tu definición con otro/a estudiante. ¿Se parecen sus definiciones? ¿En qué sí? ¿En qué no? Después, preséntenle sus definiciones a la clase. Al terminar, hagan una lista de las características más comunes de la amistad que mencionen sus compañeros.

12-3 ¿Cómo es tu mejor amigo/a? Ahora, comprueba si lo que dijeron tus compañeros de clase sobre la amistad es cierto. Entrevista a un/a compañero/a de clase sobre su mejor amigo/a. Forma preguntas, usando las categorías de la primera columna de la tabla a continuación y escribe las respuestas de tu compañero/a en la segunda columna.

MODELO ¿Cómo se llama tu mejor amigo/a?

Nombre	
Dónde y cómo se conocieron	
La primera impresión que tuviste de él/ella	
Tres adjetivos para describir su carácter	
Por qué lo/a consideras tan buen/a amigo/a	

¿Coinciden las respuestas a la última pregunta con lo que todos dijeron en clase en la actividad anterior? ¿Sí? ¿No? ¿Qué diferencias hay?

Enfoque léxico *A conocer gente y hacer amigos*

Apuntarse a un curso de arte

Alistarse como voluntario/a

The following are activities that provide people with opportunities to further develop specific skills, pursue new interests and help others. They are also social venues where people can meet and develop friendships.

alistarse como voluntario/a (en una ONG)	*to volunteer (for a non-profit organization)*
apuntarse a un curso (de actuación, de arte, de baile, de cocina, de idiomas, de música)	*to sign up for a(n) (acting, art, dance, cooking, language, music) class*
asistir a una tertulia (literaria)	*to attend a (literary) gathering*
entrar en un chat en Internet	*to go to an online chat room*
hacerse miembro/a de un club (deportivo, social)	*to become a member of a (sports, social) club*
practicar un deporte	*to play a sport*
inscribirse en una asociación profesional	*to join a professional organization*
ir a eventos deportivos	*to go to sporting events*
participar en (una conferencia, un seminario, un taller)	*to take part in (a conference, a seminar, a workshop)*
realizar un servicio comunitario	*to do community work*
ser miembro de una organización estudiantil	*to be a member of a student organization*

Práctica

 **12-4 Unas recomendaciones** Lee las descripciones de las personas que aparecen a continuación. Recomiéndales una de las siguientes actividades y explícales por qué crees que sería *(would be)* una actividad apropiada para ellas. Luego, compara tus recomendaciones con las de un/a compañero/a de clase.

- apuntarse a un curso de cocina
- hacerse miembro de un club de cine
- inscribirse en una asociación profesional
- realizar un servicio comunitario en un programa de alfabetización *(literacy)*
- entrar en un chat en Internet
- practicar un deporte
- asistir a una tertulia literaria

1. Jorge, de treinta y dos años, es ingeniero. Lleva más de ocho años trabajando en la misma empresa y recientemente se siente estancado *(at a standstill)* profesionalmente.
2. Elisa, de sesenta y seis años, acaba de jubilarse *(retire)* después de trabajar cuarenta y cinco años como maestra infantil.
3. Salvador, de dieciséis años, acaba de mudarse a una ciudad nueva con su famila. Quiere hacer amigos, pero la mayoría de las actividades extracurriculares en su nuevo instituto están relacionadas con deportes y él no es deportista.
4. Alicia y Ramón, de cuarenta y de cuarenta y cinco años, son un matrimonio. Quieren empezar una nueva actividad que puedan hacer juntos. A los dos les gusta leer, viajar y conocer a nueva gente.
5. Luis, de veintidós años, es estudiante universitario. Desea hacer amigos, pero es bastante tímido y no le gusta ir ni a fiestas ni a reuniones donde haya muchas personas.
6. Diana y Felipe, de veinticinco y de veintisiete años, son novios. No se ven mucho porque tienen gustos muy distintos. A Diana le encanta ir al teatro y a conciertos de música clásica, mientras Felipe prefiere ir a un partido de hockey o jugar al tenis. Están buscando una nueva actividad que puedan compartir.

12-5 Lo que hacemos ¿Qué actividades haces tú? ¿Y tus compañeros de clase? Contesta las siguientes preguntas y escribe tus respuestas en la columna "yo". Luego hazles a dos compañeros de clase las mismas preguntas y escribe su nombre y sus respuestas en las otras dos columnas. Al final, preparen un resumen de sus actividades para presentárselo a la clase.

1. ¿Eres miembro de un club u organización de estudiantes? ¿De qué organización o club?
2. ¿Haces algún deporte o vas a eventos deportivos? Menciónalo/s.
3. ¿Alguna vez te has alistado como voluntario/a? Si sí, ¿qué hiciste? Si no, ¿qué tipo de actividad voluntaria podrías *(could you)* hacer en tu comunidad?
4. ¿Has tenido la oportunidad de participar en un seminario, un congreso o un taller relacionados con tu carrera? ¿Cómo fue la experiencia?
5. ¿A cuál de los siguientes tipos de cursos te interesa más asistir y por qué?
   - ❑ curso de actuación
   - ❑ curso de arte
   - ❑ curso de baile
   - ❑ curso de cocina
   - ❑ curso de idiomas
   - ❑ curso de música
   - ❑ otro ________________
6. ¿Entras en chats en Internet? ¿Crees que son buenos lugares para conocer a gente nueva o para hacer amigos? ¿Por qué sí o por qué no?

Yo	Nombre: ______________	Nombre: ______________

Enfoque estructural *El subjuntivo de verbos regulares con expresiones de voluntad*

Heinle iRadio: To hear more about the **Subjunctive Mood**, visit academic.cengage.com/spanish.

In **Capítulo 11**, you learned that the command forms are used to give orders or instructions to people.

Apúntate a un curso de actuación.	***Sign up for*** *an acting class.*
Acepta a tus amigos tal y como son.	***Accept*** *your friends as they are.*
Hágase miembro de un club deportivo.	***Become*** *a member of a sports club.*
Por favor, **sean** Uds. más comprensivos.	*Please,* ***be*** *more understanding.*

Nota gramatical

The main clause is also called the independent clause. The dependent clause is also called the subordinate clause or even the **que** clause because it follows the word **que**.

In Spanish, there is another way to request that others do or do not do something. In this **Enfoque estructural,** you are going to learn about the *subjunctive mood* and how to structure a sentence in which it is used. Consider the following:

Quiero que **te apuntes** a un curso de actuación.	*I want to you sign up for an acting class.*
No quiero que **juzgues** a tus amigos.	*I do not want you to judge your friends.*
Quiero que **sean** Uds. más comprensivos.	*I want you all to be more understanding.*

Notice that the two parts of the sentence are connected by **que** and that the verb following **que** is in the subjunctive.

The subjunctive mood is employed in sentences that have more than one clause, with each clause having a different subject. Furthermore, as in the previous examples, the subject of the main clause expresses a necessity or a desire regarding the subject of the dependent clause. Look at the following example.

Mi mejor amigo quiere *(main clause)*	que yo **confíe** en él. *(dependent clause)*

The following verbs express wish, desire, or influence, and thus, when used in this construction, they require the subjunctive:

aconsejar	*to advise*	**preferir (ie)**	*to prefer*
desear	*to want, desire*	**querer (ie)**	*to want*
esperar	*to hope*	**recomendar (ie)**	*to recommend*
necesitar	*to need*	**rogar (ue)**	*to beg, plead*
pedir (i)	*to ask for*	**sugerir (ie)**	*to suggest*

Frequently, the main clause will have an impersonal expression of need, influence, or desire, as in the following expressions:

Es aconsejable que...	*It is advisable that . . .*
Es necesario que...	*It is necessary that . . .*
Es preciso que...	*It is necessary that . . .*
Es preferible que...	*It is preferable that . . .*

Since these expressions convey need, influence, or desire that affect the subject of the dependent clause, the subjunctive is required.

Es necesario que **seas** honesto. *It is necessary to be honest / that you are honest.*

Las formas verbales del presente del subjuntivo

For most regular verbs, the present subjunctive is formed by removing the **-o** of the **yo** form of the present indicative tense and adding the following endings:

1. Los verbos en **-ar:**		**2.** Los verbos en **-er:**		**3.** Los verbos en **-ir:**	
hablar → habl-o		**comer → com-o**		**escribir → escrib-o**	
habl**e**	habl**emos**	com**a**	com**amos**	escrib**a**	escrib**amos**
habl**es**	habl**éis**	com**as**	com**áis**	escrib**as**	escrib**áis**
habl**e**	habl**en**	com**a**	com**an**	escrib**a**	escrib**an**

Práctica

12-6 ¡Háganme caso! Las siguientes personas han ido a ver a un consejero especialista en las relaciones interpersonales para intentar resolver algunos de sus problemas. Indica lo que el consejero quiere que haga cada persona. Sigue el modelo.

MODELO Rosa, confía en Elisa. No seas tan desconfiada.
El consejero quiere que Rosa confíe en Elisa y que no sea tan desconfiada.

1. Sé más tolerante con tus compañeros de apartamento, Ernesto.
2. No les falles a tus amigos, Juana.
3. Pedro, preocúpate más por las necesidades de tu novia. No seas tan egoísta.
4. Señora Arias, no se quede sola en casa. Apúntese a un curso de arte o de música.
5. María y Teresa, estén dispuestas a hablar abiertamente sobre sus problemas.
6. Rosa, apoya a Elisa en sus decisiones.

12-7 Consejos para ser buen/a amigo/a Indica si es necesario o aconsejable que las personas en la segunda columna hagan las siguientes cosas. Puedes usar cualquiera de las expresiones de la primera columna para completar la oración.

MODELO *No es necesario que mi mejor amigo tenga los mismos intereses que yo.*

(No) Es necesario que…	mi mejor amigo/a	llevarse bien / mal
(No) Es aconsejable que…	nosotros	compartir aficiones
(No) Es preferible que…	mis mejores amigos/as	tener los mismos intereses
(No) Es preciso que…	mis compañeros/as de clase	ir a eventos deportivos
		ser desconfiado/a
		dar consejos
		estar dispuesto/a a…

12-8 Los amigos como consejeros Imagínate que últimamente tienes problemas con uno/a de tus amigos/as. Decides hablar con otro/a amigo/a para que te ayude a solucionar las cosas.

Estudiante A: Tienes problemas con un/a amigo/a. Explícale tu situación a tu compañero/a.

Estudiante B: Tu compañero/a tiene problemas con un/a amigo/a. Dale varios consejos que le ayuden a solucionar su problema.

Compartan con la clase el problema y los consejos para solucionarlo. ¿Está el resto de los compañeros de acuerdo con las soluciones? ¿Tienen los estudiantes otras recomendaciones?

Enfoque estructural *El subjuntivo de verbos irregulares con expresiones de voluntad*

Heinle iRadio: To hear more about the **Subjunctive Mood**, visit academic.cengage.com/spanish.

Since the subjunctive is formed using the present indicative **yo** form, it may or may not contain irregularities. In cases where the **yo** form has a spelling change or a stem change, that irregularity will also be found in the subjunctive form.

tener → **teng** -o: No es necesario que tú **tengas** los mismos intereses que yo.

To form the present subjunctive for verbs that have a **-go** ending in the **yo** form of the present indicative, drop the **-o** off the **yo** form and add the same endings you would for any **-ar, -er,** or **-ir** verb:

decir → **dig**-o	dig**a**, dig**as**, dig**a**, dig**amos**, dig**áis**, dig**an**
hacer → **hag** -o	hag**a**, hag**as**, hag**a**, hag**amos**, hag**áis**, hag**an**
oír → **oig** -o	oig**a**, oig**as**, oig**a**, oig**amos**, oig**áis**, oig**an**
poner → **pong** -o	pong**a**, pong**as**, pong**a**, pong**amos**, pong**áis**, pong**an**
salir → **salg** -o	salg**a**, salg**as**, salg**a**, salg**amos**, salg**áis**, salg**an**
tener → **teng** -o	teng**a**, teng**as**, teng**a**, teng**amos**, teng**áis**, teng**an**
traer → **traig** -o	traig**a**, traig**as**, traig**a**, traig**amos**, traig**áis**, traig**an**
venir → **veng** -o	veng**a**, veng**as**, veng**a**, veng**amos**, veng**áis**, veng**an**

As you learned in **Capítulo 11** with **Ud.** and **Uds.** commands and negative **tú** commands, when forming the present subjunctive for verbs that end in **-car, -gar,** and **-zar**, you will also need to make minor spelling changes to maintain the original sounds of the **c, g,** and **z**:

practicar		llegar		cruzar	
practi**que**	practi**quemos**	lle**gue**	lle**guemos**	cru**ce**	cru**cemos**
practi**ques**	practi**quéis**	lle**gues**	lle**guéis**	cru**ces**	cru**céis**
practi**que**	practi**quen**	lle**gue**	lle**guen**	cru**ce**	cru**cen**

Stem-changing verbs that end in **-ar** and **-er** have the same stem changes (**e** → **ie, o** → **ue**) in the present indicative and in the present subjunctive. Remember that the stem change occurs in all forms except **nosotros/as** and **vosotros/as.**

pensar (ie)		volver (ue)	
Present indicative	**Present subjunctive**	**Present indicative**	**Present subjunctive**
pienso	piense	vuelvo	vuelva
piensas	pienses	vuelves	vuelvas
piensa	piense	vuelve	vuelva
pensamos	pensemos	volvemos	volvamos
pensáis	penséis	volvéis	volváis
piensan	piensen	vuelven	vuelvan

Stem-changing verbs that end in **-ir** have the same stem changes (**e → i, e → ie, o → ue**) in the present indicative and in the present subjunctive. However, while the **nosotros/as** and **vosotros/as** forms do ***not*** have a stem change in the present indicative forms, they do in the present subjunctive (**e → i** and **o → u**).

pedir (i, i)		**sentir (ie, i)**		**dormir (ue, u)**	
Present indicative	**Present subjunctive**	**Present indicative**	**Present subjunctive**	**Present indicative**	**Present subjunctive**
pido	pida	siento	sienta	duermo	duerma
pides	pidas	sientes	sientas	duermes	duermas
pide	pida	siente	sienta	duerme	duerma
pedimos	pidamos	sentimos	sintamos	dormimos	durmamos
pedís	pidáis	sentís	sintáis	dormís	durmáis
piden	pidan	sienten	sientan	duermen	duerman

A few verbs have completely irregular forms in the present subjunctive:

dar	dé, des, dé, demos, deis, den
estar	esté, estés, esté, estemos, estéis, estén
haber	haya, hayas, haya, hayamos, hayáis, hayan
ir	vaya, vayas, vaya, vayamos, vayáis, vayan
saber	sepa, sepas, sepa, sepamos, sepáis, sepan
ser	sea, seas, sea, seamos, seáis, sean

Práctica

12-9 La fiesta de Sofía... Sofía es una persona muy organizada y a veces les dice a los demás lo que deben hacer. Indica lo que Sofía quiere que hagan las siguientes personas para organizar su fiesta. Sigue el modelo. Además del verbo **querer,** usa otros verbos como **desear, necesitar, pedir,** y **preferir.**

MODELO nosotros / comprar más bebidas
Sofía quiere que compremos más bebidas.

1. Alejandra / ayudarle con los preparativos de la fiesta.
2. Javier / ir a la fiesta
3. Antonio / invitar a Valeria
4. Javier y Alejandra / poner buena música
5. la fiesta / ser divertida
6. Antonio y Valeria / practicar nuevos pasos de baile
7. sus amigos / saber que los va a extrañar
8. todos / pasarlo muy bien

12-10 No es necesario que... Para la fiesta que organiza Sofía en la actividad **12-9**, Alejandra piensa que ahora hay demasiada organización. Alejandra dice ahora lo que **no** es necesario que hagan las siguientes personas. Sigue el modelo.

MODELO Uds. / comprar muchas bebidas
No es necesario que Uds. compren muchas bebidas.

1. Valeria / traer mucha comida para la fiesta
2. Antonio y Valeria / regresar temprano a casa
3. Javier / venir con el postre para la fiesta
4. los compañeros / practicar nuevos bailes
5. Antonio / poner la música muy alta
6. los invitados / irse antes de las doce

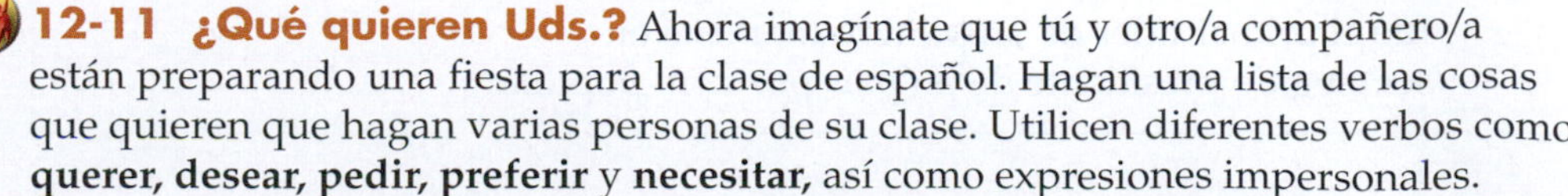

12-11 ¿Qué quieren Uds.? Ahora imagínate que tú y otro/a compañero/a están preparando una fiesta para la clase de español. Hagan una lista de las cosas que quieren que hagan varias personas de su clase. Utilicen diferentes verbos como **querer, desear, pedir, preferir** y **necesitar,** así como expresiones impersonales.

Comentarios culturales

Chile: pasado, presente y futuro

Nota cultural

In the 2006 elections, Isabel Bachelet was elected as President. She is the first woman to serve as President in Chile.

Anticipación

¿Qué sabes ya de Chile? Antes mirar el video, trata de completar los siguientes hechos sobre la geografía y la economía de Chile. Puedes referirte a la información y al mapa de la página 455.

Chile ocupa más de 750 mil kilómetros entre la cordillera de los Andes, que atraviesa el país de norte a sur, y el océano __________. En el norte del país se encuentra _______ de Atacama, el lugar más seco de la Tierra.	La economía de Chile se basa en la explotación de ___________, inclusive (*including*) cobre, nitratos y hierro. La economía de Chile es una de las más fuertes y estables de toda __________, con un ingreso per cápita de 12.500 dólares. La moneda del país es el __________.

Compara tus respuestas con las de un/a compañero/a de clase. ¿Están de acuerdo?

Vamos a ver

Cronología Mientras miras el video, empareja los eventos históricos de Chile con la fecha exacta y/o siglo en el que ocurrieron.

____ 1. Al descubir importantes yacimientos de cobre, Chile empezó una etapa de industrialización y modernización.

____ 2. Bernardo O'Higgins y el argentino José de San Martín, los líderes del movimiento independentista, triunfaron.

____ 3. Allende fue asesinado durante un asalto militar liderado por Augusto Pinochet.

____ 4. El español Pedro de Valdivia fundó la ciudad de Santiago y posteriormente otras ciudades, como Concepción y Valdivia.

____ 5. El socialista Ricardo Lagos fue elegido presidente del país.

____ 6. Hubo numerosas guerras contra los países vecinos de Bolivia, Perú y Argentina por el control de tierra.

____ 7. La etapa reformista del presidente Eduardo Frey comenzó.

____ 8. Patricio Alwyn empezó a liderar el país como presidente, pero Pinochet siguió como jefe del ejército.

____ 9. Salvador Allende ganó las elecciones chilenas; fue el primer líder de un partido marxista en ser elegido presidente de un país por voto popular.

a. 1540
b. 1818
c. siglo XIX
d. siglo XX
e. 1964
f. 1970
g. 1973
h. 1989
i. 2000

Expansión

Mirando hacia el futuro Trabajando en grupos de tres o cuatro estudiantes, lean este hecho demográfico y respondan a la pregunta que sigue.

Los chilenos viven concentrados en grandes ciudades; siete de cada diez chilenos se hallan en las siguientes grandes urbes y sus alrededores: Santiago, Valparaíso y Concepción. En Santiago se concentra el 40% de la población total de Chile. Las proyecciones demográficas indican que las futuras generaciones de chilenos vivirán en grandes ciudades, y la población se duplicará en cincuenta años.

¿Qué opinan de esta proyección demográfica? Consideren lo siguiente: los beneficios de que disfrutan los chilenos al vivir en ciudades; los posibles aspectos negativos. Comparen estos datos con lo que saben sobre los EE.UU.

Tú dirás

Consejos

Vivir en una residencia estudiantil o apartamento con otros/as estudiantes es una experiencia muy enriquecedora para muchas personas. Sin embargo, en algunas ocasiones la convivencia también puede ser una fuente de conflictos. A continuación hay algunos problemas comunes que suelen surgir entre compañeros:

- la distribución (*distribution*) de tareas (quién va a cocinar, limpiar, sacar la basura, etcétera)
- los hábitos de vida
- los hábitos de estudio
- el compartir pertenencias
- las visitas de invitados
- las cuestiones de dinero
- los mensajes
- el ruido

Paso 1. Trabajen en grupos de cuatro. Tres estudiantes le darán consejos a otro/a estudiante para intentar mejorar su situación con sus compañeros de la residencia estudiantil o del apartamento. Decidan quién va a pedir consejos y quién va a darlos. Utilicen las siguientes expresiones.

Te aconsejo que...
Te recomiendo que...
Es mejor que...
No te aconsejo que...
No es recomendable que...
Es preferible que...
Prefiero que...
Insisto en que...

Paso 2. Si eres la persona que pide consejos, imagínate que ahora mismo estás pasando por un mal momento de convivencia, así que decides pedirles consejos a tus compañeros de clase. Explica tu problema y responde a los consejos que te den.

Paso 3. Si vas a dar consejos, asegúrate de que justificas y explicas bien tus consejos.

Paso 4. Al final, compartan el problema y las soluciones con la clase. ¿Hay alguna solución más?

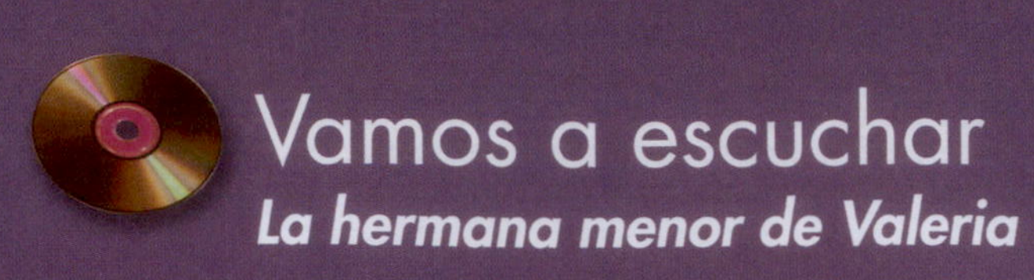

Vamos a escuchar
La hermana menor de Valeria

En este segmento vas a escuchar una conversación entre Valeria y Alejandra sobre un problema que tiene la hermana menor de Valeria.

Antes de escuchar

Los problemas de convivencia Antes de escuchar el segmento, contesta las siguientes preguntas.

1. ¿Te gusta vivir solo/a o prefieres vivir con otras personas? ¿Por qué?
2. ¿De niño/a tenías que compartir la habitación con un/a hermano/a? ¿Cómo fue la experiencia?
3. ¿Compartes la habitación o el apartamento con alguien ahora mismo? ¿Te llevas bien con esa(s) persona(a)? ¿Por qué sí o por qué no?

¿Cuál es el problema? Inés, la hermana menor de Valeria, tiene problemas con Rosa, su amiga y compañera de apartamento. ¿Qué problemas crees que tienen? De la lista a continuación, señala los que pienses que pueden aparecer en la conversación.

a. A Rosa no le gusta que Inés pase tiempo con otras personas.
b. A Rosa le molesta que Inés esté estudiando todo el día.
c. A Rosa no le parece bien que Inés ponga la música muy fuerte en su cuarto.
d. Inés se pasa el día hablando por teléfono y eso a Rosa no le gusta.

Ahora, antes de escuchar la conversación entre Valeria y Alejandra, lee las preguntas que aparecen en la sección **Después de escuchar**.

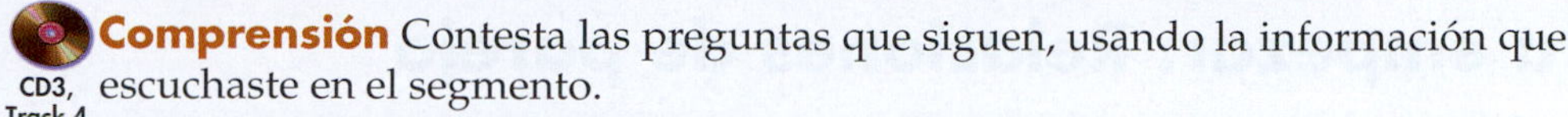

Después de escuchar

Comprensión Contesta las preguntas que siguen, usando la información que escuchaste en el segmento.

CD3, Track 4

1. ¿Por qué está triste Inés?
2. ¿Cómo ha cambiado el comportamiento *(behavior)* de Rosa?
3. ¿Qué consejo le dio Valeria a su hermana?
4. ¿Por qué está esperando un correo electrónico Valeria?

¿Cómo lo dicen? Escucha el segmento de nuevo. Fíjate en lo que dicen y trata de contestar estas preguntas.

CD3, Track 4

1. ¿Cómo expresa Valeria el hecho de que su hermana sabe que Rosa está enojada con ella?
2. ¿Qué expresión usa Valeria para decir que su hermana está harta o fastidiada *(annoyed)* por el comportamiento de Rosa?

Expansión ¿Alguna vez te ha pedido consejo un/a amigo/a sobre un problema que tenía con un/a compañero/a de apartamento? ¿Qué problema tenía? ¿Qué consejos le diste? ¿Siguió tus consejos? ¿Cuál fue el resultado? Comparte tus experiencias con otro/a estudiante.

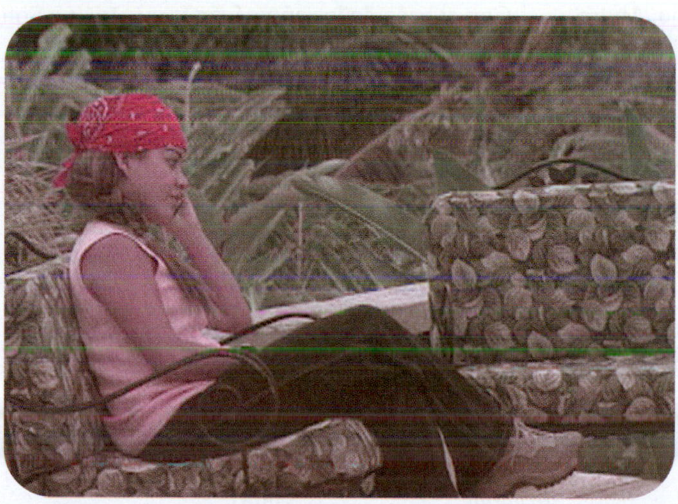

SEGUNDA ETAPA

Nota cultural

En el año 2005 el Congreso de España aprobó los matrimonios entre homosexuales. En España se les conceden a los esposos de un matrimonio de gays los mismos derechos que a los esposos de una pareja heterosexual.

Para empezar: Relaciones de pareja

Preparación: Al empezar esta etapa, piensa en lo siguiente:

- ¿Cuáles crees que son las etapas por las que normalmente pasa una relación romántica?
- ¿Crees en el amor a primera vista?

Las posibles etapas de una relación amorosa

Un día, Ivan y Sofía **se conocen** en un café.

Poco después **tienen su primera cita.**

Empieza **el noviazgo** y pasan todo su tiempo libre juntos. **Se enamoran.**

Después de un año de estar saliendo, Iván **le propone matrimonio** a Sofía.

Seis meses después Ivan y Sofía **se casan.**

Nace su primer hijo. Ahora **tienen una familia.**

Con el paso de los años, Iván y Sofía empiezan a **desenamorarse.**

Iván y Sofía **se separan.**

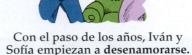

Iván y Sofía firman los papeles y **se divorcian.**

Iván y Sofía **se extrañan** y empiezan a hablar de nuevo. ¿Van a **reconciliarse**?

Más sobre las relaciones amorosas

abrazar(se)	*to hug (each other)*	**el amor (a primera vista)**	*love (at first sight)*
adoptar	*to adopt*	**el cariño**	*affection*
besar(se)	*to kiss (each other)*	**el compromiso**	*engagement*
estar comprometido/a	*to be engaged*	**el divorcio**	*divorce*
querer(se)	*to love (each other)*	**el matrimonio**	*marriage*
romper (con)	*to break up (with)*	**la pareja**	*couple*
ser fiel / infiel	*to be faithful / unfaithful*	**la reconciliación**	*reconciliation*
ser novios, salir juntos	*to be dating, going out*	**la ruptura**	*break-up*
vivir juntos	*to live together*		

Práctica

12-12 Definiciones Empareja las palabras con sus definiciones. Luego, compara tus respuestas con las de un/a compañero/a de clase. ¿Están de acuerdo?

____ **1.** abrazarse
____ **2.** besarse
____ **3.** casarse
____ **4.** compromiso
____ **5.** enamorarse
____ **6.** querer
____ **7.** romper con alguien
____ **8.** separarse

a. cuando dos personas contraen matrimonio
b. una promesa de matrimonio
c. cuando dos personas que formaban una pareja o estaban casadas dejan de vivir juntas
d. cuando dos personas que formaban una pareja deciden no seguir juntas
e. una señal de amor con los labios
f. una señal de amor con los brazos
g. cuando una persona empieza a sentir amor por otra
h. sinónimo de amar

12-13 El concepto de pareja ¿Qué constituye para ti una pareja? ¿Qué tipos de pareja existen? Escribe una definición detallada de lo que tú crees que es una pareja. Utiliza el vocabulario nuevo que acabas de aprender. Al terminar, comparte con otro/a estudiante tus ideas sobre la pareja. ¿Tienen ideas semejantes o diferentes?
Preséntenle a la clase un resumen de sus ideas, destacando las semejanzas y las diferencias que hay entre Uds. dos.

12-14 Nuestras opiniones Trabaja con dos compañeros de clase. Lean las siguientes preguntas sobre las relaciones de pareja, túrnense para expresar sus opiniones respecto a cada pregunta y traten de llegar a un acuerdo, o sea, a una respuesta en común. En el caso de que tengan opiniones muy distintas, y por eso sea imposible llegar a un acuerdo, apunten las diferentes opiniones de los miembros de su grupo.

1. ¿Existe el amor a primera vista?
2. ¿Cuál es la manera más romántica de proponerle matrimonio a alguien? ¿Y la manera menos romántica? Pongan ejemplos concretos para ilustrar su respuesta.
3. ¿Hay una "buena" manera de romper una relación? ¿Cuál es?
4. ¿Después de una ruptura, es posible que las dos personas sigan siendo amigos/as? ¿Por qué sí o por qué no?
5. ¿Es demasiado fácil hoy en día divorciarse? ¿Se rinden *(give up)* demasiado rápido las parejas, en vez de tratar de resolver sus problemas y seguir casados?
6. ¿Cuánto tiempo deben estar juntos dos personas antes de casarse? ¿Es preferible que tengan un compromiso largo para poder conocerse mejor?
7. ¿Es aconsejable que dos personas vivan juntas antes de casarse? ¿Por qué sí o por qué no?

Enfoque léxico *Las bodas*

In a many instances, a romantic relationship leads to a wedding. In the Spanish-speaking world, weddings are an important part of cultural life, as they involve family and friends. This important day requires much planning. The following wedding checklist highlights some of the most common elements.

Los preparativos

☑ **decidir el tipo de boda**	*decide the type of wedding*
religiosa	*religious ceremony*
civil	*civil ceremony*
☑ **comprar un vestido de novia**	*buy a wedding dress*
☑ **alquilar un esmoquin**	*rent a tuxedo*
☑ **encargar las flores**	*order the flowers*
☑ **escoger los anillos de boda**	*choose the wedding rings*
☑ **planear la luna de miel**	*plan the honeymoon*
☑ **celebrar su despedida de soltero/a**	*have a bachelor / bachelorette party*

Disfruta del día

el sacerdote	*priest (in a religious ceremony)*
el juez / la jueza	*judge (in a civil ceremony)*
la novia	*bride*
la madrina	*matron of honor (usually the groom's mother)*
las damas de honor	*bridesmaids*
el novio	*groom*
el padrino de bodas	*best man (usually the bride's father)*
los recién casados	*newlyweds*
el ramo (de flores)	*bouquet (of flowers)*
el banquete	*banquet*
la torta / tarta nupcial	*wedding cake*
felicitar (por)	*to congratulate (on)*
hacer un brindis	*to make a toast*
intercambiar anillos	*to exchange rings*

Práctica

12-15 Fotos de boda Trae a clase fotos de una boda que tenga un significado especial para ti. En clase, comparte las fotos con un/a compañero/a, y describe detalladamente lo que hay en la foto. Utiliza el vocabulario nuevo que acabas de aprender. Indica quiénes son las personas que están en las fotos, dónde están, qué hacen, etc.

12-16 Una boda que recuerdo muy bien... Ahora, descríbele a otro/a compañero/a de clase una boda que recuerdes bien. Puede ser la misma de las fotos de la actividad anterior. Si nunca has ido a una boda, puedes describirle una que viste en una película, una serie de televisión o una inventada por ti. En tu descripción, incluye la siguiente información:

- quiénes eran los novios y qué relación tenías tú con ellos (o sea, ¿por qué te invitaron?)
- si ayudaste con o participaste en algunos de los preparativos para la boda
- con quién fuiste a la boda, si fuiste acompañado/a
- qué tipo de ceremonia fue y dónde tuvo lugar
- cuánto duró la ceremonia y cómo fue (describe la música, los votos, etcétera)
- qué pasó después de la ceremonia
- cómo fue el banquete, si lo hubo (el lugar, la música y los bailes, la comida y la torta nupcial, los brindis, algún suceso interesante, cómico, etcétera)
- si los novios se fueron de luna de miel, adónde fueron y por cuánto tiempo

12-17 ¿Qué me recomiendas? Imagínate que un/a buen/a amigo/a va a casarse pronto. Escribe una serie de recomendaciones que le puedes dar a ese/a amigo/a en relación con la boda. Usa el vocabulario nuevo así como los verbos y expresiones para comunicar deseo e influencia. Escribe al menos cinco recomendaciones. Puedes seguir este modelo.

MODELO *Es necesario que estés muy seguro de lo que vas a hacer.*

Al terminar, comparte tus recomendaciones con el resto de la clase. ¿Están tus compañeros de acuerdo contigo? ¿Sí? ¿No?

Enfoque estructural *El subjuntivo con expresiones de emoción*

Heinle iRadio: To hear more about the **Subjunctive Mood,** visit academic.cengage.com/spanish.

In the **Primera etapa,** you learned to use the subjunctive to convey requests, needs, wishes, and desires. You'll remember that when a request, a need, or a desire is expressed in the main clause of the sentence, the subjunctive is required in the dependent clause—the part of the sentence introduced by **que.** Similarly, when the main clause expresses emotion regarding what is conveyed in the dependent clause, the subjunctive mood is used. Consider the following examples:

Se alegra de que **tengas novio**.	***He's happy** that you **have a boyfriend.***
Siento que **no puedan asistir a la boda**.	***I'm sorry** that **they cannot attend the wedding.***
Le sorprende que todavía **no estés casado.**	***It surprises her** that you still **are not married.***

Notice that in all cases the subject of the main clause and the subject of the dependent clause are two different entities.

The verbs listed below express emotions (positive and negative) and thus require the use of the subjunctive in a dependent clause that follows them.

Algunos verbos de emoción	
alegrarse de	*to be happy about*
lamentar	*to regret*
sentir (ie, i)	*to feel sorry*
Verbos como *gustar*	
encantar	*to delight, love*
entristecer	*to sadden*
extrañar	*to seem odd or surprising*
horrorizar	*to horrify*
molestar	*to bother*
repugnar	*to disgust*
sorprender	*to surprise*

Me entristece que **no vayas** a la boda de tu amigo.
It makes me sad that you won't attend your friend's wedding.

Me molesta que algunas personas **no apoyen** a sus amigos incondicionalmente.
It bothers me that some people don't support their friends unconditionally.

Nos sorprende que **no quieran** venir a la fiesta.
It surprises us that they don't want to come to the party.

Práctica

12-18 ¡Cuántas emociones! Las relaciones interpersonales son fuente de muchas emociones. Completa las siguientes oraciones para expresar tus reacciones emocionales en las siguientes situaciones.

1. Me alegro mucho de que Juan (tener) novia; le veo muy entusiasmado y deseo que ellos (ser) muy felices.
2. Siento que Inés y tú (haber) discutido; espero que Uds. (poder) resolver sus diferencias.
3. Me gusta que Teresa y Felipe (querer) tener una boda grande; ellos desean que ambas (*both*) familias y sus amigos (estar) presentes para ser testigos de su amor.
4. Me extraña que Leticia y Pedro (llevarse) tan bien porque son muy diferentes, pero me alegro de que los dos (parecer) tan enamorados.
5. Me molesta que tú (quejarse) tanto de tu relación con Sara; quiero que Uds. (tratar de) resolver sus problemas lo antes posible.

12-19 Las emociones de tus amigos De hecho, tus amigos también están afectados por sus relaciones interpersonales. Usa los verbos de emoción de la siguiente lista para completar las oraciones y para expresar la reacción de tus amigos ante los siguientes hechos.

alegrarse	**extrañar**	**molestar**	**sentir**
sorprender	**lamentar**	**extrañar**	**entristecer**

1. Francisco ____________ que su novia ya no lo ____________ (llamar) mucho.
2. A Cathy ____________ que Diego y yo ____________ (separarnos).
3. Gabriel ____________ que Lina ____________ (estar) tan triste.
4. A mis amigos ____________ que yo ____________ (querer) casarme por lo civil.
5. Iván ____________ que José y Rubén no ____________ (poder) asistir a la despedida de soltero.
6. A Amalia y Mercedes ____________ que su amiga Pilar ________ (estar) pasándolo tan mal después de su separación.

12-20 Emociones Escribe una lista de las cosas que te emocionan en relación con la amistad. Escribe primero tres cosas que te alegran; después escribe tres cosas que te entristecen. Finalmente escribe tres cosas que te sorprenden y tres que te molestan. Al terminar tu lista, habla con otro/a estudiante y pregúntale:

¿Qué te alegra?
Después de oír su respuesta dile qué te alegra a ti.

¿Qué te entristece?
Después de oír su respuesta dile qué te entristece a ti.

¿Qué te sorprende?
Después de oír su respuesta dile qué te sorprende a ti.

¿Qué te molesta?
Después de oír su respuesta dile qué te molesta a ti.

Después, compartan sus emociones con la clase. ¿Son semejantes o diferentes a las de los demás estudiantes?

Enfoque estructural *El subjuntivo con expresiones impersonales de emoción*

In the previous **Enfoque estructural,** you learned how to use the subjunctive after verbs that express emotion: both transitive verbs and verbs like **gustar**. In addition to these verbs, there are other expressions of emotion after which the subjunctive should be used.

Es bueno que tengas mucho en común con tu novia.	***It's good*** *that you have a lot in common with your girlfriend.*
Es mejor que se esperen un poco para casarse.	***It's better*** *that they wait a little to get married.*

In the previous examples, you'll notice that emotion is being expressed as a general observation, rather than a personal feeling. Expressions of this type are called impersonal expressions.

Here is a list of expressions and exclamations that you will find useful in everyday conversation.

Es bueno que...	*It's good that . . .*
Es curioso que...	*It's odd that . . .*
Es extraño que...	*It's strange that . . .*
Es impresionante que...	*It's impressive that . . .*
Es increíble que...	*It's incredible that . . .*
Es una lástima que...	*It's a shame that . . .*
Es malo que...	*It's bad that . . .*
Es mejor que...	*It's better that . . .*
Es necesario que...	*It's necessary that . . .*
Es una pena que...	*It's a pity / a shame that . . .*
Es peor que...	*It's worse that . . .*
Es raro que...	*It's unusual that. . .*
Es ridículo que...	*It's ridiculous that . . .*
Es terrible que...	*It's terrible that . . .*
Es urgente que...	*It's urgent that . . .*
¡Qué bueno que...!	*How good (it is) that . . .!*
¡Qué extraño que...!	*How strange (it is) that . . .!*
¡Qué malo que...!	*(It's) Too bad that . . .!*
¡Qué pena que...!	*What a shame that . . .!*

Remember that the emotion expressed in the main clause requires that the subjunctive be used in the dependent clause.

Práctica

12-21 Familias y matrimonios en el mundo hispano En grupos de tres estudiantes, investiguen sobre la situación de la familia en tres países del mundo hispano. Busquen información sobre los siguientes temas:

- número de matrimonios
- edad promedio de las personas que se casan
- número de matrimonios religiosos en contraste con el número de matrimonios civiles
- número de divorcios
- existencia de matrimonios homosexuales
- número de parejas de hecho (*unmarried couples*)

Investiguen si han cambiado y cómo han cambiado estas cuestiones en los últimos años. En clase, preséntenle su investigación al resto de los compañeros. Utilicen expresiones de emoción al presentar la información.

MODELO *Es curioso que haya más matrimonios religiosos que civiles en…* (nombre del país)

12-22 ¿Y en los EE.UU.? En grupos de tres, comparen la información que han recibido en clase, con lo que saben sobre el matrimonio y la familia en los EE.UU. Expresen sus reacciones ante esa información, usando expresiones de emoción.

MODELO *Es una lástima que en EE.UU. haya más divorcios que en…*

Comentarios culturales

Mágico

El artista Lee la siguiente información sobre Joe Vasconcellos y contesta las preguntas que siguen.

Joe Vasconcellos es uno de los cantautores más populares del momento en Chile, su país natal. Nació en Santiago, de madre chilena y padre diplomático brasileño. Vasconcellos pasó su juventud en Italia trabajando de DJ, haciendo programas de música brasileña en la radio y tocando la guitarra con el grupo Génova Río. A finales de los 70, volvió a su país natal y allí se unió a la banda popular de jazz Congreso que producía canciones con mensaje político y un sonido que mezclaba ritmos folclóricos y brasileños. En 1984, Vasconcellos dejó Congreso para irse a Brasil donde hizo su primer disco *Esto es sólo una canción* (1989). En 1991 regresó a Chile definitivamente y salió a la venta su álbum *Verde cerca* al año siguiente. *Toque* (1995), su tercer disco, vendió más de 25 mil copias y fue seguido por *Transformación* (1997) y *Vivo* (1999), que fue grabado en dos conciertos que tuvieron lugar en Santiago de Chile en el Teatro Providencia el 16 y 17 de abril de 1999. Su disco de mayor éxito con unas 140 mil copias vendidas, *Vivo,* recopilaba las canciones más significativas de su carrera como "Sólo por esta noche", "Ciudad traicionera" y "Mágico". Ese mismo año Vasconcellos estuvo de gira con "Vivo en vivo" en varias capitales chilenas. Luego hizo las giras "Encuentros" y "Calo" en lugares más rurales y se presentó con éxito en el Festival de Viña del Mar (2000). Después de estar de gira, Vasconcellos se tomó un respiro de la música en vivo para trabajar en bandas sonoras de algunas películas chilenas. Sin embargo, Vasconcellos regresó al escenario en 2003 cuando actuó de nuevo en el Festival de Viña del Mar. Esta actuación representó el comienzo de una nueva etapa de su carrera musical consolidada con la presentación de dos nuevos discos: *En paz* (2003) y *Banzai* (2005).

1. ¿De dónde es Joe Vasconcellos?
2. ¿En qué países ha vivido aparte de su país natal?
3. ¿Qué álbum de Vasconcellos ha tenido más éxito? ¿Qué tipo de disco es?

♪ To experience this song, access the ***¡Tú dirás!***, Fourth Edition playlist.

Análisis Escucha la canción "Mágico" y mientras escuchas contesta las siguientes preguntas.

1. En la canción, Vasconcellos da unos consejos basados en su experiencia personal. Marca abajo solamente los consejos que se incluyen en la canción.
   - ❑ ser leal
   - ❑ no esconder nada
   - ❑ aceptar a los demás
   - ❑ cantar lo que hay que cantar
   - ❑ ser uno mismo
   - ❑ tener mucha pasión
   - ❑ sentir la vida
   - ❑ no ser presumido
2. ¿A quién se refiere cuando canta lo siguiente?:
   Eres muy buena para un tipo como yo
   Tus manos lánguidas me hacen alucinar
3. ¿Cuál es el tema de la canción?
4. ¿Te gustó la canción? ¿Por qué sí o no?

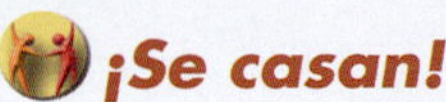

¡Se casan!

Trabaja con un/a compañero/a de clase. Una persona debe leer la información a continuación para el/la Estudiante A y la otra para el/la Estudiante B.

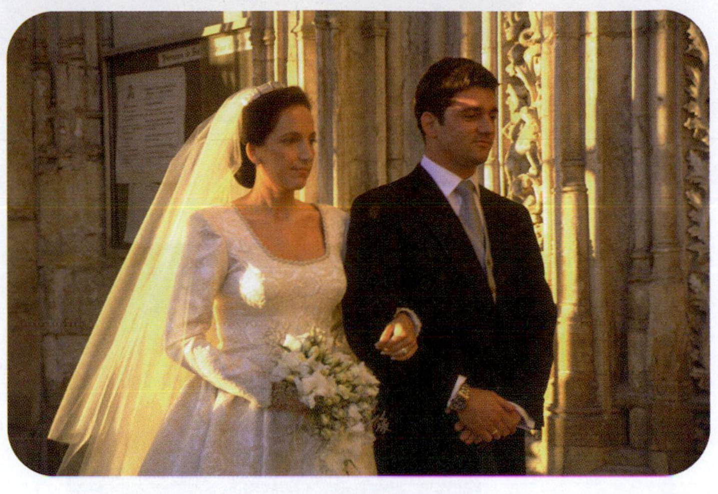

Estudiante A: Imagínate que acabas de recibir por correo la siguiente invitación de boda de unos buenos amigos tuyos. Estás tan entusiamado/a con la noticia que llamas a un/a amigo/a para contárselo. Como tu amigo/a no conoce a los prometidos tendrás que explicarle lo siguiente:

- cóm conociste a los novios
- hace cuánto los conoces
- cuánto tiempo llevan saliendo ellos
- de dónde son y por qué van a celebrar la boda en Santiago de Chile
- si vas a poder asistir a la boda o no

Nos complace comunicarles
que nos casamos en Santiago de Chile
el día 9 de junio de 2007.

La ceremonía se celebrará a las 18:00
en la Iglesia de San Francisco
Av. Libertador Bdo. O'Higgins, 834

A continuación lo celebraremos todos juntos
en el Hotel Manquehue
Esteban dell'Orto, 6615

Les rogamos la confirmación de su asistencia.

Estudiante B: Recibes una llamada telefónica de un/a amigo/a que acaba de recibir una invitación a una boda. Tu amigo está muy entusiasmado/a. Hazle preguntas para averiguar lo siguiente:

- quiénes se casan, dónde y cuándo
- qué tipo de ceremonia será y si habrá una recepción
- qué relación tiene tu amigo/a con los novios
- hace cuánto conoce a los novios
- si va a asistir a la boda

También, reacciona a lo que te cuenta tu amigo/a usando las siguientes expresiones según el contexto:

¡Qué bueno que...!
¡Qué pena que...!
¡Es increíble que...!
¡Es una lástima que...!
¡Qué extraño que...!
¡Es impresionante que...!

Vamos a ver

Las relaciones sentimentales

En este episodio, Valeria y Antonio hablarán sobre sus relaciones sentimentales pasadas. Vamos a descubir información sobre el ex novio de Valeria, César, y sobre la antigua novia de Antonio.

Anticipación

¡Ah, qué complejas son las relaciones! Piensa en una relación que terminaste porque resultó ser problemática y/o demasiado difícil de mantener. Contesta las siguientes preguntas.

- ¿Con quién tuviste la relación? ¿Un amigo/a, novio/a o pariente?
- ¿Cuánto tiempo duró?
- ¿Qué problemas específicos había, tanto desde tu punto de vista (*point of view*), como desde el punto de vista de la otra persona?
- Actualmente, ¿estás en contacto con esa persona? ¿Por qué sí o por qué no?
- ¿Te gustaría establecer de nuevo una relación con esa persona? Explica.

Predicciones ¿Qué crees que se van a contar Valeria y Antonio sobre sus relaciones pasadas? ¿Por qué crees que Valeria y su ex novio, César, rompieron su relación? Mira las fotos de Valeria y de Antonio: ¿Cómo crees que se sienten?

Vamos a ver

Comprensión En este episodio Valeria y Antonio hablan de una relación que terminaron. Completa el siguiente cuadro con los datos sobre estas relaciones.

	Valeria	Antonio
Tipo de relación (amigo/a, novio/a, pariente)		
Nombre de la persona		
Por qué terminaron su relación		
Relación actual con la persona		

Compara tus datos con los de tus compañeros de clase.

Expansión

¿Está bien o mal? ¿Qué opinan sobre la forma de actuar de César y de Raquel? Establezcan un debate en la clase en el que un grupo defienda a César y otro lo ataque. Después, establezcan otro debate sobre Raquel en el que un grupo defienda lo que hizo y el otro lo ataque.

Después de los debates: ¿Qué grupo presentó mejor sus argumentos?

¿Qué pasará? Trabajen en grupos de tres o cuatro personas y hagan las siguientes actividades. Estén preparados para presentarle sus conclusiones a la clase.

1. ¿Qué consejos les pueden dar a Valeria y Antonio? Usen las siguientes preguntas para iniciar su conversación, pero no se limiten a ellas solamente.
   - Valeria y Antonio quedaron en salir por la noche, pero no hicieron planes específicos sobre qué iban a hacer. ¿Qué les sugieren que hagan?
   - ¿Creen que ellos deben empezar una relación amorosa mientras están en Puerto Rico? ¿Por qué sí o por qué no?
   - ¿Es bueno o malo que las amistades se conviertan en relaciones amorosas?
2. ¿Cómo fue la cita? Pensando en las siguientes preguntas, improvisen un diálogo entre Valeria y Antonio.
   - ¿Adónde fueron? ¿Qué actividades hicieron? (una cena, un paseo por la playa o la ciudad, etcétera)
   - ¿Cómo fue la cita? (romántica, aburrida, incómoda, etcétera)
   - ¿Cómo se sentían Valeria y Antonio durante la cita? (alegres, enojados, nerviosos, etcétera)
   - ¿Cómo acabó la cita? (se besaron, quedaron en salir de nuevo, etcétera)

Para empezar: Relaciones laborales

Preparación: Antes de empezar, considera estas preguntas:

- ¿Qué tipos de trabajos o profesiones consideras que son difíciles, aburridos, peligrosos, creativos...?
- ¿Qué hay que hacer normalmente cuando se busca trabajo? ¿Qué experiencias personales tienes en búsquedas de trabajo?
- ¿Has hecho alguna vez una entrevista de trabajo? ¿Cómo fue la experiencia?
- ¿Qué cualidades personales se esperan de un empleado y de un/a jefe/a?

Profesiones y trabajos

el cocinero

el bombero

la carpintera

la dentista

el mecánico

el peluquero

la periodista

el plomero

el policía y la mujer policía

la veterinaria

Más profesiones y trabajos

el/la auxiliar de vuelo *flight attendant*
el/la cajero/a *cashier*
el/la cartero/a *postman/woman*
el/la cirujano/a *surgeon*
el/la comerciante *merchant*
el/la electricista *electrician*
el/la jardinero/a *gardener*
el/la piloto *pilot*
el/la psiquiatra *psychiatrist*
el/la recepcionista *receptionist*
el/la secretario/a *secretary*
el/la soldado *soldier*
el/la técnico/a *technician*
el/la vendedor/a *salesman/woman*

Práctica

12-23 ¿Quién? Imagínate que trabajas en una agencia de empleos. Tus clientes están buscando personas para desempeñar (*fill / carry out*) una variedad de puestos (*positions*). Lee las descripciones de los puestos (a veces el/la cliente ha indicado si prefiere que el/la candidato/a sea un hombre o una mujer), y determina qué profesión le corresponde mejor a cada uno. Escribe el nombre de las profesiones en la tercera columna.

Descripción del puesto vacante	hombre	mujer	indiferente	profesión
atención de visitas y llamadas telefónicas, apoyo al departamento de administración y gerencia			X	*un/a recepcionista*
1. reparación de vehículos, cambio de aceite y otros servicios		X		
2. una persona con experiencia de por lo menos un año y con conocimientos de cuadros eléctricos para montaje industrial y vivienda	X			
3. todo tipo de trabajos relacionados con zonas verdes; experiencia con plantas tropicales			X	
4. buscamos una persona con capacidad de trabajar en equipo y con buenos conocimientos de la gastronomía chilena		X		
5. buscamos un profesional que sepa cortar y dar color y que tenga buen trato con el público para nuestro salón de belleza unisex			X	
6. su principal responsabilidad será atender y asesorar a los clientes que visiten nuestra tienda deportiva	X			
7. elaboración de puertas y muebles de cocina en general para clientes particulares o para obras de viviendas	X			
8. para una oficina de correos, sus responsabilidades incluirán el reparto de cartas y paquetes pequeños por una zona determinada de la ciudad			X	

12-24 ¿Dónde trabajan? Empareja las siguientes profesiones con su lugar de trabajo.

Profesión	Lugar de trabajo
1. el/la auxiliar de vuelo	**a.** en el ejército
2. el/la jardinero/a	**b.** en una consulta privada
3. el/la cajero/a	**c.** en una tienda
4. el/la soldado	**d.** en los parques
5. el/la vendedor/a	**e.** en el supermercado
6. el/la cirujano	**f.** en un avión
7. el/la cartero/a	**g.** en la oficina de correos
8. el/la psiquiatra	**h.** en una clínica u hospital

12-25 ¿Qué opina? Pregúntale a un/a compañero/a de clase cuál de las profesiones presentadas en esta etapa le parece…

…la más interesante
…la más aburrida o monótona
…la más fácil
…la más difícil o exigente
…la más peligrosa
…la más creativa

Pídele que justifique sus respuestas. ¿Tienen opiniones parecidas o no?

Enfoque léxico *Hablar del trabajo*

There are many topics associated with the workplace. In this section, you will learn some terms and expressions that will prove useful in conversations about jobs and coworkers or superiors.

La búsqueda

la agencia de empleos	*employment agency*
la bolsa de trabajo (en el periódico, en Internet)	*(newspaper, Internet) job section*
el contrato laboral	*contract*
la empresa	*firm, company*
la entrevista	*interview*
la oferta de trabajo	*job offer*
el puesto	*job, position*
el salario / el sueldo	*salary*
el trabajo (de tiempo completo, de tiempo parcial)	*(full-time, part-time) work*
contratar	*to hire*
solicitar un puesto	*to apply for a job*

Interacciones diarias

correr riesgos	*to take risks*
delegarle (algo a alguien)	*to delegate (something to someone)*
promover un ambiente positivo	*to promote a positive environment*
respetar (a los empleados, a los colegas)	*to respect (the employees, colleagues)*
ser un/a buen/a líder	*to be a good leader*
tener metas	*to have goals*
tener visión	*to have vision*
(in)competente	*(in)competent*
cumplidor/a	*reliable, dependable*
eficiente	*efficient*
puntual	*punctual*
seguro de sí mismo/a	*self-confident*
trabajador/a	*hard-working*

Práctica

12-26 Una entrevista de trabajo Trabaja con un/a compañero/a de clase. Lean los siguientes anuncios de trabajo para hacer una entrevista. Una persona debe leer la información que aparece después de los anuncios para el/la Estudiante A y la otra la información para el/la Estudiante B.

Auxiliar Administrativo, [Vacantes 5]
Descripción del empleo
Compañía requiere auxiliar administrativo con o sin experiencia, idealmente con estudios técnicos (completos o incompletos). Conocimiento en trámites bancarios y tareas relacionadas. Pago por hora de trabajo, horario de oficina.
Interesados enviar currículum vitae actualizado.
Chile, Santiago, Región Metropolitana

Teleoperador con dominio del inglés
[Vacantes 2]
Descripción del empleo
Excelente dicción y modulación. Buen estilo de comunicación, amabilidad y empatía. Tolerancia a la presión, capacidad de organización. Habilidades de trabajo en equipo y actitud positiva. Adaptación a los cambios y flexibilidad de horarios. Manejo de PC a nivel de usuario. Conocimientos de Internet a nivel de usuario.
* CONDICION INDISPENSABLE: hablar inglés con fluidez
Chile, Santiago, Región Metropolitana

Estudiante A: El/La candidato/a Imagínate que estás a punto de terminar un programa de intercambio en Santiago de Chile. Te gustaría quedarte más tiempo en Chile y por eso estás buscando un trabajo. En una bolsa de trabajo viste dos anuncios de la misma empresa. Enviaste tu currículum vitae y una carta de presentación para los dos puestos, y te han llamado para una entrevista. En preparación para la entrevista, revisa los dos anuncios y la siguiente lista de cosas que quieres preguntarle a la persona que te entreviste.

- ¿horario exacto?
- ¿salario?
- ¿ambiente laboral?

Estudiante B: El/La entrevistador/a Trabajas en el departamento de recursos humanos y hoy vas a tener una entrevista con el/la candidato/a que ha enviado su currículum vitae y una carta de presentación como respuesta a los dos anuncios de la página 483.

- Primero, determina para cuál de los dos trabajos será mejor el/la candidato/a al hacerle preguntas sobre su formación académica, su experiencia laboral y sus características personales.
- Después de concretar uno de los puestos, sigue la entrevista para determinar si esta persona es el/la mejor candidato/a para el puesto en cuestión.

A continuación, para guiarte, tienes una lista de preguntas comunes para entrevistas de trabajo. Tendrás que adaptar y personalizar las preguntas, según cómo reaccione y responda la persona entrevistada. También tendrás que responder a cualquier pregunta que tenga el/la candidato/a.

LA EMPRESA

✓ ¿Cómo nos conoció?
✓ ¿Qué sabe de nuestra empresa?
✓ ¿Por qué quiere Ud. trabajar con nosotros?

EL TRABAJO

✓ ¿Se considera un/a candidato/a capaz de desempeñar *(carry out)* este puesto?
✓ ¿Cómo se relaciona con sus compañeros de trabajo?
✓ ¿Qué cualidades definen a un/a buen/a jefe/a?
✓ ¿Qué opina de trabajar bajo mucha presión?
✓ A la hora de trabajar en equipo, ¿qué papel suele desempeñar?
✓ ¿Qué es para usted lo más importante de un puesto de trabajo?

LA CARRERA PROFESIONAL

✓ ¿Por qué eligió este sector / esta profesión?
✓ ¿Trabajaba mientras completaba sus estudios? ¿En qué?
✓ ¿Cuáles son sus objetivos profesionales a corto / medio / largo plazo?

FINALMENTE

¿Tiene alguna duda? ¿Quiere hacerme alguna pregunta?

¿Al terminar, ¿crees que el/la entrevistador/a te va a hacer una oferta de trabajo? ¿Por qué sí? ¿Por qué no?

12-27 Tu futuro profesional Comenta con un/a compañero/a tus planes profesionales para el futuro. Hablen de los siguientes temas:

1. qué trabajo quieres hacer
2. con qué empresa quieres trabajar
3. en qué lugar quieres trabajar
4. cuánto dinero quieres ganar
5. qué beneficios esperas tener
6. cómo quieres que sean tus compañeros de trabajo

Comparte con el resto de la clase el contenido de tu conversación con tu compañero/a.

Enfoque estructural *El subjuntivo: Un repaso*

In the **Primera** and **Segunda etapas** you learned that the subjunctive is used in sentences that (1) have more than one clause, (2) have a different subject in each clause, and (3) indicate wish, desire, or emotion in the main clause. You will recall that the two parts of the sentence are connected by the word **que.**
Remember that for most verbs, the present subjunctive is formed by removing the **o** of the **yo** form of the present indicative tense and adding the following endings:

Los verbos en -ar		Los verbos en -er		Los verbos en -ir	
hablar → habl-o		**comer → com-o**		**escribir → escrib-o**	
habl**e**	habl**emos**	com**a**	com**amos**	escrib**a**	escrib**amos**
habl**es**	habl**éis**	com**as**	com**áis**	escrib**as**	escrib**áis**
habl**e**	habl**en**	com**a**	com**an**	escrib**a**	escrib**an**

Remember that there are many verbs in Spanish that have irregular present tenses. The verbs that are irregular in the indicative are also irregular in the subjunctive. Below are some common verbs that undergo changes when conjugated in the present indicative and subjunctive.

- Verbs that have a **-go** ending in the **yo** form of the present indicative. To form the present subjunctive, drop the **-o** of the **yo** form and add the same endings you would for any **-ar, -er,** or **-ir** verb:

decir → dig-o   dig**a**, dig**as**, dig**a**, dig**amos**, dig**áis**, dig**an**

- Verbs that end in **-car, -gar,** and **–zar**. To form the present subjunctive, you will also need to make minor spelling changes to maintain the original sounds of the **c, g,** and **z**:

practicar → practi**qu**e, practi**qu**es, practi**qu**e, practi**qu**emos, practi**qu**éis, practi**qu**en

llegar → lle**gu**e, lle**gu**es, lle**gu**e, lle**gu**emos, lle**gu**éis, lle**gu**en

cruzar → cru**c**e, cru**c**es, cru**c**e, cru**c**emos, cru**c**éis, cru**c**en

- Stem-changing verbs that end in **-ar** and **-er** have the same stem changes (**e → ie, o → ue**) in the present indicative and in the present subjunctive. The stem change occurs in all forms except **nosotros/as** and **vosotros/as.**

pensar (ie) → **pie**nse, **pie**nses, **pie**nse, pensemos, penséis, **pie**nsen

volver (ue) → **vue**lva, **vue**lvas, **vue**lva, volvamos, volváis, **vue**lvan

- Stem-changing verbs that end in **-ir** have the same stem changes (**e → i, e → ie, o → ue**) in the present indicative and in the present subjunctive. The **nosotros/as** and **vosotros/as** forms do *not* have a stem change in the present indicative forms, but they do in the present subjunctive (**e → i** and **o → u**).

pedir (i, i) → **pi**da, **pi**das, **pi**da, **pi**damos, **pi**dáis, **pi**dan

sentir (ie, i) → **sie**nta, **sie**ntas, **sie**nta, **si**ntamos, **si**ntáis, **sie**ntan

dormir (ue, u) → **due**rma, **due**rmas, **due**rma, **du**rmamos, **du**rmáis, **due**rman

- A few verbs have completely irregular forms in the present subjunctive. The subjunctive forms of **dar, estar, haber, ir, saber** and **ser** are irregular:

> **dar** → dé, des, dé, demos, deis, den
> **estar** → esté, estés, esté, estemos, estéis, estén
> **haber** → haya, hayas, haya, hayamos, hayáis, hayan
> **ir** → vaya, vayas, vaya, vayamos, vayáis, vayan
> **saber** → sepa, sepas, sepa, sepamos, sepáis, sepan
> **ser** → sea, seas, sea, seamos, seáis, sean

El subjuntivo con expresiones de voluntad

You have already learned several expressions that require the *subjunctive* **(querer, es necesario,** among others). All of these expressions convey a feeling (a transferring of will) that influences the action of the verb in the **que** clause **(Quiero que tú estudies. / Es necesario que estudies.).** Due to the effect of these verbs and expressions on the verb in the **que** clause, the verb in the **que** clause must be in the subjunctive.

In addition to those that you have already learned (page 460), here are a few other common verbs that trigger the use of the subjunctive:

esperar *to hope*
insistir en *to insist on*
mandar *to order*
prohibir *to forbid, to prohibit*

Another expression that you will often encounter in Spanish is **ojalá (que).** It means *I hope (that).* It is normally used as an exclamation and is always followed by a verb in the subjunctive.

—¿Vas de viaje este fin de semana?
—Are you going on a trip this weekend?
—¡**Ojalá (que)** pueda ir!
*—**I hope (that)** I can go!*

Vamos de vacaciones. **Ojalá (que)** haga buen tiempo.
*We are going on vacation. **I hope (that)** the weather is good.*

Práctica

12-28 El profesor insiste en que... El profesor de español es muy exigente, y hoy más que nunca. Indica lo que el profesor quiere que hagan tú y tus compañeros de clase. Haz oraciones según el modelo.

MODELO Yo repito la respuesta.
El profesor insiste en que yo repita la respuesta.

1. Tú haces la tarea.
2. Ella trae el libro a clase.
3. Juan no duerme durante la clase.
4. Salimos después de la clase.
5. Sara busca la tarea.
6. Piensas antes de hablar.

12-29 Los deseos del/de la jefe/a ¿Has sido jefe/a alguna vez? ¿Qué tipo de jefe/a eres? Imagínate que tienes un puesto importante y que hay varios empleados que trabajan para ti. Escribe de seis a ocho instrucciones que tienes que darles a tus empleados. Utiliza diferentes expresiones de voluntad y deseo.

12-30 ¿Con quién...? Tienes muchos planes para los próximos días. Trabaja con un/a compañero/a de clase. Cuando tu compañero/a te pregunte qué vas a hacer, contesta usando la expresión **ojalá que.**

MODELO comer mañana
—*¿Con quién vas a comer mañana?*
—*¡Ojalá que coma con Yara!*

1. estudiar mañana
2. bailar mañana
3. caminar a clase
4. cenar el viernes por la noche
5. mirar la televisión esta noche
6. escuchar mi disco compacto nuevo
7. viajar a Chile el próximo verano
8. asistir al concierto el próximo sábado

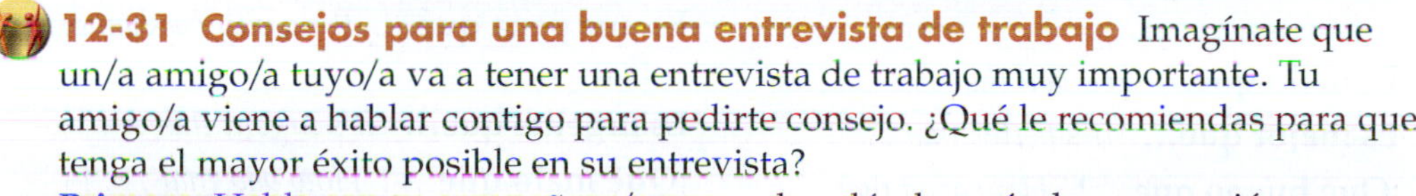

12-31 Consejos para una buena entrevista de trabajo Imagínate que un/a amigo/a tuyo/a va a tener una entrevista de trabajo muy importante. Tu amigo/a viene a hablar contigo para pedirte consejo. ¿Qué le recomiendas para que tenga el mayor éxito posible en su entrevista?
Primero: Habla con tu compañero/a para saber dónde, cuándo y con quién va a ser la entrevista.
Segundo: Dale cuatro o cinco consejos adecuados.
Tercero: Reacciona ante los comentarios / respuestas de tu compañero/a.

12-32 Conversaciones entre colegas En uno de los descansos durante el trabajo, dos colegas están charlando. Parece que uno de ellos tiene algunos problemas en el trabajo y necesita consejos.
Primero: Decidan qué trabajo está haciendo la persona con los problemas.
Segundo: Inicien la conversación durante el descanso en la cafetería.
Tercero: Comparte tus problemas con tu colega.
Cuarto: Dale cuatro o cinco consejos a tu compañero para mejorar la situación.

12-33 Recomendaciones para las personas que quieren ser... Trabajen en grupos de tres estudiantes para elaborar recomendaciones adecuadas para las personas que quieran desempeñar (*carry out*) bien las siguientes profesiones:

- jardinero/a
- cartero/a
- cirujano/a
- soldado
- auxiliar de vuelo

Al terminar, compartan sus recomendaciones con la clase.

Enfoque estructural *Más repaso del subjuntivo: Expresiones de emoción y los verbos reflexivos*

Heinle iRadio: To hear more about the **Subjunctive Mood**, visit academic.cengage.com/spanish.

You have learned about the use of the subjunctive in **que** clauses after verbs and impersonal expressions of emotion. Let's review the expressions you have studied thus far:

alegrarse de *to be happy about something*
***alegrar** *to make (someone) happy*
***encantar** *to delight, love*

***entristecer** *to sadden*
sentir (ie, i) *to feel sorry*

***extrañar** *to surprise*
***horrorizar** *to horrify*
***sorprender** *to surprise*
temer *to fear*

***molestar** *to bother*
***repugnar** *to disgust*

Nota gramatical

Those verbs marked with an asterisk * are conjugated like the verb **gustar**.

Es bueno que... *It's good that . . .*
Es curioso que... *It's odd that . . .*
Es extraño que... *It's strange that . . .*
Es impresionante que... *It's impressive that . . .*
Es increíble que... *It's incredible that . . .*
Es malo que... *It's bad that . . .*
Es mejor que... *It's better that . . .*
¡Qué bueno que... ! *How good that . . .*
¡Es peor que... ! *It's worse that . . . !*
Es raro que... *It's odd that . . .*
Es ridículo que... *It's ridiculous that . . .*
Es terrible que... *It's terrible that . . .*
Es una lástima que... *It's a shame that . . .*
Es una pena que... *It's a pity / a shame that . . .*
Es urgente que... *It's urgent that . . .*
¡Qué malo que... ! *How bad that . . . !*

Adding to your repertoire, here are some additional impersonal expressions that convey emotion and thus, require the subjunctive:

¡Qué fenomenal que... ! *How great that . . . !*
¡Qué increíble que... ! *How incredible that . . . !*
¡Qué interesante que... ! *How interesting that . . . !*
¡Qué maravilla que... ! *How wonderful that . . . !*
¡Qué raro que... ! *How weird that . . . !*
¡Qué vergüenza que... ! *What a disgrace that . . . !*

If the verb in the dependent clause is a reflexive verb, rest assured that it will behave like any other regular verb. It will be conjugated in the subjunctive when used in a **que** clause after a verb or an expression of will, desire, or emotion.

¡Qué increíble que te levantes tan temprano los domingos!	***How incredible that*** *you* ***get up*** *so early on Sundays!*
¡Qué maravilla que tus amigos **se acuesten** tan temprano durante la semana!	***How wonderful that*** *your friends* ***go to bed*** *so early on weekdays!*

Práctica

12-34 ¡Qué increíble! Mientras charlas con un/a compañero/a de trabajo, compartes algunos chismes sobre tus colegas. Tu compañero/a reacciona ante esa información con una expresión de emoción y con una oración completa. Sigan el modelo.

MODELO María se levanta muy tarde los fines de semana.
¡Qué maravilla que María se levante tarde los fines de semana!

1. Ricardo se levanta a las cinco y media todos los días.
2. Inés y Pancho no se duchan todos los días.
3. Marta no se maquilla todos los días.
4. Carla no se afeita las piernas.
5. Teresa no se viste muy bien.
6. Isabel no se peina muy bien.
7. Rebeca no se lava los dientes después de comer.

12-35 Mi primer día... Hoy ha sido tu primer día en un nuevo trabajo. Al volver a casa, compartes tus impresiones del trabajo con tus compañeros/as de apartamento. Ellos reaccionan ante la información que les das, usando las siguientes expresiones u otras de la página 488.

¡Qué raro que... !
¡Qué vergüenza que... !
¡Qué maravilla que... !
¡Qué interesante que... !
¡Qué increíble que... !
¡Qué fenomenal que... !

- Mis colegas parecen muy simpáticos.
- Hay un buen lugar para comer en el edificio.
- Uno de mis colegas fuma y sale de su oficina constantemente.
- El sueldo es muy competitivo.
- Nos pagan cada dos semanas.
- Y nos dan una paga extra en vacaciones.
- Me gusta el trabajo que estoy haciendo.
- ...

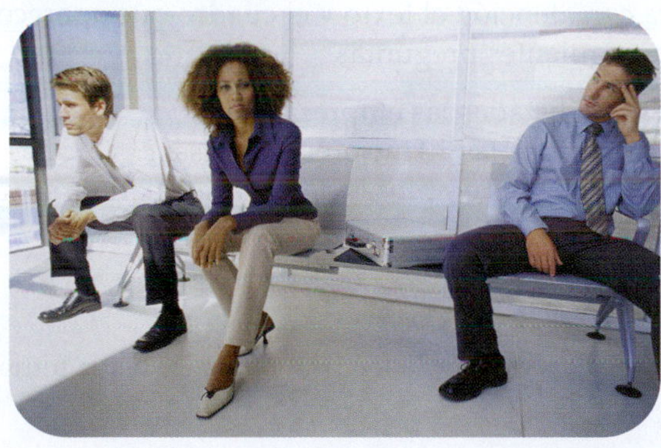

Vamos a leer

Análisis: Las 100 mejores empresas para trabajar en América Latina

Antes de leer

Anticipación Antes de leer los resultados de una investigación sobre las mejores empresas para trabajar en América Latina, lee el siguiente texto y contesta las preguntas que siguen.

> Great Place to Work® Institute, una firma de investigación y consultoría con oficinas en 25 países en todo el mundo, anunció la primera lista de las 100 mejores empresas en América Latina. Los lugares de trabajo fueron valorados por la calidad del ambiente de trabajo, determinado tanto por los empleados del Instituto como por los propios empleados de las empresas. Los empleados del Instituto analizaron las políticas y prácticas de las empresas y reportaron sus resultados en Great Place to Work® Culture Audit©. Los empleados dieron sus opiniones sobre sus propias organizaciones y los resultados fueron publicados en el Great Place to Work® Trust Index©.
>
> Las empresas fueron seleccionadas de un grupo de casi 900, incluyendo empresas tanto privadas como públicas, agencias de gobierno y ONGs. Cerca de 160.000 empleados de América Latina, inclusive Argentina, Brasil, Chile, Colombia, México, Perú y Uruguay participaron en este estudio. De éstos, cerca de 110.000 empleados completaron los cuestionarios.

1. ¿Cómo determinó el Great Place to Work® Institute qué empresas merecían *(deserved)* ser incluídas en la lista?
2. ¿De entre cuántas empresas fueron seleccionadas las 100 mejores empresas?
3. ¿Cuántos empleados compartieron sus opiniones sobre sus lugares de trabajo con el Great Place to Work® Institute?
4. De entre las Top 10 mejores empresas calificadas, se encuentra una de las siguientes empresas. ¿Cuáles son? ¡Trata de adivinar!

Guía para la lectura

Comprensión Mira con atención el texto y el cuadro que aparecen a continuación. Después, contesta las siguientes preguntas.

1. ¿En qué orden están listadas las empresas?
2. ¿Cómo están señalizadas las 10 mejores empresas?
3. ¿Cuáles son las 10 mejores empresas de América Latina, según la investigación? ¿En qué países están?

Al fin y al cabo

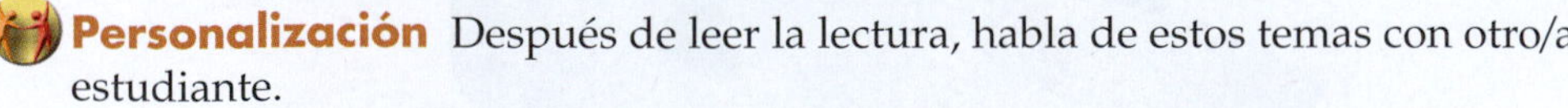

Personalización Después de leer la lectura, habla de estos temas con otro/a estudiante.

1. ¿Te sorprenden los resultados de la investigación? ¿Por qué sí o por qué no?
2. ¿Cuáles de las 10 mejores empresas conocías? ¿Alguna tiene una oficina en tu ciudad?
3. ¿Qué otras empresas de la lista conoces? ¿Te gustaría trabajar para alguna de ellas? ¿En qué país?

Lista de las 100 Mejores Empresas en América Latina

Los 100 lugares de trabajo se reconocen por su esfuerzo de crear una alta calidad de ambiente de trabajo. Las organizaciones están listadas en orden alfabético. Las 10 mejores empresas están indicadas en **negrita** *(bold)*:

Empresa	País(es)
3M	Brasil y Chile
AC NIELSEN	Chile
ADT SECURITY SERVICES	Chile
AES SUL	Brasil
AFP HORIZONTE	Perú
AFP SUMMA BANSANDER	Chile
GRUPO ALCOA	Brasil y Perú
ALGAR	Brasil
AMANCO	Brasil
ARVINMERITOR (CVS)	Brasil
ARVINMERITOR (EXHAUST)	Brasil y México
BANEFE	Chile
BANKBOSTON	Perú
BECTON DICKINSON	Argentina
BELCORP (EBEL INTERNATIONAL)	Colombia
BELGO MINEIRA	Brasil
BELLSOUTH	Chile y Colombia
BOEHRINGER INGELHEIM	Brasil y México
BRASA DESARROLLOS	México
BRASILCENTER	Brasil
BRISTOL-MYERS SQUIBB	Brasil
CADBURY ADAMS COLOMBIA	Colombia
CEASAR PARK HOTEL FORTALEZA	Brasil
CARAÍBA METAIS	Brasil
CARGILL	Brasil
CHRISTIAN HANSEN	Argentina
COBAFI	Brasil
COCA COLA	Chile
COLGATE-PALMOLIVE	Argentina
CORPORACIÓN CORMÍN	Perú
CPFL	Brasil
CREDICARD	Brasil
DELOITTE	Uruguay
ELI LILLY DE MÉXICO	México
EMBRACO	Brasil
ENAEX	Chile
ERNST & YOUNG	Perú
FEDERAL EXPRESS	Argentina, Brasil, Chile y México
FEMSA	México
FLORESTAL ALIMENTOS	Brasil
FMC FOODTECH	Brasil
GAZIN	Brasil
GLAXOSMITHKLINE	Chile y Colombia
HERBARIUM	Brasil
INGRAM MICRO	Chile
INTELBRAS	Brasil
INTERBANK	Perú
INTERCONEXIÓN ELÉCTRICA (ISA)	Colombia
INTERPROTECCIÓN AGENTES DE SEGUROS Y FIANZAS	México
J & V RESGUARDO	Perú
JW MARRIOTT HOTEL & STELLARIS CASINO LIMA	Perú

Empresa	País(es)
KODAK	Brasil y Chile
LANDIS+GYR	Brasil
MAGAZINE LUIZA	Brasil
MARCOPOLO	Brasil
MC DONALD'S	Argentina, Brasil, México y Uruguay
MERCER HUMAN RESOURCES CONSULTING	México, Chile y Perú
MERCK	Chile, México y Perú
MERCH SHARP & DOHME	Argentina, Brasil, Chile,
MICROSOFT	México, Perú y Uruguay
MINERAÇÃO CORUMBAENSE REUNIDA	Brasil
MONSANTO	Argentina & Brasil
MULTIBRÁS	Brasil
NATURA	Brasil y Perú
NEXTEL DEL PERÚ	Perú
NOVASALUD EPS	Perú
NOVO NORDISK	Argentina
O BOTICÁRIO	Brasil
ORGANON	Brasil
OWENS CORNING	Brasil
PÃO DE AÇÚCAR	Brasil
PARQUE XEL-HÁ	México
PELLEGRINO	Brasil
PETROQUÍMICA TRIUNFO	Brasil
PORMADE	Brasil
PROCTER & GAMBLE	Argentina, Chile, Colombia y Perú
PROMON	Brasil
RANDON	Brasil
REAL ABN AMRO	Brasil
REDECARD	Brasil
RENAISSANCE SÃO PAULO	Brasil
REXAM CAN DO BRASIL	Brasil
RM SISTEMAS	Brasil
SANCELA	México
SAP	Argentina, Brasil y México
SAT	Brasil
SC JOHNSON & SON	Argentina y México
SERASA	Brasil
SHERATON IGUAZU	Argentina
SKANDIA COLOMBIA GROUP	Colombia
SLC AGRICOLA	Brasil
T.W. ESPUMAS	Brasil
TELVISTA	México
TIGRE	Brasil
TODESCHINI	Brasil
UNIMED VALES DO TAQUARI E RIO PARDO	Brasil
VISANET	Brasil y Perú
WEG	Brasil
WYETH	México
ZANZINI	Brasil

REPASO

12-36 Los amigos de verdad ¿Cómo defines a un amigo? ¿Cuál es la diferencia entre un **conocido** y un **amigo?** Compara tu definición y tus experiencias con un/a compañero/a de clase, contestando las siguientes preguntas y comparando sus respuestas.

1. ¿Cómo defines la palabra **amigo?**
2. ¿Quién es tu mejor amigo/a?
3. ¿Desde cuándo se conocen?
4. ¿Se ven con frecuencia?
5. ¿Con qué frecuencia se escriben mensajes electrónicos?
6. ¿Cuándo se llaman por teléfono?

12-37 Espero que... Ésta ha sido una semana difícil y te gustaría recibir ayuda. Indica lo que esperas que hagan las siguientes personas. Forma oraciones según el modelo.

MODELO mi compañero de cuarto / limpiar
Espero que mi compañero de cuarto limpie la habitación.

1. mi profesor/a de español / explicar
2. mis padres / enviar
3. mi consejero / ayudar
4. mis amigos / salir
5. mi novio/a / ir
6. mi hermano/a / regalar
7. mis compañeros de clase / estar
8. mi equipo favorito / ganar

12-38 ¿Qué es necesario? Trabaja con un/a compañero/a de clase y hagan una lista de tres cosas que una persona necesita hacer y tres cosas que no necesita hacer para mantener una relación de pareja. Al terminar, compartan su información con la clase.

MODELO *Es necesario que las dos personas de la pareja se lleven bien.*
Es necesario que no sean infieles.

12-39 ¡Nos queremos mucho! Trabaja con un/a compañero/a de clase. Una persona debe leer la información a continuación para el/la Estudiante A y la otra para el/la Estudiante B.

Estudiante A Piensa en una persona importante en tu vida (tu madre, tu padre, tu novio/a, tu hermano/a, tu mejor amigo/a...). Cuéntale a un/a compañero/a de clase cómo es tu relación con esa persona y utiliza todos los verbos de la lista que puedas para expresar las cosas que hacen recíprocamente: **abrazarse, despedirse, quererse, ayudarse, escribirse, respetarse, besarse, hablarse, saludarse, llamarse por teléfono, verse** y **darse la mano.**

Estudiante B Tu compañero/a va a describirte cómo es su relación con una persona importante en su vida. Reacciona ante lo que te cuente, usando las siguientes expresiones:
¡Qué fenomenal que... !, ¡Qué increíble que... !, ¡Qué interesante que... !, ¡Qué maravilla que... !, ¡Qué raro que... !, ¡Qué lástima que... !, ¡Qué bueno que... !, Es bueno que..., Es curioso que..., Es malo que... y **Es ridículo que...**

12-40 ¿Somos compatibles? Un/a compañero/a de clase quiere saber más de ti. Completa las siguientes oraciones con información personal y después compáralas con las de tu compañero/a. ¿Tienen mucho en común?

1. Me alegro de que...
2. Siento que...
3. Me gusta que...
4. Me sorprende que...
5. Me molesta mucho que...
6. No me gusta que...

VOCABULARIO

The **Vocabulario** consists of all new words and expressions presented in the chapter. When reviewing or studying for a test, you can cover up the English and go through the list to see if you know the meaning of each item.

Enfoques léxicos *Lexical focuses*

A conocer gente y hacer amigos	*Meeting people and making friends* (p. 458)
Las bodas	*Weddings* (p. 470)
Hablar del trabajo	*Talking about work* (p. 482)

Relaciones con amigos *Relationships with friends*

aceptar	*to accept*
apoyar	*to support*
atento/a	*attentive*
celoso/a	*jealous*
compartir	*to share*
comprensivo/a	*understanding*
confiar (en)	*to trust, to confide (in)*
confiable	*trustworthy*
contar (ue) con	*to count on*
dar consejos	*to give advice*
desconfiado/a	*distrustful, suspicious*
egoísta	*selfish*
envidioso/a	*envious*
estar dispuesto/a a…	*to be ready, willing to*
falso/a	*insincere, two-faced*
leal	*loyal*
llevarse bien / mal (con)	*to get along well / poorly (with)*
paciente	*patient*
preocuparse (por)	*to worry (about)*
presumido/a	*conceited, full of oneself*
respetuoso/a	*respectful*
sincero/a	*sincere*
tolerante	*tolerant*

Relaciones de pareja *Romantic relationships*

abrazar(se)	*to hug (each other)*
adoptar	*to adopt*
el amor (a primera vista)	*love (at first sight)*
el anillo de compromiso	*engagement ring*
besar(se)	*to kiss (each other)*
el cariño	*affection*
casarse (con)	*to get married (to)*
el compromiso	*engagement*
conocer(se)	*to meet (each other)*
desenamorarse (de)	*to fall out of love (with)*
divorciarse (de)	*to get divorced (from)*
el divorcio	*divorce*
enamorarse (de)	*to fall in love (with)*
estar comprometido/a	*to be engaged*
el matrimonio	*marriage*
el noviazgo	*courtship*
la pareja	*couple*
proponerle matrimonio a alguien	*to ask someone to marry you*
querer(se)	*to love each other*
reconciliarse	*to reconcile*
la reconciliación	*reconciliation*
romper (con)	*to break up (with)*
la ruptura	*break-up*
salir (con)	*to go out (with)*
separarse (de)	*to separate (from)*
ser fiel / infiel	*to be faithful / unfaithful*
ser novios	*to be dating, going out*
tener una familia	*to have a family*
tener la primera cita	*to go on a first date*
vivir juntos	*to live together*

Relaciones laborales *Professional relationships*

el/la auxiliar de vuelo	*flight attendant*
el/la cajero/a	*cashier*
el/la cartero/a	*postman/woman*
el/la cirujano/a	*surgeon*
el/la comerciante	*merchant*
el/la electricista	*electrician*
el/la jardinero/a	*gardener*
el/la mecánico/a	*mechanic*
el/la piloto	*pilot*
el/la psiquiatra	*psychiatrist*
el/la recepcionista	*receptionist*
el/la secretario/a	*secretary*
el/la soldado	*soldier*
el/la técnico/a	*technician*
el/la vendedor/a	*salesman/woman*

13 Las artes en el mundo hispano

CHAPTER OBJECTIVES

In **Capítulo 13,** you will . . .

- explore and talk about about the plastic arts, the interpretative arts, architecture, and popular art in the Spanish-speaking world
- further develop your understanding of the subjunctive mood
-  watch as the roommates work together to create a work of art
- read "El eclipse" by Augusto Monterroso

PRIMERA ETAPA: LAS ARTES PLÁSTICAS

Functions
- describe and evaluate the plastic arts
- express opinions and react in belief or disbelief to the opinions of others

SEGUNDA ETAPA: LAS ARTES INTERPRETATIVAS Y LA ARQUITECTURA

Functions
- discuss and evaluate interpretive arts and architectural structures
- describe ideal items and situations

TERCERA ETAPA: EL ARTE POPULAR Y LA ARTESANÍA

Functions
- discuss and share preferences regarding different types of folk art and handicrafts
- express the circumstances in which actions take place
- talk about future actions or occurrences

Una fuente en la Alhambra (Granada, España)

Cortés en Veracruz, Diego de Rivera

Tools

- Vocabulary for:
  - types of plastic arts
  - adjectives, tools, and materials associated with the plastic arts
- Grammatical structures:
  - the subjunctive with expressions of doubt and uncertainty
  - expressions of certainty

Comentarios culturales: El muralismo mexicano

Tú dirás: Una presentación de dos cuadros

Vamos a escuchar: No es lo que crees

Tools

- Vocabulary for:
  - interpretive arts
  - architecture
- Grammatical structures:
  - the subjunctive with expressions of emotion
  - the subjunctive and impersonal expressions of emotion

Comentarios culturales: El Guggenheim Bilbao

Tú dirás: Un crucigrama

Vamos a ver: Una visión artística

Tools

- Vocabulary for:
  - folk art and handicrafts
- Grammatical structures:
  - conjunctions with the subjunctive and with infinitives
  - the subjunctive with adverbial expressions that indicate future actions or occurrences

Vamos a leer: El eclipse

Para empezar: Las artes plásticas

Preparación: Piensa en estas preguntas al empezar la etapa:

- ¿Te gustan las artes plásticas (la pintura, la escultura, el dibujo, etc.)?
- ¿Quiénes son tus artistas favoritos? ¿Cómo es su arte?

Unas personas frente a un mural en la Ciudad de México

Un artista crea su propia versión de un cuadro del Museo del Prado de Madrid

Una estatua inca en Puno, Perú

Para hablar de las artes plásticas

el autorretrato	*self-portrait*	**la pintura**	*painting, act of painting*
el cuadro	*picture, painting*	**a la acuarela**	*watercolor painting*
el dibujo	*drawing, act of drawing*	**al óleo**	*oil painting*
el/la escultor/a	*sculptor*	**el/la pintor/a**	*painter*
la escultura	*sculpture, act of sculpting*	**el retrato**	*portrait*
la estatua	*statue*	**el tema**	*theme*
el mural	*mural*	**dibujar**	*to draw*
el muralismo	*mural art, muralism*	**esculpir**	*to sculpt*
el/la muralista	*mural artist*	**exponer**	*to exhibit*
la obra de arte	*work of art*	**pintar**	*to paint*

Para describir las artes plásticas

abstracto/a	*abstract*	**realista**	*realistic, realist*
idealista	*idealistic*	**surrealista**	*surrealistic, surrealist*
impresionista	*impressionist*	**tradicional**	*traditional*
moderno/a	*modern*		

Las herramientas y los materiales

el aceite	*oil*	**el lienzo**	*canvas*
el barro/arcilla	*clay*	**el muro**	*wall*
el bronce	*bronze medal*	**la paleta**	*palette*
el caballete	*easel*	**la piedra**	*stone*
los lápices de colores	*colored pencils*	**el pincel**	*paintbrush*

Práctica

13-1 Las artes plásticas ¿Entiendes la jerga de las artes plásticas? Trabaja con un/a compañero/a para evaluar sus conocimientos sobre las artes. Selecciona una definición de las que aparecen a continuación e invita a tu compañero/a decir la palabra que le corresponde.

1. la escultura
2. la pintura a la acuarela
3. un cuadro
4. la pintura al óleo
5. un mural

a. la pintura o decoración que se hace o coloca sobre la superficie de un muro
b. arte y técnica de representar objetos o crear figuras en tres dimensiones, usando materiales como barro, piedra o bronce
c. el resultado de la actividad que hace un pintor. Normalmente se coloca en un marco *(frame)*.
d. técnica para pintar, normalmente sobre lienzo, en la que se emplean colores disueltos en aceite
e. la pintura sobre papel o cartulina con colores diluidos en agua; los colores utilizados son transparentes

13-2 Descripciones y preferencias En grupos de tres estudiantes, compartan sus ideas sobre el arte. Observen con atención las tres obras que aparecen a continuación. Cada estudiante va a seleccionar una de las obras para describírsela lo más detalladamente posible a los otros miembros del grupo.

En tu descripción, incluye lo siguiente:

- el tipo de arte plástico
- el estilo (realista, abstracto/a, etcétera)
- los colores
- los materiales
- tus impresiones y tu opinión personal acerca de la obra (¿Te gusta o no? ¿Te parece interesante? ¿Te dice algo? ¿Por qué sí o por qué no?)

Al terminar, determinen cuál de las tres obras es la preferida del grupo y por qué. Estén listos para compartir su selección y razonamiento con la clase.

Estatua de Cervantes en la Plaza de España, Madrid

Arte abstracto en Guadalupe

Un mural en San Francisco

Comentarios culturales

El muralismo mexicano

Antes de leer

A veces los artistas crean murales enormes en sitios públicos para que toda la gente —no solamente la élite que visita los museos de arte— los pueda ver y apreciar. Esta lectura se trata del muralismo mexicano, un movimiento artístico del siglo XX.

Anticipación de la lectura ¿Qué esperas encontrar en esta lectura? Contesta las siguientes preguntas.

1. ¿Hay algún mural en la universidad donde estudias?
2. ¿Cuál es el tema del mural?
3. ¿Qué sabes sobre el arte público?
4. ¿Has visto algún mural en tu ciudad o tu pueblo?

Estudio de palabras Trata de adivinar el significado de las siguientes palabras que aparecen en la lectura sobre el muralismo mexicano. ¡Vas a ver algunos cognados! Para buscar ayuda con las palabras que no sean cognados, empareja las palabras de la primera columna con su equivalente en inglés.

1. pilares
2. obtuvo
3. prerrenacentista
4. en boga
5. temporada
6. debido a
7. extranjera
8. renacimiento

a. *season, period of time*
b. *because of*
c. *rebirth*
d. *pre-Renaissance* (adj.)
e. *foreign*
f. *pillars*
g. *obtained*
h. *in vogue, in style*

Guía para la lectura

Un esquema *(outline)* Primero, lee la lectura muy rápido y haz una lista de todas las fechas que encuentres en ella. Ahora, completa el siguiente esquema que se basa en la lectura sobre el muralismo mexicano. ¿Cuáles son los eventos y las fechas clave del movimiento muralista de México?

El muralismo mexicano

1. Diego Rivera
   - **a.** ______________ 1886
   - **b.** Con otros artistas fundó un movimiento pictórico en 1921.
   - **c.** ______________ 1957
2. ______________
   - **a.** Nació en Chihuahua el 29 de diciembre de 1896.
   - **b.** ______________ 1971
   - **c.** ______________ 1974
3. ______________
   - **a.** ______________ 1883
   - **b.** ______________ 1927
   - **c.** Murió el 7 de septiembre de 1949.

¿Qué sabes del muralismo? Ahora, con la información que ya tienes, lee el texto sobre el muralismo y después contesta estas preguntas.

1. ¿Quiénes son los tres muralistas mexicanos más importantes?
2. ¿Quién era el mayor? ¿Quién era el menor?
3. ¿Quién fue Giotto?
4. ¿Quién pintó algunos murales en Detroit?
5. ¿Quién pintó algunos murales en Dartmouth College?
6. ¿Qué influencia tuvo el Dr. Atl en los muralistas?
7. ¿Cuál de los muralistas empezó más polémicas y fue encarcelado por sus ideas?

Al fin y al cabo

Usa la información de la lectura para escribir un informe breve sobre uno de los muralistas mexicanos. Busca información adicional en Internet si lo crees necesario. Después, escoge una de las pinturas de las páginas 500 y 501 y descríbela detalladamente para ilustrar tu informe. Prepárate para presentar tu informe en clase.

El Muralismo Mexicano

Diego Rivera, *Cortés en Veracruz*

El arte de Diego Rivera constituye[1] uno de los pilares sobre los que se basa el muralismo mexicano. Rivera nació en la ciudad de Guanajuato, el 8 de diciembre de 1886. Después del traslado[2] a la capital mexicana cuando tenía diez años, obtuvo una beca del gobierno para asistir a la Academia de Bellas Artes. Más tarde pasó unos años en Europa, donde investigó la técnica mural del pintor italiano prerrenacentista Giotto, cuya influencia le hizo apartarse[3] del cubismo, un movimiento artístico que estaba en boga durante aquella época. En 1921 regresó a México y fundó[4], junto con David Alfaro Siqueiros y José Clemente Orozco, un movimiento pictórico conocido como la escuela mexicana de pintura. Durante estos años pintó varios murales en México y con la expansión de su fama expuso[5] algunas obras en Nueva York. Después de esta exhibición recibió el encargo[6] de pintar grandes murales en el Instituto de Arte en Detroit y uno en Rockefeller Center. El tema principal de Rivera era la lucha de las clases populares y de los indígenas. Su última obra, un mural épico sobre la historia de México, quedó incompleta cuando murió en la Ciudad de México el 25 de noviembre de 1957.

Otro pilar de este movimiento artístico fue David Alfaro Siqueiros, que nació en Chihuahua el 29 de diciembre de 1896. Después de iniciar sus estudios artísticos en la Ciudad de México, pasó una temporada en Europa con el objeto de ampliar[7] su formación. Los temas de las obras de Siqueiros son el sufrimiento[8] de la clase obrera, el conflicto entre el socialismo y el capitalismo y la decadencia de la clase media. El arte para Siqueiros era un arma[9] que se podía utilizar para el progreso del pueblo y un grito[10] que podía inspirar la rebelión

David Alfaro Siqueiros, *Monumento a Cuauhtémoc: el tormento* (1951)

[1]constituye *(constitutes)*; [2]traslado *(move)*; [3]apartarse *(distance himself)*; [4]fundó *(founded)*; [5]expuso *(exhibited)*; [6]encargo *(commission)*; [7]ampliar *(to broaden)*; [8]sufrimiento *(suffering)*; [9]arma *(weapon)*; [10]grito *(cry, shout)*

entre la gente que sufría injusticia y miseria. Durante su vida sufrió varios encarcelamientos[11] y destierros[12] debido a sus actividades políticas, pero esto no impidió que sus murales decoraran importantes edificios públicos en la capital mexicana. Uno de sus últimos trabajos, *Del porfirismo a la revolución,* ocupa una superficie[13] de 4.500 metros cuadrados en el Museo de Historia Nacional. Otro, que mide 4.000 metros cuadrados se llama *La marcha de la humanidad.* Lo terminó en 1971 después de cuatro años de exhaustivo trabajo. Siqueiros murió en Cuernavaca el 6 de enero de 1974.

José Clemente Orozco, Congreso del Estado, 1936–1939

Nota cultural

Padre Hidalgo, shown in Orozco's mural, is considered the father of Mexican independence. On September 16, 1810, he issued the famous "grito de Dolores," declaring Mexico independent from Spain. He was living in Dolores when independence was declared. Mexico's declaration of independence from Spain can easily be compared with that of the 13 colonies from England.

El tercer pilar del muralismo mexicano fue José Clemente Orozco. Éste nació en Ciudad Guzmán, en el estado de Jalisco, el 23 de noviembre de 1883 y, a los siete años se trasladó, con su familia, a la capital. Allí, como estudiante en la Academia de San Carlos, pronto mostró su genio para la pintura. Conoció al Dr. Atl, que animaba[14] a sus compañeros a que dejaran[15] las culturas extranjeras y cultivaran los temas de la tierra mexicana. Orozco pintó grupos de campesinos e imágenes de destrucción, sacrificio y renacimiento después de la Revolución de 1910. Su fama se extendió fuera de México y en 1927 recibió el encargo de pintar un mural para Pomona College en California. En 1932 fue profesor de pintura mural en Dartmouth College, donde hoy día podemos ver varios murales que pintó allí. Orozco murió el 7 de septiembre de 1949 en la Ciudad de México.

[11]encarcelamientos *(imprisonments)*; [12]destierros *(exiles)*; [13]superficie *(surface)*; [14]animaba *(encouraged)*; [15]dejaran *(to abandon)*

Enfoque estructural *El subjuntivo con expresiones de duda y de incertidumbre*

Heinle iRadio: To hear more about the **Subjunctive Mood**, visit academic.cengage.com/spanish.

As you learned in **Capítulo 12**, the subjunctive is used in dependent clauses (after **que**) following expressions of will, desire, and emotion such as **querer que, es necesario que, qué bueno que.** Spanish speakers also use the subjunctive in dependent clauses after expressions that indicate uncertainty or doubt about people, things, or events. Whenever a verb or expression in the main part of a sentence (1) expresses doubt about a person, thing, or event or (2) places it within the realm of possibility or of impossibility, the verb in the dependent clause is used in the subjunctive.

The following are expressions of doubt and uncertainty that are followed by the subjunctive in the dependent clause:

dudar que	*to doubt that*	**no creer que**	*not to believe that*
es dudoso que	*it's doubtful that*	**no es cierto que**	*it's not certain that*
es imposible que	*it's impossible that*	**no es posible que**	*it's not possible that*
es increíble que	*it's incredible that*	**no es probable que**	*it's unlikely that*
es posible que	*it's possible that*	**no es verdad que**	*it's not true that*
es probable que	*it's likely that*	**no estar seguro/a de que**	*to be uncertain that*
puede ser que	*it may be that*	**no pensar que**	*not to think that*
		no puede ser que	*it may not be that*

Dudo que Ramón **entienda** la obra de Frida Kahlo. — ***I doubt*** *that Ramón* ***understands*** *Frida Kahlo's work.*

Es increíble que haya murales de Orozco en Dartmouth. — ***It's incredible that there are*** *murals by Orozco in Dartmouth.*

¿**Es posible que** una pintura **ocupe** 4.500 metros cuadrados? — ***Is it possible that*** *a painting* ***occupies*** *4,500 square meters?*

Puede ser que vayamos a ver el Museo Frida Kahlo mañana. — ***We may go*** *see the Frida Kahlo Museum tomorrow.*

No es probable que Juan **conozca** los murales de Orozco. — ***It's not likely that*** *Juan* ***knows*** *Orozco's murals.*

¡OJO! Note that **dudar que** will always take the subjunctive, whether the subjects of the two clauses are the same or not:

Juan duda que María tenga tiempo para ir a visitar el museo. — ***Juan doubts that María has*** *time to visit the museum.*

Juan duda que (Juan) tenga tiempo para ir a ver los murales. — ***Juan doubts that he has*** *time to go see the murals.*

Práctica

13-3 Algunas dudas Tú y tu amigo están pensado hacer una visita a un museo que tiene murales mexicanos. Completa las oraciones que siguen con el verbo en la forma adecuada para expresar tus dudas sobre la visita.

1. No estoy seguro/a que ______________ (tener, nosotros) tiempo mañana para ver todos los murales.
2. Dudo que en una visita de un día ______________ (poder, nosotros) apreciar toda la riqueza de los murales.
3. Es imposible que ______________ (entender, tú) la magnitud de la obra de los muralistas si no ves muchos ejemplos.
4. Puede ser que ______________ (volver, yo) la semana que viene a visitar el museo y (5)______________ (pasar, yo) más tiempo viendo murales.
6. Es probable que mis amigos ______________ (venir) conmigo.

13-4 ¿Es posible? ¿Es imposible? Escribe una serie de seis a ocho oraciones sobre tus actividades, tus proyectos, tus gustos, etcétera. Algunos comentarios pueden ser ciertos; otros pueden ser exageraciones. Después, comparte tus oraciones con la clase. Tus compañeros de clase van a reaccionar ante lo que dices, usando las expresiones **es posible que, es imposible que, dudo que, es probable que, no creo que, es improbable que,** etcétera. Sigue los modelos.

MODELOS —*Tengo un mural de Orozco en mi casa.*
—***No es posible que tengas** un mural de Orozco en tu casa.*

—*Voy a ver la casa de Frida Kahlo la semana que viene.*
—***Dudo que vayas a ver** la casa de Frida Kahlo la semana que viene.*

13-5 Es posible que... No es posible que... Imagínate que vas a pasar el verano que viene en México con un/a amigo/a. Con un/a compañero/a de clase, decidan qué es posible que pase durante su visita (piensen en cinco cosas) y qué no es posible que pase (piensen en otras cinco cosas). Preséntenle sus hipótesis a la clase y estén preparados para justificar lo que han pensado.

Museo Estudio Diego Rivera en la Ciudad de México

Enfoque estructural *Expresiones de certidumbre*

Heinle iRadio: To hear more about the **Subjunctive Mood**, visit academic.cengage.com/spanish.

In the previous **Enfoque estructural,** you explored the use of the subjunctive with expressions of doubt and uncertainty. In the following examples, you will notice that verbs and expressions such as **creer, pensar, ser cierto,** and **ser verdad** express certainty when they are not negated. You will also notice that, in this case, they require the use of the indicative in the dependent clause.

Creo que el arte de los muralistas **es** único.
Pienso que los cuadros de Orozco **son** muy originales.
Es cierto que los muralistas mexicanos **pintaron** mucho.
Es verdad que Siqueiros **retrató** *(depicted)* el sufrimiento de la clase obrera.

There are many expressions that convey certainty, and all of them will be followed by the indicative. Some frequently used expressions of certainty include:

es evidente	*it's evident*
es innegable	*it's undeniable*
es obvio	*it's obvious*
me/te/le/nos/les parece	*it seems to me/you/him/her/us/them*
opinar	*to think, to have an opinion about*

Note that when asking a question while using **no creer** and **no pensar,** you will use the indicative in the dependent clause when the question does not carrry any doubt:

¿No **crees** que **hace** frío?
¿No **piensas** que **es** bonito?

Yet, you will use the subjunctive in the dependent clause with **creer** and **pensar** when the question carries doubt about the action that follows:

¿**Crees** que **llueva** hoy?
¿**Piensas** que **haga** buen tiempo esta tarde?

The rules governing the use of the subjunctive and the indicative generally leave no room for choice. Asking a question with these verbs—**creer** and **pensar**—remains one of the few situations in which you can choose to use or not use the subjunctive in the dependent clause. Remember that the subjunctive will convey your sense of doubt regarding the question you are asking, while the indicative will leave your question simple and straightforward.

Práctica

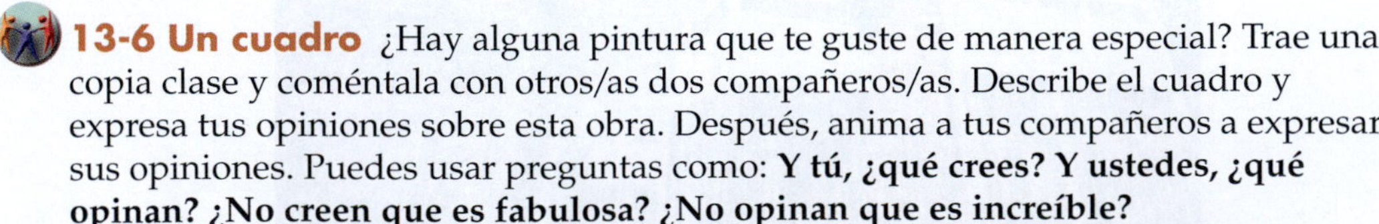

13-6 Un cuadro ¿Hay alguna pintura que te guste de manera especial? Trae una copia clase y coméntala con otros/as dos compañeros/as. Describe el cuadro y expresa tus opiniones sobre esta obra. Después, anima a tus compañeros a expresar sus opiniones. Puedes usar preguntas como: **Y tú, ¿qué crees? Y ustedes, ¿qué opinan? ¿No creen que es fabulosa? ¿No opinan que es increíble?**

13-7 ¿Estamos de acuerdo? Todos tenemos nuestras propias opiniones sobre el arte. Escribe cinco oraciones con expresiones de certidumbre y cinco oraciones con expresiones de duda (página 502) para expresar tu opinión general sobre las obras de arte contemporáneo que se presentan en la actividad **13-8**. Después compara tus opiniones con las de otros dos estudiantes.

Yo creo que... pero mis compañeros creen que...
Los/as tres dudamos que...

13-8 Aquí cuentan tus opiniones En parejas, lean la siguiente información sobre tres importantes pintores españoles: Picasso, Miró y Dalí. Luego completen las oraciones que aparecen después de la información, usando la forma correcta del verbo entre paréntesis. Expliquen sus respuestas y digan si están de acuerdo o no con lo que expresa la oración.

Pablo Picasso, *Retrato de Ambroise Vollard*, 1910

Probablemente el artista español más universal es **Pablo Picasso** (1881–1973). Su obra dejó una profunda huella *(impression)* en la pintura moderna. Entre 1900 y 1906 Picasso pasó por sus períodos azul y rosa. Estas dos épocas se llaman así por las tonalidades predominantes en las obras que pintó durante esos años. Después de esto, junto con Georges Braque, creó el estilo que hoy se conoce como el cubismo. Este movimiento artístico se caracteriza por el uso o predominio de formas geométricas.

Joan Miró, *Mujer y pájaro por la noche*, 1949

La obra de **Joan Miró** (1893–1983) desemboca *(culminates)* en un surrealismo mágico, rico en color. Desde 1948 Miró vivió temporadas en España y en Francia y comenzó una serie de obras de intenso contenido poético cuyos símbolos estaban basados en el tema de la mujer, el pájaro y la estrella *(star)*. En las obras de Miró podemos ver un juego de colores brillantes, contrastes fuertes y líneas que sólo sugieren imágenes. Su abundante obra representa la búsqueda de un lenguaje artístico abstracto, con el que intentaba plasmar *(he tried to capture)* la naturaleza, tal como la vería *(would see)* un hombre primitivo o un niño.

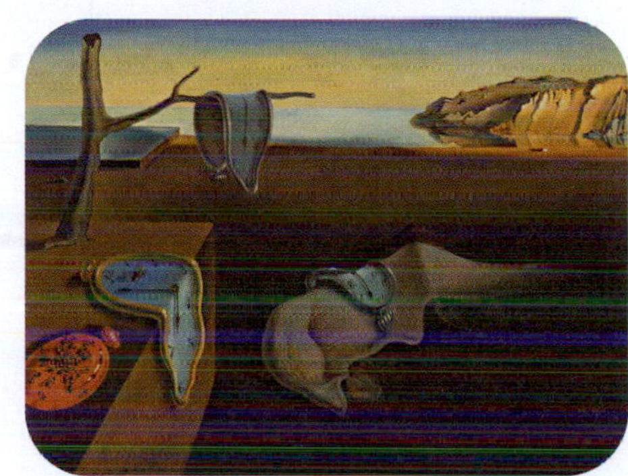

Salvador Dalí, *La persistencia de la memoria*, 1931

Salvador Dalí (1904–1989) pronto mostró habilidades para el dibujo y, por eso, su padre lo envió a Madrid a estudiar en la Escuela de Bellas Artes de San Fernando. En 1928, impulsado por el pintor Joan Miró, se mudó *(he moved)* a París y se unió al movimiento surrealista. En estos años colaboró con Luis Buñuel en dos célebres películas —*Un chien andalou (Un perro andaluz)* y *L'âge d'or (La edad de oro)*— y pintó algunas de sus mejores obras: *La persistencia de la memoria* y *El descubrimiento de América*. Su exposición en 1933 lo lanzó *(cast him)* a la fama internacional y, entonces, comenzó a llevar una vida llena de excentricidades. Esta actitud, considerada por algunos como una forma de comercializar sus obras, junto a su falta de postura política, causaron su expulsión del grupo surrealista.

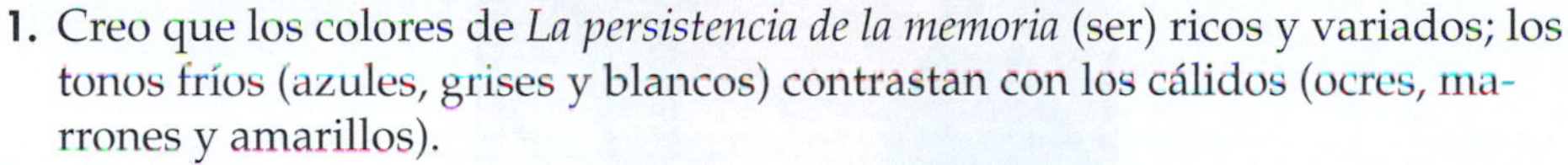

1. Creo que los colores de *La persistencia de la memoria* (ser) ricos y variados; los tonos fríos (azules, grises y blancos) contrastan con los cálidos (ocres, marrones y amarillos).
2. Sabemos que los cuadros de Miró (caracterizarse) por el uso de colores brillantes y de símbolos poéticos basados en el tema de la mujer, el pájaro y la estrella.
3. No creo que (existir) una relación entre la vida excéntrica de Dalí y un intento por su parte de comercializar sus obras.
4. Es verdad que en el cuadro cubista *Retrato de Ambroise Vollard* (haber) formas geométricas.
5. Es increíble que tú (entender) todos los símbolos de las obras de Miró; a mí me cuesta (*find it difficult*) interpretarlos.
6. Pienso que los tres pintores (ser) muy originales y buenos ejemplos de la expresividad del arte.

Una presentación de dos cuadros

Con un/a compañero/a de clase, tienes que hacer una presentación oral sobre dos cuadros: *Autorretrato con mono* y *Guernica*.

Estudiante A Tienes esta información sobre *Autorretrato con mono* de Frida Kahlo. Léela con atención y contesta las preguntas de tu compañero/a.

En el año 1938, en octubre, Frida presentó su primera exposición en solitario en un museo en Nueva York. Entre la gente que visitó la exposición, estaba A. Conger Goodyear, presidente del Museo de Arte Moderno de Nueva York, quien se fijó en (*spotted*) el cuadro *Fulang-Chang y yo*, y quiso comprarlo. Desafortunadamente, Frida ya le había prometido ese cuadro a otra persona. El presidente del MOMA, decidido a tener un cuadro de Frida, le encargó que le hiciera uno similar al que estaba expuesto. Una semana más tarde, Frida le mostró su obra *Autorretrato con Mono*.

Análisis

- Animales exóticos como loros, monos y ciervos andaban por los jardines y habitaciones de la casa Azul en Coyoacán, donde nació Frida y en la que vivió con Diego de Rivera de 1929 a 1954. Eran los animales domésticos de Frida y muchos de ellos aparecieron en sus cuadros. Es probable que debido a su soledad, y su deseo incumplido de tener hijos, Frida buscara la compañía que le faltaba en los animales.
- Las plantas y los árboles son de gran importancia para Frida. Su jardín en la Casa Azul acabó siendo un lugar muy querido para ella y en él, se retiraba a descansar. En este autorretrato, sin embargo, la selva de árboles y extrañas hojas se presenta como algo inquietante, más que como algo apacible.

Frida Kahlo, *Autorretrato con mono*, 1938

Éstas son las preguntas que debes hacerle a tu compañero/a para completar la información sobre los cuadros:

- El cuadro representa una escena de la Guerra Civil española, ¿no? Entonces, ¿por qué hay imágenes de toros (*bullfight*)?
- ¿Qué simboliza el caballo?
- ¿Cómo podemos describir a la gente de la obra? ¿Qué emociones sienten?
- ¿Cuál crees tú que es el tema principal de esta obra?

Estudiante B Ésta es la información que tienes sobre el *Guernica* de Pablo Picasso. Léela con atención y contesta las preguntas de tu compañero/a.

A Picasso se le considera como el progenitor del arte moderno y el creador del cubismo. En su obra se puede apreciar una serie de temas recurrentes. Uno de ellos es el de los toros y las corridas de toros. En el caso del *Guernica*, por ejemplo, en vez de inspirarse en imágenes típicas de la guerra, se inspira en los toros. Picasso tenía solo tres años cuando su padre lo llevó por primera vez a ver una corrida. La brutal coreografía de las corridas, su poder fiero e inevitable tragedia, lo obsesionaron desde entonces.

Análisis

- La figura central en el *Guernica* es un caballo atravesado por una lanza, agonizando de dolor. Algunos interpretan que el caballo representa a Franco y el nacionalismo franquista y que el caballo simboliza su caída inminente. Otros, sin embargo, creen que el significado contrario tiene más sentido. Es decir, que el caballo representa a la gente como un animal indefenso que muere una muerte atroz y sin esperanza.
- Las especulaciones sobre el significado exacto de los animales torturados son múltiples. Tal vez esto sea precisamente lo que quería Picasso. Una obra con semejante fuerza representa un importante desafío a la idea de la guerra como algo heroico y la presenta, en cambio, como un acto brutal de destrucción.

Pablo Picasso, El *Guernica*, 1937

Éstas son las preguntas que debes hacerle a tu compañero/a para completar la información sobre los cuadros:

- ¿Por qué pintó Kahlo este cuadro?
- ¿No te parece extraño que ella incluya un mono en su autorretrato? ¿En qué estaba pensando?
- Además del mono, aparecen hojas (*leaves*) grandes. Parece que ella está en un bosque tropical. ¿Tiene algún significado esta inclusión de árboles y hojas grandes?
- ¿Cuál crees tú que es el tema principal de esta obra?

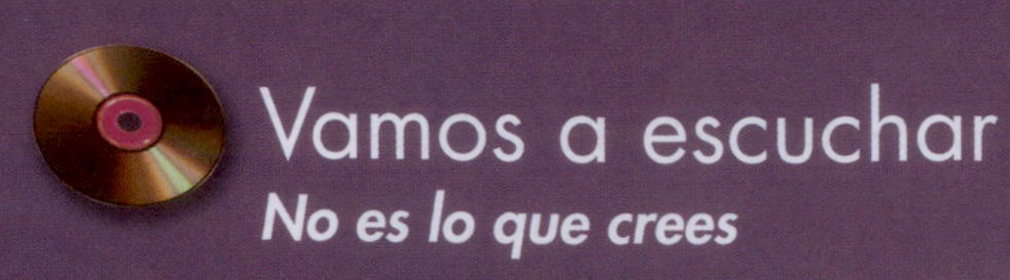

Vamos a escuchar
No es lo que crees

A veces dicen que el arte es algo superfluo, algo puramente decorativo. Sin embargo, como descubrirá Antonio en la conversación que sigue, el arte es mucho más que mero adorno *(decoration)*.

Antes de escuchar

El arte y tú Antes de escuchar el segmento, contesta las siguientes preguntas.

1. Cuando piensas en arte, ¿en qué piensas?
2. ¿Tienes obras de arte en tu cuarto o en tu casa? ¿Qué tienes y qué tipo de arte es?

El arte y los compañeros Sofía ha comprado unos pósters para su cuarto. Uno de ellos es una pintura de Orozco, *El hombre en llamas.* Al ver lo que ha comprado, descubrimos que a Antonio parece que no le interesa mucho el arte. ¿Qué crees que le va a decir Sofía en relación con el arte en general, y con el cuadro de Orozco en particular? Haz tus predicciones de acuerdo con lo que sabes de Sofía y sobre el arte de Orozco.

Antes de escuchar la conversación entre Sofía, Javier y Antonio, lee las preguntas que aparecen en la sección **Después de escuchar.**

Después de escuchar

Comprensión De acuerdo con la información que escuchaste, completa las siguientes ideas.

CD3, Track 6

1. En su cuarto, Antonio tiene ______________.
2. Según Antonio, el arte sirve para______________.
3. Sofía ha comprado pósters de dos artistas. Uno se llama Orozco y el otro ______________.
4. El cuadro de Orozco representa ______________.
5. Sofía piensa poner los pósters en su apartamento para que ______________.

¿Cómo lo dicen? Escucha el segmento de nuevo. Fíjate en lo que se dice y contesta estas preguntas.

CD3, Track 6

1. ¿Qué palabras usa Sofía para describir el cuadro de Orozco?
2. Al final de la conversación, ¿con qué palabras reacciona Antonio ante la decisión de Sofía?

Tus ideas sobre el arte Escribe tres oraciones que reflejen tus ideas sobre el arte. Por ejemplo: *El arte contemporáneo me entusiasma y cada vez que puedo voy a un museo para ver obras nuevas.* Después, justifica bien tus ideas. Por ejemplo: *El arte contemporáneo me entusiasma porque representa maneras nuevas y originales de expresión.* Después, trabaja con otro/a estudiante y comparte con él/ella tus ideas personales sobre arte. ¿Tienen ideas semejantes o muy diferentes?

SEGUNDA ETAPA

Para empezar: Las artes interpretativas y la arquitectura

Preparación: Piensa en estas preguntas al comenzar la etapa:

- ¿Qué quiere decir la expresión "artes interpretativas"? ¿Qué tipos de artes interpretativas has visto?
- ¿Te interesa la arquitectura? ¿Qué edificios conoces que sean especialmente famosos por su arquitectura?

Las artes interpretativas

el ballet

la danza contemporánea / moderna

la ópera

el mimo

el bailarín / la bailarina	*professional dancer*
el/la coreógrafo/a	*choreographer*
la estrella	*star (male or female)*
el/la cantante de ópera	*opera singer*
la representación / la función	*performance*

La arquitectura

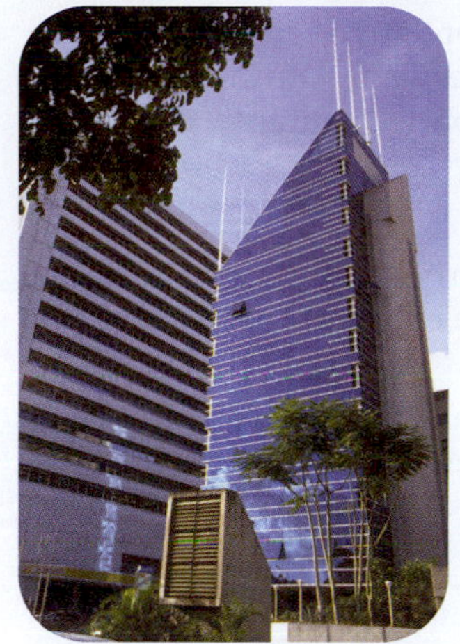

unos rascacielos en Caracas, Venezuela

una fuente en Madrid, España

una torre en Barcelona, España

un castillo en la Habana, Cuba

un puente en la Patagonia, Chile

Algunos estilos de arquitectura (por orden cronológico)

romano *Roman*
arábigo *Arabian*
románico *Romanesque*
gótico *Gothic*
renacentista *Renaissance*
barroco *Baroque*
colonial *Colonial*
moderno *Modern*
postmoderno *Postmodern*

Es de / Está hecho/a de...

cristal / vidrio *glass*
escayola *plaster*
hormigón *concrete*
ladrillo *brick*
madera *wood*
metal *metal*

Práctica

13-9 Tres artistas Para saber más sobre las artes interpretativas en el mundo hispano, decides investigar sobre tres artistas de renombre. Completa las biografías de los tres artistas con el siguiente vocabulario: **bailarín, ballet, cantante, danza, estrella, función**

José Limón (1908–1972) fue un (1) ______________ moderno, maestro de baile, y coreógrafo. Nació en Culicán, México. Su familia tuvo que emigrar a los Estados Unidos en el año 1915, a causa de la inestabilidad política.

Su introducción al mundo de la (2) ______________ empezó tarde. Cuando tenía veinte años, estaba estudiando diseño en la Ciudad de Nueva York. Un día vio a los bailarines Harald Kreutzberg e Ivonne Georgi dar una (3) ______________ de baile; este evento empujó a José a tomar lecciones de danza.

Limón es considerado por muchos el mejor bailarín de la historia de la danza moderna.

Plácido Domingo nació en Madrid pero pasó su infancia en México. El ahora internacionalmente conocido músico y (4) ______________ de ópera se formó como tenor en el Conservatorio de la capital azteca.

El currículum de Domingo incluye noventa óperas, treinta las conoce tan bien que las puede ejecutar al momento. Además de establecerse como (5) ______________ principal de la ópera, a partir de 1973 y, cada vez con mayor frecuencia, ha practicado también la dirección de orquesta.

Alicia Alonso nació en La Habana, el 21 de diciembre de 1920. Inició sus estudios en 1931 en la Escuela de Ballet de la Sociedad Pro-Arte Musical. Más tarde se trasladó a los Estados Unidos.

Su preocupación por desarrollar el arte del (6) ______________ en Cuba la llevó a fundar en La Habana el Ballet Alicia Alonso, hoy Ballet Nacional de Cuba. Sus versiones coreográficas de los grandes clásicos son célebres internacionalmente.

13-10 Las artes interpretativas en tu clase Quieres saber más sobre los intereses de tus compañeros en relación con las artes interpretativas. Primero, formula cuatro o cinco preguntas sobre este tema. Por ejemplo: **¿Te gusta el ballet? ¿Has visto algún ballet recientemente?** Después, pasea por la clase y habla con diferentes compañeros. Al final, comparte con la clase un resumen de la información que has obtenido en tu encuesta.

13-11 ¿De qué estilo es? Para confirmar que entiendes el significado de los diferentes estilos de arquitectura, empareja los siguientes edificios con su estilo correspondiente.

A. 

B. 

C. 

D. 

1. arquitectura moderna
2. arquitectura colonial / barroca
3. arquitectura gótica
4. arquitectura arábiga

13-12 Interés por la arquitectura Trabaja con otro/a estudiante para compartir impresiones sobre los edificios que aparecen en la actividad **13-11**. Intercambien preguntas como:

¿Qué opinas sobre estos edificios?

¿Tienes interés en visitarlos? ¿Por qué sí? ¿Por qué no?

¿Qué otros edificios conoces que te gustan por su arquitectura?

Comentarios culturales
El Guggenheim Bilbao

Antes de leer

Descripción Mira la foto del edificio del Museo Guggenheim Bilbao. Descríbela lo más detalladamente que sea posible. ¿Qué formas ves? ¿Qué colores? ¿Qué materiales?

Estudio de palabras Trata de adivinar el significado de las siguientes palabras que aparecen en la lectura sobre el Guggenheim Bilbao. Si necesitas ayuda con las palabras que no sean cognados, búscalas en inglés en la segunda lista.

1. titanio
2. muros cortina de vidrio
3. sinuosas curvas
4. en su conjunto
5. telón de fondo
6. atrio
7. descomunales
8. reurbanización

a. *as a whole*
b. *atrium*
c. *backdrop*
d. *glass curtain walls*
e. *huge*
f. *redevelopment*
g. *titanium*
h. *winding curves*

Guía para la lectura

Detalles Mira el texto (en la páginas 516–517) y dale un vistazo (*scan*) a cada párrafo. Después completa las siguientes oraciones.

1. Primer párrafo: El Museo Guggenheim Bilbao se encuentra en _________________.
2. Segundo párrafo: Debido a su complejidad matemática, los volúmenes del edificio han sido diseñados _____________.
3. Tercer párrafo: El ________________ es uno de los rasgos más característicos del diseño de Gehry.
4. Cuarto párrafo: El edificio dispone de un total de ________________ de espacio expositivo distribuido en ______________.

Más sobre el museo Ahora, con la información que ya tienes, lee las siguientes preguntas. Después, lee el texto completo y cuando termines la lectura, trata de contestarlas.

1. ¿Qué famoso arquitecto diseñó el edificio?
2. ¿De qué materiales está cubierto el edificio?
3. ¿Qué elemento arquitectónico aporta transparencia a todo el edificio?
4. ¿Qué parte del edificio tiene apariencia de "escamas de pez"?
5. ¿Dónde se encuentran las obras de gran formato? ¿Qué características especiales posee este lugar?
6. Según el texto, el museo es una mezcla de complejidad y orden. ¿Dónde se ve esta complejidad? ¿Y el orden?

Al fin y al cabo

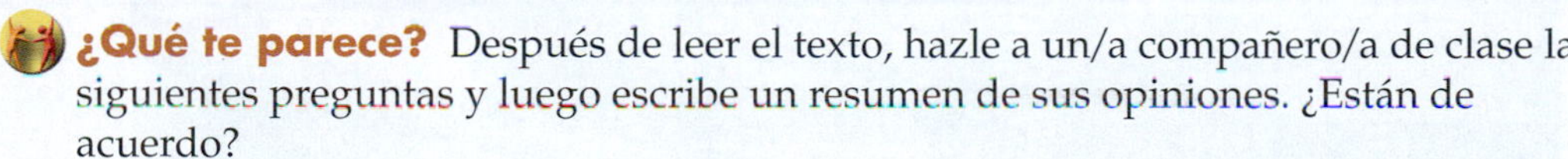

¿Qué te parece? Después de leer el texto, hazle a un/a compañero/a de clase las siguientes preguntas y luego escribe un resumen de sus opiniones. ¿Están de acuerdo?

1. ¿Te gusta este tipo de estructura arquitectónica? ¿Por qué sí o por qué no?
2. Según el texto, el Guggenheim Bilbao es un ejemplo de la arquitectura al servicio del arte. ¿Crees que es mejor que el edificio de un museo sea funcional y práctico o que tenga una arquitectura singular?

Arquitectos hispanos famosos Como culminación de esta lectura vas a hacer un trabajo de investigación sobre arquitectos hispanos importantes. A continuación tienes los nombres de tres arquitectos importantes. Elige uno, investiga en Internet la obra de esta persona y prepara una pequeña presentación para compartir en clase.

- Santiago Calatrava
- Rafael Moneo
- César Pelli

El Museo Guggenheim Bilbao

El Museo Guggenheim Bilbao es un museo de arte contemporáneo internacional que está en Bilbao, España, dentro de la comunidad autónoma del País Vasco. Constituye uno de los elementos más importantes dentro del plan de reurbanización de la ciudad.

La arquitectura al servicio del arte

Diseñado por el arquitecto norteamericano Frank O. Gehry, el edificio del Museo Guggenheim Bilbao está compuesto de una serie de volúmenes interconectados recubiertos de piedra caliza[1], y otros curvados y retorcidos[2], cubiertos por una piel metálica de titanio. Estos volúmenes se combinan con muros cortina de vidrio que dotan de[3] transparencia a todo el edificio. Debido a su complejidad matemática, las sinuosas curvas de piedra, cristal y titanio han sido diseñadas por ordenador. Los muros cortina de vidrio han sido tratados especialmente para que la luz natural no dañe[4] las obras de arte en el interior. Por su parte, los paneles metálicos que recubren a modo de "escamas de pez[5]" gran parte de la estructura son láminas[6] de titanio de medio milímetro de espesor[7], material que presenta unas magníficas condiciones de mantenimiento y preservación. En su conjunto, el diseño de Gehry crea una estructura singular, espectacular y enormemente visible, proporcionando una presencia escultórica como telón de fondo[8] al entorno de la ciudad.

[1]caliza *(limestone)*; [2]retorcidos *(twisted)*; [3]dotan de *(provide with)*; [4]dañe *(damage)*; [5]escamas de pez *(fish scales)*; [6]láminas *(sheets)*; [7]espesor *(thickness)*; [8]fondo *(backdrop)*

Una ciudad dentro de otra

Una vez pasado el vestíbulo y penetrando en el espacio expositivo, se accede[9] al atrio, uno de los rasgos más característicos del diseño de Gehry, que tiene un lucernario[10] en forma de "flor metálica". Los tres niveles de galerías del edificio se organizan alrededor de este atrio central y se conectan mediante pasarelas[11] curvilíneas, ascensores acristalados y torres de escaleras. Al encontrarse en el atrio el visitante tiene el sentido de estar en medio de una ciudad futurística.

El espacio del arte

El edificio dispone de un total de 11.000 m^2 de espacio expositivo distribuido en 19 galerías. Diez de ellas tienen aspecto más bien clásico, identificables desde el exterior por su recubrimiento[12] en piedra. En contraste, otras nueve salas son de una irregularidad singular y se identifican desde el exterior por su recubrimiento de titanio. A base de jugar con volúmenes y perspectivas, estas galerías proporcionan espacios interiores descomunales. Las obras de gran formato tienen cabida en[13] una galería excepcional de 30 m de ancho por 130 m de largo, libre de columnas y con un tipo de suelo preparado especialmente para soportar[14] el trasiego[15] frecuente y el peso de las obras. Existe una estrecha armonía entre las formas arquitectónicas y los contenidos de cada galería. Al penetrar en el museo, el visitante descubre que bajo la externa complejidad de formas arquitectónicas, se oculta[16] un mundo ordenado y claro donde no pierde su orientación.

[9]se accede *(one enters)*; [10]lucernario *(skylight)*; [11]pasarelas *(footbridges)*; [12]recubrimiento *(covering)*; [13]cabida en *(are located in)*; [14]soportar *(endure)*; [15]trasiego *(comings and goings)*; [16]se oculta *(is hidden)*

Enfoque estructural *El subjuntivo con antecedentes no existentes*

As you know, adjectives are words that modify a noun—describing it or limiting it. In the **Comentario cultural** on the Guggenheim Bilbao, you encountered many adjectives: "una estructura **singular**, **espectacular** y enormemente **visible**", "el atrio **central**", "ascensores **acristalados**", etc. In addition to individual words (**singular, espectacular**, etc.), an entire clause may serve as an adjective, describing a noun or pronoun, which is grammatically referred to as the *antecedent*. Consider the following example:

"El Museo Guggenheim Bilbao es *un museo* de arte contemporáneo internacional **que está en Bilbao, España, dentro de la comunidad autónoma del País Vasco".**

Note that the entire clause in bold modifies or refers back to the word **museo**, the antecedent. Since, in this particular case, the antecedent **el museo** exists, the indicative mood (**está**) is used in the adjective clause.

However, when the noun described does not exist, when it is unknown to the speaker, or when its existence is denied, the subjunctive is used in the adjective clause:

No hay **ningún** museo* que **esté** en un edificio tan impresionante como el Guggenheim Bilbao.	*There isn't any museum that is in a building as impressive as the Guggenheim Bilbao.*

*The speaker doesn't know if such a museum exists.

No conozco **a nadie*** que **no tenga ganas de visitar** el Guggenheim Bilbao.	*I don't know of anyone who doesn't feel like visiting the Guggenheim Bilbao.*

*The speaker doesn't know such a person.

No hay **nada*** que **sea** mejor que pasar una tarde visitando el Guggenheim Bilbao.	*There is nothing better than spending an afternoon visiting the Guggenheim Bilbao.*

*The speaker knows that there is nothing better than spending an afternoon visiting the Guggenheim Bilbao.

The words that will help you choose the subjunctive in the adjective clause are negative expressions such as **ningún, ninguno/a**, **nadie**, and **nada**.

Práctica

13-13 En la tienda del museo La tienda del Guggenheim Bilbao vende accesorios de moda, publicaciones propias y artículos textiles, de joyería, de decoración, de papelería y obras gráficas. Completa las siguientes oraciones con la forma correcta de los verbos entre paréntesis. **¡OJO!** con el uso del subjuntivo y del indicativo.

1. Hay una preciosa selección de la obra gráfica realizada por Juan Echegoyen que ____________ (representar) la imagen exterior del Museo Guggenheim Bilbao.
2. No conozco ninguna tienda de museo que ____________ (tener) una mejor colección de accesorios de moda diseñados por prestigiosas firmas.
3. En la tienda hay muchos libros que ____________ (tratar) de las obras de las exposiciones, tanto temporales como permanentes del museo.
4. A veces la tienda está tan concurrida *(crowded)* que no hay ningún dependiente que ____________ (poder) atendernos.
5. Los precios que ____________ (tener) los artículos de venta, en general, son razonables.
6. No hay nada en la tienda que no me ____________ (parecer) interesante. ¡Tengo ganas de comprármelo todo!

13-14 Aquí no hay nadie que... Mira a todos tus compañeros de clase. ¿Cómo son? ¿Qué hacen? Ahora, trabaja con un/a compañero/a de clase y piensen en por lo menos *(at least)* seis características que no tengan los estudiantes de la clase. Al terminar, comparen sus respuestas con las del resto de la clase.

MODELO *Aquí no hay nadie que tenga pelo azul.*

Enfoque estructural *El subjuntivo con antecedentes desconocidos*

In the preceding **Enfoque estructural,** you learned that the subjunctive is used when the antecedent of an adjective clause does not exist, when its existence is denied, or when the speaker has no direct experience with it. In this section, you will see that when the antecedent is not known by the speaker, the subjunctive is also used in the adjective clause:

Busco **una persona que conozca bien*** las obras de Frank O. Gehry.	*I am looking for* ***a person who knows*** *the works of Frank O. Gehry* ***well.***

*The speaker doesn't know if there is such a person.

¿Hay alguien aquí que sepa* qué horario tiene el Guggenheim?	***Is there anyone here who knows*** *what the Guggenheim hours of operation are?*

*The speaker doesn't know if such a person exists.

To help you determine whether the speaker is talking about someone/something known or unknown, focus on the article. You will remember that an indefinite article marks an unknown person or thing, while the definite article indicates a known person or thing. Consider the following pairs of sentences:

Quiero **un** coche que **corra** rápido.	(My ideal car is [any] one that is fast.)
Quiero **el** coche que **corre** rápido.	(I want the fast car already identified.)
Busco **un** hombre que **sea** artista.	(I don't know if he exists, but I'd like to find him.)
Busco **al** hombre que **es** artista.	(I know this man, but don't know where he is.)

Notice that the personal **a** is not used before an indefinite article if the noun refers to someone unknown.

Práctica

13-15 ¿Existe o no existe? A continuación aparecen algunos de los pensamientos de Sofía relacionados con una visita a Bilbao y al Guggenheim. Completa las siguientes oraciones con la forma apropiada de los verbos entre paréntesis. Decide si es necesario usar el subjuntivo o el indicativo.

1. Busco un hotel que ______________ (estar) cerca del museo.
2. Éste es el llavero de titanio que sólo ______________ (vender) la tienda del Museo Guggenheim Bilbao.
3. Buscamos una persona que nos ______________ (hablar) más de las obras de las exposiciones permanentes del museo.
4. Quiero un póster que ______________ (mostrar) el atrio del Museo Guggenheim Bilbao.
5. ¿Hay un restaurante dentro del museo en el que nosotros ______________ (poder) cenar?
6. De todos los arquitectos que ______________ (diseñar) obras contemporáneas, Frank O. Gehry es el arquitecto al que más admiro.

13-16 ¿Qué buscas? ¿Has pensado alguna vez en qué tipo de edificio te gustaría vivir? ¿Y trabajar? Expresa tus ideas sobre este tema por medio de oraciones como las siguientes: *Quiero vivir en un edificio que tenga muchas ventanas porque me gusta mucho la luz natural. Espero trabajar en un edificio que esté cerca de mi casa porque no quiero perder tiempo en transporte.* Escribe por lo menos cinco oraciones y después comparte tus ideas con otros dos estudiantes. ¿Tienen ideas semejantes o diferentes?

Tú dirás

Un crucigrama

Con un/a compañero/a de clase, completen el crucigrama con el vocabulario de artes interpretativas y de arquitectura que han aprendido en esta etapa. Antes de empezar, decidan quién va a ser el/la **Estudiante A** y quién, el/la **Estudiante B.** Luego miren bien las palabras que aparecen en el crucigrama suyo. Si hay alguna que no sepan, repasen la etapa para encontrar la información necesaria. De esta manera podrán elaborar una definición en español para cada una de las palabras en su parte de la actividad. Recuerden: Cuando uno de los dos no comprenda algo, debe usar expresiones como **No comprendo, ¿puedes repetir?**

Estén preparados para compartir sus definiciones con la clase.

Estudiante A En el crucigrama que está a continuación, tienes la parte horizontal pero te faltan las respuestas para la parte vertical.

Tu compañero/a va a darte definiciones y pistas *(hints)* para que descubras las palabras que aparecen en su crucigrama. Tú tienes que escuchar atentamente y adivinar lo que está describiendo.

Tu compañero/a va a empezar describiendo el número 1 vertical. Cuando descubras la respuesta, sigue tú describiendo el número 3 horizontal.

1 2

3 T O R R E 4

5 P O S T M O D E R N O

6

7 R A S C A C I E L O S

8 R 9 E P R E S E N T A 10 C I Ó N

11 B A I L A R I N A

12 V I D R I O

13 F U N C I O N A L

Estudiante B En el crucigrama que está a continuación tienes la parte vertical, pero te faltan las respuestas para la parte horizontal.

Tu compañero/a va a darte definiciones y pistas *(hints)* para que descubras las palabras que aparecen en su crucigrama. Tú tienes que escuchar atentamente y adivinar lo que está describiendo.

Tú vas a empezar describiendo el número 1 vertical. Cuando tu compañero/a descubra la respuesta, le toca a él/ella describir el número 3 horizontal.

	1 C									2 M			
3	O						4 P			I			
	L						U			M			
5	O						E			O			
	N						N						
	I			6 B			T						
7	A			A			E						
	L			L									
				L									
8	9 E			E						10 C			
	S			T						O			
	T				11					R			
	R									E			
	E				12					O			
	L									G			
	L									R			
	A		13							A			
										F			
										O			

Vamos a ver

Una visión artística

En el episodio vas a ver a los compañeros hacer juntos un cuadro. Es su último proyecto juntos antes de terminar su estancia en Puerto Rico.

Anticipación

Un "resumen visual" Antes de ver lo que hacen los compañeros, trabajen juntos en grupos de seis personas para hacer un "resumen visual" de las aventuras de los compañeros en Puerto Rico. Sigan los pasos a continuación.

1. Hagan una lista de los seis eventos que, en su opinión, se destacan más.
2. Dividan los eventos entre los miembros de su grupo, o sea, un evento para cada miembro.
3. Dibujen los eventos en una hoja de papel.
4. Preséntenle el "resumen visual" al resto de la clase. Después de todas las presentaciones, contesten las siguientes preguntas: ¿Son los resúmenes de los grupos de la clase parecidos? ¿Han seleccionado todos los grupos los mismos eventos? Si no, ¿qué diferencias hay?

Vamos a ver

El proyecto de los compañeros En este episodio los compañeros hacen juntos una actividad artística. Al ver el episodio, contesta lo siguiente:

1. ¿Qué debe simbolizar el cuadro y cómo lo logran?
2. ¿Qué ideas aporta cada uno de los siguientes compañeros?
   - Valeria dice que...
   - Antonio prefiere que...
   - Javier quiere que...
   - Alejandra sugiere que...

Finalmente, trabajen en parejas y comparen sus respuestas. ¿Están de acuerdo?

Expansión

¿Qué opinan? En grupos de tres o cuatro, expresen su opinión sobre el cuadro que han pintado los compañeros. ¿Les parecen apropiados los elementos que han incluído los compañeros? ¿Les gustan los colores que han escogido? Si pudieran *(if you could)*, ¿cambiarían *(would you change)* el cuadro de alguna manera? ¿Cómo?

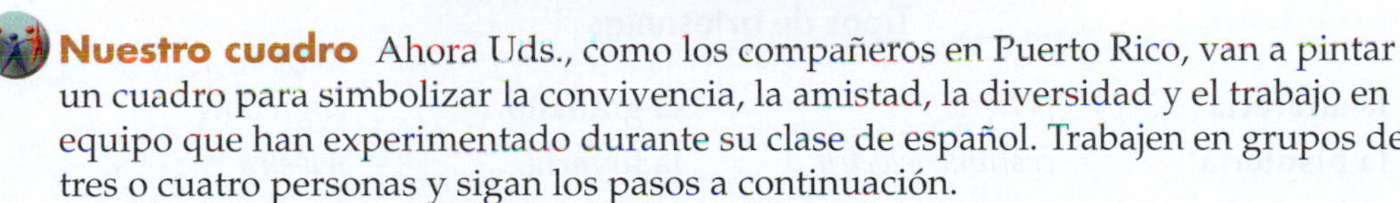

Nuestro cuadro Ahora Uds., como los compañeros en Puerto Rico, van a pintar un cuadro para simbolizar la convivencia, la amistad, la diversidad y el trabajo en equipo que han experimentado durante su clase de español. Trabajen en grupos de tres o cuatro personas y sigan los pasos a continuación.

1. Hablen sobre los eventos de su clase de español y determinen los cuatro más destacados, según los miembros de su grupo.
2. Dibujen esos cuatro eventos en una hoja de papel.
3. Preséntenle su cuadro al resto de la clase y después de todas las presentaciones, contesten las siguientes preguntas: ¿Son los cuadros de todos los grupos parecidos? ¿Han seleccionado todos los grupos los mismos eventos? Si no, ¿qué diferencias hay?

Para empezar: El arte popular y las artesanías

Preparación: Al empezar esta etapa, piensa en las siguientes preguntas.

- ¿Has ido alguna vez a una feria o exposición de artesanías y de arte popular?
- ¿Qué tipos de artesanías has visto?

Alfarería y cerámica en el Mercado de Pisac

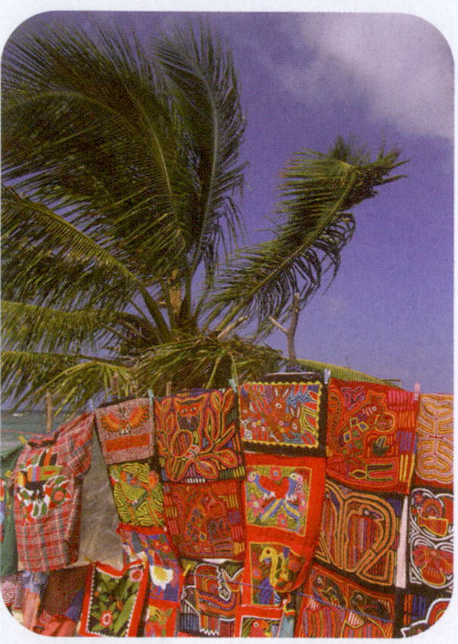

Molas de los indios cuna, San Blas [Kuna Yala], Panamá

Tipos de artesanías

la alfarería	*pottery*	**el grabado**	*engraving*
la bisutería	*costume jewelry*	**la joyería**	*jewelry*
el bordado	*embroidery*	**la talla**	*carving*
la cerámica	*ceramics*	**en madera**	*woodcarving*
la cestería	*basket-making*	**en piedra**	*stonecarving*
		en vidrio	*glasscarving*

Práctica

13-17 Las artesanías Imagínate que estás en un mercado de artesanías con un/a amigo/a. Cada uno de Uds. quiere ir a ver diferentes tipos de artesanías, pero no recuerdan los nombres específicos. Necesitan ayuda para encontrar la palabra. Elige tres tipos de artesanías y dale a tu compañero/a una definición lo más completa posible. Tu compañero/a tiene que decirte la palabra que buscas. Después cambien papeles.

13-18 Para recordar Para ayudarte a recordar los nombres de las artesanías, tu amigo/a te ofrece la siguiente tabla. Lee los materiales y los ejemplos de productos para cada artesanía y después indica el nombre que le corresponde.

Tipo de artesanía	Los materiales	Ejemplos de productos
1. ______________	metales como el bronce, el aluminio, el cobre *(copper)*, el níquel o aleaciones *(alloys)*	pulseras, collares, réplicas, aretes,
2. ______________	el oro	cadenas, pulseras, sortijas *(rings)*
3. ______________	textiles	polleras / faldas *(skirts)*, vestidos, manteles individuales *(placemats)*
4. ______________	barro, loza *(china)*, porcelana *(porcelain)*	vasijas *(pots, jars)*, platos decorativos, adornos, figuras de imaginería y floreros

13-19 Dos tipos distintos de artesanía En la biblioteca estás buscando información sobre diferentes tipos de artesanías. Esto es lo que has encontrado hasta el momento. Lee la información sobre estos dos tipos de artesanías y luego contesta las preguntas que siguen.

Tipo de artesanía: La cestería aborigen chaqueña
Dónde: la provincia de Chaco, Argentina

Para la creación de bolsas, cestos y sombreros, los Tobas, un grupo indígena, de Resistencia, Fontana, Las Palmas y también algunos grupos del Departamento Maipú, trabajan principalmente con totora *(wood lark)* y palma *(palm tree)*.

Tipo de artesanía: La cerámica de Talavera
Dónde: Puebla, México

En tiempos coloniales los artesanos de Talavera de la Reina, España, llevaron sus técnicas de cerámica a Puebla. Hoy en día, esta cerámica artesanal se fabrica utilizando diseños propios de la región de Puebla y su fabricación sigue siendo una de las más finas artesanías mexicanas. Talavera es una cerámica sin plomo (*lead*), resistente a hornos convencionales, hornos microondas y lavavajillas.

1. De los dos tipos de artesanías, ¿cuál te parece...
   el más bonito?
   el más difícil de hacer?
   el más fácil de hacer?
   el más artístico?
   el más interesante?
2. Si tuvieras *(you had)* la oportunidad de aprender a hacer una de estas artesanías, ¿cuál escogerías *(would you choose)* y por qué?

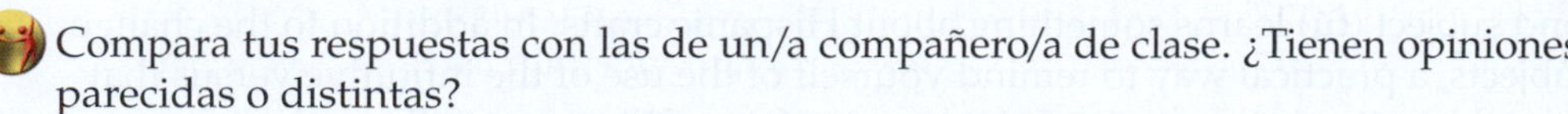

Compara tus respuestas con las de un/a compañero/a de clase. ¿Tienen opiniones parecidas o distintas?

Enfoque estructural *Conjunciones con el subjuntivo y el infinitivo*

Thus far, you have learned that in Spanish the subjunctive is used in dependent clauses after expressions of wish, desire, emotion, doubt or denial and in relative clauses that have a nonexistent or an unknown antecedent.

Las conjunciones con el subjuntivo

There remains another set of circumstances in which the subjunctive is always used: in dependent clauses that are introduced by one of the following six conjunctions.

a menos que	*unless*	**en caso de que**	*in case*
antes de que	*before*	**para que**	*so that*
con tal de que	*provided that*	**sin que**	*without*

Consider the following examples:

Vamos a ir a la feria de artesanías este fin de semana, **a menos que** ya **tengas** planes.	*We're going to go to the crafts fair this weekend **unless** you already have plans.*
Date prisa, tenemos que llegar a la exposición, **antes de que cierren** las puertas.	*Hurry up, we have to get to the exhibition **before** they close the doors.*
Te compraré un tapiz, **con tal de que** lo **pongas** en tu cuarto.	*I will buy you a tapestry **provided that** you hang it in your room.*
El profesor les muestra los cuadros de Miró a sus estudiantes **para que conozcan** mejor el arte español.	*The professor shows his students Miró's works **so that** they get to know Spanish art better.*

Notice that the conjunctions in the previous sentences connect one event to another, and in doing so, project both events into the realm of the unknown. In making the occurrence of the first event contingent on a second event—that may or may not occur—the speaker introduces uncertainty. This uncertainty explains the need for the subjunctive.

Las conjunciones con el infinitivo

There remains one instance in which the aforementioned conjunctions do not require the subjunctive: when the subject of the main clause and the subordinate clause is the same, that is, if there is no change in subject, these conjunctions do not require the use of the subjunctive (nor the use of **que**), but instead call for the use of the infinitive. Compare the following examples:

(**Yo**) Voy a la feria de artesanías **para buscar** artículos de decoración para mi casa.	***I** am going to the crafts fair **to (in order to)** look for decorative items for my house.*
(**Nosotros**) Vamos a la feria de artesanías **para que tú aprendas** algo sobre las artesanías hispanas.	***We're** going to the crafts fair **in order for you** to learn something about Hispanic crafts.*

Notice that in the first example there is only one subject (one person) that will go to the crafts fair to look for decorative items: **yo.** However, in the second example there are two subjects: the first subject (**nosotros**) is going to the crafts fair so that the second subject (**tú**) learns something about Hispanic crafts. In addition to the change in subjects, a practical way to remind yourself of the use of the infinitive versus that of the subjunctive is the presence or absence of **que.** When **que** follows these conjunctions, the subjunctive is used; when **que** is absent, the infinitive is used.

The most common conjunctions that can be used without a change in subject include:

antes de	*before*
con tal de	*provided*
en caso de	*in case*
para	*so that, for, in order to*
sin	*without*

Práctica

13-20 Circunstancias Sofía, Javier y Alejandra visitan un mercado de artesanías. Escribe la forma correcta de los verbos entre paréntesis para completar sus comentarios.

1. Voy a ver unas muestras de arte popular hispano, a menos que Uds. no _______________ (querer).
2. Alejandra, ¿me prestas dinero en caso de que yo no (tener) _______________ suficiente?
3. Sí, no te preocupes, Sofía, siempre voy al banco a sacar dinero antes de que _______________ (cerrar).
4. Siempre hago todo lo posible para que mis amigos _______________ (encontrar) una ganga.
5. Oye, Javier, no me quiero ir sin que esos artesanos me _______________ (decir) cómo trabajan la cerámica.
6. Está bien, Sofía, nos quedaremos más tiempo, con tal de que tú no nos _______________ (llevar) a otro puesto.

13-21 ¿Infinitivo o subjuntivo? Al volver a casa los compañeros siguen hablando de la feria de artesanías. Escoge uno de los verbos entre paréntesis para completar su conversación.

1. Quiero dedicarle dos días enteros a la feria de artesanías para (ver / vea) todos los puestos.
2. Hoy Valeria y yo iremos a la feria por la tarde antes de que la (cerrar / cierren).
3. Seguramente pediré la opinión de Alejandra antes de (comprar / compre) algo porque tiene muy buen gusto.
4. Sin duda iremos a un puesto de cerámica para que Antonio (poder / pueda) admirar la belleza de ese tipo de artesanía.
5. Los turistas a veces sacan fotos en la feria sin que los artesanos se lo (permitir / permitan).

13-22 Todo depende Nuestras acciones y las de los demás normalmente dependen de muchas otras cosas. Completa las siguientes ideas de manera adecuada.

1. Dicen que el artesano hace su trabajo sin que el público...
2. ¿Alguien puede entender ese tipo de arte antes de que el profesor... ?
3. No quiero comprar esos bordados, a menos que...
4. ¿Qué piensas hacer en caso de que el vendedor no... ?
5. Muchos artesanos dicen que no trabajan para que los turistas...
6. El/La artesano/a espera terminar otro tapiz, con tal de que él/ella...

Enfoque estructural *El subjuntivo con expresiones adverbiales que implican tiempo futuro*

In the following examples, there is an adverbial clause that expresses the time when the action of the main clause will take place. Notice that the verb in the main clause is in the future tense.

Iré a México, **tan pronto como tenga** dinero.	*I'll go to Mexico **as soon as I have** money.*
Y **cuando vaya** a México, visitaré la Escuela de Talavera Poblana.	*And **when I go** to Mexico, I'll visit the Poblana Talavera Craft School.*

In Spanish, when we discuss actions that take place in the future, the adverbial clauses of time, which establish the time in which the main action takes place, may be introduced by the following conjunctions:

antes de que	*before*	**en cuanto**	*as soon as*
cuando	*when*	**hasta que**	*until*
después de que	*after*	**tan pronto como**	*as soon as*

When a conjunction from the previous list introduces a clause that expresses a future action or occurrence, the subjunctive is used:

Te diré lo que pienso de la feria de artesanías **cuando vaya** mañana.	*I will tell you what I think about the craft fair **when I go** tomorrow.*
Le avisaré, **en cuanto vea** algo que me guste.	*I will let you know **as soon as I see** something I like.*

Nota gramatical

The conjunction **aunque** *(even though)* behaves in a similar way to **cuando**. Compare the meaning of the following examples:
Aunque sea inteligente, Víctor no estudia. *(**Even though he may be** intelligent, Víctor doesn't study.)*
Aunque es inteligente, Víctor no estudia. *(**Even though he is** intelligent, Víctor doesn't study.)*
Notice that **aunque** is followed by a verb in the subjunctive when it refers to a concept or an outcome that is seen as unconfirmed or unexperienced. **Aunque** is followed by a verb in the indicative when it refers to an established experienced fact (past or present).

However, **cuando, en cuanto** and **tan pronto como** may be used with either the subjunctive or the indicative.

Compraré unas cerámicas **cuando vaya** a la feria.*	*I'll buy some pottery **when I go** to the fair.*

*I have not been to the fair yet.

Compré unas cerámicas **en cuanto llegué** a la feria.*	*I bought some pottery **as soon as** I got to the fair.*

*I got to the fair and bought pottery.

Tan pronto como vaya* a España, iré a las tiendas de artesanías en Toledo.	***As soon as I go** to Spain, I'll go to the craft shops in Toledo.*

*The next time I go to Spain, whenever that may be, I will go to the craft shops in Toledo.

Siempre voy a las tiendas de artesanías en Toledo **cuando voy*** a España.	*I always go to the craft shops in Toledo **whenever I go** to Spain.*

*Whenever I go to Spain, which I do on a regular basis, I always go to the craft shops in Toledo.

Cuando, en cuanto and **tan pronto como** are followed by a verb in the subjunctive when they refer to something that has not yet happened, but are followed by a verb in the indicative when they refer to something that has already happened (in the past) or happens on a regular basis (in the present).

Práctica

13-23 Planes y condiciones Tienes muchos planes para el futuro. Algunos planes son seguros, pero otros dependen de varios factores. Habla de tus planes completando las siguientes oraciones de una forma lógica. Debes pensar en una oración con el verbo en futuro. Al terminar, comparte tus oraciones con un/a compañero/a de clase.

1. Tan pronto como termine el semestre...
2. En cuanto tenga dinero suficiente...
3. Después de que terminemos este curso de español...
4. Antes de que me gradúe...
5. Cuando vaya a...
6. Hasta que llegue el verano...

13-24 ¿Cuándo ocurrirá? Ahora pregúntale a un/a compañero/a de clase cuándo ocurrirán estas cosas. Tu compañero/a debe contestar estas preguntas, utilizando oraciones con expresiones adverbiales (página 528).

1. ¿Cuándo comprarás artesanías?
2. ¿Cuándo irás a una feria?
3. ¿Cuándo visitarás un museo?
4. ¿Cuándo irás a un país de América Latina?
5. ¿Cuándo hablarás en español con alguien que no sepa inglés?

13-25 Lo que hago y lo que haré Tienes una rutina ahora, pero también tienes tus sueños y planes para el futuro. Trabajando con otro/a compañero/a de clase, usen el primer verbo para indicar: (a) lo que hacen Uds. siempre y (b) lo que van a hacer en el futuro. Usen la forma correcta del indicativo o del subjuntivo del segundo verbo después de **cuando.**

MODELO ir / estar
Siempre voy a Nueva York cuando mis padres están en la ciudad.
Iré a España cuando mis tíos estén en Sevilla.

1. descansar / llegar
2. comer / tener hambre
3. saludar / conocer
4. visitar / poder
5. escribir postales / viajar
6. comprar / ir

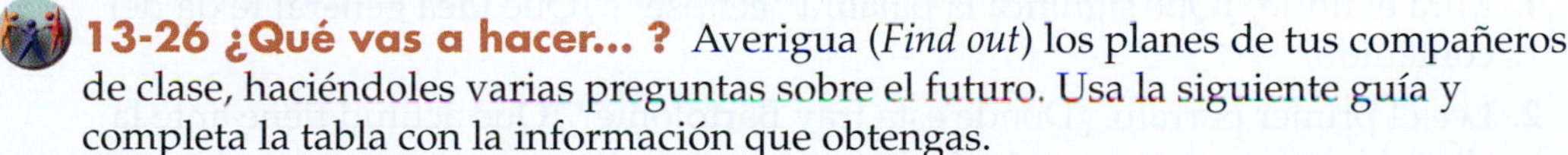

13-26 ¿Qué vas a hacer... ? Averigua (*Find out*) los planes de tus compañeros de clase, haciéndoles varias preguntas sobre el futuro. Usa la siguiente guía y completa la tabla con la información que obtengas.

Quién	Qué	Cuándo	Respuesta
	¿Qué quieres hacer ¿Qué piensas hacer ¿Qué vas a hacer ...	cuando / terminar las clases? tan pronto como / llegar a casa? en cuanto / graduarte?	

Al terminar, comparte la información con la clase. Después haz un resumen de los planes de tus compañeros:
Cuando terminen las clases XXX van a...

Vamos a leer

El eclipse

El fabulista, cuentista y ensayista **Augusto Monterroso Bonilla** nació el 21 de diciembre de 1921 en Tegucigalpa y falleció el 8 de febrero de 2003 en la Ciudad de México. De madre hondureña y padre guatemalteco, pasó su infancia y juventud en Guatemala. En 1944 llegó como exiliado político a la Ciudad de México y allí se estableció y desarrolló prácticamente toda su excepcional vida literaria. "El eclipse" viene de un libro de diversas fábulas *(fables)* breves *La oveja negra y demás fábulas* (1969) en el que Monterroso parodia a los fabulistas de la antigüedad.

Antes de leer

Anticipación Antes de leer el texto haz lo siguiente.

1. ¿Qué es una fábula? Piensa en algunos ejemplos de fabulistas y/o en fábulas famosas que conoces o que has leído. Busca información en Internet, en caso de que lo necesites.
2. ¿Qué sabes de la cultura indígena maya? (zona geográfica, religión, avances científicos)
3. ¿Cómo crees que se siente una persona que está perdida *(lost)* en medio de la selva *(jungle)*?
4. ¿Cómo piensas que fue en Guatemala la relación entre los indígenas y los frailes *(priests)* españoles?
5. ¿Qué opinión crees que tenían los españoles de la cultura indígena? ¿Piensas que los españoles creían que su cultura era superior a la de los mayas? ¿En qué sentido?

Guía para la lectura

1. Mira el título. ¿Qué significa la palabra "eclipse"? ¿Qué idea general te da del contenido?
2. Lee el primer párrafo. ¿Dónde está fray Bartolomé? ¿Qué actitud tiene ante la situación en que se encuentra?
3. Lee el segundo párrafo. ¿Qué vio fray Bartolomé al despertar?
4. Lee el resto del cuento. Al leer piensa en las siguientes preguntas:
   - ¿Qué sabía fray Bartolomé?
   - ¿Cómo usó sus conocimientos?
   - ¿En qué sentido eran más sabios *(knowledgable)* los mayas que el español?

El eclipse

Cuando fray[1] Bartolomé Arrazola se sintió perdido aceptó que ya nada podría salvarlo. La selva poderosa de Guatemala lo había apresado[2], implacable[3] y definitiva. Ante su ignorancia topográfica se sentó con tranquilidad a esperar la muerte. Quiso morir allí, sin ninguna esperanza, aislado, con el pensamiento fijo en la España distante, particularmente en el convento de los Abrojos, donde Carlos Quinto condescendiera[4] una vez a bajar de su eminencia[5] para decirle que confiaba en el celo[6] religioso de su labor redentora[7].

Al despertar se encontró rodeado por un grupo de indígenas de rostro[8] impasible que se disponían a[9] sacrificarlo ante un altar, un altar que a Bartolomé le pareció como el lecho[10] en que descansaría, al fin, de sus temores, de su destino, de sí mismo.

Tres años en el país le habían conferido[11] un mediano dominio de las lenguas nativas. Intentó algo. Dijo algunas palabras que fueron comprendidas.

Entonces floreció en él una idea que tuvo por digna de su talento y de su cultura universal y de su arduo[12] conocimiento de Aristóteles. Recordó que para ese día se esperaba un eclipse total de sol. Y dispuso, en lo más íntimo, valerse de[13] aquel conocimiento para engañar[14] a sus opresores y salvar la vida.

—Si me matáis —les dijo— puedo hacer que el sol se oscurezca[15] en su altura.

Los indígenas lo miraron fijamente y Bartolomé sorprendió la incredulidad en sus ojos. Vio que se produjo un pequeño consejo, y esperó confiado[16], no sin cierto desdén[17].

Dos horas después el corazón de fray Bartolomé Arrazola chorreaba[18] su sangre vehemente sobre la piedra de los sacrificios (brillante bajo la opaca[19] luz de un sol eclipsado), mientras uno de los indígenas recitaba sin ninguna inflexión de voz, sin prisa, una por una, las infinitas fechas en que se producirían[20] eclipses solares y lunares, que los astrónomos de la comunidad maya habían previsto[21] y anotado en sus códices[22] sin la valiosa ayuda de Aristóteles.

[1]fray *(Brother)*; [2]apresado *(seized, captured)*; [3]implacable *(relentless)*; [4]condescendiera *(condescended)*; [5]eminencia *(eminence)*; [6]celo *(zeal, fervor)*; [7]redentora *(redeeming)*; [8]rostro *(face)*; [9]se disponían a *(were getting ready to)*; [10]lecho *(bed)*; [11]conferido *(given, bestowed)*; [12]arduo *(arduous)*; [13]valerse de *(to make use of)*; [14]engañar *(to deceive)*; [15]se oscurezca *(darken)*; [16]confiado *(self-satisfied)*; [17]desdén *(disdain)*; [18]chorreaba *(was pouring)*; [19]opaca *(opaque)*; [20]se producirían *(would happen)*; [21]previsto *(forecast)*; [22]códices *(codices [ancient books which were written by hand])*

Al fin y al cabo

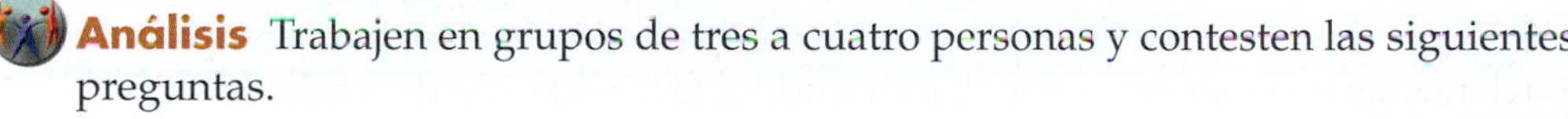

Análisis Trabajen en grupos de tres a cuatro personas y contesten las siguientes preguntas.

1. ¿Qué muestra la actitud del fray Bartolomé Arrozola?
2. ¿Cuál es la moraleja de la fábula?
3. Si el fray Arrazola hubiera conocido mejor la cultura maya, ¿habría sido diferente la conclusión de la fábula? ¿Por qué sí o por qué no?

El diálogo entre los indígenas Después de decirles a los indígenas que él podía hacer que el sol se oscureciera, fray Arrazola "vio que se produjo un pequeño consejo". Trabajando con un/a compañero/a de clase, imagínense la conversación que tuvo lugar entre los indígenas. Escriban juntos su diálogo de 10 a 12 líneas, preparándose para después presentárselo a la clase.

REPASO

13-27 Las dudas Prepara al menos ocho afirmaciones sobre los artistas y/o tipos de arte (pintura, escultura, artes interpretativas, arquitectura y arte popular) que has visto en este **capítulo**. Tus afirmaciones pueden ser verdaderas o falsas, pero deben ser ante todo originales. Presenta tus afirmaciones en clase y pídeles a tus compañeros que reaccionen, utilizando las siguientes expresiones de certidumbre o de duda.

MODELO David Alfaro Siqueiros, José Clemente Orozco y Diego Rivera son los fundadores del movimiento conocido como la escuela mexicana de pintura.

Es verdad que ellos son los fundadores de la escuela mexicana de pintura.

El interior de la Mezquita de Córdoba ejemplifica la arquitectura renacentista.

No es cierto que ejemplifique la arquitectura renacentista. El interior refleja la arquitectura arábiga.

Dudo que...
(No) creo que...
(No) es cierto que...
(No) pienso que...
No es probable que...
Es verdad que...

13-28 Busco... Primero piensa en algo que desees tener, por ejemplo, un apartamento o una casa perfecta, un cuadro, un objeto de arte, o un/a compañero/a perfecto/a. Haz una lista de sus características. Luego dile a un/a compañero/a de clase lo que buscas.

MODELO *Busco un apartamento que esté cerca de la universidad, que tenga piscina, que sea barato y que pueda compartir con mi mejor amigo/a.*

13-29 La perfección artística Conversa con un/a compañero/a de clase sobre las características que definirían una obra de arte ideal, sin defecto alguno. Comiencen sus comentarios con **"Una obra de arte perfecta para mí es una obra que..."**. Recuerda que los verbos que uses deben estar en el subjuntivo porque esta obra es producto de tu imaginación.

13-30 Todo depende... Trabaja con un/a compañero/a de clase para completar las oraciones de una manera original, indicando que la situación depende de algo. Sigan el modelo.

MODELO El editor publica la revista para que la gente...

El editor publica la revista para que la gente lea las noticias en español.

1. Dicen que el pintor siempre pinta sus cuadros sin que los modelos...
2. ¿Quiénes pueden entender esa pintura antes de que... ?
3. No quiero comprar el tapiz, a menos que...
4. ¿Qué piensas hacer en caso de que... ?
5. Muchos escultores dicen que no trabajan para que el público...
6. El/La arquitecto/a espera terminar el edificio, con tal de que él/ella...

VOCABULARIO

The **Vocabulario** consists of all new words and expressions presented in the chapter. When reviewing or studying for a test, you can cover up the English and go through the list to see if you know the meaning of each item.

Las artes plásticas *Plastic arts*

abstracto/a	*abstract*
el autorretrato	*self-portrait*
el cuadro	*picture, painting*
dibujar	*to draw*
el dibujo	*drawing, act of drawing*
esculpir	*to sculpt*
el/la escultor/a	*sculptor*
la escultura	*sculpture*
la estatua	*statue*
exponer	*to exhibit*
idealista	*idealistic*
impresionista	*impressionist*
moderno/a	*modern*
el mural	*mural*
el muralismo	*mural art, muralism*
el/la muralista	*mural artist*
la obra de arte	*work of art*
pintar	*to paint*
la pintura	*picture, act of painting*
a la acuarela	*watercolor painting*
al óleo	*oil painting*
el/la pintor/a	*painter*
realista	*realistic*
el retrato	*portrait*
surrealista	*surrealistic*
el tema	*theme*
tradicional	*traditional*

Herramientas y materiales *Tools and Materials*

el aceite	*oil*
el barro / arcilla	*clay*
el bronce	*bronze medal*
el caballete	*easel*
los lápices de colores	*colored pencils*
el lienzo	*canvas*
el muro	*wall*
la paleta	*palette*
la piedra	*stone*
el pincel	*paintbrush*

Las artes interpretativas y la arquitectura *Interpretive arts and architecture*

arábigo	*Arabian*
el bailarín / la bailarina	*professional dancer*
el ballet	*ballet*
barroco/a	*Baroque*
el/la cantante de ópera	*opera singer*
el castillo	*castle*
colonial	*Colonial*
el/la coreógrafo/a	*choreographer*
la danza contemporánea / moderna	*contemporary / modern dance*
la estrella	*star (male or female)*
la fuente	*fountain*
gótico/a	*Gothic*
la ópera	*opera*
moderno/a	*Modern*
el/la mimo	*mime*
postmoderno/a	*Postmodern*
el puente	*bridge*
los rascacielos	*skyscraper*
renacentista	*Renaissance* (adj.)
la representación / la función	*performance*
románico/a	*Romanesque*
romano/a	*Roman*
la torre	*tower*

Los materiales *Materials*

Es de / Está hecho/a de...

cristal / vidrio	*glass*
escayola	*plaster*
hormigón	*concrete*
ladrillo	*brick*
madera	*wood*
metal	*metal*

El arte popular y las artesanías *Folk art and the art or practice of making crafts*

la alfarería	*pottery*
la bisutería	*costume jewelry*
el bordado	*embroidery*
la cerámica	*ceramics*
la cestería	*basket-making*
el grabado	*engraving*
la joyería	*jewelry*
la talla	*carving*
en madera	*woodcarving*
en piedra	*stonecarving*
en vidrio	*glasscarving*

El mundo de las letras

CHAPTER OBJECTIVES

In **Capítulo 14** you will . . .

- learn about different types of literature from several Spanish-speaking countries
- read selected literary passages and learn how to identify, discuss, and analyze various characteristics of prose, poetry, and drama
- continue to develop your understanding of the subjunctive mood
- 

watch as the roommates reflect on their shared living experience in Puerto Rico
- read an excerpt from *El delantal blanco* by Sergio Vodanovic

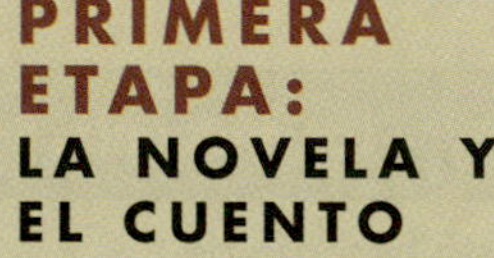

PRIMERA ETAPA: LA NOVELA Y EL CUENTO

Functions
- describe the literary elements of novels and short stories
- discuss the life and works of writers
- inquire and provide information about present and past requests

SEGUNDA ETAPA: LA POESÍA

Functions
- describe the literary elements of poetry and poems
- discuss and share preferences regarding poetry
- speculate about present and past actions or situations
- report what others have said

TERCERA ETAPA: EL TEATRO

Functions
- describe the literary elements of plays
- identify dramatic techniques
- hypothesize and express contrary-to-fact statements

Obras de literatura

Una obra de teatro

Tools

- Vocabulary for:
  - novels
  - short stories
- Grammatical structures:
  - review of the present subjunctive
  - the imperfect (past) subjunctive

Comentarios culturales: El Premio Nobel

Tú dirás: Una reseña literaria

Vamos a escuchar: El próximo Premio Nobel

Tools

- Vocabulary for:
  - poetry and poetic techniques
  - types of poems
- Grammatical structures:
  - the conditional
  - the conditional as the future of the past

Comentarios culturales: Un análisis de dos poemas

Tú dirás: Rosario Castellanos

Vamos a ver: Los compañeros se despiden

Tools

- Vocabulary for:
  - dramatic arts
  - theater
- Grammatical structures:
  - if clauses with the conditional + the imperfect subjunctive
  - more on the subjunctive and the sequence of tenses

Vamos a leer: El delantal blanco

PRIMERA ETAPA

Para empezar: La novela y el cuento

Preparación: Piensa en lo siguiente al empezar esta etapa:

- ¿Hay algún cuento o novela que sean tus obras literarias favoritas? ¿Quién es el/la autor/a y de dónde es él/ella?
- ¿Sabes qué es el Premio Nobel de Literatura? ¿Conoces a alguno de los/las escritores/as premiados/as?
- ¿Puedes nombrar algún ganador del Premio Nobel de Literatura de España o de América Latina?

Los escritores y sus obras

el/la autor/a	*author*
el/la cuentista	*storyteller*
el cuento	*short story*
el/la ensayista	*essayist*
el ensayo	*essay*
el/la escritor/a	*writer*
la leyenda	*legend*
la novela	*novel*
el/la novelista	*novelist*

Para hablar de obras literarias

el argumento / la trama	*plot*
el desenlace	*ending, denouement*
el género	*genre*
la historia	*story*
el/la narrador/a	*narrator*
el personaje	*character in a story*
la prosa	*prose*
el/la protagonista	*protagonist, main character*
el punto de vista	*point of view*
el punto culminante	*climax*
el tema	*theme*

Práctica

14-1 Unos novelistas y cuentistas hispanos Para hacer esta actividad tienes que consultar una enciclopedia o un libro de literatura hispana o buscar la información necesaria en Internet. Cuando tengas la información, empareja las personas (columna A) con su país de origen (columna B) y sus obras (columna C). Luego compara tus respuestas con las de un/a compañero/a de clase. ¿Están de acuerdo?

MODELO Horacio Quiroga – 3 a

A	B	C
Alejo Carpentier	1. Autora de origen dominicano que reside en los Estados Unidos	a. ***Cuentos de amor, de locura y de muerte* (1917)**
Carlos Fuentes	2. Escritor que nació en Panamá de padres diplomáticos mexicanos	b. *El reino de este mundo* (1949)
Carmen Martín Gaite	**3. Escritor uruguayo que escribió más de 200 cuentos**	c. *Aura* (1962)
Elena Poniatowska	4. Escritora española que fue una de las figuras más importantes de las letras hispánicas	d. *Los cuentos de Lilus Kikus* (1967)
Horacio Quiroga	5. Escritora mexicanoamericana de éxito a nivel mundial	e. *El cuarto de atrás* (1978)
Julia Álvarez	6. Novelista argentino que fue uno de los más importantes escritores argentinos contemporáneos	f. *El beso de la mujer araña* (1979)
Manuel Puig	7. Novelista, ensayista y musicólogo cubano que influyó bastante en el desarrollo de la literatura latinoamericana	g. *La casa en Mango Street* (1984)
Sandra Cisneros	8. Periodista y narradora mexicana nacida en Francia	h. *How the García Girls Lost Their Accent* (1991)

14-2 Preferencias literarias Trabajen en grupos de tres o cuatro personas y discutan las siguientes preguntas. Al terminar, escriban un resumen de sus preferencias para presentar a la clase.

- ¿Qué leyendas has leído? ______
- Entre los siguientes géneros literarios, ¿cuál es tu favorito? ¿Por qué?
  - ❑ la novela ❑ el ensayo ❑ el cuento ❑ la leyenda
- ¿Con qué frecuencia lees novelas, cuentos, ensayos y/o leyendas? ¿Cuál fue la última obra que leíste? ______
- ¿Qué clases de novelas prefieres? ¿Por qué? (Puedes escoger varias.)
  - ❑ de aventuras ❑ policíacas ❑ de misterio ❑ psicológica ❑ de terror
  - ❑ fantásticas ❑ de ciencia ficción ❑ de viajes ❑ realista ❑ rosa (o sea, de amor)
- ¿Compras obras literarias o prefieres sacarlas prestadas de la biblioteca? ______

14-3 Mi libro favorito Piensa en tu libro o tu cuento favoritos. Descríbeselo a los miembros de tu grupo **sin** mencionar el título. Luego, comparte el nombre del autor, los nombres de los personajes principales y algunos detalles del argumento con tu grupo para ver si alguien sabe cómo se llama el libro o el cuento.

Comentarios culturales
El Premio Nobel

Antes de leer

Significados Trata de adivinar el significado de las siguientes palabras que aparecen en los minirretratos biográficos.

1. el dramaturgo	**a.** *guilt*
2. el periodista	**b.** *joy*
3. los sueños	**c.** *journalist*
4. ficticio/a	**d.** *destiny*
5. la soledad	**e.** *fictitious*
6. el destino	**f.** *dreams*
7. el gozo	**g.** *playwright*
8. la culpa	**h.** *solitude*

Guía para la lectura

Temas literarios Ahora, lee rapidamente el texto de los minirretratos. Después, con un/a compañero/a hagan lo siguiente: conecten cada uno de los temas literarios que aparece a continuación, con la persona de los minirretratos que tenga un interés especial en el tema. ¿Hay temas que no corresponden con nadie?

1. la fantasía y la exageración
2. la poesía y el amor como medios de comunicación
3. la imposibilidad de vivir de una manera honesta
4. la violencia como manera de protestar
5. la vida alegre y triste de los perros de la ciudad
6. la vida como un valle de lágrimas

¿Has comprendido? Con la información que ya tienes, vuelve a leer los minirretratos; después contesta las siguientes preguntas sobre los escritores.

1. ¿Quién les tiene un cariño especial a los niños?
2. ¿A quién le interesa escribir ensayos sobre problemas ecológicos?
3. ¿Qué escritor cree que la falta de responsabilidad social causa el crimen?
4. ¿Quién escribe sobre un pueblo pequeño que representa a América Latina y al mundo en general?
5. ¿Para quién son importantes las actitudes y el carácter de los mexicanos?

Al fin y al cabo

Un diálogo imaginario Usando la información que se encuentra en los minirretratos, escribe con un/a compañero/a un diálogo en español entre dos de los ganadores del Premio Nobel. Incluyan en las preguntas y en los comentarios de la conversación información sobre su vida, su obra y sus actitudes y preferencias. (Traten de escribir de 16 a 20 oraciones en total.)

Desde que se empezó a otorgar el Premio Nobel de Literatura a los mejores escritores del mundo, a fines del siglo XIX, la Real Academia de Suecia les ha concedido el prestigioso premio a 10 escritores de países de habla española.

Los cinco ganadores de España son el dramaturgo José Echegaray (1904), el **dramaturgo** Jacinto Benavente (1922), el poeta Juan Ramón Jiménez (1956), el poeta Vicente Aleixandre (1977) y el novelista Camilo José Cela (1989).

Los escritores de América Latina que han ganado el premio son la poeta chilena Gabriela Mistral (1945), el novelista guatemalteco Miguel Ángel Asturias (1967), el poeta chileno Pablo Neruda (1971), el novelista/cuentista colombiano Gabriel García Márquez (1982) y el poeta/ensayista mexicano Octavio Paz (1990).

Los minirretratos biográficos que siguen dan una idea de quiénes son algunos de estos distinguidos autores.

Gabriela Mistral (1889–1957), País natal: Chile.
Fue profesora, diplomática, **periodista** y poeta por excelencia. El hombre con quien iba a casarse murió trágicamente y este hecho tuvo gran influencia en su obra. En sus versos líricos expresó su visión de la vida como un "valle de lágrimas" donde todos sentimos **gozo** y dolor. Sus temas constantes son el amor por los niños, la naturaleza, la religión y la compasión por la gente que sufre. Llenos de emoción, **sueños** y musicalidad, sus mejores poemas están en las colecciones *Desolación, Ternura, Tala* y *Lagar.* Premio Nobel: 1945.

Camilo José Cela (1916–2002), País natal: España.
Fue soldado, torero, pintor, actor de cine y periodista. Más que nada, escribió novelas y ensayos que han tenido gran influencia en España después de la Guerra Civil española (1936–1939). Al deformar la realidad en su obra, Cela trata de mostrar que la vida es fea y cruel para mucha gente. El autor cree que **la culpa** es de la sociedad y que la causa del crimen y la tragedia es la falta de responsabilidad social. La violencia es un grito de protesta en novelas como *La familia de Pascual Duarte* y *La colmena.* Premio Nobel: 1989.

Gabriel García Márquez (1927–), País natal: Colombia.
Ha dicho que todo lo que ha escrito o ya lo sabía, o ya lo había oído de sus abuelos antes de los ocho años. Trabajó como periodista por muchos años. Muchos de sus fabulosos cuentos y novelas tienen lugar en Macondo —una región ficticia, pero con todos los aspectos geográficos, históricos y socio-políticos de su país y de América Latina en general. Se podría clasificar a algunos de sus personajes como tragicómicos. La fantasía, el humor y la exageración son elementos típicos de sus novelas, *Cien años de soledad, El otoño del patriarca, El amor en los tiempos del cólera* y *El amor y otros demonios,* así como de algunos de sus cuentos. Premio Nobel: 1982.

Octavio Paz (1914–1998), País natal: México.
Fue editor, diplomático, profesor universitario y poeta por excelencia. Los temas esenciales de sus ensayos y poemas son **la soledad,** el tiempo, el amor, la comunicación y la naturaleza. Escribió sobre las actitudes y el carácter del mexicano, pero con una preocupación por **el destino** de todos los seres humanos. Creía que se puede reestablecer el diálogo entre la gente por medio de la poesía y el amor. Su obra ensayística incluye *El laberinto de la soledad* y *El arco y la lira.* Sus mejores poemas se encuentran en *Libertad bajo palabra* y *Ladera este.* Premio Nobel: 1990.

Enfoque estructural *Repaso: El presente del subjuntivo*

In **Capítulos 12** and **13,** you learned about the use of the subjunctive mood in the following contexts:

The subjunctive mood is used . . .	Look for . . .	Examples
in the dependent clause when the verb in the main clause expresses a **REQUEST, NEED, WISH,** or **DESIRE**	**aconsejar, desear, esperar, insistir en, mandar, necesitar, ojalá (que), pedir, preferir, prohibir, querer, recomendar, rogar, sugerir** **Es aconsejable que...** **Es necesario que...** **Es preciso que...** **Es preferible que...**	**Quiero que** Uds. **hablen** sobre su cuento favorito. **Te recomiendo que leas** la nueva novela de Sandra Cisneros. **Es aconsejable que compremos** los libros en la librería universitaria.
in the dependent clause when the verb in the main clause expresses an **EMOTION**	**alegrarse de, lamentar, sentir, gustar y verbos como gustar (encantar, repugnar, etcétera)** **Es bueno que...** **Es curioso que...** **Es una pena que...** **Es ridículo que...** **¡Qué extraño que... !** **¡Qué malo que... !**	**Me alegro de que leamos** literatura en la clase de español. **Lamento que** no **te interese** la literatura. **Es bueno que te guste** leer.
in the dependent clause when the verb in the main clause expresses **UNCERTAINTY** or **DOUBT**	**dudar que, puede ser que** **Es dudoso que...** **Es imposible que...** **Es increíble que...** **Es posible que...**	**Puede ser que termine** el libro esta noche. **Es increíble que existan** más de 200 cuentos escritos por Horacio Quiroga.
in an adjective clause when the clause modifies an antecedent that does not exist or is unknown	**ningún, ninguno/a, nadie, nada** **buscar, necesitar, querer, soñar con,** and questions with **haber**	No hay **ninguna** novela de Carmen Martín Gaite que no **me guste**. No conozco **a nadie que tenga** la obra completa de Cela. **Busco** una novela policíaca que **esté** llena de acción e intriga. **¿Hay** alguien aquí que **haya leído** *La casa en Mango Street*?
in the dependent clause when it is introduced by certain conjunctions	**a menos que, antes de que, con tal de que, en caso de que, para que**	Tengo en casa la última novela de Sandra Cisneros **en caso de que** la **quieras** leer. En clase la profesora explica el cuento **para que** lo **comprendamos** mejor.
in an adverbial clause that expresses a future action or something that has not yet happened	**antes de que, cuando, después de que, en cuanto, hasta que, tan pronto como**	**Cuando lleguen** los libros para la clase de literatura hispana a la librería, me llamarán. Te prestaré la novela **en cuanto** la **acabe**.

Práctica

14-4 Querida Francis Completa la siguiente carta que le escribió "Soltera desesperada" a la columna de consejos de un periódico por Internet. Usa la forma correcta del presente de indicativo o el presente de subjuntivo según el contexto.

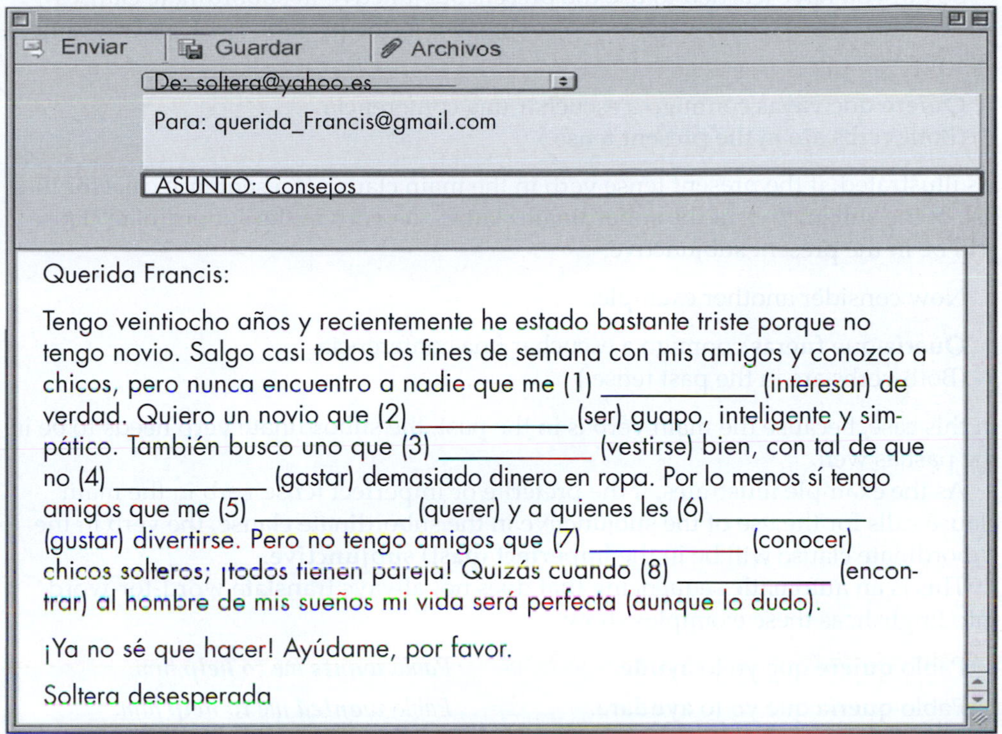

Enviar | Guardar | Archivos

De: soltera@yahoo.es

Para: querida_Francis@gmail.com

ASUNTO: Consejos

Querida Francis:

Tengo veintiocho años y recientemente he estado bastante triste porque no tengo novio. Salgo casi todos los fines de semana con mis amigos y conozco a chicos, pero nunca encuentro a nadie que me (1) __________ (interesar) de verdad. Quiero un novio que (2) __________ (ser) guapo, inteligente y simpático. También busco uno que (3) __________ (vestirse) bien, con tal de que no (4) __________ (gastar) demasiado dinero en ropa. Por lo menos sí tengo amigos que me (5) __________ (querer) y a quienes les (6) __________ (gustar) divertirse. Pero no tengo amigos que (7) __________ (conocer) chicos solteros; ¡todos tienen pareja! Quizás cuando (8) __________ (encontrar) al hombre de mis sueños mi vida será perfecta (aunque lo dudo).

¡Ya no sé que hacer! Ayúdame, por favor.

Soltera desesperada

14-5 Te recomendamos que... Trabaja con un/a compañero/a de clase y juntos escríbanle una respuesta a "Soltera desesperada". En su mensaje de correo electrónico, usen por lo menos **seis** de los siguientes verbos y expresiones impersonales: **aconsejar, querer, recomendar, sugerir, lamentar, sentir, dudar, es aconsejable que..., es necesario que..., es curioso que..., es una pena que..., puede ser que..., es posible que...** . Estén preparados/as para leerle su respuesta a la clase. ¿Quiénes de la clase le dieron los mejores consejos a "Soltera desesperada"?

14-6 Condiciones y planes futuros Utiliza las siguientes conjunciones para expresar tus planes para el futuro, en relación con los libros y la lectura en español: **a menos que, antes de que, con tal de que, en caso de que, para que, antes de que, cuando, después de que, en cuanto, hasta que, tan pronto como.** Sigue el modelo.

MODELO *Antes de que termine el verano quiero leer unos cuentos en español.*

Escribe por lo menos cinco planes. Al terminar, comparte tus planes con otros/as compañeros/as y comparen sus ideas. ¿Tienen planes semejantes o muy diferentes? ¿Quién tiene los planes más interesantes? ¿Por qué?

Enfoque estructural *El imperfecto del subjuntivo*

You have learned that the subjunctive mood is always used in the dependent clause when the main clause expresses (1) will, influence or desire, (2) an emotional reaction, or (3) something uncertain or unreal.

So far, you have learned to use the present subjunctive in subordinate clauses with main clauses whose verb is also conjugated in the present. Look at the example below:

Quiero que **vayas** conmigo a escuchar una conferencia.
(Both verbs are in the present tense.)

As illustrated, if the present tense verb in the main clause of a sentence calls for the use of the subjunctive in the subordinate clause, the verb in the subordinate clause will be in the present subjunctive.

Now consider another example:

Quería que **fueras** conmigo a escuchar una conferencia.
(Both verbs are in the past tense.)

In this case, because the main verb is in the past, the subordinate verb needs to be in the past as well.

As the example illustrates, if the preterite or imperfect tense verb in the main clause calls for the use of the subjunctive in the subordinate clause, the verb in the subordinate clause will be in the **imperfect (past) subjunctive**.

This is an automatic sequencing that does not always translate word-for-word into English, as these examples show.

Pablo **quiere** que yo lo **ayude.**	*Pablo* ***wants*** *me* ***to help*** *him.*
Pablo **quería** que yo lo **ayudara.**	*Pablo* ***wanted*** *me* ***to help*** *him.*
El profesor **recomienda** que **leamos** en español.	*The teacher* ***recommends*** *that we* ***read*** *in Spanish.*
El profesor **recomendó** que **leyéramos** en español.	*The teacher* ***recommended*** *that we* ***read*** *in Spanish.*

Las formas del imperfecto de subjuntivo

It is easy to form the past subjunctive of all verbs (**-ar, -er,** and **-ir**) when you already know the third person plural (**ellos**) form of the preterite. Simply remove the **-on** ending and add the past subjunctive endings **-a, -as, -a, -amos, -ais, -an.** Note that in the **nosotros** form of the past subjunctive a written accent must be placed on the third syllable from the end **(llamáramos, pudiéramos, trajéramos).**

llamar		poder		traer	
llamaron → llamar-		**pudieron → pudier-**		**trajeron → trajer-**	
llamar**a**	llam**áramos**	pudier**a**	pudi**éramos**	trajer**a**	traj**éramos**
llamar**as**	llamar**ais**	pudier**as**	pudier**ais**	trajer**as**	trajer**ais**
llamar**a**	llamar**an**	pudier**a**	pudier**an**	trajer**a**	trajer**an**

Práctica

14-7 Los apuntes de clase Explícale a un/a compañero/a que no pudo ir a la clase de literatura ayer, lo que el/la profesor/a pidió que Uds. hicieran de tarea. Usen los verbos de la columna A con la forma correcta del imperfecto de subjuntivo. Luego escojan palabras de la columna B para completar la oración. Sigan el modelo.

MODELO Ayer el/la profesor/a pidió que nosotros... (hacer)
Ayer la profesora pidió que hiciéramos la tarea.

A	B
1. hacer	la novela
2. estudiar	la composición
3. empezar	el cuento
4. escribir	el tema central
5. corregir	el cuarto capítulo
6. comentar	350 palabras
7. analizar	la tarea
8. aprender	cinco páginas

14-8 Las cosas de la niñez ***(childhood)*** Los compañeros están en casa charlando y compartiendo historias. Javier pregunta: *¿Cómo fue su niñez? ¿Recuerdan algo especial de cuando eran niños?* Completa sus oraciones y préstale atención al imperfecto de subjuntivo. Sigue el modelo.

MODELO mis padres siempre me pedían que yo...
Cuando era pequeño/a, mis padres siempre me pedían que yo me acostara temprano.

1. SOFÍA: Cuando era pequeña mis padres no permitían que yo...
2. ANTONIO: Cuando yo era pequeño era imposible que...
3. VALERIA: Cuando era pequeña me molestaba mucho que mi hermana...
4. ALEJANDRA: Cuando era pequeña un día me pareció muy extraño que...
5. JAVIER: Cuando era pequeño yo siempre dudaba que...
6. SOFÍA: Cuando era pequeña yo sentía mucho que...
7. ALEJANDRA: Cuando era pequeña mi papá me pidió una vez que yo...
8. JAVIER: Cuando era pequeño me parecía increíble que mis padres...

Tú dirás

Una reseña literaria

Tú y un/a compañero/a de clase van a escribir una reseña literaria para presentarla oralmente en clase. Una reseña literaria es un tipo de texto en el que se presenta la opinión que uno tiene sobre una obra escrita, y se justifica esa opinión con hechos y ejemplos específicos de la obra. Al escribir la reseña, Uds. tienen la oportunidad de presentarles su opinión de la obra a los lectores u oyentes.

Primero tienen que hablar sobre las novelas, los cuentos, los ensayos y las leyendas que han leído y escoger UNO/A que los dos conozcan bien. Puede ser una obra en inglés. Luego, sigan los pasos a continuación:

Paso 1. Consideren los siguientes elementos de la obra.

- El/la autor/a: ¿Quién es? ¿De dónde es?
  Da unos datos biográficos básicos sobre él/ella.
- El género: ¿Es novela, cuento, ensayo o leyenda?
  Si es una novela o un cuento, también indiquen qué clase es, o sea, de aventuras, de ciencia ficción, realista, etcétera.
- El punto de vista: ¿Quién narra la obra? ¿Hay un narrador o varios narradores? ¿Está escrita la obra en primera o en tercera persona?
- El título: ¿Es efectivo? ¿Te llama la atención?
- La organización: ¿Cómo está organizada la obra: cronológicamente, en retrospectiva, con saltos en el tiempo, etcétera?
- El estilo: ¿Es formal o informal? ¿Es difícil o fácil de leer? ¿Va dirigido a un público en particular?
- El tema: ¿Cuál es? ¿Es evidente o requiere una interpretación por parte del lector?
- El desenlace: ¿Es sorprendente o predecible? ¿Hay una secuencia lógica entre el desenlace y el punto culminante? ¿Cómo se siente el lector al terminar la obra?

Paso 2. Planeen lo que van a escribir haciendo un bosquejo *(outline)*, de acuerdo con los datos del **Paso 1.**

- El/la autor/a: ____________________
- El género: ____________________
- El punto de vista: ____________________
- El título: ____________________
- La organización: ____________________
- El estilo: ____________________
- El tema: ____________________
- El desenlace: ____________________

Paso 3. Escriban la reseña.

- Revisen la información del **Paso 2**.
- Escriban una introducción.

MODELO *La novela... escrita por... y publicada en... presenta la historia de...*

- Escriban la parte principal de la reseña. (Incluye la información del **Paso 2**.)

MODELO *El protagonista de la historia tiene que... El/la autor/a consigue darles a los personajes...*

- Escriban una conclusión.

MODELO *Para terminar, la novela de... es un gran libro que todos deben leer porque...*

Paso 4. Preséntenle su reseña a la clase.

- Uno de Uds. debe presentarle la reseña en voz alta a la clase.
- Luego, la otra persona debe dirigir una discusión sobre la reseña, preguntándoles a los compañeros lo siguiente:

¿Hay otras personas en la clase que hayan leído la obra?

—Si responden que sí:

¿Están de acuerdo con su análisis y opinión de la obra?

—Si responden que no:

¿Tienen ganas de leer la obra o no? ¿Por qué sí o por qué no?

¿Tienen preguntas sobre algún aspecto de la reseña? ¿Algo que no quedó claro?

ATAJO **Functions:** Writing an introduction; Writing about an author / narrator; Writing about characters; Writing about the structure; Writing about theme, plot, or scene; Writing a conclusion; **Vocabulary:** Fairytales and legends; Poetry; Prose; **Grammar:** Adjectives: agreement, position; Verbs: present, preterite and imperfect, subjunctive

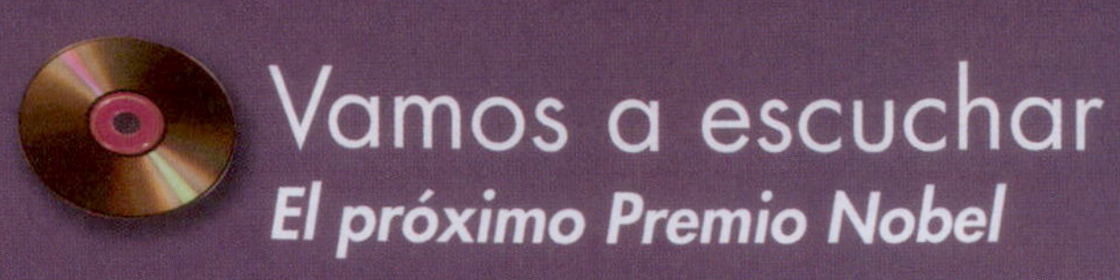

Vamos a escuchar

El próximo Premio Nobel

El proceso de la selección de los Premios Nobel es secreto, pero cada año hay mucho debate y especulación sobre quiénes serán los ganadores. Ahora vas a escuchar una conversación entre Sofía, Javier y Alejandra sobre los posibles ganadores.

Antes de escuchar

El Premio Nobel Antes de escuchar el segmento, contesta las siguientes preguntas.

1. ¿Qué es el Premio Nobel de Literatura? ¿Cómo crees que se seleccionan los ganadores?
2. ¿Quiénes crees que son algunos de los posibles candidatos para el próximo Premio Nobel de Literatura? ¿Por qué?
3. ¿Cuáles son tus hábitos de lectura? ¿Cómo eliges los libros que lees? ¿Qué autores son tus favoritos? ¿Sueles prestarles atención a los autores que ganan premios?

Antes de escuchar la conversación entre Sofía, Javier y Antonio, lee las preguntas que aparecen en la sección **Después de escuchar.**

Después de escuchar

Comprensión Contesta las preguntas que siguen, basándote en lo que escuchaste.

CD3, Track 8

1. El autor de *La ciudad y los perros* y *La Tía Julia y el escribidor* es
   a. Carlos Fuentes.
   b. Vargas Llosa.
   c. Octavio Paz.
2. Una persona políticamente comprometida *(involved)* puede ganar el Premio Nobel
   a. sin ninguna condición.
   b. con tal de que conserve su integridad.
3. La escritora mexicanoamericana que escribe en inglés se llama
   a. Julia Álvarez.
   b. Laura Esquivel.
   c. Sandra Cisneros.
4. Carlos Fuentes escribe
   a. sólo ensayos.
   b. principalmente cuentos.
   c. obras de todos los géneros.
5. Carlos Fuentes es
   a. mexicano.
   b. argentino.
   c. mexicanoamericano.

¿Cómo lo dicen? Escucha el segmento de nuevo. Fíjate en lo que dicen los compañeros y contesta las preguntas a continuación.

CD3, Track 8

1. Carmen Martín Gaite no puede ser candidata al Premio Nobel porque está muerta. ¿Qué palabra usa Sofía para referirse a los muertos?
2. Los tres hablan muy bien de Carlos Fuentes. ¿Qué palabras usan para describirlo?

Mis autores favoritos En grupos de tres hablen de sus escritores favoritos. Indiquen qué obras han leído de esos autores, cómo los descubrieron y las razones por las que son sus autores favoritos. Si sus compañeros/as no conocen a los escritores favoritos mencionados, recomiéndales que lean una de sus obras. Decide cuál es la obra más representativa del estilo de ese/a autor/a.

SEGUNDA ETAPA

Para empezar: La poesía

Preparación: Piensa en estas preguntas:

- ¿En qué se diferencia la prosa de la poesía?
- ¿Conoces algún poeta?
- ¿Son las canciones y el rap un tipo de poesía? ¿Por qué sí o por qué no?

Para hablar de la poesía

la poesía	*poetry*	**la rima**	*rhyme*
dramática	*dramatic poetry*	**asonante**	*assonant rhyme*
épica	*epic poetry*	**consonante**	*consonant rhyme*
lírica	*lyric poetry*	**el ritmo (poético)**	*(poetic) rhythm*
el estribillo	*refrain*	**el símil**	*simile*
la estrofa	*stanza*	**el sonido**	*sound*
la metáfora	*metaphor*	**la versificación**	*versification*
el metro (poético)	*(poetic) meter*	**el verso**	*verse*
el poema	*poem*	**libre**	*free verse*
el/la poeta	*poet*		

Rima XXI

¿Qué es poesía?, dices mientras
clavas en mi pupila tu pupila azul.
¡Qué es poesía! ¿Y tú me lo preguntas?
Poesia... eres tú*.

Gustavo Adolfo Bécquer

*Bécquer le dice esto a la mujer amada.

Rima IV

[...]
Mientras° haya unos ojos que reflejen — *in as far as*
los ojos que los miran,
mientras responda el labio suspirando° — *sighing*
al labio que suspira,
mientras sentirse puedan en un beso
dos almas confundidas° — *mixed up*
mientras exista una mujer hermosa,
¡habrá poesía!

Gustavo Adolfo Bécquer

Práctica

14-9 El lenguaje literario Para comprobar que han aprendido todas las palabras nuevas relacionadas con la poesía, hagan lo siguiente. Túrnense para leer las definiciones que aparecen a continuación y después identifiquen el término que se define.

a. conjunto de palabras o versos que se repiten en un poema, a veces al final de cada estrofa
b. semejanza o igualdad de sonidos entre dos o más palabras a partir de la última sílaba acentuada
c. estructura rítmica de un verso o de una composición poética que se basa en un orden fijo de acentos, pausas y rimas
d. conjunto de versos en un poema que generalmente se ajustan a una medida y a un ritmo determinado, los cuales son constantes a lo largo de un poema
e. poesía en la que el poeta expresa sus propios sentimientos e ideas
f. una forma poética caracterizada por la falta de rima y de métrica regular

1. la estrofa **3.** el verso libre **5.** la rima
2. el metro **4.** la poesía lírica **6.** el estribillo

14-10 Una encuesta Rellena la siguiente encuesta, indicando tus preferencias sobre la poesía.

1. ¿Qué poeta(s) de cualquier nacionalidad o idioma te gusta(n) más?

____

2. Indica si conoces a los siguientes poetas hispanos del siglo XX o si has leído una obra suya.

Pablo Neruda	❏ he leído	❏ lo conozco
Alfonsina Storni	❏ he leído	❏ la conozco
César Vallejo	❏ he leído	❏ lo conozco
Rubén Darío	❏ he leído	❏ lo conozco
Federico García Lorca	❏ he leído	❏ lo conozco
Dulce María Loynaz	❏ he leído	❏ la conozco

3. ¿Cuál fue el último poema o libro de poesía que leíste?

____

4. ¿Con qué frecuencia lees poesía?
❏ muy a menudo ❏ raramente
❏ ocasionalmente ❏ nunca

5. ¿Con qué frecuencia asistes a eventos de poesía, por ejemplo lecturas en vivo y en directo?
❏ muy a menudo ❏ raramente
❏ ocasionalmente ❏ nunca
¿Dónde? ______________________________

6. ¿Escribes tú poesía?
❏ sí ¿Qué tipo de poesía? ______________
❏ no

14-11 Resultados En grupos de cuatro estudiantes comparen sus respuestas a la actividad **14-10**. Después, hagan un resumen y preséntenlo en clase. Pueden usar expresiones como:

En nuestro grupo no hay nadie que conozca la obra de Storni.

Hay dos estudiantes que han leído a *García Lorca*. / No hay ningún estudiante que...

Comentarios culturales

Un análisis de dos poemas

Ahora vas a tener la oportunidad de leer y analizar dos poemas. El primero es de Gabriela Mistral, la poeta chilena ganadora del Premio Nobel cuyo minirretrato se presentó en la **Primera etapa**. El segundo es del famoso poeta cubano Nicolás Guillén.

Gabriela Mistral

Estos versos son un ejemplo de la emoción que Gabriela Mistral (Chile, 1889–1957) sentía por la naturaleza. Varios de sus poemas revelan una espiritualidad que asocia la naturaleza con un poder divino. Los sentimientos religiosos de la poeta siempre incluyen el mundo físico de los objetos. Los versos de esta ganadora del Premio Nobel son buenos ejemplos de su uso frecuente de un lenguaje sencillo.

Antes de leer

Las palabras, los versos y el título Antes de leer el poema haz lo siguiente.

1. Mira las palabras glosadas para saber su significado antes de leer el poema. ¿Qué idea te dan sobre el contenido del poema?
2. ¿Qué significa el título? ¿Qué te viene a la mente cuando piensas en la nieve?

Guía para la lectura

Rimas Lee el poema completo en voz alta una vez. Después, lee los versos siguientes:

que recelan dañar.
¡Mirémosla bajar!
de su ligero azahar.
que rozan sin rozar.

¿Qué sonidos se repiten en las palabras finales de estos versos?

Ahora lees estos otros versos en voz alta:

de un alto Donador
desgaja sin rumor.
y te prenda su flor.
de parte del Señor!

Y en estos versos, ¿qué sonidos se repiten en las palabras finales?

El sentido *(sense)* del poema Contesta las preguntas sobre el poema.

1. Identifica los adjetivos que usa Mistral en el poema para describir los siguientes sustantivos: **criatura, seres, azahar, dedos, don, donador.** ¿Qué tipos de adjetivos son? ¿Positivos? ¿Negativos? ¿Agradables? ¿Qué cualidades indican de los objetos que describen? ¿Qué imágenes te vienen a la mente al leer estos adjetivos? ¿Cómo se conecta esto con la idea de nieve que quiere comunicar la autora?
2. Según la poeta, ¿qué es posible que sea la nieve?
3. ¿Qué emociones se expresan en el poema? ¿En qué versos?
4. ¿Por qué tenemos la impresión de que estamos incluidos en el poema?

Mientras baja la nieve

Ha bajado la nieve, divina criatura,
el valle a conocer,

Ha bajado la nieve, esposa de la **estrella** — *star*
¡Mirémosla caer!

¡Dulce! Llega sin ruido, como los suaves seres
que **recelan** dañar. — *they fear*

Así baja la luna y así bajan los sueños.
¡Mirémosla bajar!

¡Pura! Mira tu valle cómo lo está bordando
de su ligero **azahar.** — *orange blossom*

Tiene unos dulces dedos tan leves y sutiles
que **rozan** sin rozar. — *they rub*

¡Bella! ¿No te parece que sea el **don** magnífico — *gift*
de un alto **Donador?** — *Giftgiver*

Detrás de las estrellas su ancho **peplo** de **seda** — *skirt, silk*
desgaja sin **rumor.** — *breaks into shreds, noise*

Déjala que en tu frente te **diluya** su pluma — *dilute*
y te **prenda** su flor. — *pin on*

¡Quién sabe si no trae un mensaje a los hombres
de parte del Señor!

Al fin y al cabo

En resumen Lee el poema otra vez y escribe un breve resumen de cinco a seis oraciones sobre lo que describe Mistral en este poema. Al final, incluye tu opinión sobre el poema, indica si te gustó o no, y por qué.

Nicolás Guillén

En Cuba, la República Dominicana, Puerto Rico y las costas caribeñas de Panamá, Venezuela y Colombia, existe una fuerte influencia africana. Nicolás Guillén (1902–1989), poeta cubano, es famoso, tanto por la musicalidad de sus versos, como por la protesta que expresa contra la opresión y la desigualdad. Los versos de su poema "Balada de los dos abuelos" demuestran que Guillén era muy consciente de la presencia africana en América. El poema que sigue representa el espíritu africano en la formación de la diversidad étnica de América.

Antes de leer

Anticipación Antes de leer el poema, mira el mapa que aparece al comienzo del libro y localiza los países que se mencionan anteriormente (*above*). Luego contesta las preguntas que siguen.

1. ¿Qué crees que significa el título del poema? Escribe dos ideas.
2. Lee el poema rápidamente y busca dos nombres propios. ¿A quién crees que se refieren?

Vocabulario Identifica en el poema de Guillén las siguientes palabras. Después, lee las definiciones de la columna de la derecha. Decide qué definición corresponde a cada palabra.

1. Verso 1: sombras
2. Verso 7: armadura
3. Verso 13: caimanes
4. Verso 14: cocos
5. Verso 28: monos
6. Verso 32: látigo
7. Verso 33: llanto
8. Verso 36: atardeceres

a. animales con cola larga que viven en los árboles
b. la última hora de la tarde, cuando disminuye la luz del sol
c. frutos de un tipo de palma
d. cuerda que se usa para golpear o castigar
e. proyecciones oscuras de un cuerpo
f. reptiles parecidos al cocodrilo
g. ropa protectora hecha de acero
h. efusión de lágrimas

Ahora lee el poema dos veces (una vez en voz alta si quieres). Luego contesta las preguntas en la sección **Guía para la lectura.**

Guía para la lectura

Detalles Busca las respuestas a las siguientes preguntas.

1. En los versos 1–2 y 41–42, ¿quiénes acompañan al poeta siempre?
2. En los versos 1–2 y 41–42, ¿con qué compara el poeta a las dos personas?
3. En los versos 3–8, ¿cuál es la diferencia entre los dos hombres?
4. En los versos 10–29, ¿qué repite cada hombre varias veces?
5. En los versos 40–50, ¿qué nombres les da el poeta a los dos hombres?
6. En los versos 45–55, ¿qué hacen los dos hombres?
7. En los versos 50–60, ¿por qué dice el poeta que los dos hombres son del mismo tamaño?

La forma y el estilo Escoge la respuesta más apropiada sobre la forma y el estilo del poema.

1. En español, la rima de un poema puede depender de los sonidos consonantes (**b, m, s,** etc.) o asonantes (**a, e, i, o, u**). En este poema la rima general de los versos depende más que nada de los sonidos de
   a. las vocales **i** y **e.** **b.** las vocales **a** y **o.** **c.** las vocales **e** y **u.**
2. Los signos de exclamación en varios de los versos sirven para expresar
   a. cierta paz interior. **b.** una actitud imparcial. **c.** la fuerte pasión.
3. La repetición es una técnica que Guillén usa para
   a. enfatizar imágenes y sonidos. **b.** complicar el poema. **c.** enseñar vocabulario.
4. Según el tono general del poema, la actitud del narrador es
   a. nerviosa y contradictoria. **b.** apasionada y orgullosa. **c.** intelectual y contemplativa.
5. Por lo general, el vocabulario que el poeta usa es
   a. concreto y descriptivo. **b.** refinado y abstracto. **c.** objetivo y filosófico.

Balada de los dos abuelos

Sombras que sólo yo veo,me
escoltan mis dos abuelos.
Lanza con punta de **hueso,**
tambor de cuero y madera:
mi abuelo negro.
Gorguera en el cuello ancho,
gris armadura guerrera:
mi abuelo blanco.
África de selvas húmedas
y de gordos gongos **sordos...**
— ¡Me muero!
(Dice mi abuelo negro.)
Aguaprieta de caimanes,
verdes mañanas de cocos...
— ¡Me canso!
(Dice mi abuelo blanco.)
¡Oh **velas** de amargo viento, galeón
ardiendo en oro...!
— ¡Me muero!
(Dice mi abuelo negro.)
¡Oh costas de cuello virgen en-
gañadas de **abalorios**...!
— ¡Me canso!
(Dice mi abuelo blanco.)
¡Oh puro sol **repujado,**
preso en el **aro** del trópico;
oh luna redonda y limpia
sobre el sueño de los monos!
¡Qué de barcos, qué de barcos!
¡Qué de negros, qué de negros!
¡Qué largo **fulgor** de cañas!
¡Qué látigo el del **negrero!**
Piedra de llanto y de sangre, venas y
ojos **entreabiertos,**
y madrugadas vacías,
y atardeceres de ingenio,
y una gran voz, fuerte voz
despedazando el silencio.
¡Qué de barcos, qué de barcos,
qué de negros!
Sombras que sólo yo veo,
me escoltan mis dos abuelos.
Don Federico me grita,
y **Taita** Facundo calla;
los dos en la noche sueñan,
y andan, andan.
Yo **los junto.**
— ¡Federico! ¡Facundo!
Los dos se abrazan.
Los dos **suspiran.** Los dos
las fuertes cabezas **alzan;**
los dos del mismo **tamaño,**
bajo las estrellas altas;
los dos del mismo tamaño,
ansia negra y ansia blanca,
los dos del mismo tamaño gritan, sueñan,
lloran, cantan.
Sueñan, lloran, cantan.
Lloran, cantan.
¡Cantan!

escort
bone
decorative collar
muted gongs
dark water
sails
burning
glass beads
embossed
ring
How many
shining
slavedriver
half-open
shattering
nickname for father or grandfather
bring them together
sigh
lift up
size
intense desire

Al fin y al cabo

Reacción individual ¿En qué te hace pensar este poema de Guillén? ¿Puedes hacer conexiones con tu propia experiencia? Escribe tus ideas. Después, intenta escribir un poema breve sobre tu situación personal en relación a tus antepasados.

Enfoque estructural *El condicional*

Nota gramatical

¡OJO! The conditional is not used in Spanish to refer to something that "used to be," the way *would* may be used in English: *When we were kids, we **would** always go to the movies on Saturdays.* As you will recall, the imperfect tense is used in Spanish to describe habitual actions in the past, so the equivalent of the previous sentence in Spanish is: **Cuando éramos pequeños, *íbamos* siempre al cine los sábados.**

The conditional tense in Spanish is equivalent to the English structure *would* + verb. It simply expresses what *would happen* if the conditions were right.

—¿**Viajarías** conmigo?	***Would** you **travel** with me?*
—Sí, **me gustaría** viajar contigo.	*Yes, I **would like** to travel with you.*
—¿**Venderías** tu bicicleta?	***Would** you **sell** your bicycle?*
—No, no la **vendería** por nada.	*No, I **would not sell** it for anything.*

To form the conditional tense you follow a pattern similar to that of the future tense. Add the endings **-ía, -ías, -ía, -íamos, -íais,** and **-ían** to the infinitive, whether it be an **-ar, -er,** or **-ir** verb.

llegar		ver		pedir	
llegar**ía**	llegar**íamos**	ver**ía**	ver**íamos**	pedir**ía**	pedir**íamos**
llegar**ías**	llegar**íais**	ver**ías**	ver**íais**	pedir**ías**	pedir**íais**
llegar**ía**	llegar**ían**	ver**ía**	ver**ían**	pedir**ía**	pedir**ían**

As you learned in **Capítulo 10,** certain verbs use a different stem when forming the future tense. The same is true for those verbs when forming the conditional tense.

decir →	**dir-**	**diría, dirías, diría, diríamos, diríais, dirían**
haber →	**habr-**	**habría...**
hacer →	**har-**	**haría...**
poder →	**podr-**	**podría...**
poner →	**pondr-**	**pondría...**
querer →	**querr-**	**querría...**
saber →	**sabr-**	**sabría...**
salir →	**saldr-**	**saldría...**
tener →	**tendr-**	**tendría...**
venir →	**vendr-**	**vendría...**

Los usos especiales del condicional

Just as the future tense can be used in Spanish to wonder about an action or a situation related to the present, so the conditional tense can be used to make a guess about something in the past.

—¿Cuántos años **tendría** ese escritor cuando falleció?	***I wonder how old** that writer **was** when he passed away?* *(How old could that writer have been?)*
—**Tendría** unos setenta años.	***He was probably** about 70 years old.*
¿Quién **sería** esa persona que vimos ayer?	***I wonder** who that person **was** we saw yesterday?* *(Who could that person have been?)*

Another common use of the conditional tense is to express politeness in a statement or to soften a request, similar to the phrases *I would like to . . .* or *Would you mind . . . ?*.

¿Te **gustaría** ir conmigo?	***Would** you **like** to go with me?*
¿**Tendría** Ud. tiempo para ayudarme?	***Would** you **have** time to help me?*
¿Te **importaría** explicarme el poema?	***Would you mind** explaining the poem to me?*

Práctica

14-12 En ese caso... Los compañeros están charlando y quieren saber más los unos de los otros. Para ello se plantean situaciones hipotéticas para saber qué harían los otros. Indica lo que las personas mencionadas harían en las circunstancias indicadas. Sigue el modelo.

MODELO Te dolía / dolió mucho la cabeza. ¿Qué harías?
Tomaría aspirinas.

1. Estaban en una biblioteca cuando alguien gritó, "¡Fuego!" ¿Qué haría Alejandra?
2. Caminaban por la calle cuando empezó a llover. Nadie tiene paraguas. ¿Qué harían Valeria y Antonio?
3. Vio una niña de tres años que no sabía nadar y que se cayó a la piscina. ¿Qué haría Javier?
4. Sofía recibió las noticias de que había ganado un premio literario. ¿Qué haría ella?
5. En una fiesta se acabó toda la comida y todas las bebidas. ¿Qué harían los compañeros?

14-13 ¿Quién lo sabe? El gran concurso literario tuvo muchas sorpresas este año. Contesta las siguientes preguntas, expresando incertidumbre o conjetura *(conjecture)* sobre lo que pasó en el concurso. Usa la información entre paréntesis en tu respuesta. Sigue el modelo.

MODELO ¿Por qué no aceptó ese autor el premio literario? (estar / muy enojado)
Estaría muy enojado.

1. ¿Cuántos años tenía el poeta cuando murió? (tener / 80 años)
2. ¿Quiénes fueron para hablar de la novela? (ir / los que la leyeron)
3. ¿Sabes quién llamó por teléfono durante la ceremonia? (ser / el presidente)
4. ¿Qué dijo el maestro de ceremonias? (decir / lo que siempre dice)
5. ¿Cómo regresaron los escritores al hotel a medianoche? (tomar / un taxi)
6. ¿Cuánto costó ese libro tan viejo de Cervantes? (costar / unos 300 dólares)
7. ¿Cómo pagó el comité por el premio si no tenía fondos? (pagar / con contribuciones de los socios)
8. ¿A qué hora llegaron los jueces anoche? (ser / las tres de la mañana)

14-14 La cortesía es importante Cuando quieres algo, te conviene pedirlo de la mejor manera posible. Cambia las oraciones que siguen a una forma más cortés *(courteous)*. Sigue el modelo.

MODELO ¿Puedes ayudarme con el carro?
¿Podrías ayudarme con el carro?

1. ¿Puedo usar tu libro esta tarde?
2. ¿Tiene Ud. tiempo para hablar del poema?
3. Prefiero leer otra novela.
4. ¿Me puede decir Ud. de qué trata la novela?

14-15 Muestras de cortesía Imagínate que necesitas una serie de cosas y crees que tus compañeros de clase te pueden ayudar. Muestra que sabes pedir las cosas cortésmente.

1. necesitas un libro
2. necesitas dinero
3. necesitas ayuda con un trabajo
4. necesitas ir a tomar un café
5. necesitas... (Añade cualquier cosa que necesites.)

Enfoque estructural *El condicional para hablar de acciones futuras en el pasado*

In addition to the uses described in the previous **Enfoque estructural**, the conditional may also indicate an indirect quotation of speech. One's words (thoughts, etc.) and others' words are recounted, not directly, but through the use of reporting verbs:

afirmar	*to assert*
añadir	*to add*
contestar	*to answer*
decir	*to say*
declarar	*to declare*
explicar	*to explain*
indicar	*to indicate, point out*
insistir (en)	*to insist*
preguntar	*to ask*
proclamar	*to proclaim, broadcast*
sostener	*to maintain, affirm*

In this context, the conditional tense is related to the past in the same way the future is related to the present; the conditional refers to the future of an action in the past.

Reporting verb (decir, indicar, preguntar, etc.)		**Verb in the dependent clause**
present tense	→	future tense
past tense	→	conditional tense

Consider the following examples:

Dicen que **volverán** temprano.	*They say they **will return** early.*
Dijeron que **volverían** temprano.	*They said they **would return** early.*
Pienso que **iré.**	*I think I **will go.***
Pensé que **iría.**	*I thought I **would go.***

Práctica

14-16 ¿Qué dijeron que harían? En la cena de despedida los compañeros se hicieron muchas promesas. ¿Qué indicaron que harían? Usa los verbos de la lista anterior en pretérito y el segundo verbo en el condicional.

MODELO Dice que escribirá una novela.
Dijo que escribiría una novela.

1. Sofía a todos: "Los echaré mucho de menos".
2. Javier a Sofía: "Podrás trabajar mucho en tu proyecto".
3. Antonio a Valeria: "Te escribiré mensajes y te mandaré fotos".
4. Alejandra a Sofía: "Vendré a visitarte en unos meses".
5. Javier a todos: "Les mandaré información sobre mi agencia de viajes".
6. Valeria a todos: "Nos veremos pronto, seguro".

14-17 Premios literarios españoles Completa el siguiente diálogo entre Sofía y Javier sobre varios premios literarios.

JAVIER: Oye, Sofía. Esta mañana, cuando escuchaba la radio, oí que hablaban de unos premios literarios españoles muy interesantes.

SOFÍA: ¿Ah sí? ¿Cuáles?

JAVIER: Primero hablaron del premio Miguel de Cervantes, conocido como el Premio Nobel de las letras hispánicas. Fue creado en 1975 y es otorgado por el Ministerio de Cultura del gobierno español. Explicaron que el premio se le (1) ______________ (dar) a un autor español o iberoamericano que hubiera contribuido decisivamente al patrimonio cultural hispánico. También, añadieron que los miembros del jurado (2) ______________ (anunciar) el ganador el 23 de abril, la fecha en que se conmemora la muerte de Miguel de Cervantes.

SOFÍA: ¿Qué otros premios mencionaron?

JAVIER: Dos más: el Premio Nacional de Poesía y el Premio Príncipe de Asturias de las Letras. Proclamaron que el de poesía (3) ______________ (rendir) homenaje a la mejor obra de poesía escrita por un autor español en el año anterior al de la convocatoria.

SOFÍA: ¿Y el Premio Príncipe de Asturias? ¿A quién está dirigido?

JAVIER: Es interesante porque el de las Letras es uno de ocho premios que la Fundación Príncipe de Asturias les concede anualmente a personas, grupos de trabajo o a instituciones que han hecho contribuciones excepcionales en el campo de las humanidades y las artes.

SOFÍA: ¿Quiénes son los candidatos?

JAVIER: Aún no los han anunciado, pero dijeron que este año, como todos los años, la ceremonia de entrega (4) ______________ (celebrarse) en Oviedo, capital del Principado de Asturias.

14-18 Planes Primero piensa en cinco acciones relacionadas con libros, que harás en los próximos meses. Por ejemplo: *Compraré dos novelas en Internet. Sacaré unos libros de la biblioteca.* Después, camina por la clase y pregúntales a tus compañeros cuáles son sus planes. Completa la tabla con la información que encuentres.

Nombre	Acción futura	Acción en estilo indirecto
		dijo que...

Informa a la clase de las cosas que dijeron tus compañeros.

14-19 Un premio literario En grupos de tres personas inventen un premio literario. ¿Cómo será el premio? ¿Cuándo se concederá? ¿Quiénes participarán...? Discutan entre los tres los planes para el premio que van a crear. Después, el portavoz de su grupo compartirá con la clase las ideas del grupo. El resto de los compañeros tomará notas para después hacer un resumen de las ideas, usando el estilo indirecto.

Rosario Castellanos

Cada uno de ustedes tiene información incompleta sobre Rosario Castellanos. Lean la información que tienen y contesten las preguntas de su compañero/a.

Estudiante A Lee la información que tienes sobre Rosario Castellanos. Después contesta las preguntas que te va a hacer tu compañero/a.

Rosario Castellanos es una de las escritoras mexicanas más conocidas. Nació en la Ciudad de México el 25 de mayo de 1925. Recién nacida fue llevada a Comitán, Chiapas, la tierra de sus antepasados. Ahí hizo sus estudios primarios y de secundaria. Regresó a la capital a los dieciséis años. Se graduó como maestra en filosofía en la Universidad Nacional Autónoma de México en 1950; más tarde, en la Universidad de Madrid, hizo cursos de estética y estilística.

A su regreso a México fue promotora de cultura en el Instituto de Ciencias y Artes de Chiapas en Tuxtla Gutiérrez (1952). De 1954 a 1955, con la beca Rockefeller escribió poesías y ensayos. De 1956 a 1957, trabajó en el Centro Coordinador del Instituto Indigenista de San Cristóbal las Casas en Chiapas. De 1958 a 1961, en el Indigenista de México, fue redactora de textos escolares. De 1961 a 1966, desempeñó la jefatura de Información y Prensa en la UNAM e impartió clases de literatura comparada, novela contemporánea y seminarios de crítica en la Facultad de Filosofía y Letras de la misma Universidad de 1961 a 1971. Ejerció con gran éxito el magisterio (*teaching profession*) en México y en el extranjero: en los Estados Unidos como maestra invitada por las Universidades de Wisconsin y Bloomington (1966 y 1967), y en Israel, en la Universidad Hebrea de Jerusalem. En esta última universidad se destacó como catedrática desde su nombramiento como embajadora de México en ese país, en 1971, hasta su muerte en 1974.

Tu compañero/a tiene información que tú no tienes. Hazle las preguntas siguientes para obtener la información que necesitas.

1. ¿Cuáles son las tres obras de Castellanos que se consideran como la trilogía indigenista más importante de la narrativa mexicana del siglo XX?
2. ¿En qué año compiló su obra poética en la antología *Poesía no eres tú*?
3. ¿Qué tema está presente en toda su obra?
4. ¿Cuándo y dónde murió Rosario Castellanos?

Estudiante B Lee la información que tienes sobre Rosario Castellanos. Después contesta las preguntas que te va a hacer tu compañero/a.

Rosario Castellanos cultivó todos los géneros, especialmente la poesía, la narrativa y el ensayo; colaboró con cuentos, poemas, crítica literaria y artículos de diversos tipos en los suplementos culturales de los principales diarios del país y en revistas especializadas de México y del extranjero. En el *Excelsior* colaboró frecuentemente en su página editorial, desde 1963 hasta 1974. Se inició en la literatura como poeta; de 1948 a 1957 sólo publicó poesía. *Balún Canán*, su primera novela, lleva ya un gran número de ediciones y ha sido traducida a muchas lenguas. Esta novela junto con *Ciudad real*, su primer libro de cuentos, y *Oficio de tinieblas*, su segunda novela, forman la trilogía indigenista más importante de la narrativa mexicana del siglo XX. *Los convidados de agosto*, su segundo libro de relatos, recrea los prejuicios de la clase media provinciana de su estado natal, y *Álbum de familia*, el tercero y último, los de la clase media urbana. En 1972, Rosario Castellanos reunió su obra poética en la antología *Poesía no eres tú*. Desde 1950, año en que publicó su tesis *Sobre cultura femenina*, la escritora no dejó nunca de escribir ensayos. En su vida publicó cinco volúmenes y póstumamente (*after her death*) se publicaron otros dos. En toda su obra, incluyendo su único volumen de teatro, *El eterno femenino*, hay una clara conciencia del problema que significa, para su autora, la doble condición de ser mujer y mexicana. Rosario Castellanos murió en Tel Aviv, Israel, el 7 de agosto de 1974.

Finalmente, hazle las siguientes preguntas a tu compañero/a para conseguir más información sobre Rosario Castellanos.

1. ¿Dónde y cuándo nació Rosario Castellanos?
2. ¿Qué carrera estudió en la Universidad Nacional Autónoma de México?
3. ¿Qué beca recibió que le dio la oportunidad de escribir poesías y ensayos?
4. ¿En qué países extranjeros trabajó como maestra invitada? ¿Y en qué país ejerció el cargo *(position)* de embajadora de México?

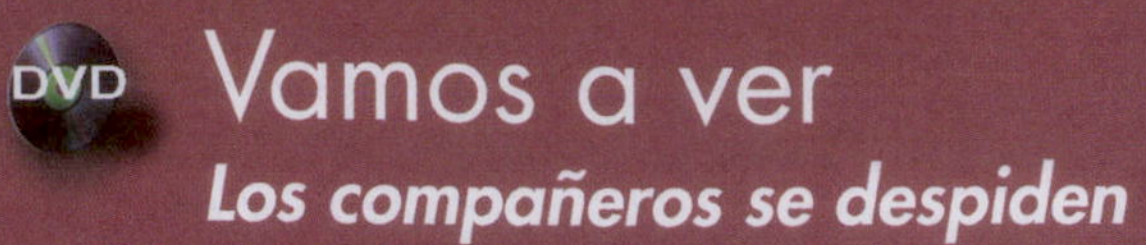

Vamos a ver

Los compañeros se despiden

Anticipación

Ha pasado tanto en tan poco tiempo Ahora que su estancia en Puerto Rico está casi por terminar, repasemos lo que les ha pasado a los compañeros. Trabaja con un/a compañero/a de clase y juntos/as ordenen cronológicamente los siguientes eventos en función de cuándo ocurrieron en el video. Marquen el primer evento que ocurrió con el número 1 y el más reciente con el número 12.

_______ Valeria y Alejandra hablaron sobre cómo celebraban su cumpleaños en la niñez.

_______ Los compañeros expresaron sus aspiraciones y planes para el futuro.

_______ Todos, menos Valeria, hicieron esnórkeling.

_______ Cinco personas de distintos países hispanos viajaron a Puerto Rico para vivir juntos durante un mes.

_______ Antonio y Valeria hablaron de sus antiguas relaciones amorosas.

_______ Los compañeros pintaron un cuadro juntos.

_______ Javier, Sofía, Valeria, Antonio y Alejandra se conocieron por primera vez. Se presentaron y hablaron de sus países de origen, sus estudios universitarios y sus intereses.

_______ Los compañeros tomaron una clase de baile.

_______ Los compañeros exploraron la ciudad de San Juan.

_______ Javier le ayudó a Sofía a buscar un apartamento para alquilar en Puerto Rico.

_______ Valeria preparó una cena sorpresa, pero no le salieron bien los chiles rellenos al horno.

_______ Los compañeros se instalaron en su habitación y Alejandra le enseñó a Sofía unas fotografías de su familia.

Las últimas palabras Mientras miras el video, di con quién se asocian las siguientes oraciones. Escribe **Ale** para Alejandra, **A** para Antonio, **J** para Javier, **S** para Sofía y **V** para Valeria

_______ **1.** Estoy listo para irme de viaje. Pero voy a extrañar esta casa, y a ustedes.

_______ **2.** Este mes ha sido un momento clave en nuestras vidas. Y estoy segura de que todos lo recordaremos para siempre.

_______ **3.** Esta experiencia nunca la voy a poder olvidar.

_______ **4.** Pensaba que mi aventura en Puerto Rico apenas estaba por comenzar.

_______ **5.** Con este grupo encontré el destino de mi vida y creo que voy hacia la felicidad.

_______ **6.** La verdad es que al principio fue como un reto pero luego se convirtió en una diversión muy especial.

_______ **7.** Al principio cuando llegué a esta casa me sentía muy rara. Todo era muy diferente para mí.

_______ **8.** Si pudiera (*if I could*) terminar mis estudios aquí me quedaría... pero ya había empezado mis estudios en la universidad cuando decidí participar en este proyecto.

Compara tus respuestas con las de un/a compañero/a.

Expansión

¿Cómo les ha cambiado la vida? Imagínate que estos compañeros de casa nunca hubieran tenido esta experiencia juntos. ¿Cómo sería su vida? ¿Qué pasaría? La clase se va a dividir en cinco grupos. Cada grupo será responsable de escribir una narración ocho a diez oraciones sobre uno de los compañeros.

MODELO *Sofía no conocería la cultura puertorriqueña y por eso no escribiría un libro sobre la cultura taína, el arte, la historia y la vida cotidiana en Puerto Rico...*

A continuación tienen las asignaciones de personas para los grupos:

- Grupo #1: Sofía
- Grupo #2: Javier
- Grupo #3: Alejandra
- Grupo #4: Antonio
- Grupo #5: Valeria

No se olviden usar el tiempo **condicional** y estén preparados para leerle su narración a la clase.

TERCERA ETAPA

Para empezar: El teatro

Preparación: Piensa en estas preguntas:

- ¿Qué aspectos son característicos del teatro?
- ¿Qué obras de teatro conoces?
- ¿Sueles ir al teatro? ¿Qué obras has visto recientemente?

Las obras de teatro

la acotación	*stage direction*
el acto	*act*
la comedia	*comedy*
el drama	*play*
el/la dramaturgo/a	*playwright*
la obra de teatro	*play*
el punto culminante, el clímax	*climax*
la reseña	*review*
la tragedia	*tragedy*
la tragicomedia	*tragicomedy*

En el teatro

los accesorios	*props*
la actuación, la interpretación	*acting, performance*
las butacas	*theater seats*
el decorado	*set, scenery*
el reparto	*cast*
el ensayo	*rehearsal*
el escenario	*stage*
el estreno	*premiere*
el guión	*script*
el/la intérprete	*performer*
la puesta en escena / el montaje	*staging*
la representación	*performance*
el telón	*drop curtain*
el vestuario	*costumes*

Práctica

14-20 En cartelera Un amigo tuyo te ha invitado a ver una obra de teatro. Antes de asistir a la actuación te quieres familiarizar con la obra y, por eso, decides buscar una reseña en Internet. Encuentras una, pero la copia impresa no se ve muy bien. Completa la reseña sobre *Divinas Palabras* con las siguientes palabras: **dramaturgo**, **escenas**, **obra**, **puesta en escena**, **reparto** y **tragicomedia.** Luego contesta las preguntas de comprensión que siguen.

Divinas Palabras

El teatro de Don Ramón

Figurativamente, Valle-Inclán (1866–1936) protagoniza la reapertura del Teatro Olimpia. Por expreso deseo de Gerardo Vera director del Centro Dramático, éste antiguo teatro lleva, a partir de ahora, el nombre de Teatro Valle-Inclán.

Ha sido uno de los proyectos escénicos más esperados en la ciudad de Madrid.[...] Para inaugurarlo se ha elegido *Divinas palabras*, (1) ___________ cumbre de Ramón María del Valle-Inclán, versionada por Juan Mayorga y con (2) ___________ de Gerardo Vera.

Un texto que, como dice Vera, resume todas las inquietudes estéticas de Valle-Inclán. En él somos testigos de una encendida pugna *(battle, struggle)* familiar por conseguir la custodia de un enano *(dwarf)*, a fin de exhibirlo por ferias y romerías *(festivities that take place at a local shrine)* para sacarle todo el provecho. Como contrapunto aparece el fascinante personaje de Séptimo Miau, "un alma libre, farandul *(conman)* y asesino, que irrumpe de golpe en una comunidad arcaica *(archaic)*", señala Vera. Por su parte, Juan Mayorga apunta que esta obra, a la que su autor definió como (3) ___________ de aldea *(small village)* y que, como otras del (4) ___________, se sitúa en lo grotesco, "tensa aquí la lengua castellana hasta lugares donde nadie ha conseguido llevarla, convierte seres bajos en personajes extraordinarios y nos ofrece algunas de las (5) ___________ más intensas que jamás se hayan soñado para la escena".

[...] El montaje cuenta con un amplísimo (6) ___________ de veintitrés actores, entre los que se encuentran Fernando Sansegundo, Jesús Noguero, Elisabet Gelabert, Julia Trujillo, Emilio Gavira, Julieta Serrano, Alicia Hermida y Abel Vitón, entre otros.

1. ¿Cómo se llama el teatro donde se puede ver esta obra de teatro? ¿En qué ciudad se encuentra?
2. ¿De qué se trata la obra *Divinas palabras*, o sea, cuál es el argumento básico?

14-21 Unos dramaturgos hispanos La reseña de *Divinas palabras* te ha picado el interés por las obras dramáticas. Ahora, quieres aprender más sobre los dramaturgos hispanos. Consulta una enciclopedia en la biblioteca o en Internet y después trata de emparejar los dramaturgos con sus breves biografías. Luego compara tus respuestas con las de un/a compañero/a de clase. ¿Están de acuerdo?

1. dramaturgo, narrador y crítico mexicano; sus obras se caracterizan por la representación compasiva de los personajes, humor gentil, escenarios distintos de México y una mezcla de realidad y fantasía; ha escrito cerca de cien obras de teatro como *Rosalba y los llaveros* (1950), *El censo* (1957), *Orinoco* (1982) y *Rosa de dos aromas* (1985)
2. actriz, directora, profesora de teatro y autora de cine, televisión y teatro; es una de las dramaturgas más importantes e innovadoras del teatro español contemporáneo; sus obras se caracterizan por su metateatralidad, o sea "teatro dentro del teatro" y por su espíritu revisionista que cuestiona las normas sociales, especialmente las de entre los sexos; sus obras de teatro incluyen: *Resguardo personal* (1985), *Imagen doble* (1984), *Las fresas mágicas* (1988), *Locas de amar* (1997) y *Juego de noches* (1999)
3. dramaturgo madrileño que contribuyó a la renovación de la comedia española de finales del siglo XIX y principios del XX; ganó el Premio Nobel de Literatura en 1922; abordó todos los géneros teatrales: tragedia, comedia, drama, sainete y en total escribió más de doscientas obras. Entre las más conocidas están: *Los intereses creados* (1907), *La malquerida* (1913), *La ciudad alegre y confiada* (1916) y *Pepa Doncel* (1928)
4. novelista y dramaturga argentina; su teatro emplea el humor negro, combina lo lógico y lo absurdo y tiene como tema principal la violencia; algunas de sus obras incluyen: *Las paredes* (1966), *Sucede lo que pasa* (1975), *Decir sí* (1981), *La malasangre* (1982), *Del sol naciente* (1983) y *Antígona furiosa* (1986)
5. dramaturgo argentino cuyo teatro combina la preocupación intelectual, la crítica de la sociedad y el tono popular; algunas de sus obras destacadas son: *Historia del hombre que se convirtió en perro* (1957), *El jardín del infierno* (1962), *Milagro en el mercado viejo* (1962), *Heroica de Buenos Aires* (1966) e *Hijos del terremoto* (1986)

A. Jacinto Benavente Martínez (1866–1954)

B. Osvaldo Dragún (1929–1999)

C. Paloma Pedrero (1957–)

D. Griselda Gambaro (1928–)

E. Emilio Carballido (1925–)

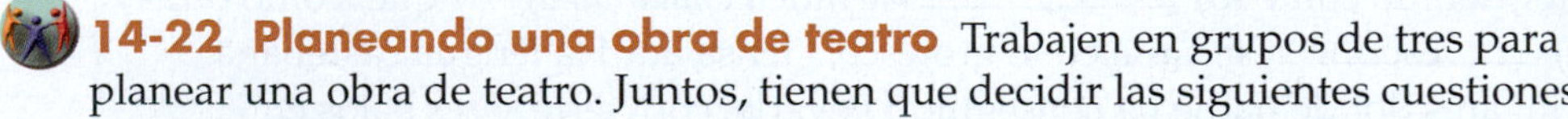

14-22 Planeando una obra de teatro Trabajen en grupos de tres para planear una obra de teatro. Juntos, tienen que decidir las siguientes cuestiones:

- tipo de obra
- personajes
- número de actos
- accesorios
- decorado
- elementos necesarios para la puesta en escena

Enfoque estructural *El imperfecto del subjuntivo y el condicional en oraciones con* ***si***

To discuss a hypothetical situation, the conditional tense and the imperfect subjunctive are used together in an **if**-clause.

Si pudiera, escribiría como Griselda Gambaro.	***If I could, I would write*** *like Griselda Gambaro.*

The conjunction **si,** followed by the imperfect subjunctive, sets up a contrary-to-fact situation. The subjunctive verb in the **si** clause indicates that you are talking about something that is hypothetical. The use of the conditional in the main clause reveals what would happen if the hypothetical situation were to occur. When using this construction, you are imagining what may happen under certain conditions.

When the conditional appears in the main clause, the verb used in the dependent clause (**si** clause) will always take the imperfect (past) subjunctive form.

Si supiera suficiente español, **leería** toda la novela titulada *La caja cerrada* de Antón Arrufat.	***If I knew*** *enough Spanish, I* ***would read*** *the novel* La caja cerrada *by Antón Arrufat in its entirety.*
Si tuviera dinero, **viajaría** a España para conocer el país natal de los dramaturgos Jacinto Benavente y Paloma Pedrero.	***If I had*** *money, I* ***would travel*** *to Spain to get to know the homeland of the playwrights Jacinto Benavente and Paloma Pedrero.*

Notice that there are several ways in English to translate a contrary-to-fact clause: **Si aceptaras la invitación...** may be translated as *If you were to accept the invitation . . .*, *If you accepted the invitation . . .*, or *If you would accept the invitation . . .*

Práctica

14-23 No va a pasar... pero si pasara... Indica lo que podría pasar bajo ciertas circunstancias, usando el imperfecto de subjuntivo en la cláusula con **si** y el condicional en la otra cláusula.

1. No van a invitarlo, pero si ella lo ___________ (invitar), Antonio ___________ (ir) al teatro con Valeria.
2. No va a escribir una comedia, pero si ___________ (hacerlo), Sofía ___________ (tener) mucho material tras la experiencia con los compañeros.
3. No le gustan las tragedias, pero si le ___________ (gustar), Javier le ___________ (decirle) a su padre que no quiere ser médico.
4. Alejandra y Javier normalmente no van al teatro, pero si ___________ (ir), ___________ (sentarse) en unas buenas butacas.
5. Antonio no lo ha pensado, pero si se lo ___________ (proponer), ___________ (colaborar) en la puesta en escena de una obra de teatro.

14-24 Imagínate... Trabaja con un/a compañero/a y entre los dos completen las oraciones, según sus propias opiniones. Túrnense para completar las ideas.

1. Yo te llamaría por teléfono a las dos de la mañana si...
2. Creo que el/la profesor/a te invitaría a cenar si...
3. Mis compañeros de clase estarían muy contentos si...
4. Me gustaría ver una obra de teatro si...

Enfoque estructural *Más sobre el subjuntivo y la secuencia de los tiempos verbales*

In **Capítulo 13,** you learned that when the present tense in the main clause requires the use of the subjunctive in the dependent clause, the verb in the dependent clause is in the present subjunctive:

Quiero que me **ayudes** con la lectura.	*I want you* ***to help*** *me with the reading.*

Likewise, in the **Primera etapa** of this chapter, you learned that when the past tense in the main clause requires the use of the subjunctive in the dependent clause, the verb in the dependent clause is in the past subjunctive:

Quería que me **ayudaras** con la lectura.	*I wanted you* ***to help*** *me with the reading.*

Now, when the future tense or the present perfect (i.e., *I have done something*) in the main clause requires the use of the subjunctive in the dependent clause, the verb in that dependent clause will be in the present subjunctive. Note that in both instances the present subjunctive refers to future action.

En este caso, el editor pedirá que los escritores **acepten** su idea.	*In this case, the editor will ask that the writers* ***accept*** *his idea.*
En este caso, el editor ha pedido que los escritores **acepten** su idea.	*In this case, the editor has asked that the writers* ***accept*** *his idea.*

When the conditional or the past perfect tense (i.e., *I had done something*) in the main clause requires the use of the subjunctive in the dependent clause, the verb in that dependent clause will be in the imperfect subjunctive.

En ese caso, el editor pediría que los escritores **aceptaran** su idea.	*In that case, the editor would ask that the writers* ***accept*** *his idea.*
En ese caso, el editor había pedido que los escritores **aceptaran** su idea.	*In that case, the editor had asked that the writers* ***accept*** *his idea.*

The aforementioned is an automatic sequencing in Spanish that does not always translate word for word into English.

Práctica

14-25 ¿Qué más? Completa las siguientes oraciones con la información que quieras añadir. Préstale atención a la secuencia de los tiempos verbales y al uso del subjuntivo.

MODELO No será posible que...
No será posible que nosotros salgamos temprano hoy.

1. No será necesario que...
2. La profesora había pedido que...
3. Mis padres insistirían en que...
4. El presidente del club había querido que...
5. Para mejorar la situación, yo sugeriría que...
6. La profesora pedirá que...
7. Mis amigos y yo vamos a pedir que...
8. Será mejor que todos los estudiantes...

14-26 Sólo un sueño Cambia el verbo entre paréntesis a la forma correcta del imperfecto de subjuntivo para completar la historia que sigue.

Un niño salió de la casa silenciosamente para que nadie lo (1) __________ (oír). Se había llevado el dinero de un cajón de la cocina y no quería que sus padres lo (2) __________ (descubrir). Tenía miedo, por supuesto, porque sabía que era posible que sus padres (3) __________ (despertarse) y lo (4) __________ (buscar). Fuera de la casa, empezó a correr. Esperaba que el tren todavía (5) __________ (estar) en la estación. No quería perderlo. Si (6) __________ (pasar) esto, tendría que esconderse en algún lugar hasta la llegada de otro tren. A pesar del pánico que sentía, decidió no volver a casa. En ese momento, el niño se despertó y se dio cuenta de que todo sólo había sido un sueño.

Vamos a leer

El delantal blanco

Sergio Vodanovic (Chile, 1926–2001), de ascendencia Croata, fue abogado de profesión, dramaturgo, profesor universitario y periodista. La época durante la cual Vodanovic escribió muchas de sus obras fue en la generación intelectual del Chile de los años cincuenta. Por lo tanto, sus obras de teatro se caracterizan por su contenido social, gran preocupación ética y perspectiva crítica. En *El delantal blanco* (1956), una obra en un acto, Vodanovic cuestiona los valores tradicionales y las instituciones sociales al exponer el conflicto entre las clases sociales.

Antes de leer

Una primera aproximación a la obra Antes de leer el texto, haz las siguientes actividades.

1. Mira el título de la lectura. ¿Qué simboliza un delantal blanco? ¿Quién por costumbre lleva un delantal blanco?
2. Aparte de las prendas de vestir, ¿cómo se sabe a qué clase social pertenece una persona?
3. ¿Por qué existen jerarquías sociales? ¿Qué estereotipos se asocian con las diferentes clases sociales? ¿Se puede salir de una clase y entrar en otra? ¿Cómo?
4. La obra de teatro empieza con la siguiente acotación. Léela y luego contesta las preguntas que siguen.

   La playa. Al fondo, una carpa. Frente a ella, sentadas a su sombra, LA SEÑORA y LA EMPLEADA. LA SEÑORA está en traje de baño y, sobre él, usa un blusón de toalla blanca que le cubre hasta las caderas. Su tez está tostada por un largo veraneo. LA EMPLEADA viste su uniforme blanco. LA SEÑORA es una mujer de treinta años, pelo claro, rostro atrayente aunque algo duro. LA EMPLEADA tiene veinte años, tez blanca, pelo negro, rostro plácido y agradable.

   ¿Cuál es el marco escénico de la obra?

   ¿Quiénes son los personajes principales? ¿Quién de esas personas llevaría un delantal blanco y por qué?

Guía para la lectura

Comprensión Ahora lee el fragmento de *El delantal blanco* y después contesta las siguientes preguntas.

1. ¿Por qué quiere la señora que la empleada se quede a su lado en vez de acercarse a donde está jugando Alvarito?
2. ¿Por qué se casó la señora con Álvaro? ¿Qué actitud tiene hacia el amor y el matrimonio?
3. ¿Según la señora, cuál es la principal diferencia entre ella y la empleada?
4. La señora opina que hay una cosa que es más importante que la plata, ¿qué es?
5. ¿Cómo reacciona la señora cuando Alvarito destruye el castillo de arena de la niñita?
6. ¿Qué le pide la señora a la empleada que haga al final del fragmento? ¿Por qué?

El delantal blanco

LA SEÑORA: *(Gritando hacia su pequeño hijo, a quien no ve y que se supone está a la orilla del mar[1], justamente, al borde del escenario.)* ¡Alvarito! ¡Alvarito! ¡No le tire arena[2] a la niñita! ¡Métase al agua! Está rica... ¡Alvarito, no! ¡No le deshaga el castillo a la niñita! Juegue con ella... Sí, mi hijito... juegue.

LA EMPLEADA: Es tan peleador...

LA SEÑORA: Salió al padre[3] Es inútil corregirlo. Tiene una personalidad dominante que le viene de su padre, de su abuelo, de su abuela... ¡sobre todo de su abuela!

LA EMPLEADA: ¿Vendrá el caballero mañana?

LA SEÑORA: *(Se encoge de hombros con desgana[4])* ¡No sé! Ya estamos en marzo, todas mis amigas han regresado y Álvaro me tiene todavía aburriéndome en la playa. ...Él dice que quiere que el niño aproveche las vacaciones, pero para mí que es él quien está aprovechando. *(Se saca el blusón y se tiende[5] a tomar sol)* ¡Sol! ¡Sol! Tres meses tomando sol. Estoy intoxicada de sol. *(Mirando inspectivamente a LA EMPLEADA.)* ¿Qué haces tú para no quemarte?

LA EMPLEADA: He salido tan poco de la casa...

LA SEÑORA: ¿Y qué querías? Viniste a trabajar, no a veranear. Estás recibiendo sueldo, ¿no?

LA EMPLEADA: Sí, señora. Yo sólo contestaba su pregunta...

LA SEÑORA permanece tendida recibiendo el Sol. LA EMPLEADA saca de una bolsa de género[6] una revista de historietas fotografiadas[7] y principia a leer.

LA SEÑORA: ¿Qué haces?

LA EMPLEADA: Leo esta revista.

LA SEÑORA: ¿La compraste tú?

LA EMPLEADA: Sí, señora.

LA SEÑORA: No se te paga tan mal, entonces, si puedes comprarte tus revistas, ¿eh?

LA EMPLEADA no contesta y vuelve a mirar la revista.

LA SEÑORA: ¡Claro! Tú leyendo y que Alvarito reviente, que se ahogue[8]...

LA EMPLEADA: Pero si está jugando con la niñita...

LA SEÑORA: Si te traje a la playa es para que vigilaras a Alvarito y no para que te pusieras a leer.

LA EMPLEADA deja la revista y se incorpora para ir donde está Alvarito.

LA SEÑORA: ¡No! Lo puedes vigilar desde aquí. Quédate a mi lado, pero observa al niño. ¿Sabes? Me gusta venir contigo a la playa.

LA EMPLEADA: ¿Por qué?

LA SEÑORA: Bueno... no sé... Será por lo mismo que me gusta venir en el auto, aunque la casa esté a dos cuadras. Me gusta que vean el auto. Todos los días, hay alguien que se para al lado de él y lo mira y

[1]a la orilla del mar *(by the sea)*; [2]arena *(sand)*; [3]Salió al padre *(He's just like his father)*; [4]Se encoge de hombros con desgana *(She shrugs her shoulders with disinterest)*; [5]se tiende *(lies down)*; [6]una bolsa de género *(cloth bag)*; [7]revista de historietas fotografiadas *(type of magazine very popular in Europe and Latin America, consisting of stories similar to television soap operas or cheap love magazines, with accompanying photographs)*; [8]que Alvarito reviente, que se ahogue *(let him kick it [colloquial for die], let him drown. [Spoken ironically, of course])*

comenta. No cualquiera tiene un auto como el de nosotros... Claro, tú no te das cuenta de la diferencia. Estás demasiado acostumbrada a lo bueno... Dime... ¿Cómo es tu casa?

LA EMPLEADA: Yo no tengo casa.

LA SEÑORA: No habrás nacido empleada, supongo. Tienes que haberte criado en alguna parte, debes haber tenido padres... ¿Eres del campo?

LA EMPLEADA: Sí.

LA SEÑORA: Y tuviste ganas de conocer la ciudad, ¿ah?

LA EMPLEADA: No. Me gustaba allá.

LA SEÑORA: ¿Por qué te viniste, entonces?

LA EMPLEADA: Tenía que trabajar.

LA SEÑORA: No me vengas con ese cuento. Conozco la vida de los inquilinos[9] en el campo. Lo pasan bien. Les regalan una cuadra[10] para que cultiven. Tienen alimentos gratis y hasta les sobra para vender. Algunos tienen hasta sus vaquitas... ¿Tus padres tenían vacas?

LA EMPLEADA: Sí, señora. Una.

LA SEÑORA: ¿Ves? ¿Qué más quieren? ¡Alvarito! ¡No se meta tan allá que puede venir una ola! ¿Qué edad tienes?

LA EMPLEADA: ¿Yo?

LA SEÑORA: A ti te estoy hablando. No estoy loca para hablar sola.

LA EMPLEADA: Ando en[11] los veintiuno...

LA SEÑORA: ¡Veintiuno! A los veintiuno yo me casé. ¿No has pensado en casarte?

LA EMPLEADA baja la vista y no contesta.

LA SEÑORA: ¡Las cosas que se me ocurre preguntar! ¿Para qué querrías casarte? En la casa tienes de todo: comida, una buena pieza[12], delantales limpios... Y si te casaras... ¿Qué es lo que tendrías? Te llenarías de chiquillos[13], no más.

LA EMPLEADA: *(Como para sí.)* Me gustaría casarme...

LA SEÑORA: ¡Tonterías! Cosas que se te ocurren por leer historia de amor en las revistas baratas... Acuérdate de esto: Los príncipes azules[14] ya no existen. No es el color lo que importa, sino el bolsillo. Cuando mis padres no me aceptaban un pololo[15] porque no tenía plata[16] yo me indignaba, pero llegó Álvaro con sus industrias y sus fondos y no quedaron contentos hasta que lo casaron conmigo. A mí no me gustaba porque era gordo y tenía la costumbre de sorberse los mocos[17], pero después en el matrimonio, uno se acostumbra a todo. Y llega a la conclusión que todo da lo mismo[18], salvo la plata. Sin la plata no somos nada. Yo tengo plata, tú no tienes. ...Ésa es toda la diferencia entre nosotras. ¿No te parece?

LA EMPLEADA: Sí, pero...

LA SEÑORA: ¡Ah! Lo crees ¿eh? Pero es mentira. Hay algo que es más importante que la plata: la clase. Eso no se compra. Se tiene o no se tiene. Álvaro no tiene clase. Yo sí la tengo. Y podría vivir en una pocilga[19] y todos se darían cuenta de que soy alguien. No una cualquiera. Alguien. Te das cuenta ¿verdad?

[9]inquilinos *(tenants)*; [10]cuadra *(block of land)*; [11]Ando en *(I am approximately)*; [12]pieza *(room)*; [13]chiquillos *(kids, youngsters)*; [14]príncipes azules *(prince charmings)*; [15]pololo *(boyfriend [slang])*; [16]plata *(money [slang])*; [17]sorberse los mocos *(sniffle)*; [18]todo da lo mismo *(nothing makes any difference)*; [19]pocilga *(pigsty)*

LA EMPLEADA:	Sí, señora.
LA SEÑORA:	A ver... Pásame esa revista. *(LA EMPLEADA lo hace. LA SEÑORA la hojea. Mira algo y lanza una carcajada[20])* ¿Y esto lees tú?
LA EMPLEADA:	Me entretengo[21], señora.
LA SEÑORA:	¡Qué ridículo! ¡Qué ridículo! Mira a este roto[22] vestido de smoking. Cualquiera se da cuenta que está tan incómodo en él como un hipopótamo con faja[23]... *(Vuelve a mirar en la revista.)* ¡Y es el conde de Lamarquina! ¡El conde de Lamarquina! A ver... ¿Qué es lo que dice el conde? *(Leyendo.)* "Hija mía, no permitiré jamás que te cases con Roberto. ...Él es un plebeyo[24]. Recuerda que por nuestras venas corre sangre azul." ¿Y ésta es la hija del conde?
LA EMPLEADA:	Sí. Se llama María. Es una niña sencilla y buena. Está enamorada de Roberto, que es el jardinero del castillo. El conde no lo permite. Pero... ¿sabe? Yo creo que todo va a terminar bien. Porque en el número anterior Roberto le dijo a María que no había conocido a sus padres y cuando no se conoce a los padres, es seguro que ellos son gente rica y aristócrata que perdieron al niño de chico o lo secuestraron...
LA SEÑORA:	¿Y tú crees todo eso?
LA EMPLEADA:	Es bonito, señora.
LA SEÑORA:	¿Qué es tan bonito?
LA EMPLEADA:	Que lleguen a pasar cosas así. Que un día cualquiera, uno sepa que es otra persona, que en vez de ser pobre, se es rica; que en vez de ser nadie se es alguien, así como dice Ud...
LA SEÑORA:	Pero no te das cuenta que no puede ser... Mira a la hija... ¿Me has visto a mí alguna vez usando unos aros[25] así? ¿Has visto a alguna de mis amigas con una cosa tan espantosa? ¿Y el peinado[26]? Es detestable. ¿No te das cuenta que una mujer así no puede ser aristócrata?... ¿A ver? Sale fotografiado aquí el jardinero...
LA EMPLEADA:	Sí. En los cuadros del final. *(Le muestra en la revista. LA SEÑORA ríe encantada.)*
LA SEÑORA:	¿Y éste crees tú que puede ser un hijo de aristócrata? ¿Con esa nariz? ¿Con ese pelo? Mira... Imagínate que mañana me rapten[27] a Alvarito. ¿Crees tú que va a dejar por eso de tener su aire de distinción?
LA EMPLEADA:	¡Mire, señora! Alvarito le botó[28] el castillo de arena a la niñita de una patada[29].
LA SEÑORA:	¿Ves? Tiene cuatro años y ya sabe lo que es mandar, lo que es no importarle los demás. Eso no se aprende. Viene en la sangre.
LA EMPLEADA:	*(Incorporándose.)* Voy a ir a buscarlo.
LA SEÑORA:	Déjalo. Se está divirtiendo.
	LA EMPLEADA se desabrocha[30] el primer botón de su delantal y hace un gesto en el que muestra estar acalorada[31].
LA SEÑORA:	¿Tienes calor?
LA EMPLEADA:	El sol está picando fuerte[32].
LA SEÑORA:	¿No tienes traje de baño?
LA EMPLEADA:	No.

[20]*carcajada (burst of laughter);* [21]Me entretengo *(Amuse myself);* [22]roto *(member of the urban poor class [Chil.]);* [23]faja *(girdle);* [24]plebeyo *(plebeian);* [25]aros *(earrings);* [26]peinado *(hairdo);* [27]rapten *(kidnap);* [28]botó *(knocked down);* [29]patada *(kick);* [30]*se desabrocha (undoes);* [31]*acalorada (hot);* [32]está picando fuerte *(is really strong)*

LA SEÑORA: ¿No te has puesto nunca traje de baño?

LA EMPLEADA: ¡Ah, sí!

LA SEÑORA: ¿Cuándo?

LA EMPLEADA: Antes de emplearme. A veces, los domingos, hacíamos excursiones a la playa en el camión del tío de una amiga.

LA SEÑORA: ¿Y se bañaban?

LA EMPLEADA: En la playa grande de Cartagena. Arrendábamos[33] trajes de baño y pasábamos todo el día en la playa. Llevábamos de comer y...

LA SEÑORA: *(Divertida.)* ¿Arrendaban trajes de baño?

LA EMPLEADA: Sí. Hay una señora que arrienda en la misma playa.

LA SEÑORA: Una vez con Álvaro, nos detuvimos en Cartagena a echar bencina al auto[34] y miramos a la playa. ¡Era tan gracioso! ¡Y esos trajes de baño arrendados! Unos eran tan grandes que hacían bolsas[35] por todos los lados y otros quedaban tan chicos que las mujeres andaban con el traste[36] fuera. ¿De cuáles arrendabas tú? ¿De los grandes o de los chicos?

LA EMPLEADA mira al suelo taimada[37].

LA SEÑORA: Debe ser curioso... Mirar el mundo desde un traje de baño arrendado o envuelta en un vestido barato... o con uniforme de empleada como el que usas tú... Algo parecido le debe suceder a esta gente que se fotografía para estas historietas: se ponen smoking o un traje de baile y debe ser diferente la forma como miran a los demás, como se sienten ellos mismos... Cuando yo me puse mi primer par de medias, el mundo entero cambió para mí. Los demás eran diferentes; yo era diferente y el único cambio efectivo era que tenía puesto un par de medias... Dime... ¿Cómo se ve el mundo cuando se está vestida con un delantal blanco?

LA EMPLEADA: *(Tímidamente.)* Igual... La arena tiene el mismo color... las nubes son iguales... Supongo.

LA SEÑORA: Pero no... Es diferente. Mira. Yo con este traje de baño, con este blusón de toalla, tendida sobre la arena, sé que estoy en "mi lugar", que esto me pertenece... En cambio tú, vestida como empleada sabes que la playa no es tu lugar, que eres diferente... Y eso, eso te debe hacer ver todo distinto.

LA EMPLEADA: No sé.

LA SEÑORA: Mira. Se me ha ocurrido algo. Préstame[38] tu delantal.

LA EMPLEADA: ¿Cómo?

LA SEÑORA: Préstame tu delantal.

LA EMPLEADA: Pero... ¿Para qué?

LA SEÑORA: Quiero ver cómo se ve el mundo, qué apariencia tiene la playa cuando se la ve encerrada en un delantal de empleada.

LA EMPLEADA: ¿Ahora?

LA EMPLEADA: Pero es que... No tengo un vestido debajo.

LA SEÑORA: *(Tirándole el blusón.)* Toma... Ponte esto.

. . .

[33]Arrendábamos *(We would rent)*; [34]echar bencina al auto *(fill the car with gas)*; [35]hacían bolsas *(they bagged out)*; [36]traste *(butt)*; [37]taimada *(slyly, craftily)*; [38]Préstame *(Lend me)*

Al fin y al cabo

Análisis Lee de nuevo el fragmento y después trabaja con un/a compañero/a. Discutan las preguntas siguientes y escriban juntos sus respuestas.

1. La señora y la empleada son las protagonistas de la obra pero no tienen nombres. ¿Por qué?
2. ¿Qué temas hay en *El delantal blanco*? Indica los temas y después cita el texto en las partes en las que se ven esos temas.

Tema	Cita

3. A través de sus palabras y gestos (reflejados en las acotaciones), las dos mujeres revelan aspectos de su carácter. ¿Cómo es la señora? ¿Y la empleada? Completa la siguiente tabla con información sobre las dos.

Señora	Empleada	¿Cómo lo sabes?

4. La **sátira** *(satire)* se define como un discurso literario en el que se critican fuertemente o se ponen en ridículo las costumbres o los vicios de algo o alguien; se trata de un humor duro, picante, destinado no sólo a reír, sino también a criticar y censurar, con furia y crueldad, determinados hechos y conductas individuales o sociales. ¿Cómo emplea Vodanovic la sátira en esta obra de teatro? Busquen ejemplos específicos.

¿Qué pasará? Trabajando en grupos de tres a cuatro personas, piensen en cómo acabará la obra de teatro. Creen juntos el diálogo final entre la señora y la empleada. Escriban de diez a doce líneas y estén preparados/as para después presentarle su diálogo a la clase.

REPASO

14-27 ¿Quién es? Trabaja con un/a compañero/a de clase para completar la siguiente actividad. Si es necesario, como preparación, consulta la información sobre cada escritor que aparece en las páginas 539, 550, 558–559 y 564.

Estudiante A Selecciona uno/a de los escritores de la lista que tienes a continuación. Tu compañero/a de clase tiene que descubrir quién es. Para ello va a hacer preguntas a las que tú sólo puedes contestar con **sí** o **no.** Cuando él/ella adivine (*guesses*) el nombre de la persona, a ti te toca empezar a preguntar.

Camilo José Cela Gabriela Mistral Griselda Gambaro

Estudiante B Tu compañero/a de clase va a pensar en un/a escritor/a y tú tienes que adivinar quién es. Para ello vas a hacer preguntas a las que sólo él/ella puede contestar con **sí** o **no.** Cuando adivines el nombre de la persona que ha seleccionado, te toca a ti seleccionar uno de los escritores de la lista que tienes a continuación. Tu compañero/a tiene que adivinar quién es.

Gabriel García Márquez Rosario Castellanos Osvaldo Dragún

14-28 ¿Qué querían que hicieras? Para muchos jóvenes, los años de la escuela secundaria son años en los que los padres tienen mucho que decir. Habla con un/a compañero/a de clase para comparar esos años. ¿Qué les pedían sus padres? ¿Qué les dejaban o no les dejaban hacer? Utilicen preguntas semejantes a las que aparecen en el modelo.

MODELO *Cuando tenías catorce años, ¿tus padres te dejaban que fueras solo al centro comercial?*

¿Te permitían que llegaras a casa después de las diez?

¿Te pedían que terminaras la tarea antes de salir? ¿... ?

14-29 ¿Y tu compañero/a? Trabaja con un/a compañero/a de clase y escriban cinco cosas que tienen planeadas para mañana. Luego compartan su información y preséntenle a la clase lo que cada uno le dijo al otro.

MODELO *Mañana tendré un examen.*

Dijo que tendría un examen mañana.

14-30 ¿Qué recomendarías? Trabajando con un/a compañero/a de clase, dile lo que tú recomendarías que hiciera alguien interesado en llegar a ser un escritor famoso, bien sea novelista, poeta o dramaturgo/a. Hazle seis recomendaciones. Después escucha lo que él/ella recomendaría. Usa verbos y expresiones impersonales como **aconsejar, sugerir, insistir en, es necesario que, es preciso que**, etcétera.

14-31 Si me seleccionara... Imagínate que la misma compañía que grabó el video de los compañeros en Puerto Rico está buscando gente para un nuevo video sobre gente joven de varias regiones de Norteamérica. Si te seleccionaran, vivirías en un apartamento en Washington, D.C. con cuatro compañeros. Como parte del proceso de selección tienes que escribirle una carta al director del programa. En la carta debes:

- presentarte (personalidad, gustos, pasatiempos, etcétera)
- convencer al director de que te seleccione (mencionar/explicar tus cualidades, explicar por qué eres diferente/especial, describir con qué contribuirías al programa, etcétera)
- explicar cómo esta experiencia cambiaría tu vida (¿tendrías una perspectiva distinta después de participar?, etcétera)

VOCABULARIO

The **Vocabulario** consists of all new words and expressions presented in the chapter. When reviewing or studying for a test, you can cover up the English and go through the list to see if you know the meaning of each item.

La novela y el cuento *The novel and the short story*
Los escritores y sus obras *Writers and their works*

el/la autor/a	*author*
el/la cuentista	*storyteller*
el cuento	*short story*
el/la ensayista	*essayist*
el ensayo	*essay*
el/la escritor/a	*writer*
la leyenda	*legend*
la novela	*novel*
el/la novelista	*novelist*

Para hablar de obras literarias *To discuss literary works*

el argumento / la trama	*plot*
el desenlace	*ending, denouement*
el género	*genre*
la historia	*story*
el/la narrador/a	*narrator*
el personaje	*character in a story*
la prosa	*prose*
el/la protagonista	*protagonist, main character*
el punto de vista	*point of view*
el punto culminante	*climax*
el tema	*theme*

La poesía *Poetry*
Para hablar de la poesía *To discuss poetry*

la poesía (dramática, épica, lírica)	*(dramatic, epic, lyric) poetry*
el estribillo	*refrain*
la estrofa	*stanza*
la metáfora	*metaphor*
el metro (poético)	*(poetic) meter*
el poema	*poem*
el/la poeta	*poet*
la rima (asonante, consonante)	*(assonant, consonant) rhyme*
el ritmo (poético)	*(poetic) rhythm*
el símil	*simile*
el sonido	*sound*
la versificación	*versification*
el verso (libre)	*(free) verse*

El teatro *Theater*
Las obras de teatro *Theatrical works*

la acotación	*stage direction*
el acto	*act*
la comedia	*comedy*
el drama	*play*
el/la dramaturgo/a	*playwright*
la obra de teatro	*play*
el punto culminante, el clímax	*climax*
la reseña	*review*
la tragedia	*tragedy*
la tragicomedia	*tragicomedy*

En el teatro *In the theater*

los accesorios	*props*
la actuación, la interpretación	*acting, performance*
las butacas	*theater seats*
el decorado	*set, scenery*
el reparto	*cast*
el ensayo	*rehearsal*
el escenario	*stage*
el estreno	*premiere*
el guión	*script*
el/la intérprete	*performer*
la puesta en escena / el montaje	*staging*
la representación	*performance*
el telón	*drop curtain*
el vestuario	*costumes*

APÉNDICE A: Grammar Guide

For more detailed explanations of these grammar points, consult the Index to find the pages where they are explained fully in the body of the textbook.

ACTIVE VOICE (La voz activa) A sentence written in the active voice identifies a subject that performs the action of the verb. (*See also* **Passive Voice.**)

Juan	cantó	la canción.
subject	**verb**	**direct object**

ADJECTIVES (Los adjetivos) are words that modify or describe **nouns** or **pronouns** and agree in **number** and generally in **gender** with the nouns they modify.

Las casas **azules** son **bonitas.**
*The **blue** houses are **pretty.***

Esas mujeres **mexicanas** son mis amigas **nuevas.**
*Those **Mexican** women are my **new** friends.*

- **Demonstrative adjectives (Los adjetivos demostrativos)** point out persons, places, or things relative to the position of the speaker. They always agree in **number** and **gender** with the **noun** they modify. The forms are: **este, esta, estos, estas / ese, esa, esos, esas / aquel, aquella, aquellos, aquellas.** There are also neuter forms that refer to generic ideas or things, and hence have no gender: **esto, eso, aquello.**

  Este libro es fácil. — ***This** book is easy.*
  Esos libros son difíciles. — ***Those** books are hard.*
  Aquellos libros son pesados. — ***Those** books **(over there)** are boring.*

Demonstratives may also function as **pronouns,** replacing the **noun** but still agreeing with it in **number** and **gender.** **Demonstrative pronouns** carry an accent mark over the syllable that would be naturally stressed anyway:

Me gustan esas blusas verdes. — *I like those green blouses.*
¿Cuáles, **éstas**? — *Which ones, **these**?*
No. Me gustan **ésas.** — *No. I like **those**.*

- **Stressed possessive adjectives (Los adjetivos posesivos acentuados)** are used for emphasis and follow the noun that they modifiy. These adjectives may also function as pronouns and always agree in **number** and in **gender.** The forms are: **mío, tuyo, suyo, nuestro, vuestro, suyo.** Unless they are directly preceded by the verb **ser,** stressed possessives must be preceded by the **definite article.**

  Ese perro pequeño es **mío.** — *That little dog is **mine**.*
  Dame el **tuyo;** el **nuestro** no funciona. — *Give me **yours; ours** doesn't work.*

- **Unstressed possessive adjectives (Los adjetivos posesivos no acentuados)** demonstrate ownership and always precede the **noun** that they modify.

  La señora Elman es **mi** profesora. — *Mrs. Elman is **my** professor.*
  Debemos llevar **nuestros** libros a clase. — *We should take **our** books to class.*

ADVERBS (Los adverbios) are words that modify **verbs, adjectives,** or other adverbs and, unlike **adjectives,** do not have **gender** or **number.** Here are examples of different classes of adverbs:

Practicamos **diariamente.** — *We practice **daily.*** (adverb of manner)
Ellos van a salir **pronto.** — *They will leave **soon.*** (adverb of time)
Jennifer está **afuera.** — *Jennifer is **outside.*** (adverb of place)
No quiero ir **tampoco.** — *I don't want to go **either.*** (adverb of negation)
Paco habla **demasiado.** — *Paco talks **too much.*** (adverb of quantity)

AGREEMENT (La concordancia) refers to the correspondence between parts of speech in terms of **number, gender,** and **person.** Subjects agree with their verbs; articles and adjectives agree with the nouns they modify, etc.

Tod**as las** lengu**as** son interesant**es.** — *All languages are interesting.* (number)
Ella es bonit**a.** — *She is pretty.* (gender)
Nosotros somos de España. — *We are from Spain.* (person)

ARTICLES **(Los artículos)** precede nouns and indicate whether they are definite or indefinite persons, places, or things.

- **Definite articles (Los artículos definidos)** refer to particular members of a group and are the equivalent of *the* in English. The definite articles are: **el, la, los, las.**

  El hombre guapo es mi padre. | **Las** mujeres de esta clase son inteligentes.

- **Indefinite articles (Los artículos indefinidos)** refer to any unspecified member(s) of a group and are the equivalent of *a(n)* and *some.* The indefinite articles are: **un, una, unos, unas.**

  Un hombre vino a nuestra casa anoche. | **Unas** niñas jugaban en el parque.

CLAUSES **(Las cláusulas)** are subject and verb combinations; for a sentence to be complete it must have at least one main clause.

- **Main clauses** (Independent clauses) **(Las cláusulas principales)** communicate a complete idea or thought.

  Mi hermana va al hospital. | *My sister goes to the hospital.*

- **Subordinate clauses** (Dependent clauses) **(Las cláusulas subordinadas)** depend upon a main clause for their meaning to be complete.

  Mi hermana va al hospital | con tal que no llueva.
  My sister goes to the hospital | *provided that it's not raining.*
  main clause | **subordinate clause**

COMMANDS **(Los mandatos)** (*See* **Imperatives.**)

COMPARISONS **(Las formas comparativas)** are statements that describe one person, place, or thing relative to another in terms of quantity, quality, or manner.

- **Comparisons of equality (Las formas comparativas de igualdad)** demonstrate an equal share of a quantity or degree of a particular characteristic. These statements use a form of **tan(to)(ta)(s)** and **como.**

  Ella tiene **tanto** dinero **como** Elena. | *She has* ***as much*** *money* ***as*** *Elena.*
  Fernando trabaja **tanto como** Felipe. | *Fernando works* ***as much as*** *Felipe.*
  Jim baila **tan** bien **como** Anne. | *Jim dances* ***as*** *well* ***as*** *Anne.*

- **Comparisons of inequality (Las formas comparativas de desigualdad)** indicate a difference in quantity, quality, or manner between the compared subjects. These statements use **más/menos... que** or comparative **adjectives** such as **mejor/peor, mayor/menor.**

  España tiene **más** playas **que** México. | *Spain has* ***more*** *beaches* ***than*** *Mexico.*
  Tú hablas español **mejor que** yo. | *You speak Spanish* ***better than*** *I.*

(*See also* **Superlatives.**)

CONJUGATIONS **(Las conjugaciones)** represent the inflected form of the verb as it is used with a particular **subject** or **person.**

Yo bailo los sábados. | ***I dance*** *on Saturdays.* (1st-person singular)
Tú bailas los sábados. | ***You dance*** *on Saturdays.* (2nd-person singular)
Ella baila los sábados. | ***She dances*** *on Saturdays.* (3rd-person singular)
Nosotros bailamos los sábados. | ***We dance*** *on Saturdays.* (1st-person plural)
Vosotros bailáis los sábados. | ***You dance*** *on Saturdays.* (2nd-person plural)
Ellos bailan los sábados. | ***They dance*** *on Saturdays.* (3rd-person plural)

CONJUNCTIONS **(Las conjunciones)** are linking words that join two independent **clauses** together.

Fuimos al centro **y** mis amigos compraron muchas cosas.
We went downtown ***and*** *my friends bought a lot of things.*

Yo quiero ir a la fiesta, **pero** tengo que estudiar.
I want to go to the party, ***but*** *I have to study.*

CONTRACTIONS **(Las contracciones)** in Spanish are limited to preposition/article combinations, such as **de + el = del** and **a + el = al,** or preposition/pronoun combinations such as **con + mí = conmigo** and **con + ti = contigo.**

DIRECT OBJECTS (Los objetos directos) in sentences are the direct recipients of the action of the verb. Direct objects answer the questions *What?* or *Whom?* (*See also* **Pronoun, Indirect Object, Personal *a*.**)

¿Qué hizo? — *What did she do?*
Ella hizo **la tarea.** Y luego llamó **a su amiga.** — *She did her **homework.** And then called **her friend.***

EXCLAMATIVE WORDS (Las palabras exclamativas) communicate surprise or strong emotion. Like interrogative words, exclamatives also carry accents. (*See also* **Interrogatives.**)

¡**Qué** sorpresa! — ***What** a surprise!*
¡**Cómo** canta Miguel! — ***How well** Miguel sings!*

GENDER (El género) is a grammatical feature of Romance languages that classifies words as either masculine or feminine. The gender of the word is sometimes used to distinguish meaning **(la papa** = *the potato,* but **el Papa** = *the Pope;* **la policía** = *the police force,* but **el policía** = *the policeman*). It is important to memorize the gender of nouns when you learn the nouns.

GERUNDS (Los gerundios) are the Spanish equivalent of the *-ing* verb form in English. Regular gerunds are created by replacing the **infinitive** endings **(-ar, -er/-ir)** with **-ando** or **-iendo.** Gerunds are often used with the verb **estar** to form the present progessive tense. The present progressive tense places emphasis on the continuing or progressive nature of an action. (*See also* **Present Participle.**)

Miguel está **cantando** en la ducha. — *Miguel is **singing** in the shower.*

IDIOMATIC EXPRESSIONS (Las frases idiomáticas) are phrases in Spanish that do not have a literal English equivalent.

Hace mucho frío. — *It is very cold.* (Literally, *It makes a lot of cold.*)

IMPERATIVES (Los imperativos) represent the mood used to express requests or commands. It is more direct than the **subjunctive** mood. Imperatives are commonly called commands and fall into two categories: affirmative and negative. Spanish speakers must also choose between using formal commands and informal commands based upon whether one is addressed as **usted** (formal) or **tú** (informal). (*See also* **Mood.**)

Habla conmigo. — **Talk** to me. (informal, affirmative)
No me hables. — **Don't talk to me.** (informal, negative)
Hable con la policía. — **Talk** to the police. (formal, singular, affirmative)
No hable con la policía. — **Don't talk** to the police. (formal, singular, negative)
Hablen con la policía. — **Talk** to the police. (formal, plural, affirmative)
No hablen con la policía — **Don't talk** to the police. (formal, plural, negative)

IMPERFECT (el imperfecto) The imperfect tense is used to make statements about the past when the speaker wants to convey the idea of 1) habitual or repeated action, 2) two actions in progress simultaneously, or 3) an event that was in progress when another action interrupted. The imperfect tense is also used to emphasize the ongoing nature of the event, as opposed to its beginning or end. Age and clock time are always expressed using the imperfect. (*See also* **Preterite.**)

Cuando María **era** joven, ella **cantaba** en el coro. — *When María **was** young, she **used to sing** in the choir.*
Aquel día **llovía** mucho y el cielo **estaba** oscuro. — *That day **it was raining** a lot and the sky **was** dark.*
Juan **dormía** cuando sonó el teléfono. — *Juan **was sleeping** when the phone rang.*

IMPERSONAL EXPRESSIONS (Las expresiones impersonales) are statements that contain the impersonal subjects of *it* or *one.*

Es necesario estudiar. — ***It is necessary** to study.*
Se necesita estudiar. — ***One needs** to study.*

INDEFINITE WORDS (Las palabras indefinidas) are **articles, adjectives, nouns** or **pronouns** that refer to unspecified members of a group. (*See also* **Articles.**)

Un hombre vino. — ***A** man came.* (indefinite article)
Alguien vino. — ***Someone** came.* (indefinite noun)
Algunas personas vinieron. — ***Some** people came.* (indefinite adjective)
Algunas vinieron. — ***Some** came.* (indefinite pronoun)

INDICATIVE (El indicativo) The indicative is a mood, rather than a tense. The indicative is used to express ideas that are considered factual or certain and, therefore, not subject to speculation, doubt, or negation. (*See also* **Mood.**)

Josefina **es** española. (present indicative) — *Josefina **is** Spanish.*

INDIRECT OBJECTS (Los objetos indirectos) are the indirect recipients of an action in a sentence and answer the questions *To whom?* or *For whom?* In Spanish it is common to include an indirect object **pronoun** along with the indirect object. (*See also* **Direct Objects** and **Pronouns.**)

Yo **le** di el libro **a Sofía.**	*I gave the book* ***to Sofia.***
Sofía **les** guardó el libro **para sus padres.**	*Sofia kept the book* ***for her parents.***

INFINITIVES (Los infinitivos) are verb forms that are uninflected or not **conjugated** according to a specific **person.** In English, infinitives are preceded by *to: to talk, to eat, to live.* Infinitives in Spanish end in **-ar (hablar), -er (comer),** and **-ir (vivir).**

INTERROGATIVES (Las formas interrogativas) are used to pose questions and carry accent marks to distinguish them from other uses: **quién(es), qué, cómo, cuánto(a)(s), cuándo, por qué, dónde.** (*See also* **Exclamative Words.**)

¿**Qué** quieres?	***What*** *do you want?*
¿**Cuándo** llegó ella?	***When*** *did she arrive?*
¿De **dónde** eres?	***Where*** *are you from?*

MOOD (El modo) is like the word *mode,* meaning *manner* or *way.* It indicates the way in which the speaker views an action, or his/her attitude toward the action. Besides the **imperative** mood, which is simply giving commands, you learn two basic moods in Spanish: the **subjunctive** and the **indicative.** Basically, the subjunctive mood communicates an attitude of uncertainty or negation toward the action, while the indicative indicates that the action is certain or factual. Within each of these moods there are many **tenses.** Hence you have the present indicative and the present subjunctive, etc.

- **Indicative mood (El indicativo)** implies that what is stated or questioned is regarded as true.

Yo **quiero** ir a la fiesta.	***I want*** *to go to the party.*
Quieres ir conmigo?	***Do you want*** *to go with me?*

- **Subjunctive mood (El subjuntivo)** indicates a recommendation, a statement of doubt or negation, or a hypothetical situation.

Yo recomiendo que tú **vayas** a la fiesta.	*I recommend* ***that you go*** *to the party.*
Dudo que **vayas** a la fiesta.	*I doubt that* ***you'll go*** *to the party.*
Si **fueras** a la fiesta, te divertirías.	*If* ***you were to go*** *to the party, you would have a good time.*

- **Imperative mood (El imperativo)** is used to make a command or request. (*See also* **Indicative, Imperative,** and **Subjunctive.**)

¡**Ven** conmigo a la fiesta!	***Come*** *with me to the party!*

NEGATION (La negación) takes place when a negative word, such as **no,** is placed before an affirmative sentence. In Spanish, double negatives are common.

Ramón quiere algo.	*Ramón wants something.* (affirmative)
Ramón **no** quiere **nada.**	*Ramón* ***doesn't*** *want* ***anything.*** (negative)

NOUNS (Los sustantivos) are persons, places, things, or ideas. Names of people, countries, and cities are proper nouns and are capitalized.

Alberto	*Albert* (person)	el pueblo	*town* (place)	el diccionario	*dictionary* (thing)

ORTHOGRAPHY (La ortografía) refers to the spelling of a word or anything related to spelling such as accentuation.

PASSIVE VOICE (La voz pasiva), as compared to **active voice (la voz activa),** places emphasis on the action itself rather than the agent of the action (the person or thing that is indirectly responsible for committing the action). The passive **se** is used when there is no apparent agent of the action. (*See also* **Active Voice.**)

Los coches **son vendidos por** Luis.	*The cars* ***are sold by*** *Luis.* (passive voice)
Se venden los coches.	*The cars* ***are sold.*** (passive voice)

PAST PARTICIPLES (El participio pasado) are verb forms used in compound tenses such as the **present perfect.** Regular past participles are formed by dropping the **-ar** or **-er/-ir** from the **infinitive** and adding **-ado** or **-ido.** Past participles are the equivalent of verbs ending in *-ed* in English. They may also be used as **adjectives,** in which case they agree in **number** and **gender** with their nouns. Irregular past participles include: **escrito, roto, dicho, hecho, puesto, vuelto, muerto, cubierto.**

Marta ha **subido** la montaña.	*Marta has **climbed** the mountain.*
Hemos **hablado** mucho por teléfono.	*We have **talked** a lot on the phone.*
La novela **publicada** en 1995 es su mejor novela.	*The novel **published** in 1995 is her best novel.*

PERFECT TENSES (Los tiempos perfectos) communicate the idea that an action has taken place before now (present perfect) or before a moment in the past (past perfect). The perfect tenses are compound tenses consisting of the verb **haber** plus the **past participle** of a second verb.

Yo **he comido.**	***I have eaten.*** (present perfect indicative)
Antes de la fiesta, yo **había comido.**	*Before the party **I had eaten.*** (past perfect indicative)
Yo espero que **hayas comido.**	*I hope that **you have eaten.*** (present perfect subjunctive)
Yo esperaba que **hubieras comido.**	*I hoped that **you had eaten.*** (past perfect subjunctive)

PERSON (La persona) refers to changes in the subject pronouns that indicate if one is speaking (first person), if one is spoken to (second person), or if one is spoken about (third person).

Yo hablo.	*I speak.* (1st-person singular)
Tú hablas.	*You speak.* (2nd-person singular)
Ud./Él/Ella habla.	*You/He/She speak.* (3rd-person singular)
Nosotros(as) hablamos.	*We speak.* (1st-person plural)
Vosotros(as) habláis.	*You speak.* (2nd-person plural)
Uds./Ellos/Ellas hablan.	*They speak.* (3rd-person plural)

PREPOSITIONS (Las preposiciones) are linking words indicating spatial or temporal relations between two words.

Ella nadaba **en** la piscina.	*She was swimming **in** the pool.*
Yo llamé **antes de** las nueve.	*I called **before** nine o'clock.*
El libro es **para** ti.	*The book is **for** you.*
Voy **a** la oficina.	*I'm going **to** the office.*
Jorge es **de** Paraguay.	*Jorge is **from** Paraguay.*

PRESENT PARTICIPLE (*See* **Gerunds.**)

PRETERITE (El pretérito) The preterite tense, as compared to the **imperfect tense,** is used to talk about past events with specific emphasis on the beginning or the end of the action, or emphasis on the completed nature of the action as a whole.

Anoche yo **empecé** a estudiar a las once y **terminé** a la una.
*Last night I **began** to study at eleven o'clock and **finished** at one o'clock.*

Esta mañana **me desperté** a las siete, **desayuné, me duché** y **vine** al campus para las ocho.
*This morning **I woke up** at seven, **I ate** breakfast, **I showered,** and **I came** to campus by eight.*

PERSONAL A (La *a* personal) The personal **a** refers to the placement of the preposition **a** before the name of a person when that person is the **direct object** of the sentence.

Voy a llamar **a** María.	*I'm going to call María.*

PRONOUNS (Los pronombres) are words that substitute for **nouns** in a sentence.

Yo quiero **éste.**	*I want **this one.*** (demonstrative—points out a specific person, place, or thing)
¿Quién es tu amigo?	***Who** is your friend?* (interrogative—used to ask questions)
Yo voy a **llamarla.**	*I'm going to call **her.*** (direct object—replaces the direct object of the sentence)
Ella va a **darle** el reloj.	*She is going to give **him** the watch.* (indirect object—replaces the indirect object of the sentence)
Juan **se** baña por la mañana.	*Juan bathes **himself** in the morning.* (reflexive—used with reflexive verbs to show that the agent of the action is also the recipient)
Es la mujer **que** conozco.	*She is the woman **that** I know.* (relative—used to introduce a clause that describes a noun)
Nosotros somos listos.	**We** are clever. (subject—replaces the noun that performs the action or state of a verb)

SUBJECTS (Los sujetos) are the persons, places, or things that perform the action or state of being of a verb. The **conjugated** verb always agrees with its subject. (*See also* **Active Voice.**)

Carlos siempre baila solo.	***Carlos** always dances alone.*
Colorado y **California** son mis estados preferidos.	***Colorado** and **California** are my favorite states.*
La cafetera produce el café.	*The **coffee pot** makes the coffee.*

SUBJUNCTIVE (El subjuntivo) The subjunctive mood is used to express speculative, doubtful, or hypothetical situations. It also communicates a degree of subjectivity or influence of the main clause over the subordinate clause. (*See also* **Mood, Indicative.**)

No creo que **tengas** razón.	*I don't think that **you're** right.*
Si yo **fuera** el jefe, pagaría más a mis empleados.	*If I **were** the boss, I would pay my employees more.*
Quiero que **estudies** más.	*I want **you to study** more.*

SUPERLATIVE STATEMENTS (Las frases superlativas) are formed by adjectives or adverbs to make comparisons among three or more members of a group. To form superlatives, add a definite article **(el, la, los, las)** before the comparative form. (*See also* **Comparisons.**)

Juan es **el más alto** de los tres.	*Juan is **the tallest** of the three.*
Este coche es **el más rápido** de todos.	*This car is **the fastest** of them all.*

TENSES (Los tiempos) refer to the manner in which time is expressed through the **verb** of a sentence.

Yo estudio.	*I study.* (present tense)
Yo estoy estudiando.	*I am studying.* (present progressive)
Yo he estudiado.	*I have studied.* (present perfect)
Yo había estudiado.	*I had studied.* (past perfect)
Yo estudié.	*I studied.* (preterite tense)
Yo estudiaba.	*I was studying.* (imperfect tense)
Yo estudiaré	*I will study.* (future tense)

VERBS (Los verbos) are the words in a sentence that communicate an action or state of being.

Helen **es** mi amiga y ella **lee** muchas novelas.	*Helen **is** my friend and she **reads** a lot of novels.*

- **Auxiliary verbs (Los verbos auxiliares)** or helping verbs are verbs such as **estar** and **haber** used to form the present progressive and the present perfect, respectively.

Estamos estudiando mucho para el examen mañana.	***We are** studying a lot for the exam tomorrow.*
Helen **ha** trabajado mucho en este proyecto.	*Helen **has** worked a lot on this project.*

- **Reflexive verbs (Los verbos reflexivos)** use reflexive **pronouns** to indicate that the person initiating the action is also the recipient of the action.

Yo **me afeito** por la mañana.	***I shave (myself)** in the morning.*

- **Stem-changing verbs (Los verbos con cambios de raíz)** undergo a change in the main part of the verb when conjugated. To find the stem, drop the **-ar, -er,** or **-ir** from the **infinitive: dorm-, empez-, ped-.** There are three types of stem-changing verbs: **o** to **ue**, **e** to **ie** and **e** to **i.**

dormir: Yo d**ue**rmo en el parque.	*I sleep in the park.* **(o** to **ue)**
empezar: Ella siempre emp**ie**za su trabajo temprano.	*She always starts her work early.* **(e** to **ie)**
pedir: ¿Por qué no p**i**des ayuda?	*Why don't you ask for help?* **(e** to **i)**

APÉNDICE B: Los verbos regulares

Simple tenses

	Present Indicative	Imperfect	Preterite	Future	Conditional	Present Subjunctive	Past Subjunctive	Commands
hablar	hablo	hablaba	hablé	hablaré	hablaría	hable	hablara	
(to speak)	hablas	hablabas	hablaste	hablarás	hablarías	hables	hablaras	habla (no hables)
	habla	hablaba	habló	hablará	hablaría	hable	hablara	hable
	hablamos	hablábamos	hablamos	hablaremos	hablaríamos	hablemos	habláramos	hablamos
	habláis	hablabais	hablásteis	hablaréis	hablaríais	habléis	hablarais	hablad (no habléis)
	hablan	hablaban	hablaron	hablarán	hablarían	hablen	hablaran	hablen
aprender	aprendo	aprendía	aprendí	aprenderé	aprendería	aprenda	aprendiera	
(to learn)	aprendes	aprendías	aprendiste	aprenderás	aprenderías	aprendas	aprendieras	aprende (no aprendas)
	aprende	aprendía	aprendió	aprenderá	aprendería	aprenda	aprendiera	aprenda
	aprendemos	aprendíamos	aprendimos	aprenderemos	aprenderíamos	aprendamos	aprendiéramos	aprendemos
	aprendéis	aprendíais	aprendisteis	aprenderéis	aprenderíais	aprendáis	aprendierais	aprended (no aprendáis)
	aprenden	aprendían	aprendieron	aprenderán	aprenderían	aprendan	aprendieran	aprendan
vivir	vivo	vivía	viví	viviré	viviría	viva	viviera	
(to live)	vives	vivías	viviste	vivirás	vivirías	vivas	vivieras	vive (no vivas)
	vive	vivía	vivió	vivirá	viviría	viva	viviera	viva
	vivimos	vivíamos	vivimos	viviremos	viviríamos	vivamos	viviéramos	vivimos
	vivís	vivíais	vivisteis	viviréis	viviríais	viváis	vivierais	vivid (no viváis)
	viven	vivían	vivieron	vivirán	vivirían	vivan	vivieran	vivan

Compound tenses

Present progressive	estoy	estamos	hablando	aprendiendo	viviendo
	estás	estáis			
	está	están			
Present perfect indicative	he	hemos	hablado	aprendido	vivido
	has	habéis			
	ha	han			
Past perfect indicative	había	habíamos	hablado	aprendido	vivido
	habías	habíais			
	había	habían			

APÉNDICE C: Los verbos con cambios en la raíz

Infinitive *Present Participle* *Past Participle*	*Present Indicative*	*Past Imperfect*	*Preterite*	*Future*	*Conditional*	*Present Subjunctive*	*Past Subjunctive*	*Commands*
pensar *to think* **e → ie** pensando pensado	**pienso** **piensas** **piensa** pensamos pensáis **piensan**	pensaba pensabas pensaba pensábamos pensabais pensaban	pensé pensaste pensó pensamos pensasteis pensaron	pensaré pensarás pensará pensaremos pensaréis pensarán	pensaría pensarías pensaría pensaríamos pensaríais pensarían	**piense** **pienses** **piense** pensamos penséis **piensen**	pensara pensaras pensara pensáramos pensarais pensaran	 **piensa (no pienses)** **piense** **pensemos** **pensad (no penséis)** **piensen**
acostarse *to go to bed* **o → ue** acostándose acostado	me **acuesto** te **acuestas** se **acuesta** nos acostamos os acostáis se **acuestan**	me acostaba te acostabas se acostaba nos acostábamos os acostabais se acostaban	me acosté te acostaste se acostó nos acostamos os acostasteis se acostaron	me acostaré te acostarás se acostará nos acostaremos os acostaréis se acostarán	me acostaría te acostarías se acostaría nos acostaríamos os acostaríais se acostarían	me **acueste** te **acuestes** se **acueste** nos acostemos os acostéis se **acuesten**	me acostara te acostaras se acostara nos acostáramos os acostarais se acostaran	 **acuéstate (no te acuestes)** **acuéstese** **acostámos** acostados **(no os acostéis)** **acuéstense**
sentir *to feel* **e → ie, i** **sintiendo** sentido	**siento** **sientes** **siente** sentimos sentís **sienten**	sentía sentías sentía sentíamos sentíais sentían	sentí sentiste **sintió** sentimos sentisteis **sintieron**	sentiré sentirás sentirá sentiremos sentiréis sentirán	sentiría sentiríais sentiría sentiríamos sentiríais sentirían	**sienta** **sientas** **sienta** **sintamos** **sintáis** **sientan**	**sintiera** **sintieras** **sintiera** **sintiéramos** **sintierais** **sintieran**	 **siente (no sientas)** **sienta** **sintamos (no sintáis)** sentid **sientan**
pedir *to ask for* **e → i, i** **pidiendo** pedido	**pido** **pides** **pide** pedimos pedís **piden**	pedía pedías pedía pedíamos pedíais pedían	pedí pediste **pidió** pedimos pedisteis **pidieron**	pediré pedirás pedirá pediremos pediréis pedirán	pediría pedirías pediría pediríamos pediríais pedirían	**pida** **pidas** **pida** **pidamos** **pidáis** **pidan**	**pidiera** **pidieras** **pidiera** **pidiéramos** **pidierais** **pidieran**	 **pide (no pidas)** **pida** **pidamos** pedid **(no pidáis)** **pidan**
dormir *to sleep* **o → ue, u** **durmiendo** dormido	**duermo** **duermes** **duerme** dormimos dormís **duermen**	dormía dormíais dormía dormíamos dormíais dormían	dormí dormiste **durmió** dormimos dormisteis **durmieron**	dormiré dormirás dormirá dormiremos dormiréis dormirán	dormiría dormirías dormiría dormiríamos dormiríais dormirían	**duerma** **duermas** **duerma** **durmamos** **durmáis** **duerman**	**durmiera** **durmieras** **durmiera** **durmiéramos** **durmierais** **durmieran**	 **duerme (no duermas)** **duerma** **durmamos** dormid **(no durmáis)** **duerman**

APÉNDICE D: Los verbos con cambios de ortografía

Infinitive Present Participle Past Participle	*Present Indicative*	*Past Imperfect*	*Preterite*	*Future*	*Conditional*	*Present Subjunctive*	*Past Subjunctive*	*Commands*
comenzar	comienzo	comenzaba	**comencé**	comenzaré	comenzaría	**comience**	comenzara	
(e → ie)	comienzas	comenzabas	comenzaste	comenzarás	comenzaríais	**comiences**	comenzaras	comienza **(no comiences)**
to begin	comienza	comenzaba	comenzó	comenzará	comenzaría	**comience**	comenzara	**comience**
z → c	comenzamos	comenzábamos	comenzamos	comenzaremos	comenzaríamos	**comencemos**	comenzáramos	**comencemos**
before e	comenzáis	comenzabais	comenzasteis	comenzaréis	comenzaríais	**comencéis**	comenzarais	comenzad **(no comencéis)**
comenzando	comienzan	comenzaban	comenzaron	comenzarán	comenzarían	**comiencen**	comenzaran	**comiencen**
comenzado								
conocer	**conozco**	conocía	conocí	conoceré	conocería	**conozca**	conociera	
to know	conoces	conocías	conociste	conocerás	conocerías	**conozcas**	conocieras	conoce **(no conozcas)**
c → zc	conoce	conocía	conoció	conocerá	conocería	**conozca**	conociera	**conozca**
before a, o	conocemos	conocíamos	conocimos	conoceremos	conoceríamos	**conozcamos**	conociéramos	**conozcamos**
conociendo	conocéis	conocíais	conocisteis	conoceréis	conoceríais	**conozcáis**	conocierais	conoced **(no conozcáis)**
conocido	conocen	conocían	conocieron	conocerán	conocerían	**conozcan**	conocieran	**conozcan**
pagar	pago	pagaba	**pagué**	pagaré	pagaría	**pague**	pagara	
to pay	pagas	pagabas	pagaste	pagarás	pagarías	**pagues**	pagaras	paga **(no pagues)**
g → gu	paga	pagaba	pagó	pagará	pagaría	**pague**	pagara	**pague**
before e	pagamos	pagábamos	pagamos	pagaremos	pagaríamos	**paguemos**	pagáramos	**paguemos**
pagando	pagáis	pagabais	pagasteis	pagaréis	pagaríais	**paguéis**	pagarais	pagad **(no paguéis)**
pagado	pagan	pagaban	pagaron	pagarán	pagarían	**paguen**	pagaran	**paguen**
seguir	**sigo**	seguía	seguí	seguiré	seguiría	**siga**	siguiera	
(e → i, i)	sigues	seguías	seguiste	seguirás	seguirías	**sigas**	siguieras	sigue **(no sigas)**
to follow	sigue	seguía	siguió	seguirá	seguiría	**siga**	siguiera	**siga**
gu → g	seguimos	seguíamos	seguimos	seguiremos	seguiríamos	**sigamos**	siguiéramos	**sigamos**
before a, o	seguís	seguíais	seguisteis	seguiréis	seguiríais	**sigáis**	siguierais	seguid **(no sigáis)**
siguiendo	siguen	seguían	siguieron	seguirán	seguirían	**sigan**	siguieran	**sigan**
seguido								
tocar	tocas	tocaba	**toqué**	tocaré	tocaría	**toque**	tocara	
to play, to touch	toca	tocabas	tocaste	tocará	tocarías	**toques**	tocaras	toca **(no toques)**
c → qu	tocamos	tocaba	tocó	tocarás	tocaría	**toque**	tocara	**toque**
before e	tocáis	tocábamos	tocamos	tocaremos	tocaríamos	**toquemos**	tocáramos	**toques**
tocando	tocan	tocabais	tocasteis	tocaréis	tocaríais	**toquéis**	tocarais	tocad **(no toquéis)**
tocado		tocaban	tocaron	tocarán	tocarían	**toquen**	tocaran	**toquen**

APÉNDICE E: Los verbos irregulares

Infinitive Present Participle Past Participle	*Present Indicative*	*Past Imperfect*	*Preterite*	*Future*	*Conditional*	*Present Subjunctive*	*Past Subjunctive*	*Commands*
andar	ando	andaba	**anduve**	andaré	andaría	ande	**anduviera**	
to walk	andas	andabas	**anduviste**	andarás	andarías	andes	**anduvieras**	anda (no andes)
andando	anda	andaba	**anduvo**	andará	andaría	ande	**anduviera**	ande
andado	andamos	andábamos	**anduvimos**	andaremos	andaríamos	andemos	**anduviéramos**	andemos
	andáis	andabais	**anduvisteis**	andaréis	andaríais	andéis	**anduvierais**	andad (no andéis)
	andan	andaban	**anduvieron**	andarán	andarían	anden	**anduvieran**	anden
*dar	**doy**	daba	**di**	daré	daría	**dé**	**diera**	
to give	das	dabas	**diste**	darás	darías	**des**	**dieras**	da **(no des)**
dando	da	daba	**dio**	dará	daría	**dé**	**diera**	**dé**
dado	damos	dábamos	**dimos**	daremos	daríamos	**demos**	**diéramos**	**demos**
	dais	dabais	**disteis**	daréis	daríais	**deis**	**dierais**	dad **(no deis)**
	dan	daban	**dieron**	darán	darían	**den**	**dieran**	den
*decir	**digo**	decía	**dije**	**diré**	**diría**	diga	dijera	
to say, tell	**dices**	decías	**dijiste**	**dirás**	**dirías**	digas	dijeras	**di (no digas)**
diciendo	**dice**	decía	**dijo**	**dirá**	**diría**	diga	dijera	**diga**
dicho	decimos	decíamos	**dijimos**	**diremos**	**diríamos**	digamos	dijéramos	**digamos**
	decís	decíais	**dijisteis**	**diréis**	**diríais**	digáis	dijerais	decid **(no digáis)**
	dicen	decían	**dijeron**	**dirán**	**dirían**	digan	dijeran	**digan**
*estar	**estoy**	estaba	**estuve**	estaré	estaría	**esté**	**estuviera**	
to be	**estás**	estabas	**estuviste**	estarás	estarías	**estés**	**estuvieras**	**está (no estés)**
estando	**está**	estaba	**estuvo**	estará	estaría	**esté**	**estuviera**	**esté**
estado	estamos	estábamos	**estuvimos**	estaremos	estaríamos	**estemos**	**estuviéramos**	**estemos**
	estáis	estabais	**estuvisteis**	estaréis	estaríais	**estéis**	**estuvierais**	estad **(no estéis)**
	están	estaban	**estuvieron**	estarán	estarían	**estén**	**estuvieran**	**estén**
haber	**he**	había	**hube**	**habré**	**habría**	haya	**hubiera**	
to have	**has**	habías	**hubiste**	**habrás**	**habrías**	hayas	**hubieras**	**he (no hayas)**
habiendo	**ha [hay]**	había	**hubo**	**habrá**	**habría**	haya	**hubieran**	**haya**
habido	**hemos**	habíamos	**hubimos**	**habremos**	**habríamos**	hayamos	**hubiéramos**	**hayamos**
	habéis	habíais	**hubisteis**	**habréis**	**habríais**	hayáis	**hubierais**	habed **(no hayáis)**
	han	habían	**hubieron**	**habrán**	**habrían**	hayan	**hubieran**	**hayan**
*hacer	**hago**	hacía	**hice**	**haré**	**haría**	**haga**	**hiciera**	
to make, to do	haces	hacías	**hiciste**	**harás**	**harías**	**hagas**	**hicieras**	**haz (no hagas)**
haciendo	hace	hacía	**hizo**	**hará**	**haría**	**haga**	**hiciera**	**haga**
hecho	hacemos	hacíamos	**hicimos**	**haremos**	**haríamos**	**hagamos**	**hiciéramos**	**hagamos**
	hacéis	hacíais	**hicisteis**	**haréis**	**haríais**	**hagáis**	**hiciérais**	haced **(no hagáis)**
	hacen	hacían	**hicieron**	**harán**	**harían**	**hagan**	**hicieran**	**hagan**

APÉNDICE E (continued)

Infinitive / Present Participle / Past Participle	Present Indicative	Past Imperfect	Preterite	Future	Conditional	Present Subjunctive	Past Subjunctive	Commands
ir	voy	iba	fui	iré	iría	vaya	fuera	
to go	vas	ibas	fuiste	irás	irías	vayas	fueras	ve (no vayas)
yendo	va	iba	fue	irá	iría	vaya	fuera	vaya
ido	vamos	íbamos	fuimos	iremos	iríamos	vayamos	fuéramos	vamos (no vayamos)
	vais	ibais	fuisteis	iréis	iríais	vayáis	fuerais	id (no vayáis)
	van	iban	fueron	irán	irían	vayan	fueran	vayan
*oír	oigo	oía	oí	oíré	oiría	oiga	oyera	
to hear	oyes	oías	oíste	oirás	oirías	oigas	oyeras	oye (no oigas)
oyendo	oye	oía	oyó	oirá	oiría	oiga	oyera	oiga
oído	oímos	oíamos	oímos	oiremos	oiríamos	oigamos	oyéramos	oigamos
	oías	oíais	oísteis	oiréis	oiríais	oigáis	oyerais	oíd (no oigáis)
	oyen	oían	oyeron	oirán	oirían	oigan	oyeran	oigan
poder	puedo	podía	pude	podré	podría	pueda	pudiera	
(o → ue)	puedes	podías	pudiste	podrás	podrías	puedas	pudieras	puede (no puedas)
can, to be able	puede	podía	pudo	podrá	podría	pueda	pudiera	pueda
pudiendo	podemos	podíamos	pudimos	podremos	podríamos	podamos	pudiéramos	podamos
podido	podéis	podiais	pudisteis	podréis	podríais	podáis	pudierais	poded (no pongáis)
	pueden	podían	pudieron	podrán	podrían	puedan	pudieran	puedan
*poner	pongo	ponía	puse	pondré	pondría	ponga	pusiera	
to place, to put	pones	ponías	pusiste	pondrás	pondrías	pongas	pusieras	pon (no pongas)
poniendo	pone	ponía	puso	pondrá	pondría	ponga	pusiera	ponga
puesto	ponemos	poníamos	pusimos	pondremos	pondríamos	pongamos	pusiéramos	pongamos
	ponéis	poníais	pusisteis	pondréis	pondríais	pongáis	pusierais	poned (no pongáis)
	ponen	ponían	pusieron	pondrán	pondrían	pongan	pusieran	pongan
querer	quiero	quería	quise	querré	querría	quiera	quisiera	
(e → ie)	quieres	querías	quisiste	querrás	querrías	quieras	quisieras	quiere (no quieras)
to like	quiere	quería	quiso	querrá	querría	quiera	quisiera	quiera
queriendo	queremos	queríamos	quisimos	querramos	querríamos	querramos	quisiéramos	queramos
querido	queréis	queríais	quisisteis	querréis	querríais	querráis	quisierais	quered (no queráis)
	quieren	querían	quisieron	querrán	querrían	quieran	quisieran	quieran
*saber	sé	sabía	supe	sabré	sabría	sepa	supiera	
to know	sabes	sabías	supiste	sabrás	sabrías	sepas	supieras	sabe (no sepas)
sabiendo	sabe	sabía	supo	sabrá	sabría	sepa	supiera	sepa
sabido	sabemos	sabíamos	supimos	sabremos	sabríamos	sepamos	supiéramos	sepamos
	sabéis	sabíais	supisteis	sabréis	sabríais	sepáis	supierais	sabed (no sepáis)
	saben	sabían	supieron	sabrán	sabrían	sepan	supieran	sepan

APÉNDICE E (continued)

Infinitive Present Participle Past Participle	*Present Indicative*	*Past Imperfect*	*Preterite*	*Future*	*Conditional*	*Present Subjunctive*	*Past Subjunctive*	*Commands*
*salir	**salgo**	salía	salí	**saldré**	**saldría**	**salga**	saliera	
to go out	sales	salías	saliste	**saldrás**	**saldrías**	**salgas**	salieras	**sal (no salgas)**
saliendo	sale	salía	salió	**saldrá**	**saldría**	**salga**	saliera	**salga**
salido	salimos	salíamos	salimos	**saldremos**	**saldríamos**	**salgamos**	saliéramos	**salgamos**
	salís	salíais	salisteis	**saldréis**	**saldríais**	**salgáis**	salierais	salid **(no salgáis)**
	salen	salían	salieron	**saldrán**	**saldrían**	**salgan**	salieran	**salgan**
ser	**soy**	**era**	**fui**	seré	sería	**sea**	**fuera**	
to be	**eres**	**eras**	**fuiste**	serás	serías	**seas**	**fueras**	**sé (no seas)**
siendo	**es**	**era**	**fue**	será	sería	**sea**	**fuera**	**sea**
sido	**somos**	**éramos**	**fuimos**	seremos	seríamos	**seamos**	**fuéramos**	**seamos**
	sois	**erais**	**fuisteis**	seréis	seríais	**seáis**	**fuerais**	sed **(no seáis)**
	son	**eran**	**fueron**	serán	serían	**sean**	**fueran**	**sean**
*tener	**tengo**	tenía	**tuve**	**tendré**	**tendría**	**tenga**	**tuviera**	
(e → ie)	**tienes**	tenías	**tuviste**	**tendrás**	**tendrías**	**tengas**	**tuvieras**	**ten (no tengas)**
to have	**tiene**	tenía	**tuvo**	**tendrá**	**tendría**	**tenga**	**tuviera**	**tenga**
teniendo	tenemos	teníamos	**tuvimos**	**tendremos**	**tendríamos**	**tengamos**	**tuviéramos**	**tengamos**
tenido	tenéis	teníais	**tuvisteis**	**tendréis**	**tendríais**	**tengáis**	**tuvierais**	tened **(no tengáis)**
	tienen	tenían	**tuvieron**	**tendrán**	**tendrían**	**tengan**	**tuvieran**	**tengan**
*traer	**traigo**	traía	**traje**	traeré	traería	**traiga**	**trajera**	
to bring	traes	traías	**trajiste**	traerás	traerías	**traigas**	**trajeras**	trae **(no traigas)**
trayendo	trae	traía	**trajo**	traerá	traería	**traiga**	**trajera**	**traiga**
traído	traemos	traíamos	**trajimos**	traeremos	traeríamos	**traigamos**	**trajéramos**	**traigamos**
	traéis	traíais	**trajisteis**	traeréis	traeríais	**traigáis**	**trajerais**	traed **(no traigáis)**
	traen	traían	**trajeron**	traerán	traerían	**traigan**	**trajeran**	**traigan**
*venir	**vengo**	venía	**vine**	**vendré**	**vendría**	**venga**	**viniera**	
(e → ie, i)	**vienes**	venías	**viniste**	**vendrás**	**vendrías**	**vengas**	**vinieras**	**ven (no vengas)**
to come	**viene**	venía	**vino**	**vendrá**	**vendría**	**venga**	**viniera**	**venga**
viniendo	venimos	veníamos	**vinimos**	**vendremos**	**vendríamos**	**vengamos**	**viniéramos**	**vengamos**
venido	venís	veníais	**vinisteis**	**vendréis**	**vendríais**	**vengáis**	**vinierais**	venid **(no vengáis)**
	vienen	venían	**vinieron**	**vendrán**	**vendrían**	**vengan**	**vinieran**	**vengan**
ver	**veo**	**veía**	**vi**	veré	vería	**vea**	viera	
to see	ves	**veías**	**viste**	verás	verías	**veas**	vieras	ve **(no veas)**
viendo	ve	**veía**	**vio**	verá	vería	**vea**	viera	**vea**
visto	vemos	**veíamos**	**vimos**	veremos	veríamos	**veamos**	viéramos	**veamos**
	veis	**veíais**	**visteis**	veréis	veríais	**veáis**	vierais	ved **(no veáis)**
	ven	**veían**	**vieron**	verán	verían	**vean**	vieran	**vean**

*Verbs with irregular *yo* forms in the present indicative

GLOSARIO ESPAÑOL-INGLÉS

Gender of nouns is indicated except for masculine nouns ending in **-o** and feminine nouns ending in **-a**. Masculine forms of adjectives are given; feminine forms are given when irregular. Verbs appear in the infinitive form. The number following the entries refer to the chapter in which the word or phrase first appears. The following abbreviations are used in this glossary.

adj. adjective *adv.* adverb *CP* Capítulo preliminar *f.* feminine *m.* masculine *n.* noun *prep.* preposition *pron.* pronoun *pl.* plural

A

a to 1; toward 10
abajo *adv.* below 3; downstairs 3
abecedario alphabet CP
abierto *adj.* open 3
abogado lawyer 2
abrazar to hug 6
  abrazarse to hug each other *CP*
abrazo hug 7
abrigo coat 6
abril April 3
abrir to open 1
abstracto abstract 13
absurdo absurdity 14
abuelita grandmother 1
abuelo/abuela grandfather/grandmother 2
aburrido bored 3, boring 2
  estar aburrido to be bored 3
  ser aburrido to be boring 2
acabar to finish, to run out of (something) 9
  acabar de (+ infinitive) to have just (finished doing something) 5
acampar to camp 4
acceso access 5
  accesorios para el hogar home accessories 6
accesorios props (for stage) 14
accidente *m.* accident 7
aceite *m.* oil 1
  aceite de oliva olive oil 1
aceituna olive 1
acento accent *CP*
  acento ortográfico written accent *CP*
  acento tónico stress *CP*
aceptar to accept 8
ácido sharp (taste), tart 1
acogedor/a *adj.* cozy 3, friendly 11
aconsejable *adj.* advisable 12
aconsejar to advise 7
acontecimiento event 7
acordeón *m.* accordion 9
acordeonista *m./f.* accordion player 9
acostar (ue) a to put *(someone)* to bed 9
  acostarse to go to bed 4
acotación *f.* stage direction 14
acreditación *f.* accreditation 11
actitud *f.* attitude 10
actividad *f.* activity 4
activo *adj.* active 7
acto act (in a play) 14
actor *m.* actor 2
actriz *f.* actress 2
actuación *f.* performance 9; acting 12
actualidad *f.* current events 8
  en la actualidad at the present time 8
actuar to perform 9
acuerdo agreement 4
  estar de acuerdo agree 4
adiós good-bye *CP*
adivinar to guess 4
administración *f.* **de empresas** business administration 2
¿Adónde? Where (to)? 3
adoptar to adopt 12
adorno ornament 13
aduana customs 10
  pasar por la aduana to go through customs 10
aerolínea airline 10
aeropuerto airport 3
afeitarse to shave 4
afiche *m.* poster 9
aficionado sports fan 5; amateur 9
afirmar to affirm 14
afirmativo *adj.* affirmative 9
afueras: en las afueras in the outskirts 11
agencia de empleos employment agency 12
agencia de viajes travel agency 10
agente de viajes travel agent 10
agencia inmobiliaria real estate agency 11
agosto August 3
agradable *adj.* nice, pleasant 7
agrícola *adj.* agricultural 3
agricultor/a farmer 1
agua *f.* water 1
aguacate *m.* avocado 6
aguja needle 7
ahí *adv.* (over) there 1
ahora *adv.* now 1
  ahora mismo right now 1
  Hasta ahora. See you soon. *CP*
ahorrar to save 8
aire air 8
  aire acondicionado *m.* air conditioning 10
  al aire libre outdoors 4
aislado *adj.* isolated 13
ajustado fitted (clothing) 6
al to the 1
  al despertarme upon waking 4
  al salir de casa upon leaving home 4
ala delta *m.* hang gliding 5
alcanzar to reach 10
aldea village 7
alegrar to make *(someone)* happy 9
  alegrarse (de) to be/become happy 9
¿Algo más? Anything else? 1
alegre *adj.* happy 3
alemán/alemana German 1
alergias allergies 7
alfarería pottery 13
alfombra rug, carpet 2
algo something 1; somewhat *adv.* 7
algodón cotton 6
alguien someone, somebody 9
algún a, an, any, some 9
  algún día someday 9
alguno/a/os/as a, an, any, some 9
  algunas veces sometimes 4
alianza alliance, union 2
aliento breath 7
alimentos food 2
alistarse como voluntario/a (en una ONG) to volunteer (for a non-profit organization) 12
allá *adv.* over there 2
  más allá de beyond 10
allí *adv.* there 3
almeja clam 6
almohada pillow 2
almorzar (ue) to eat lunch 3
alojamiento lodging 10
alpinismo hiking, mountain climbing 5
alquilar to rent 4
alquiler *m.* rental (car) 10, rental fee (apartment) 11
alrededor de *adv.* around 8
altavoz *m.* speaker 8
alto *adj.* tall 2
amargo bitter 1
amarillo *adj.* yellow 2
ambiente *m.* environment 8
  ambiente positivo positive environment 12
  medio ambiente environment 8
ambos both *CP*
ambulancia ambulance 7
amenazar to threaten 8
amigo friend 1
amor *m.* love 12
  amor a primera vista love at first sight 12
ampliar to broaden 8
amplio *adj.* ample, roomy 3
amueblado *adj.* furnished 11
amueblar: sin amueblar unfurnished 11
analizar to analyze 3
anaranjado *adj.* orange 2
andar en bicicleta to ride a bike 4
andén *m.* (train) platform 10
anexo attachment 8
anfitrión/anfitriona host/hostess 8
anillo ring 6
  anillo de boda wedding ring 12
  anillo de compromiso engagement ring 12
animación *f.* animation 9
animar to encourage 13
ánimo: estado de ánimo state of mind 7
aniversario anniversary 8
anoche *adv.* last night 5
ante suede 6
anteayer *adv.* the day before yesterday 5
antemano *adv.* beforehand 11
antepasado ancestor 14
antes de *prep.* before 4
  antes de que *adv.* before (+ clause) 13
antibiótico antibiotic 7
antiguo *adj.* old 2; antique 4
antipático *adj.* unpleasant 2; unfriendly 7
antropología anthropology 2
anual *adj.* annual 5
anuncio (clasificado) (classified) ad 5
añadir to add 4
año year 3
  año académico academic year 11
  año pasado last year 5
  año que viene next year 10
  este año this year 10
  todos los años every year 7
apagar to turn off (TV, radio, etc.) 8
aparcamiento parking 10
apartamento apartment 2
apartarse to distance oneself 13
aperitivo appetizer 1
apetecer to appeal 8
aportar to contribute 13
apoyar to support 12
aprender to learn 1
apretado tight (clothing) 6
aprovechar de to take advantage of 11
apuntarse a un curso to sign up for a class 12
apunte *m.* note 6
aquel/aquella *adj.* that 2
aquél/aquélla *pron.* that one 6
aquellos/as *adj.* those 2
aquéllos/as *pron.* those 6
aquí *adv.* here 2
  Aquí tienen. Here you are. 1
árabe *m./f.* Arab 10
arábigo Arabian 13
archivar to save 8
archivo file 8
arcilla clay 13
área *f.* area 4
arena sand 14
arete *m.* earring 6
argentino Argentinian 1
argumento plot 9
armadura armor 14
arpa *m.* harp 9
arpista *m./f.* harpist 9
arquitecto architect 2
arquitectura architecture 2
arriba *adv.* above 3; upstairs 3
arroba at (@) 2
arrojar basura to litter 8
arroz *m.* rice 1
arte *m.* art 2
  arte popular folk art 13
  artes interpretativas interpretive arts 13
  artes plásticas plastic arts 13
artesanías handicrafts 4
artesano craftsperson 6
artista *m./f.* artist 2
asado *adj.* roasted 10
ascendencia ancestry 14
ascensor *m.* elevator 10
asesinato murder 8
asesoramiento: oficina de asesoramiento académico academic advisement office 11
así *adv.* so, thus 7
asiento seat 7
  asiento de pasillo/de ventana aisle/window seat 10
asimilar to assimilate 11
asistente personal digital *m.* personal digital assistant (PDA) 8
asistir a to attend 1
aspecto aspect, appearance 7
aspiradora vacuum cleaner 4
  pasar la aspiradora to vacuum clean 4
aspirina aspirin 7
astrónomo astronomer 13
atardecer *m.* dusk 14
atento attentive 12
aterrizar to land (plane)10
atleta *m./f.* athlete 5
atlético *adj.* athletic 7
atmósfera atmosphere 8
atraer to attract 6
atravesar (ie) to cross 8
atún *m.* tuna fish 6
aumentar to increase 8
aunque even though 4
autobús bus 3
autóctona *adj.* native 8
autor/a author 14
autorretrato self-portrait 13
auxiliar de vuelo *m./f.* flight attendant 12

avance *m.* advance 13
ave *f.* bird 6
avenida avenue 2
aventurero *adj.* adventurous 5
avión *m.* airplane *CP*
ayer *adv.* yesterday 5
ayer por la mañana yesterday morning 5
ayer por la tarde yesterday afternoon 5
ayudar to help 3
ayudarse to help each other 9
ayuntamiento city hall 3
azahar *m.* orange blossom 14
azteca Aztec 1
azúcar *m.* sugar 1
azul *adj.* blue 2

B

bailar to dance 1
bailarín/bailarina dancer 2
baile *m.* dance 5
bajar to go down 5; to lower 6; to download 8
bajar (del coche) get out of (the car) 10
bajar (del tren) get off (the train) 10
bajista *m./f.* bass player 9
bajo *adj.* short 2; *n.* bass (musical instrument) 9
balada ballad 9
balcón *m.* balcony 11
ballet *m.* ballet 13
banco (financial) bank 11
banda band 7
bandera flag 3
banquete *m.* banquet 8
banquete de bodas banquet wedding reception 8
bañarse to take a bath 4
bañera bathtub 3
baño bathroom 3
con baño with a bathroom 10
sin baño without a bathroom 10
barato cheap 6
barranquismo canyoning 5
barrer to sweep the floor 4
barrio section, neighborhood 3
barro clay 7
barroco Baroque 13
basílica church 3
básquetbol *m.* basketball 5
bastante quite 2
basura garbage 8
arrojar/tirar basura to litter 8
batalla battle 4
bate *m.* baseball bat 5
batería drum set 2; drummer 9
bautizo christening 8
beber to drink 1
bebida drink 1
beca scholarship 11
béisbol *m.* baseball 5
belleza beauty 6
beneficio benefit, profit 6
benéfico *adj.* charitable 7
besarse to kiss each other 9
biblioteca library 3
bicicleta bicycle 3
andar en bicicleta to ride a bike 4
ir en bicicleta to go on bicycle 3
bien very *CP;* quite
Bien, gracias. ¿Y tú/Ud.? Fine, thanks. And you? *CP*
(muy) bien (very) well *CP*
bienvenido welcome 1
bilingüe *adj.* bilingual 2
billete (de avión, de tren) *m.* ticket (plane, train) 10
biología biology 2
biólogo/a biologist 2
bistec *m.* steak 1
bisutería costume jewelry 13
blanco *adj.* white 1
bluejeans *m. pl.* jeans 6
blusa blouse 6
boca mouth 7
bocadillo baguette sandwich 1
bocadillo de chorizo sausage sandwich 1
bocadillo de jamón ham baguette sandwich 1
bocadillo de queso cheese baguette sandwich 1
boda wedding 3
boga vogue, fashion 13
bolero bolero, classic romantic music 9
boletería box office 9
boleto ticket 9
bolígrafo pen *CP*
boliviano Bolivian 1
bolsa de trabajo job section (in newspaper) 12
bolso bag, purse 6
bomba type of Puerto Rican music 9
bombero/a firefighter 12
bongó bongo drum 9
bordado *adj.* embroidered 6; *n.* embroidery 13
borrador *m.* eraser *CP*
borrar to delete 8
bosque *m.* woods 4, forest, 8
bota boot 5
botas de esquí ski boots 5
botas de tacos cleats 5
botella bottle 1
botella de agua mineral/con gas bottle of mineral/sparkling water 1
botones *m./f.* bellhop 10
boxeo boxing 5
brasileño Brazilian 10
brazo arm 7
brindar (por) to make a toast (to) 8
brindis *m.* toast (offering) 8
hacer un brindis to make a toast 12
bronce *m.* bronze medal 13
bronquitis *m.* bronchitis 7
bucear to dive (underwater) 5
buceo scuba diving 5
bueno *adj.* good 1
¡Qué bueno que... ! How good (it is) that . . . ! 12
Buena idea. Good choice. 1
Buenas noches. Good evening./Good night. *CP*
Buenas tardes. Good afternoon. *CP*
Buenos días. Good morning. *CP*
bufanda winter scarf 6
buscador *m.* search engine 8
buscar to look for 2
búsqueda search 12
butaca seat 9
buzo (underwater) diver 5
buzón *m.* mailbox 8

C

caballete *m.* easel 13
caballo horse 5
cabeza head 7
tener dolor de cabeza to have a headache 7
cabina cabin (airplane) 10
cabra goat 6
cacahuete *m.* peanut 1
cada día every day 7
caer to fall 6; to drop 9
Caen rayos. Está cayendo rayos. It's lightning. It's lightning now. 4
caer bien/mal to like/dislike someone 11
café (con leche) *m.* coffee (with milk) 1; café *m.* 3; brown (color) *adj.* 2
café solo espresso 1
caja box
caja de seguridad/fuerte safe, security deposit box 10
caja registradora cash register 6
cajero/a bank teller 11; cashier 12
cajero automático automatic cash dispenser, ATM machine 6
calamares *m.* squid 1
calcetín *m.* sock 6
calculadora calculator *CP*
calcular to calculate 7
calefacción *f.* heat, heating 10
calendario escolar academic calendar 11
calentamiento global global warming 8
caliente *adj.* hot (temperature) 1
calle *f.* street 3
caluroso *adj.* warm, hot 4
cama bed 2
cama doble/matrimonial double bed 10
cama sencilla single bed 10
hacer la cama to make the bed 5
quedarse en la cama to stay in bed 4
cámara *m./f.* camera man/woman 9
cámara digital digital camera
camarero waiter/waitress 7
cambiar to change 6; to exchange 6
cambiar dinero to exchange money 11
cambio change (alteration) 3; change (money) 6
tasa de cambio exchange rate 11
caminar to walk 1
camino road 1
camisa shirt 6
camiseta T-shirt 6
campeón/campeona champion 5
campeonato championship 5
campesino peasant 6
campo field 5
campo de béisbol baseball field 5
campo de fútbol soccer field 5
campo de golf golf course 5
canasta basketball basket 5
cancha court 5
cancha de básquetbol basketball court 5
cancha de tenis tennis court 5
cansado *adj.* tired 3
cantante *m./f.* singer 2
cantante de ópera opera singer 13
cantar to sing 1
cantautor/a singer-songwriter 9
cantidad *f.* quantity 6
cantidad de dinero amount of money 11
caña de azúcar sugar cane 4
capa de ozono ozone layer 8
capital *f.* capital city 2
cara face 7
carácter *m.* character 2
caracterizarse to characterize 13
cargador *m.* battery charger 8
cargar to charge (a battery) 8; to charge (money) 11
cargo charge 11
caribeño *adj.* Caribbean 4
cariño affection 12
carnaval *m.* carnival 9
carne *f.* meat 6
caro expensive 6
carpa tent 7
carpeta folder 8
carpintero/a carpenter 12
carrera race 5; major 2
carro car 3
cartel *m.* poster 9
cartelera concert billboard 9
en cartelera now playing (movie) 9
cartera wallet 6
cartero/a postman/woman 12
casa house 2
casa de cambio money exchange office 11
casado married 2
recién casados *m. pl.* newlyweds 12
casarse to get married 3
casi nunca/siempre almost never/always 4
caso
en caso de *prep.* in case 13
en caso de que (+ clause) in case that 13
castaño *adj.* brown-haired 2
castellano Castilian, Spanish *CP*
castigar to punish 14
castillo castle 13
catalán Catalan language 10
catarro cold 7
católico Catholic 2
cebolla onion 6
celebración *f.* celebration 8
celebrar to celebrate 7
celebrarse to take place 9
celoso jealous 12
cena dinner 1
cenar to eat dinner 1
a la hora de cenar at dinnertime 4
centenar *m.* one hundred 7
centro center
centro comercial shopping mall 4
en el centro downtown 11
cepillarse (el pelo) to brush (one's hair) 4
cerámica ceramics 13
cerca *adv.* nearby 3
cerca de *prep.* near to, close to 10
cercano *adj.* near 9
cerdo pork 6
cereales cereal 1
cerebro brain 1
cero zero 3
cerrado *adj.* closed 7
cerrar (ie) to close 3
cerro hill 5
cerveza beer 1
césped: cortar el césped to mow the lawn 4
cestería basket-making 13
chaqueta jacket 6
charcutería deli meats 6
charlar to chat 2
Chau. Good-bye. *CP*
cheque *m.* check 6
cheque de viajero traveler's check 10
con cheque by check 6
chequera checkbook 11
chileno Chilean 1
chino Chinese 6
chocar (con) to hit, to collide (with) 7
chocolate *m.* chocolate 1
chorizo sausage 1
churros fried pieces of dough 1
cibercafé *m.* cybercafé 8
cien one hundred 3
ciencias science 2
ciencias políticas political science 2
ciencias sociales social sciences 2
cinco five 2
cincuenta fifty 3

cine *m.* movie theater 3
cine mudo silent movies 9
cine negro film noir 9
cine sonoro talking movies 9
cinta de equipajes baggage carousel 10
cintura waist 7
cinturón *m.* belt 6
circulación *f.* traffic 8
cirujano/a surgeon 7
cita date 12
tener la primera cita to go on a first date 12
ciudad *f.* city 1
clarinete *m.* clarinet 9
clarinetista *m./f.* clarinet player 9
clase *f.* class, classroom *CP*
en segunda clase in second class 10
clásico *adj.* classic 9
clasificación *f.* (movie) rating 9
clave *f.* password 8
clave secreta PIN number 11
cliente/a customer 1
clima *m.* climate 4
clímax *m.* climax 14
clínica medical clinic 7
clóset *m.* closet 2
cobrar to charge (money) 11
coche de alquiler *m.* rental car 10
coche-cama *m.* sleeper car (on train) 10
cocina cooking 1; kitchen 3; stove 11
cocinar to cook 2
cocinero/a cook 12
código postal zip code 3
codo elbow 7
cola: hacer cola to stand in line 3
colaborar to collaborate 4
colega *m./f.* colleague 12
collar *m.* necklace 6
colocar to place 1
colombiano Colombian 1
colonial Colonial (style) 13
color *m.* color 2
de un solo color a single color (solid) 6
comedia comedy 9
comedor *m.* dining room 3
comentario commentary *CP*
comentarista *m./f.* sports commentator 5
comenzar (ie) to begin 3
comer to eat 1
comerciante *m./f.* merchant 12
cómico *adj.* funny 7
comida food 1; lunch 1
comida rápida fast food 6
como since 4
tan... como as . . . as 4
tanto como as much/many as 4
tanto... como as much/many . . . as 4
¿Cómo? How? What? 1
¿Cómo es? How is it? 2
¿Cómo está/estás? How are you? *CP*
¿Cómo lo dicen? How do they say it? 1
¡Cómo no! Of course! 1
¿Cómo se/te llama/s? What's your name? *CP*
cómoda dresser 2
cómodo *adj.* comfortable 9
compañero de cuarto roommate 2
compartir to share 1
competente competent 12
competición *f.* sports event 5
componer to compose 9
compositor/a composer 9
compra purchase 3
hacer las compras to go grocery shopping 4
ir de compras to go shopping 3
comprador/a purchaser, shopper 6
comprar to buy 1
comprender to understand 1
comprensivo understanding 12
comprometido: estar comprometido to be engaged 12
compromiso engagement 12
anillo de compromiso engagement ring 12
computadora computer *CP*
computadora portátil laptop computer *CP*
comunidad *f.* community 11
comunidad autónoma *f.* autonomous community 10
con *prep.* with 1
con tal de *prep.* provided 13
con tal de que provided that (+ clause) 13
conciencia conscience 8
concierto concert 4
ir a un concierto to go to a concert 4
concursar to compete 9
concurso competition 9
conducir (zco) to drive 4
conectar to match 4; to connect 8
conexión *f.* connecting flight 10
conexión Wi-Fi gratis free Wi-Fi Internet connection 10
conferencia conference 12
confiable trustworthy 12
confiar (en) to trust, to confide (in) 12
confirmar to confirm 10
conflicto conflict 9
conga conga drum 9
congelado frozen 6
congelados frozen foods 6
congestionado congested 7
conmemorar to commemorate 14
conocer to know (a person or area) 3; to meet 12
conocerse to know each other 1; to meet each other 12
conocimiento knowledge 5
conquistador/a conqueror 10
conseguir (i, i) to get 3; to obtain; to succeed in doing something *(infinitive)* 5
consejero/a advisor 11
consejos: dar consejos to give advice 8
conservas canned goods 6
consigna luggage storage 10
constituir to constitute 6
construcción *f.* construction 3
construir to build 4
consulado consulate 10
consulta doctor's office 7
contabilidad *f.* accounting 2
contador/a accountant 2
contaminación *f.* pollution 8
contaminar to pollute 8
contar (ue) to count 3; to tell a story 3
contar con to count on 12
contemporáneo contemporary 9
contento *adj.* happy 3
contestar to answer 1
continuar to continue 4
contraseña password 8
contratar to hire 12
contratar el seguro de viajes to get travel insurance 10
contrato lease, contract 11
contrato laboral contract 12
control *m.* control 8
control de pasaportes passport and immigration checkpoint 10
control de seguridad security checkpoint 10
control remoto remote control 8
convencer to convince 11
conversar to converse, talk 6
copa wine glass 1
copia copy (cc on email) 8
copiar to copy 8
corazón *m.* heart 7
corbata tie 6
cordero lamb 6
cordillera mountain range 8
coreógrafo/a choreographer 13
correo electrónico e-mail 1
correr to run 1
corrido corrido, a traditional Mexican ballad 9
cortar to cut 1
cortar el césped to mow the lawn 4
cortarse el dedo, la cara to cut one's finger, face 7
cortina curtain 13
cosméticos cosmetics 3
costa coast 3
en la costa on the coast 3
costar (ue) to cost 6
costarricense *m./f.* Costa Rican 1
costo charge 11
costos (académicos) (academic) costs 11
costumbre *f.* custom 1
creador/a *adj.* creative 13
crear to create 4
creativo creative 5
créditos credits 11
creencia belief 4
creer to believe 4
no creer que not to believe that 13
crema cream 6
criatura creature 14
crimen *m.* crime 8
cristal *m.* glass 13
cristalino *adj.* crystalline 5
cristiano Christian 10
crítica *f.* criticism 7; review 8
croqueta croquette 1
crucigrama *m.* crossword puzzle 13
cruel *adj.* cruel, mean 14
Cruz Roja *f.* Red Cross 7
cruzar to cross 7
cuaderno notebook *CP*
cuadrado *adj.* square 13
cuadro painting 3
a/de cuadros plaid 6
¿Cuál? Which? 2
cualquier *adj.* any 5
cuando when 3
¿Cuándo? When? 2
cuanto: en cuanto as soon as 9
¿Cuánto/a/os/as? How much/How many? 2
¿Cuánto cuesta/n? How much does it/do they cost? 6
¿Cuánto es todo? How much is everything? 6
¿Cuánto vale/n? How much does it/do they cost? 6
cuarenta forty 3
cuarto room 2; quarter 4
cuarto de baño bathroom 3
cuarto de kilo quarter kilogram (250 grams) 6
Son las dos y cuarto. It's 2:15. 4
Son las tres menos cuarto. It's 2:45. 4
cuatro four 3
cubano Cuban 1
cubierto *adj.* covered 7
cubismo cubism 13
cubrir to cover 8
cuchara spoon 1
cucharita teaspoon 1
cuchillo knife 1
cuello neck 7
cuenta (restaurant) check 1; (bank) account 11
cuenta corriente checking account 11
cuenta de ahorro savings account 11
cuenta nueva new account 11
cuentista *m./f.* storyteller 14
cuento short story, story 14
cuero leather 4
cuerpo body 7
cuidado care, caution 6
culpa fault 14
cultivar to cultivate 13
cumbia cumbia, a popular Colombian dance 2
cumpleaños *m.* birthday 3
¡Feliz cumpleaños! Happy birthday! 8
pastel *m.* **de cumpleaños** birthday cake 8
cumplidor/a reliable, dependable 12
cumplir... años to have a birthday, turn . . . years old 8
curar to heal 7
curioso *adj.* curious 12
Es curioso que... It's odd that . . . 12
curso que viene next academic year 10

D

dama de honor bridesmaid 12
danza dance 2
danza contemporánea contemporary dance 13
danza moderna modern dance 13
daño damage 6
dar to give 1
dar consejos to give advice 8
dar las gracias to say thanks 7
dar un concierto to give a concert 9
dar un paseo to take a walk 5
dar una fiesta to throw a party 8
darse la mano to shake hands *CP*
de from 1, of *CP*
¿De quién(es) es... ? Whose . . . is it? 2
¿De quién(es) son... ? Whose . . . are they? 2
decidir to decide 12
decir to say, tell 4
declarar to declare 14
decorado set, scenery 14
decorador/a del plató set designer 9
dedo (de la mano) finger 7
dedo (del pie) toe 7
deforestación *f.* deforestation 8
dejar to leave 10
dejar de + infinitive to stop doing something 8
delante de *prep.* in front of 3
delegarle (algo a alguien) to delegate (something to someone) 12
delgado *adj.* thin 2
delincuencia delinquency 8
demasiado too much 6
demonio devil, evil spirit 14
demostrativo *adj.* demonstrative 2
dentista *m./f.* dentist 7
dentro *adv.* inside 3
departamento department 12
dependiente/a salesperson 6
deportes *m.* sports 2

deportista *m./f.* athlete 2
deportivo *adj.* sports-related 5
depositar to deposit 11
depósito deposit, down payment 11
derecha right 3
a la derecha de to the right of 3
derecho law 2
desagradable *adj.* unpleasant 7
desaparecer to disappear 8
desarrollar to develop 6
desastre *m.* disaster 8
desastres naturales natural disasters 8
desayunar to eat breakfast 4
desayuno breakfast 1
desayuno buffet breakfast buffet 10
descansar to rest 2
descanso rest 7
descargar to download 8
descenso de cañones canyoning 5
desconectar to disconnect 8
desconfiado distrustful, suspicious 12
describir to describe 8
descrito *adj.* described 7
descubrir to discover 8
descuento discount 6
desde since 5; from 10
desde cuándo since when, for how long 5
desear to want, desire 1
desembarcar (del avión) to get off, disembark from (the plane) 10
desenamorarse (de) to fall out of love (with) 12
desenchufar to unplug 8
desenlace *m.* ending, denouement 14
deseo wish 8
desierto desert 8
desordenado *adj.* messy 7
despedida good-bye *CP*
celebrar su despedida de soltero/a to have a bachelor/bachelorette party 12
despedirse (i, i) to say good-bye 6
despegar to take off (plane) 10
desperdiciar to waste 8
desperdicios waste 8
despertar (ie) a to wake (someone) up 9
despertarse to wake up 4
después *adv.* then 4
después de comer after lunch 4
después de que after (+ clause) 13
destacarse to stand out 5
destierro exile 4
destino destination 10; destiny, fate 13
detalle *m.* detail 2
determinar to determine 4
detrás de *prep.* behind 3
devolver (ue) to return (an item) 6
día *m.* day 1
al día siguiente the next day 8
día anterior the day before 8
Día de Año Nuevo January 1, New Year's Day 8
Día de los Muertos November 2, All Souls' Day, Day of the Dead 8
Día de los Reyes Magos January 6, Epiphany, Feast of the Three Wise Men 8
día de Navidad December 25, Christmas 8
Día de Todos los Santos November 1, All Saints' Day 8
día del espectador movie viewer's day 9
Día del Trabajo May 1, May Day, International Workers' Day 8
el otro día the other day 10
el primer día the first day 8
ese mismo día that same day 8
¿Qué día es hoy? What is today's date? 4
¿Qué día es? What day is it? 3
todos los días every day 1
diagnóstico diagnosis 7
diario *adj.* daily 4
dibujar to draw 2
dibujo drawing, act of drawing 13
diccionario dictionary *CP*
dicho said 7
diciembre December 3
dictadura dictatorship 3
diente *m.* tooth 7
lavarse los dientes to brush one's teeth 4
diéresis *f.* dieresis (diacritical mark used over u: ü) *CP*
diez ten 3
dificultar to impede 12
difundir to diffuse 9
dinámico *adj.* dynamic 7
dinero money 6
dirección *f.* address 3
dirección de web web address, URL 8
director/a director 9
disco compacto compact disc 2
disco duro hard drive 8
discografía discography 9
discoteca discotheque 3
diseño design 9
disfrutar to enjoy 5
disponible *adj.* available 2
dispuesto *adj.* capable 6
estar dispuesto a to be ready, willing to 12
distancia distance 1
diversión *f.* diversion 14
diverso *adj.* different 8
divertido *adj.* fun, amusing 2; funny 7
divertir (ie, i) to entertain 6; to amuse 9
divertirse to have fun, to have a good time 6
divorciado divorced 2
divorciarse (de) to get divorced (from) 12
divorcio divorce 12
doblado *adj.* folded 7
doblar to turn 11
Doble a la derecha. Turn right. 11
Doble a la izquierda. Turn left. 11
doble *m./f.* stunt double 9
docena dozen 6
doctor/a, Dr./Dra. Doctor, Dr. 1
documentación *f.* documentation 10
documental *m.* documentary 9
documento file 8
doler (ue) to hurt, to ache 7
doler el estómago/la cabeza to have a stomachache/headache 7
doler la garganta to have a sore throat 7
dolor *m.* pain 7
dominar to dominate 8
domingo Sunday 3
Domingo de Pascua o Resurrección Easter Sunday 8
dominicano Dominican 1
donador/a gift giver 14
¿Dónde? Where? 1
¿De dónde es Ud. (eres)? Where are you from? 1
¿Dónde está...? Where is . . . ? 3
dormido: estar dormido to be asleep 4
dormir (ue, u) to sleep 3
dormir a to put (someone) to sleep 9
dormirse to fall asleep 4, go to sleep 9
dormitorio bedroom 3
dos two 1
drama *m.* drama 9; play 14
dramaturgo/a playwright 14
ducha shower 3
ducharse to take a shower 4
duda doubt 10
dudar que to doubt that 13
dudoso: Es dudoso que... It's doubtful that . . . 13
dueño owner 11
dulce *adj.* sweet 1
duración *f.* running time (of movie) 9
duración de la estancia length of stay (in hotel) 10
durante *prep.* during 1
durante el día during the day 4
durante el fin de semana on the weekend 4
durante la semana during the week 4
durar to last 4

E

economía economics 2
económico *adj.* economical 2
economista economist 2
ecoturismo: hacer ecoturismo to do ecotourism 8
ecuatoriano Ecuadorian 1
edificio building 3
editar to edit 8
educación education 2
educación infantil early education 2
educación primaria elementary education 2
educación secundaria secondary education 2
efectivo: en efectivo in cash 6
efecto invernadero greenhouse effect 8
eficiente efficient 12
egoísta *adj.* selfish 7
ejemplificar to exemplify 13
ejercicio: hacer ejercicio to exercise/to work out 3
ejército army 3
el *m.* the *CP*
él *pron.* he *CP*
elección *f.* election 8
electricidad *f.* electricity 11
electricista *m./f.* electrician 12
elegir to elect 8
elevado high; lofty 10
elevador *m.* elevator 10
eliminar to eliminate 4
ella she 1
ellos/as they 1
embajador/a ambassador 2
embarcar (al avión) to board (the plane) 10
embargo: sin embargo however 4
embutido piece of sausage or ham 1
emoción *f.* emotion 5
empatar to tie (in a game) 5
empate *m.* tie game 5
empeorar to worsen, deteriorate 8
empezar (ie) to begin 3
empleado/a employee 12
empresa firm, company 12
en *prep.* in *CP;* at, on 1
en casa at home 1
en las afueras outskirts; in the outskirts 11
enamorar to win (someone's) love 9
enamorarse de to fall in love with 9
Encantado. Nice to meet you. *CP*
encantador/a charming 7
encantar to be delightful 8; to delight, love 12
encargar las flores to order the flowers 12
encargo commission 13
encender to turn on (TV, radio, etc.) 8
enchufar to plug in 8
enchufe *m.* plug 8
encima de on, over, above *prep.* 3
encuesta survey 2
enérgico *adj.* energetic 7
enero January 3
enfadado *adj.* angry 3
enfermarse get sick 7
enfermedad *f.* illness 7
enfermero nurse 2
enfermo sick 3
enfrente de *prep.* in front of, opposite 3
¡Enhorabuena! Congratulations! 8
enlace *m.* link 8
enojado angry 3
enojar a to make *(someone)* angry 9
enojarse to get angry 9
enorme *adj.* huge 7
ensalada salad 1
ensayista *m./f.* essayist 14
ensayo essay 14; rehearsal 14
enseñar to show, teach 1
entender (ie) to understand 3
enterarse de to find out about 7
entero whole 5
entonces then 4
entrada ticket 9
entrar to enter 5
entrar en un chat en Internet to go to an online chat room 12
entre *prep.* between 3
entregar to deliver 11
entrenador/a coach 5
entretenimiento entertainment 3
entrevista interview 8
entristecer to sadden 12
envase *m.* container 8
enviar to send 7
envidioso envious 12
envío shipment 8
enyesar to put on a cast 7
época epoch 3
equipaje *m.* baggage, luggage 10
equipaje de mano carry-on luggage 10
equipaje facturado checked luggage 10
equipo team 5; hardware 8
equipo deportivo sports equipment 5
escala scale 9; layover (in airport) 10
hacer escala (en) to have a layover (in) 10
escalada (en roca) (rock) climbing 5
escalofríos: tener escalofríos to have chills 7
escáner *m.* scanner 8
escaparate *m.* display window 6
escasez *f.* **(de agua)** shortage (of water) 8
escaso *adj.* scarce 8
escayola plaster 13
escena scene 8
escenario stage 9
escénico *adj.* scenic 14
esclavo slave 5
escoger to choose 12
escribir to write 1
escribirse to write each other 9
escrito *adj.* written 7
escritor/a writer 2
escritorio desk *CP*
escuchar to listen (to) 1
escuela school 3
esculpir to sculpt 13
escultor/a sculptor 13
escultura sculpture 13

ese/a *adj.* that 2
ése/a *pron.* that 6
esencial *adj.* essential 1
esmoquin *m.* tuxedo 12
esnórkeling *m.* snorkeling 5
hacer esnórkeling to snorkel 5
esos/as *adj.* those 2
ésos/as *pron.* those 6
espacio space 3
espacios abiertos open spaces 3
espaguetis *m. pl.* spaghetti 1
espalda back 7
español *m.* Spanish *CP*
español/a *m./f.* Spanish 1
especia spice 6
especialista *m./f.* stunt double 9
especie *f.* species 5
espectador/a spectator 5
espejo mirror 3
espeleobuceo *m.* cave diving 5
espeleología caving, spelunking 5
esperanza hope 13
esperar to wait (for) 5; to hope 12
espíritu *m.* spirit 2
espiritual *adj.* spiritual 7
esposo/esposa husband/wife 2
esquí *m.* skiing 5
esquí extremo extreme skiing 5
esquiador/a skier 5
esquiar to ski 5
esquina: en la esquina de at the corner of *prep.* 3
esquís *m.* skis 5
establecer to establish 6
estación *f.* season 3; station 3
estación de policía police station 3
estación de tren train station 3
estacionamiento parking 11
estadía stay 11
estadía de investigación research stay 11
estadía por un año académico academic year stay 11
estadía por un semestre semester stay 11
estadio stadium 3
estadio de fútbol soccer stadium 5
estadounidense American, from the United States 2
estampado printed 6
estancia stay (in hotel) 10
estante *m.* bookshelf 2
estar to be 1
estar aburrido to be bored 3
estar bueno to be in good health 7
estar congestionado to be congested 7
estar de gira to be on tour 9
estar despierto to be awake 7
estar divertido to be amused 7
estar enfermo to be sick 7
estar hecho de to be made of 13
estar listo to be ready 3
estar malo to be sick 7
estar mareado to be dizzy 7
estatua statue 13
este *m.* east 3
este/a *adj.* this 2
éste/a *pron.* this 6
estéreo stereo 2
estereotipo stereotype 2
estilo style 6
esto *pron.* this 6
estómago stomach 7
estornudar to sneeze 7
estos/as *adj.* these 2
éstos/as *pron.* these 6
estrella *f.* star (male or female) 5
estreno new release (movie) 9; premiere 14
próximo estreno upcoming release (movie) 9
estresado stressed 3
estribillo refrain 14
estrofa stanza 14
estudiante *m./f.* student *CP*
estudiantil student *adj.* 12
organización estudiantil *f.* student organization 12
estudiar to study 1
estudios en el extranjero studies abroad 11
estufa stove 3
estúpido *adj.* stupid 7
étnico *adj.* ethnic 14
euskera *m.* Basque language *CP*
evento event 12
evidente evident 13
evitar to avoid 6
exageración *f.* exaggeration 7
examinar to examine 7
excelencia: por excelencia par excellence 9
excursión *f.* excursion, short trip 10
ex-esposo/ex-esposa ex-husband/ex-wife 2
exiliado to be exiled 2
existir to exist 2
éxito success 6
expediente académico *m.* transcript 11
experiencia experience 2
explicar to explain 5
explorar to explore 3
exponer to exhibit 13
exportación *f.* export 6
exposición *f.* exhibit 10
expresar to express 1
expresión *f.* expression 1
expresiones útiles useful expressions 1
exquisito *adj.* exquisite 1
extender (ie) to extend 7
extranjero *adj.* foreign 2
en el extranjero abroad 11
extrañar to seem odd, surprising 12; to surprise 12
extrañarse to miss each other 12
extraño strange 12
Es extraño que... It's strange that . . . 12
¡Qué extraño que... ! How strange (it is) that . . . ! 12
extraordinario *adj.* extraordinary 7
extrovertido *adj.* extroverted 7

F

factura bill (invoice) 11
facturar (el equipaje) to check (luggage) 10
facultad *f.* department 2, school 2
falda skirt 6
falso *adj.* false 2; insincere, two-faced 12
faltar to need, to lack 5
fama fame 13
familia family 2
fantástico *adj.* fantastic 8
farmacéutico/a pharmacist 7
farmacia pharmacy 7
fascinar to fascinate 8
febrero February 3
fecha date 4
¡Felicidades! Congratulations! 8
felicitar to congratulate 8
felicitar por to congratulate on 12
¡Feliz cumpleaños! Happy birthday! 8
femenino *adj.* feminine 1
fenomenal great 12
feo ugly 2
ferrocarril *m.* railway 8
ferry *m.* ferry 10
festival de música *f.* music festival 9
fianza security deposit 11
fiebre *f.* fever 7
fiel *adj.* faithful 12
ser fiel to be faithful 12
fiesta party 4
dar una fiesta to throw a party 8
fiesta sorpresa surprise party 8
hacer una fiesta to have a party 4
filología philology 2
filólogo philologist 2
filosofía philosophy 2
filósofo philosopher 2
fin *m.* end 3
al fin y al cabo in the end 1
el fin de semana pasado last weekend 5
el fin de semana que viene next weekend 10
el fin de semana weekend 3
final: al final de at the end of *prep.* 3
al final del día/de la tarde/de la noche at the end of the day/afternoon/evening 8
finalmente finally 8
financiación *f.* financing 11
firmar to sign 11
física physical *adj.* 2, physics *n.* 2
físico physicist 2
flamenco flamenco 9
flauta flute 9
flautista *m./f.* flautist 9
flor *f.* flower 4
regar (ie) las flores to water the flowers 4
flora y fauna flora and fauna 8
folleto brochure 5
folleto turístico tourist brochure 5
fondos disponibles available funds 11
formar to form 4
formulario form 11
fotografía photography 2
fotógrafo/a photographer 2
francés/francesa French 1
frecuencia: con frecuencia frequently 4
frecuentemente frequently 7
fregadero kitchen sink 3
frente *f.* forehead 14
frente a across from, facing *prep.* 3
fresa strawberry 6
fresco *adj.* fresh 6
frijol *m.* bean 6
frío cold 1
frontera: en la frontera on the border 3
fruta fruit 1
frutos secos nuts 6
fuente *f.* fountain 13
fuera *adv.* outside 3
fumador/a smoker 9
para fumadores smoking 9
para no fumadores nonsmoking 10
fumar to smoke 9
función *f.* (movie) session time 9; performance 13
funcionar to work (machine) 8
fundación *f.* foundation 2
fundar to found 4
fútbol *m.* soccer 5
fútbol americano football 5
futbolista *m./f.* soccer player 5

G

gafas de esquí ski goggles 5
gaita *f.* bagpipes 9
gaitero/a bagpipe player 9
gallego Galician language 10
galleta cookie 6; cracker 6
galón gallon 6
gambas al ajillo shrimp in garlic sauce 1
ganador/a winner 2
ganar to win, beat 5
ganga bargain 6
garaje *m.* garage 7
garantizar to guarantee 6
garganta throat 7
doler la garganta to have a sore throat 7
tener dolor de garganta to have a sore throat 7
gas *m.* gas (for heating) 11
gasto expense 9
gato cat
gemelos/gemelas identical twins 2
generalmente generally 4
género genre 14
género cinematográfico cinematographic genre 9
generoso *adj.* generous 7
genio genius 13
geografía geography 4
geográfico *adj.* geographic 6
gigante *m.* giant 7
gimnasio gymnasium 5
gira tour 4
gitano gypsy 7
gobierno government 8
golf *m.* golf 5
golfista *m./f.* golfer 5
golosinas candy 9
golpe *m.* blow 5
gordo fat 2
gorra baseball cap 6
gota drop 7
gótico Gothic (style) 13
gozo pleasure 14
grabado engraving 13
grabar to record 8
Gracias. Thank you. *CP*
dar las gracias to say thanks 7
Día de Acción de Gracias Thanksgiving Day 3
gracias por thanks for 10
grados centígrados degrees centigrade 4
grados Fahrenheit degrees Fahrenheit 4
graduación *f.* graduation 8
graduarse (en) to graduate 11
gráfico *adj.* graphic 13
gramo gram 6
grande big 2
gratis free (of charge) 10
gripe *f.* flu 7
gris *adj.* gray 2
grito shout 13
grotesco *adj.* ridiculous 14
grupo musical musical group 9
guante *m.* glove 6
guante de béisbol baseball glove 5
guapo good-looking, handsome 2
guardar to save 8
guatemalteco Guatemalan 1
guerra war *CP*
guía *f.* guidebook 10
guiar to guide 12
guión *m.* hyphen 3; script 14
guionista *m./f.* scriptwriter 9
guisado cooked 6
guisante *m.* pea 6
guitarra guitar 2
guitarrista *m./f.* guitarist 9
guitarrón *m.* large guitar 9
gustar to like; to be pleasing 2
gusto preference 2; taste 6

H

haber: hay, hubo there is/are 1, there was/were 6
habilidad *f.* ability 9
habitación *f.* bedroom 3; room 10
habitación de hotel hotel room 10
habitación doble double room 10
habitación sencilla single room 10
hábitat *m.* habitat 8
hábito habit 11
hablar to speak, talk 1
hablarse to talk to each other 9
hacer to do 1; to make 3
hacer clic, to click 8
hacer ejercicio to exercise, work out 3
hacer falta to need, to lack 11
hacer las compras to go grocery shopping 4
hacer mandados to run errands 4
hacer una pregunta to ask a question 3
hacer regalos to give gifts 8
hacer surf to surf 5
hacer una cita to make an appointment 7
hacer una fiesta to have a party 4
hacer windsurf to windsurf 5
hacerse una herida to get a wound 7
(No) Hace buen (mal) tiempo. The weather is (is not) good (bad). 4
(No) Hace fresco. It's (It's not) cool. 4
(No) Hace (mucho) calor. It's (It's not) (very) hot. 4
(No) Hace (mucho) frío. It's (It's not) (very) cold. 4
(No) Hace (mucho) sol. It's (It's not very) sunny. 4
(No) Hace viento. It's (It's not) windy. 4
hacia to, toward 10
hamburguesa con queso cheeseburger 1
harina flour 6
harto fed up 12
hasta to, up to 10; until 13
Hasta ahora. See you soon. *CP*
Hasta la próxima. Until we meet again. *CP*
Hasta luego. See you later. *CP*
Hasta mañana. See you tomorrow. *CP*
Hasta pronto. See you soon. *CP*
hasta que until 13
hay (haber) there is/there are 1
Hay hielo. It's icy. 4
Hay neblina. It's misty. 4
Hay niebla. It's foggy. 4
Hay tormenta. It's stormy. 4
hecho *adj.* done 7
helado ice cream 6
herencia inheritance 2
herida *n.* wound 7
hacerse una herida to get a wound 7
hermano/hermana brother/sister 2
héroe *m.* hero 3
herramienta tool 13
hidalgo nobleman 7
hielo: Hay hielo. It's icy. 4
hijo/hija son/daughter 2
hilo linen 6
hip hop *m.* hip hop 9
hispano *adj.* Hispanic 2
hispanohablante *adj.* Spanish-speaking 1
historia history 2, story 2
historiador/a historian 2
hockey sobre patines *m.* ice hockey 5
hogar *m.* home 3
hoja leaf 4
recoger las hojas secas to rake leaves 4
¡Hola! Hello! *CP*
hombre *m.* man 2
hombre de negocios businessman 2
hombro shoulder 7
hondo *adj.* deep 1
hondureño Honduran 1
honesto *adj.* honest, virtuous 7
hongo mushroom 6
hora hour 4
¿A qué hora? At what time? 4
hora de llegada arrival time 10
hora de salida departure time 10
¿Qué hora es? What time is it? 4
horario schedule 4; showtimes (movie) 9; timetable 10
hormigón *m.* concrete 13
hornear to bake 6
horno conventional oven 3
horrorizar to horrify 12
hospital *m.* hospital 3
hotel *m.* hotel 10
hoy *adv.* today 1
hoy por la mañana/tarde/noche today in the morning/afternoon/evening 10
hoy por la tarde this afternoon 1
huelga strike 8
huella mark 6; impression 13
hueso bone 7
huésped/a guest 10
huevo egg 1
huevos fritos fried eggs 1
huevos revueltos scrambled eggs 1
huir to escape 6
humanidades *f.* humanities 2
humilde *adj.* humble 10
huracán *m.* hurricane 8

I

idealista *adj.* idealistic 7
idioma *m.* language 3
ídolo idol 5
iglesia church 3
Igualmente. Nice to meet you too./Same here. *CP*
imagen *f.* image 13
imaginativo *adj.* imaginative 7
impaciente *adj.* impatient 7
impacto impact 8
impedir to prevent 8
imperio empire 1
impermeable *m.* raincoat 6
importar to matter 8
imposible *adj.* impossible 9
impresionante *adj.* impressive 5
impresionista impressionist 13
impresora printer 8
imprimir to print 8
impuesto tax 10
impulsado por pushed by 13
inalámbrico cordless 8
incertidumbre *f.* uncertainty 13
incompetente incompetent 12
increíble *adj.* incredible 8
independiente *adj.* independent 7
indicar to indicate 4
indígena *m./f.* native 1
industria cinematográfica film industry 9
inesperado unexpected 10
inestabilidad *f.* instability 13
infancia infancy 7
infección *f.* infection 7
infiel unfaithful 12
ser infiel to be unfaithful 12
información *f.* information 8
informática computer science 2
informático computer scientist 2
infraestructura de la zona services in the area 11
infusión *f.* herbal tea 1
ingeniería engineering 2
ingeniería civil civil engineering 2
ingeniería electrónica electrical engineering 2
ingeniería industrial industrial engineering 2
ingeniería mecánica mechanical engineering 2
ingeniero engineer 2
ingenioso *adj.* naive 7
ingenuo *adj.* naive, innocent 7
inglés *n.* English 1
ingrediente *m.* ingredient 6
inmigración *f.* immigration 8
inmigrante *m./f.* immigrant 5
inmobiliaria: (agencia) inmobiliaria real estate agency 11
innegable undeniable 13
innovador/a innovative 9
inodoro toilet 3
inolvidable unforgettable 5
inscribirse en una asociación profesional to join a professional organization 12
insecto insect 1
insistir en to insist on 12
instrumento instrument 9
instrumentos de cuerda stringed instruments 9
instrumentos de percusión y de teclado percussion and keyboard instruments 9
instrumentos de viento wind instruments 9
intelectual *adj.* intellectual 7
inteligente *adj.* intelligent 2
intentar to try to 3, attempt 4
intercambiar anillos to exchange rings 12
intercambio exchange 7
interesante interesting 2
interesar to interest 8
interior: en el interior in the interior 3
Internet *m.* Internet 8
interpretación *f.* acting, performance 14
interpretar to interpret 9
intérprete *m./f.* performer 14
introvertido *adj.* introverted 7
inundación *f.* flood 8
invento invention 4
invertir to invest 11
investigar to research, investigate 11
invierno winter 3
invitación *f.* invitation 8
invitado guest 8
invitar a gente a una fiesta to invite people to a party 8
inyección *f.* shot 7
ir to go 3
ir a pie on foot 3
ir a un concierto to go to a concert 4
ir de compras to go shopping 3
ir de paseo to go for a walk 3
ir de vacaciones to go on vacation 3
ir en autobús to go by bus 3
ir en bicicleta to go on bicycle 3
ir en carro to go by car 3
ir en metro to go by subway 3
ir en taxi to go by taxi 3
irse to leave 4, go away 9
isla island 4
istmo isthmus 3
italiano Italian 1
itinerario itinerary 10
izquierda left 3
a la izquierda de to the left of 3

J

jamón (serrano) *m.* (cured) ham 1
japonés/japonesa Japanese 1
jarabe (para la tos) *m.* (cough) syrup 7
jardín *m.* yard 3, backyard 3; garden 11
jardinero/a gardener 12
jazz *m.* jazz music 9
jitomate *m.* tomato 6
joya jewel 6
joyería jewelry shop 6; jewelry 13
jubilarse to retire (from a job) 12
juego de adivinanzas guessing game 1
jueves Thursday 3
juez/jueza judge (in a civil ceremony) 12
jugador/a player 5
jugador/a de básquetbol basketball player 5
jugador/a de béisbol baseball player 5
jugar (ue) to play 3
jugar al básquetbol to play basketball 5
jugo de naranja orange juice 1
juguete *m.* toy 6
juguetería toy shop 6
julio July 3
junio June 3
junto con *adv.* along with 2
juntos *adj.* together 1
juzgar to judge 9

K

kayak *m.* **de mar** sea kayaking 5
kilo kilogram (kilo) 6

L

la *f.* the 1
labio lip (of mouth) 7
lado: al lado de next to 3
ladrillo brick 13
lágrima tear 14
lamentar to regret 12
lámpara lamp 2
lana wool 6
langosta lobster 6
lanza lance 13
lanzar to deliver 6
lápiz *m.* pencil *CP*
lápices de colores colored pencils 13
las *f. pl.* the 1
lástima: Es una lástima que... It's a shame . . . 12
lastimarse to hurt oneself 7
lastimarse un/el pie, una/la rodilla to hurt one's foot, knee 7
lata can 6
látigo whip 14
latinoamericano Latin American 9
lavabo bathroom sink 3
lavado *adj.* washed 7
lavandería laundry 10
lavaplatos dishwasher 3
lavar to wash 4
lavarse las manos, el pelo to wash one's hands, hair 4
lavarse los dientes to brush one's teeth 4
leal loyal 12
leche *f.* milk 1
lechuga lettuce 6
leer to read 1
lejos *adv.* distant 3, far away 3
lejos de *prep.* far from 3
lengua language 2
letra lyrics 9
levantar to lift, to pick up 9
levantar pesas to lift weights 5
levantarse to get up 4

ley *f.* law 8
leyenda legend 14
libra pound 6
libre *adj.* free 4
librería bookshop 6
libro book *CP*
licenciado graduate 5
licenciarse to graduate 11
líder *m.* leader 2
lienzo canvas 13
liga league (sports) 5
ligero *adj.* light 14
límite *m.* limit 10
limón *m.* lemon 6
limpiar to clean 4
lino linen 6
lista list 1
listo *adj.* ready 3; smart, clever 2
  estar listo be ready 3
  ser listo be smart, clever 2
literatura literature 2
litro liter 6
llamar(se) (por teléfono) to call (each other) (on the phone) 4
llanura prairie 8
llave (magnética) *f.* (magnetic) key (in hotel) 10
llegada arrival 10
llegar to arrive 2
  al llegar upon arriving 8
  el día que llegamos the day we arrived 8
  llegar a ser to become 2
llenar un formulario to fill out a form 11
lleno *adj.* full 2
llevar to bring *CP*; carry, take 6
  llevarse bien/mal (con) to get along well/poorly (with) 12
llorar to cry 14
llover to rain 4
  Llueve. Está lloviendo. It's raining. It's raining now. 4
Llovizna. Está lloviznando. It's drizzling. It's drizzling now. 4
lluvia rain 4
  lluvia ácida acid rain 8
local local 6
  locales comerciales business premises 6
localización *f.* location 3
lograr to succeed, achieve 1
loro parrot 13
los *m. pl.* the 1
luego then 8
  Hasta luego. See you later. *CP*
lugar *m.* place 1
luna moon 14
  luna de miel honeymoon 10
lunares: a/de lunares polka-dotted 6
lunes Monday 3
  lunes pasado last Monday 8
luz *f.* light 3

M

madera wood 4
madre *f.* mother 2
madrina matron of honor 12
madrugada early morning 4
madurez *f.*, maturity 11
maestro teacher 2
mágico *adj.* magical 9
maíz *m.* corn 6
maleta suitcase 5
  hacer las maletas to pack 5
malo *adj.* bad 1
  Es malo que... It's bad that . . . 12
  ¡Qué malo que... ! (It's) Too bad that . . . ! 12
mandados: hacer mandados to run errands 4
mandar to send 7; to order 12
manejar to run (a computer) 8
mango mango 6
mano *f.* hand 1
mantel *m.* tablecloth 1
mantener (ie) to maintain 9
mantequilla butter 1
manzana apple 6
mañana *adv.* tomorrow 10; *n.* morning 4
  esta mañana this morning 10
  Hasta mañana. See you tomorrow. *CP*
  mañana por la mañana tomorrow morning 10
  mañana por la noche tomorrow evening/night 10
  mañana por la tarde tomorrow afternoon 10
  pasado mañana the day after tomorrow 10
mapa *m.* map *CP*
maquillador/a make-up artist 9
maquillarse to put on make-up 4
máquina de facturación auto check-in machine 10
mar *m.* sea 8
maravilla: ¡Qué maravilla que... ! How wonderful that . . . ! 12
marcar to score 5
mareado dizzy 7
marido husband 6
mariscos seafood 6
marrón *adj.* brown 2
martes Tuesday 3
marzo March 3
más *adj./adv.* more CP
  Más o menos. So-so. *CP*
  más... que more . . . than 4
  más tarde later on 8
máscara mask 5
masculino *adj.* masculine 1
matemáticas math 2
matemático mathematician 2
material *m.* material 13
materno *adj.* maternal 2
matrícula tuition 11
matrimonio marriage 12
máximo *adj.* greatest 4
mayo May 3
mayonesa mayonnaise 6
mayor older 2
  el/la mayor oldest 4
mayoría majority 1
mecánico mechanic 12
medianoche *f.*: **a la medianoche** at midnight 4
medias stockings 6
medicamentos medications 7
médico medical doctor 2
medio half 4
  medio ambiente environment 8
  medio kilo half kilogram (500 grams) 6
  medio litro half liter 6
mediodía *m.*: **Al mediodía.** At noon. 4
medios de comunicación media 8
medios de transporte transportation means 10
mediterráneo *adj.* Mediterranean 10
mejillones *m.* mussels 6
mejor better 1
  el/la mejor best 4
  Es mejor que... It's better that . . . 12
  lo mejor the best 1
mejorar to improve 8
melocotón *m.* peach 6
melón *m.* melon 6
menor younger 2
  el/la menor youngest 4
menos... que less . . . than 4
  a menos que unless 13
mensaje *m.* message 4
mentiroso *adj.* lying 7
menú *m.* menu 1
menudo: a menudo often 4
mercado market 3
  mercado al aire libre open-air market 6
merengue *m.* merengue, rhythmic Dominican music 9
merienda snack 1
mermelada marmalade, jam 1
mes *m.* month 3
  el mes que viene next month 10
  este mes this month 10
  mes pasado last month 5
mesa table *CP*
  mesa de centro coffee table 3
mesero waiter/waitress 1
mesita coffee table 3
meta goal 12
metáfora metaphor 14
metal *m.* metal 13
meter to put, place
  meter un gol to score a goal (in soccer) 5
  meter un jonrón to score a home run 5
  meter una canasta to score a basket 5
metro subway 3
  metro (poético) (poetic) meter 14
mexicano Mexican 1
mezcla mixture 11
mezclar to mix 7
mi/s my 2
microondas microwave 3
miembro/a member 12
  hacerse miembro/a de un club (deportivo, social) to become a member of a (sports, social) club 12
mientras while 3
miércoles Wednesday 3
mil thousand 3
milla mile 9
millón million 3
mimo mime 13
minibar *m.* minibar 10
minuto minute 5
mirar to look at 2
  mirar videos to watch videos 4
  mirarse to look at each other 9
misterio mystery 6
mitad *f.* half 4
mochila backpack *CP*
moda para hombres y mujeres men's and women's fashions 6
módem *m.* modem 8
moderno modern 13
modo manner 11
mojado *adj.* wet 7
molestar to bother 8
momento: en este momento at this moment 4
moneda extranjera foreign currency 11
mono monkey 13
montaje *m.* staging 14
montaña mountain 4
morado *adj.* purple 2
moreno *adj.* dark-featured, brunette 2
morir (ue, u) to die 6
mostrador *m.* display counter/case 6
  mostrador de facturación check-in counter 10
mostrar (el pasaporte, la tarjeta de embarque) to show your passport/boarding pass 10
movimiento movement 12
  movimiento artístico artistic movement 13
muchísimo very much 2
mucho a lot 1
  Muchas gracias. Thank you very much. 1
  muchas veces many times 7
  Mucho gusto. Nice to meet you. *CP*
muebles *m.* furniture 3
muerte *f.* death 10
muestra sample 13
mujer *f.* woman 2
  mujer de negocios businesswoman 2
mundial *adj.* worldwide 5
muñeca wrist 7
mural *m.* mural 13
muralismo muralism 13
muralista *m./f.* muralist 13
muro wall 13
músculo muscle 7
museo museum 3
música music 2
  música clásica classical music 2
  música en vivo/en directo live music 9
  música folclórica folk music 9
  música latina Latin music 9
  música pop pop music 9
  música reggae reggae music 9
  música rock rock music 9
  música techno techno music 9
musical *m.* musical 9
musicalidad *f.* musicality 14
músico musician 2
muy very *CP*
  Muy bien, gracias. ¿Y tú/usted/ustedes? Very well, thank you. And you? *CP*
muy poco very little 1

N

nacer to be born 1
nacionalidad *f.* nationality 1
nada nothing 1
  de nada you're welcome 6
  nada más nothing else 1
nadador/a swimmer 5
nadar to swim 5
nadie no one, nobody 2
naranja orange 1
nariz *f.* nose 7
  tener la nariz tapada to have a stuffy nose 7
narrador/a narrator 14
natación *f.* swimming 5
naturaleza nature 2
náuseas: tener náuseas to be nauseous 7
navegador *m.* browser 8
navegar to surf (the Internet) 8
Navidad *f.* Christmas 3
neblina: Hay neblina. It's misty. 4
necesario *adj.* necessary 4
necesitar to need 6
negativo *adj.* negative 9
negro *adj.* black 2
nevar (ie) to snow 4
  Nieva. Está nevando. It's snowing. It's snowing now. 4
nevera refrigerator 3
ni... ni... neither . . . nor . . . 9
nicaragüense *m./f.* Nicaraguan 1
niebla: Hay niebla. It's foggy. 4
nieto/nieta grandson/granddaughter 2
nieve *f.* snow 4
  quitar la nieve to shovel snow 4
ningún, ninguno no, none 9
nivel *m.* level 2
no no, not 1
noche evening, night 4
  esta noche this evening 10

por la noche in the evening/nighttime 4
nombre *m.* (first) name *CP*
noreste *m.* northeast 10
normalmente normally, in general 1
noroeste *m.* northwest 8
norte *m.* north 3
nosotros we 1
nota grade 7
noticias news 2
Nochebuena December 24, Christmas Eve 8
Nochevieja December 31, New Year's Eve 8
las noticias de última hora breaking news 8
noticiero T.V. news report 8
novedad *f.* novelty 7
novela novel 14
novelista *m./f.* novelist 14
noventa ninety 3
noviazgo courtship 12
noviembre November 3
novio/novia boyfriend/girlfriend 3; groom/bride 12
novios bride and groom 3
ser novios to be dating, going out 12
nublado *adj.* cloudy 4
Está nublado. It's cloudy. 4
nuestro our 2
nueve nine 3
nuevo new 3
número number 1; size (shoes) 6
número de vuelo flight number 10
número de vagón (train) car number 10
¿Qué número tiene? What is your (shoe) size? 6
numeroso *adj.* numerous 10
nunca never 1
casi nunca almost never 4

O

o... o... either . . . or . . . 9
objeto object 1
obra work, set of works of art 14
obra de arte work of art 13
obra de teatro play 14
obrero worker 13
obtener (ie) el visado to get a visa 10
obvio obvious 13
occidental *adj.* western 3
océano ocean 8
ochenta eighty 3
ocho eight 2
octubre October 3
ocupado *adj.* busy 3
ocurrir to occur (to have an idea) 9
oeste *m.* west 3
oferta sale 6
oferta de trabajo job offer 12
oficina de correos post office 3
oír to hear 4
ojalá I hope 12
ojo eye 2
olvidar to forget 9
onza ounce 6
ópera opera 9
opinar to think, to have an opinion about 13
oportunidad *f.* opportunity 4
optimista *adj.* optimistic 7
oración *f.* sentence 4
ordenado *adj.* neat 7
oreja ear 7
organismo organism 6
organización *f.* organization 2
organizado *adj.* organized 4
orgulloso *adj.* proud 5
orientación *f.* orientation 11
oriental *adj.* eastern 3
orilla bank (of river) 7
oro gold 6
oscurecer to darken 13
oscuro *adj.* dark 14
ostras oysters 6
otoño fall 3
otro other *CP,* another 1
oveja sheep 13

P

paciente patient *m./f.* 7; *adj.* patient 7
padre *m.* father 2
padres parents 2
padrino de bodas best man (in wedding) 12
pagar to pay 6
pagar a plazos to pay in installments 11
página (de) web web page 8
página inicial/principal home page 8
pájaro bird 10
palacio palace 3
paleta palette 13
palo stick, pole, club 5
palo de esquí ski pole 5
palo de golf golf club 5
palo de hockey hockey stick 5
palomitas (de maíz) popcorn 4
pan *m.* bread 1
pan tostado toast 1
panadería bakery 6
panameño Panamanian 1
pantalla screen (for television, movie, or computer) 8
pantalones *m. pl.* pants 6
pañuelo decorative scarf 6
papa potato 1
papas fritas french fries 1
papel *m.* paper *CP,* role 2
papelería stationer 6
paquete *m.* package 6
para for (someone/something) 1; in order to (+ infinitive) 10; to, toward, for 10; by (a date or time) 10
para que (+ clause) so that 13
paracaidismo *m.* parachuting 5
parada (de autobús) (bus) stop 10
paraguayo Paraguayan 1
parapente *m.* paragliding 5
parecer to seem 6; to think about 11
me/te/le/nos/les parece it seems to me/you/him/her/us/them 13
pared *f.* wall 2
pareja couple 12
relación de pareja romantic relationship 12
parque *m.* park 3
parqueo *m.* parking area 6
párrafo parragraph 5
parte *f.* part 3
participación *f.* participation 5
participante *m./f.* participant 9
participar en to take part in 12
partido game, match 5
pasado mañana the day after tomorrow 10
pasaje *m.* passage 7
pasajero passenger 10
pasaporte *m.* passport *CP*
pasar (por) to pass (through) 10
pasar la aspiradora to vacuum clean 4
pasar por el control de pasaportes to go through passport control 10
pasar por la aduana to go through customs 10
pasarlo bien to have a good time 8
paseo walk 3
dar un paseo to take a walk 5
ir de paseo to go for a walk 3
pasillo aisle 6
pasta pasta 6
pastel *m.* cake 8
pastel de cumpleaños birthday cake 8
pastilla pill 7
patata potato 1
patatas bravas diced potatoes served in a spicy sauce 1
paterno *adj.* paternal 2
patín *m.* skate 5
patines de hielo ice skates 5
patinador/a ice skater 5
patinaje sobre hielo ice skating 5
patinar sobre hielo to ice skate 5
patrocinador/a sponsor 9
patrocinar to sponsor 9
pavo turkey 6
pecho chest 7
pedazo piece 6
pedir (i, i) to ask for (something) 1; to order (food) 1
pedir la bebida y la comida to order drinks and food 1
pedir la cuenta to ask for the check 1
pedir prestado to borrow 11
pegar to paste 8
peinarse to comb one's hair 4
pelearse to fight with one another 9
película movie 2
película bélica war movie/film 9
película clásica classic movie/film 9
película con subtítulos subtitled movie/film 9
película de acción y aventuras action movie/film 9
película de artes marciales martial arts movie/film 9
película de ciencia ficción science-fiction movie/film 9
película de fantasía fantasy movie/film 9
película de intriga/de suspenso thriller (film) 9
película de terror/de miedo horror movie/film 9
película del oeste western movie/film 9
película doblada dubbed movie/film 9
película en blanco y negro black and white movie/film 9
película en color color movie/film 9
película extranjera foreign movie/film 2
película histórica historical movie/film 9
película independiente independent movie/film 9
película infantil/para niños children's movie/film 9
película policíaca detective movie/film 9
película romántica romance movie/film 9
peligro danger 8
estar en peligro de extinción to be endangered 8
peligroso *adj.* dangerous 12
pelirrojo red-headed 2
pelo hair 2
cepillarse el pelo to brush one's hair 4
lavarse el pelo to wash one's hair 4
pelo castaño dark-brown hair 2
pelo corto short hair 2
pelo largo long hair 2
pelota ball 5
pelota de básquetbol basketball 5
pelota de béisbol baseball 5
pelota de fútbol soccer ball 5
pelota de fútbol americano football 5
pelota de golf golf ball 5
pelota de tenis tennis ball 5
pelotero baseball player 5
peludo *adj.* hairy 7
peluquero/a hairdresser 9
pena
Es una pena que... It's a pity/a shame that . . . 12
¡Qué pena que... ! What a shame that . . . ! 12
pensar (ie) to think 3; to intend, plan 3
no pensar que not to think that 13
peor worse 4
el/la peor worst 4
Es peor que... It's worse that . . . 12
pepino cucumber 6
pequeño *adj.* little 2
pera pear 6
percusionista *m./f.* percussionist 9
perder (ie) to lose 3
perder el vuelo to miss the flight 10
Perdone. Excuse me. 1
peregrinación *f.* journey 10
perezoso *adj.* lazy 7
perfume *m.* perfume 6
perfumería perfume shop 6
periódico newspaper 8
periodismo journalism 2
periodista *m./f.* journalist 2
período period of time 8
perro dog 3
persona person 1
personaje *m.* character (in a story) 14
personalidad *f.* personality 7
pertenecer to belong 14
peruano Peruvian 1
pesas weights 5
pesca fishing 4
pescado fish 1
pescador/a fisherman/woman 5
pescar to fish 5
pesimista *adj.* pessimistic 7
pianista *m./f.* pianist 9
piano *m.* piano 2
picante *adj.* spicy 1
picar to prick 14
pictórico *adj.* pictorial 13
pie *m.* foot 7
ir a pie to go on foot 3
piedra rock 7; stone 13
piel leather 6; skin 7
pierna leg 7
pilar *m.* pillar 13
piloto *m./f.* pilot 12
pimienta pepper 1
pincel *m.* paintbrush 13
pintar to paint 2
pintor/a painter 2
pintoresco *adj.* picturesque 6
pintura painting 2
pintura a la acuarela watercolor painting 13
pintura al óleo oil painting 13
piña pineapple 6
pirámide *f.* pyramid 3
piscina swimming pool 5
piso floor 7
pista (running) track 5
pista de esquí ski slope 5
pista de hielo ice rink 5
pizarra chalkboard *CP*
pizza pizza 1
planchar to iron 4

planear to plan 12
planta plant 2
plata silver 6
plataforma platform 9
plátano banana 6
platillo saucer 1
platino platinum 6
plato dish, plate 1
plato hondo soup dish 1
plato preparado pre-cooked meal 6
playa beach 4
plaza plaza, square 3
plena type of Puerto Rican music 9
plomero/a plumber 12
población *f.* population 1
poco little 1
un poco a little 7
poder *m.* power 9
poder (ue) to be able 3
poema *m.* poem 14
poesía poetry 14
poesía dramática dramatic poetry 14
poesía épica epic poetry 14
poesía lírica lyric poetry 14
poeta *m./f.* poet 14
policía *m.* policeman 12
mujer policía *f.* policewoman 12
política politics 2
político politician 2
pollo chicken 1
polvo dust
quitar el polvo to dust 4
poner to put 3; to turn on (TV, radio, etc.) 3; to place 9
poner la mesa to set the table 1
poner una inyección to give an injection/a shot 7
poner una venda/una curita to put on a bandage/a Band-aid 7
ponerse to put on (clothing, shoes) 4; to get sick 7
ponerse enfermo to get sick 7
por because of, about 10; through, alongside, by 10; on behalf of 10; in exchange for 10; in, during 10; left (to be done) 10; by means of 10
por ciento percent 10
por ejemplo for example 10
por eso for that reason 2
por favor please 1
por fin finally 8
por la mañana/tarde/noche in the morning/afternoon/evening 4
por lo general in general 4
por lo menos at least 10
por primera vez/última vez for the first time/last time 10
¿Por qué? Why? 2
por todas partes everywhere 10
por último at the end 8
porque because 1
portentoso *adj.* extraordinary 7
portería soccer goal 5
portero doorperson 11
poseer to possess 9
posesión *f.* possession 2
posible *adj.* possible 4
posición *f.* position 5
póster poster 2
postmoderno Postmodern (style) 13
postre *m.* dessert 1
pozo *n.* well 7
práctica profesional en el extranjero foreign internship 11
practicar to practice 1; to play, practice (a sport) 5
precio price 6
precio del billete fare 10
preciso *adj.* necessary 8
predominio predominance 13
preferible *adj.* preferable 12
preferir (ie, i) to prefer 3
pregunta: hacer una pregunta to ask a question 3
preguntar to ask 4
premio prize 2
prender to turn on (TV, radio, etc.) 8
preocupado *adj.* worried 3
preocupar to worry (someone) 8
preocuparse to worry (get worried) 9
preocuparse por to worry about 12
presencia presence 2
presentación *f.* introduction *CP*
presentar introduce *CP*
presentar un disco to launch an album 9
preservación *f.* preservation 5
presidencia presidency 8
presión *f.* pressure 7
tomarle la presión/tensión arterial (a alguien) to take (someone's) blood pressure 7
préstamo loan 11
pedir un préstamo to ask for a loan 11
préstamo personal personal loan 11
prestar to loan (money) 11
prestar atención to pay attention 4
prestigioso *adj.* prestigious 13
presumido conceited, full of oneself 12
presupuesto budget 11
pretérito preterite 5
primavera spring 3
primero first 1
los primeros días the first days 8
primero de todo first of all 8
primo/prima cousin *m./f.* 2
principio beginning 9
a principios de at the beginning of 5
al principio in the beginning 9
privilegiado *adj.* privileged 10
probable: (No) Es probable que... It's (un)likely that . . . 13
probador *m.* dressing room 6
probar to taste 9
probarse to try on 6
proclamar to proclaim, broadcast 14
prodigioso *adj.* marvelous 7
producir (zco) to produce 4
productos lácteos dairy products 6
profesión *f.* profession 2
profesional *adj.* professional 2
profesor/a teacher *CP*
programa *m.* (TV) program 2
programa académico academic program 11
programa de idioma language program 11
programa de intercambio exchange program 11
programa de voluntariado volunteer program 11
programar to program 3
prohibir to forbid, prohibit 12
promedio *n.* average 4
promover (ue) to promote 9
pronombre pronoun 1
pronóstico del tiempo weather forecast 4
pronto soon 6
propina gratuity, tip 5
propio one's own 6
proponer to propose 12
proponerle matrimonio a alguien to ask someone to marry you 12
prosa prose 14
protagonista *m./f.* leading man/woman 9; protagonist, main character 14
proteger to protect 8
provincia province 1
proyector *m.* overhead projector *CP*
psicología psychology 2
psicólogo/a psychologist 2
psiquiatra psychiatrist *m./f.* 7
publicidad *f.* publicity 2, advertising 2
publicista advertising executive 2
público public 3
pueblo town 3
puede ser que it may be that 13
puente *m.* bridge 13
puenting *m.* bungee-jumping 5
puerta door 2; gate (airport) 10
puerto port, waterfront 10
puertorriqueño Puerto Rican 1
puesta en escena staging 14
puesto *adj.* set 7
puesto stand, stall 4; job, position 12
pulmón *m.* lung 7
pulpo octopus 6
pulsar to click 8
pulsera bracelet 6
punto period 2; dot (web address) 8
punto culminante climax 14
punto de vista point of view 14
puntuación *f.* punctuation *CP*
puntual punctual 12
pupitre *m.* student desk *CP*
puro *adj.* pure 11

Q

¿Qué? What? 2
¿Qué es? What is it? 2
¿Qué tal? How are you? *CP*
quedar to remain 9
Le quedan bien/mal. They fit you well./They do not fit you well. 6
¿Me queda bien? Does it fit me? 6
quedarse to stay 4
quemar to burn 9
querer (ie) to want 3
quererse to love one another 9; love each other 12
quisiera (I, you, he, she) would like *CP*
queso cheese 1
¿Quién? Who? *CP*
química chemistry 2
químico chemist 2
quitar to remove 4
quitar el polvo to dust 4
quitar la nieve to shovel snow 4
quitarse to take off (clothing) 4

R

radio *f.* radio 8
radio despertador *m.* clock radio 2
rafting *m.* **en aguas bravas** white-water rafting 5
raíz *f.* stem 3
ramo (de flores) bouquet (of flowers) 12
rap *m.*rap 9
raqueta tennis racket 5
raro *adj.* unusual 7
¡Qué raro que... ! How weird that . . . ! 12
rascacielos skyscraper 13
ratón *m.* mouse 8
rayas: a/de rayas striped 6
realista *adj.* realistic 7
realizar to do 12
realizar un servicio comunitario to do community work 12
rebaja sale 6
rebelión *f.* rebellion 13
recelar to fear 14
recepción *f.* reception area, front desk (in hotel) 10
recepcionista *m./f.* receptionist 12
receta recipe 6
receta (médica) prescription 7
recetar to prescribe, write a prescription 7
recibir to receive 1
reciclar to recycle 8
reciente *adj.* recent 2
recoger to pick up 4
recoger (el equipaje) to pick up, claim (your luggage) 10
recoger las hojas secas to rake leaves 4
recomendar (ie) to recommend 7
reconciliación *f.* reconciliation 12
reconciliarse to reconcile 12
recopilar to compile 12
recorrido trip 8
recuerdo remembrance 4; souvenir 8
como recuerdo as a reminder 9
recursos naturales natural resources 8
Red *f.* World Wide Web 8
reducir to reduce 6
reemplazar to replace 6
reenviar to forward (email) 8
refinado *adj.* refined 14
reflejar to reflect 7
refresco soft drink 1
refrigerador *m.* refrigerator 3
refugio de vida silvestre wildlife refuge 8
regalar to give a gift 7
regalo gift 3
regar (ie) to water 4
regatear to bargain, haggle 6
regresar to return 7
regularidad: con regularidad regularly 7
reino kingdom 10
reírse (i, i) to laugh 6
relación *f.* relationship 12
relación de pareja romantic relationship 12
religión *f.* religion 2
religioso *adj.* religious 8
reloj *m.* watch 6
remedio remedy 7
renacentista Renaissance (style) *adj.* 13
renacimiento rebirth 13
rendir homenaje a to pay tribute to 2
renovar to renew 7
reparto (movie/theater) cast 9
repasar to review 4
repaso review 1
repente: de repente suddenly 7
repertorio repertoire 9
repetir (i, i) to repeat 3
reportaje *m.* live report 8
representación *f.* performance 13
representar to represent 7
reproducir to play (a CD/DVD/MP3) 8
reproductor *m.* **de CD/DVD/MP3** CD/DVD/MP3 player *CP*
repugnar to disgust 12
requisitos de ingreso admission requirements 11
reseña review 14
reserva natural nature reserve 8
reserva reservation 10
reservación *f.* reservation 10
reservar to reserve 10
resfriado cold 7
estar resfriado/a to have a cold 7
resfriarse to catch a cold 7
residencia residence 2
residencia estudiantil dormitory 2
residuo residue 8
resolver to resolve 8
respetar a to respect (person) 12
respetarse to respect one another 9
respetuoso respectful 12

respirar to breathe 5
responder to respond 7
responsable *adj.* responsible 7
respuesta answer, response *CP*
rest descansar 2; descanso *n.* 7
restaurante *m.* restaurant 1
resultado *n.* result 1
resurrección *f.* resurrection 8
retirar to withdraw (money) 11
reto challenge 14
retrasado delayed 10
retrato portrait 7
retrete *m.* toilet 3
reunión *f.* meeting 10
reunirse to gather together 7
reutilizar reuse 8
revisar to check 10
revista magazine 8
rey *m.* king 7
  Día de los Reyes Day of the Three Kings 3
rico delicious 1
ridículo *adj.* ridiculous 12
riesgo risk 12
  correr riesgos to take risks 12
rima rhyme 14
  rima asonante assonant rhyme 14
  rima consonante consonant rhyme 14
ritmo rhythm 9
  ritmo (poético) (poetic) rhythm 14
robo robbery 8
rodeado de *adj.* surrounded by 3
rodilla knee 7
rogar (ue) to beg, plead 12
rojo *adj.* red 2
románico Romanesque (style) 13
romano Roman (style) 13
romper to break 7
  romper con to break up with 12
  romperse una/la pierna, un/el brazo to break one's leg, arm 7
ropa clothing 6
  lavar la ropa to do laundry 4
ropero closet 2
rosado *adj.* pink 2
roto *adj.* broken 4
rozar to rub 14
rubio *adj.* blond 2
ruina ruin 6
rumor *m.* murmur, noise 14
ruptura break-up 12
ruso Russian 11
ruta route 10
rutina diaria daily routine 4

S

sábado Saturday 3
saber to know (a fact, concept, or skill), know how (to do something) 3
sabor *m.* flavor 1
sabroso tasty 1
sacapuntas *m.* pencil sharpener *CP*
sacar to take out 5; to withdraw (money) 11
  sacar el pasaporte to get your passport 10
sacerdote *m.* priest (in a religious ceremony) 12
sal *f.* salt 1
sala living room 3
  sala de cine movie theater 6
  sala de embarque departure lounge 10
  sala de emergencia/de urgencias emergency room 7
  sala de recogida de equipajes baggage claim area 10
  sala de reuniones meeting room 10
salado *adj.* salty 1
salario salary 12
salchichas sausages 1
salida departure 10
salir to go out 3; to leave 3
  salir con to go out with (someone), date 3
  salir de to leave (a place) 3
  salir juntos to be dating, going out 12
salmón *m.* salmon 6
salsa salsa (Latin dance music) 2
  salsa de tomate tomato sauce 6
salud *f.* health 7
saludarse to greet one another 9
saludo greeting *CP*
salvadoreño Salvadoran 1
salvar to save 13
sandalia sandal 6
sándwich de jamón y queso *m.* ham and cheese sandwich 1
sangría sweetened red wine with fruit 1
sano: estar sano to be healthy 7
saxofón *m.* saxophone 9
saxofonista *m./f.* saxophonist 9
secador *m.* **de pelo** hairdryer 3
seco *adj.* dry 4
secretario/a secretary 12
secreto secret 5
secuestro kidnapping 8
secundario *adj.* secondary 2
seda silk 6
sede *f.* headquarters 9
seguir (i, i) to follow, continue, keep going 3
según according to 3
seguridad *f.* security 5
seguro insurance 7
  contratar el seguro de viajes to get travel insurance 10
  no estar seguro de que to be uncertain that 13
  seguro de sí mismo/a self-confident 12
  seguro médico health insurance 7
seis six 3
selva forest 4; jungle 8
semana week 3
  esta semana this week 10
  la semana que viene next week 10
  semana pasada last week 5
  Semana Santa Holy Week 8
  todas las semanas every week 7
semejante similar 5
semejanza similarity 5
seminario seminar 12
sencillo *adj.* simple 4
sentar (ie) to seat (someone) 9
  sentarse to sit down 3
sentir (ie, i) to feel (sorry) 4; to perceive 9
  sentirse (bien/mal) to feel (good/bad) 6
señor, Sr. Mr., sir 1
señora, Sra. Mrs., ma'am 1
señorita, Srta. Miss, Ms. 1
separarse (de) to separate (from) 12
septiembre September 3
sequía drought 8
ser to be 1
  ser aburrido to be boring 2
  ser bueno to be good 7
  ser de to be from 1, to be of 2
  ser despierto to be alert 7
  ser divertido to be amusing 2
  ser listo to be smart, clever 2
  ser malo to be bad 7
serio *adj.* serious 2
serpiente *f.* snake 11
servicio service 10
  servicio de habitaciones (de 24 horas) (24-hour) room service (in hotel) 10
  servicio de lavandería laundry service 10
  servicio de limpieza housekeeping service (in hotel) 10
  servicio despertador wake-up service 10
  servicios públicos utilities 11
servidor de web *m.* web server 8
servilleta napkin 1
servir (i, i) to serve 1
  ¿En qué puedo servirle/s? How can I help you? 6
sesenta sixty 3
sesión *f.* (movie) session time 9
setenta seventy 3
si if 10
siempre always 1
sierra: en la sierra in the mountains 3
siete seven 3
siglo century 1
significado meaning 2
significativo *adj.* significant 12
siguiente *adj.* following 3
silla chair *CP*
sillón armchair 2
silvestre *adj.* forest, wild 8
símbolo symbol 4
símil *m.* simile 14
simpático *adj.* nice 2, agreeable 7
sin without *CP*
  sin que without (+ clause) 13
sincero sincere 12
sinopsis *f.* synopsis, plot summary 9
síntoma *m.* symptom 7
sistema *m.* system 8
  Sistema de Posicionamiento Global global positioning system (GPS) 8
sitio (de) web web site 8
snowboard *m.* snowboarding 5
sobre *prep.* on, over, above 3
sobrenatural *adj.* supernatural 7
sobrino/sobrina nephew/niece 2
sociología sociology 2
sociólogo sociologist 2
soda soda 1
sofá *m.* sofa 3
sol *m.* sun 4
soldado *m./f.* soldier 12
soler (ue) to be in the habit of 6
solicitar la admisión to apply for admission 11
solicitar un puesto to apply for a job 12
solo *adj.* alone 1
sólo *adv.* only 2
sombra shadow 14
sombrero hat 6
son *m.* type of Cuban music 9
sonido sound 14
sonreír (i, i) to smile 6
soñar (ue) (con) to dream (about/of) 3
sopa soup 1
soplar las velas to blow out the candles 8
sorprender to surprise 12
sostener to maintain, affirm 14
su/s his, her, its, your, their 2
subir to rise 4; to get into (vehicle) 7
  subirse (al coche) to get in (the car) 10
  subirse (al tren) to get on (the train) 10
sucursal *f.* branch office 11
sudadera sweatshirt 6
sueldo salary 12
suelo soil 7; land 8
suelto loose (clothing) 6
suéter *m.* sweater 6
sufrimiento suffering 13
sugerir (ie, i) to suggest 6
superficie *f.* surface 13
supermercado supermarket 6
sur *m.* south 3
surf *m.* surfing 5
  hacer surf to surf 5
surfear surf (Internet) 8
surfista *m./f.* surfer 5
surgir to emerge 9
surrealismo surrealism 13
surrealista surrealistic 13
suyo his, hers, its, yours, theirs 11

T

tabla de surf surfboard 5
tabla de windsurf windsurf board 5
tacaño *adj.* stingy 7
tal vez perhaps 4
talla size (clothing) 6; carving 13
  ¿Qué talla tiene? What is your (clothes) size? 6
  talla en madera woodcarving 13
  talla en piedra stonecarving 13
  talla en vidrio glasscarving 13
taller *m.* workshop 12
tamaño size 8
también also 1
tambor *m.* drum 9
tampoco neither, either 9
tan so, as 4
  tan... como as . . . as 4
  tan pronto como as soon as 13
tango tango 8
tanto 4
  tanto... como as much/many . . . as 4
  tanto como as much/many as 4
tapa snack 1
tapiz *m.* tapestry 13
taquilla box office 9
tardar to take a long time 3
tarde *f.* tarde 4; *adv.* late 7
  esta tarde this afternoon 10
  por la tarde in the afternoon 4
tarea homework 3; task 12
tarifa tariff, rate 10
  tarifa reducida reduced ticket price 9
tarjeta card 6
  con tarjeta de crédito with a credit card 6
  tarjeta de crédito credit card 6
  tarjeta de crédito extraviada/robada lost/stolen credit card 11
  tarjeta de débito debit card 11
  tarjeta de embarque boarding pass 10
tarta cake 1
  tarta nupcial wedding cake 12
tasa fee, charge 10; rate 11
  tasa de cambio exchange rate 11
taxi *m.* taxi 3
taza coffee/teacup 1
  taza de chocolate cup of hot chocolate 1
té tea 1
teatro theater 2
tecla key (typing) 8
teclado keyboard 2
teclista *m./f.* keyboard player 9
técnica technique 13
técnico/a technician 12
tecnología technology 8
telediario T.V. news report 8
teléfono telephone 2
  teléfono celular cell phone 8
televisión *f.* television 2
  televisión *f.* **por cable** cable TV 11
televisor *m.* television set *CP*
telón *m.* drop curtain 14
tema *m.* theme 13

temer to fear 12
temperatura temperature 4
temperatura máxima/mínima high/low temperature 4
templo temple 3
temporada season 7
tenedor *m.* fork 1
tener (ie) to have 1
tener... años to be . . . years old 3
tener calor to be hot (person) 3
tener dolor de garganta/cabeza/espalda... to have a sore throat, a headache, a backache . . . 7
tener escalofríos to have chills 7
tener fiebre to have a fever 7
tener frío to be cold (person) 3
tener ganas de to feel like doing something 3
tener hambre to be hungry 3
tener la nariz tapada to have a stuffy nose 7
tener lugar to take place 9
tener miedo to be afraid 3
tener náuseas to be nauseous 7
tener prisa to be in a hurry 2
tener que + *infinitive* to have to do something 3
tener razón to be right 3
tener sed to be thirsty 3
tener sueño to be sleepy 3
tener una familia to have a family 12
tenis *m.* tennis 5
tenista *m./f.* tennis player 5
tensión arterial *f.* blood pressure 7
terminal *f.* terminal (airport) 10
terminal de autobuses bus station 3
terraza terrace 11
terremoto earthquake 8
terreno land 3
terrible *adj.* terrible 12
territorio territory 5
tertulia (literaria) (literary) gathering 12
testigo *m./f.* witness 8
tiempo time; weather 4
a tiempo on time 10
mucho tiempo a long time 5
poco tiempo a short time 5
pronóstico del tiempo weather forecast 4
¿Qué tiempo hace? What's the weather like? 4
tienda store 6
tímido *adj.* shy 7
tío/tía uncle/aunt 2
tipo type 12
tirar basura to litter 8
titulado *adj.* entitled 5
tiza chalk *CP*
tobillo ankle 7
tocador/a de bongós bongo player 9
tocar to play (an instrument) 2; to touch 6; to knock 6; to be one's turn 11
todavía still 4
todo all, everything 1
todas las semanas every week 7
todas las tardes/mañanas/noches every afternoon/morning/night 7
todo el mundo everyone, everybody 9
todos los días every day 1
todos los meses/años every month/every year 7
tolerante tolerant 12
tomar to drink, have, take 1
tomar la presión/tensión arterial (a alguien) to take (someone's) blood pressure 7
tomarle la temperatura (a alguien) to take (someone's) temperature 7
tomate *m.* tomato 6
tonalidad *f.* tonality 13
tool herramienta 13
torcerse (ue) una/la muñeca, un/el tobillo to sprain one's wrist, ankle 7
tormenta: Hay tormenta. It's stormy. 4
tornado tornado 8
toro bull 13
torre *f.* tower 13
torta nupcial wedding cake 12
tortilla de patatas potato omelette 1
tos: tener tos to have a cough 7
toser to cough 7
trabajador/a *n.* worker 1; *adj.* hardworking 7
trabajar to work 1
trabajo work, job 1
trabajo de tiempo completo full-time work 12
trabajo de tiempo parcial part-time work 12
tradicional traditional 13
traducir (zco) to translate 4
traductor/a translator 2
traer to bring 3
tráfico traffic 8
tragedia tragedy 14
tragicomedia tragicomedy 14
trama plot 14
tramitar los documentos to take care of/process the documents 11
trámites *m.* steps 11
tranquilidad *f.* tranquility 8
transacciones bancarias banking transactions 11
transferencia (bancaria) (bank) transfer 11
transferir (fondos) to transfer (funds) 11
transporte *m.* transportation 3
transporte público *m.* public transportation 11
tras after 11
traslado *n.* transfer 10; move 13
tratamiento treatment 7
trato deal 6
través: a través de throughout 3, through, by means of, 8; across 11
travesía (ferry) crossing 10
trayecto route 10
treinta thirty 3
tren *m.* train 3
tres three 1
tribu *f.* tribe 4
triste *adj.* sad 3
tristeza sadness 2
trombón *m.* trombone 9
trombonista *m./f.* trombone player 9
trompeta trumpet 9
trompetista *m./f.* trumpet player/trumpeter 9
trozo piece 1
Truena. Está tronando. It's thundering. It's thundering now. 4
tú you *(familiar) CP*
tu your *CP*
tuba *f.* tuba 9
tubista *m./f.* tuba player 9
turismo tourism 3
turnarse to take turns 4

U

ubicación *f.* location 11
último last *CP*
último día the last day 8
último disco latest album/disc 9
un/a a, an 1
único *adj.* unique 4; only 5
unidad *f.* unit 8
unidad de CD/DV-ROM CD/DVD drive 8
unidad de disco duro hard drive (computer) 8
universidad *f.* university *CP*
uno one 2
Es la una de la tarde. It's 1:00. 4
unos some 1
urgente: Es urgente que... It's urgent that . . . 12
uruguayo Uruguayan 1
uso use 3
usted/es (Ud./Uds.) you (formal) CP
útil *adj.* useful 1
utilizar to use 4
uva grape 6

V

vaca cow 14
vacaciones *f. pl.* 3
ir de vacaciones to go on vacation 3
vacaciones pasadas *f.* last vacation 8
vacuna vaccine 7
vagón *m.* (train) car 10
valer to cost, be worth 6
valiente *adj.* brave 7
valle *m.* valley 3
valor *m.* value 9
variado *adj.* varied 1
variedad *f.* variety 4
vasija pot, jar 13
vaso glass 1
vecino/a neighbor 11
veinte twenty 3
vela candle 8; sail 14
velocidad *f.* speed 9
vendedor/a salesperson 6
vender to sell 1
venezolano Venezuelan 1
venir (ie) to come 3
ventana window 2
ventanilla teller window (bank) 11
ver to see 2; to watch 2
Nos vemos. See you. *CP*
verano summer 3
verano pasado last summer 8
verbo verb 1
verdad: (No) Es verdad que... It's (not) true that . . . 13
verdadero *adj.* true 5
verde *adj.* green 2; unripe 6
verdura vegetable 1
vergüenza disgrace, shame 12
¡Qué vergüenza que... ! What a disgrace that . . . ! 12
verse to see one another 9
versificación *f.* versification 14
versión original *f.* original version 9
verso line of a poem, verse 4
verso libre free verse 14
vestido dress 6
vestido de novia wedding dress 12
vestir (i, i) to dress (someone) 3; wear 3
vestirse to get dressed 3
vestuario costumes 14
veterinario/a veterinary 12
vez *f.* time 4
a veces sometimes 1
de vez en cuando from time to time 4
una vez once 9
una vez al día/a la semana/al mes/al año... once a day/week/month/year . . . 7
vía track (for train) 10
viajar to travel 1
viaje *m.* trip 5
hacer un viaje to take a trip 5
viaje de ida outward journey 10
viaje de ida y vuelta roundtrip 10
viaje de novios honeymoon 10
viaje de vuelta return journey 10
viaje organizado organized tour 10
viajero/a traveler 10
víctima *f.* victim 8
video video 2
videocámara video camera 8
videocasetera VCR *CP*
videojuego portátil portable video game 8
vidrio glass 13
viernes *m.* Friday 3
Viernes Santo Good Friday 8
vinagre vinegar 1
vino wine 1
vino blanco white wine 1
vino tinto red wine 1
violencia violence 14
violeta violet 2
violín *m.* violin 9
violinista *m./f.* violinist 9
violonchelista *m./f.* cellist 9
violonchelo cello 9
visión *f.* vision 12
visita con guía guided sightseeing tour 10
vista sight 5; view 11
vivienda housing 2
vivir to live 1
vivir juntos to live together 12
vocalista *m./f.* vocalist 9
volcán *m.* volcano 9
vólibol *m.* volleyball 5
voluntad *f.* desire 12
volver (ue) to return 3
volver a *(+ infinitive)* to do (something) again 3
vosotros you *(familiar pl. [Spain])* 1
voto vote 9
voz *f.* voice 8
vuelo flight 10
vuelo doméstico domestic flight 10
vuelo internacional international flight 10
vuelo sin escala nonstop flight 10
vuestro your 2

W

web *f.* World Wide Web 8
windsurf *m.* windsurfing 5

Y

y and *CP*
... y... (both) . . . and . . . 9
yacimiento (mineral) deposit 12
yo *pron.* I *CP*
yogur *m.* yogurt 1

Z

zanahoria carrot 6
zancudo mosquito 7
zapatería shoe shop 6
zapatillas de deportes sneakers, tennis shoes 5
zapato shoe 4
zapatos de tacón high-heeled shoes 6
zapatos de tenis tennis shoes 6
zona zone 3
zona comercial commercial area 11
zona residencial residential area 11
zumo de naranja orange juice 1

GLOSARIO INGLÉS-ESPAÑOL

Gender of nouns is indicated except for masculine nouns ending in *–o* and feminine nouns ending in *–a*. Masculine forms of adjectives are given; feminine forms are given when irregular.

Verbs appear in the infinitive form. The number following the entries refer to the chapter in which the word or phrase first appears. The following abbreviations are used in this glossary.

adj. adjective *m.* masculine *adv.* adverb *pl.* plural *f.* feminine *prep.* preposition *CP* Capítulo preliminar *pron.* pronoun *n.* noun

A

a, an un/a 1
a, an, any, some un/a/os/as 1, algún, alguno/a/os/as 9
ability habilidad *f.* 9
able: be able poder (ue) 3
about por 10
above arriba *adv.* 3; encima de *prep.* 3; sobre *prep.* 3
abroad en el extranjero 11
abstract abstracto 13
absurdity absurdo 14
academic académico 11
academic advisement office oficina de asesoramiento académico 11
academic calendar calendario escolar 11
academic program programa académico 11
accent: written accent acento ortográfico *CP*
accept aceptar 8
access acceso 5
accident accidente *m.* 7
according to según 3
accordion acordeón *m.* 9
accordion player acordeonista *m./f.* 9
account (bank) cuenta 11
new account cuenta nueva 11
accountant contador/a 2
accounting contabilidad *f.* 2
accreditation acreditación *f.* 11
ache doler (ue) 7
achieve lograr 1
across a través de 11
across from frente a 3
act (in a play) acto 14
acting (in a play) actuación *f.* 12, interpretación *f.* 14
action movie película de acción y aventuras 9
active activo *adj.* 7
activity actividad *f.* 4
actor actor *m.* 2
actress actriz *f.* 2
ad (classified) anuncio (clasificado) 5
add añadir 4
address dirección *f.* 6
admission requirements requisitos de ingreso 11
adopt adoptar 12
advance avance *m.* 13
adventurous aventurero *adj.* 5
advertising publicidad *f.* 2
advertising executive publicista 2
advisable aconsejable *adj.* 12
advise aconsejar 7
advisor consejero/a 11
affection cariño 12
affirm afirmar, sostener 14
affirmative afirmativo *adj.* 9
afraid: to be afraid tener miedo 3
after tras 11; después de que (+ clause) 13
after lunch después de *prep.* comer 4
afternoon tarde *f.* 4
in the afternoon por la tarde 4
this afternoon hoy por la tarde 1, esta tarde 10
agree estar de acuerdo 4
agreeable simpático *adj.* 7
agreement acuerdo 4
agricultural agrícola *adj.* 3
air *m.* aire 8
air conditioning aire acondicionado *m.* 10
airline aerolínea 10
airplane avion *m.* *CP*
airport aeropuerto 3
aisle pasillo 6
alert despierto 7
all todo 1
All Saints' Day Día de Todos los Santos 8
All Souls' Day, Day of the Dead Día de los Muertos 8
allergies alergias 7
alliance alianza 2
almost casi 1
almost always casi siempre 4
almost never casi nunca 4
alone solo *adj.* 1
along with junto con *adv.* 2
alongside por 10
alphabet abecedario *CP*
also también 1
always siempre 1
A.M. de la mañana 4
am: I am . . . And you are? (Yo) soy... ¿Y tú/usted? *CP*
amateur aficionado 9
ambassador embajador/a 2
ambulance ambulancia 7
American estadounidense 2
amount of money cantidad de dinero 11
ample amplio *adj.* 3
amuse divertir (ie, i) 9
amused divertido 7
amusing divertido *adj.* 2
analyze analizar 3
ancestor antepasado 14
ancestry ascendencia 14
and y *CP*
angry enfadado 3, enojado 3
animation animación *f.* 9
ankle tobillo 7
anniversary aniversario 8
annual anual *adj.* 5
another otro 1
answer respuesta *CP*, contestar 1
antibiotic antibiótico 7
antique antiguo *adj.* 4
any cualquier *adj.* 5
Anything else? ¿Algo más? 1
apartment apartamento 2
appeal apetecer 8
appearance aspecto 7
appetizer aperitivo 1
apple manzana 6
apply for a job solicitar un puesto 12
apply for admission solicitar la admisión 11
April abril 3
Arab árabe *m./f.* 10
Arabian arábigo 13
architect arquitecto 2
architecture arquitectura 2
area área *f.* 4
Argentinian argentino 1
arm brazo 7
armchair sillón 2
armor armadura 14
army ejército 3
around alrededor de *adv.* 8
arrival llegada 10
arrival time hora de llegada 10
arrive llegar 2
the day we arrived el día que llegamos 8
upon arriving al llegar 8
art arte *m.* 2
plastic arts artes plásticas 13
artist artista *m./f.* 2
artistic movement movimiento artístico 13
as tan 4
as . . . as tan... como 4
as a reminder como recuerdo 9
as much/many . . . as tanto... como 4
as much/many as tanto como 4
as soon as en cuanto 9; tan pronto como 13
ask preguntar 4
ask for pedir (i, i) 1
ask for the check pedir la cuenta 11
ask a question hacer una pregunta 3
asleep
be asleep estar dormido 4
fall asleep dormirse 4
aspect aspecto 7
aspirin aspirina 7
assimilate asimilar 11
astronomer astrónomo 13
at a, en 1
at (@) arroba 2
athlete deportista *m./f.* 2; atleta *m./f.* 5
athletic atlético *adj.* 7
ATM machine cajero automático 6
atmosphere atmósfera 8
attachment anexo 8
attempt intentar 4
attend asistir a 1
attentive atento 12
attitude actitud *f.* 10
attract atraer 6
August agosto 3
aunt tía 2
author autor/a 14
autonomous community comunidad autónoma *f.* 10
available disponible *adj.* 2
avenue avenida 2
average promedio *n.* 4
avocado aguacate *m.* 6
avoid evitar 6
awake despierto 7
Aztec azteca 1

B

bachelor/bachelorette soltero/a 12
have a bachelor/bachelorette party celebrar su despedida de soltero/a 12
back espalda 7
backpack mochila *CP*
backyard jardín *m.* 3
bad malo *adj.* 1
It's bad that . . . Es malo que... 12
It's too bad that . . . ! ¡Qué malo que...! 12
bag bolso 6
baggage equipaje *m.* 10
baggage carousel cinta de equipajes 10
baggage claim area sala de recogida de equipajes 10
bagpipe player gaitero/a 9
bagpipes gaita *f.* 9
bake hornear 6
bakery panadería 6
balcony balcón *m.* 11
ball pelota 5
ballad balada 9
ballet ballet *m.* 13
banana plátano 6
band banda 7
bank (financial) banco 11
bank (of river) orilla 7
bank teller cajero/a 11
bank transfer transferencia bancaria 11
banking transactions transacciones bancarias 11
banquet banquete *m.* 8
bargain ganga 6; regatear 6
Baroque barroco 13
baseball (game) béisbol *m.* 5
baseball pelota de béisbol 5
baseball bat bate *m.* 5
baseball cap gorra 6
baseball field campo de béisbol 5
baseball glove guante de béisbol 5
baseball player jugador/a de béisbol 5
basketball (game) básquetbol *m.* 5
basketball player jugador/a de básquetbol 5
basketball basket canasta 5
basketball court cancha de básquetbol 5
basket-making cestería 13
Basque language euskera *m.* *CP*
bass (musical instrument) bajo 9
bass player bajista *m./f.* 9
bath: take a bath bañarse 4
bathroom cuarto de baño 3; baño 3
with a bathroom con baño 10
without a bathroom sin baño 10
bathtub bañera 3
battery charger cargador *m.* 8
battle batalla 4
be ser 1; estar 1
be able poder (ue) to be able 3
be afraid tener miedo 3
be bad ser malo 7
be born nacer 1
be delightful encantar 8
be dizzy estar mareado 7
be from ser de 1
be happy (about) alegrarse (de) 9
be in good health estar bueno 7
be in the habit of soler (ue) 6
be nauseous tener náuseas 7
be of ser de 2
be on tour estar de gira 9
be one's turn tocar 11
be pleasing gustar 2
be sick estar enfermo, estar malo 7
be uncertain that no estar seguro de que 13
beach playa 4
bean frijol *m.* 6
beat ganar 5
beauty belleza 6

because porque 1
because of por 10
become llegar a ser 2
become a member of a (sports, social) club hacerse miembro/a de un club (deportivo, social) 12
become happy alegrarse (de) 9
bed cama 2
double bed cama doble/matrimonial 10
go to bed acostarse 4
make the bed hacer la cama 5
single bed cama sencilla 10
stay in bed quedarse en la cama 4
bedroom dormitorio 3; habitación *f.* 3
beer cerveza 1
before antes de *prep.* 4, antes de que (+ clause) *adv.* 13
beforehand antemano *adv.* 11
beg rogar (ue) 12
begin empezar (ie) 3; comenzar (ie) 3
beginning principio 9
at the beginning of a principios de 5
in the beginning al principio 9
behind detrás de *prep.* 3
belief creencia 4
believe creer 4
not to believe that no creer que 13
bellhop botones *m./f.* 10
belong pertenecer 14
below abajo *adv.* 3
belt cinturón *m.* 6
benefit beneficio 6
best
the best lo mejor 1; el/la mejor 4
best man (in wedding) padrino de bodas 12
better mejor 1
It's better that . . . Es mejor que...12
between entre *prep.* 3
beyond más allá de 10
bicycle bicicleta 3
to ride a bike andar en bicicleta 4
to go on bicycle ir en bicicleta 3
big grande 2
bilingual bilingüe *adj.* 2
bill (invoice) factura 11
biologist biólogo/a 2
biology biología 2
bird ave *f.* 6; pájaro 10
birthday cumpleaños *m.* 3
birthday cake pastel *m.* de cumpleaños 8
Happy birthday! ¡Feliz cumpleaños! 8
bitter amargo 1
black negro *adj.* 2
black and white movie/film película en blanco y negro 9
blond rubio *adj.* 2
blood pressure tensión arterial *f.* 7
blouse blusa 6
blow golpe *m.* 5
blow out the candles soplar las velas 8
blue azul *adj.* 2
board (the plane) embarcar (al avión) 10
boarding pass tarjeta de embarque 10
body cuerpo 7
bolero: classic romantic music bolero 9
Bolivian boliviano 1
bone hueso 7
bongo drum bongó 9
bongo player tocador/a de bongós 9
book libro *CP*
bookshelf estante *m.* 2
bookshop librería 6
boot bota 5
border: on the border en la frontera 3
bored aburrido 3
boring aburrido 2
borrow pedir prestado 11
both ambos *CP*
(both) . . . and . . . . y... 9
bother molestar 8
bottle botella 1
bottle of mineral/sparkling water botella de agua mineral/con gas 1
bouquet (of flowers) ramo (de flores) 12
box office boletería, taquilla 9
boxing boxeo 5
boyfriend novio 3
bracelet pulsera 6
brain cerebro 1
branch office sucursal *f.* 11
brave valiente *adj.* 7
Brazilian brasileño 10
bread pan *m.* 1
break romper 7
break one's leg, arm romperse una/la pierna, un/el brazo 7
break up with romper con 12
breakfast desayuno 1
breakfast buffet desayuno buffet 10
break-up ruptura 12
breath aliento 7
breathe respirar 5
brick ladrillo 13
bride and groom novios 3
bridesmaid dama de honor 12
bridge puente *m.* 13
bring llevar *CP*, traer 3
broadcast proclamar 14
broaden ampliar 8
brochure folleto 5
tourist brochure folleto turístico 5
broken roto *adj.* 4
bronchitis bronquitis *m.* 7
bronze medal bronce *m.* 13
brother hermano 2
brown (color) café *adj.* 2, marrón *adj.* 2
brown-haired castaño *adj.* 2
browser navegador *m.* 8
brunette moreno *adj.* 2
brush (one's hair) cepillarse (el pelo) 4
brush one's teeth lavarse los dientes 4
budget presupuesto 11
build construir 4
building edificio 3
bull toro 13
bungee-jumping puenting *m.* 5
burn quemar 9
bus station terminal de autobuses 3
business negocios 2
business administration administración *f.* de empresas 2
business premises locales comerciales 6
businessman/woman hombre/mujer de negocios 2
busy ocupado *adj.* 3
butter mantequilla 1
buy comprar 1
by para, por 10
by means of por 10

C

cabin (airplane) cabina 10
cable TV televisión por cable *f.* 11
café café *m.* 3
cake tarta 1, pastel *m.* 8
calculate calcular 7
calculator calculadora *CP*
call (each other) (on the phone) llamar(se) (por teléfono) 4
camera cámara 8
camera man/woman cámara *m./f.* 9
digital camera cámara digital 8
camp acampar 4
can lata 6
candle vela 8
candy golosinas 9
canned goods conservas 6
canvas lienzo 13
canyoning barranquismo, descenso de cañones 5
capable dispuesto *adj.* 6
capital city capital *f.* 2
car carro 3; vagón *m.* (train) 10
rental car coche de alquiler *m.* 10
(train) car number número de vagón 10
card tarjeta 6
care cuidado 6
Caribbean caribeño *adj.* 4
carnival carnaval *m.* 9
carpenter carpintero/a 12
carpet alfombra 2
carrot zanahoria 6
carry llevar 6
carving talla 13
case
in case *prep.* en caso 13
in case that en caso de que (+ clause) 13
cash
cash register caja registradora 6
in cash en efectivo 6
cashier cajero/a 12
cast (movie/theater) reparto 9
Castilian castellano *CP*
castle castillo 13
cat gato
Catalan language catalán 10
Catholic católico 2
caution cuidado 6
cave diving espeleobuceo *m.* 5
caving espeleología, 5
CD/DVD drive unidad de CD/DV-ROM 8
CD/DVD/MP3 player reproductor *m.* de CD/DVD/MP3 *CP*
celebrate celebrar(se) 7
celebration celebración *f.* 8
cell phone teléfono celular 8
cellist violonchelista *m./f.* 9
cello violonchelo 9
centigrade: degrees centigrade grados centígrados 4
century siglo 1
ceramics cerámica 13
cereal cereales 1
certain cierto *adj.* 2
It's not certain that . . . No es cierto que... 13
chair silla *CP*
chalk tiza *CP*
chalkboard pizarra *CP*
challenge reto 14
champion campeón/campeona 5
championship campeonato 5
change cambio (alteration; money) 3
character carácter *m.* 2
character (in a story) personaje *m.* 14
characterize caracterizarse 13
charge tasa 10; cargo, costo 11
charge (a battery) cargar 8
charge (money) cargar, cobrar 11
charitable benéfico *adj.* 2
charming encantador/a 7
chat charlar 2
cheap barato 6
check cheque *m.* 6; revisar 10
auto check-in machine máquina de facturación 10
check (luggage) facturar (el equipaje) 10
check (restaurant) cuenta 1
check-in counter mostrador de facturación 10
traveler's check cheque de viajero 10
checkbook chequera 11
checking account cuenta corriente 11
cheese queso 1
cheeseburger hamburguesa con queso 1
chemist químico 2
chemistry química 2
chest pecho 7
chicken pollo 1
children's movie/film película infantil/para niños 9
Chilean chileno 1
chills: have chills: tener escalofríos 7
Chinese chino 6
chocolate chocolate *m.* 1
cup of hot chocolate taza de chocolate 1
choose escoger 12
choreographer coreógrafo/a 13
christening bautizo 8
Christian cristiano 10
Christmas Navidad *f.* 3
Christmas Day día de Navidad 8
Christmas Eve Nochebuena 8
church iglesia 3; basílica 3
city ciudad *f.* 1
city hall ayuntamiento 3
claim (your luggage) recoger (el equipaje) 10
clam almeja 6
clarinet clarinete *m.* 9
clarinet player clarinetista *m./f.* 9
class/classroom clase *f. CP*
in second class en segunda clase 10
classic clásico *adj.* 9
classic movie/film película clásica 9
classical music música clásica 2
clay barro 7; arcilla 13
clean limpiar 4
cleats botas de tacos 5
clever listo *adj.* 2
be clever ser listo 2
click hacer clic, pulsar 8
climate clima *m.* 4
climax punto culminante 14
climbing (rock) escalada (en roca) 5
clinic (medical) clínica 7
clock radio radio despertador *m.* 2
close cerrar (ie) 3
close cerca *adv.* 3
close to *prep.* cerca de 10
closed cerrado *adj.* 7
closet clóset *m.* 2, ropero 2
clothing ropa 6
cloudy nublado *adj.* 4
It's cloudy. Está nublado. 4
club palo 5
coach entrenador/a 5
coast costa 3
on the coast en la costa 3
coat abrigo 6
coffee (with milk) café (con leche) *m.* 1
coffee table mesita, mesa de centro 3
coffee/teacup taza 1
cold frío *adj.* 1; catarro, resfriado *n.* 7
be cold (person) tener frío 3
catch a cold resfriarse 7
have a cold estar resfriado/a 7
It's (It's not) (very) cold. (No) Hace (mucho) frío. 4
collaborate colaborar 4
colleague colega *m./f.* 12
collide (with) chocar (con) 7
Colombian colombiano 1
Colonial (style) colonial 13
color color *m.* 2
a single color (solid) de un solo color 6
color movie/film película en color 9

comb one's hair peinarse 4
come venir (ie) 3
comedy comedia 9
comfortable cómodo *adj.* 9
commemorate conmemorar 14
commentary comentario *CP*
commercial area zona comercial 11
commission encargo 13
community comunidad *f.* 11
  do community work realizar un servicio comunitario 12
compact disc disco compacto 2
company empresa 12
compete concursar 9
competent competente 12
competition concurso 9
compile recopilar 12
compose componer 9
composer compositor/a 9
computer computadora *CP*
  computer science informática 2
  computer scientist informático 2
  laptop computer (computadora) portátil, *CP*
conceited presumido 12
concert concierto 4
  concert billboard cartelera 9
concrete hormigón *m.* 13
conference conferencia 12
confide (in) confiar (en) 12
confirm confirmar 10
conflict conflicto 9
conga drum conga 9
congested congestionado 7
  be congested estar congestionado 7
congratulate felicitar 8
  congratulate on felicitar por 12
Congratulations! ¡Enhorabuena!, ¡Felicidades! 8
connect conectar 8
connecting flight conexión *f.* 10
connection: free Wi-Fi Internet connection conexión Wi-Fi gratis 10
conqueror conquistador/a 10
conscience conciencia 8
constitute constituir 6
construction construcción *f.* 3
consulate consulado 10
container envase *m.* 8
contemporary contemporáneo 9
continue seguir (i, i) 3; continuar 4
contract contrato 11
  contrato laboral contract 12
contribute aportarse 13
converse conversar 6
convince convencer 11
cook cocinar 2; cocinero/a 12
cooked guisado 6
cookie galleta 6
cooking cocina 1
cool: It's (It's not) cool. (No) Hace fresco. 4
copy copiar 8; copy (cc on email) 8
cordless inalámbrico 8
corn maíz *m.* 6
corner: at the corner of en la esquina de *prep.* 3
corrido: a traditional Mexican ballad corrido 9
cosmetics cosméticos 3
cost costar (ue) 6
  (academic) costs costos (académicos) 11
Costa Rican costarricense *m./f.* 1
costumes vestuario 14
cotton algodón 6
cough toser 7
  have a cough tener tos 7
count contar (ue) 3
  count on contar con 12
couple pareja 12
court cancha 5
courtship noviazgo 12
cousin primo/prima *m./f.* 2
cover cubrir 8
covered cubierto *adj.* 7
cow vaca 14
cozy acogedor/a *adj.* 3
cracker galleta 6
craftsperson artesano 6
cream crema 6
create crear 4
creative creativo 5, creador/a *adj.* 13
creature criatura 14
credit card tarjeta de crédito 6
credits créditos 11
crime crimen *m.* 8
criticism crítica 7
croquette croqueta 1
cross crusar 7; atravesar (ie) 8
  Red Cross Cruz Roja *f.* 7
crossing (ferry) travesía 10
crossword puzzle crucigrama *m.* 13
cruel cruel *adj.* 14
cry llorar 14
crystalline cristalino *adj.* 5
Cuban cubano 1
cubism cubismo 13
cucumber pepino 6
cultivate cultivar 13
cumbia: a popular Colombian dance cumbia 2
curious curioso *adj.* 12
current events actualidad *f.* 8
curtain cortina 13
  drop curtain telón *m.* 14
custom costumbre *f.* 1
customer cliente/a 1
customs aduana 10
cut cortar 1
  cut one's finger, face cortarse el dedo, la cara 7
cybercafé cibercafé *m.* 8

D

daily diario *adj.* 4
dairy products productos lácteos 6
damage daño 6
dance bailar 1; danza 2; baile *m.* 5
  contemporary dance danza contemporánea 13
  modern dance danza moderna 13
dancer bailarín/bailarina 2
danger peligro 8
dangerous peligroso *adj.* 12
dark oscuro *adj.* 14
  dark-brown hair pelo castaño 2
  dark-featured, brunette moreno *adj.* 2
darken oscurecer 13
date fecha 4; cita 12
  be dating ser novios, salir juntos 12
  date (someone) salir con 3
  go on a first date tener la primera cita 12
daughter hija 2
day día *m.* 1
  day after tomorrow pasado mañana 10
  day before día anterior 8
  day before yesterday anteayer *adv.* 5
  first day el primer día 8
  last day último día 8
  next day al día siguiente 8
  other day el otro día 10
deal trato 6
death muerte *f.* 10
debit card tarjeta de débito 11
December diciembre 3
  December 24, Christmas Eve Nochebuena 8
  December 25, Christmas día de Navidad 8
  December 31, New Year's Eve Nochevieja 8
decide decidir 12
declare declarar 14
deep hondo *adj.* 1
deforestation deforestación *f.* 8
delayed retrasado 10
delegate (something to someone) delegarle (algo a alguien) 12
delete borrar 8
deli meats charcutería 6
delicious rico 1
delight encantar 12
delinquency delincuencia 8
deliver lanzar 6, entregar 11
demonstrative demostrativo *adj.* 2
denouement desenlace *m.* 14
dentist dentista *m./f.* 7
department departamento 12; facultad 2
departure salida 10
  departure lounge sala de embarque 10
  departure time hora de salida 10
dependable cumplidor/a 12
deposit depósito 11; depositar 11; *(mineral)* yacimiento 12
describe describir 8
  described descrito *adj.* 7
desert desierto 8
design diseño 9
desire desear 1; voluntad *f.* 12
desk escritorio *CP*
dessert postre *m.* 1
destination destino 10
destiny destino 13
detail detalle *m.* 2
detective movie/film película policiaca 9
deteriorate empeorar 8
determine determinar 4
develop desarrollar 6
devil demonio 14
diagnosis diagnóstico 7
dictatorship dictadura 3
dictionary diccionario *CP*
die morir (ue, u) 6
dieresis (diacritical mark used over u: ü) diéresis *f. CP*
different diverso *adj.* 8
diffuse difundir 9
dining room comedor *m.* 3
dinner cena 1
dinnertime: at dinnertime a la hora de cenar 4
director director/a 9
disappear desaparecer 8
disaster desastre *m.* 8
  natural disasters desastres naturales 8
discography discografía 9
disconnect desconectar 8
discotheque discoteca 3
discount descuento 6
discover descubrir 8
disembark from (the plane) desembarcar (del avión) 10
disgrace vergüenza 12
  What a disgrace that . . . ! ¡Qué vergüenza que... ! 12
disgust repugnar 12
dish plato 1
dishwasher lavaplatos 3
dislike someone caer mal 11
display counter/case mostrador *m.* 6
display window escaparate *m.* 6
distance distancia 1
  distance oneself apartarse 13
distant lejos *adv.* 3
distrustful desconfiado 12
dive (underwater) bucear 5
diver (underwater) buzo 5
diversion diversión *f.* 14
divorce divorcio 12
  divorced divorciado 2
  get divorced (from) divorciarse (de) 12
dizzy mareado 7
do hacer 1
Doctor, Dr. doctor/a, Dr./Dra. 1
doctor's office consulta 7
documentary documental *m.* 9
documentation documentación *f.* 10
dog perro 3
dominate dominar 8
Dominican dominicano 1
done hecho *adj.* 7
door puerta 2
doorperson portero 11
dormitory residencia estudiantil 2
dot (web address) punto 8
doubt duda 10
  doubt that dudar que 13
doubtful: It's doubtful that . . . Es dudoso que... 13
down payment depósito 11
download (files) bajar, descargar 8
downstairs abajo *adv.* 3
downtown en el centro 11
dozen docena 6
drama drama *m.* 9
dramatic poetry poesía dramática 14
draw dibujar 2
drawing, act of drawing dibujo 13
dream (about/of) soñar (ue) (con) 3
dress vestido 6
  dress (someone) vestir (i, i) 3
  get dressed vestirse 3
dresser cómoda 2
dressing room probador *m.* 6
drink beber 1, tomar 1; bebida *n.* 1
drive conducir (zco) 4
drizzle: It's drizzling. It's drizzling now. Llovizna. Está lloviznando. 4
drop *n.* gota 7; caer 9
drought sequía 8
drum tambor *m.* 9
  drum set batería 2
drummer batería 9
dry seco *adj.* 4
  dry cleaning limpieza en seco 10
dubbed movie/film película doblada 9
during durante *prep.* 1; por 10
  during the day durante el día 4
  during the week durante la semana 4
dusk atardecer *m.* 14
dust quitar el polvo 4; *n.* polvo 4
dynamic dinámico *adj.* 7

E

ear oreja 7
earring arete *m.* 6
earthquake terremoto 8
easel caballete *m.* 13
east este *m.* 3
Easter Sunday Domingo de Pascua o Resurrección 8
eastern oriental *adj.* 3
eat comer 1, tomar 1
  eat breakfast desayunar 4
  eat dinner cenar 1
  eat lunch almorzar (ue) 3
economical económico *adj.* 2
economics economía 2
economist economista 2
ecoturism: do ecotourism hacer ecoturismo 8
Ecuadorian ecuatoriano 1
edit editar 8
education educación 2
  early education educación infantil 2
  elementary education educación primaria 2

secondary education educación secundaria 2
efficient eficiente 12
egg huevo 1
fried eggs huevos fritos 1
scrambled eggs huevos revueltos 1
eight ocho 2
eighty ochenta 3
either tampoco 9
either . . . or . . . o... o... 9
elbow codo 7
elect elegir 8
election elección *f.* 8
electrician electricista *m./f.* 12
electricity electricidad *f.* 11
elevator ascensor *m.*, elevador *m.* 10
eliminate eliminar 4
e-mail correo electrónico 1
embroidered bordado 6
embroidery bordado 13
emerge surgir 9
emergency room sala de emergencia/de urgencias 7
emotion emoción *f.* 5
empire imperio 1
employee empleado/a 12
employment agency agencia de empleos 12
encourage animar 13
end fin *m.* 3; (story) desenlace *m.* 14
at the end por último 8
at the end of al final de *prep.* 3
at the end of the day/afternoon/evening al final del día/de la tarde/de la noche 8
in the end al fin y al cabo 1
endangered: be endangered estar en peligro de extinción 8
energetic enérgico *adj.* 7
engaged: to be engaged estar comprometido 12
engagement compromiso 12
engagement ring anillo de compromiso 12
engineer ingeniero 2
engineering ingeniería 2
civil engineering ingeniería civil 2
electrical engineering ingeniería electrónica 2
industrial engineering ingeniería industrial 2
mechanical engineering ingeniería mecánica 2
engraving grabado 13
enjoy disfrutar 5
enter entrar 5
entertain divertir (ie, i) 6
entertainment entretenimiento 3
entitled titulado *adj.* 5
envious envidioso 12
environment medio ambiente 8
positive environment ambiente positivo 12
epic poetry poesía épica 14
Epiphany, Feast of the Three Wise Men Día de los Reyes Magos 8
epoch época 3
eraser borrador *m.* *CP*
errands: run errands hacer mandados 4
escape huir 6
espresso café solo 1
essay ensayo 14
essayist ensayista *m./f.* 14
essential esencial *adj.* 1
establish establecer 6
ethnic étnico *adj.* 14
evening 4
in the evening por la noche 4
this evening hoy por la noche, esta noche 10
event acontecimiento 7; evento 12
every todo/a 1
every afternoon/morning/night todas las tardes/mañanas/noches 7
every day todos los días 1; cada día 7
every month todos los meses 7
every week todas las semanas 7
every year todos los años 7
everyone, everybody todo el mundo 9
everything todo 1
everywhere por todas partes 10
evident evidente 13
evil spirit demonio 14
exaggeration exageración *f.* 7
examine examinar 7
example: for example por ejemplo 10
exchange cambio 6; intercambio 7; intercambiar 12
exchange money cambiar dinero 11
exchange program programa de intercambio 11
exchange rate tasa de cambio 11
exchange rings intercambiar anillos 12
in exchange for a cambio de 10
excursion excursión *f.* 10
Excuse me. Perdone. 1
exemplify ejemplificar 13
exercise hacer ejercicio 3
exhibit *n.* exposición *f.* 10; exponer 13
ex-husband/ex-wife ex-esposo/ex-esposa 2
exile destierro 4
exiled exiliado 2
exist existir 2
expense gasto 9
expensive caro 6
experience experiencia 2
explain explicar 5
explore explorar 3
export exportación *f.* 6
express expresar 1
expression expresión *f.* 1
useful expressions expresiones útiles 1
exquisite exquisito *adj.* 1
extend extender (ie) 7
extraordinary extraordinario *adj.*, portentoso *adj.* 7
extroverted extrovertido *adj.* 7
eye ojo 2

F

face cara 7
facing frente a 3
Fahrenheit: degrees Fahrenheit grados Fahrenheit 4
faithful fiel *adj.* 12
be faithful ser fiel 12
fall *n.* otoño 3; *v.* caer 6
fall asleep dormirse 4
fall in love with enamorarse de 9
fall out of love (with) desenamorarse (de) 12
false falso *adj.* 2
fame fama 13
family familia 2
have a family tener una familia 12
fantastic fantástico *adj.* 8
fantasy movie/film película de fantasía 9
far away lejos *adv.* 3
far from *prep.* lejos de 3
fare precio del billete 10
farmer agricultor/a 1
fascinate fascinar 8
fashion boga 13
men's and women's fashions moda para hombres y mujeres 6
fat gordo 2
fate destino 13
father padre *m.* 2
fault culpa 14
fear temer 12; recelar 14
February febrero 3
fed up harto 12
fee tasa 10
feel sentir(se) (ie, i) 6
feel good/bad sentirse bien/mal 7
feel like doing something tener ganas de 3
feel (sorry) sentir (ie, i) 4
feminine femenino *adj.* 1
ferry ferry *m.* 10
fever fiebre *f.* 7
field campo 5
fifty cincuenta 3
fight with one another pelearse 9
file archivo, documento 8
fill out a form llenar un formulario 11
film película 2
film industry industria cinematográfica 9
film noir cine negro 9
finally finalmente, por fin 8
financing financiación *f.* 11
find out about enterarse de 7
Fine, thanks. And you? Bien, gracias. ¿Y tú/Ud./Uds.? *CP*
finger dedo (de la mano) 7
finish (*something*) acabar 9
firefighter bombero/a 12
firm empresa 12
first primero 1
first of all primero de todo 8
the first days los primeros días 8
fish pescar 5; pescado *n.* 1
fisherman/woman pescador/a 5
fishing pesca 4
fit quedarse 6
Does it fit me? ¿Me queda bien? 6
They fit you well./They do not fit you well. Le quedan bien/mal. 6
fitted (clothing) ajustado 6
five cinco 2
flag bandera 3
flamenco flamenco 9
flautist flautista *m./f.* 9
flavor sabor *m.* 1
flight vuelo 10
domestic flight vuelo doméstico 10
flight attendant auxiliar de vuelo *m./f.* 12
flight number número de vuelo 10
international flight vuelo internacional 10
nonstop flight vuelo sin escala 10
flood inundación *f.* 8
floor piso 7
sweep the floor barrer 4
flora and fauna flora y fauna 8
flour harina 6
flower flor *f.* 4
flu gripe *f.* 7
flute flauta 9
foggy: It's foggy. Hay niebla. 4
folded doblado *adj.* 7
folder carpeta 8
folk art arte popular *m.* 13
folk music música folclórica 9
follow seguir (i, i) 3
following siguiente *adj.* 3
food comida 1; alimentos 2
fast food comida rápida 6
foot pie *m.* 7
go on foot ir a pie 3
football (game) fútbol americano 5
football pelota de fútbol americano 5
football player futbolista *m./f.* 5
for para 1; por 10
forbid prohibir 12
forecast: weather forecast pronóstico del tiempo 4
forehead frente *f.* 14
foreign extranjero *adj.* 2
foreign currency moneda extranjera 11
foreign internship práctica profesional en el extranjero 11
foreign movie/film película extranjera 2
forest selva 4; bosque *m.* 8, silvestre *adj.* 8
forget olvidar 9
fork tenedor *m.* 1
form formar 4; formulario 11
forty cuarenta 3
forward (email) reenviar 8
found fundar 4
foundation fundación *f.* 2
fountain fuente *f.* 13
four cuatro 3
free libre *adj.* 4; gratis (free of charge) 10
French francés/francesa 1
french fries papas fritas 1
frequently con frecuencia 4, frecuentemente 7
fresh fresco *adj.* 6
Friday viernes *m.* 3
fried pieces of dough churros 1
friend amigo 1
friendly acogedor/a *adj.* 11
from de 1, desde 10
front
front desk (in hotel) recepción *f.* 10
in front of delante de *prep.* 3; enfrente de *prep.* 3
frozen congelado 6
frozen foods congelados 6
fruit fruta 1
full lleno *adj.* 2
full of oneself presumido 12
full-time work trabajo de tiempo completo 12
fun divertido *adj.* 2
funds: available funds fondos disponibles 11
funny divertido *adj.* 7; cómico *adj.* 7
furnished amueblado *adj.* 11
furniture muebles *m.* 3

G

Galician language gallego 10
gallon galón 6
game partido 5
garage garaje *m.* 7
garbage basura 8
gas (for heating) gas *m.* 11
gate (airport) puerta 10
gather together reunir 7
gathering tertulia 12
literary gathering tertulia literaria 12
general: in general por lo general 4
generally generalmente 4
generous generoso *adj.* 7
genius genio 13
genre género 14
cinematographic genre género cinematográfico 9
geographic geográfico *adj.* 6
geography geografía 4
German alemán/alemana 1
get conseguir (i, i) 3
get a visa obtener (ie) el visado 10
get a wound hacerse una herida 7
get along well/poorly (with) llevarse bien/mal (con) 12
get angry enojarse 9
get dressed vestirse 4
get in (the car) subirse (al coche) 10
get into (vehicle) subir 7
get married casarse 3

get off (the plane) desembarcar (del avión) 10
get off (the train) bajar (del tren) 10
get on (the train) subirse (al tren) 10
get out of (the car) bajar (del coche) 10
get up levantarse 4
get your passport sacar el pasaporte 10
giant gigante *m.* 7
gift regalo 3
gift giver donador/a 14
girlfriend novia 3
give dar 1
give a concert dar un concierto 9
give a gift regalar 7
give advice dar consejos 8
give an injection/a shot poner una inyección 7
give gifts hacer regalos 8
glass vaso (for drinking) 1; cristal *m.*, vidrio (material) 13
glasscarving talla en vidrio 13
global positioning system (GPS) Sistema *m.* de Posicionamiento Global 8
global warming calentamiento global 8
glove guante *m.* 6
go ir 3
go away irse 9
go by bicycle ir en bicicleta 3
go by bus ir en autobús 3
go by car ir en carro 3
go by subway ir en metro 3
go by taxi ir en taxi 3
go down bajar 5
go grocery shopping hacer las compras 4
go on vacation ir de vacaciones 3
go out salir 3
go out with (someone) salir con 3
go shopping ir de compras 3
go through customs pasar por la aduana 10
go through passport control pasar por el control de pasaportes 10
go to a concert ir a un concierto 4
go to bed acostarse 4
go to sleep dormirse 9
going out ser novios, salir juntos 12
goal meta 12
goat cabra 6
gold oro 6
golf (game) golf *m.* 5
golf ball pelota de golf 5
golf club palo de golf 5
golf course campo de golf 5
golfer golfista *m./f.* 5
good bueno *adj.* 1
be good ser bueno 7
Good afternoon. Buenas tardes. *CP*
Good choice. Buena idea. 1
Good evening./Good night. Buenas noches. *CP*
Good Friday Viernes Santo 8
Good morning. Buenos días. *CP*
good-bye adiós, chau; despedida *n.* *CP*
good-looking guapo 2
Gothic (style) gótico 13
government gobierno 8
grade nota 7
graduate licenciarse, graduarse (en), 11; licenciado *n.* 5
graduation graduación *f.* 8
gram gramo 6
grandfather abuelo 2
grandmother abuelita 1; abuela 2
grandson/granddaughter nieto/nieta 2
grape uva 6
graphic gráfico *adj.* 13
gratuity propina 5
gray gris *adj.* 2
great fenomenal 12
greatest máximo *adj.* 4
green verde *adj.* 2
greenhouse effect efecto invernadero 8
greet one another saludarse 9
greeting saludo *CP*
grocery: go grocery shopping hacer las compras 4
guarantee garantizar 6
Guatemalan guatemalteco 1
guess adivinar 4
guessing game juego de adivinanzas 1
guest invitado 8; huésped/a 10
guide guiar 12
guidebook guía *f.* 10
guitar guitarra 2
large guitar guitarrón *m.* 9
guitarist guitarrista *m./f.* 9
gymnasium gimnasio 5
gypsy gitano 7

H

habit hábito 11
habitat hábitat *m.* 8
haggle regatear 6
hair pelo 2
brush one's hair cepillarse el pelo 4
comb one's hair peinarse 4
dark brown hair pelo castaño 2
long hair pelo largo 2
short hair pelo corto 2
wash one's hair lavarse el pelo 4
hairdresser peluquero/a 9
hairdryer secador *m.* de pelo 3
hairy peludo *adj.* 7
half medio 4; mitad *f.* 4
half kilogram (500 grams) medio kilo 6
half liter medio litro 6
ham (cured) jamón (serrano) *m.* 1
hamburger hamburguesa 6
hand mano *f.* 1
wash one's hands lavarse las manos 4
handicrafts artesanías 4
handsome guapo 2
hang gliding ala delta *m.* 5
happy alegre *adj.* 3; contento *adj.* 3
hard drive (computer) disco duro 8
hardware equipo 8
hardworking trabajador/a *adj.* 7
harp arpa *m.* 9
harpist arpista *m./f.* 9
hat sombrero 6
have tener (ie) 1
have a birthday, turn . . . years old cumplir años 8
have a fever tener fiebre 7
have a good time divertirse, 6, pasarlo bien 8
have a party hacer una fiesta 4
have a sore throat doler la garganta, tener dolor de garganta 7
have a stomachache/headache tener dolor de estómago/cabeza 7
have a stuffy nose tener la nariz tapada 7
have an idea ocurrir 9
have chills tener escalofríos 7
have fun divertir(se) 6
have just (finished doing something) acabar de (+ infinitive) 5
have to do (something) tener que + *infinitive* 3
he él *pron.* *CP*
head cabeza 7
headache: have a headache tener dolor de cabeza 7
headquarters sede *f.* 9
heal curar 7
health salud *f.* 7
health insurance seguro médico 7
healthy: be healthy estar sano 7
hear oír 4
heart corazón *m.* 7
heat(ing) calefacción *f.* 10
Hello! ¡Hola! *CP*
help ayudar 3
help each other ayudarse 9
her su/s 2
herbal tea infusión *f.* 1
here aquí *adv.* 2
Here you are. Aquí tienen. 1
hero héroe *m.* 3
hers suyo 11
high elevado 10
high-heeled shoes zapatos de tacón 6
hiking alpinismo 5
hill cerro 5
hip hop hip hop *m.* 9
hire contratar 12
his su/s 2; suyo 11
Hispanic hispano *adj.* 2
historian historiador/a 2
historical movie/film película histórica 9
history historia 2
hit chocar 7
hockey hockey 5
ice hockey hockey sobre patines *m.* 5
hockey stick palo de hockey 5
Holy Week Semana Santa 8
home hogar *m.* 3
home accessories accesorios para el hogar 6
home page página inicial/principal 8
homework tarea 3
Honduran hondureño 1
honest honesto *adj.* 7
honeymoon viaje *m.* de novios, luna de miel 10
hope *n.* esperar 12; ojalá 12; esperanza 13
horrify horrorizar 12
horror movie/film película de terror/de miedo 9
horse caballo 5
hospital hospital *m.* 3
host/hostess anfitrión/anfitriona 8
hot (temperature) caliente *adj.* 1; caluroso *adj.* 4
be hot (person) tener calor 3
It's (It's not) (very) hot. (No) Hace (mucho) calor. 4
hotel hotel *m.* 10
hour hora 4
house casa 2
housekeeping service (in hotel) servicio de limpieza 10
housing vivienda 2
How? ¿Cómo? 1
How are you? ¿Cómo está/están/estás?, ¿Qué tal? *CP*
How can I help you? ¿En qué puedo servirle/s? 6
How do they say it? ¿Cómo lo dicen? 1
How good (it is) that . . . ! ¡Qué bueno que... ! 12
How is it? ¿Cómo es? 2
How much does it/do they cost? ¿Cuánto cuesta/n? ¿Cuánto vale/n? 6
How much? How many? ¿Cuánto? 2 ¿Cuántos/as? 2
How much is everything? ¿Cuánto es todo? 6
however sin embargo 4
hug abrazar 6; abrazo *n.* 7
hug each other abrazarse *CP*
huge enorme *adj.* 7
humanities humanidades *f.* 2
humble humilde *adj.* 10
hungry: to be hungry tener hambre 3
hurricane huracán *m.* 8
hurry: be in a hurry tener prisa 2
hurt doler (ue) 7
hurt one's foot, knee lastimarse un/el pie, una/la rodilla 7
hurt oneself lastimarse 7
husband esposo 2, marido 6
hyphen guión *m.* 3

I

I yo *pron.* *CP*
ice cream helado 6
ice skate patinar sobre hielo 5
ice skater patinador/a 5
ice skates patines de hielo *m.* 5
ice skating patinaje sobre hielo *m.* 5
icy: It's icy. Hay hielo. 4
idealistic idealista *adj.* 7
idol ídolo 5
if si 10
illness enfermedad *f.* 7
image imagen *f.* 13
imaginative imaginativo *adj.* 7
immigrant inmigrante *m./f.* 5
immigration inmigración *f.* 8
impact impacto 8
impatient impaciente *adj.* 7
impede dificultar 12
impossible imposible *adj.* 9
impression huella 13
impressionist impresionista 13
impressive impresionante *adj.* 5
improve mejorar 8
in en *CP*, por 10
in order to (+ infinitive) para 10
in the morning/afternoon/evening por la mañana/tarde/noche 4
incompetent incompetente 12
increase aumentar 8
incredible increíble *adj.* 8
independent independiente *adj.* 7
independent movie/film película independiente 9
indicate indicar 4
infancy infancia 7
infection infección *f.* 7
information información *f.* 8
ingredient ingrediente *m.* 6
inheritance herencia 2
innocent ingenuo *adj.* 7
innovative innovador/a 9
insect insecto 1
inside dentro *adv.* 3
insincere falso 12
insist on insistir en 12
instability inestabilidad *f.* 13
instrument instrumento 9
insurance: get travel insurance contratar el seguro de viajes 10
intellectual intelectual *adj.* 7
intelligent inteligente *adj.* 2
to be intelligent ser inteligente 2
intend pensar (ie) 3
interest interesar 8
interesting interesante 2
interior: in the interior en el interior 3
Internet Internet *m.* 8
interpret interpretar 9
interpretive arts artes interpretativas *f.* 13
interview entrevista 8
introduce presentar *CP*
introduction presentación *f.* *CP*
introverted introvertido *adj.* 7
invention invento 4

invest invertir 11
investigate investigar 11
invitation invitación *f.* 8
invite people to a party invitar a gente a una fiesta 8
iron planchar 4
island isla 4
isolated aislado *adj.* 13
isthmus istmo 3
Italian italiano 1
itinerary itinerario 10
its su/s 2; suyo 11

J

jacket chaqueta 6
jam mermelada 1
January enero 3
  January 1, New Year's Day Día de Año Nuevo 8
  January 6, Epiphany, Feast of the Three Wise Men Día de los Reyes Magos 8
Japanese japonés/japonesa 1
jar vasija 13
jazz music jazz *m.* 9
jealous celoso 12
jeans bluejeans *m. pl.* 6
jewel joya 6
jewelry joyería 13
  costume jewelry bisutería 13
  jewelry shop joyería 6
job trabajo 1; puesto 12
  job offer oferta de trabajo 12
  job section (in newspaper) bolsa de trabajo 12
join a professional organization inscribirse en una asociación profesional 12
journalism periodismo 2
journalist periodista *m./f.* 2
journey peregrinación *f.* 10
  outward journey viaje de ida 10
  return journey viaje de vuelta 10
judge juzgar 9; juez/jueza 12
July julio 3
June junio 3
jungle selva 8

K

kayaking (in the sea) kayak *m.* de mar 5
keep going seguir (i, i) 3
key (typing) tecla 8
  (magnetic) key (in hotel) llave (magnética) *f.* 10
keyboard teclado 2
  keyboard player teclista *m./f.* 9
kidnapping secuestro 8
kilogram (kilo) kilo 6
  quarter kilogram (250 grams) cuarto de kilo 6
king rey *m.* 7
  Day of the Three Kings Día de los Reyes 3
kingdom reino 10
kiss each other besarse 9
kitchen cocina 3
  kitchen sink fregadero 3
knee rodilla 7
knife cuchillo 1
knock tocar 6
know (a fact, concept, or skill) saber 3; **(a person or area)** conocer 3
  know each other conocerse 1
  know how (to do something) saber 3
knowledge conocimiento 5

L

lack faltar 5, hacer falta 11
lamb cordero 6
lamp lámpara 2
lance lanza 13
land terreno *n.* 3; suelo 8; aterrizar (plane) 10
language lengua 2; idioma *m.* 3
  language program programa de idioma 11
laptop computer computadora portátil *CP*
last durar 4; último *adj. CP*
late tarde 7
later on más tarde 8
latest album/disc último disco 9
Latin American latinoamericano 9
Latin music música latina 9
laugh reírse (i, i) 6
launch an album/disc presentar un disco 9
laundry (place) lavandería 10
  do laundry lavar la ropa 4
  laundry service servicio de lavandería 10
layover (in airport) escala 10
  have a layover (in) hacer escala (en) 10
law derecho 2; ley *f.* 8
lawn: mow the lawn cortar el césped 4
lawyer abogado 2
lazy flojo *adj.*, perezoso *adj.* 7
leader líder *m.* 2
leading man/woman (film) protagonista *m./f.* 9
leaf hoja 4
  rake leaves recoger las hojas secas 4
league (sports) liga 5
learn aprender 1
lease contrato 11
least: at least por lo menos 10
leather cuero 4; piel 6
leave salir 3; irse 4; dejar 10
  leave a place salir de 3
  leaving home al salir de casa 4
left izquierda 3
  left (to be done) por (+ infinitive) 10
  to the left of a la izquierda de 3
  Turn left. Doble a la izquierda. 11
leg pierna 7
legend leyenda 14
lemon limón *m.* 6
length of stay (in hotel) duración de la estancia 10
less . . . than menos... que 4
lettuce lechuga 6
level nivel *m.* 2
library biblioteca 3
lift levantar 9
  lift weights levantar pesas 5
light luz *f.* 3; ligero *adj.* 14
lightning: It's lightning. It's lightning now. Caen rayos. Están cayendo rayos. 4
like gustar 2
  (I, you, he, she) would like quisiera *CP*
likely: It's (un)likely that . . . (No) Es probable que... 13
limit límite *m.* 10
line (of a poem) verso 4
line: stand in line hacer cola 3
linen: hilo, lino 6
link enlace *m.* 8
lip (of mouth) labio 7
list lista 1
listen (to) escuchar 1
liter litro 6
literature literatura 2
litter arrojar/tirar basura 8
little poco 1; pequeño *adj.* 2
  a little un poco 7
live vivir 1
  live together vivir juntos 12
  live music música en vivo/en directo 9
living room sala 3
loan préstamo 11; prestar 11
  ask for a loan pedir un préstamo 11
  personal loan préstamo personal 11
lobster langosta 6
location localización *f.* 3; ubicación *f.* 11
lodging alojamiento 10
lofty elevado 10
long: for how long desde cuándo 5
look at mirar 2
  look at each other mirarse 9
look for buscar 2
loose (clothing) suelto 6
lose perder (ie) 3
lost credit card tarjeta de crédito extraviada 11
lot: a lot mucho 1
love amor *m.* 12; encantar 12
  love at first sight amor a primera vista 12
  love each other quererse 12
  love one another quererse 9
lower bajar 6
loyal leal 12
luggage equipaje *m.* 10
  carry-on luggage equipaje de mano 10
  checked luggage equipaje facturado 10
  luggage storage consigna 10
lunch comida 1
  eat lunch almorzar 3
lung pulmón *m.* 7
lying mentiroso *adj.* 7
lyric poetry poesía lírica 14
lyrics letra 9

M

made: to be made of estar hecho de 13
magazine revista 8
magical mágico *adj.* 9
mailbox buzón *m.* 8
main character protagonista *m./f.* 14
maintain mantener (ie) 9; sostener 14
major carrera 2
majority mayoría 1
make hacer 3
  make a toast (to) brindar (por) 8
  make an appointment hacer una cita 7
  make *(someone)* angry enojar a 9
  make *(someone)* happy alegrar 9
make-up
  make-up artist maquillador/a 9
  put on make-up maquillarse 4
man hombre *m.* 2
mango mango 6
manner modo 11
map mapa *m. CP*
March marzo 3
mark huella 13
market mercado 3
  open-air market mercado al aire libre 6
marmalade mermelada 1
marriage matrimonio 12
married casado 2
marry: ask someone to marry you proponerle matrimonio a alguien 12
martial arts movie/film película de artes marciales 9
marvelous prodigioso *adj.* 7
masculine masculino *adj.* 1
mask máscara 5
match conectar 4; partido 5
material material *m.* 13
maternal materno *adj.* 2
math matemáticas 2
mathematician matemático 2
matron of honor madrina 12
matter importar 8
maturity madurez *f.* 11
May mayo 3
  May 1, May Day, International Workers' Day Día del Trabajo 8
may: it may be that puede ser que 13
mayonnaise mayonesa 6
meaning significado 2
means: by means of a través de 8
meat carne *f.* 6
mechanic mecánico 12
media medios de comunicación 8
medical doctor doctor 1, médico 2
medications medicamentos 7
Mediterranean mediterráneo *adj.* 10
meet conocer 12
  meet each other conocerse 12
meeting reunión *f.* 10
  meeting room sala de reuniones 10
melon melón *m.* 6
menu menú *m.* 1
merchant comerciante *m./f.* 12
merengue: rhythmic Dominican music merengue *m.* 9
message mensaje *m.* 4
messy desordenado *adj.* 7
metal metal *m.* 13
metaphor metáfora 14
meter: (poetic) meter metro (poético) 14
Mexican mexicano 1
microwave microondas 3
midnight medianoche *f.* 4
  At midnight. A la medianoche. 4
mile milla 9
milk leche *f.* 1
million millón 3
mime mimo 13
mind: state of mind estado de ánimo 7
minibar minibar *m.* 10
minute minuto 5
mirror espejo 3
miss each other extrañarse 12
miss the flight perder el vuelo 10
Miss, Ms. señorita, Srta. 1
misty: It's misty. Hay neblina. 4
mix mezclar 7
mixture mezcla 11
modem módem *m.* 8
modern moderno 13
moment: at this moment en este momento 4
Monday lunes 3
  last Monday lunes pasado 8
  next Monday el lunes que viene 10
money dinero 6
  money exchange office casa de cambio 11
monkey mono 13
month mes *m.* 3
  last month mes pasado 5
  this month este mes 10
moon luna 14
more más *adj./adv. CP*
  more . . . than más... que 4
morning mañana 4
  early morning la madrugada 4
  in the morning por la mañana 4
  this morning esta mañana 10
mosquito zancudo 7
mother madre *f.* 2
mountain montaña 4
  in the mountains en la sierra 3
  mountain climbing alpinismo 5
  mountain range cordillera 8
mouse ratón *m.* 8
mouth boca 7
move traslado *n.* 13
movement movimiento 12
movie película 2
  movie theater cine *m.* 3; sala de cine 6
  movie viewer's day día del espectador 9

mow the lawn cortar el césped 4
Mr., sir señor, Sr. 1
Mrs., ma'am señora, Sra. 1
muffle rebozar
mural mural *m.* 13
muralism muralismo 13
muralist muralista *m./f.* 13
murder asesinato 8
murmur rumor *m.* 14
muscle músculo 7
museum museo 3
mushroom hongo 6
music música 2
  music festival festival de música *f.* 9
  type of Cuban music son *m.* 9
  types of Puerto Rican music bomba, plena 9
musical musical *m.* 9
  musical group grupo musical 9
musicality musicalidad *f.* 14
musician músico 2
mussels mejillones *m.* 6
my mi/s 2
mystery misterio 6

N

naive ingenuo *adj.*, ingenioso *adj.* 7
name (first) nombre *m. CP*
napkin servilleta 1
narrator narrador/a 14
nationality nacionalidad *f.* 1
native indígena *m./f.* 1; autóctona *adj.* 8;
natural resources recursos naturales 8
nature naturaleza 2
  nature reserve reserva natural 8
nauseous: be nauseous tener náuseas 7
near cerca de *prep.* 3; cercano *adj.* 9
nearby cerca *adv.* 3
neat ordenado *adj.* 7
necessary necesario *adj.* 4, preciso *adj.* 8
neck cuello 7
necklace collar *m.* 6
need necesitar 6; faltar 11
needle aguja 7
negative negativo *adj.* 9
neighbor vecino/a 11
neighborhood barrio 3
neither . . . nor . . . ni... ni..., tampoco 9
nephew/niece sobrino/sobrina 2
never nunca 1
new nuevo 3
  New Year's Day Día de Año Nuevo 8
  New Year's Eve Nochevieja 8
newlyweds recién casados *m. pl.* 12
news noticias 2
  breaking news las noticias de última hora 8
  T.V. news report noticiero, telediario 8
newspaper periódico 8
next
  next academic year el curso que viene 10
  next month el mes que viene 10
  next to al lado de 3
  next week la semana que viene 10
  next weekend el fin de semana que viene 10
  next year el año que viene 10
Nicaraguan nicaragüense *m./f.* 1
nice simpático *adj.* 2; agradable *adj.* 7
  Nice to meet you. Encantado., Igualmente., Mucho gusto. *CP*
night noche *f.* 4
  last night anoche *adv.* 5
nighttime: at nighttime/in the evening por la noche 4
nine nueve 3
ninety noventa 3
no, none ningún, ninguno 9
no one, nobody nadie 2
nobleman hidalgo 7
noise rumor *m.* 14
noon mediodía *m.* 4
  At noon. Al mediodía. 4
normally, in general normalmente 1
north norte *m.* 3
northeast noreste *m.* 10
northwest noroeste *m.* 8
nose nariz *f.* 7
  have a stuffy nose tener la nariz tapada 7
not no 1
note apunte *m.* 6
notebook cuaderno *CP*
nothing nada 1
  nothing else nada más 1
novel novela 14
novelist novelista *m./f.* 14
novelty novedad *f.* 7
November noviembre 3
  November 1, All Saints' Day Día de Todos los Santos 8
  November 2, All Souls' Day, Day of the Dead Día de los Muertos 8
now ahora *adv.* 1
  now playing (movie) en cartelera 9
numerous numeroso *adj.* 10
nurse enfermero 2
nuts frutos secos 6

O

object objeto 1
obtain conseguir (i, i) 5
obvious obvio 13
occur (to have an idea) ocurrir 9
ocean océano 8
October octubre 3
octopus pulpo 6
odd
  It's odd that . . . Es curioso que... 12
  seem odd extrañar 12
of, de *CP*
  Of course! ¡Cómo no! 1
often a menudo 4
oil aceite *m.* 1
  oil painting pintura al óleo 13
old antiguo *adj.* 2
older mayor 2
oldest el/la mayor 4
olive aceituna 1
  olive oil aceite de oliva 1
on en 1; encima de *prep.* 3; sobre *prep.* 3
  on behalf of por 10
once una vez 9
  once a day/week/month/year . . . una vez al día/a la semana/al mes/al año... 7
one uno 2
  one hundred centenar *m.* 7; cien 3
  one's own propio 6
onion cebolla 6
online: go to an online chat room 12
only sólo *adv.* 2; único *adj.* 5
open abrir 1; abierto *adj.* 3
opera ópera 9
  opera singer cantante de ópera 13
opinion: have an opinion about opinar 13
opportunity oportunidad *f.* 4
opposite enfrente de *prep.* 3
optimistic optimista *adj.* 7
orange anaranjado *adj.* 2; naranja *n.* 1
  orange blossom azahar *m.* 14
  orange juice jugo/zumo de naranja 1
order pedir (i, i) 1; mandar 12
  order drinks and food pedir la bebida y la comida 1
  order the flowers encargar las flores 12
organism organismo 6
organization organización *f.* 2
organized organizado *adj.* 4
orientation orientación *f.* 11
original version versión original *f.* 9
ornament adorno 13
other otro *CP*
ounce onza 6
our nuestro 2
outdoors al aire libre 4
outside fuera *adv.* 3
oven (conventional) horno 3
over encima de *prep.* 3; sobre *prep.* 3
  over there allá *adv.* 2
overhead projector proyector *m. CP*
owner dueño 11
oysters ostras 6
ozone layer capa de ozono 8

P

pack hacer las maletas 5
package paquete *m.* 6
pain dolor *m.* 7
paint pintar 2
paintbrush pincel *m.* 13
painter pintor/a 2
painting pintura 2; cuadro 3
palace palacio 3
palette paleta 13
Panamanian panameño 1
pants pantalones *m. pl.* 6
paper papel *m. CP*
par excellence por excelencia 9
parachuting paracaidismo *m.* 5
paragliding parapente *m.* 5
paragraph párrafo 5
Paraguayan paraguayo 1
parents padres *m.* 2
park parque *m.* 3
parking area parqueo 6, aparcamiento 10; estacionamiento 11
parrot loro 13
part parte *f.* 3
  part-time work trabajo de tiempo parcial 12
participant participante *m./f.* 9
participation participación *f.* 5
party fiesta 4
  have a party hacer una fiesta 4
  surprise party fiesta sorpresa 8
  throw a party dar una fiesta 8
pass (through) pasar (por) 10
passage pasaje *m.* 7
passenger pasajero 10
passport pasaporte *m. CP*
  passport and immigration checkpoint control de pasaportes 10
password clave *f.*, contraseña 8
pasta pasta 6
paste pegar 8
paternal paterno *adj.* 2
patient paciente *m./f.* 7; paciente *adj.* 7
pay pagar 6
  pay attention prestar atención 4
  pay by check pagar con cheque 6
  pay in installments pagar a plazos 11
  pay tribute to rendir homenaje a 2
pea guisante *m.* 6
peach melocotón *m.* 6
peanut cacahuete *m.* 1
pear pera 6
peasant campesino 6
pen bolígrafo *CP*
pencil lápiz *m. CP*
  colored pencils lápices de colores 13
  pencil sharpener sacapuntas *m. CP*
pepper pimienta 1
perceive sentir (ie, i) 9
percent por ciento 10
percussion and keyboard instruments instrumentos de percusión y de teclado 9
percussionist percusionista *m./f.* 9
perform actuar 9
performance actuación *f.* 9; representación *f.*, función *f.* 13; interpretación *f.* 14
performer intérprete *m.f.* 14
perfume perfume *m.* 6
perfume shop perfumería 6
perhaps tal vez 4
period (in Internet address) punto 2
  period of time período 8
person persona 1
personal digital assistant (PDA) asistente personal digital *m.* 8
personality personalidad *f.* 7
Peruvian peruano 1
pessimistic pesimista *adj.* 7
pharmacist farmacéutico/a 7
pharmacy farmacia 7
philologist filólogo 2
philology filología 2
philosopher filósofo 2
philosophy filosofía 2
photographer fotógrafo/a 2
photography fotografía 2
physicist físico 2
physics física 2
pianist pianista *m./f.* 9
piano piano 2
pick up recoger 4; levantar 9
  pick up (your luggage) recoger (el equipaje) 10
pictorial pictórico *adj.* 13
picturesque pintoresco *adj.* 6
piece pedazo 6; trozo 1
pill pastilla 7
pillar pilar *m.* 13
pillow almohada 2
pilot piloto *m./f.* 12
PIN number clave secreta *f.* 11
pineapple piña 6
pink rosado *adj.* 2
pity: It's a pity that . . . Es una pena que... 12
pizza pizza 1
place lugar *m.* 1; colocar 1; poner 9
plaid a/de cuadros 6
plan pensar (ie) 3; planear 12
plant planta 2
plaster escayola 13
plate plato 1
platform (train) andén *m.* 10; plataforma 9
platinum platino 6
play drama *m.* 14, obra de teatro 14
  to play (a CD/DVD/MP3) reproducir 8
  play (a sport) jugar (ue) 3; practicar 5
  play (an instrument) tocar 2
  play basketball jugar al básquetbol 5
player jugador/a 5
  baseball player jugador/a de béisbol, pelotero 5
  basketball player jugador/a de básquetbol 5
playwright dramaturgo/a 14
plaza plaza 3
plead rogar (ue) 12
pleasant agradable *adj.* 7
please por favor 1
pleasure gozo 14
plot argumento 9, trama 14
  plot summary sinopsis *f.* 9
plug enchufe *m.* 8
  plug in enchufar 8
plumber plomero/a 12

P.M. de la tarde, de la noche 4
poem poema *m.* 14
poet poeta *m./f.* 14
poetry poesía 14
point of view punto de vista 14
pole palo 5
police station estación de policía 3
policeman policía *m.* 12
policewoman mujer policía *f.* 12
political science ciencias políticas 2
politician político 2
politics política 2
polka-dotted a/de lunares 6
pollute contaminar 8
pollution contaminación *f.* 8
pop music música pop 9
popcorn palomitas (de maíz) 4
population población *f.* 1
pork cerdo 6
port puerto 10
portrait retrato 7
position posición *f.* 5; puesto (job) 12
possess poseer 9
possession posesión *f.* 2
possible posible *adj.* 4
post office oficina de correos 3
poster póster 2; afiche *m.* 9; cartel *m.* 9
postman/woman cartero/a 12
Postmodern (style) postmoderno 13
pot vasija 13
potato papa 1; patata 1
  diced potatoes served in a spicy sauce patatas bravas 1
  potato chips papas fritas 1
  potato omelette tortilla de patatas 1
pound libra 6
power poder *m.* 9
practice (a sport) practicar 1
prairie llanura 8
pre-cooked meal plato preparado 6
predominance predominio 13
prefer preferir (ie, i) 3
preferable preferible *adj.* 12
preference gusto 2
premiere estreno 14
prescribe recetar 7
prescription receta (médica) 7
presence presencia 2
present time: at the present time actualidad *f.* 8
preservation preservación *f.* 5
presidency presidencia 8
pressure presión *f.* 7
prestigious prestigioso *adj.* 13
preterite pretérito 5
prevent impedir 8
price precio 6
prick picar 14
priest sacerdote *m.* 14
print imprimir 8
printed estampado 6
printer impresora 8
privileged privilegiado *adj.* 10
prize premio 2
process the documents tramitar los documentos 11
proclaim proclamar 14
produce producir (zco) 4
profession profesión *f.* 2
professional profesional *adj.* 2
profit beneficio 6
program programa *m.* 2; programar 3
prohibit prohibir 12
promote promover (ue) 9
pronoun pronombre 1
propose proponer 12
props (for stage) accesorios 14
prose prosa 14
protagonist protagonista *m./f.* 14
protect proteger 8
proud orgulloso *adj.* 5
provided con tal de *prep.* 13
  provided that (+ clause) con tal de que 13
province provincia 1
psychiatrist psiquiatra *m./f.* 7
psychologist psicólogo/a 2
psychology psicología 2
public público 3
publicity publicidad *f.* 2
Puerto Rican puertorriqueño 1
punctual puntual 12
punctuation puntuación *f.* *CP*
punish castigar 14
purchase compra 3
purchaser comprador/a 6
pure puro *adj.* 11
purple morado *adj.* 2
purse bolso 6
pushed by impulsado por 13
put poner 3
  put on (clothing, shoes) ponerse 4
  put on a bandage/a Band-aid poner una venda/una curita 7
  put on a cast enyesar 7
  put on make-up maquillarse 4
  put (someone) to bed acostar (ue) a 9
  put (someone) to sleep dormir (ue, u) a 9
pyramid pirámide *f.* 3

Q

quantity cantidad *f.* 6
quarter cuarto 4
  It's 2:15. Son las dos y cuarto. 4
  It's 2:45. Son las tres menos cuarto. 4
question: ask a question hacer una pregunta 3
quite bastante 2

R

race carrera 5
radio radio *f.* 8
railway ferrocarril *m.* 8
rain llover 4; lluvia *n.* 4
  acid rain lluvia ácida 8
  It's raining. It's raining now. Llueve. Está lloviendo. 4
raincoat impermeable *m.* 6
rake leaves recoger las hojas secas 4
rap rap *m.* 9
rate tarifa 10
rating (movie) clasificación *f.* 9
reach alcanzar 10
read leer 1
ready listo *adj.* 3
  be ready estar listo 3
  be ready to estar dispuesto a 12
realistic realista *adj.* 7
reason: for that reason por eso 4
rebellion rebelión *f.* 13
rebirth renacimiento 13
receive recibir 1
recent reciente *adj.* 2
reception area recepción *f.* 10
receptionist recepcionista *m./f.* 12
recipe receta 6
recommend recomendar (ie) 7
reconcile reconciliarse 12
reconciliation reconciliación *f.* 12
record grabar 8
recycle reciclar 8
red rojo *adj.* 2
red-headed pelirrojo 2
reduce reducir 6
refined refinado *adj.* 14
reflect reflejar 7
refrain estribillo 14
refrigerator nevera, refrigerador *m.* 3
reggae music música reggae 9
regret lamentar 12
regularly con regularidad 7
rehearsal ensayo 14
relationship relación *f.* 12
  romantic relationship relación de pareja 12
release (movie)
  new release estreno 9
  upcoming release próximo estreno 9
reliable cumplidor/a 12
religion religión *f.* 2
religious religioso *adj.* 8
remain quedar 9
remedy remedio 7
remembrance recuerdo 4
remote control control remoto 8
remove quitar 4
Renaissance (style) *adj.* renacentista 13
renew renovar 7
rent alquilar 4
rent, rental fee (apartment) alquiler *m.* 11
  rental car coche de alquiler *m.* 10
repeat repetir (i, i) 3
repertoire repertorio 9
replace reemplazar 6
report: live report reportaje *m.* 8
represent representar 7
research investigar 11
reservation reserva, reservación *f.* 10
reserve reservar 10
residence residencia 2
residential area zona residencial 11
residue residuo 8
resolve resolver 8
respect (person) respetar a 12
  respect one another respetarse 9
respectful respetuoso 12
respond responder 7
response respuesta *CP*
responsible responsable *adj.* 7
rest descansar 2
restaurant restaurante *m.* 1
result resultado *n.* 1
resurrection resurrección *f.* 8
retire (from a job) jubilarse 12
return volver (ue) 3; regresar 7
  return (an item) devolver (ue) 6
reuse reutilizar 8
review repaso 1; crítica 8; reseña 14; repasar *v.* 4
rhyme rima 14
  assonant rhyme rima asonante 14
  consonant rhyme rima consonante 14
rhythm ritmo 9
  (poetic) rhythm ritmo (poético) 14
rice arroz *m.* 1
ride a bike andar en bicicleta 4
ridiculous ridículo *adj.* 12; grotesco *adj.* 14
right derecha 3
  be right tener razón 3
  right now ahora mismo 1
  to the right of a la derecha de 3
  Turn right. Doble a la derecha. 11
ring anillo 6
rise subir 4
risk riesgo 12
  take risks correr riesgos 12
road camino 1
roasted asado *adj.* 10
robbery robo 8
rock piedra 7
  rock music música rock 9
role papel *m.* 2
Roman (style) romano 13
romance movie/film película romántica 9
Romanesque (style) románico 13
room cuarto 2; habitación *f.* 10
  double room habitación doble 10
  hotel room habitación de hotel 10
  single room habitación sencilla 10
  (24-hour) room service (in hotel) servicio de habitaciones (de 24 horas) 10
roommate compañero de cuarto 2
roomy amplio *adj.* 3
roundtrip viaje *m.* de ida y vuelta 10
route ruta, trayecto 10
routine: daily routine rutina diaria 4
rub rozar 14
rug alfombra 2
ruin ruina 6
run correr (person) 1; manejar (computer) 8
  run errands hacer mandados 4
  run out of (*something*) acabar 9
running time (of movie) duración *f.* 9
Russian ruso 11

S

sad triste *adj.* 3
sadden entristecer 12
sadness tristeza 2
safe caja de seguridad/fuerte 10
said dicho 7
sail vela *n.* 14
salad ensalada 1
salary salario, sueldo 12
sale oferta, rebaja 6
salesperson dependiente/a 6; vendedor/a 6
salmon salmón *m.* 6
salsa (Latin dance music) salsa 2
salt sal *f.* 1
salty salado *adj.* 1
Salvadoran salvadoreño 1
sample muestra 13
sand arena 14
sandal sandalia 6
sandwich sándwich 1
  ham and cheese sandwich sándwich de jamón y queso *m.* 1
  sausage sandwich bocadillo de chorizo 1
Saturday sábado 3
sauce: tomato sauce salsa de tomate 6
saucer platillo 1
sausage chorizo 1; embutido 1; salchicha 1
save ahorrar 8; archivar, guardar 8; salvar 13
savings account cuenta de ahorro 11
saxophone saxofón *m.* 9
saxophonist saxofonista *m./f.* 9
say decir 4
  say good-bye despedirse (i, i) 6
  say thanks dar las gracias 7
scale escala 9
scanner escáner *m.* 8
scarce escaso *adj.* 8
scarf
  decorative scarf pañuelo 6
  winter scarf bufanda 6
scene escena 8
scenery (play) decorado 14
scenic escénico *adj.* 14
schedule horario 4
scholarship beca 11
school escuela 3; facultad *f.* 2
science ciencia 2
  science-fiction movie/film película de ciencia ficción 9
score marcar 5
  score a basket meter una canasta 5
  score a goal meter un gol 5
  score a home run meter un jonrón 5
screen (for television, movie, or computer) pantalla 8
script guión *m.* 14
scriptwriter guionista *m./f.* 9

scuba diving buceo 5
sculpt esculpir 13
sculptor escultor/a 13
sculpture escultura 13
sea mar *m.* 8
seafood mariscos 6
search búsqueda 12
search engine buscador *m.* 8
season estación *f.* 3; temporada 7
seat asiento 7; butaca 9
  aisle/window seat asiento de pasillo/de ventana 10
  seat (someone) sentar (ie) 9
secondary secundario *adj.* 2
secret secreto 5
secretary secretario/a 12
section barrio 3
security seguridad *f.* 5
  security checkpoint control de seguridad 10
  security deposit fianza 11
  security deposit box caja de seguridad/fuerte 10
see ver 2
  see one another verse 9
  See you. Nos vemos. *CP*
  See you later. Hasta luego. *CP*
  See you soon. Hasta ahora., Hasta pronto. *CP*
  See you tomorrow. Hasta mañana. *CP*
seem parecer 6
  it seems to me/you/him/her/us/them me/te/le/nos/les parece 13
  seem odd, surprising extrañar 12
self-confident seguro de sí mismo/a 12
selfish egoísta *adj.* 7
self-portrait autorretrato 13
sell vender 1
seminar seminario 12
send enviar, mandar 7
sentence oración *f.* 4
separate (from) separarse (de) 12
September septiembre 3
serious serio *adj.* 2
serve servir (i, i) 1
service servicio 10
  services in the area infraestructura de la zona 11
session time (of movie) función *f.*, sesión *f.* 9
set puesto *adj.* 7; decorado 14
  set designer (movie/theater) decorador/a del plató 9
  set the table poner la mesa 1
seven siete 3
seventy setenta 3
shadow sombra 14
shake hands darse la mano *CP*
shame vergüenza 12
  It's a shame . . . Es una lástima/pena que... 12
  What a shame that . . . ! ¡Qué pena que... ! 12
share compartir 1
  sharp (taste)/tart ácido 1
shave afeitarse 4
she ella 1
sheep oveja 13
shipment envío 8
shirt camisa 6
shoe zapato 4
  shoe shop zapatería 6
shopper comprador/a 6
shopping
  go grocery shopping hacer las compras 4
  go shopping ir de compras 3
  shopping mall centro comercial 4
short bajo *adj.* 2
  short hair pelo corto 2
  short story cuento 14
shortage (of water) escasez *f.* (de agua) 8
shot inyección *f.* 7
shoulder hombro 7
shout grito 13
shovel snow quitar la nieve 4
show enseñar 1
  show your passport/boarding pass mostrar (el pasaporte, la tarjeta de embarque) 10
shower ducha 3
showtimes (movie) horario 9
shrimp in garlic sauce gambas al ajillo 1
shy tímido *adj.* 7
sick enfermo 3
  get sick enfermarse, ponerse enfermo 7
sight vista 5
sign firmar 11
  sign up for a class apuntarse a un curso 12
significant significativo *adj.* 12
silent movies cine mudo 9
silk seda 6
silver plata 6
similar semejante 5
similarity semejanza 5
simile símil *m.* 14
simple sencillo *adj.* 4
since como 4; desde 5
  since when desde cuándo 5
sincere sincero 12
sing cantar 1
singer cantante *m./f.* 2
singer-songwriter cantautor/a 9
sink (bathroom) lavabo 3
sister hermana 2
sit down sentarse 3
six seis 3
sixty sesenta 3
size tamaño 8
skate patín *m.* 5
ski esquiar 5
  ski boots botas de esquí 5
  ski goggles gafas de esquí 5
  ski pole palo de esquí 5
  ski slope pista de esquí 5
skier esquiador/a 5
skiing esquí *m.* 5
  extreme skiing esquí extremo 5
skin piel *f.* 7
skirt falda 6
skis esquís *m.* 5
skyscraper rascacielos 13
slave esclavo 5
sleep dormir (ue, u) 3
sleepy: be sleepy tener sueño 3
smart listo *adj.* 2
  be smart ser listo 2
smile sonreír (i, i) 6
smoke fumar 9
smoker fumador/a 9
  smoking para fumadores 9
  nonsmoking para no fumadores10
snack merienda 1; tapa 1
snake serpiente *f.* 11
sneakers zapatillas de deportes 5
sneeze estornudar 7
snorkle esnórkeling *m.* 5; hacer esnórkeling 5
snow nieve *f.* 4
  It's snowing. It's snowing now. Nieva. Está nevando. 4
  shovel snow quitar la nieve 4
snowboarding snowboard *m.* 5
so tan 4; así *adv.* 7
  so that (+ clause) para que 13
soccer (game) fútbol *m.* 5
  soccer ball pelota de fútbol 5
  soccer field campo de fútbol 5
  soccer goal portería 5
  soccer stadium estadio de fútbol 5
social social
  social sciences ciencias sociales 2
sociologist sociólogo 2
sociology sociología 2
sock calcetín *m.* 6
sofa sofá *m.* 3
soft drink refresco 1
soil suelo 7
soldier soldado *m./f.* 12
some unos 1; algún, alguno/a/os/as 9
someday algún día 9
someone, somebody alguien 9
something algo 1
sometimes a veces 1; algunas veces 4
somewhat algo 7
son hijo 2
soon pronto 6
So-so. Más o menos. *CP*
sound sonido 14
soup sopa 1
  soup dish plato hondo 1
south sur *m.* 3
souvenir recuerdo 8
space espacio 3
  open spaces espacios abiertos 3
spaghetti espaguetis *m. pl.* 1
Spanish castellano *CP*, español *m. CP;* español/a *m./f.* 1
  Spanish-speaking hispanohablante *adj.* 1
speak hablar 1
speaker altavoz *m.* 8
species especie *f.* 5
spectator espectador/a 5
speed velocidad *f.* 9
spelunking espeleología 5
spice especia 6
spicy picante *adj.* 1
spirit espíritu *m.* 2
spiritual espiritual *adj.* 7
sponsor patrocinar 9; patrocinador/a *n.* 9
spoon cuchara 1
sports deporte *m.* 2
  sports commentator comentarista *m./f.* 5
  sports equipment equipo deportivo 5
  sports event competición *f.* 5
  sports fan aficionado 5
  sports-related deportivo *adj.* 5
sprain one's wrist, ankle torcerse (ue) una/la muñeca, un/el tobillo 7
spring primavera 3
square plaza *n.* 3; cuadrado *adj.* 13
squid calamares *m.* 1
stadium estadio 3
stage escenario 9
  stage direction acotación *f.* 14
staging puesta en escena, montaje *m.* 14
stall puesto 4
stand puesto 4
  stand out destacarse 5
stanza estrofa 14
star estrella *f.* (male or female) 5
station estación *f.* 3
stationer papelería 6
statue estatua 13
stay quedarse 4; estancia *n.* (hotel)10; estadía 11
  academic year stay estadía por un año académico 11
  research stay estadía de investigación 11
  semester stay estadía por un semestre 11
steak bistec *m.* 1
stem raíz *f.* 3
steps trámites *m.* 11
stereo estéreo 2
stereotype estereotipo 2
stick palo 5
still todavía 4
stingy tacaño *adj.* 7
stockings medias 6
stolen credit card tarjeta de crédito robada 11
stomach estómago 7
stone piedra 13
stonecarving talla en piedra 13
stop
  (bus) stop parada (de autobús) 10
  stop doing something dejar de + infinitive 8
  store tienda 6
stormy: It's stormy. Hay tormenta. 4
story historia 2; cuento 14
  tell a story contar (ue) 3
storyteller cuentista *m./f.* 14
stove estufa 3; cocina 11
strange extraño 12
  How strange (it is) that . . . ! ¡Qué extraño que... ! 12
  It's strange that . . . Es extraño que... 12
strawberry fresa 6
street calle *f.* 3
stress acento tónico *CP*
stressed estresado 3
strike huelga 8
stringed instruments instrumentos de cuerda 9
striped a/de rayas 6
student estudiante *m./f. CP;* estudiantil *adj.* 12
  student desk pupitre *m. CP*
  student organization organización estudiantil *f.* 12
studies abroad estudios en el extranjero 11
study estudiar 1
stunt double doble *m./f.*, especialista *m./f.* 9
stupid estúpido *adj.* 7
style estilo 6
subtitled movie/film película con subtítulos 9
subway metro 3
succeed lograr 1
  succeed in doing something (*infinitive*) conseguir (i, i) 5
success éxito 6
suddenly de repente 7
suede ante 6
suffering sufrimiento 13
sugar azúcar *m.* 1
  sugar cane caña de azúcar 4
suggest sugerir (ie, i) 6
summer verano 3
  last summer verano pasado 8
sun *m.* sol 4
  It's (It's not) (very) sunny. (No) Hace (mucho) sol. 4
Sunday domingo 3
supermarket supermercado 6
supernatural sobrenatural *adj.* 7
support apoyar 12
surf hacer surf 5; navegar, surfear (Internet) 8
surface superficie *f.* 13
surfboard tabla de surf 5
surfer surfista *m./f.* 5
surfing surf *m.* 5
surgeon cirujano/a 7
surprise sorprender 12
  seem surprising extrañar 12
  surprise party fiesta sorpresa 8
surrealism surrealismo 13
surrealistic surrealista 13
surrounded by rodeado de *adj.* 3
survey encuesta 2
suspicious desconfiado 12
sweater suéter *m.* 6
sweatshirt sudadera 6
sweep the floor barrer 4
sweet dulce *adj.* 1
swim nadar 5

swimmer nadador/a 5
swimming natación *f.* 5
swimming pool piscina 5
symbol símbolo 4
symptom síntoma *m.* 7
synopsis sinopsis *f.* 9
syrup: (cough) syrup jarabe (para la tos) *m.* 7
system sistema *m.* 8

T

table mesa *CP*
tablecloth mantel *m.* 1
take tomar 1; llevar 6
take a bath bañarse 4
take a long time tardar 3
take a shower ducharse 4
take a walk dar un paseo 5
take advantage of aprovechar de 11
take care of/process the documents tramitar los documentos 11
take off (clothing) quitarse 4
take off (plane) despegar 10
take out sacar 5
take part in participar en 12
take place tener lugar, celebrarse 9
take (someone's) blood pressure tomar la presión/tensión arterial (a alguien) 7
take (someone's) temperature tomarle la temperatura (a alguien) 7
talk hablar 1; conversar
talk to each other hablarse 9
talking movies cine sonoro 9
tall alto *adj.* 2
tango tango 8
tapestry tapiz *m.* 13
tariff tarifa 10
task tarea 12
taste *n.* gusto 6; probar 9;
tasty sabroso 1
tax impuesto 10
taxi taxi *m.* 3
tea té 1
teach enseñar 1
teacher profesor/a *CP*, maestro 2
team equipo 5
tear lágrima 14
teaspoon cucharita 1
technician técnico/a 12
technique técnica 13
techno music música techno 9
technology tecnología 8
telephone teléfono 2
television televisión *f.* 2
television set televisor *m. CP*
tell decir 4
tell a story contar (ue) 3
teller window (bank) ventanilla 11
temperature temperatura 4
high/low temperature temperatura máxima/mínima 4
temple templo 3
ten diez 3
tennis (game) tenis *m.* 5
tennis ball pelota de tenis 5
tennis court cancha de tenis 5
tennis player tenista *m./f.* 5
tennis racket raqueta 5
tennis shoes zapatillas de deportes 5; zapatos de tenis 6
tent carpa 7
terminal *f.* (airport) terminal *m.* 10
terrace terraza 11
terrible terrible *adj.* 12
territory territorio 5
Thank you. Gracias. *CP*
Thank you very much. Muchas gracias. 1
thanks for gracias por 10
Thanksgiving Day Día de Acción de Gracias 3
that aquel/aquella *adj.*, ese/a *adj.* 2
that ése/a *pron.* 6
that one aquél/aquélla *pron.* 6
that same day ese mismo día 8
the el *m. CP,* la *f.* 1, las *f. pl.* 1, los *m. pl.* 1
theater teatro 2
movie theater cine *m.* 3
their su/s 2
theirs suyo 11
theme tema *m.* 13
then *adv.* después, entonces 4, luego 8
there allí *adv.* 2
(over) there ahí *adv.* 1; allá *adv.* 2
there is/there are hay (haber) 1
these estos/as *adj.* 2; éstos/as *pron.* 6
they ellos/as 1
thin delgado *adj.* 2
think pensar (ie) 3; opinar 13
not to think that no pensar que 13
think about pensar en 3; parecer 11
thirsty: be thirsty tener sed 3
thirty treinta 3
this este/a *adj.* 2; éste/a, esto *pron.* 6
those aquellos/as *adj.* 2; aquéllos/as *pron.* 6; esos/as *adj.* 2; ésos/as *pron.* 6
though: even though aunque 4
thousand mil 3
threaten amenazar 8
three tres 1
thriller (film) película de intriga/de suspenso 9
throat garganta 7
through a través de 8, por 10
throughout a través de 3
throw a party dar una fiesta 8
thunder: It's thundering. It's thundering now. Truena. Está tronando. 4
Thursday jueves 3
thus así *adv.* 7
ticket boleto, entrada 9; billete (de avión, de tren) 10
reduced ticket price tarifa reducida 9
tie corbata 6
tie game empate *m.* 5
tie (in a game) empatar 5
tight (clothing) apretado 6
time tiempo 2; hora 4; vez *f.* 4
a long time mucho tiempo 5
a short time poco tiempo 5
At what time? ¿A qué hora? 4
for the first time/last time por primera vez/última vez 10
from time to time de vez en cuando 4
many times muchas veces 7
on time a tiempo 10
timetable horario 10
tired cansado *adj.* 3
to, toward a 1; hacia 10; hasta 10; para 10
toast (food) pan tostado 1; **(offering)** brindis *m.* 8
make a toast hacer un brindis 12
today hoy *adv.* 1
today in the morning/afternoon/evening hoy por la mañana/tarde/noche 10
toe dedo (del pie) 7
together juntos *adj.* 1
toilet inodoro, retrete *m.* 3
tolerant tolerante 12
tomato tomate *m.* 6; jitomate *m.* 6
tomorrow mañana *adv.* 10
tomorrow afternoon mañana por la tarde 10
tomorrow evening/night mañana por la noche 10
tomorrow morning mañana por la mañana 10
tonality tonalidad *f.* 13
too much demasiado 6
tooth diente *m.* 7
brush one's teeth lavarse los dientes 4
tornado tornado 8
touch tocar 6
tour gira 4
guided sightseeing tour visita con guía 10
organized tour viaje organizado 10
tourism turismo 3
toward a, hacia 10; para 10
tower torre *f.* 13
town pueblo 3
toy juguete *m.* 6
toy shop juguetería 6
track (for train) vía 10
(running) track pista 5
traditional tradicional 13
traffic circulación *f.*, tráfico 8
tragedy tragedia 14
tragicomedy tragicomedia 14
train tren *m.* 3
sleeper car (on train) coche-cama *m.* 10
train station estación de tren 3
tranquility tranquilidad *f.* 8
transcript expediente académico *m.* 11
transfer traslado n. 10
(bank) transfer transferencia (bancaria) 11
transfer (funds) transferir (fondos) 11
translate traducir (zco) 4
translator traductor/a 2
transportation transporte *m.* 3
public transportation transporte público *m.* 11
transportation means medios de transporte 10
travel viajar 1
travel agency agencia de viajes 10
travel agent agente de viajes 10
traveler viajero/a 10
traveler's check cheque *m.* de viaje 10
treatment tratamiento 7
tribe tribu *f.* 4
trip viaje *m.* 5; recorrido 8
short trip excursión *f.* 10
take a trip hacer un viaje 5
trombone trombón *m.* 9
trombone player trombonista *m./f.* 9
true cierto *adj.* 2; verdadero *adj.* 5
It's (not) true that . . . (No) Es verdad que... 13
trumpet trompeta 9
trumpet player/trumpeter trompetista *m./f.* 9
trust (in) confiar (en) 12
trustworthy confiable 12
try on probarse 6
T-shirt camiseta 6
tuba tuba *f.* 9
tuba player tubista *m./f.* 9
Tuesday martes 3
tuition matrícula 11
tuna fish atún *m.* 6
turkey pavo 6
turn doblar 11
take turns turnarse 4
turn off (TV, radio, etc.) apagar 8
turn on (TV, radio, etc.) poner 3; encender, prender 8
tuxedo esmoquin *m.* 12
twenty veinte 3
twins: identical twins gemelos/gemelas 2
two dos 1
two-faced falso 12

U

ugly feo 2
uncertain: be uncertain that no estar seguro de que 13
uncertainty incertidumbre *f.* 13
uncle tío 2
undeniable innegable 13
understand comprender 1; entender (ie) 3
understanding comprensivo 12
unexpected inesperado 10
unfaithful infiel 12
be unfaithful ser infiel 12
unforgettable inolvidable 5
unfriendly antipático *adj.* 7
unfurnished sin amueblar 11
union alianza 2
unique único *adj.* 5
unit unidad *f.* 8
university universidad *f. CP*
unless a menos que 13
unlikely: It's unlikely that . . . No es probable que... 13
unpleasant antipático *adj.* 2; desagradable *adj.* 7
unplug desenchufar 8
unripe verde 6
until hasta *prep.* 13; hasta que (+ clause) 13
Until we meet again. Hasta la próxima. *CP*
unusual raro *adj.* 7
up to hasta 10
upstairs arriba *adv.* 3
urgent: It's urgent that . . . Es urgente que... 12
URL (web address) dirección de web 8
Uruguayan uruguayo 1
use utilizar 4; *n.* uso 3
useful útil *adj.* 1
utilities servicios públicos 11

V

vacation vacaciones *f. pl.* 3
go for on vacation ir de vacaciones 3
last vacation vacaciones pasadas *f.* 8
vaccine vacuna 7
vacuum clean pasar la aspiradora 4
vacuum cleaner aspiradora 4
valley valle *m.* 3
value valor *m.* 9
varied variado *adj.* 1
variety variedad *f.* 1
VCR videocasetera *CP*
vegetable verdura 1
Venezuelan venezolano 1
verb verbo 1
verse verso 4
free verse verso libre 14
versification versificación *14*
very muy *CP*
very little muy poco 1
very much muchísimo 2
Very well, thank you. And you? Muy bien, gracias. ¿Y tú? *CP*
veterinary veterinario/a 12
victim víctima *f.* 8
video video 2
portable video game videojuego portátil 8
video camera videocámara 8
view vista 11
village aldea 7
vinegar vinagre 1
violence violencia 14
violet violeta 2
violin violín *m.* 9
violinist violinista *m./f.* 9
virtuous honesto *adj.* 7
visa: get a visa obtener (ie) el visado 10

vision visión *f.* 12
vocalist vocalista *m./f.* 9
vogue boga 13
voice voz *f.* 8
volcano volcán *m.* 9
volleyball vóilbol *m.* 5
volunteer (for a non-profit organization) alistarse como voluntario/a (en una ONG) 12
  volunteer program programa de voluntariado 11
vote voto 9

W

waist cintura 7
wait (for) esperar 5
waiter/waitress mesero 1; camarero 7
wake up despertarse 4
  upon waking al despertarme 4
  wake (someone) up despertar (ie) a 9
  wake-up service servicio despertador 10
walk caminar 1
  go for a walk ir de paseo 3
wall pared *f.* 2; muro 13
wallet cartera 6
want desear 1; querer (ie) 3
war guerra *CP*
  war movie/film película bélica 9
warm caluroso *adj.* 4
wash lavar 4
  wash one's hands, hair lavarse las manos, el pelo 4
washed lavado *adj.* 7
waste desperdiciar 8; desperdicios 8
watch mirar 4, ver 2; reloj *m.* 6
  watch videos mirar videos 4, ver videos 2
water agua *f.* 1
  water the flowers regar (ie) las flores 4
watercolor painting pintura a la acuarela 13
waterfront puerto 10
we nosotros 1
wear vestir (i, i) 3
weather tiempo 4
  The weather is (is not) good (bad). (No) Hace buen (mal) tiempo. 4
  weather forecast pronóstico del tiempo 4
  What's the weather like? ¿Qué tiempo hace? 4
web (World Wide Web) web *f.* 8
  web address, URL dirección de web 8
  web page página (de) web 8
  web server servidor de web *m.* 8
  web site sitio (de) web 8
wedding boda 3
  banquet wedding reception banquete de bodas 8
  wedding cake torta/tarta nupcial 12
  wedding dress vestido de novia 12
  wedding ring anillo de boda 12
Wednesday miércoles 3
week semana 3
  last week semana pasada 5
  this week esta semana 10
weekend fin de semana 3
  last weekend fin de semana pasado 5
  on the weekend durante el fin de semana 4
weights pesas 5
weird: How weird that . . . ! ¡Qué raro que... ! 12
welcome bienvenido 1
  you're welcome de nada 6
well pozo *n.* 7
well: (very) well (muy) bien *CP*
west oeste *m.* 3
western occidental *adj.* 3
  western movie/film película del oeste 9
wet mojado *adj.* 7
What? ¿Cómo? 1, ¿Cuál? 2, ¿Qué? 2
  At what time? ¿A qué hora? 4
  What are they/is it? ¿Qué es/son? 2
  What day is it? ¿Qué día es? 3
  What is today's date? ¿Qué día es hoy? 4
  What is your clothing/shoe size? ¿Qué talla/número tiene? 6
  What time is it? ¿Qué hora es? 4
  What's your name? ¿Cómo se/te llama/s? *CP*
when cuando 3
When? ¿Cuándo? 2
Where? ¿Dónde? 2
  Where are you from? ¿De dónde es Ud. (eres)? 1
  Where is . . . ? ¿Dónde está... ? 3
  Where (to)? ¿Adónde? 3
Which? ¿Cuál? 2
while mientras 3
whip látigo 14
white blanco *adj.* 1
white-water rafting rafting *m.* en aguas bravas 5
Who(m)? ¿Quién(es)? *CP*
whole entero 5
Whose . . . is it/are they? ¿De quién(es) es/son... ? 2
Why? ¿Por qué? 2
wife esposa 2
wild silvestre *adj.* 8
wildife refuge refugio de vida silvestre 8
willing: be willing to estar dispuesto a 12
win ganar 5
  win (someone's) love enamorar 9
  wind viento 4
  wind instruments instrumentos de viento 9
window ventana 2
windsurf hacer windsurf 5
  windsurf board tabla de windsurf 5
windsurfer surfista *m./f.* 5
windsurfing windsurf *m.* 5
windy: It's (It's not) windy. (No) Hace viento. 4
wine vino 1
  red wine vinto tinto 1
  sweetened red wine with fruit sangría 1
  white wine vino blanco 1
  wine glass copa 1
winner ganador/a 2
winter invierno 3
wish deseo 8
with con *prep.* 1
withdraw (money) retirar, sacar 11
without sin *CP*
  without (+ clause) sin que 13
witness testigo *m./f.* 8
woman mujer *f.* 2
wonderful: How wonderful that . . . ! ¡Qué maravilla que... ! 12
wood madera 4
woodcarving talla 13
woods bosque *m.* 4
wool lana 6
work work, job 1; trabajar (person) 1; funcionar (machine) 8; obra 14
  set of works of art obra 14
  work of art obra de arte 13
  work out hacer ejercicio 3
worker trabajador/a 1; obrero 13
workshop taller *m.* 12
World Wide Web Red *f.*, web *f.* 8
worldwide mundial *adj.* 5
worried preocupado *adj.* 3
worry (someone) preocupar 8
  worry about preocuparse por 12
  worry (get worried) preocuparse 9
worse peor 4
  It's worse that . . . Es peor que... 12
worsen empeorar 8
worst el/la peor 4
worth: be worth valer 6
wound herida 7; lesión *f.* 7
wrist muñeca 7
write escribir 1
  write a prescription recetar 7
  write each other escribirse 9
writer escritor/a 2
written escrito *adj.* 7

Y

yard jardín *m.* 3
year año 3
  academic year año académico 11
  be . . . years old tener... años 3
  last year año pasado 5
  this year este año 10
yellow amarillo *adj.* 2
yesterday ayer *adv.* 5
  yesterday afternoon ayer por la tarde 5
  yesterday morning ayer por la mañana 5
yogurt yogur *m.* 1
you vosotros 1, tú *CP*, usted/es (Ud./Uds.) *CP*
younger menor 2
youngest el/la menor 4
your su 2, tu *CP*, vuestro 2,
yours suyo 11

Z

zero cero 3
zip code código postal 3
zone zona 3

ÍNDICE

TEXT CREDITS

42: ***"Café"***, by Eddie Palmieri and Robert Guelts, partial lyrics from the album El Rumbero del Piano, reprinted with permission from Bug Music. **84:** ***"Cumbia de los Muertos"***, by Ozomatli, song, lyrics reprinted with permission from Rondor Music. **122:** ***"Mediu Xinga"***, by Dueto de los Hermanos Ríos, lyrics reprinted with permission from Discos Corazón. **160:** ***"Boliviana"***, by Irakere, song by Chucho Valdés, lyrics reprinted with permission from the author, Chucho Valdés. **175:** ***"Poema V"***, by José Martí. Public domain. **200:** ***"Mami me gustó"***, by Arsenio Rodríguez, lyrics of song composed by Luis Martínez Griñan also known as Lili Martínez reprinted with permission from Egrem. **282:** ***"El estuche"***, song and lyrics composed and interpreted by Los Aterciopelados, (Luis Buitrago and Andrea Echeverri). **295:** ***"El bloque de hielo"***, by Gabriel García Márquez, excerpt from **"Cien años de soledad"**. **322:** ***"El presente permanente"***, by Acida, from the album "Presente Permanente", lyrics of song reprinted with permission from Sonic 360. **335:** ***"Movistar Argentina"***, comparative chart on cell-phones. Authorized by Movistar Argentina. **360:** ***"Zamba Malató"***, song composed and interpreted by Susana Baca, lyrics reprinted with permission from Susana Baca. **372:** ***"Festival Internacional del Nuevo Cine Latinoamericano"***, from www.habanafilmfestival.com **387:** ***"Viaje a Zaragoza"***, Schedule of trains from RENFE, EspaÒa. **398:** ***"Porque te vas***, sang by Javier Alvarez, words and music by José Luis Perales Morrillas © 1974 (Renewed 2002) EDICIONES MUSICALES HISPANOVOX S.A. All Rights Controlled and Administered by GOLGEMS-EMI MUSICS INC. All Rights Reserved International Copyright Secured, used by permission. **402:** ***"Hotel Hesperia del Port"***, brochure. Authorized by Hoteles Hesperia S.A. **409:** ***"La IV Encuesta los mejores de elmundoviajes.com"*** El Mundo, España. **410:** ***"El viaje definitivo"***, poem by Juan Ramón Jiménez, reprinted with permission from © HEREDEROS DE JUAN RAMON JIMENEZ. **450:** ***"Opiniones de los estudiantes"***, from Study/Zone Magazine, reprinted with permission from Hothouse Media Ltd. **531:** ***"El Eclipse"***, by Augusto Monterroso, from "El Eclipse y otros cuentos", reprinted with permission from Internacional Editors Co. Agencia Literaria. **551:** ***"Mientras baja la nieve"***, by Gabriela Mistral, reprinted with permission from John Wiley & Son. **553:** ***"Balada de los dos abuelos"***, by Nicolás Gillén, reprinted with permission from Agencia Literaria Latinoamericana. **563:** ***"Divinas Palabras"***, from Guia del Ocio, www.guiadelocio.com reprinted with permission from Taznia Media S.L. **569:** ***"El delantal Blanco"***, by Sergio Vodanovic, reprinted with permission from Sucesión Sergio Vodanovic.

PHOTO CREDITS

44: ©AP Photo/Herminio Rodriguez; **57 all:** ©The Thomson Corporation/Heinle Image Resource Bank; **65:** ©Chris Weeks/Liaison/Getty Images; **72:** ©The Thomson Corporation/Heinle Image Resource Bank; **76:** ©The Thomson Corporation/Heinle Image Resource Bank; **84:** ©Frank Micelotta/Getty Images; **97 top:** Courtesy of Symphony of the Americas; **97 top center:** Courtesy of Dr. Jane L. Delgado; **97 center:** Public Domain; **97 bottom center:** ©Paul Hawthorne/Getty Images; **97 bottom:** ©Howard C. Smith/Corbis; **135:** ©Lightworks Media/Alamy; **148:** Public Domain; **151:** ©Wendell Metzen/Index Stock Imagery; **160:** ©Carlos Hernandez/Photographers Direct; **171:** ©The Thomson Corporation/Heinle Image Resource Bank; **174:** ©Bettmann/CORBIS; **185:** ©The Thomson Corporation/Heinle Image Resource Bank; **200:** ©Frank Driggs Collection/Getty Images; **206 top:** ©The Thomson Corporation/Heinle Image Resource Bank; **206 center:** ©Travel Ink Photo Library/Index Stock Imagery; **206 bottom:** ©DesignPics, Inc./Index Stock Imagery; **209:** ©The Thomson Corporation/Heinle Image Resource Bank; **211:** ©FogStock LLC/Index Open; **212:** ©Mareas/Archivo Latino; **213:** ©Archivo Latino; **218 all:** ©Grupo Roble; **223 left:** ©AP Photo/Michael Dwyer; **223 right:** ©AP Photo/Luca Bruno; **227:** ©ThinkStock LLC/Index Stock Imagery; **241:** ©The Thomson Corporation/Heinle Image Resource Bank; **242:** ©Mario Anzuoni/Reuters/Landov; **243:** ©The Thomson Corporation/Heinle Image Resource Bank; **255:** ©The Thomson Corporation/Heinle Image Resource Bank; **271:** ©Image Source Limited; **282:** ©Frank Micelotta/ImageDirect/Getty Images; **288:** ©Eric Kamp/Index Stock Imagery; **294:** ©AP Photo/Ricardo Mazalan; **295:** ©The Thomson Corporation/Heinle Image Resource Bank; **302 left:** ©Chad Ehlers/Index Stock Imagery; **302 right:** ©Mark Newman/Index Stock Imagery; **314 left, centers:** ©The Thomson Corporation/Heinle Image Resource Bank; **314 right:** ©Len Rubenstein/Index Stock Imagery; **322:** Courtesy of The Sonic Garage; **335 top:** ©Telefónica Móviles S.A.; **335 bottom left:** ©Sony Ericsson Mobile Communications AB; **335 bottom center:** ©Motorola, Inc. 2004; **335 bottom right:** ©Nokia; **340 left:** ©Randy Taylor/Index Stock Imagery; **340 right:** ©The Thomson Corporation/Heinle Image Resource Bank; **347:** ©Patricio Crooker/Archivo Latino/Photographers Direct; **349:** ©Diego Giudice/Archivo Latino; **350:** ©Diego Giudice/Archivo Latino; **357:** ©INSADCO Photography/Alamy; **360:** ©Robert Atanasovski/AFP/Getty Images; **366:** ©The Thomson Corporation/Heinle Image Resource Bank; **385:** ©The Thomson Corporation/Heinle Image Resource Bank; **387:** ©The Thomson Corporation/Heinle Image Resource Bank; **388 top:** ©The Thomson Corporation/Heinle Image Resource Bank; **391:** ©The Thomson Corporation/Heinle Image Resource Bank; **398:** ©Carlos Alvarez/Getty Images; **399:** ©The Thomson Corporation/Heinle Image Resource Bank; **402 all:** ©Hoteles Hesperia, S.A.; **405:** ©The Thomson Corporation/Heinle Image Resource Bank; **410:** ©Mary Evans Picture Library/The Image Works; **425:** ©Image Source Limited; **429:** ©Mark Segal/Index Stock Imagery; **430:** ©Inga Spence/Index Stock Imagery; **436:** ©AP Photo/Stuart Ramson; **448:** ©Keith Dannemiller/CORBIS; **458 left:** ©Jeff Greenberg/Index Stock Imagery; **458 right:** ©Myrleen Cate/Index Stock Imagery; **465:** ©Blend Images/Index Stock Imagery; **475 left:** ©The Thomson Corporation/Heinle Image Resource Bank; **475 right:** ©The Thomson Corporation/Heinle Image Resource Bank; **476:** ©AP Photo/Andres Leighton; **477:** ©The Thomson Corporation/Heinle Image Resource Bank; **489:** ©Image Source Limited; **490 left:** ©The Thomson Corporation; **490 left center:** ©ADT Security Services, Inc.; **490 right center:** ©2006 Kodak; **490 right:** ©2006 Marriott International, Inc.; **495 left:** ©The Thomson Corporation/Heinle Image Resource Bank; **495 right:** *Disembarkation of Hernan Cortés at Veracruz,* 1951, fresco, by Diego Rivera/Palacio Nacional, Mexico City, Mexico/The Bridgeman Art Library ©2006 Banco de México Diego Rivera & Frida Kahlo Museums Trust. Av. Cinco de Mayo No. 2, Col. Centro, Del. Cuauhtémoc 06059, México, D.F.; **496 left:** ©Frank Staub/Index Stock Imagery; **496 center:** ©The Thomson Corporation/Heinle Image Resource Bank; **496 right:** ©Jacob Halaska/Index Stock Imagery; **497 left:** ©The Thomson Corporation/Heinle Image Resource Bank; **497 center:** ©The Thomson Corporation/Heinle Image Resource Bank; **497 right:** ©The Thomson Corporation/Heinle Image Resource Bank; **500 top:** *Disembarkation of Hernan Cortés at Veracruz, 1951,* fresco, by Diego Rivera/Palacio Nacional, Mexico City, Mexico/The Bridgeman Art Library ©2006 Banco de México Diego Rivera & Frida Kahlo Museums Trust. Av. Cinco de Mayo No. 2, Col. Centro, Del. Cuauhtémoc 06059, México, D.F.; **500 bottom:** *Monumento a Cuauhtémoc: el tormento, 1951,* Detail, by David Alfaro Siqueiros. ©Artists Rights Society (ARS), NY; Photo: Schalkwijk/Art Resource, NY; **501:** *The Great Revolutionary Marxist Legislature and the Liberty of Slaves,* by Jose Clemente Orozco. ©Artists Rights Society (ARS), NY; Photo: Schalkwijk/Art Resource, NY; **503:** ©Walter Bibikow/Index Stock Imagery; **505 left:** *Woman and Bird in the Moonlight, 1949,* Oil on canvas, 81.3 x 66.0 cm by Joan Miro. ©Artists Rights Society (ARS), NY; Photo: Tate Gallery, London/Art Resource, NY; **505 top right:** *Portrait of Ambroise Vollard, 1909,* by Pablo Picasso. ©Artists Rights Society (ARS), NY; Photo: Giraudon/Art Resource, NY; **505 bottom right:** *The Persistence of Memory, 1931,* Oil on canvas, 9 1/2 x 13" by Salvador Dali. ©Artists Rights Society (ARS), NY; Photo: ©The Museum of Modern Art/Licensed by SCALA/Art Resource, NY; **506:** *Self-Portrait with Monkey, 1938,* Oil on masonite, 16 x 12" by Frida Kahlo. ©Bequest of A. Conger Goodyear, 1966/Albright-Knox Art Gallery; **507:** *Guernica, 1937,* Oil on canvas, by Pablo Picasso. ©Artists Rights Society (ARS), NY; Photo: SuperStock; **510 top left:** ©Keith Levit Photography/Index Open; **510 top right:** ©Diaphor Agency/Index Stock Imagery; **510 bottom left:** ©Rich Remsberg/Index Stock Imagery; **510 bottom right:** ©Yvette Cardozo/Index Stock Imagery; **511 top left:** ©The Thomson Corporation/Heinle Image Resource Bank; **511 top center:** ©The Thomson Corporation/Heinle Image Resource Bank; **511 top right:** ©Albert Gea/Reuters/Landov; **511 bottom left:** ©John Henshall/Alamy; **511 bottom right:** ©James Quine/Alamy; **512 top left:** ©Gjon Mili/Time Life Pictures/Getty Images; **512 right:** ©Soeren Stache/DPA/Corbis; **512 bottom left:** ©Lipnitzki/Roger Viollet/Getty Images; **513 top left:** ©Gary Conner/Index Stock Imagery; **513 top right:** ©Gavin Hellier/ImageState/Jupiter Images; **513 bottom left:** ©The Thomson Corporation/Heinle Image Resource Bank; **513 bottom right:** ©age fotostock/SuperStock; **514:** ©Todd Dacquisto/Index Stock Imagery; **516:** ©Todd Dacquisto/Index Stock Imagery; **517:** ©VIEW Pictures Ltd/Alamy; **524 left:** ©The Thomson Corporation/Heinle Image Resource Bank; **524 right:** ©Timothy O'Keefe/Index Stock Imagery; **525 top:** ©Juncal/Alamy; **525 bottom:** ©Danita Delimont/Alamy; **535 left:** ©Travel Ink Photo Library/Index Stock Imagery; **535 right:** ©Rich Remsberg/Index Stock Imagery; **539 top:** ©AP Photo; **539 top center:** ©Lavandeira Jr/EPA/Corbis; **539 bottom center:** ©AP Photo/Ricardo Mazalan; **539 bottom:** ©Steve Northup/Timepix/Time Life Pictures/Getty Images; **563:** ©Photo12.com/Oronoz; **564 top:** ©Bettmann/CORBIS; **564 top center:** ©Archivo Latino/Photographers Direct; **564 center:** Courtesy of Casa de América; **564 bottom center:** ©Claudio Herdener/Archivo Latino/Photographers Direct; **564 bottom:** ©Iván Stephens/CUARTOSCURO.COM.

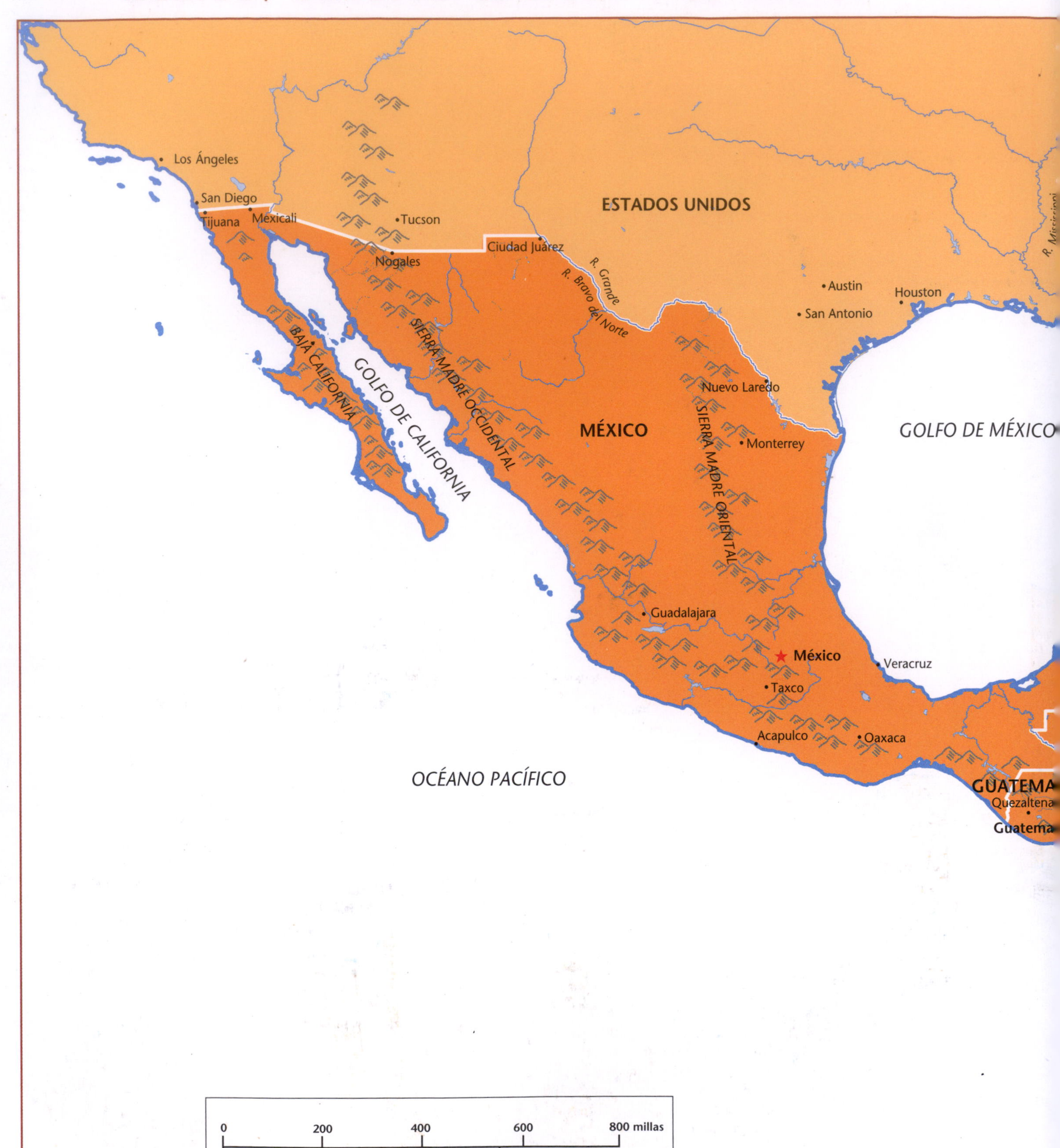
Los Ángeles
San Diego
Tijuana
Mexicali
Tucson
Nogales
Ciudad Juárez
ESTADOS UNIDOS
R. Grande
R. Bravo del Norte
Austin
San Antonio
Houston
BAJA CALIFORNIA
GOLFO DE CALIFORNIA
SIERRA MADRE OCCIDENTAL
MÉXICO
SIERRA MADRE ORIENTAL
Nuevo Laredo
Monterrey
GOLFO DE MÉXICO
Guadalajara
México
Veracruz
Taxco
Acapulco
Oaxaca
OCÉANO PACÍFICO
0
200
400
600
800 millas
0
200
400
600
800 kilómetros